**Tratado de Direito do Trabalho**

# Tratado de Direito do Trabalho

PARTE I – DOGMÁTICA GERAL

**2015 · 4ª Edição**
Revista e actualizada ao Código do Trabalho de 2009,
com as alterações introduzidas até 2015

## Maria do Rosário Palma Ramalho
Doutora e Agregada em Direito
Professora Catedrática da Faculdade de Direito de Lisboa

TRATADO DE DIREITO DO TRABALHO
PARTE I – DOGMÁTICA GERAL
AUTOR
Rosário Palma Ramalho
EDITOR
EDIÇÕES ALMEDINA, S.A.
Rua Fernandes Tomás, nºs 76, 78 e 80
3000-167 Coimbra
Tel.: 239 851 904 · Fax: 239 851 901
www.almedina.net · editora@almedina.net
DESIGN DE CAPA
FBA.
PRÉ-IMPRESSÃO
EDIÇÕES ALMEDINA, S.A.
IMPRESSÃO E ACABAMENTO
PAPELMUNDE

Setembro, 2015
DEPÓSITO LEGAL
397594/15

Apesar do cuidado e rigor colocados na elaboração da presente obra, devem os diplomas legais dela constantes ser sempre objecto de confirmação com as publicações oficiais.
Toda a reprodução desta obra, por fotocópia ou outro qualquer processo, sem prévia autorização escrita do Editor, é ilícita e passível de procedimento judicial contra o infractor.

---
*Biblioteca Nacional de Portugal – Catalogação na Publicação*

RAMALHO, Maria do Rosário Palma, 1960-

Tratado do direito do trabalho. – 4ª ed. – v.
Pt. 1: Dogmática geral. – p. – ISBN 978-972-40-6159-7

CDU 349

A autora escreve segundo a antiga ortografia.

*Aos meus Alunos*

# PREFÁCIO À 4ª EDIÇÃO

Em 2005, concebemos um projecto editorial de tratamento jurídico abrangente das matérias laborais, que, de acordo com o nosso plano, comportaria três partes: uma parte dedicada à *Dogmática Geral do Direito do Trabalho*; uma parte dedicada às *Situações Laborais Individuais*; e uma parte dedicada às *Situações Laborais Colectivas*.

Este projecto iniciou-se com a publicação do *Direito do Trabalho – Parte I: Dogmática Geral*, revisto e reeditado em 2009, na sequência da aprovação do novo Código do Trabalho, nesse mesmo ano e, de novo, em 2012. E teve sequência no *Direito do Trabalho – Parte II: Situações Laborais Individuais*, publicado em 2006, reeditado em 2008, em 2010, em 2012 e que vai agora na 5ª edição, de 2014.

Com a publicação do terceiro tomo da obra, sobre as *Situações Laborais Colectivas*, em 2012 (já reeditado, em 2015), fica completo o estudo das matérias que compõem o Direito do Trabalho, numa perspectiva substantiva e geral: as matérias atinentes ao contrato de trabalho e demais situações juslaborais individuais (tomo II); as matérias relativas às situações juslaborais colectivas (tomo III); e, de acordo com a perspectiva sobre a autonomia científica desta área jurídica, que há muito defendemos, a teoria geral do Direito Laboral (tratada neste tomo), que assegura a coesão e a harmonia interna das partes especiais entre si e de cada uma delas com os alicerces dogmáticos gerais da área jurídica.

A abrangência dos temas tratados mas também a sua harmonia interna, nos termos indicados, tornaram inevitável a evolução desta obra para um perfil tratadístico, em que não se procura apenas ser abrangente mas também aprofundar as questões, quer ao nível regimental quer ao nível dogmático, equacionando os contributos doutrinais e jurisprudenciais relevantes – numa perspectiva que vai, aliás, ao encontro da maturidade científica que o Direito do Trabalho hoje inequivocamente possui.

É esta perspectiva sobre os temas laborais que propomos nesta obra.

Especificamente neste tomo, são tratadas as matérias que constituem a *Dogmática Geral do Direito do Trabalho*, procedendo-se à delimitação geral da área jurídica, analisando-se as suas fontes e estabelecendo-se os seus alicerces dogmáticos, que passam pela apresentação das pessoas laborais e das situações jurídicas laborais, pela análise do problema da autonomia dogmática do Direito Laboral e pelo enunciado dos princípios próprios do Direito do Trabalho.

Esta 4ª edição dá especial atenção aos últimos desenvolvimentos normativos e à doutrina e jurisprudência mais recentes nesta área.

Lisboa, 1 de Julho de 2015

# ABREVIATURAS E OUTRAS INDICAÇÕES DE LEITURA

## a) Abreviaturas

| | | |
|---|---|---|
| AA | – | Acordo de Adesão |
| ABGB | – | Allgemeines Bürgerliche Gesetzbuch (Áustria) |
| Ac. | – | Acórdão |
| AcP | – | Archiv für die civilistische Praxis (Heidelberg) |
| ACT | – | Acordo Colectivo de Trabalho |
| ACT | – | Autoridade para as Condições de Trabalho |
| AD | – | Acórdãos Doutrinais do Supremo Tribunal Administrativo |
| AE | – | Acordo de Empresa |
| AR | – | Assembleia da República |
| ArbR | – | Arbeitsrecht – Zeitschrift für das gesamte Dienstrecht der – Arbeiter, Angestellten und Beamten |
| ArbuR | – | Arbeit und Recht. Zs. f. Arbeitsrechtspraxis |
| ArchPhDr | – | Archives de philosophie du droit |
| AuA | – | Arbeit und Arbeitsrecht. Monatszeitschrift für die betriebliche Praxis (München) |
| AUE | – | Acto Único Europeu |
| BB | – | Der Betriebs-Berater. Zs. f. Recht u. Wirtschaft (Heidelberg) |
| BFDUC | – | Boletim da Faculdade de Direito da Universidade de Coimbra (Coimbra) |
| BGB | – | Bürgerliches Gesetzbuch (Alemanha) |

| | | |
|---:|:---:|:---|
| BMJ | – | Boletim do Ministério da Justiça |
| BTE | – | Boletim do Trabalho e do Emprego |
| CAP | – | Confederação dos Agricultores de Portugal |
| CC | – | Código Civil |
| CCom | – | Código Comercial |
| CCSP | – | Confederação do Comércio e Serviços de Portugal |
| CCT | – | Convenção Colectiva de Trabalho/Contrato Colectivo de Trabalho |
| CE | – | Comunidades Europeias |
| CEDH | – | Convenção Europeia dos Direitos do Homem |
| CEE | – | Comunidades Económicas Europeias |
| CES | – | Conselho Económico e Social |
| CIP | – | Confederação Empresarial de Portugal |
| CIRE | – | Código da Insolvência e da Recuperação de Empresas |
| Civitas | – | Civitas, Revista Española de Derecho del Trabajo (Madrid) |
| CJ | – | Colectânea de Jurisprudência |
| CJ(STJ) | – | Colectânea de Jurisprudência/Acórdãos do Supremo Tribunal de Justiça |
| CJTP | – | Confederação Geral de Trabalhadores |
| Col. | – | Colecção de Acórdãos do Supremo Tribunal Administrativo |
| Conv. | – | Convenção Internacional |
| CP | – | Código Penal |
| CPC | – | Código de Processo Civil |
| CPT | – | Código de Processo de Trabalho |
| CPT | - | Confederação do Turismo Português |
| CREF | – | Código dos Processos Especiais de Recuperação da Empresa e de Falência |
| CRP | – | Constituição da República Portuguesa |
| CSC | – | Código das Sociedades Comerciais |
| CSE | – | Carta Social Europeia |
| CT | – | Código do Trabalho |
| CT 2003 | – | Código do Trabalho de 2003 |
| Dalloz | – | Recueil périodique et critique de jurisprudence, de législation et de doctrine (Paris) |
| DAR | – | Deutsches Arbeitsrecht (Darmstadt) |

| | | |
|---|---|---|
| DB | – | Der Betrieb. Wochenschrift für Betriebswirtschaft, Steuerrecht, Wirtschaftrecht, Arbeitsrecht. (Düsseldorf) |
| Dec. | – | Decreto |
| Dec. | – | Decisão Comunitária |
| DG | – | Diário do Governo |
| DG (Ap.) | – | Diário do Governo (Apêndice) |
| DH. | – | Dalloz Hebdomadaire (Paris) |
| DH. (Chr.) | – | Dalloz Hebdomadaire – Chroniques (Paris) |
| Dir. | – | Directiva Comunitária |
| Dir. | – | Revista O Direito |
| Dir.RI | – | Diritto delle relazioni industriali |
| DJ | – | Direito e Justiça |
| DL | – | Decreto-Lei |
| DLav. | – | Il Diritto del Lavoro. Rivista di dottrina e di giurisprudenza (Roma) |
| DLRI | – | Giornale di diritto del lavoro e delle relazioni industriale (Milano) |
| Doc.Lab. | – | Documentación Laboral (Madrid) |
| DR | – | Diário da República |
| DR (Ap.) | – | Diário da República (Apêndice) |
| DReg. | – | Decreto Regulamentar |
| Droits | – | Droits – Revue Française de Théorie Juridique (Paris) |
| DRdA | – | Das Recht der Arbeit (Wien) |
| Dr.ouv. | – | Le Droit Ouvrier (Paris) |
| DS | – | Droit Social (Paris) |
| DUDH | – | Declaração Universal dos Direitos do Homem |
| EGELR | – | European Gender Equality Law Review (Bruxelles) |
| ELLJ | – | European Labour Law Journal (Mortsel) |
| Enc.Dir. | – | Enciclopedia del Diritto (Milano) |
| ESC | – | Estudos Sociais e Corporativos |
| ETN | – | Estatuto do Trabalho Nacional |
| ETT | – | Empresa de trabalho temporário |
| Ex aequo | – | Ex aequo – Revista da Associação Portuguesa de Estudos sobre as Mulheres |
| FDL | – | Faculdade de Direito de Lisboa |

| | | |
|---|---|---|
| Fest. | – | Festschrift |
| Festg. | – | Festgabe |
| IGT | – | Inspecção-Geral do Trabalho |
| ILJ | – | Industrial Law Journal (Oxford) |
| ILR | – | International Labour Review (Genève) – *vd* RIT |
| IRCT | – | Instrumento de Regulamentação Colectiva do Trabalho |
| JCP | – | Jurisclasseur périodique (Paris) |
| JhJb | – | Jehrings Jahrbücher. Jahrbücher für die Dogmatik des heutigen römischen u. deutschen Privatsrecht (Jena) |
| JO | – | Jornal Oficial das Comunidades Europeias |
| JTT | – | Journal des Tribunaux du Travail (Bruxelles) |
| JuBl. | – | Jüristische Blätter (Wien) |
| JuJ | – | Juristen Jahrbuch (Alemanha) |
| JurW | – | Juristische Wochenschrift (Berlin) |
| JuS | – | Juristische Schulung. Zs. für Studium u. Ausbildung (München) |
| JZ | – | Juristenzeitung (Tübingen) |
| KJ | – | Kritische Justiz (Alemanha) |
| L | – | Lei |
| LAP | – | Regime Jurídico das Associações Patronais |
| LAT | – | Regime Jurídico dos Acidentes de Trabalho |
| Lav.80 | – | Lavoro 80 (Milano) |
| Lav.80/Quaderni | – | Lavoro 80 /Quaderni (Milano) |
| Lav.Dir. | – | Lavoro e diritto (Bologna) |
| LC | – | Lei Constitucional |
| LCCG | – | Regime Jurídico das Cláusulas Contratuais Gerais |
| LCCT | – | Regime Jurídico da Cessação do Contrato de Trabalho e do Trabalho a Termo |
| LComT | – | Regime Jurídico das Comissões de Trabalhadores |
| LCT | – | Regime Jurídico do Contrato de Trabalho |
| LCTFP | – | Regime do Contrato de Trabalho em Funções Públicas |
| LD | – | Lei dos Despedimentos |
| LDT | – | Regime Jurídico da Duração do Trabalho |
| LFFF | – | Regime Jurídico das Férias, Feriados e Faltas |
| LG | – | Lei da Greve |

| | | |
|---|---|---|
| LGTFP | – | Lei Geral do Trabalho em Funções Públicas |
| LPMP | – | Lei da Protecção da Maternidade e da Paternidade |
| LRCT | – | Regime Jurídico das Relações Colectivas de Trabalho |
| LS | – | Regime Jurídico das Associações Sindicais |
| LSCT | – | Regime Jurídico da Redução e da Suspensão do Contrato de Trabalho |
| LTS | – | Regime Jurídico do Trabalho Suplementar |
| LTT | – | Regime Jurídico do Trabalho Temporário |
| LVCR | – | Lei dos Vínculos, Carreiras e Remunerações |
| Mass.GL | – | Massimario di Giurisprudenza del Lavoro (Roma) |
| MoU | – | Memorando de Entendimento entre Portugal, a Comissão Europeia, o Banco Central Europeu e o Fundo Monetário Internacional |
| NJW | – | Neue Juristische Wochenschrift (München) |
| Noviss.DI | – | Novissimo Digesto Italiano |
| NZA | – | Neue Zeitschrift für Arbeitsrecht (München) |
| OGE | – | Orçamento Geral do Estado |
| OIT | – | Organização Internacional do Trabalho |
| ONU | – | Organização das Nações Unidas |
| Par.PGR | – | Parecer da Procuradoria-Geral da República |
| PCT | – | Portaria de condições de trabalho |
| PE | – | Portaria de extensão |
| PIDESC | – | Pacto Internacional dos Direitos Económicos, Sociais e Culturais |
| Polis | – | Polis – Enciclopédia Verbo da Sociedade e do Estado |
| Port. | – | Portaria |
| PR | – | Presidente da República |
| Pront.LT | – | Prontuário de Legislação do Trabalho |
| PRT | – | Portaria de Regulamentação do Trabalho |
| QL | – | Questões Laborais |
| RC | – | Tribunal da Relação de Coimbra |
| RCM | – | Regulamento de Condições Mínimas |
| RCT | – | Regulamentação do Código do Trabalho de 2003 |
| RdA | – | Recht der Arbeit. Zs. f. die Wissenschaft u. Praxis des gesamten Arbeitsrechts (München) |

| | | |
|---:|:---:|:---|
| RDE | – | Revista de Direito e Economia |
| RDES | – | Revista de Direito e Estudos Sociais |
| RE | – | Regulamento de Extensão |
| Rec. | – | Recomendação |
| Reg. | – | Regulamento |
| Rel.Lab. | – | Relaciones Laborales. Revista Critica de Teoria e Pratica (Madrid) |
| Res. | – | Resolução |
| Res. CM | – | Resolução do Conselho de Ministros |
| REv. | – | Tribunal da Relação de Évora |
| Rev.AAFDL | – | Revista Jurídica da Associação Académica da Faculdade de Direito de Lisboa |
| Rev.DS | – | Revue de droit social (Bruxelles) |
| Rev.Trab. | – | Revista de Trabajo (Madrid) Rev.trim.dr.civ. – Revue trimmestrielle de droit civil (Paris) |
| RFDUL | – | Revista da Faculdade de Direito da Universidade de Lisboa |
| RIDL | – | Rivista italiana di diritto del lavoro (Milano) |
| RIT | – | Revue internationale du travail (Genève) – *vd* ILR |
| Riv.dir.civ. | – | Rivista di diritto civile (Padova) |
| Riv.dir.comm. | – | Rivista del Diritto Commerciale e del Industriale e Maritimo//Rivista del Diritto Commerciale e del Diritto Generale delle Obbligazione (Milano) |
| Riv.soc. | – | Rivista delle società (Milano) |
| Riv.trim.DPC | – | Rivista trimmestriale di diritto e procedura civile (Milano) |
| RivDL | – | Rivista di diritto del lavoro (Milano) |
| RivGL | – | Rivista giuridica del lavoro (Roma) |
| RLJ | – | Revista de Legislação e Jurisprudência |
| RLx | – | Tribunal da Relação de Lisboa |
| RMP | – | Revista do Ministério Público |
| ROA | – | Revista da Ordem dos Advogados |
| RP | – | Tribunal da Relação do Porto |
| SCE | – | Sociedade cooperativa europeia |
| SE | – | Sociedade anónima europeia |
| SIv | – | Scientia Ivridica |
| ST | – | Sociologie du Travail (Paris) |

| | | |
|---|---|---|
| STA | – | Supremo Tribunal Administrativo |
| STJ | – | Supremo Tribunal de Justiça |
| TC | – | Tribunal Constitucional |
| TCE | – | Tratado da Comunidade Europeia |
| TCEE | – | Tratado das Comunidades Económicas Europeias |
| TFUE | – | Tratado que estabelece o Funcionamento da União Europeia |
| TJ | – | Tribunal de Justiça das Comunidades Europeias |
| TUE | – | Tratado da União Europeia |
| TSU | – | Taxa Social Única |
| UCP | – | Universidade Católica Portuguesa |
| UGT | – | União Geral de Trabalhadores |
| Verbo | – | Verbo – Enciclopédia Luso-Brasileira de Cultura (Lisboa) |
| WSI-Mitt | – | WSI – Mitteillung. Monatszeitschriften des Wirtschaftsund Sozialwissenschaftlichen Instituts in der Hans-Böckler-Stiftung (Köln) |
| ZAS | – | Zeitschrift für Arbeitsrecht und Sozialrecht (Wien) |
| ZfA | – | Zeitschrift für Arbeitsrecht (Köln) |
| ZIAS | – | Zeitschrift für ausländisches und internationales Arbeits – und Sozialrecht (Heidelberg) |
| ZRP | – | Zeitschrift für Rechtspolitik (München) |

**b) Outras indicações de leitura**

As palavras em itálico são utilizadas não apenas para referências noutra língua, mas também para destacar uma ideia ou um assunto.

Sempre que uma disposição legal é referida sem indicação da fonte e excepto se outra conclusão se tirar do contexto, deve entender-se que ela se reporta ao Código do Trabalho de 2009.

As remissões para outros volumes deste Tratado são feitas, de forma simples, através da expressão *Tratado II* ou *III*, seguida da indicação do parágrafo e número a que se reportam. Apenas quando a remissão respeitar a uma edição mais antiga do *Tratado* será feita a correspondente indicação.

# I
# NOÇÕES GERAIS DE DIREITO DO TRABALHO

# §1º OBJECTO E ÂMBITO DO DIREITO DO TRABALHO

## 1. O trabalho subordinado como objecto do Direito do Trabalho: da actividade laborativa à actividade laboral

### 1.1. As múltiplas valências do fenómeno do trabalho e o seu sentido jurídico

**I.** A primeira aproximação ao Direito do Trabalho, como área jurídica, deve ser feita a partir do fenómeno social que lhe serve de base e ao qual, de uma forma directa ou indirecta, se reportam as suas normas: o fenómeno do trabalho dependente.

Facilmente reconhecível do ponto de vista sociológico, este fenómeno é, todavia, de difícil delimitação em termos jurídicos, porque se inscreve numa realidade mais vasta, com múltiplas e distintas valências, jurídicas e não jurídicas: a realidade do *trabalho*.

Destacando apenas algumas das valências do fenómeno do trabalho identificadas pelos autores[1], verificamos que, numa acepção moral e filosófica, o trabalho é encarado como um meio de realização espiritual e de promoção humana; numa acepção económica, é perspectivado como um factor de pro-

---

[1] Ilustrando a riqueza do fenómeno do trabalho, A. COTTEREAU, *Théories de l'action et notion de travail*, ST, 1994, XXXVI, 73-86, apresenta catorze sentidos para o termo trabalho; sobre o ponto, ainda, E. Cataldi, *Il concetto di lavoro*, DLav., 1948, I, 46-77 (46 ss.).

dução; numa acepção sociológica, é visto como uma fonte profícua de relações e de conflitos sociais; e, finalmente, do ponto de vista jurídico, é uma actividade humana, desenvolvida para satisfação de necessidades de outrem.

Comum a todas estas valências é a ideia de dispêndio de energia ou de esforço[2], parecendo, aliás, esta ideia de penosidade ser o único elo do fenómeno com o termo latino *tripalium*, apontado como correspondente etimológico da palavra *trabalho* e que designava um instrumento constituído por três varas cruzadas, utilizado na Antiguidade para prender animais ou prisioneiros ou para fins de tortura[3].

II. Naturalmente que o fenómeno do trabalho interessa ao Direito Laboral na sua dimensão jurídica, ou seja, como actividade humana destinada à satisfação de necessidades alheias.

Este conteúdo essencial permite, desde logo, distinguir a acepção jurídica do fenómeno do trabalho das acepções moral e económica: à valência moral do trabalho, que nele vê uma forma de realização pessoal, falta a exterioridade ínsita na ideia de actividade; à valência estritamente económica, que vê no trabalho um factor de produção, falta a componente de humanidade inerente ao conceito de actividade.

Todavia, a identificação desta acepção jurídica do trabalho não é suficiente para o fixar como objecto do Direito do Trabalho, por dois motivos: em primeiro lugar, porque também nesta dimensão jurídica o fenómeno do trabalho apresenta diversas valências e o Direito Laboral não se ocupa de todas elas; em segundo lugar, porque as dimensões não jurídicas do fenómeno do trabalho não deixam de ser tidas em consideração pelo Direito, quando regula as matérias laborais. Cabe assim proceder a uma delimitação complementar.

---

[2] A associação da ideia de penosidade ou de esforço ao fenómeno do trabalho aparece logo nos primeiros juslaboralistas e é referida até hoje – neste sentido, L. BARASSI, *Il contratto di lavoro nel diritto positivo italiano*, I, 2ª ed., Milano, 1915, 22, e, modernamente, A. SUPIOT, *Critique du droit du travail*, Paris, 1994, 3 e nota [1], que observa mesmo que a primeira asserção conhecida da palavra *travail* em França é a de trabalho de parto.

[3] Sobre a etimologia do termo *trabalho*, R. CABRAL, *Trabalho*, Polis, V, 1235-1239 (1236) e *Trabalho*, Verbo, XVII, 1773-1777 (1773), e F. BATTAGLIA, *Filosofia del lavoro*, Bologna, 1951, 3 s. Deve notar-se, todavia, que o termo latino que designava o desenvolvimento de uma actividade produtiva (e, nesse sentido, um *trabalho*), era o termo *labor*.

Quanto ao primeiro aspecto, verifica-se que as actividades ou obras humanas destinadas à satisfação de necessidades alheias podem ser desenvolvidas num contexto voluntário ou não voluntário, negocial ou não negocial, privado ou público, oneroso ou gratuito e com um maior ou menor grau de autonomia do prestador. Para melhor fixarmos o objecto da nossa disciplina, diremos pois que o Direito Laboral apenas se ocupa de uma destas formas de trabalho juridicamente relevantes: o usualmente chamado *trabalho subordinado* ou *trabalho dependente*. Todavia, como veremos, nem sempre é fácil distinguir o trabalho subordinado das outras formas de trabalho com relevo jurídico e há zonas de convergência entre os respectivos regimes.

Por outro lado, na disciplina jurídica das matérias laborais são, com frequência, ponderadas pela lei dimensões não jurídicas do fenómeno do trabalho: assim, quando a Constituição exige que o trabalho seja organizado em condições socialmente dignificantes e que contribuam para a realização pessoal dos trabalhadores (art. 59º nº 1 b) da CRP) e quando, em correspondência com esta exigência constitucional, a lei impõe aos empregadores o dever de proporcionarem aos trabalhadores boas condições de trabalho, do ponto de vista físico e moral (art. 127º nº 1 c) do CT), observa-se a influência da *acepção moral e filosófica do fenómeno do trabalho* na sua regulação jurídica; já as várias disposições legais que procuram facilitar a conciliação entre a vida profissional e a vida familiar, em matéria de tempo de trabalho, de faltas ou de férias, denotam uma preocupação da lei com a importância do *fenómeno do trabalho numa perspectiva sociológica*; por seu turno, a exigência de um salário mínimo nacional (art. 59º nº 1 b) da CRP e art. 273º nos 1 e 2 do CT), e a tutela da retribuição, dispersa pelas leis laborais, civis e processuais, mostram a ponderação do *valor económico do fenómeno do trabalho* pela lei.

Desta forma, pode concluir-se que as valências não jurídicas do fenómeno do trabalho não deixam de influenciar a sua regulação pelo Direito.

**III.** Como delimitar então o conceito de trabalho subordinado para efeitos da fixação do objecto do Direito do Trabalho?

Sendo o trabalho subordinado uma subespécie de uma realidade mais ampla, a sua delimitação conceptual exige operações sucessivas de concretização. Assim, tomando como ponto de partida a ideia de actividade humana desenvolvida para satisfação de necessidades de outrem, o conceito de trabalho subordinado pode ser apreendido a partir das ideias de actividade positiva e produtiva, de liberdade, de onerosidade e de subordinação. A estes elementos acresce a referência à natureza ou actuação privada do credor do trabalho.

No caso português, esta operação de concretização é facilitada pela existência de uma noção legal de contrato de trabalho, constante do art. 11º do CT, e nos termos da qual o «contrato de trabalho é aquele pelo qual uma pessoa singular se obriga, mediante retribuição, a prestar a sua actividade a outra ou outras pessoas, no âmbito de organização e sob a autoridade destas[4]». É pois a partir desta noção legal, conjugada com os elementos acima referidos, que poderemos delimitar o fenómeno de trabalho relevante como objecto da nossa disciplina.

### 1.2. O trabalho como actividade produtiva valorizada *a se*

**I.** Em primeiro lugar, *o trabalho subordinado reconduz-se a uma actividade humana produtiva, valorizada por si mesma e não pelos resultados em que se traduza.*

A ideia de actividade produtiva valorizada por si mesma permite distinguir o trabalho de actividades lúdicas mas também de outras formas de produção de utilidades, que envolvem actividades humanas, mas que o Direito valoriza atendendo a um acto posterior de transmissão do bem que essa actividade produz. Assim, por exemplo, quando o pintor pinta um quadro e depois o vende, ou quando o escritor escreve um livro e depois o edita, as actividades desenvolvidas constituem um «trabalho» no sentido de actividade de produção de utilidades, mas os actos que o Direito valoriza são, respectivamente, o contrato de compra e venda do quadro ou o contrato de edição do livro.

No fenómeno que nos ocupa, pelo contrário, a actividade humana produtiva é valorizada em si mesma, como um bem jurídico – o bem «trabalho» – porque é *ab initio* aproveitada para satisfação de necessidades de outrem.

---

[4] Esta norma corresponde, com relevantes diferenças, ao art. 1152º do CC e aos arts. 1º da LCT e 10º do CT 2003. Assim, o actual Código do Trabalho exige expressamente que o trabalhador seja uma pessoa singular e realça o valor da organização do empregador como elemento essencial do contrato, ao passo que tradicionalmente era valorizada a componente directiva da posição do empregador na noção legal. Teremos ocasião de apreciar com mais detalhe esta evolução da delimitação legal do contrato de trabalho.

É tendo em conta esta ideia da destinação da actividade produtiva *ab initio* para outrem que alguns autores associam ao trabalho subordinado a característica da *alienidade*[5].

**II.** Assim delimitada, a actividade de trabalho integra o conceito técnico-jurídico de prestação, uma vez que é uma conduta desenvolvida no interesse do credor[6]. Dentro das várias modalidades de prestação, reconduz-se a uma prestação de facto positiva, porque se analisa num comportamento juridicamente activo, mas esta qualificação é compatível com actividades materiais de natureza predominantemente passiva, como a do modelo que se deixa pintar, e com actividades de mera presença ou de vigilância, como a do guarda ou a da sentinela[7]. A noção de contrato de trabalho constante do art. 1152º do CC esclarece ainda que a actividade de trabalho pode ser uma actividade manual ou intelectual[8].

---

[5] Alonso Olea/M. E. Casas Baamonde, *Derecho del Trabajo*, 19ª ed., Madrid, 2001, 42 s.; e ainda de Alonso Olea, *Alienacion. Historia de una Palavra*, Madrid, 1974, *passim*. A característica de alienidade é também referida como critério distintivo do trabalho autónomo e subordinado – por exemplo, L. Riva Sanseverino, *Diritto del lavoro*, 14ª ed., Padova, 1982, 37. Entre nós, também B. G. Lobo Xavier, *Curso de Direito do Trabalho*, I, 3ª ed., Lisboa, 2004, 23 ss., reforça a ideia de que a actividade relevante para efeitos do Direito do Trabalho é o trabalho produtivo para outrem.

[6] A. Vaz Serra, *Objecto da obrigação. A prestação – suas espécies, conteúdo e requisitos*, BMJ, 1958, 74 15-282 (31 s.); J. Castro Mendes, *Teoria Geral do Direito Civil*, I, Lisboa, 1978 (*reprint* 1983), 421; J. Antunes Varela, *Das Obrigações em Geral*, I, 9ª ed., Coimbra, 1998, 80 s.; I. Galvão Telles, *Direito das Obrigações*, 7ª ed., Coimbra, 1997, 36; A. Menezes Cordeiro, *Direito das Obrigações*, I, Lisboa, 1980 (*reprint* 1988), 335 e 338.

[7] A. Menezes Cordeiro, *Manual de Direito do Trabalho*, Coimbra, 1991, 16, nota [2]; A. Monteiro Fernandes, *Direito do Trabalho*, 15ª ed., Coimbra, 2010, 133; G. Schaub, *Arbeitsrecht Handbuch*, 9ª ed., München, 2000, 76; e com exemplos deste tipo de actividade materialmente negativa, ainda Bernardo Xavier, na 2ª ed. do *Curso de Direito do Trabalho* (Lisboa, 1993, *reprint* 1999), 286.

[8] O art. 1º da LCT reproduzia exactamente a noção de contrato de trabalho constante do art. 1152º do CC. Contudo, da noção de contrato de trabalho constante do art. 10º do CT 2003 já não constava a referência ao carácter intelectual ou manual da acttividade do trabalhador, opção que o actual Código do Trabalho mantém.

### 1.3. O trabalho como actividade livre: a actividade laborativa

**I.** Em segundo lugar, *a actividade de trabalho tem que ser uma actividade livre*, devendo entender-se o requisito da liberdade num duplo sentido: por um lado, exige-se que o trabalhador seja um homem livre; por outro lado, exige-se que o trabalho corresponda a um acto voluntário, no sentido de não ser forçoso ou imposto a nenhuma das partes.

**II.** Reportado à *pessoa do trabalhador*, o requisito da liberdade tem um enorme significado axiológico, pela origem histórica do trabalho dependente no trabalho escravo e no trabalho servil[9].

No trabalho escravo, dominante na Antiguidade mas que perdurou durante séculos, o não reconhecimento de personalidade jurídica ao escravo (considerado como uma coisa ou *res*) implicava o desenvolvimento do seu trabalho no quadro do direito de propriedade, quando o escravo trabalhava directamente para o seu senhor, ou no quadro de um negócio pelo qual o senhor cedia a força laborativa do escravo a outra pessoa – por exemplo, um contrato de locação ou um contrato de comodato, que tivesse o escravo como objecto. Por seu turno, as situações de trabalho servil, que se mantiveram ao longo da Idade Média e ainda na Idade Moderna, por força de fenómenos como a servidão da gleba, as guerras e a colonização, também não podiam configurar um negócio laboral, apesar de envolverem a prestação de uma actividade produtiva para outrem, pela falta de liberdade do prestador do trabalho, acentuada, muitas vezes, pelo carácter vitalício dos vínculos. Essencial à configuração da actividade de trabalho, como hoje a concebemos, é pois a liberdade do trabalhador.

Além disso, o requisito da liberdade exige que o vínculo de trabalho corresponda a um *acto voluntário* e não a um acto imposto a qualquer das partes. Neste sentido, não integram o conceito de trabalho subordinado o trabalho

---

[9] A evolução histórica do trabalho escravo para o trabalho livre dependente é exemplarmente descrita por ALONSO OLEA, *De la Servidumbre al Contrato de Trabajo*, 2ª ed., Madrid, 1987, 156 s. Sobre esta evolução na história portuguesa, ADOLPHO LIMA, *O Contrato de Trabalho*, Lisboa, 1909, 32 ss.

penitenciário nem o trabalho em favor da comunidade, que ficam assim subtraídos ao Direito do Trabalho[10].

**III.** A adição do requisito da liberdade à ideia de actividade produtiva *ab initio* destinada à satisfação de necessidades de outrem permite-nos isolar um conceito jurídico amplo de trabalho: é o conceito de *actividade laborativa*, que abarca todas as formas de actividade produtiva livre para outrem.

O recorte do conceito de actividade laborativa tem um grande interesse por evidenciar o conteúdo comum às várias formas de prestação de trabalho valorizadas pelo Direito – na prestação de trabalho gratuito ou oneroso, no contexto de um negócio jurídico privado ou de um vínculo de direito público e de forma autónoma ou dependente, o bem jurídico em causa é sempre a prestação livre de um serviço para outrem, que aproveitará as inerentes utilidades[11].

*O trabalho subordinado é pois uma modalidade de actividade laborativa, que tem um conteúdo comum às restantes formas de actividade laborativa.* Este conteúdo comum explica que a mesma actividade material possa ser desenvolvida num enquadramento laboral ou num enquadramento de outro tipo e justifica as zonas de convergência entre o regime laboral e as normas disciplinadoras de outros vínculos «de trabalho», tanto da esfera do direito privado como da esfera do direito público.

Para melhor delimitarmos o conceito de trabalho subordinado, como modalidade de actividade laborativa, cabe pois apreciar as outras características que lhe são associadas: a onerosidade, a subordinação e a natureza ou a actuação privada do credor.

### 1.4. O trabalho como actividade retribuída

**I.** Para além de ser uma actividade produtiva livre, *o trabalho subordinado caracteriza-se por ser uma actividade retribuída*. No caso português, a retribuição

---

[10] Sobre o trabalho penitenciário *vd* o DL nº 265/79, de 1 de Agosto, com as alterações introduzidas pelo DL nº 49/80, de 22 de Março; sobre o trabalho a favor da comunidade, *vd* os arts. 58º e 59º do CP.
[11] Sobre o conceito de actividade laborativa no sentido exposto, M. R. PALMA RAMALHO, *Da Autonomia Dogmática do Direito do Trabalho*, Coimbra, 2001, 78 ss.

é exigida directamente pela noção legal de contrato de trabalho (arts. 1152º do CC e 11º do CT), configurando-se pois como um elemento essencial do negócio laboral.

A exigência de retribuição como contrapartida da actividade de trabalho no contrato de trabalho é uma constante nos vários sistemas jurídicos: assim, em França o *Code civil* refere o *prix* como elemento obrigatório do *contrat de louage d'ouvrage*, do qual o *contrat de louage du travail* é uma das modalidades (arts. 1710º e 1711º); no sistema germânico, o BGB exige o *Vergütung* como elemento essencial do *Dienstvertrag* (§ 611), do qual o *Arbeitsvertrag* é uma das modalidades; no sistema belga, o elemento da retribuição consta da noção legal de contrato de trabalho – art. 1º nº 2 da *Loi du 3 juillet 1978 relative aux contrats de travail*, com as alterações introduzidas pela *Loi du 17 juillet 1985*; e nos sistemas espanhol e italiano, este elemento é referido a propósito da delimitação do conceito de trabalhador subordinado – art. 1º nº 1 do *Estatuto de los Trabajadores, aprovado pela Ley 8/1980, de 10 de marzo*, alterado pelo *Real Decreto Legislativo 1/1995, de 24 de marzo*, e art. 2094º do *Codice civile* italiano.

**II.** A exigência de retribuição no trabalho subordinado é um corolário do requisito da liberdade do prestador, já que o pagamento da actividade faz sentido para o trabalho livre e não para o trabalho servil[12]. Na verdade, a retribuição contribui para tornar juridicamente equivalentes as posições das partes no vínculo de trabalho, porque corresponde ao «valor» do trabalho, e é esta equivalência que permite caracterizar o negócio laboral como um vínculo sinalagmático e oneroso.

Por outro lado, a exigência de retribuição auxilia à delimitação do vínculo de trabalho subordinado em relação às actividades laborativas desenvolvidas a título gratuito – o trabalho no seio da família ou de outras comunidades, como as comunidades paroquiais ou religiosas, ou o trabalho de voluntariado, e ainda actividades laborativas desenvolvidas no quadro de um contrato de

---

[12] De facto, mesmo quando o trabalho servil é prestado no quadro de um contrato oneroso, a retribuição ou o preço não têm o mesmo sentido: assim, no contrato de locação entre o dono do escravo e outra pessoa (*locatio hominis*), o escravo era temporariamente cedido mediante um preço, ou *merces*, mas o preço era devido ao *dominus*, sendo o escravo o bem objecto do contrato.

prestação de serviço gratuito. Estas actividades não integram pois o conceito de trabalho subordinado e ficam subtraídas ao âmbito do Direito Laboral.

### 1.5. O trabalho como actividade desenvolvida em situação de dependência: a actividade laboral

**I.** Outra característica delimitadora do conceito de trabalho subordinado é a característica da dependência. Dito de outra forma, o Direito do Trabalho não se ocupa de toda e qualquer actividade humana produtiva, desenvolvida para satisfação de necessidades de outrem (i.e., *actividade laborativa*, no sentido que indicámos acima), mas apenas da modalidade de actividade laborativa prestada a título oneroso e *cujo prestador se encontre numa posição de dependência ou de subordinação em relação ao credor*.

No caso português, o elemento da subordinação ou dependência, que caracteriza esta forma de actividade laborativa, retira-se directamente da definição legal de contrato de trabalho, que recorta classicamente a actividade laboral como uma actividade prestada sob a direcção e a autoridade do empregador (art. 1152º do CC, art. 1º da LCT e art. 10º do CT 2003). Mas o mesmo requisito de dependência se pode retirar da referência que consta da actual noção de contrato de trabalho, constante do art. 11º do CT, à prestação da actividade de trabalho «sob a autoridade» do empregador, uma vez que a «autoridade» do empregador tem uma óbvia componente directiva.

Noutros sistemas, o elemento da dependência do trabalhador no contrato de trabalho evidencia-se na descrição legal da posição negocial das partes (é o caso da Itália e da Espanha), ou manifesta-se na atribuição de poderes de direcção e disciplina ao empregador pela lei (é o que sucede em França e na Alemanha).

> Orientação semelhante à nossa é a do sistema jurídico belga, cuja *Loi du 3 juillet 1978 relative aux contrats de travail*, exige expressamente, como elemento comum às diversas modalidades de contrato de trabalho, o desempenho da actividade laboral «*sous l'autorité d'un employeur*» (art. 1º). Já no direito italiano, o *imprenditore* é definido no *Codice civile* como o «*capo dell'impresa*» (art. 2086º) e o *lavoratore* é delimitado pelo seu posicionamento «*alle dipendenze e sotto la direzione dell'imprenditore*» (art. 2094º); e a mesma orientação é seguida no direito espanhol, onde o art. 1º nº 1 do

*Estatuto de los Trabajadores* define como trabalhadores a ele sujeitos aqueles que «*voluntariamente presten sus servicios retribuidos por conta ajena y dentro del ámbito de organización y dirección de otra persona, física o jurídica, denominada empleador o empresario*». No sistema francês, o elemento de subordinação evidencia-se na atribuição de poderes de direcção e disciplina ao empregador (*Code du travail*, art. L. 1321-1 parágrafo 3º e arts. L. 1331-1 e ss. do *Code du travail*); e no sistema germânico, o § 618 Abs. 1 do BGB prevê, embora apenas incidentalmente, que a prestação de trabalho seja desenvolvida sob a fiscalização e a chefia do credor.

A conjugação da ideia de dependência com os elementos descritos acima demonstra a sua importância para a fixação do conceito de trabalho subordinado, já que é este elemento que permite distingui-lo dos outros tipos de actividade laborativa. Enquanto as características da liberdade do prestador e da onerosidade da actividade produtiva podem ser comuns a outras formas de trabalho, as posições respectivas de dependência do trabalhador e de autoridade do empregador, manifestadas na sujeição do primeiro aos poderes directivo e disciplinar do segundo, são uma característica específica do trabalho subordinado.

**II.** A maioria da doutrina reconduz a subordinação a uma característica da actividade laboral e à ideia de *heterodeterminação*, para indicar que o conteúdo da prestação de trabalho é determinado pelo credor[13]. A nosso ver, todavia, a subordinação não se reporta à actividade de trabalho em si mesma mas à posição relativa das partes no vínculo de trabalho, uma vez que revela o estado jurídico do trabalhador perante o empregador. A subordinação tem pois uma dimensão eminentemente subjectiva, cifrando-se naquilo que os juslaboralistas germânicos designaram como «dependência pessoal» (*persönliche Abhängigkeit*) do trabalhador[14] perante o empregador.

---

[13] G. PERA, *Compendio di diritto del lavoro*, 4ª ed., Milano, 1996, 106, e A. MENEZES CORDEIRO, *Manual de Direito do Trabalho*, Coimbra, 1991, 16; mas este entendimento era já subscrito por alguns dos pioneiros do Direito do Trabalho germânico como H. HOENIGER, *Grundformen des Arbeitsvertrages, in* H. HOENIGER/E. WEHRLE (Hrsg.), *Arbeitsrecht – Sammlung der reichsgesetzlichen Vorschriften zum Arbeitsvertrag*, 6ª ed., Mannheim-Berlin-Leipzig, 1925, XXXI.

[14] E. MOLITOR, *Arbeitnehmer und Betrieb – zugleich ein Beitrag zur einheitlichen Grundlegung des Arbeitsrechts*, Marburg, 1929, 9, G. HUECK, *Einige Gedanken zum Begriff des Arbeitnehmers*, RdA, 1969, 7/8, 216-220 (217), M. LOUISE HILGER, *Zum Arbeitnehmer-Begriff*, RdA,

Com esta dimensão subjectiva, a subordinação tem uma importância decisiva para a delimitação do conceito de actividade laboral, porque põe em evidência os traços que lhe são específicos. Com efeito, pela sua essência subjectiva, o elemento da subordinação demonstra que o chamado *trabalho subordinado* se diferencia das outras formas de actividade laborativa pela posição desigual que as partes ocupam no vínculo: da parte do trabalhador, uma posição de dependência; da parte do empregador, a correspondente posição de domínio.

**III.** Face ao exposto, pode definir-se o trabalho subordinado como a *actividade produtiva livre e onerosa em que o prestador se encontra sujeito à posição dominial do credor*. O trabalho subordinado corresponde assim a um fenómeno complexo, cujo conteúdo comporta uma parcela objectiva e uma parcela subjectiva: a parcela objectiva é comum a outras formas de *actividade laborativa* e consiste no binómio de troca trabalho/remuneração; a parcela subjectiva, que o diferencia das restantes actividades laborativas, é o binómio subjectivo dependência do trabalhador/domínio do empregador.

É esta modalidade de actividade laborativa que é especificamente laboral e por isso a designamos como *actividade laboral*[15]. É ela que constitui o fenómeno nuclear do Direito do Trabalho.

## 1.6. O enquadramento jurídico privado da actividade laboral

**I.** Como último traço característico da actividade laboral, deve apontar-se *a natureza ou a actuação jurídica privada do credor do trabalho: o Direito do Trabalho só se ocupa do trabalho subordinado privado, i.e., aquele cujo credor é um sujeito privado ou que se comporta como tal*.

A delimitação entre o trabalho desenvolvido no quadro de um vínculo laboral ou no quadro de um vínculo de serviço público impõe-se por motivos objectivos e subjectivos: em termos objectivos, porque a mesma actividade produtiva pode ser desenvolvida em qualquer destes enquadramentos; em

---

1989, 1, 1-7 (1), ou H.-J. BAUSCHKE, *Auf dem Weg zu einem neuen Arbeitnehmerbegriff*, RdA, 1994, 4, 205-215 (209).
[15] ROSÁRIO PALMA RAMALHO, *Da Autonomia Dogmática... cit.*, 105.

termos subjectivos, pela vincada semelhança da posição jurídica das partes: os trabalhadores públicos e privados têm direitos e deveres similares e encontram-se, em ambos os casos, numa posição de subordinação, e os «empregadores» estão, nos dois casos, adstritos ao dever de retribuir e são titulares dos poderes de direcção e de disciplina.

Para a delimitação entre o trabalho subordinado público e privado concorrem os dois critérios tradicionais de distinção entre o direito público e o direito privado: o critério dos interesses prosseguidos pelas normas; e o critério da posição jurídica dos sujeitos no vínculo. No trabalho subordinado privado são prosseguidos, sobretudo, os interesses do empregador e do trabalhador, enquanto no trabalho subordinado público avultam interesses gerais, corporizados pelo ente jurídico público; por outro lado, no vínculo laboral as partes estão formalmente em posição de igualdade, ao passo que na relação de serviço público o ente público actua munido do seu *jus imperii*[16].

**II.** Deve, contudo, ter-se em atenção que a distinção entre o trabalho subordinado público e privado vai sendo cada vez mais difícil de estabelecer, pela crescente aproximação dos respectivos regimes jurídicos, que decorre de dois factores: a moderna tendência de «privatização» dos vínculos de serviço público, que se manifesta na inclusão de regras laborais na disciplina jurídica destes vínculos, e que sucedeu à anterior tendência de «publicização» do direito laboral, decorrente da influência do Direito Administrativo na configuração de alguns institutos laborais; e a tendência «expansionista» do Direito do Trabalho, que se evidencia na extensão de institutos e direitos tipicamente laborais (como o direito à negociação colectiva, ao sindicalismo ou à greve) aos trabalhadores públicos e no recurso crescente à contratação laboral por parte de entes públicos, que, para este efeito, se despem das suas

---

[16] Aplicando estes critérios à distinção entre trabalho subordinado público e privado, MENEZES CORDEIRO, *Manual de Direito do Trabalho cit.*, 530 s.; P. ROMANO MARTINEZ, *Direito do Trabalho*, 7ª ed., Coimbra, 2015, 50; A. J. MOTTA VEIGA, *Lições de Direito do Trabalho*, 6ª ed., Lisboa, 1995, 39 ss.; B. G. LOBO XAVIER, *Iniciação ao Direito do Trabalho*, Lisboa – S. Paulo, 1994, 22; e, na doutrina estrangeira, G. LYONCAEN/J. PÉLISSIER, *Droit du travail*, 16ª ed., Paris, 1992, 21; J.-C. JAVILLIER, *Droit du travail*, 3ª ed., Paris, 1990, 32; D. MUSCARI TOMAJOLI, *Istituzioni di diritto del lavoro*, 4ª ed., Milano, 1985, 143 ss.; SCHAUB, *Arbeitsrecht...cit.*, 199; T. MAYER-MALY/F. MARHOLD, *Österreichisches Arbeitsrecht*, I, Wien – New York, 1987, 2.

vestes públicas para assumirem a posição de empregador[17-18]. Acresce, especificamente quanto ao panorama nacional, que as tendências de «privatização» do enquadramento dos trabalhadores públicos se saldaram já em profundas alterações do regime jurídico aplicável àqueles trabalhadores, em primeiro lugar, com a admissão generalizada da figura do contrato de trabalho neste universo de trabalhadores (por via da L. nº 23/2004, de 22 de Junho[19]) e, posteriormente, com a conversão dos vínculos da esmagadora maioria dos funcionários públicos em contratos de trabalho (levada a efeito pela L. nº 12-A/2008, de 27 de Fevereiro, arts. 88º ss.), a que se seguiu a aprovação de uma disciplina específica mas muito abrangente para estes vínculos, (operada pela L. nº 59/2008, de 11 de Setembro[20]), que permite qualificá-los como um *tertium*

---

[17] Sobre estas várias tendências de interpenetração dos regimes da função pública e do trabalho subordinado privado, A. ARANGUREN, *Principi generali e fonti*, e M. PAPALEONI, *Il rapporto di lavoro*, ambos in MAZZONI (dir.), *Manuale di diritto del lavoro*, I, 6ª ed., Milano, 1988, respectivamente 1-222 (59) e 223-1142 (292 ss.); E. PEREZ BOTIJA, *Aportaciones del derecho administrativo al derecho del trabajo*, in *Estudios in Homenage a Jordana de Pozas*, III, Madrid, 1961, 1-46 (12 ss.); G. GIUGNI, *Il diritto del lavoro negli anni '80*, DLRI, 1982, 373-409 (393 s.), e A. ORSI BATTAGLINI, *L'influenza del diritto del lavoro su diritto civile, diritto processuale civile, diritto amministrativo – diritto amministrativo*, DLRI, 1990, I, 39-57 (42 s.); M. COLOMBO, *Equilibrio tra garantismo legislativo e autonomia contrattuale*, in *Prospettive del Diritto del lavoro per gli anni '80 – Atti del VII Congresso di Diritto del lavoro, Bari, 23-25-Aprile 1982*, Milano, 1983, 79-88 (84); ou F. CARINCI, *Contratto e rapporto individuale di lavoro*, in *La riforma del rapporto di lavoro pubblico*, DLRI, 1993, 3/4, 653-789 (653).

[18] M. R. PALMA RAMALHO, *Intersecção entre o regime da função pública e o regime laboral – breves notas*, in *Estudos de Direito do Trabalho*, I, Coimbra, 2003, 69-93 (também publicado na ROA, 2002, 2, 439-466).

[19] Para mais desenvolvimentos sobre este regime, *vd* M. R. PALMA RAMALHO/P. MADEIRA DE BRITO, *Contrato de Trabalho na Administração Pública. Anotação à Lai nº 23/2004, de 22 de Junho*, 2ª ed., Coimbra, 2005, e ainda M. R. PALMA RAMALHO, *O contrato de trabalho na reforma da Administração Pública*, QL, 2004, 24, 121-136.

[20] A L. nº 12-A/2008, de 27 de Fevereiro (LVCR), veio estabelecer os novos regimes de vinculação, carreiras e remunerações dos trabalhadores que exercem funções públicas, prevendo que a vinculação destes trabalhadores fosse feita segundo um regime de nomeação ou mediante contrato, que designou como «contrato de trabalho em funções públicas». O regime jurídico destes contratos, que hoje abrangem a esmagadora maioria dos antigos funcionários públicos, veio a ser estabelecido pelo denominado *Regime do Contrato de Trabalho em Funções Públicas* (LCTFP), aprovado pela L. nº 59/2008, de 11 de Setembro. Sobre estes regimes, *vd* M. R. PALMA RAMALHO/ P. MADEIRA DE BRITO, *Regime do Contrato de Trabalho em Funções Públicas* (IDT – Colecção Cadernos Laborais nº 4) Coimbra, 2009.

*genus* entre o vínculo jurídico administrativo tradicional da função pública e um contrato de trabalho comum.

A matriz privatista do regime jurídico aplicável à generalidade dos trabalhadores públicos – que, porventura, viabiliza a qualificação do contrato de trabalho em funções públicas como um contrato de trabalho especial – voltou a adensar-se com a aprovação do actual regime destes contratos, que substitui a L. nº 59/2008, de 11 de Setembro: a Lei Geral do Trabalho em Funções Públicas (LGTFP), aprovada pela L. nº 35/2014, de 20 de Junho.

### 1.7. Conclusão: a actividade laboral como objecto nuclear do Direito do Trabalho

I. Chegados a este ponto, estamos aptos a fixar, em definitivo, o conceito de trabalho subordinado: *modalidade de actividade laborativa, o trabalho subordinado é a actividade humana produtiva, destinada ab initio à satisfação das necessidades de outrem, desenvolvida a título oneroso para um sujeito privado ou que actua como tal, por um trabalhador livre e dependente.*

À designação tradicional *trabalho subordinado*, preferimos, contudo, a expressão *actividade laboral privada* ou simplesmente *actividade laboral* para identificar o objecto do Direito do Trabalho, por motivos de rigor e de clareza. Por um lado, a expressão *actividade laboral* é mais rigorosa do que a designação *trabalho subordinado*, já que a subordinação não é uma qualidade do trabalho mas um estado pessoal do trabalhador. Por outro lado, a expressão *trabalho subordinado* é equívoca, porque o fenómeno do trabalho subordinado se pode desenvolver tanto num enquadramento jurídico privado como numa relação de direito público – pelo contrário, a expressão *actividade laboral* aponta directamente para o *Direito Laboral*, logo, para um contexto privado. Finalmente, a designação *actividade laboral* recorda-nos que se trata de uma modalidade de actividade laborativa que se diferencia das outras modalidades pela conjugação do enquadramento privado com a posição desigual das partes, evidenciada na sujeição do trabalhador aos poderes laborais de direcção e disciplina que assistem ao empregador – o adjectivo «laboral» é utilizado exactamente para salientar esta conjugação.

**II.** A actividade laboral constitui o fenómeno nuclear do Direito do Trabalho, que pode assim definir-se, numa primeira aproximação, como o *ramo do Direito que estabelece a disciplina jurídica desta actividade e dos fenómenos com ela conexos*.

A identificação da actividade laboral como objecto nuclear do Direito Laboral não significa, todavia, a redução da área jurídica ao complexo normativo que regula o contrato de trabalho, porque, na verdade, a actividade laboral constitui o motor da difusão de múltiplos e diversos fenómenos, distintos do contrato de trabalho, que podem ou não estar com ele relacionados, e dos quais o Direito Laboral também se ocupa. Não subscrevemos assim o entendimento daqueles autores que perspectivam o Direito do Trabalho eminentemente como o «direito do contrato de trabalho», secundarizando, no seu seio, a disciplina de outros fenómenos laborais[21]. Como veremos, nos pontos seguintes, o Direito do Trabalho comporta diversas áreas regulativas e a todas elas deve ser reconhecido idêntico relevo.

## 2. O âmbito do Direito do Trabalho e a sua natureza unitária

### 2.1. O surgimento das questões laborais e a tripartição clássica do Direito do Trabalho nas áreas do direito das condições de trabalho, do direito individual do trabalho e do direito colectivo do trabalho

**I.** Delimitado genericamente o fenómeno nuclear do Direito do Trabalho com a fixação do conceito de actividade laboral, suscita-se a questão de saber que tipo de problemas é que esta actividade colocou historicamente, e como é que o sistema juslaboral se organizou para as resolver.

As questões suscitadas pelo fenómeno do trabalho subordinado são tradicionalmente agrupadas em três grandes grupos, aos quais correspondeu o desenvolvimento de três áreas normativas no seio do Direito Laboral: as questões ligadas às condições de trabalho, que estiveram na base do denominado

---

[21] Por exemplo, ROMANO MARTINEZ, *Direito do Trabalho cit.*, 40 ss. Nesta linha, este autor refere-se às normas laborais não directamente incidentes na disciplina do vínculo de trabalho como aspectos complementares da área jurídica.

## §1º OBJECTO E ÂMBITO DO DIREITO DO TRABALHO

*direito das condições de trabalho*; as questões ligadas ao contrato de trabalho, que deram lugar ao chamado *direito individual do trabalho*; e as questões ligadas aos fenómenos laborais colectivos, que deram origem ao *direito colectivo do trabalho*.

**II.** As questões ligadas às *condições de trabalho* foram as primeiras a justificar uma regulamentação jurídica específica, por força da Revolução Industrial, que teve início no final do século XVIII e se desenrolou ao longo do século XIX, na Europa e no continente americano.

Passando pelo recurso maciço ao trabalho dependente, a Industrialização foi responsável pelos fluxos migratórios da população para os centros fabris e pelo emergir de um novo grupo social que, nas fábricas, disponibilizava o seu trabalho mediante um preço: o operariado ou salariato. Ora, a degradação das condições de trabalho e de vida dos operários ao longo do século XIX tornou imperiosa a intervenção legislativa para repressão das situações de maior abuso por parte dos empregadores, em matéria de tempo de trabalho, de condições de higiene e salubridade nos estabelecimentos e em matéria de acidentes de trabalho e de prevenção de outros riscos sociais associados ao trabalho.

> As péssimas condições de vida e de trabalho dos operários ao longo séc. XIX são exemplarmente descritas no célebre *Rapport Villermé – Tableau de l'état physique et moral des ouvriers employés dans les manufactures de coton, de laine et de soie*, datado de 1840. Nele encontramos referências a jornadas de trabalho com duração até 17 horas, nas piores condições físicas e envolvendo crianças a partir dos 6 anos[22].

As primeiras normas laborais foram pois normas de protecção dos trabalhadores nas matérias descritas. Estas normas começaram por se aplicar a determinadas áreas produtivas e a certas categorias de trabalhadores particularmente vulneráveis, como as mulheres e as crianças, mas generalizaram-se progressivamente a todos os trabalhadores. De carácter imperativo, estas normas limitavam a liberdade contratual dos empregadores, impondo-lhes

---

[22] Teremos ocasião de desenvolver esta matéria, no parágrafo seguinte, a propósito da evolução histórica do Direito do Trabalho. Por ora, pretende-se apenas fixar os grandes centros temáticos da área jurídica.

deveres mínimos em matéria de tempo de trabalho, de segurança e higiene no trabalho e de protecção contra riscos sociais ligados ao trabalho, bem como deveres para com o Estado em matéria social.

Este conjunto normativo deu origem à área regulativa laboral tradicionalmente designada como *direito das condições de trabalho*.

III. O segundo grupo de questões sobre as quais se debruçaram as normas laborais tem a ver com o *contrato de trabalho e a relação jurídica dele emergente*.

Embora o vínculo laboral tivesse começado por ser enquadrado pelas figuras da locação ou da prestação de serviço nos Códigos civis de oitocentos (segundo a tradição do Código de Napoleão e dos Códigos de Seabra e do BGB, respectivamente), ao longo do século XX foi-se tornando patente a inadequação das regras gerais do negócio jurídico e do regime jurídico da locação ou do contrato de prestação de serviço a algumas particularidades do vínculo de trabalho e da situação jurídica do trabalhador. Por este motivo, a partir do final do séc. XIX, foram surgindo normas laborais específicas em matéria de invalidade do contrato, de capacidade das partes, de cessação do vínculo, de responsabilidade do trabalhador pelo incumprimento ou de responsabilidade do empregador relativamente à pessoa e à saúde do trabalhador.

Correspondendo inicialmente a uma lógica de desvio pontual em relação ao direito privado comum, que continuava a ser considerado genericamente adequado ao vínculo laboral, estas normas especiais vieram progressivamente a abranger a maioria dos aspectos do contrato de trabalho, constituindo uma regulamentação global e autónoma desse vínculo. A este processo sucedeu, aliás, na maioria dos sistemas jurídicos, a autonomização formal da figura do contrato de trabalho em relação ao contrato de prestação de serviço ou ao contrato de locação, que tinham originariamente enquadrado o fenómeno do trabalho subordinado.

Desenvolvida em sede dos próprios códigos civis ou à sua margem[23], esta disciplina específica do vínculo de trabalho veio a corresponder ao segundo

---

[23] Com efeito, alguns sistemas integraram a disciplina jurídica do contrato de trabalho no Código Civil, enquanto outros preferiram remetê-la para legislação especial, bastando-se, quando muito, com uma referência sucinta à categoria do contrato de trabalho na lei civil – exemplo da primeira opção foi o Código Civil italiano de 1942; exemplo da segunda é o nosso actual Código Civil.

centro regulativo do Direito do Trabalho, tradicionalmente designado como *direito individual do trabalho*, e que inclui o conjunto de normas jurídicas relativas ao contrato de trabalho e à relação de trabalho.

**IV.** O terceiro grupo de questões de que o Direito do Trabalho se ocupou reporta-se aos *fenómenos laborais de grupo ou colectivos*.

Estes fenómenos desenvolveram-se, sobretudo, a partir da segunda metade do séc. XIX, quando a consciencialização por parte dos trabalhadores da sua maior força enquanto grupo do que individualmente os levou a agruparem-se para prossecução de diversos objectivos laborais: em primeiro lugar, para promoverem mecanismos colectivos de atenuação e reparação dos riscos profissionais – é o surgimento das associações de socorros mútuos; em segundo lugar, para protestarem colectivamente contra as condições de trabalho – são os movimentos grevistas; por último, para procurarem ultrapassar a sua tradicional debilidade contratual perante o empregador através da deslocação da negociação dos seus contratos de trabalho de um plano individual para um plano colectivo, onde se faziam representar pelas suas associações de classe – é o advento do sindicalismo, da negociação colectiva e das convenções colectivas de trabalho.

Os fenómenos laborais colectivos começaram por se desenvolver à margem do Direito, por força da desconfiança votada genericamente ao associativismo desde a Revolução Francesa e da célebre *Loi le Chapelier*, de 1791[24]. Esta circunstância explica que as primeiras normas que sobre eles surgiram tenham sido normas repressivas, destacando-se, entre nós, a incriminação da greve e do associativismo sindical no Código Penal de 1852 (art. 277º).

Com o fim das restrições aos fenómenos associativos, os fenómenos laborais colectivos viram-se também legitimados e a sua regulação jurídica acabou por se impor, sobretudo a partir da segunda década do século XX. Trata-se, todavia, de uma regulamentação *a latere* do Direito Civil, em resultado da estranheza destes fenómenos relativamente aos parâmetros dogmáticos predominantemente individualistas do Direito privado da época.

---

[24] A *Loi Le Chapelier, du 17 juin 1791*, em França, proibiu as corporações e todos os fenómenos de associativismo. Esta proibição veio a estender-se a outros países e, entre eles, a Portugal, com o Dec. de 7 de Maio de 1834.

O conjunto das normas jurídicas que se debruçaram sobre estes fenómenos veio a corresponder à terceira área regulativa do Direito do Trabalho, que se ocupa do associativismo sindical e patronal, da negociação colectiva e dos instrumentos de regulamentação colectiva do trabalho e dos conflitos laborais colectivos e respectiva resolução. Este núcleo normativo é tradicionalmente designado como *direito colectivo do trabalho*.

**V.** A dispersão das normas laborais pelos vários centros regulativos indicados e a lógica diferente que esteve subjacente ao desenvolvimento de cada um desses centros, na origem – uma lógica clara de protecção do trabalhador mas à custa da limitação do princípio da liberdade contratual através de normas imperativas, na área das condições de trabalho, uma lógica de desvio pontual em relação ao regime comum dos contratos obrigacionais, na área do direito individual do trabalho, e uma lógica de lateralização em relação ao Direito Civil na área do direito colectivo – explicam que o desenvolvimento do Direito do Trabalho tenha correspondido a um modelo fragmentário e disperso. Efectivamente, ao contrário do que sucedeu noutras áreas jurídicas, cuja construção assentou em alguns conceitos chave e seguiu um padrão racionalista[25], o Direito do Trabalho desenvolveu-se de forma algo desequilibrada, porque os seus núcleos regulativos foram crescendo em linhas paralelas, sem parecerem ter outro nexo entre si que não que o facto de lidarem com problemas suscitados pela actividade laboral.

É justamente para destacarem o facto de a área jurídica se ter estruturado em torno de diversos centros regulativos, que evoluíram autonomamente e que, até hoje, têm um peso diferente nos diversos sistemas jurídicos[26], que autores como Menezes Cordeiro[27] se referem ao *policentrismo* do Direito do Trabalho.

---

[25] Assim, o desenvolvimento do Direito Comercial em torno do conceito chave de acto de comércio, ou o desenvolvimento do Direito da Família a partir das instituições do casamento e do parentesco, por exemplo.

[26] Assim, por exemplo, o sistema germânico desenvolveu, de um modo sem paralelo noutros sistemas europeus, institutos da área colectiva como a cogestão, mas não autonomizou o contrato de trabalho relativamente ao contrato de prestação de serviço.

[27] *Manual de Direito do Trabalho cit.*, 19 ss.

**VI.** Apresentada a forma de surgimento das questões laborais e a organização sistemática tradicional do Direito do Trabalho – que serviu também de base à apresentação das matérias laborais na doutrina, em opção que alguns autores mantêm até hoje[28] – cabe verificar como é que esta organização evoluiu, para fixar, em definitivo o âmbito do Direito Laboral na actualidade.

### 2.2. O âmbito do Direito do Trabalho na actualidade e a sua *summa divisio*: o direito das situações laborais individuais e o direito das situações laborais colectivas. A natureza unitária da área jurídica

**I.** Perante o actual grau de desenvolvimento e maturação do Direito do Trabalho como ramo jurídico, podemos concluir que os três centros temáticos tradicionais, identificados no ponto anterior, evoluíram para duas grandes áreas regulativas: a área regulativa que designamos como *direito das situações laborais individuais*; e a área regulativa que denominamos *direito das situações laborais colectivas*.

Em paralelo com estas áreas regulativas desenvolveram-se ainda dois outros conjuntos normativos: o conjunto de normas procedimentais que integra o *direito processual do trabalho* e o *regime jurídico das contraordenações laborais*. No entanto, a natureza destas normas afasta-as do âmbito nuclear da nossa disciplina.

**II.** O reconhecimento do *direito das situações laborais individuais* e do *direito das situações laborais colectivas* como as duas grandes áreas regulativas no Direito do Trabalho, em lugar das três áreas tradicionais, deve-se à evolução entretanto ocorrida na área do *direito das condições de trabalho*.

Inicialmente desenvolvida de forma autónoma, porque a natureza imperativa da maioria das suas normas e o facto de imporem ao empregador não só deveres para com o trabalhador mas também deveres para com o Estado dificultava a sua integração no regime jurídico do contrato de trabalho, esta parcela do Direito Laboral veio a evoluir num duplo sentido: uma parte das

---

[28] Assim, por exemplo, W. ZÖLLNER/K.-G. LORITZ, *Arbeitsrecht – ein Studienbuch*, 5ª ed., München, 1998, 145 ss., 341 ss., e 365 ss., ou A. SÖLLNER, *Grundriß des Arbeitsrecht*, 12ª ed., München, 1998, 49 ss., 217 ss. e 247 ss.

suas normas acabou por integrar a parcela *individual* da área jurídica, quer como normas limitativas da liberdade contratual do empregador no contrato de trabalho em nome das necessidades de protecção do trabalhador (como também sucede na disciplina jurídica de outros negócios de direito privado, em tutela da parte mais débil), quer como normas que impõem deveres do empregador para com o Estado, em razão da sua qualidade de empregador, ligada ou não a um vínculo laboral em concreto; a outra parte destas normas veio a integrar o denominado Direito da Segurança Social, que se autonomizou da sua origem laboral e constitui hoje uma área jurídica *a se*, do domínio do direito público.

Desta forma, a tradicional área regulativa das *condições de trabalho* deixou de revestir autonomia.

**III.** O *direito das situações laborais individuais* é o complexo de normas laborais que disciplina o contrato de trabalho e a relação jurídica dele emergente, bem como outras situações jurídicas que decorrem directamente da qualidade de trabalhador subordinado ou da qualidade de empregador.

A designação desta área regulativa do Direito Laboral pela expressão *direito das situações laborais individuais* deve-se a um motivo de rigor formal. É que a tradicional designação *direito individual do trabalho* – que corresponde à também usual adjectivação do contrato de trabalho como contrato *individual* – é tecnicamente incorrecta, não só porque o contrato de trabalho corresponde necessariamente a uma situação jurídica plurisubjectiva[29], mas também porque o adjectivo *individual* não faz sentido reportado a um conjunto de normas, que não é, naturalmente, nem individual nem colectivo. A designação que utilizamos reporta, pelo contrário, a expressão *individual* às situações jurídicas emergentes do contrato de trabalho ou com ele conexas, e que são da titularidade do empregador e/ou do trabalhador, pelo que não é passível das mesmas críticas.

Por outro lado, do ponto de vista substancial, deve ter-se em atenção que o *direito das situações laborais individuais* não integra apenas as normas reguladoras do contrato de trabalho e da relação dele emergente (abrangidas pelo

---

[29] Por todos, A. MENEZES CORDEIRO, *Tratado de Direito Civil Português*, I, 4ª ed., Coimbra, 2012, 865.

tradicional *direito individual do trabalho*), mas também as normas que regulam questões atinentes directamente à qualidade de trabalhador subordinado e/ou à qualidade de empregador e que são independentes da existência de um contrato de trabalho em concreto: assim, em relação ao trabalhador, estão aqui incluídas, por exemplo, as normas sobre a carteira ou o título profissional (art. 117º do CT e DL nº 358/84, de 13 de Novembro), ou as normas sobre deontologia profissional; e, em relação ao empregador, aqui se incluem as normas reguladoras dos períodos de funcionamento das unidades produtivas (art. 201º do CT), bem como as diversas normas que lhe impõem deveres públicos relativos à segurança ou à higiene na sua empresa, que integravam o *direito das condições de trabalho*, e ainda diversíssimas normas que o sujeitam aos poderes inspectivos do Estado nos mais variados aspectos.

Resta referir, quanto a esta área regulativa, que a disciplina do contrato de trabalho nas leis laborais não obsta à necessidade de ter em consideração o Direito Civil, como direito subsidiário. Desde que não conflituem com princípios específicos do Direito do Trabalho, as normas civis, designadamente em matéria de teoria geral do negócio jurídico e de regime dos contratos obrigacionais, podem ser chamadas a integrar lacunas do regime laboral[30].

**IV.** O *direito das situações laborais colectivas* é a área regulativa do Direito do Trabalho que se ocupa dos problemas relativos à constituição, à competência e ao funcionamento dos entes laborais colectivos (as comissões de trabalhadores, as associações sindicais e as associações de empregadores); aos instrumentos de regulamentação colectiva de trabalho e, em especial, à negociação colectiva; e aos conflitos colectivos de trabalho, no seio dos quais tem particular importância, no caso português, o direito de greve.

De novo por um motivo de rigor técnico, preferimos designar este centro regulativo do Direito Laboral pela expressão *direito das situações laborais colectivas*, porque é relativamente às situações jurídicas a que se reportam as suas normas e não aos respectivos titulares nem, muito menos, ao complexo normativo, que o adjectivo *colectivo* pode ser aplicado com propriedade. Para comprovar a impropriedade técnica da designação *direito colectivo do trabalho*

---

[30] O ponto será retomado, *infra*, § 14º e 15º, a propósito do tema da autonomia dogmática do Direito do Trabalho e da sua relação com o Direito Civil.

reportada aos titulares das situações laborais, basta, aliás, atentar no facto de algumas situações laborais colectivas serem protagonizadas pelos empregadores e pelos trabalhadores individualmente e com independência em relação às respectivas associações representativas: assim, por exemplo, a legitimidade para a celebração de acordos colectivos de trabalho e de acordos de empresa é do empregador (art. 2º nº 3 b) e c) do CT) e a adesão à greve é um acto individual de cada trabalhador (art. 536º nº 1 do CT).

V. Em paralelo com estas áreas regulativas, desenvolveram-se também normas processuais que disciplinam a litigância judicial em matéria laboral e cujo conjunto constitui o Direito Processual do Trabalho, bem como o regime das contra-ordenações laborais.

O *Direito Processual do Trabalho* desenvolveu-se em prossecução dos mesmos valores que estiveram na base do desenvolvimento do Direito do Trabalho – *maxime*, o princípio da protecção do trabalhador – e projecta, até hoje, esses valores. No entanto, a natureza adjectiva das suas normas exige a sua qualificação como uma área regulativa autónoma em relação ao Direito do Trabalho, e a sua recondução a uma área específica do Direito Processual Civil[31]. O Regime do Direito Processual do Trabalho consta, actualmente, do Código do Processo do Trabalho, aprovado pelo DL nº 480/99, de 9 de Novembro, já alterado várias vezes, com destaque para as alterações introduzidas pelo DL nº 295/2009, de 13 de Outubro, e pela L. 63/2013, de 27 de Agosto.

O *regime das contra-ordenações laborais* desenvolveu-se para garantia de valores sociais gerais associados à prestação de trabalho ou que podem ser objecto de violação no contexto dos vínculos laborais. No nosso sistema jurídico, este regime constava da L. nº 116/99, de 4 de Agosto, mas a matéria foi introduzida no Código do Trabalho de 2003 (onde correspondia ao Livro II). O actual Código do Trabalho mantém apenas parcialmente esta sistematização, já que, a par da formulação de regras gerais sobres esta matéria no seu Livro II

---

[31] Por esta razão, os autores que integram a matéria do Direito Processual do Trabalho no âmbito do Direito do Trabalho previnem que, para este efeito, tomam o Direito do Trabalho num sentido amplo – neste sentido, ROMANO MARTINEZ, *Direito do Trabalho cit.*, 43. Especificamente sobre as relações entre o processo do trabalho e o processo civil, vd M. R. PALMA RAMALHO, *Processo do Trabalho: autonomia ou especialidade em relação ao processo civil, in Estudos do Instituto de Direito do Trabalho, VI*, Coimbra, 2012, 21-31.

(sob a epígrafe «Responsabilidade penal e contra-ordenacional» – arts. 546º a 566º), que devem ser complementadas pelo regime processual constante da L. nº 107/2009, de 14 de Setembro, voltou a referir a tutela penal e contra-ordenacional em sede das normas adequadas no Livro I, o que contribui, pelo menos, para atribuir uma maior visibilidade a tal tutela.

Não obstante esta inserção sistemática, pela própria natureza das suas normas este regime escapa naturalmente à grande bipartição sistemática da área jurídica que acabamos de fazer.

**VI.** Fixado o âmbito do Direito do Trabalho na actualidade, resta referir que a sua *summa divisio* nas áreas do *direito das situações laborais individuais* e do *direito das situações laborais colectivas* não colide com a sua unidade interna e com a sua autonomia sistemática, enquanto ramo jurídico.

O carácter unitário e a autonomia sistemática do Direito do Trabalho comprovam-se no facto de as suas áreas regulativas se terem desenvolvido em torno de conceitos aglutinadores chave, que teremos ocasião de apresentar, da constância dos assuntos de que se ocupam, mau grado alguma instabilidade normativa, típica desta área jurídica, e na constante interpenetração dos seus níveis colectivo e individual. No caso português, a codificação das principais normas laborais em 2003 veio comprovar esta autonomia sistemática.

Por outro lado, o carácter unitário e a maturidade do Direito do Trabalho permitem reconhecer-lhe autonomia dogmática no universo jurídico, e enunciar os seus princípios específicos, como teremos ocasião de verificar oportunamente[32].

Neste contexto, a estruturação do Direito do Trabalho a partir dos dois centros regulativos indicados deve ser entendida como uma proposta de arrumação das matérias laborais que tem apenas um alcance sistemático e que, do ponto de vista pedagógico, facilita a apresentação das matérias.

É pois com esta prevenção que adoptamos a seguinte divisão do *Tratado de Direito do Trabalho*:

– *Dogmática Geral (Parte I)*, dedicada a estabelecer as bases gerais da área jurídica – noções gerais sobre o fenómeno do trabalho subordinado, e

---

[32] *Infra*, § 14º.

sobre o surgimento e evolução do Direito Laboral e sobre as fontes e a interpretação e aplicação das normas laborais – e a definir os alicerces dogmáticos – pessoas laborais, situações jurídicas laborais e xiológicas e e questão da autonomia dogmática do Direito do Trabalho, com a definição dos respectivos princípios fundamentais.

- *Direito das Situações Laborais Individuais (Parte II)*, dedicado ao estudo do contrato de trabalho numa perspectiva (apreciando os problemas colocados na sua delimitação, formação, execução e cessação) e de outras situações atinentes à qualidade de trabalhador e/ou de empregador individualmente considerados.
- *Direito das Situações Laborais Colectivas (Parte III)*, dedicado aos entes laborais colectivos, à negociação e contratação colectiva e aos conflitos laborais colectivos, com destaque para a greve.

## §2º EVOLUÇÃO HISTÓRICA E SITUAÇÃO ACTUAL DO DIREITO DO TRABALHO

### 3. A modernidade do Direito do Trabalho e os contributos pré-industriais para o seu desenvolvimento

#### 3.1. O surgimento do Direito do Trabalho no final do século XIX

I. O Direito do Trabalho é usualmente considerado como um ramo jurídico jovem, porque embora o fenómeno do trabalho subordinado, com os contornos que hoje lhe conhecemos, se tenha começado a massificar a partir do final do séc. XVIII, com o advento da Revolução Industrial, foi necessário esperar até ao final do séc. XIX para que a produção normativa no domínio laboral se regularizasse e intensificasse a ponto de se poder reconhecer uma nova área do universo jurídico.

Por esta razão, a maioria dos autores, em diversos contextos doutrinais, situa o surgimento desta área jurídica no período entre o início do século XX e o termo da Primeira Guerra Mundial[33].

---

[33] A. ROUAST/P. DURAND, *Précis de législation industrielle (Droit du travail)*, Paris, 1943, 1, e, ainda de Paul Durand, *La Naissance d'un droit nouveau – du droit du travail au droit de l'activité professionelle*, DS, 1952, 7, 437-441 (437), G. GHEZZI/U. ROMAGNOLI, *Il rapporto di lavoro*, 3ª ed., Bologna, 1995 (*reprint* 1999), 9, Gino Giugni, *Direito do trabalho*, RDES, 1986, 3, 305-365 (305 s.), F. WIEACKER, *História do Direito Privado Moderno*, 2ª ed., Göttingen, 1967 (trad. port. de A. M. Botelho Hespanha), Lisboa, 1993, 631, H. WIEDEMANN, *Das Arbeitsverhältnis als Austausch – und Gemeinschaftsverhältnis*, Karlsruhe, 1966, 2 s., ZÖLLNER/LORITZ, *Arbeitsrecht... cit.*, 26,

§ 2º EVOLUÇÃO HISTÓRICA E SITUAÇÃO ACTUAL DO DIREITO DO TRABALHO

Este hiato de quase cem anos entre a difusão do trabalho fabril e a preocupação com a sua regulamentação deve-se ao princípio geral de não ingerência do Estado na regulação dos vínculos jurídicos privados, em nome dos axiomas da liberdade e da igualdade dos entes jurídicos privados, proclamados com a Revolução Francesa.

É por esta razão que, apesar da difusão social do fenómeno e do seu crescente peso económico, à medida que o século XIX avança, os principais códigos civis de oitocentos não lhe dedicam grande atenção: assim, o Código de Napoleão contém apenas dois artigos sobre a figura do *louage de gens de travail*, concebida como modalidade do *louage de services*, e limita-se a proibir que estes vínculos sejam perpétuos (arts. 1780º e 1781º)[34]; o Código Civil italiano de 1865 refere-se sucintamente à prestação subordinada de trabalho como modalidade da locação de obra (art. 1570º); e mesmo o BGB, que surge numa fase muito mais avançada da industrialização, opta, embora contra a opinião de alguma doutrina[35], por não autonomizar o contrato de trabalho do contrato de serviço (*Dienstvertrag*) e estabelece apenas algumas normas especiais de protecção do prestador do serviço em situação de dependência (§§ 618 e 619). O desinteresse pelo fenómeno do trabalho subordinado na codificação oitocentista é evidente.

Fora dos Códigos e durante o século XIX, surgem algumas normas laborais. Contudo, trata-se de normas escassas e cuja incidência é limitada às categorias de trabalhadores mais desfavorecidas (as mulheres e as crianças)[36], ou

---

MONTOYA MELGAR, *Derecho del Trabajo*, 22ª ed., Madrid, 2001, 51 e 71, A. M. VALVERDE/F. R. – S. GUTIÉRREZ/J. G. MURCIA, *Derecho del Trabajo*, 4ª ed., Madrid, 1995, 64 e s. e 72.

[34] O segundo destes artigos veio a ser revogado pela *L. 2 août 1868*.

[35] Por exemplo, W. ENDEMANNS, *Die Behandlung der Arbeit im Privatrecht, in Jahrbüchern für Nationalökonomie und Statistik (Separatdruck)*, 1896, A. MENGER, *Das bürgerliche Recht und die besitzlosen Volksklassen*, 1889/1890, *passim*, ou Stadthagen, *Das Arbeiterrecht cit.*; mas favorável à solução do BGB foi, por exemplo, P. LOTMAR, *Der Arbeitsvertrag nach dem Privatrecht des Deutschen Reiches*, I, Leipzig, 1902, passim.

[36] Assim, no direito francês, as referências mais antigas remontam a uma Lei de 22 de Março de 1941, relativa ao trabalho das crianças as manufacturas, oficinas e *ateliers* (J. Blaise, *Réglementation du travail et de l'emploi, in* G. H. CAMERLYNCK (dir.), *Traité de Droit du Travail*, III, Paris, 1966, 4); nos sistemas germânico e austríaco, há referências a uma regulamentação prussiana de protecção do trabalho das crianças e dos jovens em 1839 e a uma lei policial de 1844 (*Zürcher Polizeigesetz von 1844*), que exige um regulamento interno como condição para a aplicação de sanções disciplinares, depois tornados obrigatórios para todas as empresas com

que revestem carácter incriminatório, como no caso dos fenómenos laborais colectivos, por força da proibição genérica do associativismo.

**II.** O agudizar da chamada *questão social* na segunda metade do séc. XIX vai alterar esta situação.

Efectivamente, por esta época em que o trabalho fabril é já um fenómeno de massas, por força de uma industrialização crescente e suportada pelo êxodo das pessoas para os centros industriais, extremam-se também os abusos dos empregadores sobre os trabalhadores em matéria de tempo e de condições de trabalho e as condições de vida do operariado sofrem uma deterioração sem precedentes. Fica assim demonstrada a fraqueza do dogma da liberdade contratual quando esta é exercitada por sujeitos com um poder económico muito diferente.

Este quadro é denunciado tanto pela Igreja Católica como pelas emergentes ideologias marxistas. Assim, numa crítica de índole personalista, que tem o seu ponto mais alto na Encíclica *Rerum Novarum*, do Papa Leão XIII (1891), a Igreja Católica condena firmemente a exploração dos operários pelos industriais e os excessos do Liberalismo económico e apela à protecção e à dignificação do operariado. Já as ideologias marxistas emergentes analisam o quadro descrito a partir de uma perspectiva económica (enfatizando a recondução do trabalho a um factor de produção, a par do capital), na qual fazem assentar o princípio da luta de classes, e apelam ao associativismo sindical, como meio de ultrapassar a debilidade negocial dos operários ao nível dos respectivos contratos de trabalho[37].

É assim que, na última década de oitocentos, os Estados iniciam uma intervenção normativa sistemática nesta área, pondo termo ao abstencionismo legislativo que caracterizara o século[38]. A partir desta época, regulariza-se

---

mais de vinte trabalhadores pela *GewO de 20/12/1858 für das Kaisertum Österreich* (H. ROSCHER, *Die Anfänge des modernen Arbeitsrecht – Ein Beitrag zur Geschichte des Jugendarbeitsschutzes unter besonderer Berücksichtigung der Entwicklung in Preußen*, Frankfurt – Bern – New York, 493 s.; e G. BERNERT, *Arbeitsverhältnisse im 19. Jahrhundert*, Marburg, 1972, 175).

[37] Para mais desenvolvimentos sobre a questão social e o advento do Direito do Trabalho, por todos, MÁRIO PINTO, *Direito do Trabalho – Introdução. Relações Colectivas de Trabalho*, Lisboa, 1996, 41 ss., bem como, embora não numa perspectiva jurídica, J. L. JACINTO, *O Trabalho e as Relações Internacionais*, Lisboa, 2002, 63 ss. e *passim*.

[38] ALONSO OLEA, *La abstencción normativa en las orígenes del Derecho del Trabajo moderno*, in *Estudios de Derecho del Trabajo en memoria del Professor Gaspar Bayon Chacón*, Madrid, 1980, 13-38.

a emissão de legislação avulsa em matéria de tempo de trabalho, de condições de trabalho, de segurança e higiene no trabalho, de acidentes de trabalho e de jurisdição laboral, em boa parte pelo impulso da doutrina social da Igreja. Entretanto, os fenómenos de associativismo tinham deixado de ser objecto de proibição legal, pelo que se desenvolveu o movimento sindical[39] (aqui, em parte por impulso das ideologias marxistas), o que virá a permitir o florescimento da negociação colectiva. Por último, a greve é admitida, primeiro como uma liberdade e depois como um direito dos trabalhadores, em vários países[40].

Na Alemanha, o diploma que constitui o arranque da legislação sobre condições de trabalho remonta a 1891 (*Arbeiterschutzgesetz von 1891*), e só na época de Bismarck surge legislação no domínio dos riscos sociais ligados à doença, aos acidentes de trabalho e à velhice, em 1883, 1884 e 1889 – evolução esta acompanhada na Áustria, com a regulação da matéria dos riscos ligados aos acidentes de trabalho e à doença em 1887 e 1888, a GewO de 1859 revista em 1883 e em 1885); mas o início da produção normativa laboral em termos sistemáticos parece poder fixar-se apenas depois da primeira guerra com a exigência do Art. 157 Abs. 1 da *Weimarer Verfassung* de elaboração de um direito laboral unitário, o que dará lugar ao surgimento dos dois diplomas basilares do actual sistema – o *Tarifvertragsordnung (Tvo) de 23/12/1918* e a *Betriebsrätgesetz (BrG) de 4/2/1920*[41].

Em Itália, é referida a emissão de legislação protectora do trabalho infantil e feminino em 1886, 1902 e 1907, de normas sobre infortunística laboral na indústria (1898) e sobre o trabalho dos imigrantes (1888, 1901, 1910 e 1913), bem como sobre o direito ao repouso (1907) e sobre o trabalho nocturno (1908)[42].

Em França, a produção normativa regular em matéria laboral inicia-se pelo final do séc. XIX: em 1874, surge o regime jurídico da protecção do trabalho das mulheres e das crianças (*Loi du 19 mars*, e *Loi du 2 novembre*);

---

[39] Sobre a origem e a evolução do sindicalismo, *vd* MÁRIO PINTO, *Liberdade e Organização Sindical (copiogr*, UCP) Lisboa, s.d., 5 ss.
[40] Para mais desenvolvimentos sobre o movimento de associativismo sindical e sobre o fenómeno da greve, M. R. PALMA RAMALHO, *Tratado de Direito do Trabalho, Parte III – Situações Laborais Colectivas*, 2ª ed., Coimbra, 2015 (doravante *Tratado III*), § 42, ponto 146, e § 54º, ponto 193.
[41] G. BERNERT, *Arbeitsverhältnisse im 19. Jahrhundert cit, passim*.
[42] F. PERGOLESI, *Introduzione al diritto del lavoro, in* U. BORSI/F. PERGOLESI, *Trattato di diritto del lavoro*, I (*Introduzione al diritto del lavoro*), 3ª ed., Padova, 1960, 1-436 (33 ss.).

em 1884, a *Loi du 21 mars* reconhece a liberdade de associação profissional, pondo fim ao regime instituído pela *Loi Le Chapelier*, e a *Loi du 12 juin 1893* estabelece o regime da segurança e higiene nos estabelecimentos industriais[43].

Na Bélgica, são indicadas como primeiras leis laborais uma lei de protecção dos salários de 1887, uma lei de protecção das mulheres e das crianças trabalhadoras de 1889, uma lei sobre os *réglements d'atelier* de 1896, um diploma sobre a saúde e a segurança dos operários de 1899; o regime jurídico do contrato de trabalho dos operários data de 1900 e a consagração do Domingo como dia de descanso é feita por um diploma de 1905[44].

Em Espanha, as primeiras leis laborais remontam também ao último quartel do séc. XIX, intensificando-se a partir do início do séc. XX. A regulamentação incide na matéria da limitação do trabalho dos menores (*Ley de 24/07/1873, Ley de 26/07/1878, Ley de 13/03/1900*) e das mulheres (*Ley de 13/03/1900, Ley de 20/02/1912*) e *Ley de 11/07/1912*), na matéria da saúde e higiene no trabalho (*Ley de 24/07/1873*) e na matéria do tempo de trabalho, com o estabelecimento do descanso semanal pela *Ley de 3/03/1904*. O direito de coalisão e o direito à greve são admitidos pela *Ley de Huelgas de 27/04/1908* e a *Ley de 19/5/1908* cria os *Consejos de Conciliación y Arbitraje Industrial*.

Deste modo, o carácter sistemático e a incidência progressivamente mais alargada das normas laborais na matéria das condições de trabalho, o progressivo enquadramento jurídico dos fenómenos laborais colectivos e, por fim, o surgimento de regras específicas relativas ao contrato de trabalho (em suma, o desenvolvimento dos três grandes centros regulativos do Direito Laboral) permite reconhecer o Direito do Trabalho como uma nova área do universo jurídico, no período entre o final do séc. XIX e o início do séc. XX, na maioria dos sistemas europeus.

---

[43] J. BLAISE, *Réglementation du travail et de l'emploi cit.*, 4.
[44] P. HORION, *Le contrat de travail en droit belge*, in G. BOLDT/G. CAMERLYNCK/P. HORION/A. KAYSER/M. G. LEVENBACH/L. MENGONI, *Le contrat de travail dans les pays membres de la C.E.C.A.*, Paris (s.d.), 155-224 (162 ss.) e P. DENIS, *Droit du Travail*, Bruxelles, 1992, 11.

### 3.2. A modernidade do fenómeno do trabalho subordinado e a importância dos seus antecedentes pré-industriais

**I.** Questão diferente do surgimento do Direito do Trabalho como ramo do direito é a questão da origem histórica do fenómeno que identificámos como seu objecto nuclear: o fenómeno do trabalho subordinado ou dependente, tal como o conhecemos hoje.

Sendo unânime o reconhecimento da origem histórica remota do trabalho dependente no trabalho escravo e servil, dominante na Antiguidade, a doutrina tem-se dividido quanto à questão do momento em que o fenómeno se distancia desta sua origem para ser objecto de um enquadramento jurídico específico.

**II.** Para alguns autores, o trabalho subordinado que hoje conhecemos é a manifestação moderna do fenómeno do trabalho dependente e livre de épocas anteriores e cuja génese se encontra na Antiguidade. Nesta perspectiva, enfatiza-se a linha de continuidade entre os vínculos de trabalho pré-industriais (desde o trabalho na Antiguidade até ao trabalho no seio das corporações, na Idade Média) e o trabalho fabril difundido a partir da Revolução Industrial[45].

Correspondentemente, os autores que sufragam este entendimento tendem a considerar o actual contrato de trabalho como a projecção moderna da figura que enquadrava o trabalho livre dependente no direito romano – a *locatio conductio operarum*. Esta visão assenta numa concepção tripartida da figura da *locatio conductio*, que comportaria, já na sua origem, a divisão nas modalidades da *locatio conductio rei* (locação de coisas, antecedente do moderno contrato de locação), da *locatio conductio operis faciendi* (reportada à realização de uma obra e antecedente do actual contrato de empreitada) e da *locatio con-*

---

[45] Neste sentido, A. MENEZES CORDEIRO, *Da natureza do direito do locatário*, Sep. da ROA, Lisboa, 1980, 28, e *Manual de Direito do Trabalho cit.*, 38; ROMANO MARTINEZ, *Direito do Trabalho cit.*, 63 ss. R. TRINKNER/M. WOLFER, *Modernes Arbeitsrecht und seine Beziehungen zum Zivilrecht und seiner Geschichte*, BB, 1986, 1, 4-9 (6), e T. MAYER-MALY, *Römische Grundlagen des modernen Arbeitsrechts*, RdA, 1967, 8/9, 281-286 (282 e 284), e *Vorindustrielles Arbeitsrechts*, RdA, 1975, 1, 59-63, identificam também a *locatio conductio operarum* com a figura do *Dienstvertrag*, prevista no BGB. Este era, aliás, o entendimento dominante entre os pioneiros do Direito Laboral – assim, por exemplo, L. BARASSI, *Il contratto di lavoro... cit.*, I, XXV, e que continuou a ser sufragado posteriormente (por exemplo, Francesco DE ROBERTIS, *I rapporti di lavoro nel diritto romano*, Milano, 1946).

*ductio operarum*⁴⁶. Aplicando esta última modalidade à situação em apreço, de acordo com esta construção, o prestador do trabalho corresponderia ao locador da energia laborativa, o credor do trabalho seria reconduzido à posição de locatário e a retribuição corresponderia ao *preço (merces)*, elemento essencial da figura da *locatio conductio*.

Em suma, de acordo com esta construção, os elementos essenciais do moderno contrato de trabalho estariam já, em embrião, na figura romana da *locatio conductio operarum*, que constituiria assim o antecedente dogmático da figura actual.

III. Para outros autores, com os contornos que hoje lhe conhecemos, o trabalho subordinado é um fenómeno moderno, cuja génese entronca na Revolução Industrial, e a figura romana da *locatio condutio operarum* não deve ser reconhecida como o antecedente dogmático do actual contrato de trabalho.

Embora aceitando que o trabalho subordinado livre em Roma pudesse ter sido formalmente enquadrado pela figura da *locatio conductio operarum*, os autores que perfilham este entendimento chamam a atenção para a estrutura unitária da figura da *locatio conductio*, na sua origem, que envolveria necessariamente a transmissão temporária de um bem corpóreo a título oneroso, em qualquer das suas modalidades⁴⁷. Sendo assim, o enquadramento do fenómeno do trabalho por esta figura, no mundo antigo, teria implícito uma «materialização» da pessoa do trabalhador e a *locatio conductio operarum* reconduzir-se-ia a uma modalidade da *locatio conductio rei*, cujo objecto é ainda a *pessoa* do prestador, que, por esta via e para os efeitos contratuais prescinde temporariamente da sua liberdade.

---

⁴⁶ Sobre estas três modalidades da figura romana da *locatio conductio*, RODOLFO SOHM, *Instituciones de Derecho Privado Romano – Historia y Sistema*, 17ª ed. (trad. esp. de W. ROCES), Madrid, 1928, *maxime* 395 ss.

⁴⁷ Por exemplo, P. JÖRS/W. KUNKEL, *Derecho Privado Romano* (trad. esp. da 2ª ed.), Barcelona – Madrid – Buenos Aires – Rio de Janeiro, 1937, 337 ss., C. LEGA, *Il contratto d'opera*, in U. BORSI/F. PERGOLESI, *Trattato di diritto del lavoro*, I (*Introduzione al diritto del lavoro*), 3ª ed., Padova, 1960, 477-663 (479), S. MAGRINI, *Lavoro (contratto individuale di)*, Enc.Dir., XXIII, 369-418 (370), L. MENGONI, *Le contrat de travail en droit italien*, in G. BOLDT/G. CAMERLYNCK/P. HORION/A. KAYSER/M. G. LEVENBACH/L. MENGONI, *Le contrat de travail dans les pays membres de la C.E.C.A.*, Paris (s.d.), 415-521 (424 e 440), e, sobretudo, L. SPAGNUOLO VIGORITA, *Subordinazione e diritto del lavoro – problemi storico-critici*, Napoli, 1967, 75 ss.

Ora, sendo este entendimento incompatível com o pressuposto essencial da liberdade do trabalhador, tal como hoje o concebemos, ele justificaria a recusa da filiação romanística do contrato de trabalho.

**IV.** Sendo a lição da História da maior importância para explicar os contornos dos fenómenos hodiernos, para compreender o seu regime e princípios orientadores, cabe tomar posição perante os diversos entendimentos.

*O fenómeno do trabalho subordinado de que o Direito do Trabalho se ocupa é, efectivamente, um fenómeno moderno, projectado pela Revolução Industrial,* não porque o trabalho dependente mas livre não existisse anteriormente, mas porque nas formas de trabalho pré-industrial o requisito da liberdade do prestador (que já vimos ser um dos requisitos essenciais à configuração da actividade laboral[48]) não tinha o significado axiológico pleno e irrestrito que hoje lhe reconhecemos.

É certo que o trabalho não servil para outrem não era um fenómeno desconhecido em Roma, tendo sido, aliás, de utilização crescente, não só por força da proliferação da classe dos libertos, muitos dos quais continuavam a trabalhar para o antigo senhor, mas também em consequência das crises de mão-de-obra escrava, que afligiram o Império e obrigaram a recorrer ao trabalho subordinado livre como alternativa. Por outro lado, era, efectivamente, o reconhecimento formal de personalidade jurídica aos libertos que viabilizava o enquadramento do trabalho por eles prestado a outrem em situação de subordinação pela categoria negocial da *locatio conductio operarum*, ao passo que o contrato de locação incidente sobre o trabalho de um escravo era reconduzido à figura da *locatio rei*, na modalidade da *locatio hominis*[49].

Contudo, deste enquadramento do trabalho livre dependente na sociedade romana pela figura da *locatio conductio operarum* não se pode concluir pela semelhança deste trabalho com o actual fenómeno do trabalho subordinado, porque a concepção de vileza associada ao trabalho dependente na Antiguidade (designadamente, por contraste às *operae liberalis*), que já era referida por Aristóteles para justificar a condição jurídica do escravo[50], se comuni-

---

[48] Cfr., *supra*, § 1º, ponto 1.3.
[49] W. W. Buckland, *The Roman Law of Slavery – the Condition of the Slave in Private Law from Augustus to Justinian*, Cambridge, 1908, *(reprint* 1970), *maxime* 5 ss.
[50] Aristóteles, *Les politiques* (trad. francesa), Paris, 1990, 102 s.

cava à figura do *libertus* e ao trabalho por ele desenvolvido, em substituição do escravo, na sociedade romana[51].

Neste contexto, parece assim mais consentânea com os valores da época a ideia, sustentada por outros autores, de que nesta forma de *locatio conductio*, o trabalhador prescindia, na verdade, de uma parcela da sua liberdade e, ao locar a sua força de trabalho, locava, afinal, a sua própria pessoa, mediante um preço[52]. Por outras palavras, a liberdade do prestador do trabalho tinha um valor relativo.

Compreende-se assim o enquadramento jurídico do trabalho dependente não escravo pela figura da *locatio conductio operarum*, em Roma, mas no contexto social em que esse trabalho era desenvolvido e assente a relatividade da própria ideia de liberdade das pessoas no mundo antigo.

Mas, naturalmente que, com esta configuração, aquela figura romana é de recusar como antecedente lógico do moderno contrato de trabalho.

**V.** Por outro lado, se olharmos por este prisma os vínculos que envolviam a prestação de trabalho na Idade Média e na Idade Moderna, como a servidão da gleba, o serviço doméstico e na agricultura, ou mesmo o trabalho no seio das corporações de mesteres e de artífices, chegaremos à conclusão de que também aqui a liberdade dos prestadores do trabalho tinha um cunho relativo, uma vez que era compatível com situações de alienação parcial (temporariamente ou mesmo com carácter de permanência, como sucedia na servidão da gleba), com situações de adscrição pessoal e continuada a um senhor (no caso dos servos domésticos e rurais) ou, no mínimo, com uma posição de vincada dependência dos aprendizes e em relação aos mestres em moldes amplos e não apenas limitados ao escopo do trabalho desenvolvido, no caso do trabalho nas corporações de mesteres e artífices, dado o carácter patriarcal e ao mesmo tempo comunitário deste tipo de vínculos[53-54].

---

[51] O. Von Gierke, *Las raíces del contrato de servicios* (trad.esp.), Madrid, 1982, 14, refere justamente o papel meramente substitutivo do trabalho livre oneroso em relação ao trabalho escravo, já que o único trabalho livre digno em Roma é o trabalho gratuito.
[52] A. Boissard, *Contrat de travail et salariat*, Paris, 1910, 56; F. Carnelutti, *Studi sulle energie come oggetto di rapporti giuridici*, Riv.dir.comm., 1913, I, 354-394 (386).
[53] W. Ogris, *Geschichte des Arbeitsrechts vom Mittelalter bis in das 19. Jahrhundert*, RdA, 1967, 8/9, 286-297; H. Sinzheimer, *La democratizzazione del rapporto di lavoro (1928)*, in G. Arrigo/G. Vardaro, *Laboratorio Weimar – conflitti e diritto del lavoro nella Germania prenazista*, Roma 1982,

Neste contexto, não podemos deixar de concluir que a evolução do trabalho escravo para o trabalho livre – que Alonso Olea descreve exemplarmente[55] como um percurso no sentido da limitação da dependência dos prestadores do trabalho, tanto em termos temporais (com a recusa dos vínculos de serviço perpétuos) como em termos de intensidade (com a progressiva funcionalização da dependência do trabalhador ao objecto do seu contrato) – foi pois uma evolução lenta e que contemplou diversos estádios intermédios.

Esta evolução torna evidente a diferença qualitativa entre o trabalho subordinado hodierno e os seus antecedentes históricos, pelo que é de *recusar a ideia da continuidade entre fenómenos de trabalho pré-industriais e o trabalho subordinado livre da era contemporânea.*

**VI.** Chegados a este ponto, concluímos pela *origem relativamente moderna da actividade laboral.* Essa origem deve fixar-se no período da Revolução Industrial e da Revolução Francesa, porque só com o advento desta última é que a concepção relativa do requisito da liberdade do prestador do trabalho, dominante nas eras anteriores, caiu, por força da conjugação do princípio da liberdade com o outro princípio que veio a ser dominante no universo jurídico privado: o princípio da igualdade dos entes jurídicos privados.

---

53-78 (54); T. RAMM, *Die Arbeitsverfassung des Kaiserreichs*, Fest. Walter Mallmann, Baden--Baden, 1978, 191-211; P. OURLIAC, *Le droit social du Moyen Age, in Histoire du droit social – Mélanges en hommage à Jean Imbert,* Paris, 1989, 447-456 (450); L. CASTELVETRI, *Le origini dottrinale del diritto del lavoro,* Riv.trim.DPC, 1987, I, 246-286 (249 s.). E, entre nós, para uma descrição de trabalho em Portugal, A. M. PIRES SEIXAS, *Pessoa e Trabalho no Direito Português (1750-1878): Escravo, Liberto e Serviçal,* dissertação de Doutoramento (copiogr. – FDL), 2012, 369 ss. e *passim.*
[54] Em especial sobre as diversas situações de semi-servidão na organização social medieval portuguesa, MARCELO CAETANO, *História do Direito Português,* I, Lisboa – São Paulo, 1981, 180 ss., e, sobretudo, RUY DE ALBUQUERQUE/MARTIM DE ALBUQUERQUE, *História do Direito Português,* I (tomo II), Lisboa, 1983, 43 ss.; sobre as «relações de trabalho» no seio das corporações de mesteres e de artífices, MÁRIO PINTO, *Direito do Trabalho cit.,* I, 32 ss.; e, quanto a esta temática na Idade Moderna, ANA MARGARIDA SEIXAS, *Pessoa e Trabalho... cit.,* 369 ss.
[55] ALONSO OLEA, *De la Servidumbre al Contrato de Trabajo cit., passim,* analisa a evolução do problema em SOTO, BODINO, SUÁREZ, GROCIO, HOBBES, ESPINOSA, PUFFENDORF, LEIBNIZ, LOCKE ou MONTESQUIEU; e especificamente quanto a este último Autor, MONTESQUIEU, *L'esprit des lois I, maxime livres quinzième et sizième,* Paris, 1864, 200 ss. e 214 ss. Cfr. ainda M. R. PALMA RAMALHO, «*De la Servidumbre al Contrato de Trabajo» – deambulações em torno da obra de Manuel Alonso Olea e da singularidade dogmática do contrato de trabalho, in Estudos em Homenagem ao Professor Manuel Alonso Olea,* Coimbra, 2004, 529-545.

Efectivamente, com os contornos que hoje lhe conhecemos, o fenómeno do trabalho subordinado é um fenómeno moderno, porque a Revolução Francesa afirma não apenas o princípio da liberdade de todos os cidadãos, como também o princípio da igualdade dos sujeitos privados, e é a conjugação destas duas ideias que torna inadmissíveis quaisquer vínculos de suserania entre privados e condena as privações e limitações da liberdade, ainda que parcelares. O significado axiológico do princípio da liberdade dos entes jurídicos privados, que hoje perfilhamos (ou seja, um significado integral, que não se compadece com limitações ou restrições, ao contrário do que se admitia anteriormente), só se consolida a partir desta época, porque apenas neste momento se concilia com o princípio da igualdade.

Deste modo, entende-se que o enquadramento jurídico do fenómeno de trabalho dependente é um enquadramento materialmente novo após a Revolução Francesa, ainda que tenha passado formalmente pelo recurso a uma figura da tradição civilista anterior. No caso, os Códigos Civis oitocentistas recorreram à figura da *locatio conductio operarum* e enquadraram o fenómeno emergente do trabalho subordinado através de uma das suas projecções modernas (o contrato de locação, de acordo com a tradição do Código de Napoleão, ou o contrato de prestação de serviço, na tradição do nosso Código de Seabra e do BGB), mas, ao fazê-lo sob as vestes de uma figura tradicional, estavam, afinal, a regular um fenómeno novo[56].

VII. A conclusão no sentido da modernidade do fenómeno do trabalho subordinado não retira valor aos contributos pré-industriais para a compreensão de alguns traços do seu regime até hoje.

Assim, alguns aspectos do regime da figura romana da *locatio conductio operarum* devem ser salientados, como instrumento auxiliar à compreensão do regime do actual contrato de trabalho. Desses traços salientamos os seguintes:

– a *locatio conductio* integrava o elenco das *actiones de buona fidae*, a que inere a característica da universalidade, que permite a celebração do contrato com não romanos; dado o objecto do negócio em causa

---

[56] Sobre o ponto, com desenvolvimentos, ROSÁRIO PALMA RAMALHO, *Da Autonomia Dogmática... cit.*, 173 ss.

(um trabalho «vil», de acordo com as concepções sociais dominantes), este ponto era de grande importância para aumentar a incidência deste negócio;
- tratava-se de um negócio consensual;
- exigia-se a licitude da actividade do trabalhador;
- admitia-se a cessação do contrato por acordo das partes ou pela verificação de um termo;
- em algumas situações de não prestação do serviço o risco corria por conta do credor do serviço, que continuava obrigado ao pagamento da *merces* (esta característica antecipa as diversas situações de quebra do sinalagma contratual que se mantêm até hoje no contrato de trabalho)[57].

Por outro lado, as concepções sobre o trabalho na era cristã influenciaram também alguns dos traços do seu regime até hoje: assim, por exemplo, é em Bártolo que encontramos a exigência da remuneração associada ao trabalho e a «ideia de salário justo»; e são discutidos entre os glosadores e entre os comentadores os temas da admissibilidade do trabalho servil e do trabalho perpétuo, a delimitação das categorias de trabalhadores e respectiva protecção e o conceito de justa causa para a cessação do vínculo de serviço[58].

---

[57] Em especial sobre este ponto, MENEZES CORDEIRO, *Manual de Direito do Trabalho cit.*, 41, e TRINKNER/WOLFER, *Modernes Arbeitsrecht... cit.*, 8 s.
[58] T. MAYER-MALY, *Der Weg zur heutigen Ordnung der Arbeit*, in F. BYDLINSKI/T. MAYER-MALY (Hrsg.), *Die Arbeit: ihre Ordnung – ihre Zukunft – ihr Sinn*, Wien, 1995, 21-33, 21 ss., *Ausgewählte Schriften zum Arbeitsrecht*, Wien, 199, 62 ss, e ainda *Vorindustrielles Arbeitsrecht cit.*, 59 ss.; TRINKNER/WOLFER, *Modernes Arbeitsrecht... cit.*, 6 s.; Ogris, *Geschichte des Arbeitsrechts... cit.*, 296 s.; MENEZES CORDEIRO, *Manual de Direito do Trabalho cit.*, 41.

## 4. Evolução histórica e situação actual do Direito do Trabalho

### 4.1. A evolução tradicional do Direito do Trabalho na senda da protecção do trabalhador

#### 4.1.1. A importância e as dimensões do princípio da protecção do trabalhador

**I.** A partir do início do século XX, o Direito do Trabalho desenvolve-se, na maioria dos sistemas da Europa continental, em moldes bastante rápidos, embora algo desconexos, nas áreas regulativas das condições de trabalho, das situações laborais colectivas e do vínculo laboral.

A relativa desconexão deste desenvolvimento nos três centros regulativos da área jurídica deve-se aos diferentes problemas em jogo na regulamentação do vínculo laboral e no regime dos fenómenos colectivos.

Assim, na área das condições de trabalho e do contrato de trabalho, o objectivo é, sobretudo, ultrapassar a incapacidade do regime dos contratos civis para dar resposta a alguns problemas laborais, e esse objectivo é prosseguido através da imposição de condições de trabalho mínimas e da criação de regimes laborais específicos nas matérias deles carecidos (assim, a matéria dos acidentes de trabalho, da invalidade do contrato ou dos deveres de cuidado do empregador relativamente à pessoa do trabalhador). Nestas áreas, a regulamentação tem, eminentemente, uma índole de adaptação dos regimes de direito comum dos contratos civis e essa índole explica o carácter disperso das normas laborais neste domínio.

Já no que toca aos fenómenos laborais colectivos, trata-se de regular fenómenos completamente novos, razão pela qual as normas são mais estruturadas e abrangentes, mas também mais «distantes» do universo do direito privado.

**II.** A esta relativa desconexão no desenvolvimento dos vários centros regulativos do Direito Laboral, que dificulta a sua sistematização interna, corresponde, contudo, uma grande limpidez no objectivo a atingir e uma boa dose de pragmatismo na regulamentação adoptada, em nome daquele objectivo.

Animada pela necessidade de fazer face à «questão social», a intervenção normativa dos Estados no domínio laboral, em qualquer das suas áreas

## §2º EVOLUÇÃO HISTÓRICA E SITUAÇÃO ACTUAL DO DIREITO DO TRABALHO

regulativas, é bastante pragmática: trata-se, por um lado, de uma intervenção assumidamente em favor do trabalhador, reconhecido como parte mais fraca do vínculo laboral; e trata-se, de outra parte, de uma intervenção em moldes imperativos, única forma de coartar efectivamente a liberdade do empregador na fixação do conteúdo do contrato de trabalho.

As consequências dogmáticas deste tipo de intervenção são evidentes e de grande importância. Se tivermos em conta o contexto privado dos vínculos de trabalho, verificamos que as primeiras normas laborais – na área das condições de trabalho – vieram, de uma forma radical, pôr em causa dois dogmas do direito privado:

- o *dogma da igualdade dos entes jurídicos privados*: ao assumirem o desígnio da protecção de um dos sujeitos do contrato (no caso, o trabalhador), as normas laborais vêm demonstrar que a sua formal posição de igualdade perante o empregador corresponde a uma posição material de inferioridade negocial e assumem a necessidade de compensar essa inferioridade[59];
- e o *dogma da liberdade contratual*, a que correspondera, na época liberal, o princípio do não intervencionismo legislativo do Estado, nomeadamente no domínio privado: a intervenção normativa em moldes imperativos no âmbito de um vínculo privado vem, afinal, evidenciar que essa liberdade é ilusória quando os sujeitos têm um grande desequilíbrio económico, transformando-se então facilmente na «ditadura contratual» da parte mais forte[60].

---

[59] A dificuldade de admitir esta quebra do princípio da igualdade é inicialmente tão evidente, que a incidência das primeiras normas laborais protectivas é determinada por um tecto salarial; é este tecto salarial que comprova a dependência económica dos sujeitos abrangidos, e, com ela, justifica a sua tutela, sem necessidade do reconhecimento de qualquer inferioridade em sentido jurídico – sobre estas limitações, aliás em postura crítica, POTHOFF, *Probleme des Arbeitsrechts*, Jena, 1912, 60 s. e 89.

[60] Neste sentido, G. SCELLE, *Le droit ouvrier – Tableau de la législation française* actuelle, 2ª ed., Paris, 1929, 10, SINZHEIMER, *La democratizzazione del rapporto di lavoro cit.*, 54 e 57, ou E. FRAENKEL, *Il significato politico del diritto del lavoro* (1932), in G. ARRIGO/G. VARDARO (dir.), *Laboratorio Weimar – conflitti e diritto del lavoro nella Germania prenazista*, Roma, 1982, 119-131 (120 s.); e, entre nós, J. F. MARNOCO E SOUSA, *Ciência Económica. Prelecções feitas ao Curso do Segundo Ano Jurídico*

Perante o quadro exposto e em face dos valores em jogo, ressalta, como traço unificador de todo o Direito do Trabalho, desde a sua origem, o *objectivo de tutela dos trabalhadores subordinados* – neste sentido, pode dizer-se que o Direito Laboral é um ramo jurídico finalisticamente determinado.

Por outro lado, este determinismo inicial torna compreensível a tradicional fisionomia classista desta área jurídica: dito de outra forma, na sua origem, o Direito do Trabalho foi, sobretudo, o *direito dos trabalhadores*. Esta fisionomia classista da área jurídica é, aliás, expressamente reconhecida na doutrina, logo na designação do novo ramo jurídico como «direito dos trabalhadores» ou «direito do operariado»[61].

**III.** A índole protectiva em relação ao trabalhador, que o Direito do Trabalho assume à partida, vai constituir o motor do seu desenvolvimento sistemático, ao longo do século XX e, ao mesmo tempo, o seu princípio fundamentante geral – *a protecção do trabalhador subordinado é pois o paradigma tradicional deste ramo jurídico*.

Efectivamente, o desígnio geral da protecção do trabalhador vai ter um papel essencial no desenvolvimento do Direito do Trabalho a dois níveis:

- ao *nível sistemático*, o princípio da protecção do trabalhador vai orientar a produção das normas laborais, nos vários centros regulativos da área jurídica, para um duplo objectivo: um objectivo vertical de melhoria progressiva dos patamares de tutela do trabalhador; e um objectivo horizontal de universalização progressiva da protecção laboral;
- ao *nível dogmático*, o princípio da protecção do trabalhador vai-se afirmando como a instância justificativa das soluções laborais (designadamente, quando estas se afastam das soluções do direito comum) e vai viabilizar a autonomização deste novo ramo do direito em relação ao Direito Civil. Nesta dimensão, a protecção do trabalhador será o princípio fundamentante geral do Direito do Trabalho.

---

*do Ano de 1909- 1910* (1910), Lisboa, 1997, 188 e 241, e L. CUNHA GONÇALVES, *A Evolução do Movimento Operário em Portugal*, Lisboa, 1905, 40 s.
[61] Assim, A. STADHAGEN, *Das Arbeiterrecht cit.*, ou G. Scelle, *Le droit ouvrier cit.*

Concentrando-nos, por ora, na dimensão sistemática do princípio da protecção do trabalhador – a apreciação da sua dimensão dogmática será feita mais à frente[62] – verificamos que os referidos objectivos de intensificação e de universalização da tutela laboral são prosseguidos da seguinte forma:

i) A *meta vertical do princípio da protecção do trabalhador* vai sendo prosseguida através da *intensificação progressiva da tutela concedida aos trabalhadores* em matéria de tempo de trabalho (com a diminuição progressiva dos limites máximos do dia e da semana de trabalho), de descanso anual (com o reconhecimento do direito a férias), de condições de segurança, higiene e saúde no trabalho, de protecção na doença e na maternidade, de protecção na eventualidade de ocorrência de acidente de trabalho ou de doença profissional, e, de outra parte, com o reconhecimento dos direitos colectivos.
Para além da melhoria da tutela, importa ainda assegurar a sua estabilidade. Para esse efeito, desenvolve-se a ideia da *irreversibilidade do nível de tutela atingido* e, com ela, surge o dogma de que a evolução da situação dos trabalhadores terá que ser sempre num sentido ascendente. Esta irreversibilidade é garantida pela natureza tendencialmente imperativa das normas laborais que conferem a tutela e que faz do sistema laboral um *sistema garantístico*[63].

ii) Na sua *meta horizontal*, o princípio da protecção aponta para a *progressiva extensão da tutela laboral a um universo cada vez maior de trabalhadores*. Inicialmente dirigidas às categorias de trabalhadores mais vulneráveis (as mulheres e as crianças) e aos trabalhadores de determinadas categorias profissionais cuja remuneração fosse inferior a um determinado limite, as normas laborais foram estendendo progressivamente a sua incidência até virem a abranger todos os trabalhadores manuais (os operários ou assalariados) e, por fim, os trabalhadores intelectuais ou empregados.

---

[62] Cfr., *infra*, § 13º.
[63] A aplicação da expressão «garantismo» ao domínio laboral, para realçar esta característica tendencial das normas laborais, é de origem italiana – por todos, A. Cessari/R. de Luca Tamajo, *Dal garantismo al controllo*, 2ª ed., Milano, 1987.

No limite, este desenvolvimento horizontal do princípio da protecção do trabalhador vai justificar a expansão da tutela laboral mesmo para fora das fronteiras do trabalho subordinado, de dois modos: favorecendo a qualificação laboral das situações de fronteira entre o trabalho dependente e o trabalho autónomo; e criando um regime especial ou mesmo estendendo a tutela laboral às situações de trabalho juridicamente autónomo, mas em que o trabalhador seja economicamente dependente do credor.

### 4.1.2. Fases e sentido geral da evolução do Direito do Trabalho sob o desígnio da protecção do trabalhador

**I.** Na evolução do Direito do Trabalho sob o signo da protecção do trabalhador, ao longo do séc. XX, podem descortinar-se três grandes fases:

– uma *fase de consolidação* da nova área jurídica, que vai desde o início até ao final dos anos vinte e início dos anos trinta do século XX;
– uma *fase de publicização* da área jurídica que, na maior parte dos países, termina com o final da II Guerra Mundial;
– uma *fase de reprivatização e de relançamento* da área jurídica, entre os anos cinquenta e meados da década de setenta do século findo.

**II.** A *fase da consolidação do Direito do Trabalho como ramo jurídico* ocorre no primeiro quartel do século XX, na maioria dos países da Europa. Pela década de vinte daquele século, a legislação laboral é já extensa, embora fragmentada, e cobre as três áreas regulativas indicadas. O princípio da protecção do trabalhador apresenta-se como o elemento unificador desta regulamentação, que, pouco a pouco, permite reconhecer o Direito do Trabalho como um ramo especial do universo jurídico.

Porém, do ponto de vista substantivo, pode dizer-se, que apesar da natureza imperativa da maioria das suas normas e da importância do princípio da protecção do trabalhador já nesta época, o Direito do Trabalho se mantém ainda solidamente ancorado à sua génese civil, concebendo-se o vínculo de trabalho com base nas figuras obrigacionais do contrato de locação ou do contrato de prestação de serviço e perspectivando-se as convenções colectivas como contratos de direito privado. Por esta razão, a nova área jurídica é quase sempre reconhecida como um ramo especial do direito privado, ou, quando muito, situada na confluência entre o direito privado e o direito público[64].

Ainda com referência a esta fase, cabe salientar a dimensão internacional que o Direito do Trabalho ganhou quase desde o seu surgimento. Esta dimensão internacional deve-se, sobretudo, à criação da Organização Internacional de Trabalho, sob a égide da Sociedade das Nações, em 1918. Por impulso da OIT – que nunca esmoreceu ao longo do século – e através das Convenções e das Recomendações por ela emitidas, foram estabilizadas muitas medidas de protecção dos trabalhadores e os Estados membros traduziram estas medidas no plano interno. Este traço de internacionalização acompanha o Direito do Trabalho até hoje.

**III.** A *fase da publicização do Direito do Trabalho* inicia-se entre o final dos anos vinte e o início da década de trinta do século XX, por efeito da evolução do quadro sócio-político de alguns países da Europa Continental, com o advento das ideologias nacional socialista e fascista, na Alemanha e a Itália, e com o corporativismo em Portugal e, um pouco mais tarde, em Espanha.

As novas ideologias vão trazer para o domínio laboral dois dos seus principais esteios axiológicos: o princípio da colaboração interclassista em substituição do princípio da luta de classes; e o princípio da sujeição dos interesses privados ao interesse geral comum, o que se salda no aumento do intervencionismo do Estado nas situações jurídicas privadas. No domínio laboral, estas ideias-chave – que se apreendem, com facilidade, por exemplo, na *Carta del lavoro* italiana e na AOG (*Arbeitsordnungsgesetz*) alemã de 1934 – alteram a fisionomia da área jurídica num sentido globalmente mais publicista, repercutindo-se em todos os seus centros regulativos[65].

Os efeitos mais relevantes desta evolução fazem-se sentir no direito das situações juslaborais colectivas (domínio em que se observa a maior poro-

---

[64] Cfr., *infra*, § 3º, ponto 6.1.
[65] Em particular sobre esta evolução no direito alemão, O. KAHN-FREUND, *Il mutamento della funzione del diritto del lavoro* (1932), in *Laboratorio Weimar – conflitti e diritto del lavoro nella Germania prenazista*, Roma, 1982, 221-253.

sidade ideológica da área jurídica[66]), mas não deixam, efectivamente, de se sentir também nos dois outros centros regulativos da área jurídica. Assim:

*i)* No *direito das situações laborais colectivas,* assiste-se à publicização das associações sindicais e patronais e à elevação das convenções colectivas de trabalho à categoria de fontes laborais, a que inere o reconhecimento da sua essência normativa e da sua eficácia geral. Em alguns países, por força do quadro ideológico dominante, e designadamente, do princípio da colaboração interclassista, assiste-se também à proibição e à incriminação da greve[67].

*ii)* No *direito das situações laborais individuais,* observam-se alterações estruturais, designadamente na forma de conceber o vínculo laboral em moldes que o distanciam do Direito Civil: é a partir desta altura que se difunde a concepção não obrigacional da relação de trabalho que ficará conhecida como *concepção comunitário-pessoal* e que ganha adeptos a justificação institucionalista desta relação (que, em algumas versões, prescinde mesmo do próprio contrato de trabalho como facto constitutivo)[68]; é também a partir desta altura que a empresa ganha um relevo laboral autónomo em relação ao empregador, como célula social autónoma.

*iii)* Por último, no domínio das *condições de trabalho,* o carácter mais intervencionista do Estado e a emergência da concepção do Estado Social têm como efeito o reforço da protecção dos trabalhadores nas situações de risco social associadas ao trabalho (a doença, a maternidade, os acidentes de trabalho, o desemprego ou a reforma) e, em geral, o estatuto dos trabalhadores melhora em matérias como o tempo de trabalho ou o direito a férias.

Por força desta evolução, o Direito do Trabalho confirma-se pois, nesta época, como área jurídica *a se,* mas é agora mais próxima do direito público do que do direito privado.

---

[66] Cfr., *infra,* § 3º, ponto 6.5.
[67] Retomaremos esta matéria no *Tratado III,* §42, ponto 146.2.
[68] Cfr., *infra,* § 12º, ponto 42.3.

Esta fase publicista da evolução do Direito do Trabalho termina, na maioria dos países (à excepção de Portugal e Espanha), após a II Guerra Mundial, por força da alteração do quadro sócio-político subjacente.

**IV.** A *fase da reprivatização e do relançamento do Direito do Trabalho* é a última fase da sua evolução na senda da protecção do trabalhador e também a que corresponde à sua maior pujança. Na maioria dos países (à excepção de Portugal e Espanha[69]), esta fase decorre entre as décadas de cinquenta e de setenta do século XX e caracteriza-se pelos seguintes traços:

*i)* A *área regulativa das condições de trabalho* integra-se parcialmente no âmbito do direito das situações laborais individuais, excepto na matéria relativa à protecção do trabalhador em alguns riscos sociais ligados ao trabalho, que evolui para uma nova área jurídica, de pendor publicista, apesar de suportada, em grande parte, pelos empregadores: o Direito da Segurança Social. Com esta evolução, fica completo o processo de unificação sistemática do Direito do Trabalho em torno dos grandes eixos das situações laborais colectivas e das situações laborais individuais.

*ii)* O *direito das situações laborais colectivas* recupera a sua dimensão integral, com a reposição do direito de greve, e é relançado em moldes privados, com a recuperação da natureza privada e independente das associações sindicais e patronais e com a reposição plena da autonomia colectiva, que sucede ao fim da intervenção do Estado na negociação colectiva; a partir daqui, observa-se um enorme desenvolvimento da negociação colectiva.

*iii)* No domínio das *situações juslaborais individuais,* consolida-se a autonomização do contrato de trabalho e da relação de trabalho em relação aos contratos civis de locação e de prestação de serviço e desenvolve-se, na maioria dos países, regulamentação completa e específica sobre o contrato de trabalho, desde a sua formação até à sua cessação, sempre sob o desígnio da intensificação e da universalização da tutela laboral, agora já extensiva à generalidade dos trabalhadores subordinados.

---

[69] Teremos oportunidade de apreciar separadamente a evolução do Direito do Trabalho no nosso país, no ponto seguinte.

Esta fase da evolução do Direito do Trabalho não significa, no entanto, um retorno às características que tinha antes da fase publicista, mas, verdadeiramente, uma reconstrução da área jurídica em novos moldes e aproveitando contributos que vêm das suas fases anteriores. Designadamente, algumas das especificidades dos seus institutos e regimes jurídicos, que tinham sido introduzidas ou consolidadas na fase de influência publicista, mantêm-se nesta fase: assim, a concepção da relação de trabalho em moldes comunitário-pessoais (e, logo, não obrigacionais); a equiparação dos instrumentos de regulamentação colectiva do trabalho a fontes laborais (e não já a contratos), acompanhada da previsão de mecanismos que asseguram a eficácia geral das convenções colectivas; e o valor autónomo da empresa relativamente ao conceito de empregador, que vai permitir o desenvolvimento de conceitos como o «interesse da empresa» e de institutos tipicamente laborais como o despedimento colectivo ou o *jus variandi*.

Assim, conclui-se que, *embora o Direito Laboral recupere nesta época a sua essência predominantemente privada, pela natureza privada dos seus actores e dos seus principais institutos, ele se consolida em definitivo como área jurídica especial e autónoma no universo do Direito.*

**V.** Como acima referimos, esta fase correspondeu à época da maior pujança na evolução do Direito do Trabalho sob o desígnio da protecção do trabalhador, nas suas duas metas: a universalidade e a intensificação da tutela laboral. Pela década de sessenta, nos sistemas europeus mais próximos do nosso (como a Alemanha, a França ou a Itália), o Direito do Trabalho estava consolidado como ramo jurídico sistemática e dogmaticamente autónomo, o que tinha correspondência numa regulamentação laboral abrangente e, em alguns países, já objecto de codificação ou de compilação.

Nesta regulamentação específica, os níveis e a extensão da tutela laboral continuam a aumentar progressivamente, o contrato de trabalho está autonomizado e os institutos laborais colectivos consolidam-se, com destaque para a negociação colectiva, que é definitivamente assumida como a forma de regulação e de uniformização, por excelência, das condições de trabalho.

Esta é, em suma, a fase da maioridade do Direito do Trabalho, sob o signo da protecção do trabalhador.

**VI.** A partir da década de setenta, esta situação vai alterar-se e o Direito do Trabalho entrará numa nova fase da sua existência.

## 4.2. O Direito do Trabalho na actualidade e os seus desafios para o século XXI: as tendências da flexibilização

**I.** A partir da década de setenta (mais cedo nos países mais industrializados do Norte da Europa, mais tarde nos países do Sul), a orientação protectiva tradicional do Direito do Trabalho vai sofrer uma inflexão, que desencadeou um período de instabilidade na área jurídica. Esta fase, usualmente designada como a época da «crise» do Direito do Trabalho, perdura até hoje.

**II.** Para compreendermos a situação actual do Direito do Trabalho e os desafios que hoje se lhe colocam é necessário avaliar os factores que estiveram na origem da inflexão da sua orientação protectiva, verificar como é que os sistemas juslaborais lhes fizeram frente e, por último, avaliar a própria crise, para determinar a sua incidência e dimensão e compreender os novos desafios que se colocam hoje à área jurídica.

### 4.2.1. A alteração dos pressupostos do desenvolvimento tradicional do Direito do Trabalho, a partir da década de setenta[70]

**I.** Na origem da inflexão dos objectivos de intensificação e de universalização da protecção dos trabalhadores, que animaram tradicionalmente o Direito do Trabalho, está, em primeiro lugar, a alteração de determinados factores extra-jurídicos que tinham propiciado o desenvolvimento anterior. Estes factores são os seguintes:

– a *relativa uniformidade da categoria dos trabalhadores subordinados*, associada à crença na sua incapacidade generalizada de auto-regularem os seus interesses laborais e, por consequência, à sua dependência das

---

[70] Para mais desenvolvimentos sobre este tópico, ROSÁRIO PALMA RAMALHO, *Da Autonomia Dogmática...cit.*, 537 ss. e *passim*.

associações sindicais para esse efeito (é o *mito da incapacidade genética e permanente dos trabalhadores subordinados*);
- a *grande empresa do sector secundário da economia como unidade modelar* para o desenvolvimento dos vínculos laborais;
- a crença na *sustentabilidade económica do sistema laboral protectivo* para os empregadores e para as empresas.

**II.** Apreciemos, com um pouco mais de detalhe, o modo como evoluíram estes factores.

### a) A uniformidade do estatuto laboral e o trabalhador subordinado típico

**I.** O primeiro pressuposto do desenvolvimento do Direito do Trabalho até aos anos setenta do séc. XX foi o da *relativa uniformidade da categoria dos trabalhadores subordinados*, que permitiu identificar um «trabalhador subordinado típico», para o qual foram concebidas as normas laborais. Este trabalhador típico é um trabalhador homem, usualmente sem grandes qualificações, que depende economicamente do trabalho para subsistir e para assegurar a subsistência da sua família, que trabalha a tempo inteiro para um empregador e, com frequência, faz toda a sua carreira no seio de uma única unidade empresarial; pela sua dependência económica relativamente ao empregador, este trabalhador tem pouca ou nenhuma liberdade na fixação das condições do seu contrato de trabalho, pelo que transfere a respectiva negociação para os níveis colectivos[71].

---

[71] Valorizando no trabalhador típico o facto de ser usualmente homem e pai de família, M. Luisa Cristofaro, *La disocupazione: modo cruciale del diritto del lavoro negli anni'80, in Prospettive del diritto del lavoro per gli anni'80 – Atti del VII Congresso di diritto del lavoro*, Bari, 23-25 Aprile 1982, Milano, 1983, 175-181 (176); para acentuar o elemento da exclusividade na figura do trabalhador típico e a natureza estável do seu vínculo negocial, Mario Grandi, *La subordinazione tra esperienza e sistema dei rapporti di lavoro*, in M. Pedrazzoli (dir.), *Lavoro subordinato e dintorni – comparazioni e prospettive*, Bologna, 1989, 77-91 (78 e 82) e Roberto Pessi, *I rapporti di lavoro c.d. atipici tra autonomia e subordinazione nella prospettiva dell'integrazione europea*, RIDL, 1992, I, 133-151 (137), referem-se ao trabalho típico e ao contrato de trabalho típico como «trabalho total» e «contrato de trabalho total»; realçando o facto de o trabalhador típico ser usualmente o sustentáculo económico da família, bem como o facto de ter um local de trabalho bem definido, Le Roy, *Droit du travail ou droit du chômage?*, DS, 1980, 6, 299-301 (301).

Esta uniformidade da categoria dos trabalhadores subordinados foi importante para o desenvolvimento do Direito do Trabalho nos moldes indicados no ponto anterior. Ela favoreceu a regulação das situações juslaborais em moldes uniformes, tanto na lei como através dos instrumentos de regulamentação colectiva do trabalho, e, designadamente, promoveu o papel das associações sindicais na negociação colectiva, como forma de compensação da debilidade negocial dos trabalhadores.

**II.** A partir do final dos anos sessenta do séc. XX, este quadro altera-se de uma forma que vai abalar alguns dos equilíbrios tradicionais do Direito do Trabalho.

Efectivamente, por esta época, a crença na relativa uniformidade do estatuto laboral é abalada pelo *surgimento, ao lado do trabalhador típico, de novas categorias de trabalhadores,* como as mulheres, os jovens ou os trabalhadores estudantes, os trabalhadores a termo e temporários, os trabalhadores muito especializados, os quadros técnicos e os trabalhadores dirigentes. Porque não correspondem à imagem do trabalhador subordinado clássico, estes trabalhadores são denominados *trabalhadores atípicos.*

Ora, estes trabalhadores escapam à lógica da fixação uniforme das condições de trabalho pela via da negociação colectiva, ou porque evidenciam uma maior capacidade negocial que os dispensa do recurso à representação sindical (assim, os trabalhadores altamente especializados, os quadros e os dirigentes), ou porque têm necessidades específicas que não são bem acolhidas nem compreendidas pelas estruturas sindicais (assim, as mulheres ou os trabalhadores estudantes, que procuram conciliar a sua vida profissional com outras ocupações). De todo o modo, por um ou por outro motivo, estas novas categorias de trabalhadores subordinados não favorecem a tradicional regulação colectiva uniforme dos contratos de trabalho.

Por outro lado, mesmo os trabalhadores típicos vão ficando progressivamente menos dependentes das estruturas de representação sindical, que mais não seja pela melhoria global do seu estatuto laboral ao longo dos anos, o que desincentiva o associativismo sindical.

A evolução descrita – e, sobretudo, o surgimento dos trabalhadores atípicos, cujo número e diversidade nunca mais deixou de crescer – abalam dois dogmas do Direito do Trabalho tradicional: o dogma da uniformidade do estatuto de trabalhador subordinado; e o dogma da incapacidade genetica destes trabalhadores para gerirem a sua vida laboral. Associada a esta evolução está, obviamente, a perda de protagonismo dos sindicatos e, por consequência, a diminuição do vigor do princípio da autonomia colectiva.

### b) O modelo empresarial típico e a sua evolução

**I.** Um outro factor extra-jurídico, que tinha contribuído decisivamente para a construção do Direito Laboral nos moldes tradicionais, foi o *modelo de empresa dominante* a partir da I Guerra Mundial e que se aperfeiçoou depois da II Guerra: os modelos *fordista* e *taylorista* da *grande unidade industrial*[72].

Embora, em termos formais, a realidade da empresa, como espaço natural de desenvolvimento do contrato de trabalho, nem sempre se tivesse reflectido no plano jurídico a ponto de justificar uma regulação diferenciada dos vínculos laborais com e sem escopo empresarial (à excepção do sistema italiano, que os regulou separadamente desde o *Codice Civile* de 1944 – respectivamente art. 2082º ss. e art. 2128º), a verdade é que o ente pressuposto no estabelecimento dos regimes laborais é, claramente, a empresa e uma empresa de certa dimensão. Esta circunstância explica, aliás, que alguns destes regimes sejam difíceis de aplicar fora de um contexto empresarial – assim, figuras cuja aplicação é condicionada pelo requisito do «interesse da empresa», como o *jus variandi*, institutos e regimes tipicamente empresariais como o regulamento interno, o regime da categoria e da carreira, o regime da transmissão do estabelecimento, as regras da igualdade de tratamento, o despedimento colectivo e, ainda, a representação colectiva dos trabalhadores na empresa ou mesmo o direito de greve.

Em suma, de uma forma directa ou indirecta, subjacente aos regimes laborais que se foram apurando ao longo do século XX, está a realidade da empresa, e, especificamente, da unidade empresarial de grande porte, dominante à época e na qual melhor se encaixa o perfil do trabalhador típico acima indicado.

---

[72] Sobre os modelos taylorista e fordista de organização do trabalho, BOAVENTURA SOUSA SANTOS/JOSÉ REIS/M. M. LEITÃO MARQUES, O *Estado e as transformações recentes da relação salarial – a transição para um novo modelo de regulação da economia*, in Temas de Direito do Trabalho. Direito do Trabalho na Crise. Poder Empresarial. Greves Atípicas – IV Jornadas Luso-Hispano-Brasileiras de Direito do Trabalho, Coimbra, 1990, 139-179 (142 e 144 ss.).

Acessoriamente, deve referir-se que a dominância económica da grande empresa, sobretudo após a II Guerra Mundial, contribuiu também para o objectivo de universalização da tutela laboral, na medida em que estas grandes unidades procuravam a auto-suficiência (sendo, por isso mesmo, designadas como *empresas-ilha*), e para o conseguirem, alargavam o seu espectro de actividade muito para além do *core* do seu negócio[73]. O resultado desta evolução é a atracção para o domínio laboral de trabalhadores de diversas áreas, algumas das quais correspondiam tradicionalmente a trabalho independente – esta é a época em que profissões liberais tradicionais, como a de médico ou a de advogado, passam também a ser desenvolvidas em moldes subordinados.

**II.** A este modelo de empresa, que constitui o destinatário normal dos regimes laborais, corresponde um certo modelo de vínculo laboral – a denominada *relação de trabalho típica*. Em termos gerais, esta relação caracteriza-se como um vínculo por tempo indeterminado, em que a actividade laboral é desenvolvida a tempo inteiro e quase sempre em regime de exclusividade e em que se regista uma forte inserção do trabalhador na organização empresarial. Por outro lado, como este tipo de unidades produtivas apresenta, por regra, uma estrutura muito verticalizada e com uma rígida repartição de tarefas e de competências, a relação laboral típica é também tendencialmente um vínculo rígido e hierarquizado[74-75].

---

[73] Assim, uma grande unidade de produção fabril automóvel tem também uma secção de fardamento, uma secção médica, uma secção de investigação em engenharia e em mecânica, uma secção de contencioso e, com frequência, tem ainda serviços de conteúdo lúdico ou para apoio às necessidades dos seus trabalhadores, que desenvolve para promover uma integração mais completa dos trabalhadores e das suas famílias – assim, secções desportivas e recreativas, creches e jardins de infância, por exemplo. Ora, o trabalho desenvolvido em todas estas secções e serviços é ainda trabalho subordinado.

[74] Ainda sobre o conceito de relação de trabalho típica, *vd* Rosário Palma Ramalho, *Da Autonomia Dogmática...cit.*, 550 ss., e ainda *Ainda a crise do direito laboral: a erosão da relação de trabalho «típica» e o futuro do direito do trabalho*, in Estudos do Direito do Trabalho cit., I, 107-121 (também publicado em A. Moreira (coord.), *III Congresso de Direito do Trabalho. Memórias*, Coimbra, 2001, 253-266); e, no panorama doutrinal comparado, Von Gerhard Bosch, *Hat das Normalarbeitsverhältnis eine Zukunft?*, WSI-Mitt., 1986, 3, 163-176 (165), U. Zachert, *Die Zerstörung des Normalarbeitsverhältnisses*, ArbuR, 1988, 5, 129-137 (129), e ainda *Die Begründung neuer Arbeitsverhältnisse als Austieg aus dem Normalarbeitsverhältnis? Überlegungen für eines neues Arbeitsgesetzbuch*, in W. Däubler/M. Bobke/K. Kehrmann (Hrsg.), *Arbeit und Recht, Fest. Albert GNADE*, Köln, 1992, 143-159 (143); W. Däubler, *Deregolazione e flessibilizzazione nel diritto*

## §2º EVOLUÇÃO HISTÓRICA E SITUAÇÃO ACTUAL DO DIREITO DO TRABALHO

É, pois, para este tipo de relação de trabalho que as normas laborais são essencialmente concebidas

**III.** Na década de setenta do século passado e por razões ligadas à alteração dos sectores dominantes da Economia, às tendências de especialização das empresas e, ao mesmo tempo, de globalização das trocas económicas, bem como por força dos avanços tecnológicos, este quadro empresarial de referência das normas laborais vai alterar-se.

Efectivamente, a partir desta época, surgem, ao lado das grandes unidades produtivas do sector secundário, empresas com um perfil muito diverso, do sector terciário[76] e, logo depois e por força da evolução tecnológica, empresas do já chamado sector quaternário da economia (o sector da informática)[77]. Por imperativos de competitividade, estas empresas são mais pequenas e ágeis, concentram-se no *core* do seu negócio, recorrendo a serviços externos para

---

*del lavoro, in* M. Pedrazzoli (dir.), *Lavoro subordinato e dintorni – Comparazioni e prospettive*, Bologna, 1989, 171-182 (173 s.), R. Wank, *Atypische Arbeitsverhältnisse*, RdA, 1992, 2, 103-113 (103); K. Firlei, *Hat das Arbeitsrecht überhaupt ein Zukunft?*, *in* F. Bydlinski/T. Mayer-Maly (Hrsg.), *Die Arbeit: ihre Ordnung – ihre Zukunft – ihr Sinn*, Wien, 1995, 69-109 (75 s.); P. Saint-Jevin, *Existe-t-il un droit commun du contrat de travail*, DS, 1981, 7/8, 514-518 (514); J. Pélissier, *La relation de travail atypique*, DS, 1985, 7, 531- 539 (531); A. Jeammaud/M. Le Friant, *Contratto di lavoro, figure intermedie e lavoro autonomo nell'ordinamento francese*, *in* M. Pedrazzoli (dir.), *Lavoro subordinato e dintorni – comparazioni e prospettive*, Bologna, 1989, 255-273 (261); ou E. Cordova, *Las relaciones de trabajo atípicas (I y II)*, Rel. Lab., 1986, I, 239-283 (241).

[75] Para uma visão de conjunto sobre estas características do trabalho típico, *vd o* Relatório para a Comissão Europeia sobre as transformações do trabalho e o futuro do Direito do Trabalho elaborado sob a coordenação de Alain Supiot – A. Supiot (dir.), *Au delà de l'emploi. Transformations du travail et devenir du droit du travail en Europe – Rapport pour la Commission des Communautés européennes avec la collaboration de l'Université Carlos III de Madrid*, Paris, 1999, 53 s. e 94 s.. As conclusões deste Relatório estão publicadas em número especial da revista *Droit Social* (cfr., *Transformation du travail et devenir du droit du travail en Europe. Conclusions du Rapport Supiot*, DS, 1999, 5, 431-437).

[76] Sobre o ponto, por exemplo, P. Tosi, *Le nuove tendenze del diritto del lavoro nel terziario*, Dlri, 1991, 4, 613-632.

[77] W. Däubler, *Nuove tecnologie: un nuovo diritto del lavoro?*, Dlri, 1985, I, 65-83, W. Adlerstein, *Neue Technologien – Neue Wege im Arbeitsrecht*, ArbuR, 1987, 3, 101-104; J.-E. Ray, *Nouvelles technologies et nouvelles formes de subordination*, DS, 1992, 6, 525-537, e *Du Germinal à l'Internet. Une nécessaire évolution du critère du contrat de travail*, DS, 1995, 7/8, 634-637; A. Roudil, *Le droit du travail au regard de l'informatisation*, DS, 1981, 4, 307-319; F. Carinci, *Rivoluzione tecnologica e diritto del lavoro: il rapporto individuale*, DLRI, 1985, 26, 203-241; B. Veneziani, *Nuove tecnologie e contratto di lavoro: profili di diritto comparato*, DLRI, 1987, 1, 1-60.

as funções auxiliares (é a disseminação do *out sourcing*), e adoptam formas de organização interna mais flexíveis e menos verticalizadas. Mas, a par desta tendência das empresas para a especialização, surgem novas formas de associação empresarial, com destaque para os grupos empresariais[78] e assiste-se à deslocalização e à internacionalização da actividade económica[79], o que também tem reflexos no domínio das relações de trabalho.

Evidentemente, no seio destas empresas os vínculos de trabalho tendem, também eles, a fugir ao modelo tradicional: assim, a retribuição dos trabalhadores é muitas vezes variável em função dos resultados; a organização do trabalho não é feita em moldes hierarquizados, mas em equipas; o local de trabalho pode não corresponder às instalações da empresa, vulgarizando-se as formas de controlo à distância que a evolução tecnológica propicia e, sobretudo, no âmbito dos grupos de empresas, incentivando-se uma certa migração dos trabalhadores entre as empresas do grupo; é também comum a flexibilização dos tempos de trabalho em função das necessidades da empresa; por fim, a estrutura menos verticalizada destas empresas e as formas mais flexíveis de desenvolvimento do trabalho contribuem para uma maior aproximação dos trabalhadores ao empregador ou ao *management* (frequentemente incen-

---

[78] Em especial, sobre os efeitos das associações empresariais e de outras situações societárias de grupo no domínio das relações de trabalho, M. R. PALMA RAMALHO, *Grupos Empresariais e Societários. Incidências Laborais*, Coimbra, 2008, com amplas indicações bibliográficas; e, noutros panoramas doutrinais, M. HENSSLER, *Der Arbeitsvertrag im Konzern*, Berlin, 1983, K.-P. MARTENS, *Das Arbeitsverhältnis im Konzern*, in F. GAMILLSHEG (Hrsg.), *25 Jahre Bundesarbeitsgericht*, München, 1979, 367-392, H. Konzen, *Arbeitnehmerschutz im Konzern*, RdA, 1984, 2, 65-88, R. BIRK, *Diritto del lavoro e imprese multinazionali*, RIDL, 1982, 2, 137-155, C. WINDBICHLER, *Arbeitnehmer mobilität im Konzern*, RdA, 1988, 2, 95-99, G. PERA, *Trasformazioni, fusioni e incorporazione nel settore creditizio; profili di diritto del lavoro*, RIDL, 1993, I, 430-448, O. MAZZOTTA, *Rapporto di lavoro, società collegate e statuto dei lavoratori*, Riv.trim. DPC, 1973, 751-804, Meliadò, *Il rapporto di lavoro nei gruppi di società. Subordinazione e imprese a struttura complessa*, Milano, 1991, 49 ss., B. VENEZIANI, *Gruppi di imprese e diritto del lavoro*, Lav.Dir., 1990, 609-647, J. MAGAUD, *L'éclatement juridique de la collectivité de travail*, DS, 1975, 12, 525-530, G. LYON-CAEN, *La concentration du capital et le droit du travail*, DS, 1983, 5, 287-303, R. DE LUCA TAMAJO, *Gruppi di imprese e rapporti di lavoro: spunti preliminari*, DLRI, 1991, 2, 67-70, A. LYON-CAEN, *La mise à disposition internationale du salarié*, DS, 1981, 12, 747-753, T. TREU, *Gruppi di imprese e relazione industriali: tendenze europee*, DLRI, 1988, 641-672 (maxime 644 ss.), F. PÉREZ DE LOS COBOS ORIHUEL, *La movilidad de los trabajadores en los grupos de sociedades europeos: el caso español*, Doc.Lab., 1991, I, 37-53.

[79] Em especial sobre este ponto, A. LYON-CAEN, *Les rapports internationaux de travail*, DS, 1978, 6, 197-203, e G. BESSE, *Mondialisation des échanges et droits fondamentaux de l'homme au travail: quel progrès possible aujourd'hui*, DS, 1994, 11, 841-849.

tivada por diversas formas de interessamento dos trabalhadores nos resultados, como prémios de produtividade, participação nos lucros ou no capital), que altera a fisionomia classista tradicional do Direito do Trabalho e contribui para diminuir a força do associativismo sindical.

**IV.** Em suma, *o modelo típico da empresa laboral cede o seu lugar a uma multiplicidade de modelos empresariais e a denominada relação de trabalho típica deixa de ser dominante para passar a ser apenas mais uma entre as diversas situações juslaborais e os diversos estatutos dos trabalhadores subordinados.*

Por outro lado, porque foram concebidos para um vínculo de trabalho que corresponde a um modelo rígido, hierarquizado e compartimentado, alguns regimes e institutos laborais menos elásticos têm dificuldade em se adaptar aos modelos de relação de trabalho emergentes.

### c) A sustentabilidade económica do sistema de tutela laboral

**I.** O último factor extra-jurídico sobre o qual tinha repousado o desenvolvimento tradicional do Direito do Trabalho na senda da universalização e da intensificação da tutela laboral, e que é alterado a partir da década de setenta do séc. XX, é a *crença na sustentabilidade económica do sistema laboral protectivo pelos empregadores e pelas empresas.*

Efectivamente, em grande parte, a melhoria do estatuto dos trabalhadores subordinados resulta em maiores encargos patrimoniais para os empregadores, que, como contraponto do recurso a esta forma de trabalho. Estes obrigam-se não apenas ao pagamento da retribuição, mas também ao pagamento de tempos de não trabalho, como as férias, os feriados ou as faltas justificadas, ao pagamento de diversos subsídios, que se vão, pouco a pouco, generalizando (como os subsídios de férias e de Natal) e, por último, responsabilizam-se pelo financiamento do sistema de segurança social e pelos seguros de acidentes de trabalho.

**II.** Ora, evidentemente, este conjunto de encargos – que as medidas de intensificação e a universalização da tutela fazem aumentar progressivamente – pressupõe um quadro económico favorável e em desenvolvimento. E é justamente este quadro que se altera, nos anos setenta, com a recessão económica provocada pela crise petrolífera de 1973 e com as flutuações económicas que se sucederam ao longo dos anos seguintes.

Esta mudança da conjuntura económica, a par da tendência para a globalização das trocas económicas, levou as *empresas a reflectirem sobre os custos associados ao trabalho subordinado e a tentarem reduzir esses custos*. Para este efeito, as empresas tomam, pragmaticamente, diversas medidas: recorrem a formas atípicas de trabalho subordinado com limites no tempo (como o trabalho a termo); diminuem o número de postos de trabalho na empresa, ou por força das modificações tecnológicas que tornaram alguns trabalhadores excedentários, ou substituindo postos de trabalho internos pelo recurso a empresas externas para o desempenho das mesmas tarefas (através, nomeadamente, do trabalho temporário) – é a tendência para a «miniaturização» das empresas[80] e para a «exteriorização do emprego»[81]; e, por último, recorrem ao trabalho independente, que não lhes traz outros encargos para além do pagamento da remuneração acordada.

**III.** Os efeitos laborais destas medidas são imediatos. Para além do aumento do número de desempregados, proliferam os regimes laborais até aí considerados marginais (como o trabalho a termo ou o trabalho temporário), ressurge o trabalho em regime de prestação de serviços[82], quer em moldes lícitos quer em moldes ilícitos (surgindo então, o fenómeno dos falsos independentes, que se verifica quando os trabalhadores cumprem exactamente a mesma tarefa, embora sob um diferente enquadramento formal) e cai o mito da sustentabilidade económica do regime laboral protectivo, que dominara anteriormente.

### 4.2.2. As tendências modernas de evolução do Direito do Trabalho: a flexibilização dos regimes laborais; a flexisegurança

**I.** O conjunto de alterações acima indicadas levou o Direito do Trabalho a inflectir na sua tendência regulativa tradicional de universalização e intensificação da tutela dos trabalhadores.

---

[80] G. MELIADÒ, *Il rapporto di lavoro nei gruppi di società... cit.* 15.
[81] J. DE MAILLARD/P. MANDROVAN/J.-P. PLATTIER/T. PRIESTLEY, *L'éclatement de la collectivité de travail: observations sur les phénomènes d'«exteriorisation de l'emploi»*, DS, 1979, 9/10, 323-338.
[82] Cfr. M. RODRIGUEZ-PIÑERO, *La huida del Derecho del Trabajo*, Rel.Lab., 1992, I, 85-92.

Este movimento, iniciado na década de setenta do séc. XX e comum à maioria dos países da Europa continental, cujos sistemas laborais tinham evoluído com o perfil garantístico enunciado (como a Alemanha, a França ou a Itália), ficou conhecido como a *flexibilização do Direito do Trabalho*, por pôr em causa a rigidez e o garantismo dos regimes laborais, e incidiu essencialmente em duas áreas:

- na tipologia dos vínculos laborais, propendendo-se para a sua diversificação (é a *flexibilização externa*);
- no regime jurídico do vínculo laboral, tendendo-se para a diminuição da sua rigidez (é a *flexibilização interna*).

II. Em paralelo a estas tendências de flexibilização, costuma ser referida a tendência de *desregulamentação* do Direito do Trabalho. No entanto, o fenómeno da desregulamentação não tem autonomia, reconduzindo-se ao *modus operandi* da própria flexibilização. É pois neste contexto que deve ser apreciado[83].

Por outro lado, e mais recentemente, vem sendo preconizada uma nova linha de evolução desta área jurídica, que procura introduzir alguma moderação às medidas de flexibilização acima enunciadas: é a denominada tendência da *flexisegurança*. Esta nova tendência merece uma reflexão autónoma.

### a) A flexibilização externa: a diversificação dos vínculos laborais

I. A primeira grande área de incidência das tendências de flexibilização do Direito do Trabalho é a dos *vínculos laborais atípicos*: desde os anos 80 do século passado que os sistemas jurídicos europeus vêm regulando de forma específica e a par do contrato de trabalho comum (ou seja, o contrato de trabalho por tempo indeterminado que enquadra a relação laboral típica), outros contratos de trabalho, como os contratos de trabalho a termo, a tempo parcial e temporário; em alguns destes países, é ainda admitido o trabalho par-

---

[83] Para mais desenvolvimentos sobre os conceitos de flexibilização e de desregulamentação, e, em geral, sobre as tendências e manifestações da flexibilização, ROSÁRIO PALMA RAMALHO, *Da Autonomia Dogmática... cit.*, 581 ss.

tilhado (*job sharing*)[84], o trabalho intermitente ou sob chamada (*Arbeit auf Abruf*)[85] e o teletrabalho.

Em vários sistemas, esta tendência traduz-se numa regulamentação legal aberta destas modalidades negociais; noutros sistemas, a abertura é mais limitada.

A maior abertura a estas formas atípicas de trabalho registou-se na Alemanha, onde foi aprovada uma lei que cobre todas estas modalidades (a «lei da promoção do emprego» ou *Beschäftigungsforderungsgesetz*, de 1 de Maio 1985)[86].

Em Itália, foi incrementado o recurso ao trabalho a termo e foi regulado o *job sharing* e o trabalho a tempo parcial[87].

Em França, os autores referem a expansão e a regulamentação do trabalho a termo, do trabalho temporário, do trabalho a tempo parcial (*Loi du 28 janvier 1981* e à *Loi du 31 décembre 1992*), do trabalho em alternância (admitido pela *Ordonance du 11 août 1986*, que alterou

---

[84] Nesta modalidade de trabalho, os trabalhadores dividem um posto de trabalho e quando um deles não pode prestar o trabalho o empregador recorre ao outro, ficando assim sempre assegurada a actividade produtiva.

[85] No trabalho sob chamada, o trabalhador mantém-se disponível para prestar a sua actividade quando o empregador lho solicitar, de acordo com as necessidades de gestão.

[86] Sobre este diploma, W. DÄUBLER, *Una riforma del diritto del lavoro tedesco? – prime osservazioni sul Beschäftigungsforderungsgesetz 26 Aprile 1985*, RIDL, 1985, 528-546 (535 ss.) numa apreciação, aliás, bastante crítica (que mantém no artigo conjunto com MARTINE LE FRIANT, sobre o mesmo diploma – cfr. W. DÄUBLER/MARTINE LE FRIANT, *Un récent exemple de flexibilisation législative: la loi allemande pour la promotion de l'emploi du 26 avril 1985*, DS, 1986, 9/10, 715-720); P. HANAU, *Befristung und Abrufarbeit nach dem Beschäftigungsforderungsgesetz 1985*, RdA, 1987, 1, 25-29; U. MÜCKENBERGER, *Deregulierendes Arbeitsrecht. Die Arbeitsrechtsinitiativen des Regierungskoaliation*, KJ, 1985, 18, 255-270 (258 ss.); ou ZACHERT, *Die Zerstörung... cit.*, 133. Em geral, sobre estas modalidades atípicas modernas de trabalho subordinado no direito germânico, *vd* R. MÜLLER-GLOGE, *Münchener Kommentar zum Bürgerlichen Gesetzbuch*, IV – *Schuldrecht. besonder Teil II (§§ 607-704)*, 3ª ed., Berlin, 1997, 157-312 (285 ss.).

[87] M. BIAGI, *Le tendenze del diritto del lavoro nell'Ocidente – Presentazione*, Lav. Dir., 1987, 1, 97-107 (101), E. GHERA, *La flessibilità: variazioni sul tema*, Riv.GL, 1996, 2, 123-136 (130 s.), J. MALAGUGINI, *Le attuali tendenze del Diritto del lavoro: flessibilità contrattata o liberalizzazione nei rapporti nei rapporti di lavoro?*, in Lav.'80, 1986, II, 685-696 (689 ss.), ou A. D'HARMANT FRANÇOIS, *La delegificazione del diritto del lavoro: alcune riflessioni*, DLav.,1993, I, 165-199.

o art. L. 212-4-8 do *Code du travail*), e do contrato misto de trabalho e aprendizagem[88].
Na Bélgica foi incentivado e regulado o trabalho a tempo parcial[89].
Em Espanha, é referido o incremento legal do contrato de trabalho a termo e ainda a difusão do trabalho a tempo parcial[90].

Embora se encontrem críticas a uma ou outra destas formas «atípicas» de trabalho subordinado e àquilo que alguns autores consideram como um excesso de permissividade do sistema nesta área[91], o seu incremento é, de um modo geral, aplaudido[92] pelas repercussões positivas que estas formas atípicas de trabalho podem ter no desemprego, pelo menos a curto prazo, e também pelos seus efeitos positivos do ponto de vista da gestão dos recursos humanos nas empresas.

---

[88] JEAMMAUD/LE FRIANT, *Contratto di lavoro... cit.*, 261 ss.; relativamente ao trabalho a termo e ao trabalho temporário, apontando a diminuição das suas restrições desde 1986, ainda P. SÉGUIN, *L'adaptation du droit du travail*, DS, 1986, 12, 828-833 (829), ou J.-M. BÉRAUD, *Die Flexibilisierung im französischen Arbeitsrecht*, in *Flexibilisierung des Arbeitsrecht – ein europäische Herausforderung*, ZIAS, 1987, 258-275 (261 s.); relativamente ao trabalho a tempo parcial, F. FAVENNEC-HÉRY, *Le travail à temps partiel*, DS, 1994, 2, 165-175 (166 s.); e, quanto ao contrato de trabalho intermitente, G. BÉLIER, *Le contrat de travail à durée indéterminée intermitent*, DS, 1987, 9/10, 696-701.
[89] PIERRE DENIS, *Droit du travail cit.*, 15 s.
[90] M. RODRIGUEZ-PIÑERO, *Contratación temporal y nuevas formas de empleo*, Rel.Lab., 1989, I, 49-55 (53); J. L. TORTUERO PLAZA, *A insegurança do emprego: causas, instrumentos e políticas legislativas*, in A. MOREIRA (coord.), *X Jornadas Luso-Hispano-Brasileiras de Direito do Trabalho – Anais*, Coimbra, 1999, 69-90 (72), e F. VALDÉS DAL-RÉ, *Le tendenze del diritto del lavoro nell'Ocidente – Intervento*, Lav.Dir., 1987, 1, 149-161; M. E. CASAS BAAMONDE/F. VALDÉS DAL-RÉ, *Diversidad y precariedad de la contratación laboral en España*, Rel.Lab., 1989, I, 240-258, e, ainda de CASAS BAAMONDE, *La individualización de las relaciones laborales*, Rel.Lab., 1991, II, 402-421 (243 ss.); ou S. GONZÁLEZ ORTEGA, *La difícil coyuntura del Derecho del Trabajo*, Rel.Lab., 1987, II, 257-279.
[91] Neste sentido, por exemplo, DÄUBLER, *Una riforma... cit.*, 538 e s. 545, e *Nuove tecnologie: un nuovo diritto del lavoro? cit.*, 75 s., quanto ao trabalho sob chamada e quanto ao *job sharing*. Mostrando também dúvidas quanto à licitude do *job sharing* PÉLISSIER, *La relation de travail atypique cit.*, 534 ss. Já TORTUERO PLAZA, *Insegurança... cit.*, 77 e s., e 84 ss., critica a excessiva abertura do sistema jurídico espanhol em relação à contratação laboral a termo.
[92] Neste sentido, entre muitos, R. BIRK, *Competitividade das empresas e flexibilização do Direito do Trabalho*, RDES, 1987, 3, 281-307 (291 s.), T. BLANKE, *Flexibilisierung und Deregulierung: Modernisierung ohne Alternative?*, in W. DÄUBLER/M. BOBKE/K, KEHRMANN (Hrsg.), *Arbeit und Recht*, Fest. für A. GNADE, Köln, 1992, 25-38 (26 s.), T. TREU, *Labour flexibility in Europe*, ILR, 1992, 4/5, 497-512 (501), ou M. C. ORTIZ LALLANA, *Lineas de tendencias y problemas fundamentales del sector juridico-laboral en las sociedades industriales: el caso español*, Rev.Trab., 1986, II, 93-123 (102).

**II.** Evidentemente, à medida que se vai consumando a recepção e a regulação jurídica destas formas de contratação laboral, elas deixam de poder ser consideradas como vínculos laborais atípicos no sentido técnico do termo, para assumirem as vestes de contratos de trabalho especiais ou com especificidades regimentais[93].

Independentemente da sua recepção normativa, vale, no entanto, a pena manter a designação destas formas de trabalho subordinado como trabalho «atípico», não na acepção jurídica mas na acepção sociológica do termo «atípico» – ou seja, para enfatizar o facto de nestes vínculos laborais se observar um desvio relevante em relação à configuração e ao regime do vínculo laboral comum. Com esta precisão conceptual, a qualificação preconizada tem uma dupla utilidade:

*i)* De uma parte, esta qualificação ajuda a separar estes casos de trabalho atípico de outras situações de especialidade do contrato de trabalho, por motivos atinentes ao trabalhador envolvido (por exemplo, a menoridade ou a deficiência) ou à prestação laborativa em causa (por exemplo, o trabalho a bordo, o serviço doméstico, o trabalho no sector dos espectáculos ou do desporto). Nestes casos a especialidade do vínculo não põe em causa nenhum dos elementos que integram o tipo sociológico dominante do contrato de trabalho (ou seja, o facto de se tratar de um contrato de trabalho por tempo indeterminado, que ocupa o trabalhador a tempo inteiro e com exclusividade e no qual se verifica a integração plena do trabalhador na esfera produtiva do credor, a que inere um determinado regime tutelar). Já nos casos de trabalho «atípico» que agora nos ocupam, é justamente um dos elementos deste tipo sociológico dominante que varia.

*ii)* De outra parte, a identificação destes vínculos laborais como vínculos atípicos ajuda a compreender o alcance de uma nova dicotomia que a progressiva regulação jurídica destas situações vai criando no seio do Direito do Trabalho moderno: a dicotomia entre os trabalhadores típicos, que gozam da tutela laboral mais ampla, e os trabalhadores atípicos, relativamente aos quais essa tutela é, por uma ou por outra via, aligeirada.

---

[93] Assim, Pessi, *I rapporti di lavoro c.d. atipici... cit.*, 136.

### b) A flexibilização interna: a maleabilização do regime do vínculo laboral

**I.** A segunda grande área de incidência das tendências de flexibilização do Direito do Trabalho, prosseguida desde a década de oitenta do século findo, na maioria dos sistemas da Europa continental, é a flexibilização do próprio regime do contrato de trabalho comum.

Neste domínio, *vem-se assistindo a uma alteração na fisionomia típica do sistema laboral, que se traduz no aligeiramento de algumas garantias tradicionais dos trabalhadores subordinados e na maleabilização do regime jurídico do contrato de trabalho.* Sem atendermos ao contexto específico de cada sistema no desenvolvimento destas directrizes – até por força dos diferentes pontos de partida de cada país – podemos identificar vários pontos do regime jurídico do contrato de trabalho relativamente aos quais são adoptadas ou preconizadas medidas de aligeiramento da tradicional vocação protectiva do Direito do Trabalho. Estes pontos são os seguintes:

*i)* Delimitação do conceito de actividade laboral e garantias associadas a essa actividade: neste domínio, são preconizadas e adoptadas regras de polivalência funcional, com o objectivo de facilitar a gestão dos recursos humanos[94].

*ii)* Local de trabalho: neste domínio, regista-se uma tendência para a diminuição da estabilidade do local de trabalho e para facilitar as transferências e as cedências de trabalhadores, também em nome de necessidades de gestão[95].

*iii)* Tempo de trabalho: nesta área, a tendência vai no sentido da flexibilização dos horários de trabalho, como forma de adequar a prestação do trabalho às efectivas necessidades de trabalho da empresa em cada

---

[94] Assim, por exemplo, Birk, *Competitividade...cit.*, 299 s., I. Daugareilh, *Le contrat de travail à l'épreuve des mobilités*, DS, 1996, 2, 128-140 (135), ou Ortiz Lallana, *Lineas de tendencias... cit.*, 112.
[95] Sobre as medidas de flexibilização do tempo de trabalho em vários países da Europa, vd Zachert, *Die Zerstörung... cit.*, 133 (Alemanha), O. Vanachter, *Flexibility and Labour Law: the Belgian Case, in Flexibilisierung des Arbeitsrechts – eine europäische Herausforderung*, ZIAS, 1987, 229-238 (Bélgica), Séguin, *L'adaptation... cit.*, 829 s. (França), M. Rodriguez-Piñero, *La flessibilità e il diritto del lavoro spagnolo*, in M. D'Antona (dir.), *Politiche di flessibilità e mutameni del diritto del lavoro. Italia e Spagna*, Napoli, 1990, 205-227 (224 ss.) (Espanha).

momento, e, por esta via, reduzir os gastos com trabalho suplementar (é o *travail modulé*)[96].

iv) Retribuição: neste domínio, apela-se ao desenvolvimento de mecanismos de flexibilização da retribuição e à contenção das garantias associadas à retribuição dentro de limites de razoabilidade, designadamente ao nível da negociação colectiva[97].

vi) Cessação do contrato: nesta área, é preconizada a racionalização da tutela do despedimento por critérios económicos, o que pode passar pelo aligeiramento dos fundamentos e do processo para despedimento e pela diminuição do valor das compensações pela cessação do contrato; a tendência é pois, claramente, para a diminuição do vigor do princípio tradicional da estabilidade do emprego[98].

### c) Os processos de flexibilização do Direito do Trabalho: a desregulamentação

**I.** Identificadas as áreas de incidência da flexibilização do Direito do Trabalho nas últimas décadas, importa ver como é que essa flexibilização se processa. Para identificar este processo, a doutrina refere os termos «desregulamentação» ou «deslegalização» do Direito Laboral[99].

O termo *desregulamentação* é expressivo para identificar uma inversão da tendência tradicional do Direito do Trabalho em termos normativos – a ten-

---

[96] BÉRAUD, *Die Flexibilisierung... cit.*, 268 s.
[97] Por exemplo, H. MENGEL, *Tarifautonomie und Tarifpolitik*, in D. BOEWER/B. GAUL (Hrsg.) *Fest. Dieter Gaul*, Berlin, 1992, 407-427 (426 s.); G. MAZZONI, *Costo del lavoro: un accordo neo-corporativo*, in V. PANUCCIO (coord. e dir.), *Studi in memoria di Domenico Napoletano*, Milano, 1986, 267-275 (269); GONZÁLEZ ORTEGA, *La difícil conyuntura del Derecho del Trabajo cit.*, 271.
[98] Sobre este ponto, quanto à Alemanha, W. ZÖLLNER, *Flexibilisierung des Arbeitsrechts*, ZfA, 1988, 3, 265-291 (288 s.) e *Arbeitsrecht und Marktwirtschaft*, in F. BY-DLINSKI/T. MAYER-MALY (Hrsg.), *Die Arbeit: ihre Ordnung – ihre Zukunft – ihr Sinn*, Wien, 1995, 51-67 (63), bem como C. HAUSMANN, *Le licenciement en droit allemand après la loi du 30 septembre 1993*, DS, 1994, 5, 507-510; quanto à França, SÉGUIN, *L'adaptation... cit.*, 829; e, quanto à Espanha, A. OJEDA AVILÉS, *El final de un «principio» (la estabilidad en el empleo)*, in *Estudios de Derecho del Trabajo en Memoria del Professor Gaspar Bayón-Chacón*, Madrid, 1980, 467-485.
[99] Por exemplo, A. SUPIOT, *Déréglementation des relations de travail et autoréglementation de l'entreprise*, DS, 1989, 3, 195-205, entre outros. Para mais desenvolvimentos sobre este ponto, vd ROSÁRIO PALMA RAMALHO, *Da Autonomia Dogmática... cit.*, 605 ss.

dência para regular os fenómenos laborais em moldes cada vez mais abrangentes e de um modo imperativo. Ora, modernamente, tende a diminuir o número de normas laborais imperativas e a aumentar o espaço de liberdade dos entes laborais, quer no âmbito da negociação colectiva quer no domínio dos contratos de trabalho.

**II.** Não obstante a sua expressividade, o termo desregulamentação não é, contudo, um termo rigoroso. Na verdade, sob este termo identificam-se três processos através dos quais tem sido prosseguida a referida tendência «desregulamentadora» do Direito do Trabalho moderno:

*i)* A *desregulamentação em sentido próprio ou estrito*, que passa pela supressão das normas legais imperativas em diversas matérias, cuja regulação é remetida para o âmbito dos contratos de trabalho, reforçando-se assim a autonomia das partes a esse nível[100].

*ii)* A *desregulamentação em sentido amplo* (ou *re-regulamentação*), efectuada através do reenvio legal da competência para regular as matérias laborais directamente para as convenções colectivas de trabalho. Para este efeito, a fisionomia das normas laborais é alterada, no sentido de permitir o seu afastamento em sede de negociação colectiva (mesmo em prejuízo de direitos anteriormente adquiridos pelos trabalhadores) mas não nos contratos de trabalho – são as denominadas normas convénio-dispositivas, cujo peso tende a aumentar[101-102].

---

[100] Sobre o ponto, por exemplo, W. Zöllner, *Privatautonomie und Arbeitsverhältnis*, AcP, 1976, 176, 221-246, K. Adomeit, *Discussionbeitrag*, ZIAS, 1988, 361-362, A. Ojeda Avilés, *Autonomía colectiva e autonomía individual*, Rel.Lab., 1990, I, 311-354, Casas Baamonde, *La individualización de las relaciones laborales cit.*, 402 ss., O. Mazzotta, *Autonomia individuale e sistema del diritto del lavoro*, DLRI, 1991, 3, 489-512.

[101] Cfr. *infra*, § 7º, ponto 18.3.

[102] Em particular sobre esta via de desregulamentação, E. Dorndorf, *Mehr Individual vertragsfreiheit im Arbeitsrecht? in* W. Däubler/M. Bobke/K. Kehrmann (Hrsg.), *Arbeit und Recht, Fest. für Albert GNADE*, Köln, 1992, 39-55, e ainda *Das Verhältnis von Tarifautonomie und individueller Freiheit als Problem dogmatischer Theorie, in* M. Heinze/A. Söllner (Hrsg.), *Arbeitsrecht in der Bewährung, Fest. für Otto Rudolf Kissel*, München, 1994, 139-159, bem como Supiot, *Déréglementation...cit.*, 195.

*iii)* A *alteração das regras especiais de interpretação e aplicação das fontes laborais* (*vg* o princípio do *favor laboratoris*) no sentido do aumento da respectiva elasticidade[103].

Na maioria dos sistemas jurídicos, as tendências de desregulamentação têm sido prosseguidas por estas três vias concomitantemente. Destaca-se a valência da re-regulamentação por via convencional colectiva, nos termos expostos, porque favorece soluções de maior flexibilidade e de experimentação, dada a vigência limitada das convenções colectivas de trabalho, mas permite manter a tutela dos trabalhadores ao nível dos contratos de trabalho.

### d) As tendências da flexisegurança[104]

Nos últimos anos – mais concretamente desde a publicação, em 2006, do *Livro Verde da Comissão Europeia sobre a Modernização do Direito do Trabalho para o séc. XXI*[105] – têm vindo a ser denunciados, a diversos níveis, os efeitos perversos das tendências de flexibilização dos sistemas laborais, com destaque para a segregação do mercado de trabalho entre os trabalhadores com um contrato de trabalho por tempo indeterminado e os trabalhadores precários

---

[103] Cfr, *infra*, ponto 26.

[104] Para mais desenvolvimentos sobre estas tendências, M. R. PALMA RAMALHO, *Modernizar o Direito do Trabalho para o séc. XXI. Notas breves sobre o Livro Verde da Comissão Europeia de 22 de Novembro de 206 e sobre os Desafios da Flexisegurança, in Estudos em Homenagem ao Prof. Doutor Martim de Albuquerque*, II, Coimbra, 2010, 443-456.

[105] Este documento, de 22 de Novembro de 2006, foi publicado pela Comissão Europeia sob o número COM (2006) 708 final. Na sequência deste documento foram, entretanto, publicadas outras comunicações sobre o tema e apresentadas posições conjuntas dos parceiros sociais europeus nesta matéria – *Communication from the Commission to the Council, the European Parliament, the European Economic and Social Committee and the Committee of the Regions – Outcome of the Public Consultation on the Commmission's Green Paper «Modernising labour law to meet the chalenges of the 21st century»* (Doc. COM (2007), versão provisória, e Doc. SEC (2007) aaaa.), *Commission Staff Working Document accompanying document to the Communication from the Commission to the Council, the European Parliament, the European Economic and Social Committee and the Committee of the Regions* (Doc. COM (2007) 627 final, e Doc. SEC (2007) 1373; e ainda a pronúncia dos parceiros sociais europeus sobre o Livro Verde (*Key chalenges facing european labour markets: a joint analysis of european social partners*), aprovada por ocasião da Conferência Inter-Governamental de Lisboa, em Outubro de 2007.

## §2º EVOLUÇÃO HISTÓRICA E SITUAÇÃO ACTUAL DO DIREITO DO TRABALHO

e para a falta de segurança no emprego que decorre, em geral, das políticas de flexibilização interna acima referidas.

Para fazer face a estes efeitos perversos vêm sendo preconizadas – designadamente sob o impulso da Comissão Europeia e com a participação activa dos parceiros sociais comunitários – novas estratégias, que se inspiram em experiências desenvolvidas em alguns Estados da União, com destaque para a Dinamarca e a Finlândia. Estas estratégias ficaram conhecidas pelo termo tecnicamente impróprio mas expressivo de *«flexisegurança»*[106].

A ideia geral que parece subjacente a estas estratégias não é, em caso algum, a da contenção da evolução flexibilizante dos regimes laborais, tanto no plano interno (i.e., ao nível da maleabilização dos regimes laborais, nomeadamente no que toca ao regime do despedimento) como no plano externo (através da diversificação dos modelos de contratação laboral), já que se entende que a flexibilização se continua a impor para garantia da competitividade e da produtividade das empresas. Contudo, pretende-se contornar os efeitos perversos da flexibilização através do aumento da tutela dos trabalhadores nas situações de desemprego involuntário e de um maior investimento na formação e qualificação dos trabalhadores, de modo a facilitar as transições e a reconversão profissional ao longo da vida activa.

As estratégias de flexisegurança estão ainda numa fase incipiente e prevê-se que possam vir a conhecer um desenvolvimento muito diversificado nos vários Estados Membros da União Europeia, dado que a tradição laboral e de protecção social dos Estados é, também ela, muito diferente. Por outro lado, a crise financeira e económica dos últimos anos constitui um óbice material de monta à implementação prática destas estratégias, uma vez que elas exigem a aplicação de recursos financeiros consideráveis por parte do Estado. É pois ainda cedo para opinar sobre a evolução do Direito do Trabalho neste sentido.

---

[106] Os termos *«flexisegurança»* e *«flexigurança»* têm sido utilizado indiferentemente, em tradução do original em língua inglesa *«flexsecurity»*, que é também, naturalmente, um vocábulo não técnico, mas linguisticamente expressivo que procura conjugar as noções de *«flexibility»* e *«security»*. Não havendo ainda a fixação do equivalente português, adoptamos o termo *«flexisegurança»* pela sua expressividade, que compensa a falta de rigor técnico.

## 5. Evolução histórica e situação actual do Direito do Trabalho português

### 5.1. O surgimento do Direito do Trabalho em Portugal e a sua evolução histórica

#### 5.1.1. O surgimento do Direito do Trabalho na transição do século XIX para o século XX

**I.** No sistema jurídico português, o fenómeno do trabalho dependente livre foi referido pela primeira vez nas Ordenações Filipinas. Em comsonância com a tradição romanista, as Ordenações integravam o serviço de criados e o contrato com oficiais e jornaleiros na figura da *locação-condução*, na modalidade da locação de obra (Livro IV, Títulos 23 a 35 e 45)[107]. No entanto, pelas razões que anteriormente expusemos em moldes gerais e que são aplicáveis ao caso português, o fenómeno não tinha expressão social por esta época.

Por seu turno, em opção cuja modernidade à época foi saudada por um sector da doutrina[108], o Código de Seabra enquadrou o trabalho subordinado através da figura da prestação de serviços, distinguindo como modalidades de prestação de trabalho o serviço doméstico e o serviço salariado ou de jornaleiros, aos quais dedicava respectivamente os artigos 1370º ss. e 1391º ss.

Tratava-se ainda de uma regulamentação sucinta e que era, além disso, muito mais virada para o trabalho doméstico do que para o trabalho salariado ou fabril, como se nota pelo peso desequilibrado das normas dedicadas a uma e a outra modalidade (vinte e um artigos sobre o serviço doméstico e apenas cinco normas relativas ao trabalho dos jornaleiros). Este desequilíbrio mani-

---

[107] O contrato de locação-condução desdobrava-se nas figuras da locação de coisas e da locação de obras; podendo estas últimas ser ajustadas ao tempo, era nesta modalidade de ajuste que se incluía o serviço de criados e jornaleiros – M. A. COELHO DA ROCHA, *Instituições de Direito Civil Portuguez*, 4ª ed., II, Coimbra, 1857, 666 ss., e J. PINTO LOUREIRO, *Tratado da Locação*, I, Coimbra, 1946, 42 s.

[108] L. CUNHA GONÇALVES, *Tratado de Direito Civil em Comentário ao Código Civil Português*, VII, Coimbra, 1933, 539 s. e 573. Sobre as modalidades do contrato de prestação de serviço com relevo em matéria laboral (o contrato de serviçal e o contrato de serviço doméstico) no Código de Seabra , *vd*, com desenvolvimentos, ANA MARGARIDA SEIXAS, *Pessoa e Trabalho... cit.*, 727 ss.

festa pois a fraca sensibilidade do sistema jurídico ao fenómeno do trabalho subordinado ainda nesta época.

Acresce, em relação aos fenómenos laborais colectivos (associativismo laboral, negociação colectiva e greve) que, durante todo o século XIX, o seu desenvolvimento foi relativamente modesto, não apenas pela fraca industrialização do nosso país – designadamente quando comparado com países do Centro e do Norte da Europa – mas também por força da extinção formal das corporações em 1834 e, no caso da greve, pela sua incriminação no CP de 1852 e no CP de 1884.

Falta pois ainda nesta época a dimensão colectiva que é também essencial ao reconhecimento da nova área jurídica. O Direito do Trabalho está apenas em embrião.

**II.** Para o surgimento do Direito do Trabalho nacional, teremos que esperar pelo final do século XIX, já que é nesta época que são publicados os primeiros diplomas com incidência em matérias laborais. Tal como sucedeu noutros países, estes diplomas procuravam responder à questão social, que também se fez sentir em Portugal e que suscitou a preocupação de diversos quadrantes e autores[109], e espraiaram-se pela área regulativa das condições de trabalho, pelas matérias do tempo de trabalho e do descanso semanal, pela protecção especial dos trabalhadores mais vulneráveis (as mulheres e as crianças) e, por fim, pelas matérias do associativismo sindical. Uns anos mais tarde, com a proclamação da República, foi também consagrado o direito de greve.

Nesta fase inicial, entre o final do século XIX e os primeiros anos do século XX, destacamos as seguintes áreas temáticas, nas quais foram publicados diplomas de incidência laboral:

– os tribunais de árbitros avindouros, que constituem a primeira jurisdição com competência especializada no domínio laboral, são instituídos pela L. de 14 de Agosto de 1889;

---

[109] Por exemplo, AFONSO COSTA, *A Igreja e a questão social*, Lisboa, 1895, ABEL DE ANDRADE, *Estudo sobre a questão social*, 1898, ou LOBO D'ÁVILA LIMA, *Política Social*, 1912.

- em matéria de protecção do trabalho de crianças e de mulheres, o Dec. de 14 de Abril de 1891 (depois alterado pela L. nº 297 de 22 de Janeiro de 1915) e o Reg. de 16 de Março de 1893 fixam a idade mínima para o trabalho em 12 anos, estabelecem regras sobre o tempo de trabalho, proíbem o desempenho de tarefas pesadas ou insalubres por crianças, protegem a maternidade através da atribuição de uma licença de parto de quatro semanas e da imposição da criação de creches nas empresas com mais de 50 trabalhadores;
- as associações de classe são instituídas pelo Dec. de 9 de Maio de 1891;
- as bolsas de trabalho são criadas pelo Dec. de 1 de Dezembro de 1892;
- a matéria do tempo de trabalho é objecto de diversa regulamentação já no início do século XX, destacando-se a proibição do trabalho nocturno das mulheres na indústria e a instituição do descanso semanal obrigatório pelo Dec. de 3 de Agosto de 1907;
- a legalização da greve e do *lock-out* ocorre em 1910, com o Dec. de 6 de Dezembro.

À imagem do que sucedeu noutros países, *pode pois fixar-se o surgimento do Direito do Trabalho português entre o final do séc. XIX e o início do séc. XX*, porque só a partir dessa época se regularizou a produção normativa específica nas diversas áreas regulativas que o compõem (direito das situações juslaborais individuais, no seio do qual ainda se destacava o direito das condições de trabalho, e direito das situações juslaborais colectivas), o que é uma condição essencial para o seu reconhecimento como uma nova área jurídica[110-111].

---

[110] Neste sentido se pronuncia a doutrina nacional – BERNARDO XAVIER, *Direito do Trabalho*, Polis, II, 579-601 (583) e *Curso de Direito do Trabalho cit.*, I, 45, MÁRIO PINTO, *Direito do Trabalho... cit*, 44, MONTEIRO FERNANDES, *Direito do Trabalho cit.*, 35 ss., ou J. JOÃO ABRANTES, *Do Direito Civil ao Direito do Trabalho. Do Liberalismo aos nossos dias, in Direito do Trabalho. Ensaios*, Lisboa, 1995, 24 ss.

[111] Em perspectiva crítica à fixação da origem do Direito do Trabalho português no final do século XIX, sufragado pela maioria da doutrina nacional, por exemplo, ROMANO MARTINEZ, *Direito do Trabalho cit.*, 62, que entende ser tal entendimento tributário de uma ligação umbilical entre o surgimento da área jurídica e a difusão do princípio da luta de classes. É uma posição que não acompanhamos, pelo diferente critério que seguimos no reconhecimento da área jurídica – o da regularidade da produção normativa nos respectivos centros regulativos. É certo que, do ponto de vista sociológico, o princípio da luta de classes constituiu o suporte histórico para o desenvolvimento de alguns fenómenos do direito das situações juslaborais

**III.** Fixada a época do surgimento do Direito do Trabalho português, vejamos então como é que ele evoluiu ao longo do século XX e até à actualidade.

Nesta evolução, distinguimos quatro grandes fases: a fase da consolidação, que corresponde à 1ª República; a fase de publicização, que corresponde à época do corporativismo; a fase subsequente à alteração jurídico-constitucional de Abril de 1974; e a fase subsequente à integração de Portugal nas Comunidades Europeias, a partir de 1985.

### 5.1.2. A fase da consolidação: a 1ª República

**I.** Na *fase da consolidação do Direito do Trabalho*, durante a 1ª República, destacam-se os seguintes diplomas, que agrupamos por um critério de incidência temática:

- o regime dos acidentes de trabalho é previsto pela L. nº 83 de 24 de Julho de 1913;
- a limitação da jornada diária de trabalho no sector do comércio e dos estabelecimentos de crédito e de câmbios e em todas as empresas com mais de cinco operários é estabelecida pelas Leis nº 295 e 296, de 22 de Janeiro de 1915;
- é regulado o trabalho suplementar pela L. nº 296, de 22 de Janeiro de 1915;
- o regime geral da segurança, higiene e condições ambientais nos locais de trabalho é estabelecido, ainda em 1915, pelo Dec. nº 4351, de 29 de Maio;
- os limites máximos do período normal de trabalho diário e semanal para a função pública e para os sectores do comércio e da indústria são fixados em 8 e 48 horas, em 1919, pelo Dec. nº 5516, de 7 de Maio[112].

---

colectivas, mas também a doutrina social da Igreja constituiu um poderoso impulso para a regularização das normas da área das condições de trabalho.

[112] Para um panorama geral sobre o desenvolvimento da legislação portuguesa nesta área, *vd* Ruy Ennes Ulrich, *Legislação Operária Portugueza*, Coimbra, 1906, *maxime*, 43 ss.; e, em especial, sobre a regulamentação em matéria de acidentes de trabalho, A. Ary dos Santos, *Acidentes de Trabalho*, Lisboa, 1932.

Por seu turno, na área regulativa colectiva, destaca-se, para além da consagração do direito de greve e do *lock-out*, logo em 1910 (Dec. de 6 de Dezembro), a consagração do direito de contratação colectiva em 1924 (Dec. nº 10415, de 27 de Dezembro)[113].

**II.** Com referência a esta fase, deve ter-se em conta que esta época se caracterizou por uma grande instabilidade social e política. Naturalmente, este quadro de instabilidade teve repercussões laborais imediatas, designadamente ao nível da conflitualidade colectiva, com a proliferação de greves (entre as quais se destaca a greve geral de 1918), e traduziu-se também na fraca efectividade de alguns dos diplomas laborais aprovados, designadamente em matéria de condições de trabalho e de duração do trabalho.

Por último, no plano internacional é de salientar que Portugal foi membro fundador da Organização Internacional do Trabalho, tendo ratificado as suas primeiras convenções, logo em 1919. Desta integração na OIT resultou também um incremento da produção normativa nacional no domínio laboral.

### 5.1.3. A fase da publicização: o Direito do Trabalho no corporativismo

**I.** A segunda fase da evolução do Direito do Trabalho corresponde à época do *corporativismo* (1926-1974). Nesta fase podemos distinguir dois períodos: o período correspondente à implementação e ao desenvolvimento do ideário corporativo; e o período subsequente à aprovação do Código Civil de 1966.

**II.** Durante o primeiro período, o Direito do Trabalho sofreu os reflexos da implementação do ideário corporativo, à imagem do que sucedeu pela mesma época com outros sistemas.

No plano normativo, destacam-se, como diplomas básicos do ordenamento juslaboral emergente a Constituição de 1933 e o Estatuto do Trabalho Nacional (DL nº 23048, de 23 de Setembro de 1933). A Constituição estabelece os princípios do ideário corporativo com maior projecção no domínio das relações de trabalho – i.e., o princípio da colaboração interclassista e o princípio

---

[113] *Tratado III*, § 48º, ponto 169, quanto ao desenvolvimento da contratação colectiva e, § 54º, ponto 193.2., quanto ao enquadramento da greve no sistema jurídico nacional.

da subordinação dos interesses privados ao interesse geral da Nação – e, em consequência, proíbe a greve e o *lock-out* (arts. 35º e 39º da Constituição). O ETN desenvolve estas ideias-chave, afirmando o princípio da mútua colaboração entre trabalhadores e o empregadores como princípio geral orientador das relações de trabalho (arts. 11º e 22º), reforçando a ideia de paz social a que inere a proibição da greve e do *lock-out* (art. 5º) e limitando a liberdade sindical.

Ao Estatuto do Trabalho Nacional sucedem-se alguns diplomas de grande porte, tanto na área das situações juslaborais colectivas como na área das situações juslaborais individuais. Assim:

- no domínio das *situações juslaborais colectivas*, destaca-se a instituição de sindicatos únicos e a respectiva publicização, em 1933 (DL nº 23050, de 23 de Setembro de 1933); o estabelecimento de um regime geral da contratação colectiva, que se caracteriza pela uniformidade da regulamentação por categoria profissional, e inclui a sujeição dos contratos colectivos de trabalho a um controlo administrativo de mérito (DL nº 36173, de 6 de Março de 1947); a proibição e a incriminação da greve e do *lock-out* (DL nº 23870, de 18 de Março de 1934, e art. 170º do CP, na redacção introduzida pelo DL nº 35105, de 15 de Outubro de 1945)[114];
- no domínio das *situações juslaborais individuais*, rege ainda nos primeiros anos o Código Civil de Seabra, mas em 1937 surge a primeira regulamentação geral do contrato de trabalho – a L. nº 1952, de 10 de Março de 1937, que vigorará durante cerca de 30 anos. A primeira LCT é já um diploma abrangente, que toca todos os aspectos do regime jurídico do contrato de trabalho e que incorpora a maioria das matérias relativas às condições de trabalho (completando-se assim a diluição deste tradicional centro regulativo do Direito do Trabalho).

**III.** Nos últimos anos do regime corporativo, assiste-se a uma relativa modernização do sistema, tanto na disciplina do contrato de trabalho como no domínio sindical e da negociação colectiva. Com referência a esta época, destacamos os seguintes diplomas legais:

---

[114] *Tratado III*, § 46º, ponto 146.2., § 48º, ponto 169, § 54º, ponto 193.2.

- o novo Código Civil, que autonomiza o contrato de trabalho relativamente ao contrato de prestação de serviço (art. 1152º), remetendo a respectiva regulamentação para legislação especial (art. 1153º);
- o novo regime jurídico do contrato de trabalho, que substituiu a LCT de 1937. Este regime foi aprovado pelo DL nº 47032, de 27 de Maio de 1966, mas este diploma foi, logo em 1969, substituído pelo regime que se manteve em vigor (embora parcialmente) até ao surgimento do Código do Trabalho: a LCT de 1969, aprovada pelo DL nº 49408, de 24 de Novembro de 1969;
- o regime jurídico dos acidentes de trabalho e doenças profissionais, constante da L. nº 2127, de 3 de Agosto de 1965 (LAT) e do DL nº 360/71, de 21 de Agosto;
- o regime jurídico da duração do trabalho, instituído pelo DL nº 409/71, de 27 de Setembro (LDT);
- o novo regime jurídico das convenções colectivas de trabalho, instituído pelo DL nº 49212, de 28 de Agosto de 1969.

**IV.** Como decorre do exposto, os reflexos mais evidentes do ideário corporativo no domínio laboral registaram-se no domínio das situações juslaborais colectivas, não só por força da erradicação dos fenómenos colectivos de conflito[115], como por efeitos da publicização das associações laborais (sindicatos e grémios) e do controlo estadual sobre a negociação colectiva.

Estes efeitos legitimam a afirmação de que a área regulativa colectiva estagnou durante esta fase da evolução do Direito do Trabalho nacional. Mas, mais do que uma estagnação, estamos nesta fase em presença de uma verdadeira quebra na unidade do Direito do Trabalho como ramo jurídico, uma vez que um dos seus principais centros regulativos se vê parcialmente amputado (com a proibição da greve) e é reestruturado em moldes diversos, que põem em causa alguns dos princípios já sedimentados em épocas anteriores: o princípio da liberdade sindical e o princípio da autonomia colectiva[116].

---

[115] Ainda assim veja-se sobre este ponto, MÁRIO PINTO, *Os conflitos colectivos de trabalho no direito português*, SIv., 1959, 128-138.

[116] Como veremos, *infra*, § 4º, esta reestruturação da área regulativa colectiva do Direito do Trabalho em moldes públicos reflectiu-se no ensino destas matérias laborais, que passaram a integrar a disciplina de Direito Corporativo.

§2º EVOLUÇÃO HISTÓRICA E SITUAÇÃO ACTUAL DO DIREITO DO TRABALHO

Já no domínio das situações juslaborais individuais, o quadro sócio-político subjacente permitiu que o Direito do Trabalho nacional se continuasse a desenvolver sob o signo tradicional da protecção do trabalhador – sendo, aliás, em boa parte, tal protecção garantida por um Estado mais interventor – ainda que sob o desígnio da mútua colaboração entre o empregador e o trabalhador.

Por último e em termos gerais, deve realçar-se a influência latente do quadro sócio-político publicista envolvente na fisionomia de diversos institutos e fenómenos laborais em qualquer das áreas regulativas do Direito do Trabalho. É, na verdade, esta influência publicista que explica a configuração da empresa laboral em moldes muito verticalizados, um pouco à imagem dos serviços públicos (o que se evidencia nas normas da LCT sobre o poder directivo e o poder regulamentar – art. 20º nº 2 e art. 39º), que permite conceber o poder disciplinar do empregador à imagem e semelhança do poder disciplinar nos serviços públicos – arts. 26º e ss. da LCT), que explica a importação para o domínio laboral dos conceitos de categoria e de carreira (art. 23º da LCT) e que permite compreender alguns dos mais marcantes aspectos do regime jurídico das convenções colectivas de trabalho, como a sua consagração como fontes laborais, o processo da sua publicação e entrada em vigor e a eficácia geral que lhes é reconhecida.

Esta acabou, afinal, por ser a projecção mais duradoura do corporativismo no domínio laboral, na medida em que estes institutos e regimes jurídicos acabaram por resistir, com poucas alterações, à modificação do quadro constitucional ocorrida em 1974.

### 5.1.4. Evolução recente: o Direito do Trabalho no quadro constitucional vigente

I. A alteração da ordem jurídico-constitucional subsequente ao movimento de Abril de 1974 abriu uma nova fase da existência do Direito do Trabalho, que lhe permitiu, designadamente, recuperar a sua dimensão colectiva e, com isso, reconstituir-se em moldes unitários.

II. Na evolução do sistema juslaboral português no último quartel do século XX, podem distinguir-se três grandes fases:

- a fase inicial, que corresponde à implementação do normativo laboral no novo quadro jurídico-constitucional;
- uma fase intermédia, que tem início um pouco antes da entrada de Portugal nas Comunidades Europeias;
- e a fase correspondente à última década do século XX[117].

### a) A fase de implementação do normativo laboral no novo quadro jurídico-constitucional

**I.** Esta primeira fase da evolução recente do Direito do Trabalho caracteriza-se pela introdução de profundas alterações no quadro normativo vigente, em consonância com o novo regime constitucional. Estas alterações observam-se, sobretudo, na área regulativa colectiva, que tinha sofrido uma maior influência do quadro sócio-político anterior, mas também se registam no centro regulativo do contrato de trabalho, pela necessidade de actualização da LCT em diversos aspectos.

**II.** Esta fase caracterizou-se também por uma *ampla constitucionalização das matérias laborais*.

A Constituição de 1976 consagrou, em sede de direitos fundamentais, os principais direitos dos trabalhadores nos dois centros regulativos do Direito do Trabalho. No domínio do direito das situações laborais individuais, destacam-se, entre outros, o direito ao trabalho (art. 58º da CRP, que corresponde, com alterações, ao art. 51º da versão originária da Lei Fundamental), o direito a boas condições de trabalho e à igualdade de oportunidades e tratamento, bem como os princípios da suficiência e da igualdade de retribuição (art. 59º da CRP, que corresponde com alterações, aos arts. 52º a 54º da versão originária) e a proibição dos despedimentos sem justa causa (art. 53º da CRP, que corresponde ao art. 52º c) na versão originária). No domínio do direito das situações laborais colectivas, são de referir os princípios da liberdade sindi-

---

[117] Fixamos o início deste período em 1984 – logo, um pouco antes da entrada de Portugal na CEE, porque alguns diplomas dos anos imediatamente anteriores denotam já uma preocupação de conformidade com o direito comunitário. Por outro lado, esta altura coincidiu também com o início de uma legislatura em que se registou alguma inflexão nas tendências regulativas anteriores: a legislatura do Partido Social Democrata.

cal e da autonomia colectiva (artigos 55º e 56º da CRP, que correspondem aos arts. 57º e 58º, na versão originária), os direitos das comissões de trabalhadores (art. 54º da CRP, que corresponde, com alterações, aos artigos 55º e 56º, no texto originário) e o direito de greve, a par da proibição do *lock-out* (art. 58º, que corresponde com alterações, ao art. 59º na primeira versão da Lei Fundamental).

Naturalmente, a previsão constitucional destas matérias condicionou a evolução normativa posterior.

**III.** Por outro lado, do ponto de vista das *orientações gerais do sistema juslaboral nesta fase* (e ressalvados alguns excessos do período pré-constitucional de 1974/75, que não resistiram, aliás, à nova Constituição[118]), verifica-se que o nosso país trilha os caminhos que outros sistemas laborais da Europa já tinham seguido, entre as décadas de cinquenta e de setenta do séc. XX.

Assim, genericamente, as normas laborais são orientadas pelo escopo da protecção do trabalhador, que é prosseguido tanto na sua meta horizontal (com vista à extensão da tutela laboral a um universo cada vez maior de trabalhadores), como na sua meta vertical (com vista à intensificação progressiva e irredutível dos níveis de tutela). Já se tivermos em conta aos dois centros regulativos da área jurídica, é obviamente no domínio do direito laboral colectivo que a evolução normativa é feita em maior ruptura, por força da alteração dos princípios dominantes, com destaque para a privatização dos entes laborais colectivos, para o relançamento da negociação colectiva em moldes privados e de plena autonomia e para a reposição do direito de greve.

**IV.** O enunciado dos principais diplomas legais, que se sucederam, logo a partir de 1974 e depois da aprovação da Constituição, permite avaliar a importância da produção normativa laboral neste primeiro período.

Na área das *situações juslaborais individuais* destacamos os seguintes diplomas, que vieram a alterar ou a revogar parcialmente a LCT:

---

[118] Assim, o princípio da unicidade sindical, previsto na primeira versão da Lei Sindical (DL nº 215-B/75, de 30 de Abril, art. 11º), e que soçobrou com a consagração do princípio da liberdade sindical na CRP (esta norma foi expressamente revogada pelo DL nº 224/77, de 30 de Maio). Voltaremos ao tema no *Tratado III*, § 42º, ponto 147.

- novo regime jurídico da cessação do contrato e do período experimental (LD), instituído pelo DL nº 372-A/75, de 16 de Julho (sucessivamente alterado nos dois anos seguintes[119]), que revoga o capítulo correspondente da LCT;
- novo regime jurídico dos contratos de trabalho a prazo (DL nº 781/76, de 28 de Outubro), que sai da LCT;
- novo regime jurídico das férias, feriados e faltas (LFFF – DL nº 874/76, de 23 de Dezembro), que sai da LCT;
- instituição e regime do salário mínimo (DL nº 217/74, de 27 de Maio, alterado pelo DL nº 292/75, de 16 de Junho);
- instituição do regime jurídico da igualdade de género no acesso ao emprego e no local de trabalho (DL nº 392/79, de 20 de Setembro);
- novo regime do contrato de serviço doméstico (DL nº 508/80, de 21 de Outubro), que veio a ser alterado em 1992 (DL nº 235/92, de 24 de Outubro).

Na área das *situações juslaborais colectivas*, destacam-se os seguintes diplomas, de índole nova ou que substituíram a regulamentação anterior:

- novos regimes jurídicos dos sindicatos (LS) e das associações patronais (LAP), constantes, respectivamente, do DL nº 215-B/75 e do DL nº 215-C/75, ambos de 30 de Abril;
- instituição das comissões de trabalhadores e respectivo regime jurídico (LComT), constante da L. nº 46/79, de 12 de Setembro;
- participação dos representantes dos trabalhadores na elaboração das leis do trabalho (L. nº 16/79, de 26 de Maio);
- reformulação do regime jurídico da negociação colectiva e dos instrumentos de regulamentação colectiva (LRCT), iniciada com o DL nº 164-A/76, de 28 de Fevereiro, e com o DL nº 49-A/77, de 12 de Fevereiro, e consolidada no DL nº 519-C/79, de 29 de Dezembro[120];

---

[119] Alterações introduzidas pelo DL nº 84/76, de 28 de Janeiro, pelo DL nº 841-C/76, de 7 de Dezembro e pela L. nº 48/77, de 11 de Julho.

[120] Para além deste diploma, que consolidou o regime geral na matéria, foram ainda publicados nesta área o DL nº 121/78, de 2 de Junho, e o DL nº 490/79, de 19 de Dezembro (limites à regulamentação colectiva), o DL nº 353-H/77, de 29 de Agosto (suspensão dos instrumentos

- reposição do direito de greve e aprovação do respectivo regime (LG) – DL nº 392/74, de 27 de Agosto, depois substituído pela L. nº 65/77, de 26 de Agosto.

### b) A fase intermédia

**I.** Um pouco antes da entrada de Portugal nas Comunidades Europeias, o Direito do Trabalho entra numa fase que se caracteriza por três traços: a estabilidade dos regimes jurídicos da área regulativa colectiva; a preocupação de reforço da protecção dos trabalhadores em certas matérias; e algumas medidas de abrandamento da tendência garantística anterior no regime do contrato de trabalho.

**II.** Assim, no que toca à *área regulativa colectiva*, apenas se registam alterações pontuais na LRCT (DL nº 87/89, de 23 de Março) e surge um diploma específico sobre a negociação colectiva na Administração Pública (DL nº 45-A/84 de 3 de Fevereiro). Por seu turno, o regime jurídico da greve foi objecto de alteração em 1992 (L. nº 30/92, de 20 de Outubro), mas, em boa medida, as normas introduzidas acabaram por não vingar, por vício de inconstitucionalidade formal[121].

**III.** Na segunda linha apontada, assinala-se a *preocupação da lei em reforçar a tutela dos trabalhadores em algumas matérias*. Assim:

- são estabelecidos os princípios gerais em matéria de segurança e saúde no local de trabalho (DL nº 401/91, de 16 de Outubro);
- é disciplinada a formação profissional (DL nº 441/91, de 14 de Novembro;
- é instituído o regime de protecção da maternidade e da paternidade (LPMP – L. nº 4/84, de 5 de Abril e DL nº 136/85, de 3 de Maio;
- é reenquadrado o trabalho dos menores (DL nº 396/91, de 16 de Outubro).

---

de regulamentação colectiva nas empresas em situação económica difícil), o DL nº 380/78, de 5 de Dezembro e o DL nº 2-A/79, de 10 de Janeiro (portarias de regulamentação do trabalho). Cfr., *Tratado III*, § 48º.

[121] Ac. TC nº 868/96, de 16 de Outubro. Para confronto destas alterações à Lei da Greve, *vd* M. R. PALMA RAMALHO, *Lei da Greve Anotada*, Lisboa, 1994, *passim* e *Tratado III*, § 54º, ponto 193.2.

**IV.** Por último, *no que se refere ao contrato de trabalho, destacam-se algumas medidas de flexibilização do seu regime*, à imagem das tendências de outros países europeus. Neste leque de medidas, destacamos:

- o novo regime jurídico da redução e suspensão do contrato de trabalho (LSCT), aprovado pelo DL nº 398/83, de 2 de Novembro, que ficou conhecido como «lei do *lay-off*»;
- o novo regime do trabalho suplementar (LTS), aprovado pelo DL nº 421/83, de 2 de Dezembro, que revoga a LCT nesta matéria;
- o novo regime jurídico da cessação do contrato de trabalho e do trabalho a termo (LCCT), aprovado pelo DL nº 64-A/89, de 27 de Fevereiro, que revoga a LD de 1975 e o regime do contrato de trabalho a prazo, constante do DL nº 781/76, de 28 de Outubro; este regime introduziu a figura da extinção do posto de trabalho, como causa objectiva de cessação do contrato de trabalho, a par do despedimento colectivo;
- a introdução da figura da cessação do contrato por inadaptação (DL nº 400/91, de 16 de Outubro);
- a abertura a algumas formas especiais de contratação laboral e paralaboral, com a aprovação dos regimes do trabalho temporário (LTT, aprovada pelo DL nº 358/89, de 17 de Outubro), do trabalho em comissão de serviço (DL nº 404/91, de 16 de Outubro), e do trabalho no domicílio (DL nº 440/91, de 14 de Novembro).

Com referência ao último grupo de medidas, deve ter-se em conta que os seus efeitos flexibilizadores foram reduzidos, pelo alcance limitado que tiveram (designadamente no que se refere ao regime da cessação do comtrato de trabalho, pelas questões de constitucionalidade que suscitou, logo em sede de fiscalização preventiva[122]) e porque foram compensadas por outras medidas de rigidificação do sistema – assim, o regime do trabalho temporário é muito restritivo, o regime do contrato de trabalho a termo passa ser um regime excepcional (cfr. art. 41º da LCCT) e a alteração da LRCT em matéria de vigência das convenções colectivas acabou por paralisar a negociação colectiva (art. 11º nº 2 da LRCT, na redacção introduzida pelo DL nº 87/89, de 23 de Março).

---

[122] Ac. TC nº 107/88, DR, I Série, de 21/06/1988.

§2º EVOLUÇÃO HISTÓRICA E SITUAÇÃO ACTUAL DO DIREITO DO TRABALHO

c) A evolução do Direito do Trabalho na última década do século XX

I. Na última década do séc. XX, a produção normativa laboral distribuiu--se por várias temáticas, entre as quais salientamos:

- política de emprego e protecção no desemprego: o DL nº 132/99, de 21 de Abril, define os princípios gerais em matéria de emprego, o DL nº 119/99, de 14 de Abril, altera o regime jurídico da protecção no desemprego, e são aprovadas diversas medidas de promoção do emprego, de âmbito regional ou vocacionadas para certas categorias de trabalhadores;
- matérias de índole mais marcadamente social (assim, por exemplo, a instituição do regime do rendimento mínimo garantido pela L. nº 19-A/96, de 29 de Junho);
- o regime jurídico dos acidentes de trabalho (LAT), reformulado pela L. nº 100/97, de 13 de Setembro;
- a reformulação de regimes laborais especiais já existentes para determinadas categorias de trabalhadores, como os trabalhadores a bordo (L. nº 15/97, de 31 de Maio), os trabalhadores estudantes (L. nº 116/97, de 4 de Novembro), os trabalhadores estrangeiros (L. nº 20/98, de 12 de Maio) ou os praticantes desportivos (L. nº 28/98, de 26 de Junho);
- o reforço substancial de regimes protectivos anteriores, em matérias como o trabalho de menores (L. nº 58/99, de 30 de Junho, e DL nº 107/2001, de 6 de Abril), a protecção da maternidade e da paternidade (com diversas alterações à LPMP e ao diploma que a regulamentou – L. nº 17/95, de 9 de Junho, L. nº 102/97, de 13 de Setembro, L. nº 142/99, de 31 de Agosto, DL nº 70/2000, de 4 de Maio, e DL nº 230/2000, de 23 de Setembro), a igualdade no acesso ao emprego e no posto de trabalho (L. nº 105/97, de 13 de Setembro), ou a tutela do salário (L. nº 96/2001, de 20 de Agosto, sobre os privilégios creditórios associados à retribuição);
- o reforço dos regimes da cessação do contrato de trabalho e do contrato de trabalho a termo (L. nº 38/96, de 31 de Agosto, e L. nº 18/2001, de 3 de Julho);

- a preocupação de transposição de Directivas comunitárias, em matérias como o dever de informação (DL nº 5/94, de 11 de Janeiro), os conselhos de empresa europeus (L. nº 40/99, de 9 de Junho), o regime dos trabalhadores destacados (L. nº 9/2000, de 15 de Junho), ou a licença parental (em alteração à LPMP);
- a outorga formal às associações patronais do direito de participação na elaboração das leis do trabalho, já amplamente praticado mas até então reconhecido apenas formalmente aos representantes dos trabalhadores (L. nº 36/99, de 26 de Maio);
- o reforço genérico da tutela laboral, com a aprovação do novo regime das contra-ordenações laborais, que agravou significativamente o valor das coimas (L. nº 116/99, de 4 de Agosto);
- a revisão do Código do Processo de Trabalho (DL nº 480/99, de 9 de Setembro);
- a flexibilização do regime do contrato de trabalho, em matéria de tempo de trabalho e de maleabilidade funcional (instituição do regime da adaptabilidade de horários e da polivalência funcional, pela L. nº 21/96, de 23 de Julho, e pela L. nº 73/98, de 10 de Novembro);
- a aprovação do regime do trabalho a tempo parcial (L. nº 103/99, de 26 de Julho);
- a regulação das especificidades de alguns direitos laborais (designadamente da área do direito colectivo) quando exercidos por trabalhadores públicos – assim, a negociação colectiva na Administração Pública (L. nº 23/98, de 26 de Maio, que revoga parcialmente o DL nº 45-A/84 de 3 de Fevereiro), o sindicalismo na Administração Pública (DL nº 84/99, de 19 de Março), e o sindicalismo na Polícia de Segurança Pública (L. nº 14/2002, de 19 de Fevereiro).

**II.** Em termos gerais, os diplomas enunciados evidenciam as seguintes preocupações do Direito do Trabalho nacional nesta fase do seu desenvolvimento: a *preocupação do reforço da tutela dos trabalhadores em alguns aspectos, a preocupação com questões de empregabilidade e a preocupação de adequação do sistema juslaboral português ao quadro normativo comunitário.*

Já no que se refere às tendências de flexibilização, não se detecta uma linha estratégica consistente na evolução do sistema normativo, uma vez que, a par de algumas medidas claramente flexibilizadoras (por exemplo em matéria de tempo de trabalho e de objecto do contrato de trabalho), se encontram medidas de rigidificação do regime laboral noutras matérias (como a contratação a termo e a cessação do contrato de trabalho, por exemplo)[123].

Um último aspecto de grande importância nesta fase é o do incremento da denominada *legislação laboral negociada*: os projectos de diploma legal são debatidos em sede de concertação social, o que constitui uma originalidade do Direito do Trabalho na forma de produção das suas normas, que teremos ocasião de apreciar[124].

## 5.2. Situação actual do Direito do Trabalho português; a codificação dos regimes laborais em 2003 e 2009 e diplomas avulsos; as alterações à legislação laboral no contexto do programa de assistência financeira a Portugal

### 5.2.1. O contexto da reforma laboral: a situação do Direito do Trabalho no início do século XXI e as suas perspectivas para o futuro

**I.** Descrita a evolução do Direito do Trabalho nacional até aos nossos dias, cabe proceder a uma apreciação global da sua situação actual e das perspectivas que se lhe abrem para o futuro.

Nesta apreciação merece lugar de destaque a análise da profunda reforma legislativa que vem sendo implementada no sistema juslaboral nos últimos anos.

Esta reforma traduziu-se, em primeiro lugar, na publicação de um Código do Trabalho, em 2003, a que seguiu a respectiva legislação complementar (a Regulamentação do Código do Trabalho, de 2004 RCT), e ainda a publicação de legislação especial avulsa.

---

[123] Em especial sobre este ponto, *vd* M. R. PALMA RAMALHO, *Insegurança ou diminuição do emprego? O caso português*, in Estudos de Direito do Trabalho, I, Coimbra, 2003, 95-106 (também publicado *in* A. MOREIRA (coord.), *X Jornadas Luso-Hispano-Brasileiras de Direito do Trabalho – Anais*, Coimbra, 1999, 91-102).
[124] *Infra*, § 7º, ponto 18.1.

O segundo ponto alto desta Reforma ocorreu em 2009, com a publicação de um novo Código do Trabalho, que integrou a RCT de 2004, mas que foi acompanhada por diversos diplomas complementares, publicados ao longo dos anos seguintes.

O terceiro e mais recente momento desta reforma começou em 2011, resultando dos compromissos assumidos por Portugal no *Memorando de Entendimento sobre as Condições de Política Económica* (MoU), celebrado entre o nosso país e o Fundo Monetário Internacional, o Banco Central Europeu e a Comissão Europeia, no âmbito do Programa de Ajuda Financeira a Portugal (3 de Maio de 2011). As medidas deste Memorando em matéria de política social e emprego justificaram já a introdução de alterações ao Código do Trabalho de 2009, bem como às normas reguladoras dos vínculos de trabalho públicos, formalmente justificadas pela grave situação financeira e económica do país. Este novo impulso reformista não está ainda concluído.

Para contextualizar adequadamente a reforma em curso e compreender o seu alcance, é necessária uma breve caracterização do sistema laboral nacional na fase imediatamente anterior à codificação, tanto numa perspectiva sistemática, como numa perspectiva dogmática e, por fim, numa perspectiva prática.

**II.** *Do ponto de vista sistemático, o Direito do Trabalho nacional caracterizou-se, tradicionalmente por uma grande dispersão normativa*, uma vez que, como acabamos de ver, os regimes jurídicos laborais estavam dispersos por uma multiplicidade de diplomas, alguns dos quais elaborados em contextos sócio-políticos muito diferentes. Este quadro dificultava a interpretação e compatibilização das normas laborais e aumentava a possibilidade de antinomias e lacunas regulativas.

Por outro lado, é também tradicional nesta área uma acentuada volatilidade dos textos legais, designadamente em relação a algumas matérias, como os contratos de trabalho a termo ou o tempo de trabalho. Já, pelo contrário, outros regimes laborais apresentam um grau de estabilidade superior ao que seria de esperar tendo em atenção as matérias que versam – assim, por exemplo, o regime jurídico dos instrumentos de regulamentação colectiva do trabalho ou o regime jurídico da greve.

**III.** De outra parte, se atentarmos na *índole geral do sistema normativo*, observamos que *o Direito do Trabalho nacional da transição do século XX para o século XXI, apresenta ainda um elevado pendor garantístico e uma acentuada rigidez.*

Efectivamente, o nosso sistema jurídico teve alguma dificuldade em acertar o passo com as tendências de flexibilização de outros sistemas europeus, no último quartel do século XX.

Esta dificuldade teve inicialmente uma razão histórica: é que o momento em que o Direito Laboral nacional readquiriu a sua dimensão colectiva, e com ela, o seu carácter unitário, na sequência da ruptura constitucional de 1974, coincidiu justamente com o início daquelas tendências de flexibilização noutros países. Ora, o reavivar das instituições laborais colectivas de representação dos trabalhadores, por essa época, associado à consagração dos principais direitos dos trabalhadores na Constituição de 1976, em moldes de grande vigor, favoreceram a densificação do garantismo nas novas leis laborais e uma visão do princípio da protecção do trabalhador nos moldes mais tradicionais. Em suma, foi justamente na época em que outros sistemas jurídicos da Europa começavam a reagir à crise do Direito do Trabalho que, em Portugal e por força das suas vicissitudes históricas próprias, a área jurídica se desenvolveu nos moldes mais tradicionais.

No entanto, o facto é que o sistema nacional manteve até muito tarde esta característica de rigidez e de garantismo dos regimes laborais, mostrando-se pouco aberto às tendências de flexibilização nas grandes áreas de incidência deste processo. Assim, ainda no princípio do século XXI, e tendo em conta as várias vertentes da flexibilização acima enunciadas, o quadro do sistema juslaboral nacional podia caracterizar-se por três traços:

i) *Uma diminuta diversificação dos vínculos laborais,* não sendo previstos alguns contratos de trabalho especiais e sendo as modalidades já previstas (o contrato de trabalho a termo e o trabalho temporário) reguladas de forma muito restritiva. Em suma, pelo menos em termos formais, o modelo de vínculo de trabalho dominante continuou a ser a relação laboral típica e o sistema não mostrou grande sensibilidade nem às novas formas de organização das empresas nem aos novos perfis de trabalhadores e às respectivas necessidades.

ii) *Uma reduzida maleabilização do regime do contrato de trabalho*: apesar das medidas de flexibilização introduzidas nos regimes do tempo de trabalho e da delimitação da função, manteve-se uma grande rigidez em matérias como o local de trabalho, a retribuição, a suspensão e a redução dos contratos de trabalho em situação de crise empresarial e, sobretudo, a cessação do contrato de trabalho.

iii) Por fim, *um processo de desregulamentação em fase incipiente*, em razão do peso do princípio do tratamento mais favorável ao trabalhador, tanto na relação entre as normas legais e o contrato de trabalho (art. 14º da LCT), como na relação entre a lei e os instrumentos de regulamentação colectiva do trabalho (art. 14º nº 1 da LRCT) e ainda na sucessão de instrumentos de regulamentação colectiva do trabalho (art. 15º da LRCT)[125].

**IV.** A última observação que se impõe fazer, para contextualizar a reforma legislativa dos últimos anos, é de índole prática, e tem em vista avaliar a *vitalidade dos principais institutos e regimes laborais e o grau de efectividade e de cumprimento das normas laborais.*

Ora, é justamente a este nível de análise que se evidenciam as maiores debilidades do sistema juslaboral nacional. Estas debilidades são patentes em qualquer das suas áreas regulativas. Assim:

i) Na *área regulativa atinente às situações laborais individuais*, a falta de abertura do sistema às situações juslaborais especiais e a rigidez do regime jurídico do contrato de trabalho nos aspectos indicados tiveram efeitos perversos, como o recrudescimento do trabalho autónomo, o surgimento de falsos trabalhadores independentes, o aumento do trabalho clandestino e a proliferação de situações de fraude na contratação laboral, designadamente no âmbito do trabalho a termo e do trabalho temporário, mas também no domínio da cessação do contrato de trabalho[126]. Estes efeitos perversos são comprovados pela sucessão de

---

[125] Teremos ocasião de aprofundar este tema, *infra*, ponto 26. Neste momento pretende-se apenas estabelecer um quadro geral.
[126] Especificamente sobre esta questão, vd MÁRIO F. C. PINTO, *Garantia de emprego e crise económica. Contributo ensaístico para um novo conceito*, DJ, 1987/88, III, 141-162; e ROSÁRIO PALMA RAMALHO, *Insegurança ou diminuição do emprego cit.*, 95 ss.

legislação repressiva e, genericamente, pelo aumento do valor das coimas no domínio laboral, designadamente na última fase da evolução do Direito do Trabalho nacional, o que evidencia também um preocupante grau de incumprimento das normas laborais.

ii) Na *área regulativa atinente às situações laborais colectivas*, o excesso de garantismo das normas laborais teve como principal efeito perverso a paralisação da negociação colectiva, em razão da irredutibilidade das posições já adquiridas pelos trabalhadores. Por esta razão, as convenções colectivas são, quase todas, muito antigas, e, porque as suas revisões se limitam à matéria remuneratória, mostram-se cada vez mais desadequadas da realidade empresarial. Acresce que, em paralelo com esta relativa estagnação da negociação colectiva tradicional, se começaram a desenvolver formas de negociação colectiva atípica ao nível empresarial e directamente entre empregadores e comissões de trabalhadores ou estruturas *ad hoc* de representação dos trabalhadores (ou seja, em moldes não previstos na lei[127].

**V.** *Pode pois concluir-se que, no início do século XXI, o sistema laboral português apresenta os sintomas da crise que afectou e afecta ainda outros sistemas jurídicos laborais*[128]. Por outro lado, no que toca à resposta à crise, observa-se que a área

---

[127] Em especial sobre este tema, M. R. PALMA RAMALHO, *Negociação Colectiva Atípica*, Coimbra, 2009, *passim*. Voltaremos a este tópico no *Tratado III*, § 48º, ponto 170.2.

[128] Entre a muita literatura nacional sobre a crise do Direito do Trabalho português,*vd*, ROSÁRIO PALMA RAMALHO, *Da Autonomia Dogmática...cit.*, 55º e ss., e *Ainda a crise do direito laboral... cit.*, MÁRIO F. C. PINTO, *A função do direito do trabalho e a crise actual*, RDES, 1986, 1,33-63, e ainda *Die Flexibilisierung des Arbeitsrechts – eine europäische Herausforderung? (Portugal), in Flexibilisierung des Arbeitsrechts – eine europäische Herausforderung*, ZIAS, 1987, 346-353; JORGE LEITE, *Direito do trabalho na crise (relatório geral), in Temas de Direito do Trabalho. Direito do Trabalho na Crise. Poder Empresarial. Greves Atípicas – IV Jornadas Luso-Hispano-Brasileiras de Direito do Trabalho*, Coimbra, 1990, 21-49 (23 e nota [5]); BERNARDO XAVIER, *O direito do trabalho na crise (Portugal), in Temas de Direito do Trabalho. Direito do Trabalho na Crise. Poder Empresarial. Greves Atípicas – IV Jornadas Luso-Hispano-Brasileiras de Direito do Trabalho*, Coimbra, 1990,101-138 (103), e *A crise e alguns institutos de direito do trabalho*, RDES, 1986, 4, 517--569 (521); e A. NUNES DE CARVALHO, *Ainda sobre a crise do direito do trabalho, in* A. MOREIRA (coord.), *II Congresso Nacional de Direito do Trabalho. Memórias*, Coimbra, 1999, 49-79 (60). Para uma visão destes pontos da crise, imediatamente antes do MoU, ainda M.R.PALMA RAMALHO, *Portuguese Labour Law and Industrial Relations during the Crisis*, Governance Working Paper Nº 54, ILO, Geneva, 11/2013, e ainda *Portuguese Law and Relations during the Crisis, in* K. PAPADAKIS / Y GELHAB (ed.), *The*

jurídica começa a comungar algumas das preocupações que dominam outros Estados europeus, mas o facto é que essas preocupações têm ainda uma fraca projecção no plano normativo.

Neste quadro, apontámos oportunamente[129] a *necessidade de introduzir alguma maleabilidade no sistema juslaboral português*, por forma a prosseguir quatro grandes objectivos:

- a flexibilização do regime do contrato de trabalho (ou flexibilização interna), e o incentivo dos diversos modelos laborais de contratação (com destaque para o trabalho a termo e a tempo parcial), que, acessoriamente, também têm efeitos positivos do ponto de vista da empregabilidade;
- *a melhor adequação dos regimes laborais aos novos perfis de trabalhadores* (os denominados trabalhadores atípicos), o que passa pela promoção da conciliação entre a vida profissional e a vida privada e familiar dos trabalhadores e, de novo, pela abertura à diversificação dos modelos de contratação laboral;
- *a reposição do dinamismo da negociação colectiva*, através do alargamento da sua área de intrevenção e de um entendimento mais elástico do princípio do *favor laboratoris* na relação entre as fontes laborais;
- *a manutenção dos direitos e garantias fundamentais dos trabalhadores, no seu núcleo essencial, e a abertura a novas necessidades de tutela.*

Perante o quadro exposto, a conclusão não oferece dúvidas: a intervenção normativa nas áreas referidas era essencial para adequar os regimes laborais às necessidades das empresas modernas, mas também para evitar que estes regimes tivessem uma incidência cada vez mais reduzida (porque foram pensados para os vínculos laborais típicos e para a figura do trabalhador típico, que tende a ser cada vez menos dominante) e para diminuir a fractura crescente entre os trabalhadores protegidos pelo sistema laboral e os que escapam

---

*Governance of Policy Reforms in Southern Europe and Ireland. Social Dialogue Actors and Institutions in Times of Crisis*, ILO, Geneva, 2014, 147-161
[129] Rosário Palma Ramalho, *Ainda a crise do direito laboral cit.*, 253 ss.

a essa protecção (os já denominados *insiders* e *ousiders* do sistema laboral[130]), respondendo assim ao desafio da diferença dos estatutos laborais, que se substituiu à tradicional regulamentação uniforme do trabalhado subordinado[131].

Estes são os desafios que se colocam ao Direito do Trabalho português no limiar do séc. XXI. É neste quadro que surge a reforma do sistema normativo laboral actualmente em curso.

### 5.2.2. A reforma laboral em curso: o Código do Trabalho de 2003 e respectiva regulamentação; o Código do Trabalho de 2009 a outros diplomas laborais avulsos; as alterações à legislação laboral no âmbito do Programa de Assistência Financeira a Portugal

Desde o ano 2000 que, a bom ritmo, se vêm desenvolvendo trabalhos tendentes à reforma legislativa do sistema juslaboral nacional. Estes trabalhos consumaram-se em três grandes fases: a fase da publicação do Código do Trabalho de 2003 e respectiva Regulamentação (de 2004); a fase da publicação do actual Código do Trabalho (em Fevereiro de 2009), a que se seguiu alguma regulamentação complementar; e, por fim, a fase das alterações mais recentes à legislação laboral (*y compris* o Código do Trabalho de 2009), desde 2011, no âmbito do Programa de Assistência Financeira a Portugal.

Contudo, devem ter-se em conta ainda três aspectos, cuja ponderação é essencial para compreender o actual quadro normativo nacional nesta área: por um lado, ao longo deste tempo, foram também publicados importantes diplomas laborais avulsos, que cabe considerar; por outro lado, embora o Código do Trabalho de 2009 tenha substituído globalmente o Código do Trabalho de 2003, algumas normas do CT de 2003 e da RCT de 2004 mantiveram-se em vigor ainda no âmbito do CT de 2009 por falta de legislação complementar do actual Código do Trabalho; por último, o ajustamento da legislação laboral nacional foi precipitado, nos últimos anos, pelo Programa de Assistência Financeira a Portugal.

---

[130] A. e P. Ichino, *A chi serve il diritto del lavoro?*, RIDL, 1994, I, 469-503 (495), ou J.-B. de Foucauld, *Une citoyenneté pour les chômeurs*, DS, 1992, 7/8, 653-660 (655), entre outros.
[131] U. Romagnoli, *Egualizanze e differenze nel diritto del lavoro*, DLRI, 1994, 3, 545-565 (564).

## a) O Código do Trabalho de 2003 e a Regulamentação de 2004

**I.** Desencadeada por iniciativa do XIV Governo Constitucional, com trabalhos de compilação e sistematização das leis laborais, entre Março de 2000 e Maio de 2002[132], a reforma laboral teve como primeiro ponto alto, já na legislatura do XV Governo Constitucional, a elaboração e a aprovação do Código do Trabalho de 2003, pela L. nº 99/2003, de 27 de Agosto[133].

Como é indicado na Exposição de Motivos que antecedeu a Proposta de Lei, o Código do Trabalho de 2003 teve um duplo objectivo: um objectivo de concatenação e sistematização dos principais diplomas laborais existentes; e um objectivo reformador do Direito do Trabalho, com vista à sua adaptação aos desafios da Economia moderna e às novas formas de organização das empresas, em busca do aumento da produtividade e da competitividade (em suma, um objectivo de flexibilização do Direito Laboral).

Vale a pena dar alguma atenção ao modo como o Código do Trabalho de 2003 prosseguiu estes objectivos, para poder apreciar a evolução da reforma no actual Código do Trabalho.

**II.** Em prossecução do objectivo reformista de fundo, o Código de 2003 propôs, em concreto e entre outras, soluções novas em matéria de duração do trabalho, de maleabilidade espacial e funcional, de configuração do con-

---

[132] O trabalho de compilação e sistematização foi da responsabilidade da *Comissão de Análise e Sistematização da Legislação Laboral*, nomeada pelo Desp. nº 5875/2000, de 15 de Março, do Ministro do Trabalho e da Solidariedade. Esta Comissão apresentou uma Proposta relativa às normas da área regulativa individual em Setembro de 2001 e uma Proposta relativa às normas da área regulativa colectiva, já na vigência do XV Governo Constitucional, em Maio de 2002. Sobre a primeira proposta *vd* Ministério do Trabalho e da Solidariedade (ed.), *Revisão da Legislação Laboral*, Lisboa, 2002, e os diversos Pareceres que sobre ela foram emitidos, entre os quais o nosso – M. R. PALMA RAMALHO, *Parecer sobre o Relatório da CLL, op. cit.*, 156-159.

[133] O Anteprojecto do Código, elaborado entre Maio e Julho de 2002, foi aprovado na generalidade no Conselho de Ministros de 18 de Julho de 2002, foi debatido no Conselho Permanente de Concertação Social, ainda em Julho de 2002 e entre os meses de Setembro e Novembro de 2002, tendo depois baixado à Assembleia da República sob forma de Proposta de Lei. Aprovado pela AR (Proposta de Lei nº 29/IX), o diploma foi sujeito a verificação preventiva da constitucionalidade e, na sequência da declaração de inconstitucionalidade de algumas das suas normas (Ac. TC nº 306/03, de 25 de Junho de 2003, DR. I Série A de 18/07/2003), baixou de novo à AR, tendo sido aprovado como L. 99/2003, de 27 de Agosto.

trato de trabalho no contexto dos grupos empresariais, de negociação colectiva e de arbitragem, bem como um novo entendimento sobre o princípio do tratamento mais favorável ao trabalhador.

Por seu turno, do ponto de vista sistemático, o Código apresenta-se dividido em dois Livros, intitulados, respectivamente *«Parte Geral»* (artigos 1º a 606º), e *«Responsabilidade penal e contra-ordenacional»* (607º a 689º).

O Livro I, que corresponde, naturalmente, à parte mais desenvolvida do Código, compreende três títulos, destinados ao tratamento dos seguintes temas: *«Fontes e Aplicação do Direito do Trabalho»* (arts. 1º a 9º), no qual são tratadas as matérias das fontes, da lei aplicável ao contrato de trabalho internacional e do destacamento de trabalhadores; *«Contrato de Trabalho»* (arts. 10º a 450º), que compreende nove capítulos (organizados em secções e, em alguns casos, em subsecções e em divisões), ao longo dos quais vai sendo exposto o regime do contrato de trabalho desde a sua formação até à sua extinção e passando pelo seu desenvolvimento e vicissitudes; neste título são também tratados alguns temas gerais, a propósito dos sujeitos do contrato de trabalho (assim, os direitos de personalidade e as matérias da igualdade e não discriminação e da tutela da maternidade e da paternidade) e são reguladas algumas situações juslaborais especiais, em secção autónoma (como os contratos de trabalho em regime de teletrabalho e de comissão de serviço); *«Direito Colectivo»* (art. 440º a art. 606º), título no qual se define o regime jurídico das pessoas laborais colectivas, dos instrumentos de regulamentação colectiva do trabalho e dos conflitos colectivos de trabalho.

O Livro II compreende dois capítulos, denominados, respectivamente, *«Responsabilidade Penal»* e *«Responsabilidade contra-ordenacional»*. Estes capítulos estão divididos em secções, ao longo das quais são estabelecidas as normas relativas à responsabilidade penal e contra-ordenacional no domínio laboral, são indicadas as respectivas penas e coimas e são ainda enunciadas algumas contra-ordenações em especial.

Uma última nota a salientar, com referência à sistematização das normas laborais levada a cabo pelo CT de 2003, tem a ver com o alcance da própria sistematização. Como decorre do elevado número de normas remissivas deste Código, conjugadas com o art. 21º nº 2 do Diploma Preambular, o Código de 2003 foi pensado como o repositório essencial mas não único das normas laborais, carecendo de ser completado por diploma regulamentar em diversas matérias, para além de se prever ainda a emissão de legislação especial – situação que, aliás, condicionou a entrada em vigor de uma parte significativa das normas do Código, que foi remetida para o início da vigência do diploma complementar (cfr. art. 21º nº 2 do Diploma Preambular).

Por outras palavras, com a aprovação do Código do Trabalho, cumpriu-se uma primeira etapa do objectivo de sistematização global do Direito Laboral português, a continuar posteriormente.

**III.** Uma segunda etapa do processo reformista foi cumprida com a publicação e entrada em vigor do diploma regulamentador do Código (a Regulamentação do Código do Trabalho – RCT de 2004), aprovado pela L. nº 35/2004, de 29 de Julho[134]. Este diploma desenvolveu-se ao longo de 499 artigos numa divisão sistemática que acompanhava a do próprio Código. Neste diploma encontrava-se uma regulamentação mais detalhada de matérias tratadas pelo Código do Trabalho e, bem assim, a disciplina das matérias que o Código não regulara, optando antes por remetê-las para esta regulamentação.

Com este diploma, completou-se, pois, a segunda etapa da reforma laboral em curso.

**IV.** Já na vigência do CT de 2003[135] e da RCT de 2004, foram publicados alguns diplomas laborais avulsos, relativos a matérias não contempladas nestes dois diplomas principais. Entre estes diplomas destacam-se pela sua maior importância, os seguintes:

- a L. nº 23/2004, de 22 de Junho, que aprovou o regime do contrato de trabalho na Administração Pública, alterada pela pela L. nº 53/2006, de 7 de Dezembro, e posteriormente revogada (ainda que não integralmente), pela L. nº 59/2008, de 11 de Setembro;

---

[134] Nos termos do seu art. 3º, este diploma entrou em vigor 30 dias após a sua publicação. Com a entrada em vigor deste diploma, foram também revogados os diplomas constantes do art. 21º nº 2 do Diploma Preambular do CT, que se tinham mantido no período de transição entre o surgimento do Código e o surgimento da respectiva regulamentação.

[135] Nesta fase, o CT 2003 apenas foi sujeito a uma pequena alteração, introduzida pela L. nº 9/2006, de 20 de Março, que abrangeu as normas relativas à presunção de laboralidade e à vigência das convenções colectivas de trabalho.

§ 2º EVOLUÇÃO HISTÓRICA E SITUAÇÃO ACTUAL DO DIREITO DO TRABALHO

- o DL nº 215/2005, de 13 de Dezembro, que transpôs para o direito nacional o regime comunitário em matéria de representação dos trabalhadores na sociedade anónima europeia;
- L. nº 4/2007, de 16 de Janeiro, sobre a tutela da maternidade e da paternidade;
- a L. nº 19/2007, de 22 de Maio, que aprovou o novo regime do contrato de trabalho temporário, revogando a LTT de 1989;
- a L. nº 4/2008, de 7 de Fevereiro, que aprovou o regime dos contratos de trabalho dos profissionais de espectáculos, e que já foi alterada pela L. nº 105/2009, de 14 de Setembro;
- a L. nº 8/2008, de 18 de Fevereiro, que transpôs para o direito nacional o regime comunitário em matéria de representação dos trabalhadores na sociedade cooperativa europeia.

Neste quadro normativo, ficaram ainda por regular alguns contratos de trabalho especiais, e outros aspectos pontuais, entre os quais se destaca, pela sua importância, a matéria dos acidentes de trabalho, que deveria ter sido contemplada na RCT de 2004 (por remissão do próprio CT de 2003), mas acabou por não o ser, mantendo-se assim a vigência do regime anterior, constante da L. nº 100/97, de 13 de Setembro.

**V.** Apresentados sucintamente os diversos passos desta primeira fase da reforma da legislação laboral, cabe proceder à sua apreciação geral.

Em primeiro lugar, não se suscitam dúvidas quanto à necessidade, quanto à oportunidade e quanto à viabilidade dogmática de uma sistematização geral do Direito do Trabalho nacional, nos moldes correspondentes a uma codificação. Assim:

- *a sistematização geral dos diplomas laborais era particularmente necessária* no caso português, dada a grande dispersão normativa anterior, com as inerentes consequências negativas do ponto de vista da clareza, da coerência e da completude do sistema, e com as acrescidas dificuldades na interpretação e aplicação das suas normas, que tal situação comporta;
- *a sistematização geral do Direito do Trabalho nacional foi oportuna*, na medida em que se inseriu num processo de modernização da área jurídica e

esta modernização era urgente por força dos novos desafios que hoje se colocam a esta área jurídica;
- *a sistematização geral do Direito do Trabalho português é dogmaticamente viável* porque, apesar da tradicional volatilidade das suas normas em determinadas matérias, ao longo dos seus cem anos de existência, o Direito Laboral tem sabido desenvolver os seus institutos e afinar os seus próprios valores orientadores de um modo seguro e estável[136], podendo dizer-se que atingiu a maturidade como área *a se* no universo jurídico[137]. É esta maturidade que permite, aliás, que a sistematização das normas laborais possa corresponder não à mera junção e reprodução, com mais ou menos alterações, das normas existentes (i.e., uma *compilação*), mas a uma regulação normativa ordenada das matérias e orientada pelos princípios orientadores já consolidados na área jurídica (em suma, uma *codificação* no sentido rigoroso do termo)[138-139].

Pelos motivos expostos, o esforço de sistematização geral das normas laborais feito no CT de 2003 é de aplaudir vivamente. Resta avaliar se as orientações gerais que presidiram a esta sistematização corresponderam aos valores fundamentais da área jurídica e se a perspectiva perfilhada quanto às necessidades de adaptação do Direito do Trabalho português aos novos desafios que hoje se lhe colocam foram as mais adequadas.

**VI.** No que toca à sistematização adoptada pelo CT de 2003, as orientações gerais que a ela presidiram suscitam, efectivamente, algumas reservas

---

[136] Sobre os valores ou princípios do Direito do Trabalho nacional, *vd, infra*, capítulo III, secção IV, § 16º.
[137] Sobre a maturidade do Direito do Trabalho como área jurídica, *vd* ROSÁRIO PALMA RAMALHO, *Da Autonomia Dogmática... cit.*, 913 ss.
[138] Em geral sobre a diferença entre *codificação* e *compilação* das normas jurídicas, J. DE OLIVEIRA ASCENSÃO, *O Direito. Introdução e Teoria Geral*, 13ª ed., Coimbra, 2005, 365 ss.
[139] Em especial sobre os movimentos de codificação no domínio do Direito do Trabalho, ROSÁRIO PALMA RAMALHO, *Da Autonomia Dogmática... cit.*, 208 e ss., e referências doutrinais feitas nessa sede. O tema tem sido particularmente discutido no seio das doutrinas germânica e austríaca – entre outras razões para justificar a autonomização do contrato de trabalho em relação ao *Dienstvertrag* no BGB e no ABGB, respectivamente – mas é um problema comum aos outros países da Europa Continental de maior tradição codificadora, porque em todos eles a tradicional volatilidade dos textos normativos laborais tem tornado a codificação difícil.

técnicas, que se deixam enunciadas, até porque a maioria destas orientações persiste no actual Código do Trabalho[140].

Assim:

i) *O facto de o Código assentar claramente a exposição das matérias no conceito de relação jurídica e, exaustivamente, no desenvolvimento dos elementos que compõem esse conceito, foi pouco conseguido.*

É que, mesmo abstraindo do facto de o conceito de relação jurídica estar hoje ultrapassado no âmbito do próprio Direito Civil[141], a sua aplicação ao domínio laboral é inadequada, não apenas pelo número de situações jurídicas absolutas que aqui sobressaem, mas também pela perspectiva limitada que inere àquele conceito operativo na análise de diversos institutos e dos próprios entes laborais (reduzidos, pela perspectiva do Código, à categoria relacional de «sujeitos»).

Desta perspectiva relacional decorre ainda a dificuldade de situar certas matérias no âmbito do regime do contrato de trabalho (assim, por exemplo, a matéria estruturante do poder disciplinar foi integrada no Código de 2003 no capítulo do cumprimento, e alguns contratos de trabalho especiais viram o seu regime repartido pelo Código, nuns casos, e concentrado em secção própria noutros casos, sem qualquer critério), assim como é evidente a desadequação do conceito de relação jurídica às matérias laborais colectivas[142].

---

[140] Para mais desenvolvimentos, *vd* M. R. PALMA RAMALHO, *O novo Código do Trabalho. Reflexões sobre a proposta de lei relativa ao novo Código do Trabalho*, in *Estudos de Direito do Trabalho* cit., I, 15-67, e ainda *Legislação do trabalho, produtividade e competitividade*, in *Novas Políticas para a Competitividade*, Oeiras, 2003, 303-311.

[141] Por todos, quanto à demonstração das insuficiências da categoria geral da relação jurídica, J. DE OLIVEIRA ASCENSÃO, *Direito Civil. Teoria Geral*, III, Coimbra, 2002, 9 ss., e *maxime*, 41 ss., e MENEZES CORDEIRO, *Tratado de Direito Civil Português* cit., I, § 67, e ainda *Teoria Geral do Direito Civil. Relatório*, Lisboa, 1988, 237 ss.

[142] Sobre a inadequação da categoria da relação jurídica ao domínio laboral e sobre as suas alternativas, *vd* ROSÁRIO PALMA RAMALHO, *Da Autonomia Dogmática...* cit., 119 ss. Voltaremos a este ponto a propósito dos alicerces dogmáticos do Direito do Trabalho, *infra*, capítulo III, secção II, § 11º.

ii) A *ausência de uma Parte Geral do Código com índole substantiva, que antecedesse o regime do contrato de trabalho e os regimes laborais colectivos, dificultou a sua organização interna.*

Na verdade, por força desta omissão, diversos temas gerais eram tratados neste Código já no contexto do regime jurídico do contrato de trabalho ou a propósito do regime jurídico das instituições laborais colectivas – assim, por exemplo, as matérias relativas a direitos de personalidade ou a outros princípios gerais são tratadas a propósito dos sujeitos do contrato de trabalho, e o regime da participação dos representantes dos trabalhadores e dos empregadores na elaboração da legislação laboral não é tratada a propósito das fontes mas em sede de direito colectivo. Por outro lado, a matéria contida no Livro I (que corresponde formalmente no Código à Parte Geral), não é logicamente contraposta à matéria do Livro II, relativo à responsabilidade penal e contra-ordenacional.

iii) *O desequilíbrio entre os títulos do Livro I evidenciou a centragem do Código no contrato de trabalho e no seu regime jurídico e, por conseguinte, a secundarização da matéria relativa às situações juslaborais colectivas.* Ora, este desequilíbrio, ainda mais acentuado pela ausência de uma parte geral, depõe contra a unidade global da área jurídica.

iv) *O critério que presidiu à opção de integração de algumas matérias no Código e de remissão de outras para o diploma regulamentar era de difícil visibilidade.* Assim, não foi adequada a integração da matéria correspondente ao Livro II (responsabilidade penal e contra-ordenacional), pela própria natureza das normas que a compõem e pela probabilidade de revisão periódica do valor das coimas, o que depõe contra a sua integração num texto normativo que se pretende estável, como é o caso de um Código. Mas, de outra parte, causou perplexidade a remissão para a legislação complementar de normas básicas relativas ao princípio da igualdade (arts. 31º ss. da RCT de 2004) ou da quase totalidade do regime jurídico relativo às comissões de trabalhadores (que ocupava dois capítulos da RCT de 2004 – arts. 327º a 364º), pelo carácter fundamental destas matérias.

Aliás, no que se refere especificamente à conjugação do Código com o diploma regulamentar, o peso desta última lei e a extensão dos temas nela tratados, por força das inúmeras remissões feitas pelo Código, acabou por dificultar a compreensão dos regimes jurídicos, na medida em que obrigava a uma constante consulta *per saltum* entre o Código e a Regulamentação.

VII. Apreciada a sistematização, cabe tecer algumas observações gerais sobre a perspectiva adoptada pelo Código de 2003 na prossecução do objectivo de flexibilização do Direito do Trabalho que se propôs.

Embora se subscreva inteiramente a necessidade de flexibilização do Direito do Trabalho, como forma de corresponder aos desafios que hoje se lhe colocam, *a perspectiva do Código sobre a flexibilização foi limitada quanto à sua incidência e quanto à forma da sua prossecução, para além de ter subjacentes algumas ideias-chave que não se acompanham.*

Assim, no que se refere à *incidência do processo de flexibilização* no CT de 2003, este processo foi reduzido ao objectivo de adaptação dos regimes laborais às exigências de produtividade e competitividade das empresas. Ora, a flexibilização envolve também a adequação dos regimes laborais a novos perfis de trabalhadores (os trabalhadores atípicos), bem como a diversificação dos vínculos laborais, de acordo com as necessidades dos trabalhadores e das próprias empresas. Todavia, esta dimensão estava ausente do Código de 2003, que continuava a assentar no paradigma da relação laboral típica, não contemplando os contratos de trabalho especiais (à excepção do teletrabalho) nem as situações de parasubordinação[143], mantendo também um regime bastante restritivo para a contratação laboral a termo.

Esta é pois uma dimensão do processo de flexibilização que, apesar de essencial, quase não teve visibilidade no CT de 2003.

No que se refere ao *modo de prossecução da flexibilização*, o Código de 2003 optou mais por soluções de desregulamentação pura do que por soluções de re-regulamentação – ou seja, de acordo com os sentidos destes dois ter-

---

[143] O trabalho no domicílio foi tratado na RCT de 2004, arts. 14º a 26º.

mos oportunamente clarificados[144], a flexibilização dos regimes laborais foi prosseguida, sobretudo, através do estabelecimento da natureza supletiva das normas que os consagram, admitindo o seu afastamento não apenas por convenção colectiva (seria a solução da re-regulamentação) mas também pelo contrato de trabalho.

Ora, esta via é mais perigosa do ponto de vista das garantias dos trabalhadores, já que a sua inferioridade negocial se manifesta, justamente, ao nível do contrato de trabalho, para além de ter o inconveniente de afastar os parceiros laborais colectivos dos objectivos de flexibilização, ao contrário do que seria desejável.

**VIII.** Por último, cabe referir criticamente algumas ideias-chave, que parecem corresponder à *filosofia geral do CT de 2003* e que não se subscrevem, porque vão ao arrepio da razão de ser do próprio Direito do Trabalho, da sua unidade interna e das suas especificidades dogmáticas[145]:

   *i)* A primeira ideia é a *persistência da divisão clássica entre direito individual e direito colectivo, mas com a centragem do Código no regime do contrato de trabalho, a que inere a secundarização da área regulativa colectiva do Direito do Trabalho*. Ora, esta perspectiva corresponde a uma visão não unitária da área jurídica, que está ultrapassada[146].

   *ii)* A segunda ideia tem a ver com a *perspectiva algo «civilista» do Código sobre o contrato de trabalho* (que se evidencia no maior desenvolvimento dos aspectos mais obrigacionais do seu regime jurídico pelo Código e na diluição dos aspectos de maior originalidade) e mesmo sobre as instituições laborais colectivas (assim, por exemplo, a qualificação expressa das convenções colectivas de trabalho como instrumentos negociais – art. 2º nº 1 e art. 536º deste Código[147]). Ora, tendo o Direito do Trabalho ganho o seu lugar no seio do universo jurídico pela especificidade

---

[144] Cfr., *supra*, neste parágrafo, ponto 4.2.2.
[145] Trata-se de uma apreciação sumária. Para mais desenvolvimentos, *vd* o nosso *O Novo Código do Trabalho... cit., passim,* e, *infra*, os pontos onde cada uma destas matérias será desenvolvida.
[146] Quanto à natureza unitária do Direito do Trabalho, *supra*, § 1º, ponto 2.2.
[147] Como veremos oportunamente, o problema da natureza jurídica das convenções colectivas de trabalho é um ponto particularmente controvertido. Cfr., *Tratado III*, § 49º, ponto 176.

dos seus institutos e mantendo-se até hoje essa especificidade[148], esta visão «civilista» actua em prejuízo da coerência dogmática da própria área jurídica, o que deveria ter sido evitado.

iii) A terceira ideia decorre da anterior e tem a ver com a *perspectiva «igualitarista» do Código no desenvolvimento de alguns regimes laborais* (assim, por exemplo, nas matérias dos direitos de personalidade, do dever de informação ou do cumprimento do contrato de trabalho – arts. 15º ss., 97º ss., e 363º ss. deste Código). Ora, esta visão obscurece a substancial diferença da posição do empregador e do trabalhador no contrato de trabalho, que mais não seja pela natureza também diversa das respectivas prestações. Assim, ela não deve ser subscrita, porque o Direito do Trabalho tem de ser compreendido nas suas especificidades e não diluindo essas mesmas especificidades.

iv) A quarta e última ideia (referida expressamente na Exposição de Motivos, embora não tenha depois grande projecção no articulado) é a da *visão do vínculo de trabalho como uma relação de comunhão de interesses*. Correspondendo a uma visão clássica da relação de trabalho[149], esta ideia é ilusória em face do alto teor de conflitualidade do vínculo laboral e da oposição dos interesses essenciais das partes nesse vínculo, pelo que a sua referência pelo legislador carece de fundamento dogmático.

**IX.** As reservas técnicas expostas em nada prejudicam, no entanto, o reconhecimento da grande importância do Código do Trabalho de 2003 para a consolidação e o progresso global do sistema jusnormativo laboral.

É que, independentemente da perspectiva do Código sobre a flexibilização, das suas opções sistemáticas e da sua filosofia de base, ou mesmo do grau de eficácia prática de algumas das suas soluções, ele constituiu a primeira codificação das leis laborais nacionais e abriu a oportunidade para a continuação das reflexões sobre os grandes desafios e as grandes orientações do Direito do Trabalho no novo século e, naturalmente, também para o aperfeiçoamento do próprio Código em sede de revisão, como, aliás, veio a acontecer.

---

[148] Quanto ao sentido da emancipação dogmática do Direito do Trabalho, *vd, infra*, Capítulo III, Secção III, §§ 13º e 14º.

[149] Sobre esta concepção da relação de trabalho e respectiva evolução, *infra*, Capítulo III, Secção III, § 13º.

## b) O Código do Trabalho de 2009

**I.** O art. 20º do Diploma Preambular ao CT de 2003 previa a revisão do Código no prazo de quatro anos. Na prática, e ressalvada uma alteração cirúrgica introduzida ao Código pela L. nº 9/2006, de 20 de Março, esta revisão veio a ocorrer já noutra legislatura, com a L. nº 7/2009, de 12 de Fevereiro, e na sequência de um trabalho promovido pelo Governo, que se saldou em dois estudos essenciais: o *Livro Verde sobre as Relações Laborais*, de 2006, que procurou fazer o diagnóstico da aplicação prática dos regimes do Código de 2003; e o *Livro Branco das Relações Laborais*, de 2007[150], que apresentou diversas propostas de revisão do Código.

Embora seja formalmente apresentado como uma revisão do CT de 2003 (conforme consta da epígrafe do diploma), *o conjunto de normas aprovadas pela L. nº 7/2009, de 12 de Fevereiro, corresponde substancialmente a um novo Código do Trabalho*, não tanto pelas alterações que introduziu em termos substanciais, mas, sobretudo, por algumas opções sistemáticas que fez, reveladoras de uma nova orientação na organização das matérias laborais.

Importa apreciar estas alterações sistemáticas, dar depois conta das principais modificações de carácter substancial e proceder no final, a um breve balanço crítico.

**II.** Do *ponto de vista sistemático*, chamam a atenção no novo Código do Trabalho os seguintes pontos: o abandono da perspectiva dualista da legislação anterior, assente na articulação entre Código e Regulamentação; a preocupação de saneamento normativo; e, em geral, uma linha de continuidade com a sistematização do Código anterior, embora pontuada por algumas alterações muito significativas.

A principal alteração introduzida pelo novo Código do Trabalho é o *abandono da perspectiva dualista da legislação anterior*, assente na repartição das matérias entre o Código e a Regulamentação. Pelo contrário, no novo quadro normativo, o Código do Trabalho assume-se como peça central, a comple-

---

[150] *Livro Verde das Relações Laborais* (ed. do MTSS), Lisboa, Abril de 2006; *Livro Branco das Relações Laborais* (ed. do MTSS), Lisboa, Novembro de 2007.

§2º EVOLUÇÃO HISTÓRICA E SITUAÇÃO ACTUAL DO DIREITO DO TRABALHO

mentar por legislação avulsa nas matérias indicadas no respectivo Diploma Preambular (art. 12º nos 3 a 6).

Neste aspecto, o novo Código do Trabalho foi, pois, sensível às patentes dificuldades de articulação entre o anterior Código e a respectiva Regulamentação e para superar tais dificuldades optou, em alternativa, por uma de duas soluções: na maioria dos casos, as normas da RCT de 2004 foram integradas em disposições do Código; relativamente a certas matérias, optou-se por remeter para legislação especial, continuando a aplicar-se o regime constante do CT 2003 e/ou da RCT até ao surgimento dos novos diplomas.

Em todo o caso, o Código de 2009 não prescindiu por completo de uma Regulamentação, entretanto publicada – L. nº 105/2009, de 14 de Setembro. Contudo, ao contrário do que sucedia com a RCT de 2004, este diploma tem o carácter de uma regulamentação em sentido próprio (i.e, de um diploma complementar), já que se limita a desenvolver sobretudo aspectos procedimentais de alguns regimes do Código.

É a solução mais adequada.

Em segundo lugar, o actual Código do Trabalho denota uma grande *preocupação de saneamento legislativo*, com a eliminação de algumas normas, com a reorganização de outros tantos regimes, mas, sobretudo, com a junção num único artigo de regras legais anteriormente dispersas por mais do que um artigo. É claro que, em boa parte, esta opção é o resultado da integração de normas da RCT de 2004 no corpo do Código; mas também em relação a matérias já reguladas no CT 2003 se observa um esforço de concentração e simplificação.

O resultado desta opção é uma lei com muito menos artigos (566 ao todo, incluindo as disposições que transitaram da RCT, por contraposição aos 689 artigos do CT de 2003, a que acresciam 499 artigos na RCT de 2004). Contudo, como não podia deixar de ser, a grande maioria dos artigos é hoje muito mais extensa, contendo diversas normas. Por outro lado, como algumas matérias contempladas no CT de 2003 ou na RCT de 2004 foram agora remetidas para diploma especial (assim, entre outros, os regimes do trabalho no domicílio, da segurança e saúde no trabalho, da tutela dos menores no trabalho ou dos conselhos de empresa europeus), a maior «economia» do diploma é ilusória, pela necessidade de ter em conta esses regimes especiais.

Ainda assim, esta opção é, na nossa opinião, a que melhor se adequa a um Código, como repositório central (mas, obviamente, não único) da disciplina de uma área jurídica.

Em terceiro lugar, observa-se uma *linha de continuidade entre a sistematização adoptada pelo actual Código do Trabalho e a sistematização do Código de 2003.* Assim, o Código continua a organizar-se em dois Livros, divididos nos mesmos títulos: o Livro I (*Parte Geral*), que integra três títulos, dedicados, respectivamente, às *Fontes e aplicação do Direito do Trabalho* (Título I, arts. 1º a 10º), ao *Contrato de trabalho* (título II, arts. 11º a 403º) e ao *Direito Colectivo* (Título III, arts. 404º a 545º); e o Livro II (*Responsabilidades penal e contra-ordenacional*), que contempla os arts. 546º a 566º.

Neste aspecto, o actual Código continua, pois, a enfermar das deficiências técnicas e da inadequação valorativa que apontámos oportunamente ao diploma anterior, como a falta de uma Parte Geral em sentido próprio, o suporte da organização dos regimes no conceito ultrapassado de relação jurídica, o desequilíbrio entre as partes do Código relativas ao direito da situação juslaboral individual e das situações juslaborais colectivas e a inconsistência dogmática do enxerto da matéria contra-ordenacional e criminal no diploma.

Ainda assim, salientam-se algumas alterações de sistematização relativamente ao CT de 2003, que, apesar de pontuais, revelam um cunho menos «civilista» do legislador na aproximação às matérias laborais e uma maior sensibilidade em relação à importância laboral específica de alguns institutos – é o que sucede com a inclusão de uma Secção no capítulo do Código sobre o contrato de trabalho especificamente dedicada aos contratos de trabalho especiais (a Secção IX, arts. 139º ac 192º), que não só revela a maior sensibilidade do legislador à moderna diversificação dos modelos de contratação laboral como permite tratar unitariamente a figura-chave do contrato de trabalho a termo (artificialmente reduzida a uma cláusula acessórias do contrato de trabalho no CT de 2003); é também o que se passa com a referência ao poder disciplinar a propósito da delimitação da situação jurídica do empregador (art. 98º), pondo em evidência a importância nuclear deste poder no vínculo laboral (obscurecida, no âmbito do Código anterior, pela remissão da matéria para o capítulo do incumprimento do contrato); e é ainda o que se passa com a recolocação do regime da mobilidade funcional e da mudança de categoria

§2º EVOLUÇÃO HISTÓRICA E SITUAÇÃO ACTUAL DO DIREITO DO TRABALHO

a propósito do tema da actividade do trabalhador (arts. 119º e 120º) e com a explanação dos regimes de transferência do local de trabalho a propósito da matéria do local de trabalho (arts. 194º a 196º), em lugar de tratar estas matérias como vicissitudes do contrato, como era feito pelo CT de 2003.

Em suma, quanto a este ponto, há pois um aprimoramento sistemático do Código, que revela uma maior adequação aos valores específicos da área jurídica.

**III.** Do *ponto de vista substancial*, as alterações introduzidas pelo CT de 2009 são de muito menor envergadura. Uma vez que se procederá oportunamente à respectiva apreciação, cabe apenas anunciar as áreas em que ocorreram as mais significativas. Estas áreas são as seguintes:

- princípio do tratamento mais favorável e hierarquia das fontes;
- delimitação do contrato de trabalho e presunção de laboralidade;
- regime de protecção da maternidade e da paternidade, agora designado como regime da «parentalidade»;
- contratos de trabalho especiais, com a introdução de novos contratos especiais (o contrato de trabalho intermitente), e a alteração pontual do regime do contrato de trabalho a termo e do regime do trabalho temporário (que passou a integrar o Código, conduzindo à revogação parcial da L. nº 19/2007, de 22 de Maio);
- duração do trabalho, com a introdução de novos regimes de maleabilidade (com destaque para os regimes de adaptabilidade grupal e do banco de horas);
- processo para despedimento;
- filiação sindical e aplicação de convenções colectivas de trabalho[151].

No que toca à legislação complementar deste Código, cabe ainda mencionar os seguintes regimes, que já foram, entretanto, publicados:

---

[151] Estes regimes serão apreciados no lugar próprio – cfr., *Tratado II e III*. Para um cotejo sistemático dos regimes do actual Código do Trabalho com o CT de 2003, *vd* M. R. PALMA RAMALHO/D. PEREIRA DUARTE/I. VIEIRA BORGES/J. PINTO MONTEIRO, *Novo Código do Trabalho versus Legislação Anterior*, Coimbra, 2009.

- o *regime de protecção social na parentalidade* (DL nº 91/2009, de 9 de Abril), que complementa a L. nº 4/2007, de 16 de Janeiro, e o Código do Trabalho nesta matéria;
- o novo *regime dos conselhos de empresa europeus* (L. nº 96/2009, de 3 de Setembro, que complementa o art. 404º d) do CT, em razão da opção deste Código (oposta à do CT de 2003) de remeter esta matéria para legislação especial;
- o novo *regime dos acidentes de trabalho e doenças profissionais* (L. nº 98/2009, de 4 de Setembro), que vem regulamentar o art. 284º do CT e substitui a L. nº 100/97, de 13 de Setembro;
- o novo *regime do trabalho no domicílio* (L. nº 101/2009, de 8 de Setembro), que substitui o regime da RCT, mantido algum tempo em vigor pela Lei Preambular ao CT de 2009 (art. 12º nº 6 a));
- o *regime de promoção da segurança e saúde no trabalho* (L. nº 102/2009, de 10 de Setembro), que veio regulamentar o art. 284º do CT, no tocante aos aspectos de prevenção, bem como os arts. 62º nº 6 e 72º nº 6, também do CT, referentes à protecção da saúde das trabalhadoras grávidas, puérperas e lactantes e dos trabalhadores jovens, respectivamente;
- a *regulamentação do Código do Trabalho* (aprovada pela L. nº 105/2009, de 14 de Setembro, que também altera o art. 538º do CT, constituindo assim a primeira alteração a este Código;
- o *regime jurídico da arbitragem necessária e obrigatória e da arbitragem de serviços mínimos em caso de greve* DL nº 259/2009, de 25 de Setembro, que regulamenta os arts. 513º e 538º nº 4 b) do CT);
- o *regime processual das contra-ordenações laborais e de segurança social* (L. nº 107/2009, de 25 de Setembro);
- o *regime jurídico do exercício e licenciamento das agências de colocação e das empresas de trabalho temporário* (DL nº 260/2009, de 25 de Setembro);
- *alterações ao Código do Processo do Trabalho* (DL nº 295/2009, de 13 de Outubro, e Lei nº 63/2013, de 27 de Agosto).

**IV.** Resta referir que a maior simplicidade que resulta do actual quadro legal foi, no início, ilusória, pelos problemas de direito transitório suscitados pelo novo Código do Trabalho, em resultado do reduzido tempo de *vacatio legis*, pelo facto de as suas normas transitórias serem incompletas, e por se terem mantido em vigor algumas disposições do CT de 2003 e da RCT, bem como outros diplomas laborais (alguns deles bem recentes e de grande porte[152]) que tinham aquele Código como referência.

Com o passar do tempo, estes problemas foram-se resolvendo.

c) **As alterações à legislação laboral no âmbito do Programa de Assistência Financeira a Portugal**

I. A linha evolutiva do Direito do Trabalho nacional nos últimos anos foi alterada bruscamente em consequência do *Memorando de Entendimento sobre as Condições de Política Económica* entre o nosso país e o Fundo Monetário Internacional, o Banco Central Europeu e a Comissão Europeia, no âmbito do Programa de Assistência Financeira a Portugal (MoU), assinado a 3 de Maio de 2011. Este Memorando obrigou à introdução de um conjunto de alterações no domínio laboral, do emprego e da segurança social, a implementar por fases, mas num prazo curto, indexado à execução e duração do Programa de Assistência Financeira ao nosso país.

O *Memorando de Entendimento* impôs a adopção de medidas de incidência laboral em várias áreas e com vários prazos de implementação:

- em matéria de desemprego, a revisão do regime do subsídio de desemprego, com a redução do tempo de atribuição e do montante do mesmo, mas prevendo-se também a maior facilidade de acesso a este direito e a sua extensão aos trabalhadores independentes;
- em matéria de cessação do contrato de trabalho, a redução do valor da indemnização por cessação do contrato, primeiro para os novos con-

---

[152] O exemplo mais flagrante desta situação foi a LCTFP, diploma que regeu o contrato de trabalho dos trabalhadores com funções públicas. Este regime, aprovado pela L. nº 59/2008, de 11 de Setembro, foi elaborado sobre a matriz do CT de 2003, sendo mesmo formalmente dividido em duas partes (o «Regime» e a «Regulamentação») e adoptou, quase integralmente, a lógica daquele diploma, o que era, no mínimo, incongruente tendo em conta que entrou em vigor justamente quando o novo Código do Trabalho abandonava aquela lógica regulativa. O problema acabou por só ser resolvido com a aprovação da nova Lei Geral do Trabalho em Funções Públicas (Lei nº 35/2014, de 20 de Junho), que regulou *ex nuovo* toda a matéria.

Um outro exemplo foi o Fundo de Garantia Salarial, que continuou a reger-se pela RCT de 2004 (arts 316º a 326º) até ao surgimento do DL nº 59/2015, de 21 de Abril.

tratos e depois para os contratos em execução, e a flexibilização dos requisitos do despedimento por extinção do posto de trabalho e por inadaptação;
- em matéria de tempo de trabalho, o alargamento do regime do banco de horas e o fim do descanso compensatório por trabalho suplementar;
- em matéria de remuneração, o congelamento do salário mínimo, a indexação dos aumentos salariais à produtividade e a diminuição da retribuição por trabalho suplementar;
- em matéria de suspensão e redução do contrato de trabalho em situação de crise empresarial, a revisão do regime do *lay-off*;
- em matéria de negociação colectiva, o condicionamento da extensão administrativa das convenções colectivas pela efectiva necessidade social e por regras de representatividade das associações sindicais signatárias, a activação da caducidade das convenções colectivas em prazos mais curtos e a admissibilidade da contratação colectiva com as comissões de trabalhadores em algumas matérias.

Na sequência das obrigações assumidas no Memorando, foram aprovadas, ainda em 2011, duas alterações ao Código do Trabalho em matéria de indemnização por cessação do contrato de trabalho e legitimadas outras tantas alterações com a assinatura de um acordo entre o Governo e os parceiros sociais, em sede da concertação social, em Janeiro de 2012 (*Acordo de Concertação Social sobre Crescimento, Competitividade e Emprego*, celebrado no âmbito do CES entre o Governo, a UGT, a CAP, a CCSP, e a CTP, de 18 de Janeiro de 2012), que vieram a ser introduzidas já em 2012. À margem do Código do Trabalho, foi ainda aprovado um diploma avulso sobre o regime dos contratos de trabalho a termo, o novo regime do subsídio de desemprego, e especificamente quanto ao universo dos trabalhadores públicos, medidas restritivas na Lei do OGE para 2012.

Estas medidas foram implementadas da seguinte forma:

i) A L. nº 53/2011, de 14 de Outubro, alterou o CT de 2009 em matéria de deveres de informação e de comunicação do empregador (art. 106º nº 1 m) e art. 127º nºs 5, 6 e 7), de trabalho temporário (art. 177º nº 4) e de valor das indemnizações devidas pela cessação do contrato de trabalho, no caso de contrato em comissão de serviço (art. 164º), no caso de resolução do contrato pelo trabalhador em caso de transferência definitiva (art. 194º), no caso de caducidade do contrato a termo (arts. 344º e 345º) ou por morte ou extinção do empregador ou por insolvência (arts. 346º nº 6, e 347 nº 5), e nos casos de despedimento colectivo, despedimento por extinção do posto de trabalho e despedimento por inadaptação (arts. 360º, nº 1 f), 372º e 379º, respectivamente). Nos termos do art. 366º-A, aditado ao Código do Trabalho, esta redução do valor da indemnização por cessação do contrato foi aplicada apenas aos novos contratos de trabalho.

ii) A L. nº 23/2012, de 25 de Junho, voltou a alterar o Código do Trabalho nas seguintes matérias:
– *regime do trabalhador-estudante* (arts. 90º, 91º, 94º e 99º);
– *deveres de informação e de comunicação do empregador* (arts. 106º nº 3 m), 127º, 142º, e revogação dos arts. 216º nº 3 e 218º nºs 3 e 4);
– *contratos de trabalho especiais*, com o alargamento da duração do contrato de trabalho a termo de muito curta duração, para 15 dias (art. 142º), e o alargamento da incidência do regime da comissão de serviço (art. 161º do CT e art. 4º da L. nº 23/2012);
– *tempo de trabalho*, nas seguintes matérias: banco de horas, destacando-se a introdução do banco de horas individual e grupal (arts. 208º, 208º-A e 208º-B); intervalo de descanso (art. 213º); e trabalho suplementar, incluindo retribuição e descanso compensatório (arts. 229º, 230º, 268º e 269º);
– *tempos de não trabalho*, nas seguintes matérias: feriados, cujo número foi reduzido (art. 234º); faltas injustificadas, com a penalização das faltas junto a «pontes» (art. 256º); férias, com a supressão do direito à majoração e a alteração do modo de cálculo do subsídio de férias (revogação do art. 238º nos 3 e 4 e art. 264º nº 2);
– *regime do lay-off* (arts. 298º nº 4, 298º-A, 299º, 300º, 301º, 303º, 305º, 307º);
– *processo disciplinar para despedimento* (arts. 356º, 357º e 358º);

- *indemnização compensatória por cessação do contrato de trabalho* em caso de despedimento colectivo, por extinção do posto de trabalho e por inadaptação, bem como nas restantes situações de cessação do contrato de trabalho, por caducidade ou por iniciativa do trabalhador com justa causa, que tinham sido previstas na L. nº 53/2011, apenas para os novos contratos, passando as regras a abranger os contratos de trabalho em execução (art. 366º e revogação do art. 366º-A; arts. 372º, 379º, 164º nº 1 b) e c), 194º nº 5, 344º, 345º e 347º todos do CT; e arts. 6º e 7º da L. nº 23/2012, quanto ao regime transitório e quanto às cláusulas das convenções colectivas de trabalho em matéria de indemnização por cessação do contrato);
- *despedimento por extinção do posto de trabalho e por inadaptação*, com a alteração dos critérios de escolha do posto de trabalho a extinguir na extinção do posto de trabalho (arts. 368º, 369º, 370º, 371º), e a redefinição dos requisitos e do processo do despedimento por inadaptação (arts. 374º, 375º, 376º do CT e CT e art. 5º da L. nº 23/2012);
- *contratação colectiva*, nas seguintes áreas: regime do controlo da legalidade das cláusulas da convenção colectiva em matéria de igualdade (art. 479º); regime de articulação entre convenções colectivas de diferentes níveis (art. 482º); e contratação colectiva por comissões de trabalhadores em delegação das associações sindicais (art. 491º nº 3).

*iii)* A L. nº 47/2012, de 29 de Agosto, alterou a Lei Preambular ao Código do Trabalho (art. 3º) e os arts. 68º, 69º, 70º e 72º do Código, relativos ao *trabalho de menores*.

*iv)* A L. nº 3/2012, de 10 de Janeiro, alterou o *regime do contrato de trabalho a termo*, no sentido da admissão da respectiva renovação extraordinária (art. 2º), e para instituir um regime especial de compensação pela cessação (art. 4º) entretanto revogado pela L. nº 23/2012, de 25 de Junho (art. 9º nº 3).

§2º EVOLUÇÃO HISTÓRICA E SITUAÇÃO ACTUAL DO DIREITO DO TRABALHO

*v)* O DL nº 64/2012, de 15 de Março, aprovou as *alterações ao regime do subsídio de desemprego*, constante do DL nº 22/2006, de 3 de Novembro.

*vi)* A L. nº 69/2013, de 30 de Agosto, voltou a alterar o Código do Trabalho na matéria do *valor da indemnização compensatória por despedimento colectivo e outras formas de cessação do contrato de trabalho em que haja lugar a compensação*, consumando uma nova descida no valor da indemnização (art. 366º); este diploma assegurou ainda a prevalência das novas regras nesta matéria sobre os instrumentos de regulamentação colectiva de trabalho (art. 8º da L. nº 69/2013), mas estabeleceu um regime transitório para o cálculo da indemnização referente aos períodos anteriores à entrada em vigor da L. nº 23/2012, de 25 de Junho e da própria L. nº 69/2013 (arts. 5º e 6º do diploma).

*vii)* Na sequência da declaração de inconstitucionalidade de uma parte das alterações introduzidas ao Código do Trabalho pela L. nº 23/2012, de 25 de Junho (Ac. TC nº 602/2012, de 20 de Setembro), a L. nº 27/2014, de 8 de Maio, voltou a alterar o *regime do despedimento por extinção do posto de trabalho e o regime do despedimento por inadaptação* (respectivamente, arts. 368º nºs 2 e 4 e art. 375º nº 1 d) do CT); e a L. nº 48-A/2014, de 31 de Julho, alterou o art. 7º nº 4 da L. nº 23/2012, de 25 de Junho, sobre a suspensão das cláusulas de instrumentos de regulamentação colectiva de trabalho em matéria de remuneração por trabalho suplementar e em dia feriado.

*viii)* A L. nº 55/2014, de 25 de Agosto, alterou o Código do Trabalho na matéria da *sobrevigência dos instrumentos de regulamentação colectiva de trabalho* e admitiu a suspensão da vigência da convenção colectiva de trabalho em situações de crise empresarial (arts. 501º e 502º do CT).

No seu conjunto, estes diplomas traduzem a progressiva (embora tortuosa e de difícil compreensão técnica) implementação da revisão da legislação laboral, prevista no MoU.

Já fora do contexto da reforma imposta pelo MoU, destaca-se ainda a alteração ao art. 24º do CT, operada pela L. nº 28/2015, de 14 de Abril, que introduziu o factor da «identidade de género» no elenco dos factores de discriminação dos trabalhadores que são proibidos pelo Código. Esta alteração foi a oitava alteração introduzida ao Código do Trabalho desde a sua publicação, em 2009.

E, fora do âmbito do Código do Trabalho, é ainda importante salientar a publicação do novo regime do Fundo de Garantia Salarial (L. nº 59/2015, de 21 de Abril), em cumprimento da remissão desta matéria para diploma especial feita pelo art. 336º do CT. A publicação deste diploma permitiu a revogação das normas da RCT de 2004 que regulavam ainda esta matéria (arts. 316º a 326º), ficando assim aquele diploma inteiramente revogado.

No universo específico dos trabalhadores públicos, foram ainda aprovadas, em sede da Lei do OGE para 2012, medidas de contenção rigororosa da contratação e da progressão nas carreiras públicas, o congelamento dos salários e, para a maioria dos trabalhadores, reduções remuneratórias que podem chegar até aos 10%, e a suspensão das prestações remuneratórias correspondenres aos subsídios de Natal e de férias.

Por outro lado, foi entretanto publicado um novo regime para o trabalho em funções públicas (a Lei Geral do Trabalho em Funções Públicas – LGTFP, aprovada pela L. 35/2014, de 20 de Junho), que revogou o conjunto de diplomas que dispunham sobre esta matéria, com destaque para a LVCR, a LCTFP e o ED.

II. Apreciaremos *ex professo* as medidas de incidência laboral acima descritas no local próprio, i.e., a propósito do estudo das figuras e dos regimes a que respeitam.

Para já, e numa apreciação geral, a magnitude desta reforma parece evidente, não tanto pelo número de alterações a que o Código do Trabalho foi sujeito em tão pouco tempo (oito alterações desde a publicação do CT em 2009, sendo que seis dessas alterações ocorreram entre 2011 e o final do Programa de Assistência Financeira a Portugal, em 2014), para além da publicação de vários dipomas avulsos, mas, sobretudo, porque essas alterações têm incidido em questões-chave para a flexibilização do sistema laboral português: a cessação do contrato de trabalho, com destaque para as indemnizações e para o fundamento dos despedimentos por motivos objectivos, o tempo de trabalho, o regime do *lay-off*, a contratação a termo, a contratação colectiva e, já *a latere* dos regimes laborais em sentido estrito, mas com uma óbvia influência no mercado de trabalho, o regime de protecção na eventualidade do desemprego involuntário.

Assim sendo, e independentemente da justificação ou da eficácia de cada medida em concreto, pode dizer-se, desde já, que esta reforma contribui para acelerar o processo de flexibilização do Direito Laboral nacional. O facto de a reforma ter sido precipitada pela crise financeira e económica que o país atravessa e, de certo modo, imposta a partir do exterior, não altera esta conclusão, que tem um alcance estrutural.

Por outro lado, se cotejarmos o texto do *Memorando de Entendimento* e as alterações introduzidas, a esse propósito, nos regimes laborais, fica patente que, se, na maioria dos casos, as medidas corresponderam exactamente ao acordado, noutros casos foram além do exigido e noutros ainda ficaram aquém do estipulado. Assim, medidas como as referentes aos feriados, ao regime das faltas injustificadas ou ao fim da majoração de férias, não estavam previstas no *Memorando*; mas, pelo contrário, a atribuição de competência à comissões de trabalhadores para a outorga de convenções colectivas de trabalho ficou aquém do estabelecido porque continua a depender de uma delegação das associações sindicais[153].

**III.** Perante o exposto, conclui-se que, com esta reforma, o sistema laboral nacional continua a inclinar-se no sentido de uma maior flexibilização, mas tal orientação é muito mais evidente numas áreas do que noutras: assim, o regime do tempo de trabalho é hoje bastante flexível e o despedimento por motivos objectivos fica claramente facilitado com as novas medidas, mas o regime de contratação colectiva continua a manter-se nos moldes rígidos que o caracterizam tradicionalmente e continua a não haver medidas de estímulo à contratação laboral, designadamente pela via dos contratos de trabalho especiais.

---

[153] Para um quadro completo das medidas preconizadas no MoU e da respectiva implementação, ROSÁRIO PALMA RAMALHO, *Portuguese Labour Law and Industrial Relations... cit.*, 6 ss., para a primeira fase de implementação do Programa, e *Portuguese Labour Law and Industrial Relations... cit.*, 147, para a fase subsequente do Programa.

## §3º CARACTERÍSTICAS DO DIREITO DO TRABALHO E DISCIPLINAS PRÓXIMAS

### 6. Características do Direito do Trabalho

#### 6.1. O Direito do Trabalho como direito privado

**I.** A recondução do Direito do Trabalho ao âmbito público ou privado do universo jurídico foi sempre uma questão difícil por três motivos: por força da dispersão das normas laborais pelos três centros regulativos tradicionais da área jurídica; pela verificação da multiplicidade de interesses subjacentes aos regimes laborais, alguns dos quais revestindo natureza pública; e pelo carácter imperativo de muitas normas laborais, o que não é comum no âmbito do direito privado[154].

**II.** Neste contexto, e perante a aparente irredutibilidade do conjunto das áreas regulativas do Direito do Trabalho a um dos dois pólos da *summa divisio* da ordem jurídica, alguns autores caracterizaram o Direito do Trabalho como um *tertium genus* entre o direito público e o direito privado[155], enquanto outros o caracterizaram como uma área jurídica mista, com uma componente

---

[154] Sobre a imperatividade tendencial das normas laborais, *vd* Rosário Palma Ramalho, *Da Autonomia Dogmática... cit.*, 38 ss.
[155] H. Sinzheimer, *Grundzüge des Arbeitsrechts*, 2ª ed., Jena, 1927, 1; L. Von Carolsfeld, *Die Eigenständigkeit des Arbeitsrechts*, RdA, 1964, 8/9, 297-305 (297 e 300).

pessoal e uma componente patrimonial[156], ou preferiram a sua qualificação como *direito social*[157].

Para ultrapassar estas dificuldades, a maioria da doutrina nacional qualifica o Direito do Trabalho como uma área jurídica híbrida[158] ou opta pela solução de aferir a natureza pública ou privada da área jurídica separadamente para os seus três centros regulativos tradicionais[159].

Assim, quanto ao *direito individual do trabalho*, é usual a sua recondução ao domínio privado da ordem jurídica, desde logo pela natureza negocial do contrato de trabalho e também pela posição formalmente igualitária que nele ocupam o empregador e o trabalhador[160]. Já quanto ao *direito das condições de trabalho*, é dominante o entendimento no sentido da sua recondução ao direito público, justificado pela natureza imperativa da maioria das suas normas e pelos interesses públicos que muitas vezes lhes subjazem[161]. Por último, no que se refere ao *direito colectivo do trabalho*, alguns autores caracterizam-no como direito privado[162], mas outros qualificam-no como uma área regulativa de carácter híbrido[163].

---

[156] L. RICHTER, *Grundverhältnisse des Arbeitsrechts – Einführende Darstellung des gesamten Arbeitsrechts*, Berlin, 1928, 4 e ss.

[157] Assim W. KASKEL, *Das neue Arbeitsrecht – systematische Einführung*, 4ª ed., Berlin, 1922, 1; L. DUGUIT, *Le droit social, le droit individuel et la transformation de l'État*, 3ª ed., Paris, 1922, 115 ss.; G. GURVITCH, *L'Idée du Droit Social – Notion et système du droit social. Histoire doctrinale depuis le XVII ème Siècle jusqu'à la fin du XIX ème siè cle*, Paris, 1932, 10 e 14; F. Wieacker, *História do Direito Privado Moderno cit.*, 629 ss.; e, entre nós, J. BAPTISTA MACHADO, *Introdução ao Direito e ao Discurso Legitimador (reprint)* Coimbra, 1993, 65 e 74.

[158] M. BIGOTTE CHORÃO, *Notas para um curso de direito do trabalho*, Dir., 1970, 175-188 (178); MÁRIO PINTO, *Direito do Trabalho cit.* 106; BERNARDO XAVIER, *Curso de Direito do Trabalho cit.*, I, 123; A. J. MOTTA VEIGA, *Lições... cit.*, 54.

[159] MENEZES CORDEIRO, *Manual de Direito do Trabalho cit.*, 64, ROMANO MARTINEZ, *Direito do Trabalho... cit.*, 51 ss., e MONTEIRO FERNANDES, *Direito do Trabalho... cit.*, 61.

[160] MENEZES CORDEIRO, *Manual de Direito do Trabalho cit.*, 64, ROMANO MARTINEZ, *Direito do Trabalho... cit.*, 51, e MONTEIRO FERNANDES, *Direito do Trabalho... cit.*, 61.

[161] MENEZES CORDEIRO, *Manual de Direito do Trabalho cit.*, 64, e MONTEIRO FERNANDES, *Direito do Trabalho... cit.*, 61.

[162] Assim, MENEZES CORDEIRO, *Manual de Direito do Trabalho cit.*, 64, e ROMANO MARTINEZ, *Direito do Trabalho... cit.*, 53.

[163] Parece ser este o entendimento de MONTEIRO FERNANDES, *Direito do Trabalho... cit.*, 61.

§3º CARACTERÍSTICAS DO DIREITO DO TRABALHO E DISCIPLINAS PRÓXIMAS

**III.** Hoje, perante a unidade das suas duas áreas regulativas, a recondução do Direito do Trabalho a um dos pólos da *summa divisio* da ordem jurídica deve e pode ser feita em termos globais. Assente este ponto de partida, *o Direito do Trabalho é de caracterizar, globalmente, como um ramo do direito privado, quer por aplicação do critério dos interesses subjacentes às suas normas, quer por aplicação do critério da posição dos sujeitos nos vínculos laborais.*

Efectivamente, aplicando o critério do interesse subjacente às normas laborais, constata-se que a maioria destas normas prossegue interesses privados: os interesses dos trabalhadores, que podem ser individuais ou colectivos e que podem ser representados directamente por cada trabalhador, pelas suas instituições representativas ou por grupos *ad hoc* de trabalhadores; ou os interesses dos empregadores, que podem também ser individuais, de índole empresarial ou relativos a grupos de empregadores, e que podem também ser representados pelas respectivas instituições laborais. E, se a predominância de interesses particulares é mais evidente na área regulativa das situações laborais individuais, desde logo pela natureza privada do vínculo de trabalho, eles não deixam de ser também dominantes no âmbito do direito das situações laborais colectivas, com destaque para a negociação colectiva e para a greve, que se norteiam pelos interesses dos vários grupos laborais em presença.

Por seu turno, os critérios da natureza ou da actuação jurídica privada dos entes titulares das situações jurídicas laborais (trabalhadores, empregadores e empresas, comissões de trabalhadores, associações sindicais e associações de empregadores), e a formal igualdade entre esses sujeitos, apontam também para a caracterização do Direito do Trabalho como direito privado, no conjunto das suas áreas regulativas.

**IV.** O carácter globalmente privado do Direito do Trabalho como ramo jurídico não contende, naturalmente, com o reconhecimento da natureza pública de algumas das suas normas, dispostas em prossecução directa de interesses públicos.

Neste sentido, vejam-se, entre outras, as seguintes normas e regimes jurídicos: as normas que promovem a contratação de certas categorias de trabalhadores ou que disciplinam de forma especial o seu vínculo de trabalho, e que prosseguem ao mesmo tempo o interesse público da promoção do pleno emprego e o interesse social de inserir certas categorias específicas de trabalhadores no mundo do trabalho (como os trabalhadores à procura do primeiro emprego, os desempregados de longa duração, ou os trabalhadores deficientes); as normas que impõem restrições à contratação de trabalhadores estrangeiros, que permitem aos poderes públicos exercer um controlo adicional, e de interesse público, sobre a entrada de estrangeiros no país; os regimes laborais em matérias como a segurança e a higiene no trabalho, riscos profissionais ligados ao trabalho e formação prófissional; por último, em termos globais, os interesses gerais que subjazem a muitos dispositivos laborais revelam-se na sua ampla tutela contra-ordenacional[164].

Por outro lado, esta caracterização privada global do Direito do Trabalho não colide com o reconhecimento de situações laborais especiais, em que a distinção entre os domínios público e privado esteja ainda mais esbatida – é o caso das relações laborais em que o Estado ou outra pessoa colectiva pública seja o empregador, e nas quais há um relevante interesse público, que, obviamente, influencia o vínculo laboral.

Em suma, o critério de recondução do Direito do Trabalho ao direito privado é, naturalmente, um critério de prevalência e deve ser assumido como tal.

**V.** Deve ainda assinalar-se que esta caracterização do Direito do Trabalho como direito privado não obscurece as suas relações com outras áreas da Ordem Jurídica. Indicaremos no ponto seguinte as áreas jurídicas com a quais o Direito Laboral apresenta maiores afinidades.

### 6.2. O Direito do Trabalho como direito privado especial dotado de autonomia sistemática

**I.** Enquanto direito privado, *o Direito do Trabalho é direito especial em relação ao Direito Civil*, porque as situações jurídicas com que lida e os interesses prosseguidos pelas suas normas não são situações ou interesses privados comuns mas sim situações e interesses específicos, que decorrem, directa ou indirec-

---

[164] Para mais desenvolvimentos sobre a prossecução de interesses públicos pelas normas laborais, ROSÁRIO PALMA RAMALHO, *Da Autonomia Dogmática... cit.*, 42 s.

tamente, de uma particular qualidade dos entes em jogo – a qualidade de trabalhador subordinado; e a qualidade de empregador ou empresário laboral.

Além disso, *o Direito do Trabalho é também um ramo jurídico dotado de autonomia sistemática*, na medida em que, na disciplina dos fenómenos de que se ocupa, logrou organizar-se de uma forma lógica e coerente, de modo a constituir um todo unitário, inteligível como tal a partir do exterior – dito de outra forma, o Direito do Trabalho constitui um subsistema *a se* no universo jurídico privado[165].

II. A caracterização do Direito do Trabalho como direito privado especial dotado de autonomia sistemática tem um grande relevo prático, pelas implicações que dela decorrem quanto à relação entre esta área jurídica e o Direito Civil, como direito privado comum.

Sendo o Direito do Trabalho qualificado como direito privado especial, o Direito Civil é, naturalmente, o ramo jurídico de aplicação subsidiária a que se recorrerá para integração das lacunas das normas laborais. Esta é a solução que decorre do princípio da unidade da ordem jurídica e, designadamente, do carácter unitário do direito privado.

No entanto, a possibilidade de aplicação das normas civis na integração de lacunas do sistema laboral tem que ser compaginada com os princípios próprios do Direito do Trabalho, uma vez que este último é também uma área jurídica dotada de independência científica ou dogmática.

Assim sendo, a aplicação das normas de Direito Civil no domínio laboral, a título subsidiário, deve ser sempre precedida da aferição da respectiva compatibilidade com as valorações axiológicas específicas do Direito do Trabalho – é aquilo que Gamillscheg denominou de «juízo de aptidão social»[166]. Se este juízo confirmar a compatibilidade das normas civis com os valores laborais em jogo no caso concreto, elas poderão ser aplicadas; se, pelo contrário, as refe-

---

[165] Por todos, sobre os conceitos de sistema e de subsistema jurídico, C.-W. CANARIS, *Pensamento Sistemático e Conceito de Sistema na Ciência do Direito*, 2ª ed. (trad. de A. MENEZES CORDEIRO), 2ª ed., Lisboa, 1996, 13 ss. Em especial, sobre o conceito de autonomia sistemática na sua aplicação ao Direito do Trabalho, ROSÁRIO PALMA RAMALHO, *Da Autonomia Dogmática... cit.*, 149 ss.
[166] F. GAMILLSCHEG, *Zivilrechtliche Denkformen und die Entwicklung des Individualarbeitsrechts*, AcP, 1976, 176, 197-220 (202 s. e 220).

ridas normas se revelarem incompatíveis com os princípios laborais então a lacuna regulativa terá que ser preenchida nos termos do art. 10º nº 3 do CC, ou seja, resolvendo o caso de acordo com a regra que o intérprete criaria se tivesse que legislar[167].

### 6.3. O Direito do Trabalho como direito não institucional

**I.** Outra característica que foi historicamente apontada ao Direito do Trabalho foi a natureza institucional. Esta característica seria justificada no facto de muitas normas laborais pressuporem uma realidade ou um contexto de aplicação que é passível de ser reconduzido a uma instituição: a empresa.

A recondução do Direito Laboral a um ramo jurídico institucional corresponde a uma fase do desenvolvimento da área jurídica em que se sobrevalorizava a integração do trabalhador na empresa em termos de se reconhecer a sua participação nos interesses desta – é a ideia de comunhão de interesses entre empregador e trabalhador, que teremos ocasião de desenvolver a propósito da conceptualização do vínculo laboral[168]. *Na fase actual de maturidade do Direito do Trabalho, esta caracterização deve considerar-se ultrapassada, não só porque nem todas as relações laborais se desenvolvem num contexto empresarial mas também porque o próprio conceito de instituição não se adequa à realidade da empresa* e não é, sequer, muito rigoroso em termos jurídicos.

**II.** Não deve, no entanto, confundir-se esta característica com outra característica do Direito do Trabalho, que é a sua *índole colectiva geral*. Esta característica evidencia-se no facto de muitas actuações laborais serem actuações de grupo (grupos de empregadores ou de trabalhadores), corporizadas por estruturas colectivas institucionais de representação dos interesses do grupo ou por grupos *ad hoc*.

---

[167] Este tema será aprofundado a propósito das fontes laborais e do problema da autonomia dogmática do Direito do Trabalho (cfr., *infra*, Capítulo II, ponto 27, e Capítulo III, § 15º, ponto 52). Por ora, pretende-se apenas dar uma ideia das consequências que se retiram da caracterização do Direito Laboral como ramo especial do direito privado para a sua relação com o Direito Civil.

[168] Cfr., *infra*, § 12º.

Efectivamente, a interpenetração dos níveis colectivo e individual no Direito do Trabalho é uma constante que evidencia a sua dinâmica específica. No plano dogmático, como veremos, a característica da índole colectiva geral evidencia a singularidade desta área jurídica[169].

### 6.4. O Direito do Trabalho como direito compromissório

**I.** Tradicionalmente, uma outra característica imputada ao Direito do Trabalho era a sua *unilateralidade*, para realçar o facto de as normas laborais serem assumidamente em favor dos trabalhadores, cuja protecção constituiu o objectivo primeiro da área jurídica. Também por esta razão, o Direito Laboral foi, sobretudo nos primórdios do seu desenvolvimento, caracterizado como um *direito de classe* – o direito da classe do operariado ou do salariato[170].

**II.** A nosso ver, a unilateralidade das normas laborais nunca foi – e muito menos o é hoje – uma característica dominante do Direito do Trabalho, na medida em que, a par das normas de tutela das posições jurídicas e dos interesses dos trabalhadores, o Direito Laboral desenvolveu, desde cedo, um conjunto de mecanismos e de institutos de salvaguarda dos interesses do empregador e das empresas, que asseguraram o equilíbrio do sistema.

Pode assim concluir-se que *o Direito do Trabalho é um direito compromissório, no seio do qual, a cada passo e segundo uma lógica específica, que teremos ocasião de avaliar na descrição dos regimes laborais, prevalecem ora os interesses colectivos ou individuais dos trabalhadores, ora os interesses de gestão dos empregadores*[171].

Também por este motivo, a caracterização do Direito do Trabalho como um direito de classe deixou de fazer sentido.

---

[169] Equacionaremos a dimensão dogmática desta característica da índole colectiva do Direito do Trabalho, a propósito da questão da autonomia dogmática da área jurídica. Cfr., *infra*, Cap. III, especialmente, § 16º, ponto 55.

[170] Assim, A. STADTHAGEN, *Das Arbeiterrecht cit.*, P. LOTMAR, *Die Idee eines einheitlichen Arbeitsrechts* (1912), *in* J. RÜCKERT (Hrsg.), *Philipp Lotmar Schriften zu Arbeitsrecht, Zivilrecht und Rechtsphilosophie*, Frankfurt am M., 1992, 603-614 (610); W. KASKEL, *Das neue Arbeitsrecht cit.*, 1 e 26; H. HOENIGER, *Grundformen des Arbeitsvertrage cit.*, XXII.

[171] Para mais desenvolvimentos sobre este ponto, ROSÁRIO PALMA RAMALHO, *Da Autonomia Dogmática... cit.*, 429 ss., e 980 s.

### 6.5. A sensibilidade social e a porosidade ideológica e linguística do Direito do Trabalho

**I.** Sendo certo que todo o Direito é politicamente permeável e que todas as concepções jurídicas podem ser aproveitadas e mesmo pervertidas pelas ideologias, *o Direito do Trabalho é, porventura, uma das áreas jurídicas mais sensíveis ao ambiente sócio-político envolvente, pela delicadeza social do fenómeno do trabalho e dos fenómenos com ele conexos, dos quais se ocupa*[172].

Já tivemos, aliás, oportunidade de avaliar esta característica da permeabilidade ideológica na descrição da evolução histórica da área jurídica.

**II.** No caso português, é importante atentar nesta característica de permeabilidade do Direito do Trabalho por três motivos: em primeiro lugar, porque a porosidade ideológica da área jurídica se traduziu no plano normativo, fazendo coexistir no mesmo espaço e tempo normas de inspiração muito diversa ou mesmo oposta; em segundo lugar, porque esta mesma porosidade se reflecte no plano linguístico, numa tendência para alguma prolixidade terminológica, com a utilização de termos ideológicamente conotados, inclusivamente ao nível normativo e em moldes que depõem contra o rigor técnico exigível às normas; em terceiro lugar, porque é a sensibilidade social dos fenómenos laborais que explica a tendência para a grande volatilidade dos diplomas laborais, designadamente nas matérias mais sensíveis, o que também não contribui nem para o seu rigor técnico nem para a necessária ponderação das soluções normativas estabelecidas[173].

Os dois primeiros reflexos da sensibilidade sócio-ideológica do Direito do Trabalho têm vindo a ser atenuados pelo tempo e também pelo recente esforço de codificação dos regimes laborais, mas o terceiro reflexo é de carácter permanente, pelo que deve ser enfatizado: compreendendo-se a rapidez na produção normativa pela urgência da resposta aos problemas, deve ter-se

---

[172] Sobre a porosidade ideológica do Direito do Trabalho, Rosário Palma Ramalho, *Da Autonomia Dogmática... cit.*, 28 ss. e *passim*.
[173] Sobre a prolixidade legislativa e linguística do Direito do Trabalho, *vd* Menezes Cordeiro, *Manual de Direito do Trabalho cit.*, 67 ss.

em conta o risco de menor rigor que ela comporta e que é particularmente evidente nesta área jurídica.

Em termos gerais, assinalamos ainda esta característica do Direito do Trabalho pelas dificuldades acrescidas que coloca à interpretação das normas laborais e para alertar o intérprete aplicador para o cuidado redobrado que deve colocar nessa operação.

### 6.6. A tendência expansionista do Direito do Trabalho

**I.** Pela sua vocação protectiva tradicional, *o Direito do Trabalho é ainda de caracterizar como uma área jurídica de vocação expansionista, porque sempre procurou estender o âmbito da sua tutela para além das suas fronteiras originárias, porque exportou alguns dos seus institutos para outras áreas jurídicas e, finalmente, porque influenciou o próprio Direito Civil, que constituiu o seu berço originário.*

**II.** O carácter expansionista do Direito do Trabalho levou-o em primeiro lugar a ultrapassar o reduto dos operários fabris, para o qual estavam originariamente destinadas as suas normas, alargando o seu âmbito a todas as categorias de trabalhadores subordinados; e conduziu-o, posteriormente, a preocupar-se com as situações de parasubordinação, às quais estendeu alguns dos seus regimes protectivos – neste sentido, veja-se a figura dos trabalhadores equiparados (art. 10º do CT) e o regime do trabalho no domicílio, que foi introduzido pelo DL nº 440/91, de 14 de Novembro, foi posteriormente integrado no CT 2003 (art. 13º) e regulado na RCT (arts. 14º a 26º), e é actualmente previsto na L. nº 101/2009, de 8 de Setembro.

Deve, no entanto, dizer-se que esta *tendência de alargamento dos regimes laborais protectivos* se encontra actualmente em regressão, por força dos efeitos perversos do excesso de garantismo das normas laborais com que a área jurídica se confronta na actualidade, como vimos no parágrafo anterior[174].

**III.** Na segunda linha indicada, a tendência expansionista do Direito do Trabalho observa-se na sua *influência sobre o regime do trabalho subordinado público.*

---

[174] Cfr., *supra*, § 2º, em especial no ponto 4.2.2.

## §3º CARACTERÍSTICAS DO DIREITO DO TRABALHO E DISCIPLINAS PRÓXIMAS

Neste contexto, destaca-se, em primeiro lugar, a expansão de institutos tipicamente laborais para o denominado direito da função pública: foi o caso do direito de greve (cuja extensão aos trabalhadores da função pública era expressamente prevista no art. 12º da LG)[175]; é o caso dos direitos sindicais, que têm sido progressivamente estendidos aos trabalhadores públicos, embora com limites relativamente a algumas categorias específicas[176]; e, por fim, é o caso da negociação colectiva e da contratação colectiva no seio da Administração Pública, que se regeu pela L. nº 23/98, de 26 de Maio, depois pela LCTFP (arts. 340º ss. do Regime) e actualmente, pela LGTFP (arts. 347º ss.). Embora o regime nesta matéria seja diferente para os trabalhadores públicos nomeados e para os trabalhadores com contrato de trabalho em funções públicas, uma vez que a ambas as categorias assiste o direito de negociação colectiva, mas apenas os trabalhadores com contrato podem celebrar convenções colectivas em sentido próprio, há claramente, uma expansão deste direito colectivo nesse universo de trabalhadores.

Por outro lado, apesar de ser inicialmente vedada ao sector público, a contratação laboral tem-se difundido nesta área, primeiro no sector empresarial do Estado, onde é o regime-regra, e, depois, nos restantes sectores, em várias fases: em 1989, com a previsão da contratação laboral a termo em contexto público[177]; em 2004, com o surgimento de um regime legal específico para o contrato de trabalho no seio da Administração Pública (L. nº 23/2004,

---

[175] Embora a Lei da Greve previsse que a greve dos trabalhadores públicos viesse a ser objecto de legislação especial, a verdade é que tal legislação nunca chegou a ser feita, aplicando-se, sem problema, a estes trabalhadores o regime geral. Com o CT de 2003, foi consumada formalmente a sujeição das greves na função pública ao regime da greve previsto neste Código (por força do disposto no art. 5º da Lei Preambular ao Código). Apenas com o surgimento da LCTFP, passou a haver um regime específico para a greve destes trabalhadores (arts. 392º ss. da LCTFP – Regime), que, de qualquer modo, era um regime muito semelhante ao regime laboral. A LGTFP manteve este modelo (arts. 394º ss.), mas regula apenas as especificidades da greve no sector público, devendo, nas restantes matérias, aplicar-se o Código do Trabalho.

[176] Neste sentido foi publicado o regime jurídico da actividade sindical da Administração Pública (DL nº 84/99, de 19 de Março), mas a matéria consta actualmente dos arts. 340º ss. da LGTFP; especificamente em relação ao associativismo e à actividade sindical dos militares, regem a L. nº 3/2001, de 29 de Agosto, e a L. nº 4/2001, de 30 de Agosto; na PSP, esta matéria está regulada pela L. nº 14/2002, de 19 de Fevereiro. Para mais desenvolvimentos, *vd Tratado III*, § 42º, ponto 153.

[177] DL nº 427/89, de 12 de Julho, arts. 18º e ss., depois revogados por força do surgimento da L. nº 23/2004, de 22 de Junho.

§ 3º CARACTERÍSTICAS DO DIREITO DO TRABALHO E DISCIPLINAS PRÓXIMAS

de 22 de Junho), que alargou em moldes muito significativos (designadamente ao nível da administração directa do Estado) a possibilidade de recuso à contratação laboral por pessoas colectivas públicas[178]; em 2008, com a generalização do contrato de trabalho neste domínio, operada pela LVCR (embora a LVCR qualificasse expressamente este contrato como um contrato administrativo – art. 9º nº 3) e a regulamentação subsequente da figura pela LCTFP; e no regime actual, constante da LGTFP, no qual o contrato de trabalho em funções públicas foi assumido como o modelo paradigmático dos vínculos de trabalho na Administração Pública (art. 7º da LGTFP).

**IV.** Por último, *a tendência expansionista do Direito do Trabalho observa-se na sua influeência no Direito Civil, em áreas diversas*, a partir de institutos e recursos que desenvolveu para atender às suas necessidades específicas: assim, foi o regime especial relativo aos efeitos da invalidade dos contratos de trabalho nulos mas executados (ressalvando os efeitos produzidos durante a execução do contrato) que constituiu o primeiro exemplo daquele que viria a ser o regime geral da invalidade dos contratos de execução continuada; foi o princípio da protecção do trabalhador que deu o mote para o desenvolvimento do princípio geral da tutela do contraente débil; foi a responsabilidade por acidentes de trabalho a primeira forma de responsabilidade civil objectiva pelo risco; foi em sede do contrato de trabalho que as teorias da tipicidade e atipicidade dos contratos tiveram o seu primeiro banco de ensaio; e, pese embora a especificidade que hoje lhes deve ser reconhecida, as cláusulas das convenções colectivas de trabalho foram os primeiros exemplos de cláusulas contratuais gerais.

---

[178] Sobre o regime jurídico da L. nº 23/2004, *vd* M. R. PALMA RAMALHO/P. MADEIRA DE BRITO, *Contrato de Trabalho na Administração Pública cit.*. Teremos ocasião de apreciar o actual regime do contrato de trabalho em funções públicas a propósito do estudo dos contratos de trabalho especiais. Cfr., *Tratado II*, § 21º, ponto 79.7.

### 6.7. O Direito do Trabalho como ramo jurídico dotado de autonomia dogmática (remissão)

**I.** O grau de autonomia de uma área do universo jurídico pode ser diferente consoante o estádio do seu desenvolvimento normativo e as valorações axiológicas essenciais que vai apurando.

Assim, como já referimos, um ramo do Direito tem autonomia ao nível sistemático quando os fenómenos de que se ocupa são perfeitamente identificáveis e as suas normas se organizam de uma forma lógica e coerente; se a esta organização coerente da área jurídica corresponderem também princípios claros e diferenciados dos princípios comuns, a área jurídica em questão é dotada de autonomia dogmática[179].

Nada tendo a ver com a importância prática do ramo jurídico, a autonomia dogmática corresponde, todavia, a um estádio superior de maturidade deste ramo jurídico do ponto de vista das suas valorações específicas.

**II.** *A última característica que deve ser reconhecida ao Direito do Trabalho, como ramo jurídico, é a sua autonomia dogmática ou científica, exactamente porque ele desenvolveu um conjunto de valorações orientadoras específicas.*

No entanto, porque esta matéria é de mais fácil compreensão num ponto mais adiantado do estudo, limitamo-nos, por ora, a deixar esta característica do Direito do Trabalho enunciada e procederemos oportunamente à sua justificação[180].

## 7. O Direito do Trabalho e as disciplinas jurídicas próximas

**I.** Não constituindo os vários ramos do Direito compartimentos estanques, mas apenas parcelas de um mesmo universo, não seria necessário enfatizar as conexões que se estabelecem entre esses ramos e que mais não fazem do que evidenciar a dinâmica própria do mundo jurídico.

---

[179] Sobre estes conceitos, que nos limitamos a deixar esboçados para caracterizar o Direito do Trabalho, *vd, infra*, § 13º.
[180] Cfr., *infra*, Cap. III, Secção III.

## §3º CARACTERÍSTICAS DO DIREITO DO TRABALHO E DISCIPLINAS PRÓXIMAS

No caso do Direito do Trabalho, podem ser identificadas algumas áreas jurídicas com as quais as suas relações são particularmente estreitas, ou por força das diversas valências do fenómeno do trabalho subordinado, ou pela importância reconhecida a este fenómeno a vários níveis da ordem jurídica, ou ainda pelos contornos particulares que ele pode assumir.

Neste sentido, destacamos como disciplinas próximas do Direito do Trabalho o Direito Constitucional, o Direito Internacional Público, o Direito da União Europeia, o Direito Internacional Privado, o Direito Penal, o Direito da Economia, o Direito Fiscal, o Direito Administrativo, o Direito da Segurança Social, o Direito Comercial e das Sociedades Comerciais, o Direito Processual Civil, e, naturalmente, o Direito Civil, com destaque para a Teoria Geral e para o Direito das Obrigações.

**II.** O *Direito Constitucional* constitui uma disciplina jurídica de referência em matéria laboral, pela importância que a Constituição Portuguesa – à imagem de outras Constituições – reconhece ao fenómeno do trabalho em geral e ao fenómeno do trabalho subordinado em particular.

Esta importância decorre, evidentemente, do valor económico eminente reconhecido ao trabalho nas sociedades hodiernas, mas evidencia-se, sobretudo, nas preocupações sociais que a Constituição manifesta em relação ao fenómeno do trabalho em sede de direitos fundamentais, reconhecendo os direitos fundamentais dos trabalhadores como categoria específica de direitos fundamentais (quer ao nível dos direitos, liberdades e garantias, quer ao nível dos direitos e deveres económicos, sociais e culturais – respectivamente capítulo III do Título II e capítulo I do Título III da Parte I da Lei Fundamental)[181].

Teremos ocasião de aprofundar esta matéria a propósito das fontes laborais, distinguindo, neste contexto, os direitos fundamentais estabelecidos pela Constituição, em função da sua incidência na generalidade dos trabalhadores ou apenas nos trabalhadores subordinados, apreciando a natureza das normas constitucionais nesta matéria, e discutindo os diversos problemas

---

[181] Sobre o ponto, JORGE MIRANDA, *Manual de Direito Constitucional*, IV, 4ª ed., Coimbra, 2008, 106 s.

## §3º CARACTERÍSTICAS DO DIREITO DO TRABALHO E DISCIPLINAS PRÓXIMAS

de regime que as disposições constitucionais colocam, com destaque para a *vexata quaestio* da eficácia privada destas normas[182].

Para o ponto que agora tratamos, importa reter a grande importância do referente constitucional para o Direito do Trabalho, dada a riqueza da nossa Lei Fundamental em matéria laboral.

**III.** Outro ramo do universo jurídico que tem ligações privilegiadas com a nossa disciplina é o *Direito Internacional Público,* por dois motivos: de uma parte, pela existência de organizações internacionais de vocação laboral, com grande tradição, entre as quais se destaca a Organização Internacional do Trabalho, no seio da qual têm vindo a ser aprovados instrumentos normativos sobre os mais diversos problemas laborais; de outra parte, pela atenção dedicada a problemas laborais por alguns tratados e convenções internacionais, que teremos ocasião de referenciar a propósito das fontes laborais[183].

Acresce que a tendência das últimas décadas para a mundialização das trocas económicas e para a internacionalização das empresas e dos vínculos de trabalho contribuem para aumentar o interesse do Direito Internacional Público pelos problemas laborais.

**IV.** Com autonomia em relação ao Direito Internacional Público, cabe destacar, como disciplina próxima do Direito do Trabalho, o *Direito Comunitário ou Direito da União Europeia,* tanto por força da vocação predominantemente económica das Comunidades Europeias, na sua origem, como por força da sua crescente vocação social, *verbi gratia,* a partir da instituição da União Europeia: a vocação económica originária das Comunidades levou à consagração, no Tratado de Roma, de normas sobre a liberdade de circulação dos trabalhadores, as condições de trabalho e a igualdade remuneratória entre mulheres e homens; por seu turno, a vocação social crescente da União conduziu ao reforço das normas comunitárias nas matérias como a prótecção da saúde e da segurança dos trabalhadores, a igualdade de tratamento, a formação profissional, a tutela dos trabalhadores nas vicissitudes empresariais e a representação colectiva dos trabalhadores.

---

[182] Cfr., *infra,* Cap. II, § 5º.
[183] Cfr, *infra,* Cap. II, § 6º, ponto 15.

O Direito da União Europeia nesta matéria tem-se desenvolvido quer através de instrumentos normativos, entre os quais se destacam as Directivas e os Regulamentos, quer através da jurisprudência do Tribunal de Justiça, e desde a versão dos Tratados (TUE e TCE), aprovada em Amesterdão que tem uma dimensão suficientemente relevante para permitir o reconhecimento de um *Direito Social da União Europeia*184, como área *a se* no universo jurídico comunitário, com uma influência, aliás, crescente nos sistemas laborais dos Estados Membros. Consideraremos estes desenvolvimentos a propósito das fontes laborais[185].

**V.** Ainda por força da actual facilidade de circulação dos trabalhadores e das tendências para a internacionalização da economia e dos vínculos laborais, deve ser referido o *Direito Internacional Privado*, como uma área jurídica com ligações crescentes ao Direito do Trabalho[186].

Neste âmbito, diversos instrumentos internacionais se têm debruçado sobre os problemas da lei aplicável aos contratos de trabalho com conexões com mais do que um Estado, sendo actualmente esta matéria tratada pelo art. 6º do CT de 2003, mantido em vigor, por determinação da Lei Preambular ao CT de 2009 (art. 12º nº 2) Estas conexões serão retomadas a propósito das fontes laborais[187].

**VI.** Uma outra disciplina com afinidades com o Direito do Trabalho é o *Direito Penal*, por força da importância social geral reconhecida ao fenómeno do trabalho e aos vínculos com ele conexos. Comprova esta aproximação a tutela penal e contra-ordenacional que está associada a muitas normas laborais – arts. 546º ss. do CT.

---

[184] Sobre esta matéria, com amplos desenvolvimentos, M. R. PALMA RAMALHO, *Direito Social da União Europeia. Relatório*, Coimbra, 2009.
[185] Cfr, *infra*, Cap. II, § 6º, ponto 16.
[186] Sobre as conexões entre o Direito do Trabalho e o Direito Internacional Privado, *vd* RUI MOURA RAMOS, *Da Lei Aplicável ao Contrato de Trabalho Internacional*, Coimbra, 1990, *passim*, e A. MARQUES DOS SANTOS, *Alguns princípios de direito internacional privado e de direito internacional público do trabalho*, in *Estudos do Instituto de Direito do Trabalho*, III, Coimbra, 2002, 13-47.
[187] Cfr., *infra*, Capítulo II, Secção II, ponto 29.

**VII.** Noutra linha, são de apontar como disciplinas próximas do Direito do Trabalho quer o *Direito Fiscal* quer o *Direito da Economia*, decorrendo aqui o elo de ligação do valor económico do trabalho.

Para o Direito Fiscal, a actividade laboral constitui um rendimento tributável e essa qualificação tem consequências directas ao nível do vínculo de trabalho, gerando a constituição de uma relação jurídica tributária e investindo trabalhadores e empregadores em diversas obrigações perante o Estado. As conexões entre as duas áreas jurídicas devem pois ser tidas em conta.

As relações entre o Direito do Trabalho e o Direito da Economia devem também ser salientadas e são de grande importância.

Assim, de uma parte, o fenómeno do trabalho é estudado nas disciplinas de Economia Política e de Direito da Economia, enquanto factor de produção e enquanto instrumento de política económica, ou seja, na perspectiva do emprego e do desemprego[188]. De outra parte, muitas normas laborais mostram-se influenciadas pela valência económica do fenómeno do trabalho e por interesses de gestão das empresas – assim, por exemplo, as normas relativas aos poderes do empregador e à mobilidade funcional e temporal do trabalhador (arts. 97º, 98, 118º, 120º e 204º ss. do CT), os regimes do despedimento colectivo e do despedimento por extinção do posto de trabalho (arts. 359º ss., e 367º e ss. do CT) e ainda as normas relativas à suspensão e à redução dos contratos de trabalho em situação de crise empresarial ou à transmissão das empresas (arts. 298º e ss., e 285º ss. do CT).

Deve reforçar-se esta ligação do Direito do Trabalho ao Direito Económico e, por extensão, à Economia em geral, é uma ligação à qual muitas vezes os juslaboralistas não dão a necessária atenção. É que nem sempre as soluções laborais ponderam suficientemente os respectivos efeitos económicos e podem, por isso mesmo, ter resultados económicos perversos, que, cedo ou tarde, se reflectirão no próprio regime laboral[189]. Deste ponto de vista, diremos pois que, sob pena de irrealismo, a Ciência Jurídica e, especificamente, a Ciência

---

[188] Neste sentido, *vd*, por todos, FERNANDO ARAÚJO, *Introdução à Economia*, I, 2ª ed., Coimbra, 2003, 172 ss. e 776 ss, e II, 2ª ed., Coimbra, 2004, 1168 ss., 1297 ss. e 1315 ss.; e A. DE SOUSA FRANCO, *Noções de Direito da Economia*, I, Lisboa, 1982/83 (*reprint* 1992), *passim*.

[189] Sobre a importância das relações entre o Direito do Trabalho e a Economia, entre outros, W. ZÖLLNER, *Arbeitsrecht und Marktwirtschaft cit.*, 51 ss.

§ 3º CARACTERÍSTICAS DO DIREITO DO TRABALHO E DISCIPLINAS PRÓXIMAS

Juslaboral deve ter em conta o facto de o Direito do Trabalho ser uma das áreas jurídicas que mais interage com a Economia. Assim, as relações entre os dois domínios devem ser privilegiadas, nomeadamente através da disciplina de Direito da Economia, que muitas vezes se ocupa de questões laborais[190].

**VIII.** Outra disciplina próxima do Direito do Trabalho é o *Direito Administrativo*. No caso português, a relação entre estas duas áreas tem uma grande tradição, por força da recíproca influência dos respectivos regimes jurídicos, ao longo do século XX, em duas tendências sucessivas.

Assim, entre as décadas de trinta e de setenta, foram determinantes as influências juspublicistas nos regimes jurídicos laborais, quer ao nível do contrato de trabalho e do vínculo laboral, quer ao nível da negociação colectiva e ainda por força da publicização dos entes laborais colectivos (sindicatos e grémios) e pela sujeição dos litígios laborais ao foro administrativo. Já a partir dos anos setenta e até hoje, não só se consolidou a essência privada dos regimes laborais como se vem observando uma crescente influência destes regimes no âmbito do Direito Administrativo, e, designadamente, no regime jurídico da função pública, com a identificação dos funcionários públicos como «trabalhadores», operada pela CRP (art. 269º), com a extensão de institutos tipicamente laborais aos trabalhadores públicos feita pela lei (que referimos a propósito do carácter expansionista do Direito do Trabalho[191]), com o enxerto de regimes laborais no regime jurídico do emprego público, e, finalmente, com o recurso a formas laborais de contratação por parte de entes colectivos públicos – é o já denominado fenómeno da *privatização da função pública*[192].

A proximidade das duas áreas jurídicas, pelos motivos expostos, pode justificar a aplicação subsidiária das respectivas regras, para integrar eventuais lacunas do outro ramo jurídico. Assim, por exemplo, as regras do procedimento disciplinar administrativo podem ajudar a clarificar o processo disci-

---

[190] Para ilustração das referências directas a questões laborais no âmbito do Direito Económico, vd FERNANDO ARAÚJO, *Introdução à Economia cit.*, I e II, obra em que são tratadas questões como a divisão do trabalho (172 ss.), o salário mínimo (369 ss.), a produtividade laboral e a remuneração do trabalho (781 ss.), o desemprego e o papel dos sindicatos (1168 ss.).
[191] Cfr, *supra*, ponto 6.6.
[192] Sobre o ponto, ROSÁRIO PALMA RAMALHO, *Intersecção entre o regime laboral e o regime da função pública cit., passim*.

plinar para despedimento, no âmbito laboral; e na mesma linha, o recurso a formas laborais de contratação e o enxerto de regimes laborais no regime do emprego público, fazem da lei laboral o regime subsidiário nestas matérias é, aliás, hoje expressamente consagrado na LGTFP (art. 4º).

**IX.** Outra área próxima do Direito do Trabalho é o *Direito da Segurança Social*. Esta área jurídica pode hoje considerar-se como um ramo *a se* do domínio do direito público, dada a natureza pública dos interesses subjacentes às suas normas e a presença do Estado nos vínculos de segurança social, no exercício dos seus poderes de autoridade.

A proximidade entre estas duas áreas jurídicas é tradicional, porque a génese do Direito da Segurança Social foi o *direito das condições de trabalho* e porque as normas de segurança social partilharam com as normas laborais o objectivo da tutela dos trabalhadores[193]. Mas, apesar da emancipação do Direito da Segurança Social, entretanto consumada, a proximidade entre as duas áreas mantém-se até hoje, uma vez que os rendimentos do trabalho subordinado constituem uma das bases do sistema contributivo da segurança social (art. 46º do Código dos Regimes Contributivos do Sistema Previdencial de Segurança Social, aprovado pela L. nº 110/2009, de 16 de Setembro)[194] e, por outro lado, porque é ao sistema de segurança social que cabe a responsabilidade de compensar os trabalhadores pela maioria dos riscos sociais associados ao trabalho – assim, os subsídios de doença, de maternidade, paternidade e desemprego, ou as pensões de reforma por velhice ou invalidez.

Tal como observámos a propósito do Direito da Economia, a relação entre o Direito do Trabalho e o Direito da Segurança Social deve hoje ser revalorizada, pela necessidade de ponderação dos efeitos das medidas tomadas numa das áreas jurídicas sobre a outra área jurídica: assim, por exemplo, a redução ou o aumento do valor da taxa contributiva para a segurança social, que incide

---

[193] Reconhecendo o objectivo da protecção dos trabalhadores como fundamento histórico comum ao Direito do Trabalho e ao actual Direito da Segurança Social, por exemplo, B. VON MAYDELL, *Zum Verhältnis von Arbeitsrecht und Sozialrecht*, in M. HEINZE/A. SÖLLNER (Hrsg.), *Arbeitsrecht in der Bewährung, Festfür R. Kissel*, München, 1994, 761-772 (771 s.).

[194] Para mais desenvolvimentos sobre este tema, M. R. PALMA RAMALHO, *o Código dos Regimes Contributivos da Segurança Social. Algumas Notas*, Revista de Finanças Públicas e Direito Fiscal, 2009, 4, 59-76.

sobre o empregador, pode incentivar ou, pelo contrário, desmotivar o recurso à contratação laboral; o aumento dos despedimentos tem reflexos imediatos ao nível do subsídio de desemprego, etc...

Por outro lado, não obstante a natureza pública do Direito da Segurança Social, as suas relações com o Direito Laboral tenderão a estreitar-se, cada vez mais, no futuro, com a generalização dos sistemas complementares de protecção social de natureza privada, muitos dos quais envolvendo directamente os empregadores.

**X.** Outra área jurídica próxima da nossa disciplina é o *Direito Processual Civil*, por uma razão geral e por um motivo especial: em termos gerais, porque as normas de processo civil são de aplicação subsidiária em relação ao regime do processo de trabalho – art. 1º nº 1 a) do CPT; em termos especiais, porque os rendimentos do trabalho são protegidos em termos processuais, através da previsão da sua impenhorabilidade parcial no art. 738º nº 1 do novo CPC.

**XI.** No universo jurídico privado, resta salientar as relações do Direito do Trabalho com o Direito Comercial, e, evidentemente, com o Direito Civil.

No que se refere ao *Direito Comercial* são patentes os elos de ligação com a área específica e hoje particularmente desenvolvida do *Direito das Sociedades Comerciais*, que decorrem, desde logo, do facto de o empregador corresponder, com frequência, a uma empresa constituída sob a forma de sociedade comercial. Ora, esta circunstância faz com que a organização e as vicissitudes da empresa interfiram com os vínculos laborais existentes no seu seio, tanto no desenvolvimento quotidiano da actividade empresarial, como por ocasião de algumas vicissitudes na vida das empresas.

Assim, a actividade empresarial reflecte-se quotidianamente no domínio laboral, em matérias como a organização do trabalho, a organização das categorias e das carreiras na empresa, as especificidades da situação laboral dos trabalhadores dirigentes ou dos trabalhadores que ascendem a cargos de administração, a delegação dos poderes laborais de direcção e de disciplina, ou ainda a participação dos trabalhadores nos lucros. Por outro lado, os modelos de organização societária podem ter implicações directas nos vínculos laborais constituídos no seu seio – assim, por exemplo, a organização grupal das sociedades coloca inúmeros e difíceis problemas laborais, que vão desde a dificuldade de identificação do empregador, à extensão de alguns deveres laborais e à circulação dos trabalhadores entre as várias empresas do grupo, até à afectação dos contratos de trabalho no seio de cada empresa do grupo, por factores atinentes a outra ou outras empresas daquele grupo[195]. Por último, as vicissitudes das empresas repercutem-se na situação jurídica laboral dos seus trabalhadores – é o que sucede, por exemplo, se a empresa muda de titular, se transmite um estabelecimento ou encerra uma secção, se é objecto de transformações societárias, como a fusão ou a cisão, ou se é declarada insolvente.

**XII.** Por último, o Direito do Trabalho tem uma relação de particular proximidade com o *Direito Civil*, como direito privado comum.

No domínio do Direito Civil, naturalmente que as áreas de maior proximidade são o Direito das Obrigações e a Teoria Geral: quanto ao Direito das Obrigações, a proximidade decorre da inserção do contrato de trabalho no elenco dos contratos obrigacionais (art. 1152º do CC), e da aplicabilidade de muitas regras obrigacionais ao contrato de trabalho, designadamente em matéria de cumprimento e incumprimento dos contratos e de responsabilidade civil; quanto à Parte Geral, a proximidade decorre da aplicabilidade genérica das normas civis gerais no domínio laboral, com destaque para as normas sobre pessoas e sobre o negócio jurídico.

Deve, no entanto, ter-se em conta que a aplicação destas normas no domínio laboral não pode ser feita indiscriminadamente, mas exige um juízo de adequação aos princípios próprios do Direito do Trabalho, por força da autonomia dogmática que deve ser reconhecida a este ramo jurídico, como veremos oportunamente[196].

---

[195] Sobre o tema, com amplos desenvolvimentos, ROSÁRIO PALMA RAMALHO, *Grupos Empresariais e Societários...cit., passim.*
[196] Cfr., *infra*, § 15º, ponto 52.

## §4º O DIREITO DO TRABALHO NA CIÊNCIA JURÍDICA

**8. O ensino universitário das matérias laborais e a produção científica no domínio laboral – breve excurso histórico**[197]

I. Apesar da essência privada do vínculo de trabalho e da tradição do seu enquadramento por categorias tradicionais do Direito Civil (com destaque para as figuras da locação e da prestação de serviços), a integração das matérias laborais nos estudos universitários ficou a dever-se, sobretudo, ao interesse dos cultores das matérias económicas pelos fenómenos relacionados com o trabalho industrial.

Assim, foi nas Escolas económicas que os temas laborais foram tratados pela primeira vez e foi pela mão dos juristas que cultivavam as disciplinas económicas que, já na transição do século XIX para o século XX, estes temas acabaram por chegar ao Curso de Direito – é, pois, nestas disciplinas que começam por ser estudados temas como as greves, os sindicatos operários, a conciliação e a arbitragem e os contratos colectivos de trabalho[198].

---

[197] Em especial sobre este ponto, ROSÁRIO PALMA RAMALHO, *Perspectivas Metedológicas do Direito do Trabalho. Relatório,* Coimbra, 2005, 31 ss.
[198] Dando conta deste percurso, na Alemanha, R. DUBISCHAR, *Zur Entstehung der Arbeitsrechtwissenschaft als Scientific Community – Eine Erinerung,* RdA, 1990, 84, e com referência a universidades de França e da Itália, J. F. MARNOCO E SOUSA/J. ALBERTO DOS REIS, *O Ensino Jurídico na França e na Itália,* Coimbra, 1910, 21 ss. e 129 ss.

§4º O DIREITO DO TRABALHO NA CIÊNCIA JURÍDICA

Não deve estranhar-se este percurso do ensino universitário das matérias laborais. É que a crescente importância do trabalho subordinado, não como objecto de um negócio jurídico mas enquanto factor de produção, vinha fazendo das questões laborais um tema preferencial na área da Economia, desde o final do século XIX. Confirma-se pois, também por esta via, que a estreita conexão do Direito do Trabalho com o domínio da Economia remonta à génese da própria área jurídica.

**II.** Em Portugal, a integração dos temas laborais nos estudos jurídicos universitários seguiu esta mesma orientação, tendo ficado a dever-se, no início do século XX, a J. Marnoco e Sousa.

Este Professor da Faculdade de Direito de Coimbra regeu a disciplina de *Ciência Económica e Direito Económico*, do 2º ano do Curso Geral, desde 1900 e integrou diversos temas sociais e laborais nas suas Lições e noutras obras[199]. Assim, são estudados nesta disciplina o factor de produção «trabalho» e a família operária, bem como outras questões laborais, como o trabalho das mulheres e das crianças, a segurança e a higiene no trabalho, os acidentes de trabalho, a duração do trabalho, o salário mínimo e a forma de pagamento do salário, o sindicalismo e os sindicatos industriais e operários e o contrato colectivo de trabalho, sendo ainda feitas referências dispersas ao contrato de trabalho.

Por esta razão, Marnoco e Sousa pode ser considerado o fundador do Direito do Trabalho português[200].

**III.** O percurso do ensino universitário das matérias laborais nas Faculdades de Direito portuguesas passou por diversas fases, que correspondem, *grosso modo*, aos grandes períodos da evolução histórica do Direito do Traba-

---

[199] Destacamos, deste autor, as Lições de *Economia Social* (1900), *Ciência Social* (1907/08) *Economia Nacional* (1908), e, sobretudo, *Ciência Económica* (1901, 1902, 1903, 1905, 1906 e 1909-10). *Vd* ainda a reedição recente da sua obra – J. F. MARNOCO E SOUSA, *Ciência Económica. Prelecções feitas ao Curso do Segundo Ano Jurídico do Ano de 1909-1910 (1910) cit.* onde os temas laborais são tratados, *maxime* 201 ss., mas também 188, 242 e *passim*.
[200] Neste sentido, entre outros, F. J. COUTINHO DE ALMEIDA, *O ensino de Direito do Trabalho em Portugal, in Jornadas Hispano-Luso-Brasileñas de Derecho del Trabajo*, Madrid, 1985, 395-426 (404).

lho enquanto área jurídica[201]. Em termos esquemáticos, podemos identificar três fases:

- a *fase de implementação do ensino das matérias laborais ainda integradas na disciplina de Economia Social* (entre o início do século XX e o final da 1ª República);
- a *fase de relativo desmembramento do ensino das matérias laborais*, que correspondeu à autonomização da disciplina de *Direito Corporativo* (durante o Estado Novo);
- e a *fase da consolidação do ensino das matérias laborais em moldes unitários e autónomos na disciplina de Direito do Trabalho* (a partir da ruptura constitucional de 1974).

**IV.** A *fase de implementação do ensino das matérias laborais no Curso de Direito* desenvolve-se entre 1900 e o final da 1ª República.

Nesta fase, as matérias laborais mantêm-se integradas na disciplina de *Economia Social* (que sucedeu à disciplina de *Ciência Económica*) e, ao longo desta época, cultivam estas matérias na Universidade e fora dela autores como Marnoco e Sousa e Carneiro Pacheco (na Faculdade de Direito de Coimbra) e F. Emygdio da Silva, Ruy Ulrich, Adolpho Lima, L. Cunha Gonçalves e Barbosa de Magalhães (na Faculdade de Direito de Lisboa). Especificamente no que respeita à Faculdade de Direito de Lisboa, pode dizer-se que as matérias laborais foram leccionadas desde a criação da Escola, em 1913, tendo sido integradas na disciplina de Economia Social.

Por outro lado, o interesse pelas matérias laborais no plano universitário nesta época evidencia-se nas dissertações académicas e noutros trabalhos dos autores acima referidos[202].

---

[201] Para mais desenvolvimentos sobre a forma de desenvolvimento dos estudos laborais nas Faculdades de Direito nacionais, *vd* COUTINHO DE ALMEIDA, *O ensino de Direito do Trabalho em Portugal cit., passim*, P. ROMANO MARTINEZ, *Direito do Trabalho. Relatório*, RFDUL (Sep.), 1999, 9 ss., J. J. ABRANTES, *Direito do Trabalho. Relatório*, Lisboa, 2003, 21 e ss., e ROSÁRIO PALMA RAMALHO, *Perspectivas Metodológicas do Direito do Trabalho. Relatório cit.* 49 ss., 70 ss., e 127 ss.
[202] Assim e a título meramente exemplificativo, recordamos de L. CUNHA GONÇALVES, *A Evolução do Movimento Operário em Portugal cit.* (1905); de F. EMYGDIO DA SILVA, *O Operariado Portuguez e a Questão Social*, Coimbra, 1905, e *Acidentes de Trabalho*, I, Lisboa, 1913; de RUY

**V.** A *fase de relativo desmembramento do ensino das matérias laborais* corresponde ao período do Estado Novo.

Nesta fase e na sequência das Reformas dos Estudos Jurídicos de 1928 e de 1933[203], os temas laborais foram distribuídos por várias disciplinas: assim, em disciplinas de Direito Civil era estudado o contrato de trabalho entre outros contratos civis especiais; de outra parte, foi criada a disciplina de *Direito Corporativo* (em substituição da disciplina de Economia Social), na qual eram, sobretudo, estudadas as matérias do direito laboral colectivo, e que foi leccionada, entre outros, por Teixeira Ribeiro (na Faculdade de Direito de Coimbra), e Marcello Caetano, Fézas Vital, Cunha Gonçalves, Raúl Ventura, Silva Cunha e Soares Martinez (na Faculdade de Direito de Lisboa). Em suma, o ensino das matérias laborais no Curso de Direito foi desmembrado[204].

Durante este período e na sequência da Reforma dos Estudos Jurídicos de 1945[205], foi ainda criada uma disciplina semestral de *Direito do Trabalho*, mas, sendo esta uma disciplina de opção do Curso Complementar, o número de alunos que a frequentava era reduzido. Por seu turno, já nos últimos anos do regime, a Reforma dos Estudos Jurídicos Universitários de 1972[206] renomeou a disciplina como *Direito Corporativo e do Trabalho*, colocando-a como disciplina semestral comum do 3º ano do Curso Geral. Todavia, a disciplina não chegou a ser leccionada com esta nova configuração, por força da interrupção desta reforma, na sequência da ruptura da ordem jurídico-constitucional ocorrida em 1974.

Ainda neste período, para além das Lições da área do Direito Corporativo[207], destaca-se, no domínio dos trabalhos de investigação académica na

---

ULRICH, *Legislação Operária Portugueza* cit. (1906); de ADOLPHO LIMA, *O Contrato de Trabalho* cit. (1907); e de BARBOSA DE MAGALHÃES, *Seguro contra Acidentes de Trabalho*, Lisboa, 1913.

[203] Estas reformas foram aprovadas, respectivamente, pelo Dec. nº 16.044, de 13 de Outubro de 1928, e pelo Dec. nº 32.382, de 20 de Dezembro de 1933.

[204] Este desmembramento das matérias laborais por diversas disciplinas teve também lugar, pela mesma época, por exemplo, nas universidades italianas.

[205] Instituída pelo DL nº 34.850, de 21 de Agosto de 1945.

[206] Introduzida pelo DL nº 364/72, de 29 de Setembro.

[207] Assim, e a título de exemplo, MARCELLO CAETANO, *Lições de Direito Corporativo*, Lisboa, 1935 (e ainda do mesmo autor e na mesma óptica, *O Sistema Corporativo*, Lisboa, 1938); L. CUNHA GONÇALVES, *Princípios de Direito Corporativo* cit, J. J. TEIXEIRA RIBEIRO, *Lições de Direito Corporativo*, I, Coimbra, 1938; D. FÉZAS VITAL, *Curso de Direito Corporativo*, Lisboa, 1940; e, já numa fase posterior, SILVA CUNHA, *Lições de Direito Corporativo* (organizadas por

área laboral, a dissertação de doutoramento de Raúl Ventura (*Teoria da Relação Jurídica de Trabalho*), apresentada na Faculdade de Direito de Lisboa em 1944[208]. Por último, cumpre referir o surgimento de algumas publicações periódicas com incidência nesta área, a mais significativa das quais foi a revista *Estudos Sociais e Corporativos*.

Apresentado este quadro geral, cabe reconhecer que, nesta fase, a Ciência Jurídica no domínio laboral conheceu uma certa estagnação, por dois motivos: a repartição dos temas laborais por várias disciplinas nos termos indicados reflecte, no plano do ensino, a quebra da unidade interna do Direito do Trabalho enquanto ramo jurídico, nesta fase da sua história[209], o que, por si só, constitui um obstáculo ao desenvolvimento do pensamento jurídico nesta área; e o relativo *effacement* dos temas laborais de incidência colectiva, mais permeáveis ideologicamente, durante todo o período do Estado Novo, contribui no mesmo sentido.

**VI.** A *fase da consolidação do ensino das matérias laborais em moldes unitários e autónomos na disciplina de Direito do Trabalho* sucedeu à ruptura constitucional de 1974 e corresponde à época histórica de relançamento do Direito do Trabalho português como ramo jurídico[210].

Nesta fase e por força da reforma dos planos de estudos da Faculdade de Direito de Coimbra e da Faculdade de Direito de Lisboa, foi extinta a disciplina de Direito Corporativo e reinstituída a disciplina de *Direito do Trabalho* na licenciatura (no caso da Faculdade de Direito de Lisboa, esta disciplina começou por ser leccionada no 2º ano, passando depois para o 5º ano), como disciplina anual obrigatória, sendo o respectivo conteúdo integrado por temas atinentes à situação jurídica individual de trabalho e pelos temas do direito colectivo.

---

António Manuel Pereira), ed. copiogr (AAFDL), Lisboa, 1954, e P. Soares Martinez, *Manual de Direito Corporativo*, que se seguiu ao *Curso de Direito Corporativo*, volumes I (1962) e II (1964) – a 3ª e última ed. deste Manual é de 1971.

[208] Esta obra foi posteriormente publicada. Cfr., Raul Ventura, *Teoria da Relação Jurídica de Trabalho – Estudo de Direito Privado*, I, Porto, 1944.
[209] Cfr., *supra*, § 2º, ponto 5.1.3.
[210] Cfr., *supra*, § 2º, ponto 5.1.4.

## §4º O DIREITO DO TRABALHO NA CIÊNCIA JURÍDICA

Têm regido e publicado Lições nesta disciplina, na Faculdade de Direito de Lisboa, MONTEIRO FERNANDES, MENEZES CORDEIRO, ROSÁRIO PALMA RAMALHO, ROMANO MARTINEZ, e MENEZES LEITÃO, na Faculdade de Direito de Coimbra, HENRIQUE MESQUITA, JORGE LEITE e LEAL AMADO[211].

Por outro lado, a disciplina integra também os planos de estudos dos Cursos de Direito das Universidades Privadas (onde encontramos Lições de MÁRIO PINTO, BERNARDO XAVIER, MOTTA VEIGA e JÚLIO VIEIRA GOMES[212]) e é leccionada nos novos cursos de Direito de universidades públicas, como a Universidade Nova de Lisboa e a Faculdade de Direito do Porto.

Nesta última fase do ensino das matérias laborais nos Cursos de Direito assiste-se também ao incremento dos estudos pós-graduados nesta área, sobretudo ao nível do mestrado, mas também já se contando algumas dissertações de doutoramento na viragem do século – assim, de BERNARDO XAVIER, *O Despedimento Colectivo no Dimensionamento da Empresa,* e de LEAL AMADO, *Vinculação versus Liberdade. O processo de Constituição e Extinção da Relação Laboral do Praticante Desportivo,* dissertações apresentadas na Faculdade de Direito de Coimbra, respectivamente em 2000 e em 2002, de M. R. PALMA RAMALHO, *Da Autonomia Dogmática do Direito do Trabalho,* apresentada na Faculdade de Direito de Lisboa em 2000 e defendida em 2001, que se apresentou também a provas de agregação com uma dissertação na mesma área, sobre o tema *Grupos Empresariais e Societários. Incidências Labo-*

---

[211] MONTEIRO FERNANDES, *Direito do Trabalho* cit., MENEZES CORDEIRO, *Direito do Trabalho* cit., ROMANO MARTINEZ, *Direito do Trabalho* cit. L. MENEZES LEITÃO, *Direito do* Trabalho, Coimbra, 2008 (obras sucessivamente reeditadas), e ROSÁRIO PALMA RAMALHO, *Direito do Trabalho,* Parte I – *Dogmática Geral,* Coimbra, 2005, com segunda edição em 2009, e *Direito do Trabalho,* Parte II – *Situações Laborais Individuais,* 1ª ed.,. Coimbra, 2006, 2ª edição em 2008, e 3ª edição, em 2010; a reedição da obra neste *Tratado de Direito do Trabalho* inclui já a Parte III, dedicada às *Situações Laborais Colectivas* (já com 2ª edição em 2015), estando a Parte II (*Situações Laborais Individuais*) na 5ª edição; com referência à Faculdade de Direito de Coimbra, *vd,* com sucessivas edições, as Lições de JORGE LEITE, *Direito do Trabalho,* I e II, Coimbra (FDC), ed. de 1992/93 (*reprint* de 2001) e *reprint* de 1999, e ainda as Lições de J. LEAL AMADO, *Contrato de Trabalho à luz do novo Código do Trabalho,* Coimbra, 2009, (também sucessivamente reeditada).

[212] MÁRIO PINTO, *Direito do Trabalho* cit., I, BERNARDO XAVIER, *Curso de Direito do Trabalho* (já na 3ª ed.) e *Manual de Direito do Trabalho,* Lisboa, 2011, MOTTA VEIGA, *Curso de Direito do Trabalho* cit. (sucessivamente reeditado), e JÚLIO VIEIRA GOMES, *Direito do Trabalho,* I – *Relações Individuais de Trabalho,* Coimbra, 2007.

*rais* (2009)[213]; mais recentemente apresentaram-se a provas de douramento na área laboral, na Faculdade de Direito de Combra, F. LIBERAL FERNANDES, com dissertação intitulada *A Obrigação de Serviços Mínimos como Técnica de Regulação da Greve nos Serviços Essenciais* (2009), JOÃO SIMÃO DOS REIS, *Resolução Extra-Judicial de Conflitos Colectivos de Trabalho* (2012); na Universidade Católica Portuguesa, C. OLIVEIRA CARVALHO, *Da Dimensão da Empresa no Direito do Trabalho* (2010) e JOANA VASCONCELOS, *A Revogação do Contrato de Trabalho* (2011), e na Faculdade de Direito de Lisboa, P. MADEIRA DE BRITO, com dissertação intitulada *Contrato de Trabalho da Administração Pública e o Sistema de Fontes* (2011), L. GONÇALVES DA SILVA, *Da Eficácia da Convenção Colectiva* (2013), GUILHERME DRAY, *O Princípio da Protecção do Trabalhador* (2014) e ISABEL VIEIRA BORGES, *Férias Laborais. Dever de Gozo Efectivo e Margem de Liberdade* (2015)[214].

Por fim, assinala-se, nos últimos anos, o surgimento de várias publicações periódicas com incidência laboral (entre as quais destacamos a *Revista Direito e Estudos Sociais*, a revista *Questões Laborais* e o *Prontuário de Direito do Trabalho*), bem como um número considerável de iniciativas temáticas nesta área, das quais resultam, com frequência, colectâneas de estudos ou outras obras colectivas.

Perante este quadro, pode dizer-se que, em Portugal como noutros países, a Ciência Juslaboral se encontra actualmente numa fase de grande dinamismo. Este dinamismo corresponde, afinal, à pujança que o próprio Direito do Trabalho como área jurídica evidencia no dealbar do novo milénio.

---

[213] Todas estas dissertações foram publicadas. Cfr. BERNARDO XAVIER, *O Despedimento Colectivo no Dimensionamento da Empresa*, Lisboa, 2000, M. R. PALMA RAMALHO, *Da Autonomia Dogmática do Direito do Trabalho*, Coimbra, 2001; J. LEAL AMADO, *Vinculação versus liberdade Liberdade. O Processo de Constituição e Extinção da Relação Laboral do Praticante Desportivo*, Coimbra, 2002; ROSÁRIO PALMA RAMALHO, *Grupos Empresariais e Societários. Incidências Laborais*, Coimbra, 2008.

[214] Muitas destas dissertações foram publicadas. Cfr. F. LIBERAL FERNANDES, *A Obrigação de Serviços Mínimos como Técnica de Regulação da Greve nos Serviços Essenciais*, Coimbra, 2010, C. OLIVEIRA CARVALHO, *Da Dimensão da Empresa no Direito do Trabalho: Consequências Práticas da Dimensão da Empresa na Configuração das Relações Laborais Individuais e Colectivas*, Coimbra, 2011, J. VASCONCELOS, *A Revogação do Contrato de Trabalho*, Coimbra, 2011, e G. DRAY, *O Princípio da Protecção do Trabalhador*, Coimbra, 2015.

## 9. Parâmetros metodológicos do ensino das matérias laborais no Curso de Direito

**I.** O ensino do Direito deve orientar-se por pressupostos metodológicos claros, que facilitem a transmissão dos conteúdos, mas que sejam, ao mesmo tempo, solidamente apoiados em termos axiológicos nas ideias força da área jurídica que constitui o objecto do ensino.

No caso do ensino das matérias laborais, os parâmetros metodológicos vão buscar-se com facilidade às características do Direito do Trabalho enquanto ramo jurídico, que oportunamente enunciámos[215], e a categorias gerais da dogmática jurídica.

Resumidamente, propõe-se um ensino das matérias laborais assente nos seguintes parâmetros:

- na *caracterização do Direito do Trabalho como ramo especial do direito privado;*
- no *reconhecimento da sua autonomia dogmática;*
- no seu *carácter unitário,* enquanto ramo do Direito;
- e com *apoio técnico no conceito de situação jurídica, aplicado ao domínio laboral*[216].

**II.** A *caracterização do Direito do Trabalho como direito privado especial*[217] permite privilegiar as suas conexões com o Direito Civil, enquanto direito privado comum, logo, de aplicação subsidiária no domínio laboral.

O privilegiar destas conexões ao nível do ensino das matérias laborais salda-se no apelo às categorias gerais do Direito Civil (com destaque para as categorias da Teoria Geral e do Direito das Obrigações), sempre que se justifique, e, bem entendido, na atenção a dar a outras áreas do universo do direito privado, com conexões com a nossa área de estudo, como o Direito Comercial e o Direito das Sociedades Comerciais.

---

[215] *Supra,* § 3º, ponto 6.
[216] Para uma justificação mais desenvolvida destes parâmetros metodológicos, *vd* ROSÁRIO PALMA RAMALHO, *Direito do Trabalho. Relatório cit.,* 163 ss.
[217] Cfr., *supra,* § 3º, pontos 6.1 e 6.2.

§4º O DIREITO DO TRABALHO NA CIÊNCIA JURÍDICA

**III.** O reconhecimento da *autonomia dogmática do Direito do Trabalho*[218] é um parâmetro metodológico de grande importância no plano do ensino das matérias laborais. Esta importância evidencia-se a quatro níveis:

*i)* Em primeiro lugar, a autonomia científica do Direito do Trabalho permite valorizar a dimensão dogmática do ensino, nele privilegiando, conforme julgamos correcto, uma dialéctica constante entre o caso, as normas e as valorações, sobre um ensino de feição mais marcadamente expositiva e informativa.

*ii)* Em segundo lugar, esta autonomia condiciona a relação do Direito Laboral com o Direito Civil, enquanto direito comum de aplicação subsidiária, porquanto a aplicação das normas civis no domínio laboral depende da sua adequação aos valores próprios desta área jurídica. Este ponto deve ser tido em conta na apresentação das diversas matérias.

*iii)* Em terceiro lugar, esta autonomia permite privilegiar as conexões do Direito do Trabalho com áreas jurídicas fora do domínio do direito privado e mesmo com áreas não jurídicas, como a Economia. O privilegiar destas conexões no ensino das matérias favorece a unidade geral da ordem jurídica e a interdisciplinaridade das diversas áreas do conhecimento.

*iv)* Por último, especificamente em termos de metodologia do ensino, a independência e a maturidade científicas do Direito do Trabalho justificam a autonomização de uma parte de dogmática geral na sistematização das matérias laborais, sobre a qual se devem estruturar as matérias atinentes às situações laborais individuais e colectivas, como partes especiais.

**IV.** Do *carácter unitário do Direito do Trabalho* enquanto ramo jurídico decorre que a sistematização das matérias laborais sobre os grandes eixos do *direito das situações juslaborais individuais* e do *direito das situações juslaborais colectivas* tem apenas um alcance pedagógico.

---

[218] Cfr., *supra*, § 3º, ponto 6.7. Desenvolveremos este tema, *infra*, Cap. III, Secção III.

Justificando-se a manutenção desta sistematização bipartida dos temas laborais, porque contribui para uma arrumação clara das matérias, porque é mais simples e rigorosa do que uma arrumação por eixos institucionais[219] e também porque é a sistematização adoptada pelo Código do Trabalho, deve, efectivamente, ser enfatizado que esta divisão prossegue apenas um objectivo pedagógico e que não prescinde de uma articulação constante das partes especiais com a parte de dogmática geral, dada a unidade interna da área jurídica.

**V.** Por último, no desenvolvimento das matérias laborais a que vamos proceder, rejeitamos o conceito de relação jurídica como conceito operatório geral em favor de um *conceito operatório alternativo: o conceito de situação jurídica laboral nuclear.*

As desvantagens do conceito tradicional de relação jurídica como conceito operatório geral foram já suficientemente demonstradas[220]: trata-se, como é sabido, de um conceito de abrangência limitada e que propicia uma análise redutora dos problemas jurídicos, quer do ponto de vista técnico (porque o seu conteúdo relacional é inadequado a muitas situações), quer do ponto de vista axiológico (porque relativiza o papel da pessoa no universo do Direito).

No domínio laboral, as insuficiências do conceito de relação jurídica são também patentes, desde logo ponto de vista técnico, pelo elevado número de fenómenos e situações que não consentem uma redução a esta categoria.

Por outro lado, em termos sistemáticos e dogmáticos, a aplicação do conceito de relação jurídica ao domínio laboral tem propiciado uma perspectiva dogmaticamente estreita sobre o próprio Direito do Trabalho e sobre os seus problemas. Efectivamente, este conceito tem contribuído para reduzir o Direito Laboral à área jurídica reguladora da relação de trabalho ou do con-

---

[219] Adoptando uma sistematização de inspiração institucional, um pouco à imagem da tradição francesa, na apresentação dos temas laborais, entre nós, BERNARDO XAVIER, *Curso de Direito do Trabalho cit.*, I, aliás, como na 1ª e na 2ª edições da mesma obra (1992 e 1993) e JORGE LEITE, *Direito do Trabalho I e II cit.* Para mais desenvolvimentos sobre os modelos possíveis e sobre as tradições de diversas Escolas neste domínio, no plano do direito comparado e do direito nacional, vd ROSÁRIO PALMA RAMALHO, *Direito do Trabalho. Relatório cit.*, 104 ss. e 127 ss.

[220] Quanto a esta demonstração, por todos, OLIVEIRA ASCENSÃO, *Direito Civil. Teoria Geral*, III cit., 41 ss., e MENEZES CORDEIRO, *Teoria Geral do Direito Civil. Relatório cit.*, 237 ss.

trato de trabalho, com a inerente secundarização da fenomenologia laboral colectiva e, consequentemente, em prejuízo da sua dinâmica interna[221].

Teremos ocasião de avaliar estas insuficiências do conceito de relação jurídica na sua aplicação ao Direito do Trabalho, a propósito do estabelecimento dos alicerces dogmáticos desta área jurídica[222]. Por ora, fica a referência à necessidade de substituição deste conceito por um conceito alternativo, mais moderno e mais abrangente: o *conceito de situação jurídica laboral*. É o que propomos.

**VI.** A *situação jurídica laboral nuclear*, que propomos como categoria técnica alternativa estruturante das matérias laborais, é uma situação jurídica complexa que se desdobra em duas situações jurídicas menores: a *situação jurídica laboral inerente à qualidade de trabalhador subordinado*; e a *situação jurídica laboral inerente à qualidade de empregador*[223]. Por seu turno, estes conceitos nucleares têm um efeito multiplicador, dando lugar a outras tantas situações jurídicas, nas duas áreas regulativas do Direito Laboral[224].

Nos moldes em que o concebemos, o conceito de situações juslaborais permite «recuperar» a tradicional sistematização das matérias laborais em torno dos eixos «individual» e «colectivo», mas sem os inconvenientes do estreitamento dogmático decorrentes do tradicional conceito operatório de «relação jurídica».

A propósito do estabelecimento dos alicerces dogmáticos do Direito do Trabalho, desenvolveremos este conceito e fundamentaremos a sua mais valia sobre o conceito de relação de trabalho[225]. Desde já fica, contudo, esclarecido que ele constitui o nosso parâmetro metodológico de referência na aproximação aos temas laborais.

---

[221] Assim, por exemplo, E. WOLF, *Der Begriff Arbeitsrecht*, *in* F. GAMILLSCHEG (Hrsg.), *25 Jahre Bundesarbeitsgericht*, München, 1979, 709-726 (709).
[222] Cfr, *infra*, § 11º, ponto 40.
[223] Para mais desenvolvimentos sobre este conceito, *vd* ROSÁRIO PALMA RAMALHO, *Da Autonomia Dogmática... cit.*, 119 ss.
[224] Sobre este efeito multiplicador, *vd* ainda o nosso *Da Autonomia Dogmática... cit.*, 124 ss.
[225] Cfr, *infra*, § 11º, ponto 41.

## 10. Indicações bibliográficas gerais

**I.** O ensino do Direito deve ser devidamente apoiado em elementos bibliográficos e no tratamento adequado da jurisprudência.

No caso do Direito do Trabalho, a riqueza e a diversidade da produção doutrinal de que dispomos, tanto em Portugal como no estrangeiro, inviabiliza qualquer indicação bibliográfica exaustiva. Por esta razão, as indicações subsequentes decorrem da conjugação dos seguintes critérios: privilegiam-se os manuais e outras obras de carácter geral sobre obras monográficas, sendo estas últimas indicadas apenas em nota de rodapé; privilegiam-se as obras mais actualizadas sobre as obras mais antigas, excepto no caso da doutrina nacional, em que se incluem também algumas referências mais antigas que tenham sido particularmente marcantes; ao nível do direito estrangeiro, privilegiamos a indicação das referências de acordo com o critério do que seria desejável poder consultar para uma visão panorâmica dos temas da área jurídica e independentemente da facilidade de acesso a algumas destas fontes.

Completamos estas referências com a indicação das mais recentes colectâneas de legislação anotada (indicação esta mais focada, naturalmente, no direito português), com a referência às colectâneas de jurisprudência e com a indicação das mais importantes publicações periódicas neste domínio, tanto em Portugal como no estrangeiro.

**II.** Por uma razão de facilidade de identificação, estas indicações são feitas de acordo com o critério do tipo de publicação, conjugado com a origem geográfica das obras e demais publicações.

### a) Legislação anotada e outras fontes laborais

RAMALHO, M. do Rosário Palma – *Lei da Greve Anotada*, Lisboa, 1994

MARTINEZ, Pedro Romano/MONTEIRO, Luís Miguel/VASCONCELOS, Joana/BRITO, Pedro Madeira de/DRAY, Guilherme/SILVA, Luís Gonçalves da – *Código do Trabalho Anotado*, 9ª ed., Coimbra, 2013

CORREIA, João/PEREIRA, Albertina – *Código de Processo do Trabalho Anotado à Luz da Reforma do Processo Civil*, Coimbra, 2015

PINTO, Mário/MARTINS, Pedro Furtado/CARVALHO, António Nunes – *Comentário às Leis do Trabalho*, I, Lisboa, 1994 e ainda, para consulta:

- *Boletim do Trabalho e do Emprego;*
- *Diário da República;*
- e bases de dados da Internet relativos a legislação nacional e europeia (*www. inc.pt; Europa.eu.int/eur-lex*)

## b) Jurisprudência

BAPTISTA, A. Mendes – *Jurisprudência do Trabalho Anotada – Relação Individual do Trabalho*, 3ª ed., Lisboa, 1999
MESQUITA, J. Andrade/FERREIRA, M. Capitão – *Jurisprudência Laboral – Contrato Individual do Trabalho*, 2ª ed., Lisboa, 2003

... e ainda, para consulta:

- *Colectânea de Jurisprudência (Jurisprudência dos Tribunais da Relação e do Supremo Tribunal de Justiça)*
- *Acórdãos Doutrinais do Supremo Tribunal Administrativo*
- *Boletim do Ministério da Justiça*
- *Colecções de Acórdãos do Tribunal Constitucional*
- e bases de dados de jurisprudência (www.tribunalconstitucional.pt; www.cidadevirtual.pt/stj; www.dgsi.pt; www.stj.pt; www. apodit.com)

## c) Referências doutrinais gerais

### c.1) Portugal

AMADO, João Leal – *Contrato de Trabalho à luz do novo Código do Trabalho*, 4ª ed., Coimbra, 2014
CARDOSO, Álvaro Lopes – *Manual de Processo do Trabalho (reprint)*, Lisboa, 1998
CORDEIRO, António da Rocha Menezes – *Manual de Direito do Trabalho*, Coimbra, 1991
FERNANDES, António de Lemos Monteiro – *Direito do Trabalho*, 15ª ed., Coimbra, 2010
GOMES, Júlio Manuel Vieira – *Direito do Trabalho, I – Relações Individuais de Trabalho*, Coimbra, 2007
LEITÃO, Luís Menezes – *Direito do Trabalho*, 3ª ed., Coimbra, 2012

LEITE, Jorge – *Direito do Trabalho*, I e II, Coimbra (*reprint*), 1998 e 1999
MARTINEZ, Pedro Romano – *Direito do Trabalho*, 7ª ed., Coimbra, 2015
PINTO, Mário F. C. – *Direito do Trabalho, I*, Lisboa, 1996
RAMALHO, Maria do Rosário Palma – *Da Autonomia Dogmática do Direito do Trabalho*, Coimbra, 2001
RAMALHO, Maria do Rosário Palma – *Estudos de Direito do Trabalho*, I, Coimbra, 2003
RAMALHO, Maria do Rosário Palma – *Tratado de Direito do Trabalho*, Parte I – *Dogmática Geral*, 4ª ed., Coimbra 2015, Parte II – *Situações Laborais Individuais*, 5ª ed., Coimbra, 2014, e Parte III – *Situações Laborais Colectivas*, 2ª ed., Coimbra, 2015
RAMALHO, Maria do Rosário Palma – *Perspectivas Metodológicas do Direito do Trabalho*, Coimbra, 2005
RAMALHO, Maria do Rosário Palma – *Direito Social da União Europeia*, Coimbra, 2009
VEIGA, António Jorge da Motta – *Direito do Trabalho Internacional e Europeu*, Lisboa, 1994
VEIGA, António Jorge da Motta – *Lições de Direito do Trabalho*, 8ª ed., Lisboa, 2000
VENTURA, Raul Jorge Rodrigues – *Teoria da Relação Jurídica de Trabalho – Estudo de Direito Privado*, I, Porto, 1944
XAVIER, Bernardo da Gama Lobo – *Curso de Direito do Trabalho*, 3ª ed., Lisboa, 2004
XAVIER, Bernardo da Gama Lobo – *Manual de Direito do Trabalho*, Lisboa, 2011

... e ainda, para consulta, as seguintes publicações periódicas:

Pront.DT – *Prontuário de Direito do Trabalho* (Coimbra)
QL – *Revista Questões Laborais* (Coimbra)
RDES – *Revista Direito e Estudos Sociais* (Lisboa/Coimbra)

### c.2) Alemanha e Áustria

DÄUBLER, Wolfgang – *Das Arbeitsrecht*, I, 16ª ed., Hamburg, 2006, e II, 11ª ed., Hamburg 1998
DÄUBLER, Wolfgang/HJORT, Jens Peter/SCHUBERT, Michael/WOLMERATH, Martin – *Arbeitsrecht – Individual Arbeitsrecht mit Kollektivenrechtlichen Bezügen*, 3ª ed, Baden-Baden, 2013
BROX, Hans/Rüthers, Bernd/Henssler, Martin – *Arbeitsrecht*, 18ª ed., Sttutgart, 2010
GAMILLSCHEG, Franz – *Arbeitsrecht*, I, II, 8ª ed., München, 2000
HANAU, Peter/ADOMEIT, Klaus – *Arbeitsrecht*, 13ª ed., Neuwied, 2005
HRODMAKA, Wolfgang/MASCHMANN, Frank – *Arbeitsrecht*, I e II, 6ª ed., Berlin, 2014 e 2015

LORENZ, Martin – *Münchener Kommentar zum Bürgerlichen Gesetzbuch*, IV – *Schuldrecht. Besonder Teil II (§§ 607-704)*, 3ª ed., München, 1997, 544-571
LÖWISCH, Manfred – *Arbeitsrecht – Ein Studienbuch*, 5ª ed., Dusseldorf, 2000
MAYER-MALY, Theo – *Ausgewählte Schriften zum Arbeitsrecht*, Wien, 1991
MAYER-MALY, Theo/Marhold, Franz – *Österreichisches Arbeitsrecht*, I e II, Wien – New York, 1987 e 1991
PREIS, Ulrich – *Arbeitsrecht I (Individualarbeitsrecht)*, 4ª ed., e II *(Kollektivarbeitsrecht)*, 3ª ed., Köln, 2012
RICHARDI, Reinhard – *J. von Staudingers Kommentar zum Bürgerlichen Gesetzbuch mit Einführungsgesetz und Nebengesetzen*, 13ª ed., II – *Recht der Schuldverhältnisse (§§ 611-615)*, Berlin, 1999
SÖLLNER, Alfred/WALTERMANN, Raimund –*Arbeitsrecht*, 16ª ed., München, 2012
SÖLLNER, Alfred – *Grundriß des Arbeitsrecht*, 12ª ed., München, 1998
ZÖLLNER, Wolfgang/LORITZ, Karl-Georg/HERGENRÖDER, Curt Wolfgang – *Arbeitsrecht*, 7ª ed., München, 2015

... e ainda, para consulta, as seguintes publicações periódicas:

ArbuR – *Arbeit und Recht. Zs. f. Arbeitsrechtspraxis* (Köln-Deutz)
AuA – *Arbeit und Arbeitsrecht. Monatszeitschrift für die betriebliche Praxis* (München)
BB – *Der Betriebs-Berater. Zs. f. Recht u. Wirtschaft* (Heidelberg)
DB – *Der Betrieb. Wochenschrift für Betriebswirtschaft, Steuerrecht, Wirtschaftrecht, Arbeitsrecht* (Düsseldorf)
DRdA – *Das Recht der Arbeit* (Wien)
NZA – *Neue Zeitschrift für Arbeitsrecht* (München)
RdA – *Recht der Arbeit. Zs. f. die Wissenschaft u. Praxis des gesamten Arbeitsrechts* (München)
ZAS – *Zeitschrift für Arbeitsrecht und Sozialrecht* (Wien)
ZfA – *Zeitschrift für Arbeitsrecht* (Köln)
ZIAS – *Zeitschrift für ausländisches und internationales Arbeits – «und Sozialrecht* (Heidelberg)

c.3) **Itália**

ASSANTI, Cecilia – *Corso di diritto del lavoro*, 2ª ed., Milano, 1993
CARINCI, Franco/TOSI, Paolo/TAMAJO, Raffaelle de Luca/TREU, Tiziano – *Diritto del lavoro*, I *(Il diritto sindacale)*, 2ª ed., Torino, 1987, e II *(Il rapporto di lavoro subordinato)*, Torino, 1985
GALANTINO, Luisa – *Diritto sindacale*, 13ª ed., Torino, 2012

GALANTINO, Luisa – *Diritto del lavoro*, 10ª ed., Torino, 2014
GHEZZI, Giorgio/ROMAGNOLI, Umberto – *Il rapporto di lavoro*, 3ª ed., Bologna, 1995, e *Il diritto sindacale* 4ª ed., Bologna, 1997; e *Aggiornamento 2000*, Bologna, 2000
GIUGNI, Gino – *Diritto sindacale*, 7ª ed., Bari, 1984
MAZZONI, Giuliano (dir.) – *Manuale di diritto del lavoro*, I, II, 6ª ed., Milano, 1988 e 1990
NICOLINI, Giovanni – *Manuale di diritto del lavoro*, 3ª ed., Milano, 2000
PERA, Giuseppe/POSO, Antonio – *Compendio di diritto del lavoro*, 6ª ed., Milano, 2003
SANTORO-PASSARELLI, Francesco – *Nozioni di diritto del lavoro*, 35ª ed., Napoli, 1987 (*reprint* 1995)
SCONAMIGLIO, Renato – *Diritto del lavoro*, 5ª ed., Napoli, 2000

... e ainda, para consulta, as seguintes publicações periódicas:

DLav. – *Il Diritto del Lavoro. Rivista di dottrina e di giurisprudenza* (Roma)
DLRI – *Giornale di diritto del lavoro e delle relazioni industriale* (Milano)
Lav.80/Quaderni – *Lavoro 80 /Quaderni* (Milano)
Lav.Dir. – *Lavoro e diritto* (Bologna)
RIDL – *Rivista italiana di diritto del lavoro* (Milano)

### c.4) França e Bélgica

BLANPAIN, Roger/JAVILLIER, Jean-Claude – *Droit du travail communautaire*, 2ª ed., Paris, 1995
CAMERLYNCK, G. H. (coord.), *Traité de Droit du travail*, volumes I a IX e actualizações, Paris (sucessivas edições a partir de 1965) CAMERLYNCK, G. H./LYON--CAEN, Gérard/PÉLISSIER, Jean – *Droit du travail*, 13ª ed., Paris, 1986
COUTURIER, Gérard – *Droit du travail*, I, 3ª ed., Paris, 1996, e II, Paris, 2001
DENIS, Pierre – *Droit du travail*, Bruxelles, 1992
JAMOULLE, Micheline – *Seize leçons sur le droit du travail*, Liège, 1994
JAVILLIER, Jean-Claude – *Droit du travail*, 7ª ed., Paris, 1999
LYON-CAEN, Gérard/PÉLISSIER, Jean – *Droit du travail*, 16ª ed., Paris, 1992
LYON-CAEN, Gérard/THILLHET-PRETNAR, Jeanne – *Manuel de Droit social*, 5ª ed., Paris, 1995
MAZEAUD, Antoine – *Droit du travail*, 3ª ed., Paris, 2002
PÉLISSIER, Jean/SUPIOT, Alain/JEAMMAUD, Antoine – *Droit du travail*, 24ª ed., Paris, 2004
SUPIOT, Alain – *Critique du droit du travail*, Paris, 1994

TEYSSIÉ, Bernard – *Droit du travail*, I e II, 2ª ed., Paris, 1992 e 1993
VERDIER, Jean-Maurice/COEURET, Alain/SOURIAC, Marie-Armelle – *Droit du travail*, 12ª ed., Paris, 2002

... e ainda, para consulta as seguintes publicações periódicas:

Dalloz (Rec.) – *Dalloz Recueil périodique et critique de jurisprudence, de législation et de doctrine* (Paris)
Dr.ouv. – *Le Droit ouvrier* (Paris)
DS – *Droit Social* (Paris)
Rev.DS – *Revue de droit social* (Bruxelles)
ST – *Sociologie du travail* (Paris)

### c.5) Espanha

LÓPEZ, Manuel Carlos Palomeque/ROSA, Manuel Álvarez de la – *Derecho del Trabajo*, 9ª ed., Madrid, 2001
MARTINEZ, Juan M. Ramírez (dir.)/ORTEGA, Jesús Garcia/PESET, José María Goerclich/ORIHUEL, Francisco Peréz de los Cobos/FRANCO, Tomás Sala – *Curso de Derecho del Trabajo*, Valencia, 1999
MELGAR, Alfredo Montoya – *Derecho del Trabajo*, 35ª ed., Madrid, 2014
OLEA, Manuel Alonso/BAAMONDE, Maria Emilia Casas – *Derecho del Trabajo*, 19ª ed., Madrid, 2001
VALVERDE, António Martín/GUTIÉRREZ, Fermín Rodriguez-Sañudo/MURCIA, Joaquin García – *Derecho del Trabajo*, 11ª ed., Madrid, 2011

... e ainda, para consulta, as seguintes publicações periódicas:

Civitas – *Civitas, Revista Española de Derecho del Trabajo* (Madrid)
Rel.Lab. – *Relaciones Laborales. Revista Critica de Teoria e Pratica* (Madrid)
Rev.Trab. – *Revista de Trabajo* (Madrid)

### c.6) Brasil

GOMES, Orlando/GOTTSCHALK – *Curso de Direito do Trabalho*, 16ª ed., Rio de Janeiro, 2000
NASCIMENTO, Amauri Mascaro do – *Curso de Direito do Trabalho*, 20ª ed., S. Paulo, 2005

PINTO, José Augusto Rodrigues – *Curso de Direito Individual do Trabalho*, 5ª ed., São Paulo, 2003
RUSSOMANO, Mozart Victor – *Curso de Direito do Trabalho*, 6ª ed., Curitiba, 1997

## c.7) Reino Unido e Estados Unidos da América

DAVIES, Paul/FREEDLAND, Mark (org.) – *Kahn-Freund's Labour and The Law*, London, 1983
DEAKIN, Simon/MORRIS, Gillian S. – *Labour Law*, 3ª ed., London – Edinburgh, 2001
DILTS, David A./DEITSCH, Clarence R. – *Labor Relations*, New York, 1983
GOLDMAN, Alvin L. – *Labor Law and Industrial Relations in the United States of America*, 2ª ed., Deventer, 1984
GOULD IV, William B. – *A Primer on American Labor Law*, 3ª ed., Massachussets, 1993
HEPPLE, Bob/FREDMAN, Sandra – *Labour Law and Industrial Relations in Great Britain*, Antwerp-London-Frankfurt-BostonNew York, 1986
HEPPLE, Bob/O'HIGGINS – *Employment Law*, 4ª ed., London, 1981

... e ainda, para consulta o ILJ – *Industrial Law Journal* (Oxford)

# II
# Fontes e Aplicação do Direito do Trabalho

# Secção I
# As fontes do Direito do Trabalho

## 11. O sistema de fontes laborais: enunciado geral e classificação

**I.** O conceito de fontes de Direito do Trabalho traduz, naturalmente, a aplicação ao domínio laboral do conceito geral de fontes do Direito[1]: neste sentido, são fontes juslaborais as formas de produção e revelação de normas de incidência laboral.

Sendo certo que a matéria das fontes tende a ser complexa na maioria dos ramos jurídicos, no caso do Direito Laboral a complexidade do sistema de fontes é particularmente evidente por vários motivos: de uma parte, pela coexistência, a par das fontes comuns, de modos específicos de produção de normas; de outra parte, pela natureza peculiar de algumas destas fontes específicas (com destaque para a convenção colectiva de trabalho e para a portaria de extensão); de outra parte ainda, pelas especificidades da produção normativa no domínio laboral, em resultado da possibilidade de autoregulação dos seus interesses pelos parceiros laborais e de participação directa dos destinatários das próprias normas estaduais no processo da sua elaboração; e, por fim, pela saliência de regras especiais quanto à coordenação entre as próprias fontes,

---

[1] Por todos, sobre o conceito de fonte do Direito, I. GALVÃO TELLES, *Introdução ao Estudo do Direito*, I, 11ª ed., Coimbra, 1999, 63; e J. OLIVEIRA ASCENSÃO, *O Direito. Introdução e Teoria Geral*, cit., 256.

CAPÍTULO II - FONTES E APLICAÇÃO DO DIREITO DO TRABALHO

que muitas vezes concorrem entre si, e, designadamente, para prover à resolução dos conflitos que possam surgir na sua aplicação.

A matéria das fontes laborais reveste assim uma complexidade particular no domínio laboral e a resolução dos problemas que ela coloca é essencial para compreender a dinâmica própria desta área jurídica. Esta é a razão pela qual o estudo desta matéria deve iniciar a apresentação dos alicerces dogmáticos deste ramo jurídico.

**II.** A multiplicidade e a diversidade das fontes laborais justificam a opção pedagógica de proceder à respectiva classificação.

Neste sentido, as fontes laborais podem classificar-se através da conjugação de dois critérios: o critério da origem do acto normativo no direito interno ou no direito internacional; e o critério da natureza comum ou do carácter especificamente laboral. Por outro lado, no âmbito das fontes laborais específicas pode introduzir-se ainda uma outra classificação, que atende ao critério da sua origem num acto de autoregulação ou de heteroregulação de interesses.

A partir da conjugação destes dois critérios isolamos as seguintes fontes laborais:

a) Na categoria das *fontes internacionais*, o Direito Internacional (no seio do qual cabe distinguir entre as normas de direito internacional comum ou geral, as convenções e tratados internacionais subscritos por Portugal e as normas das organizações internacionais de que Portugal seja membro), e o Direito Social da União Europeia.

b) Na categoria das *fontes internas comuns*, a Constituição, a lei e a legislação laboral em particular, o costume, os usos (com destaque para os usos laborais) e ainda, como fonte mediata, a jurisprudência laboral; por fim, cabe neste contexto uma referência à doutrina.

c) Na categoria das *fontes laborais internas específicas*, referida no art. 1º e descrita no art. 2º do CT, consideramos os modos específicos de revelação de normas laborais, que podem constituir uma forma de autoregulação ou de heteroregulação dos interesses laborais:

CAPÍTULO II – FONTES E APLICAÇÃO DO DIREITO DO TRABALHO

i) As *fontes específicas autónomas* englobam os instrumentos de regulamentação colectiva do trabalho de índole convencional[2].

Estes instrumentos são os seguintes:

– a *convenção colectiva de trabalho*, nas suas várias modalidades gerais (contrato colectivo de trabalho, acordo colectivo de trabalho e acordo de empresa – CCT, ACT e AE), previstas e reguladas no Código do Trabalho (arts. 485º ss.); e nas modalidades especiais previstas para a autoregulação colectiva dos vínculos laborais no seio da Administração Pública (acordos colectivos de carreira e acordos colectivos de empregador público) – LGTFP, art. 13º nºˢ 3, 6 e 7 e 355º e ss.[3];

– o *acordo de adesão* (AA) – art. 2º nº 2 e art. 504º;

– a *deliberação arbitral em processo de arbitragem voluntária* (art. 2º nº 2 e art. 506º e s.).

ii) As *fontes específicas heterónomas* correspondem aos instrumentos de regulamentação colectiva do trabalho de índole não convencional, também chamados «instrumentos de regulamentação colectiva do trabalho administrativos», por terem

---

[2] O Código designa estas fontes como instrumentos de regulamentação colectiva do trabalho «negociais» e os outros instrumentos de regulamentação colectiva do trabalho como «não negociais» – cfr. art. 2º nº 1. Não se sufraga esta designação, que foi introduzida pelo CT de 2003 (art. 2º nº 1) porque ela envolve um pré-julgamento sobre a natureza jurídica destes instrumentos, que não compete ao legislador fazer e que é, aliás, no caso das convenções colectivas de trabalho, particularmente controvertido, como teremos ocasião de verificar – *Tratado III*, § 49º, ponto 176. Preferimos, por isso, a expressão «instrumentos de regulamentação colectiva do trabalho *convencionais ou autónomos*», e «instrumentos de regulamentação colectiva do trabalho *administrativos ou heterónomos*».

[3] Estas categorias de convenções colectivas de trabalho no sector público vieram substituir as modalidades previstas no art. 19º da L. nº 23/2004, de 22 de Junho – contratos colectivos nacionais, contratos colectivos sectoriais, acordos colectivos sectoriais e acordos de pessoa colectiva pública – e as modalidades previstas na LCTFP (art 2º nº 2 e arts. 346º ss. do Regime) – acordos colectivos de carreira e acordos colectivos de entidade empregadora pública.

a natureza de regulamento administrativo. Estes instrumentos compreendem:

- a *portaria de extensão* (PE) – art. 2º nº 4 e arts. 514 ss.º do CT;
- a *portaria de condições de trabalho* (PCT) – art. 2º nº 4 e arts. 517º e s.[4];
- a *deliberação arbitral em processo de arbitragem obrigatória ou necessária* (art. 2º nº 4 e arts. 508º ss.).

No contexto das fontes específicas, há uma dupla relação de subsidariedade entre os diversos instrumentos de regulamentação colectiva do trabalho, que se analisa no seguinte:

- os instrumentos de regulamentação colectiva do trabalho autónomos ou de origem convencional preferem aos instrumentos de regulamentação colectiva do trabalho heterónomos ou de origem não convencional (excepto quanto à decisão de arbitragem obrigatória): assim, só se recorre à regulamentação colectiva por via administrativa na ausência de convenção colectiva de trabalho (art. 515º do CT); e a entrada em vigor de uma convenção colectiva de trabalho afasta a aplicação, no respectivo âmbito de incidência, de um instrumento de regulamentação colectiva do trabalho administrativo existente (art. 484º);
- por outro lado, no âmbito dos instrumentos de regulamentação colectiva do trabalho não convencionais, a portaria de condições de trabalho é subsidiária em relação à portaria de extensão (art. 517º nº 1).

Por fim, no contexto das fontes específicas autónomas, é ainda discutida a possibilidade de recondução da figura do *regulamento interno* (art. 99º) a esta categoria de fontes laborais.

---

[4] As actuais figuras da portaria de extensão e da portaria de condições de trabalho correspondiam no CT de 2003 aos denominados «regulamento de extensão» e «regulamento de condições mínimas». O novo CT optou por recuperar as designações tradicionais e difundidas destas figuras na LRCT (art. 2º e arts. 29º ss. e 36º ss.), com uma pequena modificação (a actual «portaria de condições de trabalho» corresponde à «portaria de regulamentação do trabalho» da LRCT).

**III.** Feita a apresentação geral das fontes, cabe apreciar o modo como o Código do Trabalho aborda esta matéria.

Assim, deve observar-se, em primeiro lugar que, não obstante a índole genérica do título dedicado às fontes, o Código do Trabalho se refere apenas às fontes laborais internas específicas no seu art. 1º, deixando assim de fora quer as fontes internas comuns, quer as fontes internacionais. Apesar da importância que as fontes comuns têm no domínio laboral – designadamente no que se refere à Constituição e às fontes internacionais e comunitárias – a opção do Código foi a mais correcta porque permite dar a devida ênfase às formas de revelação de normas laborais que revestem uma efectiva especificidade (com destaque para os instrumentos de regulamentação colectiva do trabalho), sem obstar ao relevo das restantes fontes nem ao recurso às regras gerais para a respectiva articulação.

Compreende-se ainda a inclusão dos usos neste elenco de fontes específicas, não obstante se tratar, em bom rigor, de uma fonte comum (art. 3º do CC), pela particular relevância dos usos laborais.

Por fim, deve reconhecer-se a simplificação geral do enunciado das fontes laborais levada a efeito pelo art. 1º do Código, que já provém do CT de 2003, resolvendo algumas das dúvidas colocadas pela norma correspondente na LCT na sequência da alteração do sistema de regulamentação colectiva do trabalho após 1974 e sobre as quais a doutrina se pronunciou repetidamente[5].

---

[5] Efectivamente, o art. 12º da LCT, coevo da redacção originária da LCT, colocava algumas dúvidas de interpretação que justificavam uma leitura actualista do preceito, conforme era preconizado pela doutrina, para o adaptar à nova ordem jurídico-constitucional: assim, a referência deste preceito às normas das corporações, entretanto extintas, entendia-se como revogada, a referência às normas ministeriais passou a ser reportada aos instrumentos de regulamentação colectiva do trabalho administrativos (as actuais portarias de extensão e portarias de condições de trabalho) e, por fim, a relação hierárquica entre as fontes, estabelecida por este preceito, passou também a ser articulada com regras mais recentes que exprimiam o valor da autonomia colectiva. O CT de 2003 resolveu formalmente estas questões, tendo a solução sido mantida pelo actual Código. Por todos, sobre estes problemas, no contexto do sistema juslaboral anterior ao Código do Trabalho, Mário Pinto/P. Furtado Martins/A. Nunes de Carvalho, *Comentário às Leis do Trabalho cit.*, I, 60 ss., e Mário Pinto, *Direito do Trabalho cit.*, I, 131 s.

Salientados estes aspectos positivos, cabe chamar a atenção para alguns pontos menos conseguidos na abordagem do Código do Trabalho à temática das fontes[6].

Nesta linha, merecem reserva as opções sistemáticas do Código na «arrumação» das regras relativas às fontes, designadamente no que toca aos instrumentos de regulamentação colectiva do trabalho e às relações que entre eles se estabelecem (cuja disciplina se reparte entre os artigos 2º e 476º ss.). Tratando-se de matéria de fontes, o seu tratamento no capítulo dedicado justamente a essa matéria teria sido, porventura, mais adequado. Por esta razão, analisaremos esta problemática logo a seguir à apresentação das diversas categorias de fontes laborais.

Por outro lado, também se estranha a inclusão neste capítulo do Código da disciplina relativa ao destacamento de trabalhadores (arts. 6º a 8º). É que, tendo as normas aqui estabelecidas um conteúdo substantivo, este não seria, porventura, o lugar mais apropriado para a sua referência.

Por fim, não se acompanha a opção do Código de não tratar em sede de fontes mas sim a propósito do «direito colectivo» a matéria da participação dos trabalhadores e dos empregadores no processo de formação de actos normativos laborais (arts. 469º ss.)[7]. Sendo esta uma questão típica de fontes, referi-la-emos neste contexto.

**IV.** Feita a apresentação geral e a classificação das fontes laborais – que, só por si, revela bem a complexidade do sistema – vamos então passar em revista as diversas categorias de fontes enunciadas.

---

[6] Estes problemas decorrem das opções do CT de 2003 nesta matéria, mas, uma vez que o actual Código manteve a mesma orientação, eles continuam a ser pertinentes.

[7] Diferentemente, quanto ao universo dos trabalhadores públicos, a LGTFP trata a matéria da participação das estruturas representativas dos trabalhadores na elaboração de actos normativos no Titulo do diploma dedicado às fontes (arts. 15º ss.). E a solução mais adequada.

## §5º A CONSTITUIÇÃO LABORAL

### 12. Aspectos gerais e importância da Constituição Laboral

I. Colocada no topo da hierarquia das fontes, a Constituição é de grande importância como fonte de Direito do Trabalho, pela atenção que dedica ao fenómeno do trabalho em geral e à actividade laboral em particular. A importância dada pela Lei Fundamental ao fenómeno do trabalho permite mesmo reconhecer a existência de uma Constituição Laboral, que será constituída pelo conjunto de preceitos constitucionais com incidência directa ou indirecta no domínio laboral[8-9].

---

[8] Sobre esta matéria em especial, JOÃO CAUPERS, *Os Direitos Fundamentais dos Trabalhadores e a Constituição*, Coimbra, 1985, e JORGE MIRANDA, *A Constituição de 1976. Formação, Estrutura, Princípios Fundamentais*, Lisboa, 1978, 339 ss., *Manual de Direito Constitucional*, IV *cit.*, *passim*, e ainda *Constituição Laboral ou do Trabalho, in Estudos do Institutos de Direito do Trabalho*, I, Coimbra, 2001, 17-19, bem como J. J. NUNES ABRANTES, *Contrat de travail et droits fondamentaux – contribution à une dogmatique commune européenne, avec référence spéciale au droit allemand et au droit portugais*, Frankfurt am Main, 2000. Em geral, sobre a Constituição como fonte de Direito do Trabalho, MENEZES CORDEIRO, *Manual de Direito do Trabalho cit.*, 137 s., MÁRIO PINTO, *Direito do Trabalho cit.*, I, 132 ss., JORGE LEITE, *Direito do Trabalho cit.*, I, 68, BERNARDO XAVIER, *Curso de Direito do Trabalho cit.*, I, 481 ss., ROMANO MARTINEZ, *Direito do Trabalho cit.*, 162 ss., e MONTEIRO FERNANDES, *Direito do Trabalho cit.*, 65 ss.

[9] Ao nível do direito comparado, sobre a importância da Constituição e dos direitos laborais de base constitucional no quadro das fontes do Direito do Trabalho, entre outros, F. GAMILLSCHEG, *Die Grundrechte im Arbeitsrecht*, AcP, 1964, 164, 5/6, 385-444, e do mesmo autor, *Arbeitsrecht cit.*, I, 50 ss., ZÖLLNER/LORITZ, *Arbeitsrecht cit.*, 89 ss., MAZZONI (dir.), *Manuale di*

**II.** A atenção do legislador constituinte português às matérias ligadas ao trabalho explica-se por um motivo económico, pelo contexto político em que foi aprovada a Constituição e ainda por motivos sociais. Assim, do ponto de vista económico, a Constituição não podia deixar de se interessar pelo fenómeno do trabalho, dada a importância deste fenómeno como factor de produção, e é nesta perspectiva que o pondera na parte da organização económica do Estado. Por outro lado, tendo em conta o contexto político da sua elaboração (como é sabido, a Lei Fundamental foi aprovada em 1976, na sequência da ruptura constitucional de 1974), a Constituição aprovou o ensejo para consagrar, em sede de direitos fundamentais, alguns institutos laborais tradicionais, que a ordem corporativa tinha erradicado (*maxime* o direito de greve) ou para os reconstruir em termos conformes com a nova ordem jurídico-constitucional (assim, a autonomia colectiva, o direito de contratação colectiva e o associativismo sindical). Por último, beneficiando da tradição de outras Constituições europeias nesta matéria, a nossa Constituição dedicou particular atenção a outros direitos dos trabalhadores, também em sede de direitos fundamentais, procurando, por esta via, tutelar os seus interesses, tanto ao nível individual como ao nível colectivo.

Pode assim concluir-se que *a nossa Lei Fundamental é extremamente rica nesta matéria, o que tem um relevante significado axiológico e técnico para todo o sistema juslaboral.*

**III.** Do *ponto de vista axiológico*, é evidente que o legislador aproveitou a oportunidade histórica da elaboração de uma nova Lei Fundamental para relançar as bases do novo sistema laboral e para reforçar a tutela dos interesses laborais que julgou prioritários. Para o conseguir, conferiu dignidade constitucional aos principais direitos dos trabalhadores e, deste modo, assegurou-lhes uma relativa intangibilidade, dadas as limitações acrescidas à sua restrição que decorrem da sua qualificação como direitos fundamentais e, em alguns casos, como direitos, liberdades e garantias.

---

*diritto del lavoro cit.*, I, 151 ss., C. Assanti, *Corso di diritto del lavoro*, 2ª ed., Padova, 1993, 13 ss., Sconamiglio, *Diritto del lavoro cit*, 33 ss., G. Couturier, *Droit du travail cit.*, 47 s., Montoya Melgar, *Derecho del Trabajo cit.*, 85 ss., Alonso Olea/Casas Baamonde, *Derecho del Trabajo cit.*, 737 ss., e ainda de Alonso Olea, *Introducción al Derecho del Trabajo*, 5ª ed., Madrid, 1994, 371 s.

Não deve, apesar de tudo, deixar de ser apontado algum excesso do legislador constituinte nesta densificação dos direitos dos trabalhadores. Este excesso evidencia-se em dois aspectos: por um lado, há um certo desequilíbrio entre as normas constitucionais nesta matéria, já que, a par da afirmação de direitos e princípios de grande porte (assim, o direito à greve ou à contratação colectiva, ou o direito à segurança no emprego), a Constituição continha normas sem a mesma dignidade e de pendor quase regulamentar (*verbi gratia*, a propósito do regime jurídico das comissões de trabalhadores); por outro lado, a prolixidade linguística das normas laborais, que apontámos como característica do Direito do Trabalho[10], era particularmente evidente em algumas normas constitucionais, o que depunha contra o seu rigor técnico. Compreensível no ambiente sócioideológico envolvente ao tempo da elaboração da Constituição, esta prolixidade linguística das normas constitucionais, no texto originário, foram sendo limadas nas sucessivas revisões da Constituição.

Por outro lado, neste nível axiológico, cabe ainda chamar a atenção para a conveniência de, passados mais de trinta e cinco anos sobre a aprovação do texto constitucional, se iniciar uma reflexão sobre o grau de intangibilidade de alguns dos preceitos constitucionais em matéria laboral. Esta reflexão deve avaliar da utilidade de se proceder a alguns ajustes pontuais, que melhorem a capacidade de resposta do sistema laboral aos desafios que se lhe colocam na actualidade.

**IV.** Do *ponto de vista técnico*, o relevo dado pela Constituição às matérias laborais é também determinante por dois motivos: em primeiro lugar, porque, pela posição cimeira que ocupam no sistema jurídico, as normas constitucionais condicionam a produção normativa infra-constitucional; em segundo lugar, porque a dignificação constitucional dos direitos laborais tem vindo a permitir, em alguns casos, a sua invocação directa pelos particulares, colocando a questão da eficácia civil dos direitos fundamentais.

Voltaremos a este ponto um pouco mais à frente.

---

[10] Cfr., *supra*, § 3º, ponto 6.5.

## 13. Princípios constitucionais de incidência laboral: enunciado e classificação

**I.** A riqueza da Constituição em matéria laboral torna útil a classificação dos princípios constitucionais nesta matéria, não só pela multiplicidade de áreas nas quais estes princípios incidem como pela natureza diversa das normas que os contêm. Nesta classificação, conjugamos três critérios:

- o critério do reporte dos princípios a todos os trabalhadores ou apenas aos trabalhadores subordinados;
- o critério da incidência dos princípios na área do direito das situações laborais individuais ou na área do direito das situações laborais colectivas;
- o critério da natureza preceptiva ou programática dos próprios princípios.

Antes de apreciarmos em detalhe os princípios constitucionais assim categorizados, deve referir-se que os mais importantes têm, desde a Revisão Constitucional de 1982, a categoria de direito, liberdade e garantia, a que inere a tutela do art. 18º da CRP.

Como é sabido, esta tutela desenvolve-se em três vertentes: na aplicação directa e imediata destas normas; na sua imposição imediata a entes públicos e privados; e na limitação ao mínimo das restrições que lhes sejam impostas, e sempre com salvaguarda do seu conteúdo essencial.

Cabe ainda lembrar que a tutela conferida por esta norma abrange, de forma directa, os direitos, liberdades e garantias de natureza preceptiva consagrados na Constituição, mas pode também estender-se a outras categorias de Direitos Fundamentais de natureza análoga e mesmo a direitos fundamentais extra-constitucionais, por força da cláusula aberta do art. 16º nº 1 da CRP[11].

Por último, deve ter-se presente que, segundo o esquema previsto pela própria Lei Fundamental para salvaguarda das suas normas, a matéria dos

---

[11] Em especial sobre esta extensão da tutela, C. BLANCO DE MORAIS, *Os direitos, liberdades e garantias na jurisprudência constitucional portuguesa: um apontamento*, Dir., 2000, III-IV, 361-380, e JORGE MIRANDA, *A abertura constitucional a novos direitos fundamentais*, in Estudos em Homenagem ao Professor Doutor Manuel Gomes da Silva, Coimbra, 2001, 559-572.

direitos dos trabalhadores, das associações sindicais e das comissões de trabalhadores constitui limite material de revisão – art. 288º e) da CRP.

II. Passando então à análise dos *princípios constitucionais*, cabe, desde logo, distinguir entre aqueles *que se dirigem a todos os trabalhadores e aqueles que são dirigidos especificamente aos trabalhadores subordinados*, uma vez que a Constituição não se preocupa apenas com o fenómeno do trabalho subordinado mas também com outras formas de trabalho socialmente útil.

Na categoria dos *princípios constitucionais dirigidos a todos os trabalhadores* incluem-se normas como a que reconhece a liberdade de escolha da profissão (art. 47º), o direito ao trabalho (art. 58º nº 1)[12], o direito de acesso a cargos públicos (art. 50º nº 1), a liberdade de circulação de trabalhadores e de emigração (art. 44º) e alguns dos direitos reconhecidos no art. 59º (por exemplo, o direito à reparação de acidentes de trabalho, constante do art. 59º nº 1 f)).

Já, pelo contrário, são *específicos dos trabalhadores subordinados*, princípios como o da segurança no emprego e da proibição dos despedimentos sem justa causa ou por motivos político-ideológicos (art. 53º), a maioria dos princípios e direitos enunciados no art. 59º, no que se reporta à retribuição, ao tempo de trabalho ou às férias, e, bem assim, os direitos e princípios de incidência colectiva, como o direito à constituição de comissões de trabalhadores (art. 54º), o princípio da liberdade sindical (art. 55º), o direito à negociação colectiva (art. 56º) ou o direito de greve (57º)[13].

Por outro lado, ainda no âmbito dos princípios aplicáveis no âmbito do trabalho subordinado, e sendo certo que, como regra geral, estes princípios devem considerar-se aplicáveis não só aos trabalhadores do sector privado como também aos trabalhadores subordinados do sector público (porque a Constituição também os qualifica como trabalhadores – art. 269º), pode surgir a necessidade de introduzir uma distinção entre estas duas categorias de trabalhadores, e ainda entre diversas categorias de trabalhadores públicos,

---

[12] Até à Revisão Constitucional de 1997 (LC nº 1/97), a CRP consagrava também o dever de trabalhar. A supressão deste dever impunha-se porque o respectivo cumprimento é insancionável, uma vez que não se admite o trabalho forçado.

[13] Desenvolveremos oportunamente cada um destes princípios, quanto ao resectivo conteúdo e significado – *Tratado II ou III, passim*. Por ora, trata-se apenas de os enunciar.

na medida em que a Lei Fundamental admite algumas restrições aos direitos fundamentais destes últimos (art. 270º).

**III.** Recorrendo agora ao critério da *incidência dos princípios constitucionais na área do direito das situações laborais individuais ou na área do direito das situações laborais colectivas*, integraremos no primeiro grupo princípios como o da segurança no emprego (art. 53º), o da igualdade de tratamento, ou o do «trabalho igual salário igual» (art. 59º nº 1 a), e ainda os direitos relativos ao salário mínimo, à conciliação da vida privada e profissional, a boas condições de trabalho, ao repouso e ao lazer, à protecção nas situações de incapacidade para o trabalho, de desemprego, de maternidade e paternidade, ou à formação profissional (art. 59º). Por seu turno, têm uma incidência eminentemente colectiva os princípios relativos à liberdade sindical e à contratação colectiva, à greve e ao *lock-out*, ou às comissões de trabalhadores.

Deve, no entanto, salientar-se que esta é uma classificação de alcance meramente pedagógico, pela constante interpenetração dos planos colectivo e individual do Direito do Trabalho, para a qual chamámos oportunamente a atenção.

**IV.** Por último, *os princípios constitucionais em matéria laboral podem classificar-se segundo o critério da natureza da norma que os consagra*, havendo aqui que distinguir entre as normas programáticas, cuja estatuição é dirigida ao Estado, e as normas preceptivas ou de aplicação imediata, que podem ser invocadas pelos particulares. De acordo com este critério, normas como a que confere o direito ao trabalho ou à actualização do valor do salário mínimo são normas programáticas.

Esta última classificação é de grande importância, não só porque o incumprimento das normas programáticas por parte do Estado pode suscitar uma questão de inconstitucionalidade (designadamente, uma inconstitucionalidade por omissão), mas, na matéria que mais de perto nos toca, porque, associado às normas constitucionais preceptivas que atribuem direitos fundamentais, se encontra um problema jurídico geral, mas que tem sido objecto de um amplo debate no domínio laboral: é o problema da chamada *eficácia civil ou horizontal* dos direitos fundamentais, que analisaremos no ponto seguinte.

## 14. A importância da Constituição na hierarquia das fontes laborais e a eficácia civil dos direitos laborais fundamentais

### 14.1. Aspectos gerais

**I.** Apresentados os princípios e as normas constitucionais de incidência laboral, importa relevar a importância da Constituição como fonte laboral.

Encontrando-se a Constituição no topo da hierarquia normativa, os princípios e as normas que ela consagre, na matéria que nos ocupa, têm importância a três níveis: ao nível legislativo, porque condicionam genericamente a produção normativa infra-constitucional; ao nível da interpretação e aplicação das normas laborais, porque funcionam como critérios gerais nessa interpretação; e, no que às normas preceptivas se reporta, pelo vigor da sua imposição a entes públicos e privados, suscitando-se, designadamente quanto a este último âmbito, a *vexata quaestio* da eficácia horizontal ou privada das normas constitucionais.

**II.** Assim, em primeiro lugar, os preceitos constitucionais de natureza preceptiva constituem regras de conduta imediatamente vinculantes para o legislador infra-constitucional, podendo o seu desrespeito suscitar problemas de inconstitucionalidade por acção e por omissão, tanto em sede de fiscalização preventiva como em sede de fiscalização sucessiva da constitucionalidade das leis.

Por seu turno, as normas constitucionais de conteúdo programático também condicionam a actividade normativa infra-constitucional, no sentido em que, enquanto comandos dirigidos ao Estado, podem suscitar questões de inconstitucionalidade por omissão, se não for dada execução aos seus conteúdos normativos.

**III.** De outra parte, na medida em que traduzem valorações axiológicas significativas do Direito do Trabalho, os preceitos constitucionais devem também ser tomados em conta como critério de interpretação das normas laborais – neste sentido, Menezes Cordeiro refere-se à necessidade de uma interpretação das normas laborais conforme à Constituição[14]. Dito de outra forma, a

---

[14] MENEZES CORDEIRO, *Manual de Direito do Trabalho* cit., 154 s.

Constituição é um referente sistemático de grande importância na fixação do sentido prevalente das normas laborais, em casos de dúvida. E na mesma linha, não será admissível uma aplicação judicial das normas laborais que contrarie a Constituição.

**IV.** Por fim, vale a pena debruçarmo-nos com maior detalhe sobre uma das questões que decorre da regra da imposição dos direitos fundamentais (*verbi gratia*, da categoria dos direitos, liberdades e garantias) no âmbito dos vínculos jurídicos privados: a questão da *eficácia civil dos direitos fundamentais*.

O ponto merece uma referência autónoma, pela sua importância no domínio laboral.

### 14.2. O problema da eficácia civil dos direitos laborais fundamentais

**I.** Em termos simples, a questão da eficácia civil ou horizontal dos direitos fundamentais consagrados na Constituição reside em saber se e até que ponto é que estes direitos, originariamente concebidos como prerrogativas dos cidadãos perante o Estado, podem também ser invocados no contexto de vínculos de natureza privada e entre sujeitos privados.

Com origem na dogmática germânica, onde conheceu frutuosos desenvolvimentos[15], esta temática é também debatida entre nós, por força do conteúdo amplo do art. 18º da CRP. De uma forma esquemática, podemos encontrar três grandes correntes de pensamento no seio da doutrina nacional sobre este tema. Assim:

---

[15] Sobre a temática do *Drittwirkung des Grundrechte* na doutrina alemã, entre outros, GAMILLSCHEG, *Die Grundrechte im Arbeitsrecht* cit., e, ainda deste autor, *Die allgemeinen Lehren der Grundrechte und das Arbeitsrecht*, ArbuR, 1996, 2, 41-48, H.-C. NIPPERDEY, *Grundrechte und Privatrechte*, Fest. MOLITOR, München-Berlin, 1962, 17-33, C.-W. CANARIS, *Grundrechte und Privatreht*, AcP, 1984, 184, 201-246, ou J. SCHWABE, *Grundrechte und Privatrecht*, AcP, 1985 (185), 1-8. Para mais desenvolvimentos sobre esta temática, *vd*. MENEZES CORDEIRO, *Tratado de Direito Civil... cit.*, I, tomo I, 205 ss., e, com incidência específica no plano laboral, a obra fundamental de JOSE JOÃO ABRANTES, *Contrat de travail et droiis fondamentaux* cit., *passim*, e, ainda deste autor, *Direitos Fundamentais da Pessoa Humana no Trabalho. Em especial a Reserva da Intimidade da Vida Privada (algumas questões)*, Coimbra, 2014, 15 ss. e *passim*.

*i)* Alguns autores professam a ideia de que a eficácia dos direitos fundamentais no âmbito dos vínculos particulares deve ser idêntica à que têm perante entes públicos, uma vez que o art. 18º da CRP estabelece a imediata vinculação quer de entes públicos quer de entes privados a esta categoria de direitos (neste sentido, se pronunciaram Vital Moreira e Gomes Canotilho[16]);

*ii)* Outros autores tendem a admitir a eficácia directa ou imediata dos direitos fundamentais apenas naqueles vínculos privados em que uma das partes detenha uma posição de poder ou de autoridade e com base num argumento de identidade de razão com os vínculos públicos (é a posição subscrita por autores como Vieira de Andrade e Jorge Miranda, bem como por José João Abrantes[17]);

*iii)* Por fim, outros autores têm uma posição mais restritiva, considerando que a eficácia civil dos direitos fundamentais não é directa mas carece necessariamente da mediação de princípios gerais, como os princípios da boa fé e do abuso do direito, não só pela natureza privada dos entes jurídicos em questão e dos interesses em jogo, mas também pelos riscos de utilização disfuncional que uma posição demasiado aberta sobre esta matéria pode envolver – é o entendimento subscrito, entre outros, por Menezes Cordeiro[18].

---

[16] J. GOMES CANOTILHO/VITAL MOREIRA, *Constituição da República Portuguesa Anotada*, I, 4ª ed., Coimbra, 2007, 384 ss.

[17] J. C. VIEIRA DE ANDRADE, *Os Direitos Fundamentais na Constituição Portuguesa de 1976*, 2ª ed., Coimbra, 2001, 237 ss.; JORGE MIRANDA, *Manual de Direito Constitucional cit.*, IV, 286 ss.; J. J. ABRANTES, *Contrato de trabalho e direitos fundamentais*, in A. MOREIRA (coord.), *II Congresso Nacional de Direito do Trabalho – Memórias*, Coimbra, 1999, 105-114, bem como *Contrat de travail et droits fondamentaux cit.*, 153, 159 e *passim*.

[18] MENEZES CORDEIRO, *Tratado de Direito Civil Português cit.*, I, tomo I, 3ª ed., 374 ss., e IV, 3ªed., Coimbra, 2011, 143. O Autor aplica estes princípios gerais sobre a eficácia privada dos direitos fundamentais ao domínio laboral, por exemplo em *O respeito pela esfera privada do trabalhador*, in A. MOREIRA (coord.), *I Congresso Nacional de Direito do Trabalho – Memórias*, Coimbra, 1998, 16-37 (31 s.), e em *A Liberdade de expressão do trabalhador*, in M. MOREIRA (coord.), *II Congresso Nacional de Direito do Trabalho – Memórias*, Coimbra, 1999, 24-43 (36 s.).

**II.** Delimitado o problema em termos gerais, cabe colocá-lo no universo laboral[19]. Neste âmbito, o tema da eficácia civil dos direitos fundamentais comporta uma análise em dois planos, que suscitam questões distintas. Assim:

- em relação aos denominados *direitos fundamentais de incidência laboral*, que acima enunciámos e classificámos, coloca-se a questão de saber se e até que ponto as normas constitucionais que os consagram podem ser directamente invocadas nas relações entre particulares e podem ser directamente aplicadas pelos tribunais num contexto privado;
- relativamente aos *direitos fundamentais que assistem ao trabalhador e ao empregador, não nessa qualidade mas enquanto pessoas ou cidadãos*, coloca-se a questão de saber se e até que ponto eles se podem impor no âmbito do contrato de trabalho e em que medida pode ser limitado o respectivo exercício pelo vínculo laboral.

Apreciemos então estas duas áreas de desenvolvimento do problema da eficácia civil ou horizontal dos direitos fundamentais no domínio laboral.

**III.** Quanto à primeira vertente da temática, diremos que *podem ser directamente invocados no vínculo de trabalho todos os direitos fundamentais dos trabalhadores que revistam natureza preceptiva*, quer incidam na área regulativa colectiva quer se reportem à área regulativa do contrato de trabalho. Naturalmente, esta invocação directa reveste especial interesse relativamente àqueles direitos fundamentais que não tenham sido objecto de desenvolvimento normativo infra-constitucional.

Na prática, assim sucedeu em particular com o princípio constitucional do «trabalho igual, salário igual» (art. 59º nº 1 a) da CRP), que foi, com frequência, directamente aplicado pelos tribunais na resolução de litígios individua-

---

[19] Neste âmbito, chama-se ainda a atenção para a doutrina germânica. Assim, entre outros, ZÖLLNER/LORITZ, *Arbeitsrecht cit.*, 89, SÖLLNER, *Grundriß des Arbeitsrechts cit.*, 34 ss., e, sobretudo, GAMILLSCHEG, *Die Grundrecht im Arbeitsrecht cit.*, 385 ss., *Die allgemeinen Lehren der Grundrechte und das Arbeitsrecht*, ArbuR, 1996, 2, 41-48, e ainda *Arbeitsrecht cit*, I, 50 ss.

lizados, ainda antes de ter desenvolvimento legal a não ser para a valência da igualdade de género[20].

**IV.** Quanto à segunda vertente, a questão que se coloca é saber em que medida os direitos que assistem ao trabalhador e ao empregador, não nessa qualidade, mas enquanto pessoas ou cidadãos, são invocáveis no contrato de trabalho perante a outra parte, se podem ser relevantes no contexto deste contrato e se e até que ponto podem ser comprimidos nesse mesmo contexto.

Embora, em rigor, a questão se possa colocar para qualquer das partes do vínculo de trabalho, ela reveste maior acuidade para o trabalhador, por força da sua subordinação e pelo grau de envolvimento da sua pessoa no vínculo laboral. Deste ponto de vista, a situação do trabalhador no contrato de trabalho é particularmente frágil e, consequentemente, a possibilidade de atentado aos seus direitos como pessoa e como cidadão é superior.

É a este propósito que a doutrina e a jurisprudência têm discutido problemas diversos, surgidos em sede de formação do contrato de trabalho, da sua execução ou para efeitos da sua cessação.

Assim, *a propósito e para efeitos da celebração de contrato de trabalho*[21], têm sido debatidos, entre outros, os seguintes problemas:

---

[20] Neste domínio, a jurisprudência tem procedido à aplicação directa da norma constitucional e à integração dos conceitos de quantidade, qualidade e natureza do trabalho prestado, para este efeito – neste sentido, *vd*, entre muitos outros, os Acs. RLx. de 25/05/1994, de 26/06/1996 e de 25/09/1996, respectivamente CJ, 1994, III, 171, CJ, 1996, III, 172, e CJ, 1996, IV, 179, o Ac. STJ de 20/01/1993, CJ(STJ), 1993, I, 238, o Ac. STJ de 8/2/1995, CJ(STJ), 1995, I, 267, o Ac. STJ de 25/06/1997, AD, 433-134, o Ac. STJ de 25/01/2001, CJ(STJ), 2001, I, 283, ou o Ac. RP de 07/05/2001, CJ, 2001, III, 251. Sobre as tendências da jurisprudência nesta matéria, ainda A. Nunes de Carvalho, *Trabalho igual, salário igual – Anotação ao Acórdão de 25 de Março de 1992 do Tribunal da Relação de Lisboa*, RDES, 1992, 4, 349-361. Deve ter-se em conta que esta jurisprudência se reporta ao quadro normativo anterior ao Código do Trabalho e no qual o referido princípio constitucional apenas era objecto de desenvolvimento normativo infra-constitucional na valência da igualdade remuneratória entre mulheres e homens.

[21] Para uma panorâmica geral, entre outros, B. Teyssiè, *Personnes, entreprises et relations de travail*, DS, 1988, 5, 374-383, J. M. Verdier, *Sur la protection spécifique des droits fondamentaux en droit du travail – en marge de Cass. Soc. 10 juillet 2001 SPPTERP c./ EDF...*, DS, 2001, 12, 1035-1038; e, entre nós, M. R. Palma Ramalho, *Contrato de trabalho e direitos fundamentais da pessoa*, in Estudos de Direito do Trabalho I, Coimbra, 2003, 157-178 (também publicado in Estudos de Homenagem à Professora Doutora Isabel de Magalhães Collaço, II, Coimbra, 2002, 393, 415),

- a questão da admissibilidade de inquirição do trabalhador sobre matérias do seu foro íntimo, pessoal ou familiar, ou sobre as suas convicções políticas ou religiosas[22];
- a questão da admissibilidade de certos métodos de recrutamento[23];
- especificamente em matéria de saúde, a questão da admissibilidade de certos exames médicos, da despistagem de certas doenças, e da formulação de questões ou da realização de testes de gravidez no processo de recrutamento[24];
- a questão das discriminações na contratação, em razão do sexo, da origem, da raça ou com outro fundamento[25];
- os problemas conexos com o tratamento dos dados pessoais dos trabalhadores[26].

Já com referência à *execução do contrato de trabalho* têm sido colocados, entre outros, os seguintes problemas, de âmbito geral e especial[27]:

---

T. A. COELHO MOREIRA, *Da Esfera Privada do Trabalhador e o Controlo do Empregador*, Coimbra, 2004, 147 ss., e DAVID FESTAS, *O direito à reserva da intimidade da vida privada do trabalhador no Código do Trabalho*, ROA, 2004, I/II, 369-458. Retomaremos o ponto a propósito do tema da formação do contrato de trabalho – *Tratado II*, § 18º, ponto 64.1.

[22] Especificamente sobre este último ponto, G. DOLE, *La liberté d'opinion et de conscience en droit comparé du travail*, Paris, 1987.

[23] Sobre este ponto especificamente, TERESA C. MOREIRA, *Da Esfera Privada do Trabalhador... cit.*, 184 ss.

[24] Especificamente sobre o estado de gravidez, vd *CITE – Pareceres*, Lisboa, 1999, 457 ss., onde é transcrito o Parecer nº 14/CITE/98, de 13 de Julho, que incidiu sobre uma questão deste foro colocada num formulário de candidatura a um emprego; e sobre a saúde do trabalhador, J. SAVATIER, *Secret médical et obligation de discrétion de l'employeur*, DS, 1986, 5, 419-423.

[25] Sobre o ponto, entre outros, no contexto nacional, GUILHERME DRAY, *O Princípio da Igualdade no Direito do Trabalho. Sua Aplicabilidade no Domínio Específico da Formação de Contratos Individuais de Trabalho*, Coimbra, 1999. Retomaremos o ponto a propósito da matéria da execução do contrato de trabalho e dos direitos e deveres das partes – *Tratado II*, § 23º, em especial ponto 85.4.

[26] Por exemplo, L. A. FERNANDEZ VILLALON, *Los derechos de los trabajadores frente al tratamiento de datos personales. Comentario a la Directiva 95/46/CE, relativa a la protección de las personas físicas en lo que respecta al tratamiento de datos personales y a la libre circulación de esos datos*, Rel. Lab. 1996, II, 1178-1209; e também C. SARMENTO E CASTRO, *A protecção dos dados pessoais dos trabalhadores*, QL, 2002, 19, 27-60, e QL, 2002, 20, 139-163.

[27] Para uma apreciação geral, ainda TERESA C. MOREIRA, *Da Esfera Privada do Trabalhador... cit.*, 239 ss.

- em geral, o problema da possibilidade de imposição ao trabalhador de condutas que possam ir contra os seus direitos fundamentais nas matérias referidas (por exemplo, exigir a um médico católico que pratique um acto de interrupção da gravidez ou obrigar um trabalhador muçulmano ou judeu a trabalhar no dia de descanso semanal das respectivas religiões); e, correlativamente, a questão da admissibilidade de invocação desses mesmos direitos por parte do trabalhador e perante o empregador como causa de justificação para o não cumprimento dos deveres contratuais[28];
- em especial, a questão da extensão da tutela do direito do trabalhador à manutenção da reserva da sua vida privada e da sua intimidade, mesmo no seio da empresa, e, correlativamente, o problema da admissibilidade de restrições a esses direitos no contrato de trabalho e do estabelecimento de limites a essas restrições (assim, por exemplo, o problema do direito do trabalhador à reserva da correspondência no seio da empresa, incluindo, por exemplo, o direito à reserva no âmbito do correio electrónico)[29];
- em especial, o problema da admissibilidade de controlo do trabalhador por meios de vigilância à distância, como telemóveis ou câmaras de filmar, especialmente se escondidas ou quando colocadas em certos locais, como as instalações sanitárias, por exemplo[30];
- por último, ainda no contexto da execução do contrato, a questão geral da possibilidade de impor ao trabalhador quaisquer condutas na sua vida privada ou que decorram do exercício dos seus direitos pessoais, com fundamento no contrato (assim, o dever de se apresentar de uma certa forma ou de não deixar crescer o cabelo, por exemplo).

---

[28] Sobre o tema, por exemplo, A. MENEZES CORDEIRO, *Contrato de trabalho e objecção de consciência*, in A. MOREIRA (coord.), *V Congresso Nacional de Direito do Trabalho – Memórias*, Coimbra, 2003, 23-46.

[29] Por exemplo, J. SAVATIER, *La protection de la vie privée des salariés*, DS, 1992, 4, 329-336.

[30] Nesta matéria, entre outros, PHILIPPE WAQUET, *Un employeur peut-il filmer à leur insu ses salariés? – Cour de cassation, Chambre sociale, 20 novembre 1991*, DS, 1992, 1, 28-31, BERNARD BOSSU, *Le salarié, le délégué du personnel et la vidéosurveillance*, DS, 1995, 12, 978-984, e, entre nós, AMADEU GUERRA, *A Privacidade no Local de Trabalho. As novas Tecnologias e o Controlo dos Trabalhadores através de Sistemas Automatizados. Uma Abordagem ao Código do Trabalho*, Coimbra, 2004.

Por fim, *para efeitos disciplinares e, sobretudo, no contexto da cessação do contrato de trabalho*, tem sido amplamente debatido pela jurisprudência o problema do relevo de condutas extra-laborais do trabalhador para efeitos da configuração de infracções disciplinares, *verbi gratia*, para efeitos de constituição de justa causa para despedimento (assim, o relevo da conduta do trabalhador cuja função envolve o manuseamento de dinheiro e que furtou algo fora da empresa ou que é toxicodependente; o relevo do crime de natureza sexual contra crianças ou jovens, praticado pelo professor de uma escola, mas fora dela; o relevo da embriaguez do piloto de avião, na véspera da viagem; o relevo laboral de uma briga entre colegas fora do local de trabalho, ou da utilização, pelos trabalhadores, das instalações da empresa para a prática de actos sexuais fora do tempo de trabalho)[31].

**V.** Como decorre dos exemplos dados, a problemática do relevo dos direitos fundamentais no vínculo laboral é rica de desenvolvimentos mas também particularmente complexa, dada a envolvente pessoal do contrato de trabalho (a que teremos ocasião de aludir, na respectiva caracterização[32]), que torna difícil separar a personalidade do trabalhador da sua prestação laboral.

Para a resolução destes problemas, a jurisprudência e a doutrina têm afirmado, como princípio geral, a irrelevância das condutas extra-laborais do trabalhador no contrato de trabalho e têm também adoptado uma posição muito

---

[31] Tratando problemas atinentes ao relevo das condutas extra-laborais do trabalhador no contrato de trabalho, para efeitos de configuração de justa causa para despedimento, entre outros, o Ac. RC de 28/01/1993, CJ, 1993, I, 85, admitiu a relevância, para efeitos de justa causa, da agressão e de ameaças proferidas por um trabalhador contra um colega num restaurante, pelos reflexos prejudiciais deste comportamento no contrato de trabalho; o Ac. RLx de 17/06/93, CJ, 1993, III, 187, admitiu como justa causa para despedimento a embriaguez e os desacatos cometidos pelo comandante de aeronave fora do tempo de trabalho, por comprometerem a imagem da empresa e diminuírem o tempo de descanso conveniente para o desenvolvimento da função. Já o Ac. RC de 01/06/95, CJ, 1995, III, 85, pronunciando-se sobre um empréstimo particular contraído por uma funcionária bancária junto de clientes do banco, entendeu que a natureza particular da conduta da trabalhadora a tornava irrelevante como justa causa para despedimento. Por seu turno, o Ac. TC nº 436/2000 (inédito), sustentou a constitucionalidade da exigência de determinado fardamento aos trabalhadores, bem como de se apresentarem ao serviço barbeados, alegando a necessidade de preservação da imagem da própria empresa. Voltaremos a este tema, a propósito do despedimento – cfr. *Tratado II*, § 35º, ponto 129.3.

[32] Cfr., *infra*, § 12º.

restritiva relativamente às intromissões do empregador na esfera pessoal do trabalhador e à limitação dos seus direitos fundamentais e de personalidade. Este entendimento restritivo analisa-se na exigência de uma conexão objectiva entre as referidas condutas pessoais ou as restrições a direitos fundamentais e um dever especificamente laboral ou a existência de um interesse relevante da empresa, que possa ser colocado em perigo por aquelas condutas[33].

**VI.** A nosso ver, independentemente da posição adoptada quanto à questão geral da imposição dos direitos fundamentais aos vínculos jurídicos privados, *a eficácia civil dos direitos fundamentais no domínio laboral e, designadamente, no contrato de trabalho deve ser reconhecida por uma razão estrutural, decorrente de dois dos elementos que compõem o vínculo laboral, e que contribuem para o tornar singular no panorama das relações privadas de serviços – o elemento de poder e o elemento de pessoalidade.*

Assim, a eficácia dos direitos fundamentais no domínio laboral justifica-se, em primeiro lugar, pela componente de poder que inere ao vínculo de trabalho, como correspondente da situação de subordinação do trabalhador. Sendo o elemento de poder ou de autoridade que justifica, genericamente, a imposição dos direitos fundamentais no âmbito de vínculos de natureza pública, justificar-se-á idêntica aplicação noutros vínculos que contenham idêntica componente de autoridade, independentemente da sua natureza pública ou privada, uma vez que a invocação directa dos referidos direitos num contexto privado serve exactamente como limite àquele poder – é o argumento desenvolvido por José João Abrantes[34] e que subscrevemos.

Mas a eficácia dos direitos fundamentais no contrato de trabalho justifica-se também em função de uma característica do contrato, que teremos ocasião de aprofundar[35]: o grau de envolvimento da personalidade do trabalhador no vínculo laboral, que decorre da inseparabilidade entre a prestação laboral e

---

[33] Aplicando este critério do nexo relevante entre as actividades extra-laborais do trabalhador e a prestação de trabalho ou outros deveres laborais, para que se possa configurar o relevo daquelas condutas para efeitos de justa causa, Ac. RC de 28/01/1993, CJ, 1993, I, 85, Ac. RLx de 17/06/93, CJ, 1993, III, 187, ou Ac. RC de 01/06/95, CJ, 1995, III, 85. Para mais desenvolvimentos, cfr, *Tratado II*, § 35º, ponto 129.3.
[34] *Contrat de travail et droits fondamentaux... cit.*, 124 ss. e 163 ss.
[35] *Vd, infra*, § 12º, ponto 43.5.2.

a sua pessoa, que o torna particularmente vulnerável perante o empregador e que, por conseguinte, aumenta a probabilidade de violação dos seus direitos de personalidade deste ponto de vista. É também por força desta componente de pessoalidade no vínculo de trabalho que se impõe assegurar, como princípio geral, a regra da preservação dos direitos fundamentais que assistem ao trabalhador, enquanto pessoa e cidadão, no contexto do seu contrato[36].

Este princípio geral tem como implicações imediatas a possibilidade de o trabalhador exigir do empregador o respeito pelos seus direitos fundamentais, a imposição genérica destes direitos à autonomia privada, e a limitação ao mínimo de eventuais restrições que lhes sejam impostas por força do contrato, assegurando-se, designadamente, a salvaguarda do seu conteúdo essencial, nos termos constitucionais.

**VII.** Fixado o princípio geral, resta dizer alguma coisa sobre a admissibilidade de restrições a estes direitos, no contexto do contrato de trabalho. Os *limites aos direitos fundamentais dos trabalhadores no contexto laboral* podem ser de três tipos[37]:

*i)* *Limites imanentes,* que são inerentes a qualquer direito, já que nenhum direito é absoluto ou ilimitado. Uma vez ultrapassados, os limites imanentes conduzem a situações de abuso do direito, a tratar, nos termos gerais, com recurso ao art. 334º do CC[38], e, designadamente, com recurso à ideia geral de que as situações jurídicas devem ser exercidas dentro dos limites funcionais para que foram concedidas. Nesta linha, por exemplo, o despedimento de dois trabalhadores que tiveram relações sexuais na empresa, tendo sido descobertos por alguém que espreitou pela frincha da porta (Ac. REv. de 07/04/92) é, quanto

---

[36] Para mais desenvolvimentos sobre este entendimento, ROSÁRIO PALMA RAMALHO, *Contrato de trabalho e direitos fundamentais da pessoa cit.,* 172 ss.
[37] ROSÁRIO PALMA RAMALHO, *Contrato de trabalho e direitos fundamentais da pessoa cit.,* 174 ss.
[38] Por todos, sobre esta matéria, A. MENEZES CORDEIRO, *Da Boa Fé no Direito Civil,* II, Coimbra, 1984, 661 ss.

a nós, justificado na inadequação do comportamento em questão ao local onde se desenrolou[39].

ii) *Limites extrínsecos*, que decorrem do relevo de outros interesses ou direitos, que podem entrar em colisão com os direitos dos trabalhadores. Esta colisão de direitos deve ser tratada nos termos gerais, ou seja, com a cedência recíproca e equilibrada dos direitos em confronto, ou através da prevalência do direito correspondente ao interesse que, no caso concreto, seja superior – é a aplicação do princípio geral da colisão de direitos, constante do art. 335º CC[40].

No domínio laboral, poderão constituir limites extrínsecos aos direitos fundamentais dos trabalhadores, enquanto pessoas e cidadãos, direitos fundamentais do próprio empregador – desde logo, o direito de propriedade do empregador sobre a empresa (art. 62º da CRP), mas também o direito de livre iniciativa económica (arts. 80º c) e 86º da CRP), ou mesmo direitos de personalidade do empregador, designadamente se este não for uma empresa.

Assim, exemplificando, se, em tese geral, não se admite a limitação da liberdade de expressão do trabalhador na empresa, não será, por certo, admissível, ao abrigo desse direito, que o caixa de um banco ostente um crachá de um banco concorrente, ou que o funcionário de um clube de futebol receba as quotas dos sócios ostentando uma camisola de outro clube; e, nesta mesma linha, a liberdade de imagem do trabalhador terá que se conjugar com o direito à imagem da própria empresa.

Na mesma linha, relativamente à vida privada do trabalhador, se, em regra, a sua conduta fora do local de trabalho não tem relevo laboral, já será admissível, pelo relevo dos interesses da organização, a exi-

---

[39] Contra, MENEZES CORDEIRO, *O respeito pela esfera privada... cit.*, 37, argumentando que os actos sexuais merecem sempre tutela, pelo direito à intimidade da vida privada.

[40] A este propósito, J. J. ABRANTES, *Contrat de travail et droits... cit.*, 153 ss., desenvolve o critério da "concordância prática" entre os vários interesses juridicamente relevantes que estejam em confronto. O princípio nesta matéria será o da conjugação entre "a máxima liberdade possível do trabalhador" e a "mais vasta autonomia contratual possível", mas esta conjugação deve ser feita em relação a cada contrato de trabalho em concreto.

gência de despistagem do vírus do HIV ao médico odontologista ou a realização do teste de gravidez à trabalhadora técnica de radiologia. E, ainda no mesmo sentido, poderá justificar a cessação do contrato de trabalho de um caixa de um supermercado a sua condenação por furto noutro estabelecimento, ou o despedimento de um professor condenado por pedofilia, ainda que o crime não tenha sido praticado na escola nem contra um aluno.

Por último, no que se reporta às convicções religiosas, éticas ou partidárias do trabalhador, não será admissível que o trabalhador que professe uma religião que proíba o álcool invoque a sua liberdade de credo para se recusar a trabalhar, depois de ter sido admitido numa fábrica de produção de cerveja; e, da mesma forma, sendo legítimo ao médico católico recusar-se a praticar um acto de interrupção da gravidez, por razões éticas, já não poderá invocar essas razões após ter concorrido a uma clínica vocacionada para esse fim.

Noutra perspectiva, alguns destes direitos deverão ceder em certo tipo de organizações, como as organizações de tendência – assim poderão admitir-se reservas ao trabalhador que, sendo sacristão de uma paróquia católica, professe publicamente outra religião; e um partido político de determinada linha ideológica poderá ter fundamento para fazer cessar o contrato de trabalho de um funcionário que descobriu ser militante de um partido de ideologia oposta.

Efectivamente, o que sucede nestes casos é que, apesar de não terem uma relação directa com o contrato de trabalho, os factos apontados se podem repercutir nesse contrato, impedindo ou dificultando excessivamente a sua execução ou subsistência. Nestes casos, os interesses da organização deverão prevalecer.

iii) *Limites voluntários* aos direitos fundamentais dos trabalhadores, que podem decorrer da vontade do próprio trabalhador (constituindo, pois, auto-limitações) ou do acordo entre o trabalhador e o empregador, exarado no contrato de trabalho.

Para a resolução dos problemas colocados por este tipo de restrições propomos a aplicação conjugada do regime de tutela dos direitos, liberdades e garantias, constante do art. 18º da CRP, e do regime de protecção dos direitos de personalidade, constante do art. 81º do CC. Esta conjugação pode ser feita da seguinte forma: uma vez admitida a eficácia privada dos direitos fundamentais, qualquer pacto ou declaração do trabalhador no sentido da restrição destes direitos fundamentais tem que reduzir-se ao mínimo e deve deixar intocado o conteúdo essencial daqueles direitos, sob pena de invalidade[41]; por outro lado, pelo menos quando estejam em causa direitos de personalidade (mas, porventura, também outros direitos fundamentais do trabalhador enquanto pessoa humana, por analogia) poderá aplicar-se o regime do art. 81º do CC, admitindo-se a revogação da declaração de renúncia ou de limitação destes direitos a todo o tempo e unilateralmente pelo trabalhador, sem prejuízo do eventual dever de indemnizar.

**VIII.** Por último, deve ter-se em conta que o CT de 2003 (arts. 15º ss.) tratou pela primeira vez esta matéria, embora na óptica restrita da tutela dos direitos de personalidade do trabalhador e do empregador na formação e execução do contrato de trabalho – o que, como vimos acima, corresponde apenas a uma das valências do problema. A matéria é actualmente regulada nos arts. 14º ss. do CT de 2009.

Voltaremos por isso a este tema a propósito do enunciado dos princípios gerais do Direito do Trabalho e em sede da delimitação da posição jurídica do trabalhador no vínculo laboral[42].

---

[41] Sobre este regime, GOMES CANOTILHO/VITAL MOREIRA, *Constituição Portuguesa... cit.*, 388 ss.
[42] *Infra*, § 16º, ponto 54.2.2, e *Tratado II*, § 18º, ponto 64.1., § 23º, ponto 85.4, e § 35ª, ponto 129.3.

## §6º AS FONTES INTERNACIONAIS E COMUNITÁRIAS

### 15. O Direito Internacional e as organizações laborais internacionais[43]

#### 15.1. Aspectos gerais; recepção na ordem jurídica nacional

I. As fontes externas do Direito do Trabalho englobam as formas de produção e revelação de normas de incidência laboral com origem no direito internacional geral, no direito internacional convencional e no direito comunitário, de acordo com o elenco estabelecido no art. 8º da CRP.

No caso do Direito Laboral, a importância das fontes internacionais remonta aos primórdios da área jurídica, tendo-se evidenciado na criação de organizações internacionais de vocação laboral, entre as quais sobressai a Organização Internacional do Trabalho (OIT). Modernamente, a importância das fontes internacionais e comunitárias aumentou ainda mais, pela tendência para a mundialização da Economia e, especificamente no que toca ao

---

[43] Em geral sobre os temas de Direito Internacional do Trabalho, MOTTA VEIGA, *Direito do Trabalho Internacional e Europeu cit.*, NICOLAS VALTICOS, *Droit international du travail*, in G. H. CAMERLYNCK, *Traité de droit du travail*, VIII, Paris, 1970, ou JEANMICHEL SERVAIS, *Le droit international du travail en mouvement: déploiment et approches nouvelles*, DS, 1991, 5, 447-552; entre nós, sobre as fontes internacionais com relevo no domínio laboral, MENEZES CORDEIRO, *Manual de Direito do Trabalho cit.*, 183 ss., BERNARDO XAVIER, *Curso de Direito do Trabalho cit.*, I, 458 ss., MÁRIO PINTO, *Direito do Trabalho cit.*, I, 137 ss., ROMANO MARTINEZ, *Direito do Trabalho cit.*, 195 ss., e MONTEIRO FERNANDES, *Direito do Trabalho cit.*, 69 ss.

## §6º AS FONTES INTERNACIONAIS E COMUNITÁRIAS

espaço comunitário em que Portugal se situa, pela atenção dada às matérias laborais ao nível comunitário e que merece uma referência autónoma.

**II.** A Constituição estabelece duas regras sobre a vigência das normas de Direito Internacional e Comunitário na ordem jurídica nacional: a regra da recepção automática, nos termos da qual as normas de Direito Internacional vigoram na nossa ordem jurídica sem necessidade de conversão em direito interno, desde que preenchidos os requisitos do art. 8º da CRP; e a regra do primado do direito internacional sobre o direito interno infra-constitucional, que obriga a lei ordinária a conformar-se com as regras internacionais.

Por outro lado, devem ter-se em conta as regras do art. 8º da CRP relativas à vigência das normas internacionais na nossa ordem jurídica[44]. Essas regras são as seguintes:

- no que se refere ao direito internacional geral, de natureza consuetudinária, as suas regras vigoram directamente na ordem jurídica nacional, como parte integrante do direito português (art. 8º nº 1);
- no que se reporta às convenções e tratados internacionais, rege o art. 8º nº 2, que faz depender a vigência destes instrumentos normativos na ordem jurídica portuguesa dos seguintes requisitos: vigência da convenção ou do tratado na ordem jurídica internacional (o que sucede, em regra, decorridos doze meses sobre o registo da sua ratificação por dois Estados); aprovação da convenção ou do tratado pela Assembleia da República ou pelo Governo (consoante a natureza das matérias) e ratificação pelo Presidente da República; e vinculação do Estado português (que pode cessar com a denúncia do tratado ou da convenção internacional).

---

[44] Sobre o ponto, A. GONÇALVES PEREIRA/C. J. FAUSTO DE QUADROS, *Manual de Direito Internacional Público*, 3ª ed., Coimbra, 1993, 106 ss., e JORGE MIRANDA, *Curso de Direito Internacional Público*, 2ª ed., Cascais, 2004, 149 ss.

## 15.2. Instrumentos internacionais com normas de incidência laboral e organizações internacionais de vocação laboral; a Organização Internacional do Trabalho

**I.** Passando agora a apreciar as várias categorias de normas internacionais, cabe referir, em primeiro lugar, as normas de Direito Internacional Geral. Neste contexto, é de assinalar o interesse que os fenómenos laborais sempre suscitaram neste plano, não só pela importância económica do factor trabalho mas também por razões humanitárias e sociais ligadas à preocupação de condenação de quaisquer formas de trabalho forçado e à procura da melhoria das condições de vida dos trabalhadores.

Estas preocupações observam-se tanto ao nível do Direito Internacional geral consuetudinário, como ao nível do Direito Internacional convencional, nas convenções e nos tratados internacionais subscritos por Portugal e ainda na produção normativa de organizações internacionais de que Portugal é membro. Entre estes instrumentos convencionais, salientamos os seguintes:

i) A *Declaração Universal dos Direitos do Homem*, aprovada a 10 de Dezembro de 1948. A DUDH consagra o direito ao trabalho e à protecção contra o desemprego, o princípio da igualdade salarial e da suficiência mínima do salário, e o direito ao associativismo sindical (art. 23º), bem como o direito à limitação da jornada de trabalho e o direito ao repouso, ao lazer e a férias periódicas pagas (art. 24º), e ainda o direito à protecção social, na doença e invalidez, na maternidade, na velhice e no desemprego (art. 25º).

ii) O *Pacto Internacional sobre os Direitos Civis e Políticos*, de 7 de Outubro de 1976 (aprovado para ratificação pela L. nº 29/78, de 12 de Junho), que estabelece a proibição do trabalho forçado (art.8º) e consagra o direito de associação sindical e o princípio da liberdade sindical (art. 22º).

iii) O *Pacto Internacional sobre os Direitos Económicos, Sociais e Culturais*, de 7 de Outubro de 1976 (aprovado para ratificação pela L. nº 45/78, de 11 de Julho). O PIDESC estabelece, na sua Terceira Parte, várias normas e princípios com incidência nas seguintes matérias laborais: direito ao trabalho e à formação profissional (art. 6º); remuneração, direito ao repouso, a férias e aos feriados (art. 7º); liberdade sindical e direito de greve (art. 8º); segurança social e protecção da maternidade (arts. 9º e 10º); saúde, higiene e segurança no trabalho (art. 12º).

iv) A *Convenção Europeia dos Direitos do Homem*, de 4 de Novembro de 1950 (aprovada para ratificação pela L. nº 65/78, de 13 de Outubro). Na parte relativa à Protecção dos Direitos do Homem e das Liberdades Fundamentais, a CEDH proíbe o trabalho forçado (art. 4º) e consagra o direito de associação e reunião e o princípio da liberdade sindical (art. 11º).

v) A *Carta Social Europeia* (cuja versão revista foi aprovada para ratificação pela Res. AR nº 64-A/2001, de 17 de Outubro). Nas Partes I e II, a CSE consagra um conjunto amplo de princípios e direitos de incidência laboral, nas seguintes matérias: direito ao trabalho; direito a boas condições de trabalho e à dignidade no trabalho; direito à segurança e higiene no trabalho; direito a uma remuneração justa; direitos sindicais; direito à negociação colectiva; direito à protecção dos menores no trabalho; direito à protecção na maternidade; direito à orientação profissional e à formação profissional; direito à segurança social; direito à protecção social dos trabalhadores migrantes; direito à igualdade de oportunidades e de tratamento no emprego e na profissão e proibição das discriminações de género e das discriminações por razões ligadas às responsabilidades familiares; direito à protecção no despedimento; direito à protecção dos créditos dos trabalhadores, em caso de insolvência do empregador; direito à protecção dos trabalhadores representantes de outros trabalhadores.

**II.** Ao nível das organizações internacionais de vocação laboral, cabe destacar a *Organização Internacional do Trabalho* (OIT), da qual Portugal é membro fundador. A OIT é um organismo de grande tradição, que foi instituído sob a égide da Sociedade das Nações, em 1919, e é actualmente um organismo de competência especializada junto da Organização das Nações Unidas[45].

---

[45] Sobre a constituição e a história da OIT, por exemplo, NICOLAS VALTICOS, *Droit international du travail cit*, 33 ss., GONÇALVES PEREIRA/FAUSTO DE QUADROS, *Manual de Direito Internacional Público cit.*, 554 ss., JORGE MIRANDA, *Curso de Direito Internacional Público cit.*, 298 ss., MOTTA VEIGA, *Direito do Trabalho Internacional e Europeu cit.*, maxime 34 ss., M. OLIVEIRA MARTINS/A. OLIVEIRA MARTINS, *Direito das Organizações Internacionais*, II, 2ª ed., Lisboa, 1996, 179 ss., e

§6º AS FONTES INTERNACIONAIS E COMUNITÁRIAS

Com a particularidade de funcionar em moldes tripartidos, já que conta com a participação das estruturas de representação dos trabalhadores e dos empregadores, a par da representação do Governo de cada país membro, a OIT tem aprovado instrumentos normativos essencialmente de dois tipos: recomendações, dirigidas aos Estados membros e sem carácter vinculativo; e convenções, abertas à ratificação dos Estados membros e com carácter vinculativo.

As Convenções e as Recomendações da OIT distribuem-se pelas áreas regulativas individual e colectiva do Direito do Trabalho, incidindo nas mais diversas matérias, que correspondem, *grosso modo*, ao evoluir das grandes preocupações da área jurídica ao longo dos cem anos da sua História.

Assim, no que se refere ao direito das situações laborais individuais, as convenções e recomendações da OIT começaram por se preocupar com matérias como os salários, a duração do trabalho ou as condições de trabalho, a protecção especial de certas categorias de trabalhadores, como as mulheres ou as crianças, ou de certas actividades laborais (o trabalho industrial, na agricultura, nas minas ou marítimo), bem como sobre a protecção acidentária laboral e a protecção no desemprego; modernamente são também objecto de convenções e recomendações matérias como os contratos de trabalho atípicos, a protecção dos trabalhadores em caso de insolvência do empregador ou perante outras vicissitudes empresariais, como as fusões ou as cisões, a igualdade de oportunidades e de tratamento ou a conciliação entre o trabalho e a família.

Por seu turno, na área regulativa colectiva, as convenções e recomendações têm incidido em temas como o associativismo sindical, a negociação colectiva ou a greve[46].

Portugal tem vindo a ratificar muitas convenções emanadas da OIT, nos termos do art. 8º nº 2 da CRP[47].

---

Jean-Michel Servais, *Le couple travail-emploi et son évolution dans les activités de l'OIT, avec une référence spécifique au travail indépendant*, in A. Supiot (dir.), *Le travail en perspectives*, Paris, 1998, 145-159 (147 ss.).

[46] Para uma indicação mais completa (ainda que não actualizada) dos instrumentos normativos emanados da OIT, que Portugal ratificou, *vd*, por exemplo, Manuel Fidalgo, *Convenções Internacionais do Trabalho ratificadas por Portugal (1928-1985) cit.*

[47] Naturalmente, por força das vicissitudes próprias da história do nosso país, a ratificação das convenções da OIT em matéria de direitos laborais colectivos foi bastante mais tardia do que a ratificação de convenções sobre temas da área regulativa do contrato de trabalho.

## 16. O Direito Social da União Europeia[48]

### 16.1. Evolução geral

I. O Direito da União Europeia releva como fonte laboral tanto ao nível do denominado direito primário ou originário como ao nível do direito secundário ou derivado.

Ao nível das normas primárias, são fontes de Direito do Trabalho, desde que observados os requisitos do art. 8º nº 2 da CRP, as normas de incidência laboral que constam do Tratado da Comunidade Europeia (Tratado de Roma), com as sucessivas modificações introduzidas em Maastricht, Amesterdão e Nice (incluindo os respectivos Anexos). Da nova versão do TUE e do TFUE, aprovada pelo Tratado de Lisboa, constam também normas de incidência laboral, assim como da Carta dos Direitos Fundamentais da União Europeia (CDFUE), que tem hoje valor idêntico aos Tratados, por força do art. 6º nº 1 do TUE[49].

Ao nível do direito secundário ou derivado, são fontes de direito laboral as normas constantes de Directivas e Regulamentos comunitários, bem como de outros instrumentos normativos comunitários de valor diverso (como as Resoluções, as Recomendações e as Decisões) e ainda a jurisprudência comunitária. Como é sabido, o relevo do direito comunitário secundário na ordem jurídica interna é apurado nos termos do nº 3 do art. 8º da CRP, situando-se

---

[48] Em geral sobre os temas do Direito Social da União Europeia, Rosário Palma Ramalho, *Direito Social da União Europeia cit.*, M. Luísa Duarte, *Direito comunitário do trabalho – tópicos de identificação*, in Estudos do Instituto de Direito do Trabalho, I, Coimbra, 2001, 153-188, e, no panorama doutrinal comparado, Rocella/Treu, *Diritto del lavoro della Comunità Europea*, Padova, 1992, G. Lyon-Caen/A. Lyon-Caen, *Droit social international et européen*, 7ª ed., Paris, 1991, R. Blanpain/J.-C. Javillier, *Droit du travail communautaire cit.*, P. Rodière, *Traité de Droit sicial de l'Union Européenne*, Paris, 2008, ou J.-M. Servais, *Droit Social de l'Union Européenne*, Bruxelles, 2008. Especificamente sobre o papel do direito comunitário enquanto fonte laboral, Menezes Cordeiro, *Manual de Direito do Trabalho cit.*, 189 ss., Bernardo Xavier, *Curso de Direito do Trabalho cit.*, I, 470 ss., Romano Martinez, *Direito do Trabalho cit.*, 205 ss., e Monteiro Fernandes, *Direito do Trabalho cit.*, 77 ss.

[49] Como se sabe, o Tratado de Lisboa ultrapassou o impasse criado pela Constituição Europeia, aprovada em Roma a 29 de Outubro de 2004 e que acabou por ser abandonada, na sequência das dificuldades surgidas no processo de ratificação pelos Estados Membros (por todos sobre este ponto, A. Guerra Martins/M. Prata Roque, *O Tratado que estabelece uma Constituição para a Europa*, Coimbra, 2004).

§6º AS FONTES INTERNACIONAIS E COMUNITÁRIAS

estas normas comunitárias imediatamente abaixo da Constituição e acima da lei ordinária[50]. Por outro lado, na medida em que são dirigidas aos Estados Membros, as Directivas carecem de transposição para a ordem jurídica interna, ao passo que os Regulamentos são de aplicação directa[51].

II. Originariamente, as matérias laborais – ou *sociais*, segundo a terminologia comum no léxico comunitário e que é mais abrangente, porque inclui também as matérias da segurança social – não corresponderam a uma preocupação dominante do Direito Comunitário, dada a índole predominantemente económica das Comunidades Europeias[52]. Esta vocação económica fez com que o Tratado de Roma tocasse os problemas laborais apenas pontualmente e por força de necessidades de cariz económico, *verbi gratia*, a necessidade de assegurar a livre concorrência das empresas no seio do mercado comum.

Por outro lado, a produção de normas comunitárias secundárias no domínio laboral foi tradicionalmente dificultada pela diversidade dos sistemas jurídicos dos Estados Membros nesta matéria, designadamente no que se refere ao âmbito da tutela concedida aos trabalhadores e ao grau de intervenção do Estado no domínio laboral. Esta diversidade não só inviabiliza a uniformização dos vários sistemas, conseguida noutras áreas, como constitui um obstáculo à aprovação de normas de harmonização mínima, pela dificuldade de obter o consenso dos Estados nestas matérias.

Em suma, como reconhecem alguns autores, há uma oposição genética entre os fins económicos e concorrenciais das Comunidades e os seus objectivos sociais, porque os custos que a prossecução destes últimos envolve e que cada Estado assume de uma forma diferente, são, em si mesmos, um obstá-

---

[50] Como se sabe, este entendimento não é pacífico na doutrina, havendo quem considere que as normas comunitárias se encontram acima da Constituição. Esta é, no entanto, uma questão que não cabe aqui aprofundar.

[51] Em geral e por todos sobre a distinção entre as directivas e os regulamentos comunitários, FAUSTO DE QUADROS, *Direito da União Europeia*, Coimbra, 2004, 354 ss. e 358 ss.; e ANA GUERRA MARTINS, *Introdução ao Estudo do Direito Comunitário – Sumários*, Lisboa, 1995, 129 ss., e *Curso de Direito Constitucional da União Europeia*, Coimbra, 2004, 395 ss.

[52] Sobre o ponto, BRIAN BERCUSSON, *Le concept de droit du travail européen, in* A. SUPIOT (dir.), *Le travail en perspectives*, Paris, 1998, 603-616 (605).Ainda sobre a conjugação da componente económica das Comunidades com as preocupações sociais, J. BARROS MOURA, *Direito do Trabalho e integração económica*, QL, 1995, 5, 88-108.

culo aos objectivos económicos das Comunidades, assim como difere a tradição de intervenção social dos vários Estados[53].

Apesar destas dificuldades, a índole social da Europa Comunitária acentuou-se, com a aprovação da Carta Comunitária para os Direitos Sociais Fundamentais dos Trabalhadores (1989) e, sobretudo, com os Tratados de Maastricht e Amesterdão. Este acentuar da vocação social da União Europeia, conjuntamente com a diminuição do vigor do princípio da unanimidade, no Acto Único Europeu (Julho de 1987), permitiu ultrapassar as assinaladas dificuldades de consenso entre os Estados Membros em algumas matérias laborais, o que teve repercussões positivas na produção de normas de incidência social[54].

Por outro lado, a verdade é que diversos instrumentos normativos cuja base primária reside em disposições dos Tratados com um escopo económico directo (como as normas sobre a liberdade de concorrência e de estabelecimento), vieram também a constituir instrumentos relevantes de protecção laboral e social – por exemplo, a directiva sobre o dever de informação ao trabalhador, e ainda as directivas de tutela dos trabalhadores perante as vicissitudes das empresas. Assim, também por esta via indirecta, se desenvolveram as normas comunitárias de incidência laboral.

Por fim, é de referir que alguns instrumentos normativos da área «social» do direito comunitário são já o produto do diálogo social ao nível europeu – assim, entre outros, a directiva sobre o trabalho a termo ou a directiva sobre a licença parental.

---

[53] Sobre o ponto, MASSIMO D'ANTONA, *Armonizzazione del diritto del lavoro e federalismo nell'Unione Europea*, Riv.trim.DPC, 1994, 3, 695-717, ou ROLF BIRK, *Die Auswirkungen des Rechts der Europäischen Gemeinschaften auf das nationale Arbeitsrecht*, ZAS, 1989, 3, 73-79. Em geral e por todos sobre o significado, os fundamentos e o alcance do processo de harmonização das legislações nacionais com o Direito Comunitário, nas diversas áreas jurídicas, FAUSTO DE QUADROS, *Direito da União Europeia* cit., 445 ss.

[54] Sobre esta evolução das Comunidades num sentido mais social, entre outros, MEINHARD HEINZE, *Europa und das nationale Arbeits– und Sozialrecht, in* M. HEINZE/A. SÖLLNER, *Arbeitsrecht in der Bewährung, Fest. für Otto Rudolf* KISSEL, München, 1994, 363-386, ROLF WANK, *Arbeitsrecht nach Maastricht*, RdA, 1995, 1, 10-26, O. DUTHEILLET DE LAMOTHE, *Du traité de Rome au traité de Maastricht: la longue marche de l'Europe sociale*, DS, 1993, 2, 194-200, ou B. BERCUSSON, *The Dynamic of European Labour Law after Maastricht*, ILJ, 1994, 23, 1-31; e, entre nós, J. J. ABRANTES, *Do Tratado de Roma ao Tratado de Amesterdão – a caminho de um Direito do Trabalho europeu?*, QL, 2000, 16, 162-175.

**III.** As ideias-força do Direito Social da União Europeia, – que já constavam da versão originária do Tratado de Roma (TCEE) e foram desenvolvidas pelo direito comunitário derivado e que, em sede das revisões do Tratado em Maastricht, Amesterdão e Nice, passaram para o TUE e para o TCE, vieram a constar da CDFUE e se mantêm actualmente no TUE e no TFUE, aprovados pelo Tratado de Lisboa –, são essencialmente as seguintes:

- o *princípio da livre circulação de trabalhadores*: art. 45º ss. do TFUE (ex art. 48º, no TCEE);
- o *direito à formação profissional*: art.162º do TFUE (ex-art. art. 123º, no TCEE);
- o *direito a boas condições de vida e de trabalho dos trabalhadores*: art. 151º ss. do TFUE (ex-art. 117º ss., no TCEE);
- o *princípio da igualdade de oportunidades e de tratamento entre trabalhadores e trabalhadoras*: no art. 119º do TCEE, na versão originária, este princípio era limitado à não discriminação remuneratória, mas na versão do TCE, a norma correspondente (art. 141º) ganhou um significado mais amplo, que é mantido pelo TFUE (art. 57º); também na versão do TCE, aprovada em Amesterdão, o *princípio da promoção da igualdade entre homens e mulheres* foi assumido como objectivo fundamental da União (art. 1º do TCE, e, actualmente, art. 2º do TUE e art. 8º do TFUE) e foi consagrado um *princípio geral de não discriminação* (art. 13º do TCE e, actualmente, arts. 10º e 19º do TFUE); estas duas previsões têm reflexos laborais;
- a *promoção da negociação colectiva e do diálogo social ao nível europeu*: arts. 118º-A, e 118º-B, integrados no TCEE Roma pelo AUE e actualmente correspondentes aos arts. 154º e 155º do TFUE.

Em desenvolvimento destes eixos orientadores, foram aprovados múltiplos Regulamentos e Directivas[55]. Relativamente a esta produção normativa, deve salientar-se a previsão nos Tratados de um método de deliberação por maioria

---

[55] Para uma lista completa dos instrumentos normativos comunitários em matéria laboral, ainda que não actualizada, *vd* C. Lavanchy/A. Roset/L. Toly, *Code annoté européen du travail*, 4ª ed., Paris, 2005.

qualificada ou por unanimidade, consoante as matérias em causa, o que torna mais fácil ou, pelo contrário, dificulta a aprovação dos instrumentos normativos.

Assim, e a título de exemplo, em matérias como as condições de trabalho, o ambiente de trabalho, a informação e a consulta dos trabalhadores ou a igualdade entre homens e mulheres no trabalho e no emprego, está prevista a deliberação por maioria qualificada (art. 153º nº 2 do TFUE); mas nas matérias da segurança social, do despedimento, da representação colectiva dos trabalhadores, incluindo a cogestão, e das condições de emprego de cidadãos de países terceiros é imposta a regra da unanimidade (art. 153º nº 2 do TFUE). Por outro lado, as matérias da remuneração, do direito de associação sindical, do direito de greve e do *lock-out* estão, em princípio, excluídas do âmbito de intervenção do Direito da União Europeia (art. 153º nº 5 do TFUE).

Assinala-se ainda a ampla e rica jurisprudência comunitária em matéria social, produzida ao longo dos anos. Esta jurisprudência inspirou a emissão de novas Directivas, conduziu à revisão de outras e levou à alteração das próprias normas primárias, em sede de revisão dos Tratados[56].

Em suma, perante a assunção definitiva da sua vocação social pelas Comunidades, nomeadamente desde a instituição formal da União Europeia, e perante o grau de desenvolvimento desta área do Direito da União Europeia, pode pois hoje reconhecer-se, sem dificuldades, a consolidação, como parcela sistematicamente autónoma desse universo jurídico, do *Direito Social da União Europeia*[57].

**IV.** Portugal tem procedido, com regularidade, à transposição das Directivas europeias, sempre que se suscita a necessidade de alteração do direito interno em conformidade. Em alguns casos, a transposição foi quase textual, enquanto noutros se aproveitou a ocasião para introduzir alterações nos regimes internos, para além do exigido nas Directivas.

No que se refere ao Código do Trabalho, a Lei Preambular enumera, no seu art. 2º, as Directivas a cuja transposição, total ou parcial, o Código proce-

---

[56] Sobre o importantíssimo papel da jurisprudência comunitária em algumas destas áreas, ROSÁRIO PALMA RAMALHO, *Da Autonomia Dogmática... cit.*, 628, nota [492], e ainda *Direito Social da União Europeia cit., passim*.

[57] Para uma justificação mais desenvolvida deste entendimento, ROSÁRIO PALMA RAMALHO, *Direito Social da União Europeia cit., passim*.

deu⁵⁸. Esta enumeração não dispensa, naturalmente, uma verificação *in casu*, com vista a avaliar o modo como a transposição foi feita.

V. Feita esta apresentação geral, vejamos então, um pouco mais em detalhe, as principais áreas de desenvolvimento do Direito Social da União Europeia.

### 16.2. A livre circulação de trabalhadores

**I.** Uma das tradicionais áreas de desenvolvimento do Direito Social da União Europeia tem a ver com a circulação dos trabalhadores no espaço europeu⁵⁹.

Consagrado no art. 45º do TFUE (ex-art. 48º do TCEE, e ex-art. 39º do TCE), o princípio da livre circulação dos trabalhadores no espaço europeu é uma das manifestações do princípio mais amplo da livre concorrência. Com uma motivação económica clara – no sentido em que a livre concorrência entre as empresas passa também pela abolição dos entraves à circulação dos trabalhadores entre os Estados Membros – este princípio tem sido considerado, desde sempre, como um dos eixos do mercado comum europeu. Hoje, mais do que nunca, é um princípio fundamental, pela tendência para a globalização da economia.

**II.** O princípio da livre circulação de trabalhadores tem como escopo os trabalhadores subordinados, com exclusão da Administração Pública (art. 45º nº 4 do TFUE)⁶⁰. A circulação de trabalhadores independentes no espaço comunitário é baseada nas normas comunitárias sobre direito de estabelecimento e sobre livre prestação de serviços (arts. 45º ss. e 49º ss. do TFUE).

O princípio da livre circulação de trabalhadores desenvolve-se em dois aspectos essenciais: numa regra geral de não discriminação entre trabalha-

---

⁵⁸ Foi a técnica já seguida pelo CT de 2003 e pela RCT de 2004.

⁵⁹ Em especial sobre a livre circulação de trabalhadores, *vd* M. Luísa Duarte, *Tribunal das Comunidades Europeias (Acórdãos de 27 de Setembro de 1989 e 27 de Março de 1990 – Livre Circulação de Trabalhadores) – Comentário*, ROA, 1991, I, 255-290, e Ana Guerra Martins, *Curso de Direito Constitucional da União Europeia* cit., 548 ss.

⁶⁰ Mas, sobre o ponto, veja-se Ana Guerra Martins, *Curso de Direito Constitucional da União Europeia* cit., 551, chamando a atenção para a interpretação restritiva que o TJ tem feito sobre o conceito de trabalhadores da Administração Pública e que permite sustentar que a exclusão destes trabalhadores do âmbito do princípio da livre circulação não é total.

## §6º AS FONTES INTERNACIONAIS E COMUNITÁRIAS

dores em função da nacionalidade, no que se refere ao acesso ao emprego, ao tratamento remuneratório e às condições de trabalho; e em direitos atinentes ao acesso ao emprego noutro Estado membro, e de deslocação e permanência, para esse efeito, nesse Estado.

Em desenvolvimento deste princípio, foram aprovados diversos instrumentos normativos, entre os quais salientamos:

- a Dir. 64/221/CEE, de 25 de Fevereiro de 1964, o Reg. 1612/68, de 15 de Outubro de 1968, a Dir. 68/360/CEE, de 15 de Outubro de 1968, o Reg. 1251/70, de 29 de Julho de 1970, a Dir. 73/148/CEE, de 21 de Maio de 1973, e a Dir. 2004/38, de 29 de Abril de 2004, regulando diversos problemas atinentes à circulação dos trabalhadores, às condições da sua permanência e da permanência das suas famílias nos Estados de destino, durante o desenvolvimento da actividade laboral e posteriormente;
- a Dir. 96/71/CE, de 16 de Dezembro de 1976, que dispõe sobre a situação dos trabalhadores destacados no quadro de uma prestação de serviços do respectivo empregador, entretanto complementada pela Dir. 2014/67/UE, de 15 de Maio de 2014.

**III.** Por último, cumpre referir que o Tribunal de Justiça da União Europeia já se pronunciou por diversas vezes sobre esta temática, designadamente para apreciação de restrições impostas à circulação de trabalhadores ao nível dos Estados Membros e quando essa circulação seja no espaço europeu. O acórdão mais conhecido sobre esta temática foi o *Ac. Bosman*, de 15/12/1995, no qual o Tribunal condenou as restrições à circulação de um futebolista profissional impostas pela respectiva associação desportiva[61].

**IV.** Indirectamente conexa com o princípio da livre circulação de trabalhadores e também decorrente do princípio comunitário mais amplo em que aquele entronca – o princípio da livre concorrência entre as empresas no

---

[61] Sobre este Acórdão e as suas repercussões, entre outros, J. LEAL AMADO, *Caso Bosman e a «Indemnização de promoção ou valorização» (art. 22º nº 2 do DL 405/95, de 218-11)*, QL, 1996, 7, 3-17.

espaço europeu – é ainda de referir a Dir. 91/533/CEE, de 14 de Outubro de 1991, *sobre o dever de informação do empregador ao trabalhador no contrato de trabalho*. Esta Directiva instituiu, em moldes uniformes, o dever de o empregador esclarecer devidamente o trabalhador sobre os aspectos mais relevantes do seu contrato, por ocasião da celebração do mesmo.

Não obstante a sua motivação económica (no caso, a Directiva fundou-se no art. 100º do TCEE – actual art. 115º do TFUE –, relativo à adopção de instrumentos normativos visando a aproximação da legislação dos Estados membros nas matérias «com incidência directa no estabelecimento ou no funcionamento do mercado comum»), esta Directiva tem um relevante significado laboral em dois aspectos essenciais:

- as informações prestadas (por escrito) pelo empregador, aquando da celebração do contrato de trabalho, contribuem para clarificar a situação jurídica do trabalhador;
- indirectamente, a transparência do conteúdo do contrato de trabalho, que assim se consegue, facilita a circulação dos trabalhadores e a identificação de eventuais tratamentos discriminatórios, que o princípio da livre circulação proíbe.

**V.** As directivas sobre os trabalhadores destacados e sobre os deveres de informação ao trabalhador foram transpostas para a ordem jurídica nacional (cfr., art. 2º alíneas a) e e) do Diploma Preambular ao CT). A matéria do destacamento de trabalhadores está regulada nos arts. 6º a 8º do CT. A matéria do dever de informação, que foi inicialmente prevista pela L. nº 5/94, de 11 de Janeiro, é actualmente disciplinada nos arts. 106º ss. do CT.

### 16.3. O emprego e a formação profissional; o Fundo Social Europeu

**I.** Outra área clássica de desenvolvimento do Direito Social da União Europeia é a área da formação profissional – arts. 162º ss. do TFUE (ex-arts. 123º ss. do TCEE e ex-arts.146º ss. do TCE.

Nesta matéria, o Direito Europeu o prossegue objectivos ligados à promoção do emprego e ao aumento da produtividade no seio dos Estados Membros. Para esse efeito, foi instituído o Fundo Social Europeu e foram aprovados instrumentos normativos secundários em matéria de formação profissional.

**II.** Disciplinado por diversas decisões e regulamentos comunitários, o *Fundo Social Europeu* dá apoio financeiro a iniciativas de formação e de promoção do emprego e de reinserção profissional, no seio dos Estados Membros, com o objectivo de promover a estabilidade do emprego, a criação de postos de trabalho, a diminuição das assimetrias regionais na Europa em matéria de emprego e a adaptação dos trabalhadores às novas tecnologias.

Entre os instrumentos normativos que dispõem sobre o Fundo Social Europeu, destacamos:

- a Dec. 83/516/CEE, do Conselho, de 17 de Outubro de 1983, e a Dec. 86/673/CEE, da Comissão, de 22 de Dezembro de 1983, respectivamente sobre as missões e a gestão do Fundo;
- os Regulamentos nº 1262/99 e nº 1984/199, ambos do Parlamento Europeu e do Conselho, de 21 de Junho de 1999 e de 12 de Julho de 1999, respectivamente.

**III.** Por seu turno, no elenco dos *instrumentos normativos que dispõem genericamente sobre formação profissional*, destacam-se:

- a Dec. 63/266/CEE, de 22 de Abril de 1963, que estabeleceu os princípios gerais para a *implementação de uma política comum de formação profissional*;
- a Dir. 2001/19/CE, de 14 de Maio de 2001 (que modificou a Dir. 89/48/CEE, de 21 de Dezembro de 1989, e a Dir. 92/51/CEE, de 18 de Junho de 1992), relativa ao *estabelecimento de um regime geral de reconhecimento das habilitações profissionais*.

### 16.4. As condições de trabalho em sentido amplo

**I.** A promoção das condições de vida e de trabalho dos trabalhadores e a sua tutela em termos de saúde, segurança e protecção na eventualidade de ocorrência de riscos sociais, foram preocupações originárias das Comunidades Europeias, vertidas nos arts. 117º, 118º e 118º-A do TCEE.

Com o acentuar da vocação social da União Europeia, em Maastricht, e a aprovação do Protocolo de Política Social, em anexo aos Tratados, mas depois integrado no corpo do TCE (arts. 136º ss.), esta área desenvolveu-se significativamente. Em boa medida, este desenvolvimento foi o produto da jurisprudência comunitária, constando actualmente a matéria dos arts. 151º ss do TFUE, e do art. 31º da CDFUE.

**II.** Entre os instrumentos normativos mais significativos nesta área, cumpre destacar os seguintes:

- relativamente à *protecção da saúde dos trabalhadores em geral*, a Dir. 89/39/CEE, de 12 de Junho de 1989 (directiva-quadro em matéria de segurança e saúde dos trabalhadores, alterada pela Dir. 89/654/CEE, de 30 de Novembro de 1989 (regras mínimas de segurança e saúde nos locais de trabalho), e pela Dir. 2007/30/CE, de 20 de Junho; a Dir. 98/37, de 22 de Junho de 1998 (harmonização das legislações nacionais relativas às máquinas), e a Dir. 2001/45/CE, de 27 de Junho (prescrições mínimas de segurança e saúde para a utilização pelos trabalhadores de equipamentos de trabalho); para além destas directivas de âmbito geral, há ainda uma série de directivas sobre *protecção dos trabalhadores relativamente a riscos específicos de certo tipo de actividades ou profissões*[62];
- relativamente à *protecção da saúde e das condições de trabalho das trabalhadoras grávidas puérperas e lactantes dependentes e independentes*, a Dir. 92/85/CEE, de 19 de Outubro de 1992;
- em matéria de *organização do tempo de trabalho*, destacam-se a Dir. 93/104/CE, de 23 de Novembro de 1993, e a Dir. 2000/34/CE,

---

[62] Entre outras e apenas para exemplo, as directivas sobre a protecção contra a exposição ao cloreto de vinilo (Dir. 78/610/CEE, de 29 de Junho de 1978), sobre protecção contra a exposição ao chumbo metálico (Dir. 82/605/CEE, de 28 de Julho de 1982), sobre a protecção contra o amianto (Dir. 83/477/CEE, de 19 de Setembro de 1983), sobre a protecção no trabalho com ecrãs de visualização (Dir. 90/270/CEE, de 29 de Maio de 1990), sobre a prevenção dos riscos cancerígenos (Dir. 90/394/CEE, de 28 de Junho de 1990, e Dir. 99/38/CE, de 29 de Abril de 1999), e sobre a protecção contra os agentes biológicos (Dir. 90/679/CEE, de 26 de Novembro de 1990, alterada pela Dir. 93/88/CEE, de 12 de Outubro de 1993).

§6º AS FONTES INTERNACIONAIS E COMUNITÁRIAS

de 22 de Junho de 2000, que foi posteriormente substituída pela Dir. nº 2003/88/CE (directiva de consolidação), e cuja matriz assenta na garantia de tempos mínimos para o descanso e a recuperação dos trabalhadores entre as jornadas de trabalho;

III. A transposição destas Directivas para o direito interno foi feita por diversos diplomas e, relativamente às mais recentes, directamente pelo CT – cfr. art. 2º alíneas b) e n) do Diploma Preambular ao Código do Trabalho. Algumas matérias foram ainda objecto de transposição por diploma avulso – é o caso do DL nº 50/2005, de 25 de Fevereiro, procedeu à transposição da Dir. 2001/45/CE, de 27 de Junho, que estabelece as prescrições mínimas de segurança e saúde para a utilização pelos trabalhadores de equipamentos de trabalho, e é o caso da L. nº 102/2009, de 10 de Setembro (*Regime Jurídico da Segurança e Saúde no Trabalho*), que transpôs várias directivas em matérias em matéria de segurança e saúde no trabalho, nos aspectos não cobertos pelo Código do Trabalho.

### 16.5. A igualdade de oportunidades e de tratamento entre mulheres e homens e a proibição de discriminação em geral

Outra área de grande pujança no Direito Social da União Europeia tem a ver com a promoção da igualdade de oportunidades e de tratamento entre homens e mulheres e, mais recentemente, com o princípio geral da igualdade e não discriminação.

Porque tiveram uma trajectória diferente na história do Direito Social da União Europeia e assumem hoje uma importância também diversa nos Tratados, a valência de género e a valência geral da igualdade devem ser apreciadas separadamente.

#### a) Igualdade entre mulheres e homens: o direito comunitário da igualdade de género

I. No que toca à *igualdade entre mulheres e homens*, o Direito Comunitário teve um desenvolvimento muito significativo nos últimos trinta anos, que se pode comprovar no número de Directivas e de outras normas comunitárias secundárias nesta área e no intenso e profícuo labor do Tribunal de Justiça da União Europeia, na apreciação das questões aí colocadas sobre estes temas[63].

A base primária deste desenvolvimento foi o art. 119º do TCEE, que estabeleceu o princípio da igualdade de remuneração entre trabalhadores e trabalhadoras por trabalho igual ou de valor igual. No entanto, por um processo de indução e muito por força do *acquis* comunitário propiciado pela jurisprudência do Tribunal de Justiça, hoje o *direito europeu da igualdade de género* cobre um conjunto de áreas, que foram objecto de desenvolvimento em sede dos Tratados e de múltiplos instrumentos normativos secundários.

**II.** Ao nível das *fontes primárias* destacamos:

- no TUE, as *normas sobre o princípio geral da igualdade entre homens e mulheres*: o art. 2º e o art. 3º nº 3, que consagram este princípio como um objectivo fundamental da União a promover pelos Estados Membros; e no TFUE, o art. 10º que estabelece a transversalidade do princípio, impondo a ponderação do objectivo da igualdade de género em todas as políticas europeias e em qualquer área – é a característica do princípio que ficou conhecida como *mainstreaming* e que foi introduzida no TCE.
- no TFUE, mas agora reportando-nos às *normas com incidência directa no plano social*, as seguintes normas: o art. 153º, que consagra, como princípio geral, o princípio da igualdade de oportunidades e de condições de trabalho entre homens e mulheres (nº 1 i)), que estabelece a subsidiariedade dos regimes comunitários em relação a regimes nacionais mais favoráveis (nº 4) e que admite a aprovação de actos normativos comunitários, em algumas das áreas relativas à igualdade de género por maioria qualificada (n.º 2); e o art. 157º (ex-art. 119º do TCEE e ex--art. 141º do TCE), que mantém o princípio da proibição das discriminações remuneratórias entre homens e mulheres por trabalho igual ou de valor igual (nº 1), bem como o conceito amplo de remuneração para

---

[63] Para uma breve panorâmica sobre este desenvolvimento, M. R. PALMA RAMALHO, *Igualdade de género e direito comunitário – notas breves*, Ex aequo, 2004, 10, 51-60.

este efeito[64] (nº 2), admitindo a aprovação de instrumentos normativos comunitários por maioria qualificada (nº 3), bem como a adopção de medidas nacionais de acção positiva para compensar desigualdades de facto existentes (nº 4)[65].
- na CDFUE, o art. 23º, que consagra o princípio da igualdade entre homens e mulheres, incluindo nos domínios do emprego, trabalho e remuneração, e que admite expressamente as acções positivas nesta área; e o art. 33º nº 2, que consagra o direito à conciliação entre a vida profissional e a vida familiar.

**III.** Ao nível das *fontes secundárias*, podem isolar-se sete grandes áreas de desenvolvimento do Direito Social da União Europeia em matéria de igualdade de género, desde 1975 até à actualidade:

- *igualdade remuneratória entre trabalhadores e trabalhadoras por trabalho igual ou de valor igual*, que foi objecto da primeira Directiva sobre esta matéria: Dir. 117/75/CEE, de 10 de Fevereiro de 1975;
- *igualdade de tratamento no acesso ao emprego, nas condições de trabalho, na carreira e na formação profissional*: Dir. 76/207/CEE, de 9 de Fevereiro de 1976, modificada e refundida pela Dir. 2002/73/CE, de 23 de Setembro de 2002;
- *igualdade no domínio da segurança social*: Dir. 79/7/CEE, de 19 de Dezembro de 1978, e Dir. 86/378/CEE, de 24 de Julho de 1986, respeitantes, respectivamente, aos regimes gerais e aos regimes profissionais e de segurança social;
- *igualdade de tratamento no universo dos trabalhadores independentes e dos trabalhadores da agricultura*, incluindo a protecção na maternidade: Dir. 86/613/CEE, de 11 de Dezembro de 1986, entretanto substituída pela Dir. 2010/41/UE, de 7 de Julho de 2010;

---

[64] Para mais desenvolvimentos sobre este conceito de remuneração, veja-se M. R. PALMA RAMALHO, *Igualdade de tratamento entre trabalhadores e trabalhadoras em matéria remuneratória: a aplicação da Directiva 75/117/CE em Portugal*, in Estudos de Direito do Trabalho, I, Coimbra, 2003, 227-246 (também publicado *in* ROA, 1997, 159-181).

[65] Esta última norma, introduzida no TCE, pôs fim à controvérsia sobre a admissibilidade e o alcance das medidas de acção positiva para compensar desigualdades de facto, que tinha sido desencadeada no TJ, pelo Ac. *Kalanke*, de 17/10/1995.

§ 6º AS FONTES INTERNACIONAIS E COMUNITÁRIAS

- *protecção da maternidade e da paternidade*, iniciada com a Dir. 92/85/CEE, de 19 de Outubro de 1985, relativa à tutela das trabalhadoras grávidas, puérperas e lactantes, e completada com a Dir. 96/34/CE, de 3 de Junho de 1996, relativa à licença parental, esta última já substituída pela Dir. 2010/18/UE, de 8 de Março de 2010[66];
- *garantia da efectividade dos direitos em matéria de igualdade de género*, promovida com a Dir. 97/80/CE, de 15 de Dezembro de 1997, sobre a repartição do ónus da prova nos casos de discriminação em razão do género;
- *igualdade de género no acesso e no fornecimento de bens e serviços* (Dir. 2004/113/CE, de 13 de Dezembro de 2002) – embora extravase o domínio laboral, esta Directiva deve ser referenciada porque tem implicações com a prestação de serviços e, nessa medida, com o trabalho autónomo.

Mais recentemente, foi aprovada uma directiva de consolidação geral da regulamentação comunitária em matéria de igualdade de género no trabalho e no emprego, que integrou a Dir. 75/117, a Dir. 76/207, a Dir. 97/80 e a Dir. 86/378, revogando-as: é a Dir. 2006/54/CE, de 5 de Julho de 2006[67].

**IV.** Por fim, deve salientar-se o trabalho do *Tribunal de Justiça* no desenvolvimento do princípio da igualdade de género no trabalho e no emprego, de

---

[66] Embora a base primária da Directiva sobre as trabalhadoras grávidas, puérperas e lactantes tenha sido a norma do TCEE sobre condições de trabalho (*supra*, ponto anterior), e as Directivas sobre a licença parental tenham assentado directamente na concertação social de nível europeu, a relação desta matéria com a da igualdade de género está solidamente estabelecida no Direito da União Europeia. Sobre o ponto, em especial, M. R. PALMA RAMALHO, *Conciliação equilibrada entre a vida profissional e familiar – uma condição para a igualdade entre mulheres e homens na União Europeia*, e *Protection de la maternité et articulation entre la vie familiale et la vie professionnelle par les hommes et par les femmes*, in Estudos de Direito do Trabalho cit., I, 269-277 e 279-286, respectivamente, bem como *The importance of a balanced reconciliation of family and professional life between men and women for the practical implementation of gender equality principle in employment area*, in Professor Doutor Inocêncio Galvão Telles: 90 Anos. Homenagem da Faculdade de Direito de Lisboa, Coimbra, 2007, 909-919, e ainda *Reconciling Family and Professional Life and the Gender Equality Principle*, EGELR 2009, 2, 7-24, M. R. PALMA RAMALHO/HELOÍSA PERISTA, *Concilier famille et travail au Portugal: droit et pratiques*, in AA/VV, *Concilier famille et travail pour les hommes et pour les femmes: droit et pratiques*, Athènes – Bruxelles, 2005, 191-217.
[67] Na verdade, esta consolidação é apenas parcial uma vez que estão excluídas do âmbito desta directiva as matérias relativas à igualdade de género nos domínios da segurança social (excepto quanto aos regimes profissionais de segurança social), e da maternidade, paternidade e conciliação.

§6º AS FONTES INTERNACIONAIS E COMUNITÁRIAS

acordo com a lógica de indução acima referida e que permitiu que, de uma norma de alcance limitado (a regra da proibição da discriminação na remuneração entre trabalhadores e trabalhadoras por trabalho igual ou de valor igual, estabelecida no art. 119º do TCEE), se fosse evoluindo para o princípio de igualdade de género de alcance geral e com um sentido positivo e pró--activo, que hoje está consagrado nos Tratados europeus.

Efectivamente, foi a aplicação do princípio da igualdade remuneratória pelo Tribunal de Justiça que permitiu afinar os conceitos implicados no princípio, acabando por inspirar as Directivas mais recentes nesta matéria e a própria revisão dos Tratados no sentido do alargamento do princípio. Neste plano, conceitos como os de remuneração, de trabalho de valor igual, de discriminação directa e indirecta foram apurados pelo Tribunal de Justiça – por exemplo, Ac. TJ de 9/02/1982 (*Garland*), Ac. TJ de 26/02/1986 (*Marshall*), Ac. TJ de 4/02/1988 (*Murphy*), Ac. TJ de 7/02/1991 (*Nimz*) e Ac. TJ de 13/12/1994 (*Grau-Hupka*); foi também nessa sede que foi admitido o efeito directo das normas das directivas comunitárias não transpostas atempadamente pelos Estados Membros, neste domínio – Ac. TJ de 8/04/1976 (*Defrenne*), em orientação que foi mantida, posteriormente, por muitos outros acórdãos –, que foi discutida a admissibilidade das acções positivas – por exemplo, Ac. TJ de 17/10/1995 (*Kalanke*) e Ac. TJ de 11/11/1997 (*Marschall*) – e que foi apreciada a questão do ónus da prova das situações de discriminação – por exemplo, no Ac. TJ de 27/10/1993 (*Enderby*); foi pela via da jurisprudência que foi estendido o âmbito do princípio da igualdade remuneratória à matéria da segurança social – por exemplo, Ac. TJ de 13/05/1986 (*Bilka*), Ac. TJ de 17/05/1990 (*Barber*), e Ac. TJ de 28/09/1994 (*Van der Akker*); e, por fim, foi ainda a jurisprudência europeia que consolidou a ligação entre o princípio da igualdade de género e a temática da protecção da maternidade – por exemplo, Ac. TJ de 8/11/1990 (*Dekker*), Ac. TJ de 25/07/1991 (*Stoeckel*), Ac. TJ de 13/02/1996 (*Gillespie*) e Ac. TJ de 30/06/1998 (*Brown-Rentokill*) – e, mais recentemente, com a temática da paternidade – por exemplo, Ac. TJ de 30/09/2010 (*Roca Alvarez*)[68].

---

[68] Para uma apreciação mais completa da jurisprudência comunitária nesta matéria, veja-se a colectânea *Igualdade de Oportunidades entre Mulheres e Homens: Trabalho, Emprego e Formação Profissional – Jurisprudência do Tribunal de Justiça das Comunidades Europeias* – Ministério do Tra-

Em suma, a jurisprudência comunitária nesta área foi de grande riqueza e desenvolveu-se claramente para além do escopo inicial do princípio da não discriminação remuneratória, inicialmente consagrado no Tratado de Roma, o que permitiu a evolução posterior.

V. A transposição destas directivas comunitárias para o direito interno foi feita essencialmente pela Lei da Igualdade no Trabalho e no Emprego (DL nº 392/79, de 20 de Setembro, e DL nº 426/88, de 18 de Novembro, respectivamente para os trabalhadores do sector privado e para os trabalhadores públicos) e pela Lei da Protecção da Maternidade e da Paternidade (L. nº 4/84, de 5 de Abril, e sucessivas leis de alteração), no que respeita às matérias da tutela das trabalhadoras grávidas, puérperas e lactantes e da licença parental.

Actualmente, estas matérias são quase todas disciplinadas pelo Código do Trabalho (arts. 23º e ss., e arts. 30º e ss., respectivamente para as regras gerais em matéria de igualdade e para a disciplina da igualdade de género, e arts. 33º ss., quanto às regras de tutela da maternidade e da paternidade) – o art. 2º alíneas b), d) e o) do Diploma Preambular ao CT dá nota da transposição destas directivas. Apenas a Directiva sobre igualdade de género no acesso e no fornecimento de bens e serviços foi transposta por diploma avulso (L. nº 14/2008, de 12 de Março), bem como a Directiva sobre igualdade de género nos regimes profissionais de segurança social (DL nº 307/797, de 11 de Novembro).

b) O princípio geral da não discriminação

I. A par do princípio da igualdade de género em geral e no domínio do trabalho e do emprego, o TCE consagrou, pela primeira vez, no art. 13º, um *princípio geral de não discriminação em razão do sexo, da raça ou origem étnica, do credo ou das convicções, da deficiência, e da idade.* Este princípio consta actualmente 19º nº 1 do TFUE, sendo considerado um princípio transversal, por força do art. 10º do mesmo tratado, e é ainda reforçado pelo art. 21º nº 1 da CDFUE.

Formulado em termos gerais, este princípio tem também reflexos no domínio laboral.

balho e da Solidariedade, Lisboa, 1998, onde estes acórdãos podem também ser confrontados, e Rosário Palma Ramalho, *Direito Social da União Europeia cit., passim.*

§6º AS FONTES INTERNACIONAIS E COMUNITÁRIAS

**II.** Embora o processo de decisão para a adopção de instrumentos normativos secundários de desenvolvimento deste princípio seja, teoricamente, mais complicado do que sucede em relação ao princípio da igualdade de género – uma vez que o art. 19º do TFUE estabelece ainda a regra da unanimidade –, observa-se já um desenvolvimento deste princípio no plano do direito secundário, que se concretizou nas seguintes Directivas:

- a Dir. 2000/43/CE, de 29 de Junho de 2000, relativa à *implementação do princípio da igualdade de tratamento entre as pessoas sem distinção de raça ou de origem étnica*;
- e a Dir. 2000/78/CE, de 27 de Novembro de 2000, que estabeleceu um *quadro geral em favor da igualdade de tratamento no trabalho e no emprego.*

Um aspecto importante a salientar, relativamente a estas Directivas, é que elas aproveitaram o *acquis* comunitário em matéria de igualdade de género, que tinha sido desenvolvido, ao longo dos anos e nem sempre de forma pacífica, pela jurisprudência comunitária e que se foi incorporando nas normas primárias e secundárias. Assim, conceitos como discriminação directa e indirecta ou assédio, bem como as regras especiais sobre a repartição do ónus da prova ou sobre o direito a indemnização por condutas discriminatórias, foram acolhidas por estas Directivas.

Por outro lado, as projecções destes instrumentos normativos na área do trabalho e do emprego foram já objecto de tratamento pelo Tribunal de Justiça, em especial no que toca à discriminação com base na idade, concretamente para apreciação de situações em que um tratamento diferenciado com base nesse factor deve ser considerado admissível, por razões atinentes à actividade profissional em causa ou a políticas de emprego – sobre estas questões, podem ver-se, por exemplo, o Ac. *Mangold*, de 25/11/2005, o Ac. *Palacios de da Villa*, de 16/07/2007, o Ac. *David Hütter*, de 18/06/2009, o Ac. *Kükückdeveci*, de 19/01/2010, ou o Ac. *Richard Prigge*, de 13/09/2011[69].

---

[69] Em especial sobre a evolução da jurisprudência do TJ em matéria de discriminação em razão da idade no trabalho e no emprego, T. COELHO MOREIRA, *Discriminação em razão da idade dos trabalhadores: anotação ao acórdão do TJUE, Richard Prigge, de 13 de Setembro de 2011, processo C-447/09*, QL, 2012, 39, 137-141 e ainda *A discriminação em razão da idade no contexto de uma população envelhecida na UE*, in T. COELHO MOREIRA, *Igualdade e não Discriminação. Estudos de Direito*

**III.** A transposição destas Directivas foi também assegurada pelo Código do Trabalho (art. 2º alíneas i) e j) do Diploma Preambular), que regula actualmente estas matérias nos arts. 23º e ss. No que toca à Dir. 2000/43/CE, de 29 de Junho, trata-se de uma transposição parcial, porque se reporta apenas aos aspectos atinentes ao contrato de trabalho.

Nos aspectos não atinentes ao trabalho e ao emprego, a Dir. 2000/43 foi transposta pela L. nº 18/2004, de 11 de Maio. Já em relação à matéria da discriminação ono acesso e no exercício do trabalho independente, também tratada nas Directivas 2000/43, 2000/78 e 2006/54, a transposição pra o direito interno foi efectuada pela L. nº 3/2011, de 5 de Julho.

### 16.6. Os contratos de trabalho especiais e outras situações laborais especiais

**I.** Uma outra área de desenvolvimento do Direito Social da União Europeia, tem a ver com contratos de trabalho especiais e com outras situações laborais especiais, por força do tipo de trabalhador envolvido ou da actividade laboral em causa. Nesta área, destacam-se os seguintes instrumentos normativos comunitários:

- Dir. 1999/70/CE, de 28 de Junho de 1999, sobre o *trabalho a termo*;
- Dir. 97/81/CE, de 15 de Dezembro de 1997, sobre o *trabalho a tempo parcial*[70];
- Dir. 94/33/CE, de 22 de Junho de 1994, sobre o *trabalho dos jovens*;
- Rec. 86/379/CEE, de 24 de Julho de 1986, sobre o *trabalho de deficientes*;

---

*do Trabalho*, Coimbra, 2013, 9-77, ROSÁRIO PALMA RAMALHO, *Age Discrimination, Retirement Conditions and Specific Labour Arrangments: The Main Trends in the Application of Directive 2000/78/EC in the Field of Age Discrimination*, ELLJ, 2013, 4/2, 109-118 e BRUNO MESTRE, *Discriminação em função da idade*, in J. REIS/L. AMADO/L. FERNANDES/R. REDINHA (coord.), *Para Jorge Leite. Escritos Juridico-Laborais*, I, Coimbra, 2014, 569-624.

[70] Especificamente em relação a esta matéria, no contexto comunitário, A. DIAS COIMBRA, *Negociação colectiva europeia: o trabalho a tempo parcial*, QL, 1999, 13, 60-89 (60 ss.).

- Regulamentos 3820/85, e 3821/85, ambos de 20 de Dezembro de 1985, e Dir. 88/599/CEE, de 23 de Novembro de 1988, sobre o *trabalho no sector dos transportes*;
- Rec. 97/370/CE de 27 de Maio de 1998, sobre a ratificação da Convenção nº 177 da OIT relativa ao *trabalho no domicílio*.

Uma das particularidades a assinalar no tocante a esta área é que este desenvolvimento normativo resultou, em vários casos, de acordos-quadro entre os parceiros sociais europeus. Foi o que sucedeu com as Directivas sobre o trabalho a termo e o trabalho a tempo parcial, numa clara demonstração da vitalidade do direito comunitário na área social.

**II.** Portugal procedeu à transposição das directivas sobre o contrato de trabalho a termo e sobre o trabalho a tempo parcial, bem como sobre o trabalho dos jovens, directamente no CT – cfr. art. 2º alíneas c), f) e h) do Diploma Preambular ao CT.

### 16.7. A tutela dos trabalhadores perante vicissitudes do empregador ou da empresa

**I.** Uma matéria que corresponde a uma preocupação relativamente mais recente do Direito Social da União Europeia é a da protecção dos trabalhadores perante vicissitudes contratuais atinentes ao empregador ou à empresa.

Neste domínio, destaca-se a emissão de Directivas nas seguintes matérias:

- *insolvência do empregador e protecção dos trabalhadores* (Dir. 80/987/CEE, de 20 de Outubro de 1980, alterada pela Dir. 2002/74/CE, de 23 de Setembro de 2002);
- *despedimento colectivo*: aproximação das legislações internas no que toca à delimitação da figura e aos procedimentos para a sua efectivação (Dir. 98/59/CE, de 20 de Julho de 1998);

– *transmissão do estabelecimento ou da empresa*, no todo ou em parte, e manutenção dos direitos dos trabalhadores (Dir. 2001/23/CE, de 12 de Março de 2001[71]).

**II.** Também com referência a esta área de intervenção, deve chamar-se a atenção para o facto de estas Directivas não terem tido um fundamento social directo, mas assentarem formalmente na norma primária que consagra o dever de harmonização das normas nacionais que possam ter incidência directa no estabelecimento ou no funcionamento do mercado comum – art. 114º do TFUE (ex-art. 94º do TCE e ex-art. 100º do TCEE). Este fundamento económico não obsta, todavia, aos reflexos ou à índole laboral destes instrumentos.

Por outro lado, deve ter-se em conta que os textos europeus mais recentes já estabelecem um princípio de tutela do trabalhador nas situações de cessação do contrato de trabalho art. 153º nº 1 d) do TFUE (ex-art. 137º nº 3 do TCE), o que pode vir a justificar um maior desenvolvimento do Direito Europeu nesta matéria.

**III.** Portugal procedeu à transposição destas Directivas em diversos diplomas, sendo actualmente estas matérias reguladas pelo Código do Trabalho em normas dispersas – cfr., quanto à transposição, o art. 2º alínea g) e l) do Diploma Preambular ao CT.

### 16.8. O diálogo social e a representação dos trabalhadores ao nível europeu

**I.** Deve, por último, chamar-se a atenção para a preocupação do Direito Social da União Europeia com a promoção do diálogo social ao nível europeu, em moldes que assegurem os seguintes objectivos:

---

[71] Diversas directivas e regulamentos dispõem ainda sobre operações de cisão, fusão e concentração de empresas. Assim, a 3ª Dir. 78/855/CEE, de 9 de Outubro de 1978, a 6ª Dir. 82/891/CEE, de 17 de Dezembro de 1982, o Reg. 4064/89, de 21 de Dezembro de 1989, e o Reg. 447/98, de 1 de Março.

- a informação e a consulta dos trabalhadores – art. 153 nº 1 e) do TFUE (ex-art. 137º nº 1 do TCE);
- a consulta equilibrada dos parceiros sociais ao nível europeu – art. 154º do TFUE (ex-art.138º do TCE);
- o estabelecimento de relações colectivas e a celebração de convenções colectivas de trabalho a este nível – art. 155º do TFUE (ex-art. 139º do TCE).

**II.** Em desenvolvimento do *objectivo de assegurar a informação e a consulta dos trabalhadores, bem como a sua representação nas empresas de dimensão europeia* foram aprovadas as seguintes Directivas:

- Dir. 94/45/CE, de 22 de Setembro de 1994 (modificada pela Dir. 97/74/CE, de 15 de Dezembro de 1997), que institui os *conselhos de empresa europeus*; esta Directiva foi, entretanto, substituída pela Dir. 2009/38/CE, de 6 de Maio 2009.
- Dir. 2001/86/CE, de 8 de Outubro de 2001, que assegura a *participação dos trabalhadores na sociedade anónima europeia*;
- Dir. 2002/14/CE, de 11 de Março de 2002, que estabelece um *quadro geral relativo à informação e consulta dos trabalhadores na Comunidade Europeia*
- Dir. 2003/72/CE, de 22 de Julho, que assegura a *participação dos trabalhadores na sociedade cooperativa europeia*.

As directivas comunitárias nesta área foram transpostas para o direito interno por leis avulsas e em momentos diversos.

Assim, a Directiva sobre os Conselhos de Empresa Europeus, foi transposta pela L. nº 40/99, de 9 de Junho, mas a matéria foi depois prevista no CT de 2003 e disciplinada pela RCT de 2004 (arts. 471º ss. do CT, e arts. 365º ss. da RCT). Já o Código do Trabalho de 2009 optou por remeter a regulamentação da matéria para diploma especial (art. 12º nº 6 p) da Lei Preambular), opção esta que se coaduna melhor com a grande especificidade e com a escassíssima implementação prática da figura no contexto nacional. O regime jurídico actual dos conselhos de empresa europeus consta pois actualmente da L. nº 96/2009, de 3 de Setembro.

No que toca às directivas sobre a representação dos trabalhadores nas sociedades anónimas ou cooperativas europeias, a sua transposição foi feita pelo DL nº 215/2005, de 13 de Dezembro, e pela L. nº 8/2008, de 18 de Fevereiro, respectivamente.

Já a directiva geral sobre informação e consulta dos trabalhadores no seio das empresas foi transposta para o Código do Trabalho, em disposições diversas.

**III.** Por outro lado, o incentivo dado pelos Tratados ao *diálogo social ao nível europeu* tem tido resultados frutuosos na celebração de acordos-quadro entre os parceiros sociais europeus, que vieram, posteriormente, a ser adoptados como directivas – foi o que sucedeu com as matérias da licença parental (Dir. 96/34/CE, de 3 de Junho de 1996, e Dir. 2010/18/UE, de 8 de Março de 2010), do trabalho a termo (Dir. 99/70/CE, de 28 de Junho de 1999) e do trabalho a tempo parcial (Dir. 97/81/CE, de 15 de Dezembro de 1997).

Esta é uma forma de produção de normas comunitárias cuja importância deve ser assinalada, pelas potencialidades que tem no domínio social.

**IV.** Por fim, no que se refere à negociação e celebração de *convenções colectivas de dimensão europeia*, embora se compreenda o objectivo do princípio comunitário – no sentido em que deve ser prevista uma regulamentação convencional colectiva específica para as empresas e grupos de empresas de dimensão internacional – na prática, colocam-se diversos problemas de operacionalização deste princípio, designadamente no que toca à legitimidade para a respectiva celebração, ao processo negocial e de publicação e, sobretudo, ao seu grau de eficácia[72].

Trataremos estes problemas aquando do estudo da figura das convenções colectivas[73].

---

[72] Sobre estes problemas, A. DIAS COIMBRA, *A convenção colectiva de trabalho europeia: eficácia jurídica*, QL, 1994, 3, 144-153, e *Negociação colectiva europeia... cit.*, 72 ss.; e em especial sobre esta problemática, no tocante aos grupos de empresas, ROSÁRIO PALMA RAMALHO, *Grupos Empresariais e Societários...cit.*, 691 ss.

[73] *Tratado III*, § 48º.

# §7º AS FONTES INTERNAS COMUNS

## 17. A lei: em especial o Código do Trabalho e demais legislação laboral

### 17.1. Aspectos gerais

**I.** Imediatamente abaixo da Constituição e do direito internacional geral, convencional e comunitário, encontram-se, na hierarquia das fontes, a lei ordinária e, mais especificamente, as leis laborais.

No domínio laboral, três matérias constituem reserva de competência legislativa da Assembleia da República, nos termos do art. 165º nº 1 da CRP: os direitos fundamentais dos trabalhadores, na medida em que constituam direitos, liberdades e garantias (alínea b) do art. 165º nº 1); o regime geral de punição das infracções disciplinares (alínea d) do art. 165º nº 1); e o regime geral das contra-ordenações laborais e respectivo processo, na medida em que consubstanciam direito de mera ordenação social (alínea d) *in fine* do art. 165º nº 1). Trata-se, contudo, de uma reserva relativa de competência, admitindo-se a concessão de autorização ao Governo para legislar nestas matérias. Nas restantes matérias laborais não há condicionamentos especiais.

Além disso, é ainda admissível a produção de normas laborais ao nível das Regiões Autónomas, no âmbito da respectiva competência regional.

**II.** Constituindo o Direito do Trabalho um ramo jurídico do direito privado, tem particular importância, como fonte subsidiária, o Código Civil e a legislação civil complementar. Como já tivemos ocasião de referir[74], a autonomia dogmática do Direito Laboral não colide com o reconhecimento da importância do Direito Civil, como direito subsidiário, exigindo apenas que a aplicação das normas civis em contexto laboral seja precedida da avaliação da respectiva compatibilidade com os princípios do Direito do Trabalho.

No Código Civil, relevam em especial no domínio laboral as regras da Parte Geral relativas à capacidade jurídica (ressalvadas as especificidades em matéria de capacidade para o trabalho), as regras gerais sobre o negócio jurídico (pela natureza negocial do contrato de trabalho e de outros fenómenos laborais), a matéria dos Direitos de Personalidade (com grande importância no domínio laboral, por força da componente de pessoalidade do contrato de trabalho, no que toca ao trabalhador[75]), as regras de Direito Internacional Privado (relativamente aos contratos de trabalho plurilocalizados) e, naturalmente, as regras gerais de Direito das Obrigações, por força da dimensão obrigacional do contrato de trabalho.

Ao nível da legislação civil complementar, salientamos o relevo particular do regime das cláusulas contratuais gerais (LCCG, aprovada pelo DL nº 446/85, de 25 de Outubro, com as alterações introduzidas pelo DL nº 220/95, de 31 de Agosto, e pelo DL nº 249/99, de 7 de Julho), que tem diversas aplicações no domínio laboral, designadamente ao nível da formação do contrato de trabalho e dos regulamentos de empresa[76].

### 17.2. O Código do Trabalho

**I.** Actualmente, a mais importante fonte de normas laborais, ao nível da lei, é o Código do Trabalho. O actual Código do Trabalho foi aprovado pela L. nº 7/2009, de 12 de Fevereiro, vindo substituir globalmente o anterior Código do Trabalho, aprovado pela L. nº 99/2003, de 27 de Agosto. O actual Código do Trabalho entrou em vigor nos termos gerais, com as ressalvas constantes do art. 12º nos 2 a 6 e do art. 14º da Lei Preambular, que, durante algum

---

[74] Cfr., *supra*, § 3º, ponto 6.7. A matéria será retomada, *infra*, § 15º, ponto 52.
[75] *Infra*, § 12º, ponto 43.5.2., *Tratado II*, § 18º, ponto 64.1., § 23º, ponto 85.4., e § 35º, ponto 129.3.
[76] *Tratado II*, § 18º, ponto 63.4.

§7º AS FONTES INTERNAS COMUNS

tempo, mantiveram em vigor algumas disposições do CT de 2003 e da RCT de 2004.

Aprovado em 2009, o Código do Trabalho já foi objecto de oito alterações, duas das quais de grande porte. Estas alterações foram introduzidas pelos seguintes diplomas:

- L. nº 105/2009, de 14 de Setembro, que aprovou a Regulamentação do Código (RCT), mas alterou o regime do Código em matéria de serviços mínimos em caso de greve em empresa do sector empresarial do Estado (art. 538º do CT);
- L. nº 53/2011, de 14 de Outubro, que alterou o Código em matéria de deveres de informação e instituiu novas regras em matéria de indemnização pela cessação do contrato de trabalho, no caso dos novos contratos de trabalho (arts. 106º, 127º, 164º, 177º, 180º, 190º, 192º, 194º, 344º a 347º, 360º, 372º, 379º, 383º a 385º, e 366º-A);
- L. nº 23/2012, de 25 de Junho, que introduziu alterações nas seguintes matérias: regime do trabalhador-estudante, deveres de informação e comunicação do empregador, contrato a termo de muito curta duração, comissão de serviço, banco de horas, intervalo de descanso, trabalho suplementar, feriados, férias, suspensão e redução do trabalho em situação de crise empresarial, fundamentos do despedimento por extinção do posto de trabalho e do despedimento por inadaptação, compensação por cessação do contrato de trabalho nos contratos de trabalho em execução, verificação da legalidade das cláusulas de convenção colectiva de trabalho em matéria de igualdade, articulação de convenções colectivas, e outorga de convenções colectivas por comissões de trabalhadores (arts. 63º, 90º, 91º, 94º, 99º, 127º, 142º, 161º, 164º, 177º, 192º, 194º, 208º, 213º, 216º, 229º, 230º, 234º, 238º, 242º, 256º, 264º, 268º, 269º, 298º, 299º, 300º, 301º, 303º, 305º, 307º, 344º a 347º, 356º a 358º, 360º, 366º, 368º a 379º, 383º a 385º, 389º, 479º, 482º, 486º, 491º e 492º, 560º, 96º-A, 208º-A, 208º-B, 298º-A);
- L. nº 47/2012, de 29 de Agosto, que alterou o regime da Lei Preambular ao CT em matéria de trabalho autónomo de menor (art. 3º), e o regime do Código do Trabalho em matéria de trabalho de menores (arts. 68º, 69º 70º e 82º);

- L. nº 69/2013, de 30 de Agosto, que voltou a alterar o Código do Trabalho na matéria do valor da indemnização compensatória por despedimento colectivo e outras formas de cessação do contrato de trabalho, consumando uma nova descida no valor da indemnização (art. 366º);
- L. nº 27/2014, de 8 de Maio, que voltou a alterar o regime do despedimento por extinção do posto de trabalho e o regime do despedimento por inadaptação (arts. 368º nºs 2 e 4 e art. 375º nº 1 d)), na sequência da declaração de inconstitucionalidade das alterações a essas normas introduzidas pela L. nº 23/2012, de 25 de Junho;
- L. nº 55/2014, de 25 de Agosto, que alterou o regime de sobrevigência dos instrumentos de regulamentação colectiva de trabalho e instituiu o regime de suspensão da vigência da convenção colectiva de trabalho em situações de crise empresarial (arts. 501º e 502º);
- L. nº 28/2015, de 14 de Abril, que alterou o art. 24º do CT, adicionando o factor «identidade de género» no enunciado dos factores discriminatórios, que integram a proibição de discriminação contra o trabalhador ou candidato a emprego.

Como já referimos, a propósito da evolução recente do Direito do Trabalho nacional[77], o Código do Trabalho de 2003 procedeu à unificação do conjunto disperso de leis laborais existentes, que tinham sido aprovadas ao longo da história do Direito do Trabalho português em épocas distintas e sob influências diversas, vindo a resultar num sistema complexo, de acesso difícil e algo desarticulado.

A mesma tendência unificadora se observa no actual Código, uma vez que o seu regime abarca a maioria dos aspectos que compõem a disciplina das situações juslaborais individuais e das situações juslaborais colectivas. Contudo, a perspectiva do actual Código quanto à sistematização das matérias laborais é algo diferente da do CT de 2003: é que, tendo prescindido de um diploma geral de regulamentação do Código, este tem que ser complementado por uma série de diplomas avulsos sobre as diversas matérias que o Código não integrou.

Assim, pode dizer-se que o actual sistema normativo está a meio caminho entre a filosofia de aglutinação máxima das normas laborais, que inspirou o

---

[77] *Supra*, § 2º, ponto 5.2.2.

CT de 2003, e o sistema normativo fortemente disperso, que caracterizou a fase anterior à codificação do Direito do Trabalho nacional.

**II.** Uma vez que já procedemos à apreciação crítica de algumas opções do Código, tanto em termos sistemáticos como em termos substanciais, a propósito da evolução histórica do Direito do Trabalho nacional, cabe apenas, em sede de fontes, apresentar com algum detalhe a sistematização das matérias no Código, a fim de facilitar a respectiva consulta.

O Código está dividido em dois Livros, intitulados, respectivamente «Parte Geral», que compreende as normas dos artigos 1º a 545º, e «Responsabilidades penal e contra-ordenacional», que compreende as normas constantes dos arts. 546º a 566º.

O Livro I está dividido em três títulos, denominados, respectivamente, «Fontes e Aplicação do Direito do Trabalho» (arts. 1º a 10º), «Contrato de Trabalho» (arts. 11º a 403º) e «Direito Colectivo» (art. 404º a art. 545º).

Passemos rapidamente em revista os temas tratados nestes títulos.

### a) «Fontes e Aplicação do Direito do Trabalho»

O Título I é dividido em dois capítulos: o Capítulo I integra algumas das normas relativas às fontes de Direito do Trabalho e suas relações (arts. 1º a 3º); o Capítulo II, sob a epígrafe «Aplicação do Direito do Trabalho», contém regras sobre diversos problemas: regime do trabalho de estrangeiros (arts. 4º e 5º); regime do destacamento de trabalhadores (arts. 6º a 8º); regra geral sobre contratos de trabalho especiais (art. 9º); e regra geral sobre os contratos equiparados (art. 10º).

### b) «Contrato de Trabalho»

O Título II, dedicado ao contrato de trabalho compreende sete capítulos, divididos em secções e, em alguns casos, em subsecções e em divisões. Assim:

1) No Capítulo I, intitulado «Disposições Gerais», são reguladas em secções sucessivas as seguintes matérias:
   – «Contrato de trabalho» (Secção I, arts. 11º e 12º.);

- «Sujeitos» (Secção II), que integra, em sucessivas subsecções, as matérias da capacidade (art. 14º), dos direitos de personalidade (arts. 14º ss.), da igualdade e não discriminação (arts. 23º ss.), da protecção da parentalidade (arts. 33º ss.), do trabalho de menores (arts. 66º ss.), dos trabalhadores com capacidade de trabalho reduzida (art. 84º), com deficiência ou com doença crónica (arts. 85º ss.), e ainda as matérias relativas ao trabalhador estudante (arts. 89º ss.), bem como as normas relativas ao empregador e à empresa (arts. 97º s.);
- «Formação do contrato» (Secção III), que compreende, em subsecções, as matérias relativas à negociação do contrato de trabalho (art. 102º), ao contrato-promessa (art. 103º), ao contrato de adesão (arts. 104º s.), ao dever de informação (arts. 106º ss.), e à forma do contrato de trabalho (art. 110º);
- «Período experimental» (Secção IV, arts. 111º ss.);
- «Actividade do trabalhador» (Secção V, arts. 115º ss.), que compreende também as matérias da mobilidade funcional e da descida de categoria[78];
- «Invalidade do contrato de trabalho» (Secção VI, arts. 121º ss.);
- «Direitos, deveres e garantias das partes» (Secção VII, arts. 126º ss.), que compreende subsecções relativas a disposições gerais e a formação profissional;

---

[78] A secção correspondente a esta no CT de 2003 era designada simplesmente como «Objecto» (do contrato de trabalho, naturalmente). Esta designação, que remetia directamente para a categoria da relação jurídica e respectivos elementos, à maneira tradicional, era manifestamente desadequada, uma vez que o objecto do contrato de trabalho não se esgota na actividade do trabalhador (efectivamente disciplinada nas normas que integravam a referida secção), mas abrange também a prestação contratualmente devida pelo empregador – ou seja, a retribuição, regulada noutro ponto do Código. O CT de 2009 procedeu à adequada correcção. Além disso, esta secção é, no Código do Trabalho actual, muito mais extensa, porque foi nela integrada a disciplina da determinação da função, da polivalência e da mobilidade funcional e ainda o regime da mudança de categoria, matérias que, no CT de 2003, estavam dispersas por vários pontos. É uma opção que também se aplaude pela evidente afinidade das matérias.

§7º AS FONTES INTERNAS COMUNS

- «Cláusulas acessórias» (Secção VIII, arts. 135º ss.), que integra subsecções relativas à condição e ao termo suspensivos e à limitação da liberdade de trabalho[79];
- «Modalidades de contrato de trabalho» (Secção IX, arts. 139º ss.). Nesta Secção, que constitui uma novidade na sistematização do Código são disciplinados, em sucessivas subsecções, alguns contratos de trabalho especiais: o contrato de trabalho a termo (arts. 139º ss.); o contrato de trabalho a tempo parcial (arts. 150º ss.)[80]; o contrato de trabalho intermitente, novo contrato especial introduzido por este Código (arts. 157º ss.); o contrato de trabalho em regime de comissão de serviço (arts. 161º ss.); o contrato de teletrabalho (arts. 165º ss.); e o trabalho temporário (arts. 172º ss.)[81].

2) No Capítulo II, intitulado «Prestação do trabalho» são estabelecidas as normas relativas às seguintes matérias:
- «Local de trabalho» (Secção I, arts. 193º ss.), que passou também a incluir a matéria relativa à transferência do trabalhador[82];
- «Duração e organização do tempo de trabalho» (Secção II, arts. 197º ss.), que compreende onze subsecções relativas a princípios gerais (arts. 197º ss.), à duração do trabalho (arts. 203º ss.), ao horário de trabalho (arts. 212º ss.), à isenção de horário de trabalho (arts. 218º ss.), ao trabalho por turnos (arts. 220º ss.), ao

---

[79] Nesta secção, o actual CT afasta-se da sistematização do CT de 2003, que regulava também nesta sede o contrato de trabalho a termo resolutivo (arts. 128º ss.). Era uma opção que não se compadecia com a importância nuclear do contrato de trabalho a termo resolutivo e que o actual Código reverteu, com a consagração de uma nova secção destinada aos contratos de trabalho especiais, na qual passou a inserir-se a disciplina do contrato de trabalho a termo resolutivo.
[80] No CT de 2003, este contrato era regulado a propósito da matéria do tempo de trabalho.
[81] Até ao surgimento do CT de 2009, o trabalho temporário era regulado fora do Código do Trabalho, pela L. nº 19/2007, de 22 de Maio. Esta lei foi mantida parcialmente em vigor pelo actual CT (art. 12º nº 1 c) do Diploma Preambular) até à publicação do diploma sobre o licenciamento e actividade das empresas de trabalho temporário – DL nº 260/2009, de 25 de Setembro.
[82] No CT de 2003, esta matéria era tratada muito mais à frente, como vicissitude do contrato de trabalho.

trabalho nocturno (arts. 223º ss.), e ao trabalho suplementar (arts. 226º ss.), bem como ao descanso semanal (arts. 232º ss.), aos feriados (arts. 234º ss.), às férias (arts. 237º ss.) e às faltas (arts. 248º ss.).

3) No Capítulo III, intitulado «Retribuição e outras prestações patrimoniais», encontramos secções relativas aos seguintes temas:
   – «Disposições gerais» (Secção I, art. 258º ss.);
   – «Determinação do valor da retribuição» (Secção II, art. 270º ss.);
   – «Retribuição mínima» (Secção III, arts. 273º ss.);
   – «Cumprimento» (Secção IV, art. 276º ss.)[83];

4) O Capítulo IV refere-se à «Prevenção e reparação de acidentes de trabalho e doenças profissionais» (arts. 281º a 284º), mas trata-se de uma regulamentação absolutamente genérica, a ser desenvolvida por diploma especial, que já foi entretanto publicado[84].

5) O Capítulo V refere-se às «Vicissitudes contratuais», contendo a regulação das matérias relativas aos seguintes temas:
   – «Transmissão da empresa ou estabelecimento» (Secção I, arts. 285º ss.);
   – «Cedência ocasional» (Secção II, arts. 288º ss.);
   – «Redução da actividade e suspensão do contrato (Secção III, que compreende várias subsecções e divisões – arts. 294º ss.)[85].

---

[83] No CT de 2003, a matéria do não pagamento pontual da retribuição era também regulada nesta sede. Actualmente, ela é tratada a propósito do incumprimento do contrato de trabalho.

[84] Por esta razão desapareceu o capítulo muito desenvolvido do CT de 2003, que disciplinava os acidentes de trabalho, mas que nunca entrou em vigor por falta de diploma regulamentador, bem como o capítulo sobre as doenças profissionais. Actualmente esta matéria é regulada, quanto a alguns aspectos, pela RCT de 2009, e, no restante, pela L. nº 102/2009, de 10 de Setembro (regime geral da segurança e saúde no trabalho) e pela L. nº 98/2009, de 4 de Setembro (regime da reparação de acidentes de trabalho e doenças profissionais).

[85] No CT de 2003 este capítulo integrava ainda uma outra secção, intitulada «Mobilidade», onde eram reguladas as figuras da mobilidade geográfica e funcional do trabalhador, bem como a mudança de categoria. Estas matérias são agora tratadas a propósito da actividade de trabalho e do local de trabalho, respectivamente.

6) O Capítulo VI, intitulado «Incumprimento do contrato», comporta agora secções relativas, respectivamente, aos seguintes temas:
   – «Disposições gerais» (Secção I, art. 323º s.);
   – «Suspensão do contrato de trabalho por não pagamento pontual da retribuição» (Secção II, arts. 325º ss.);
   – «Poder disciplinar» (Secção III, arts. 328º ss.);
   – «Garantias dos créditos» (Secção IV, arts. 333º ss.);
   – «Prescrição» (Secção V, art. 337º).

7) O Capítulo IX, intitulado «Cessação do contrato», comporta cinco secções, divididas da seguinte forma:
   – «Disposições gerais» (Secção I, arts. 338º ss.);
   – «Caducidade de contrato de trabalho» (Secção II, arts. 343º ss.);
   – «Revogação de contrato de trabalho» (Secção III, arts. 349º ss.);
   – «Despedimento por iniciativa do empregador» (Secção IV, que comporta três subsecções, intituladas, respectivamente, «Modalidades de despedimento» (arts. 351º ss.), «Ilicitude do despedimento» (arts. 381º ss.) e «Despedimento por iniciativa do empregador em caso de contrato a termo» (art. 393º). A propósito das «Modalidades de Despedimento», são disciplinados, em sucessivas divisões, o despedimento por facto imputável ao trabalhador (arts. 351º ss.), o despedimento colectivo (arts. 359º ss.), o despedimento por extinção do posto de trabalho (arts. 367º ss.) e o despedimento por inadaptação (arts. 373º ss.)[86].
   – «Cessação do contrato por iniciativa do trabalhador» (Secção V, que comporta duas subsecções, sobre as matérias da «Resolução» e da «Denúncia» – respectivamente, arts. 394º ss. e 400º ss.).

---

[86] Diversamente do CT de 2003, o actual CT opta por apresentar sequencialmente os aspectos substantivos e procedimentais destas modalidades de despedimento, em relação a cada uma delas, apenas tratando em separado a questão da ilicitude do despedimento, que tem regras comuns a todas estas formas de despedimento. É uma opção que facilita o manuseamento do texto legal.

### c) «Direito Colectivo»

O Título II da Parte Geral do Código do Trabalho (arts. 404º a 545º), intitulado «Direito Colectivo», adopta uma divisão em subtítulos (em número de três), compostos por capítulos, secções e subsecções.

1) O Subtítulo I, sob a designação «Sujeitos», compreende dois capítulos:
    – No Capítulo I, denominado «Estruturas de representação colectiva dos trabalhadores», são reguladas as seguintes matérias:
        – «Disposições gerais» (Secção I, arts. 404º ss.);
        – «Comissões de trabalhadores» (Secção II, arts. 415º ss.), com diversas subsecções;
        – «Associações sindicais e associações de empregadores» (Secção III, arts. 440º ss.), também com várias subsecções.
    – O Capítulo II é relativo à «Participação na elaboração da legislação do trabalho» (arts. 469º ss.)[87].

2) O Subtítulo II, intitulado «Instrumentos de regulamentação colectiva de trabalho», compreende sete capítulos, respeitantes às seguintes matérias:
    – «Princípios gerais» (Capítulo I, arts. 476º ss.);
    – «Convenção colectiva» (Capítulo II, arts. 485º ss.), com cinco secções, ao longo das quais são tratadas as matérias da negociação colectiva (arts. 485º ss.), da celebração e conteúdo das convenções colectivas (arts. 491º ss.), do depósito (arts. 494º s.), do âmbito pessoal da convenção (arts. 496º ss.), e do âmbito temporal da convenção (arts. 499º ss.);

---

[87] Neste ponto do Código, as principais diferenças em relação à sistematização do CT de 2003 têm a ver com o tratamento muito mais desenvolvido da figura das comissões de trabalhadores (uma vez que o essencial do regime destas comissões fora remetido pelo CT de 2003 para a RCT de 2004 e está agora integrado no Código), com a supressão do regime dos conselhos de empresas europeus, que passou a ser objecto de diploma especial (L. nº 96/2009, de 3 de Setembro), e com o tratamento unificado das associações sindicais e das associações de empregadores.

- «Acordo de adesão» (Capítulo III, art. 504º);
- «Arbitragem» (Capítulo IV, arts. 505º ss.), com várias secções, relativas, respectivamente, a disposições gerais (art. 505º), à arbitragem voluntária (arts. 506º s.), à arbitragem obrigatória (arts. 508º s.) e à arbitragem necessária (art. 510º ss.)
- «Portaria de extensão» (Capítulo V, arts. 514º ss.);
- «Portaria de condições de trabalho» (Capítulo VI, arts. 517º s.);
- «Publicação e entrada em vigor e aplicação» (Capítulo VII, arts. 519º ssº).

3) No subtítulo III, denominado «Conflitos colectivos», encontramos dois capítulos, sobre as seguintes matérias:
    - «Resolução de conflitos colectivos» (Capítulo I, arts. 522º ss.), que comporta quatro secções, relativas, respectivamente, a princípios gerais (art. 522º), à conciliação (arts. 523º ss.), à mediação (arts. 526º ss.) e à arbitragem (art. 529º);
    - «Greve e proibição do *Lock-out*» (Capítulo II, arts. 530º a 545º), com uma secção relativa ao direito de greve e respectiva disciplina jurídica e outra relativa ao *lock-out*.

d) **«Responsabilidade penal e contra-ordenacional»**
Por último, o Livro II do Código compreende dois capítulos:

- Capítulo I, sobre «Responsabilidade penal» (arts. 546º s.);
- Capítulo II, sobre «Responsabilidade contra-ordenacional» (arts. 548º ss.).

Contudo, diferentemente do que ocorria com o Código do Trabalho anterior, a previsão da tutela contra-ordenacional das regras do Código passou a ser referida a propósito de cada norma, o que obviamente confere muito maior visibilidade a essa tutela.

**III.** Apresentada, em linhas gerais, a sistematização geral do Código, cabe apenas realçar alguns pontos a ter em atenção na respectiva consulta. Estes pontos são os seguintes:

*i)* Em primeiro lugar, *o Código não tem uma parte geral*, o que faz com que diversas matérias de índole geral sejam reguladas ou em sede do regime do contrato de trabalho ou em sede do direito colectivo; esta técnica do legislador exige uma particular atenção no manuseamento da lei.

*ii)* Em segundo lugar, *o regime de alguns institutos laborais está disperso pelo Código*, em resultado da opção do legislador por uma exposição baseada na ideia de relação jurídica do trabalho e, por consequência, articulada segundo o critério do respectivo desenvolvimento. Em todo o caso, neste aspecto, o actual Código apresenta uma dispersão muito menor do que o Código anterior.

*iii)* Em terceiro lugar, deve ter-se em conta alguma *alteração da terminologia laboral clássica levada a efeito pelo Código* – assim, expressões clássicas como «processo disciplinar», «multa» «acordo de cessação do contrato de trabalho», «despedimento com justa causa», «rescisão por iniciativa do trabalhador» ou «associação patronal», foram substituídas pelas designações «procedimento disciplinar» «sanção pecuniária», «revogação», «despedimento por facto imputável ao trabalhador», «denúncia», «associações de empregadores», respectivamente. Ora, independentemente do rigor técnico destas expressões, quase todas introduzidas pelo Código do Trabalho de 2003 (rigor esse de que, aliás, a legislação laboral estava especialmente carecida, pela prolixidade linguística típica do Direito do Trabalho[88]), estas alterações de terminologia nem sempre facilitam a identificação de algumas figuras na lei ou a sua «descoberta» na doutrina e na jurisprudência anteriores ao Código. O ponto deve pois ser tido em consideração na abordagem do Código[89].

*iv)* Em quarto lugar, *devem ter-se em conta as diferentes fases da entrada em vigor do Código*, já que uma parte das suas normas viu a sua entrada em vigor deferida para o momento do surgimento dos diplomas com-

---

[88] Cfr., *supra*, § 3º, ponto 6.5.
[89] Deve, porém, ficar claro que a nossa chamada de atenção para este ponto tem apenas um objectivo prático e cautelar, já que, de um modo geral, as designações escolhidas pelo CT de 2003 são mais rigorosas do ponto de vista técnico. Por outro lado, no actual CT repuseram-se algumas designações originais, como a das portarias de extensão.

plementares respectivos. Embora esta situação esteja ultrapassada, os problemas de direito transitório exigem uma particular cautela.

v) Em quinto e último lugar, deve ter-se em conta que *subsiste legislação laboral avulsa em vigor anterior ao Código; e que depois do CT, já foram publicados vários diplomas complementares do mesmo*. Impõe-se pois também neste aspecto uma tarefa de articulação.

### 17.3. Outros diplomas laborais

**I.** Para além do Código do Trabalho releva ainda como fonte do Direito do Trabalho um conjunto disperso de diplomas em várias matérias.

**II.** Por um lado, continuaram em vigor algumas disposições do CT de 2003 e da RCT que se referem às matérias previstas nos arts. 12º e 14º da Lei Preambular ao Código.

Em todo o caso, o art. 12º da Lei Preambular ao CT já está ultrapassado pela publicação de legislação especial. Neste âmbito, já foram publicados os seguintes diplomas complementares do Código do Trabalho:

- o *regime de protecção social na parentalidade* (DL nº 91/2009, de 9 de Abril), que complementa a L. nº 4/2007, de 16 de Janeiro, e as disposições do CT nesta matéria; o novo regime dos conselhos de empresa europeus (L. nº 96/2009, de 3 de Setembro), em cumprimento da remissão do art. 404º d) do CT;
- o *regime dos conselhos de empresa europeus* (L. nº 96/2009, de 3 de Setembro), que veio regulamentar o art. 404º d) do CT;
- o novo *regime dos acidentes de trabalho e doenças profissionais* (L. nº 98/2009, de 4 de Setembro), que vem regulamentar o art. 284º do CT, e substitui a L. nº 100/97, de 13 de Setembro;
- o novo *regime do trabalho no domicílio* (L. nº 101/2009, de 8 de Setembro), que substitui o regime da RCT nesta matéria, mantido provisoriamente em vigor pela Lei Preambular ao CT de 2009 (art. 12º nº 6 a));
- o *regime de promoção da segurança e saúde no trabalho* (L. nº 102/2009, de 10 de Setembro), que veio regulamentar o art. 284º do CT, no tocante

aos aspectos de prevenção, bem como os arts. 62º nº 6 e 72º nº 6, também do CT, referentes à protecção da saúde das trabalhadoras grávidas, puérperas e lactantes e dos trabalhadores jovens, respectivamente;
- a *regulamentação do Código do Trabalho* (RTC – L. nº 105/2009, de 14 de Setembro), que veio complementar o regime do Código nas seguintes matérias: participação de menor em actividades de natureza artística, cultural ou publicitária, trabalhadores-estudantes, formação profissional, período de funcionamento, verificação da situação de doença, não pagamento da retribuição e subsídio de desemprego, suspensão de execuções contra trabalhador com retribuição em atraso, e informação sobre a actividade social da empresa;
- *o regime jurídico da arbitragem obrigatória, necessária e de serviços mínimos* (DL nº 259/2009, de 25 de Setembro, em complemento aos arts. 513º e 538º nº 4 b) do CT);
- *o regime jurídico do exercício e licenciamento das empresas de trabalho temporário e das agências de colocação* (DL nº 200/2009, de 25 de Setembro, que revogou a LTT de 2007, na parte que ainda se encontrava em vigor);
- *o novo regime de emissão de portarias de extensão* (Res. CM nº 90/2012, de 31 de Outubro, entretanto alterada pela Res. CM nº 43/2014, de 27 de Junho), que consagrou regras mais restritivas para a emissão destas portarias, dando cumprimento à medida estabelecida nesse sentido pelo MoU;
- *o regime do Fundo de Compensação do Trabalho* (L. nº 70/2013, de 30 de Agosto, e Port. nº 294-A/2013, de 30 de Setembro), que regulou a nova forma repartida de pagamento da indemnização compensatória pela cessação do contrato de trabalho, instituída pelo art. 366º nº 3 do CT, no âmbito da última reforma laboral;
- *os regime de renovação extraordinária de contratos de trabalho a termo certo* (L. nº 3/2012, de 10 de Janeiro, e L. nº 76/2013, de 7 de Novembro).
- *o novo regime do Fundo de Garantia Salarial* (DL nº 59/2015, de 21 de Abril), que deu cumprimento ao art. 336º do CT e revogou o anterior regime desta matéria (DL nº 219/99, de 15 de Junho e DL º 139/2011, de 24 de Abril), bem como as disposições da RCT de 2004 nesta matéria (arts. 316º a 326º), que tinham sido mantidas em vigor até ao surgimento deste diploma especial.

**III.** De outra parte, mantém-se em vigor legislação laboral avulsa, tanto anterior como posterior ao Código do Trabalho, e que se refere, sobretudo, a contratos de trabalho especiais, representação colectiva dos trabalhadores e segurança e saúde dos trabalhadores. Sem preocupações de exaustão, merecem referência os seguintes regimes:

- *regime do contrato de trabalho a bordo na marinha mercante* (DL nº 45 968, de 15 de Outubro de 1964; Decreto nº 45 969, de 15 de Outubro de 1964; DL nº 74/73, de 1 de Março);
- *regime do contrato de trabalho no sector dos transportes ferroviários* (Decreto nº 381/72, de 9 de Outubro);
- *regime do contrato de trabalho rural* (PRT publicada no BTE, I S., nº 21, de 8/6/1979);
- *regime contrato de trabalho doméstico* (DL nº 235/92, de 24 de Outubro);
- *regime do contrato de trabalho portuário* (DL nº 280/93, de 13 de Agosto, com as alterações introduzidas pela L. nº 3/2013, de 14 de Janeiro; DL nº 298/93, de 28 de Agosto; DReg. nº 2/94, de 28 de Janeiro);
- *regime do contrato de trabalho a bordo de embarcações de pesca* (L. nº 15/97, de 31 de Maio);
- *regime do contrato de trabalho do praticante desportivo e de formação desportiva* (L. nº 28/98, de 26 de Junho);
- *regime do envolvimento dos trabalhadores na sociedade anónima europeia* (DL nº 215/2005, de 13 de Dezembro);
- *regime do Fundo de Acidentes de Trabalho* (DL nº 185/2007, de 10 de Maio);
- *regime do contrato de trabalho dos profissionais de espectáculos* (L. nº 4/2008, de 7 de Fevereiro, alterado pela L. nº 105/2009, de 14 de Setembro e pela L. nº 28/2011, de 16 de Junho);
- *regime do envolvimento dos trabalhadores na sociedade cooperativa europeia* (L. nº 8/2008, de 18 de Fevereiro);
- *lei geral do trabalho em funções públicas* (LGTFP), aprovada pela L. nº 35/2014, de 20 de Junho, que revogou a LVCR e a LCTFP, entre outros diplomas.

Entretanto, o actual *Código de Processo do Trabalho*, aprovado pelo DL nº 480/99, de 9 de Novembro, foi revisto pelo DL nº 295/2009, de 13 de Outubro e pela L. nº 63/2013, de 27 de Agosto. Em matéria processual, deve, naturalmente, ter-se ainda em conta o novo Código de Processo Civil (aprovado pela L. nº 41/2013, de 26 de Junho), como legislação geral subsidiária, e o novo regime processual das contra-ordenações laborais e de segurança social, aprovado pela L. nº 107/2009, de 14 de Setembro.

**IV.** Como decorre do exposto, a legislação laboral constitui um quadro normativo dotado de elevada complexidade e que foi objecto, nos últimos anos, de profundas e sucessivas reformas, nos termos oportunamente explicitados. Em consequência, exige-se ao intérprete aplicador um especial cuidado na sua análise.

## 18. As especificidades da produção normativa no domínio laboral

### 18.1. O direito de consulta e de participação dos trabalhadores e dos empregadores na elaboração das leis laborais; a legislação laboral negociada

**I.** A propósito da lei, como fonte de Direito do Trabalho, devem referir-se as especificidades da produção normativa no domínio laboral. Estas especificidades decorrem, por um lado, do dever geral de consulta aos trabalhadores e aos empregadores durante o processo de elaboração das leis laborais; e, em concretização deste dever, decorrem ainda da institucionalização de um processo de elaboração das normas laborais, que conta com a participação activa dos parceiros sociais em sede de concertação social[90].

**II.** O *direito de participação na elaboração das leis laborais foi reconhecido em primeiro lugar aos trabalhadores*, através das comissões de trabalhadores e das associações sindicais, na qualidade de representantes dos interesses dos trabalhadores, pelos arts. 54º nº 5 d) e 56º nº 2 a) da CRP.

---

[90] Em geral, sobre o direito de participação dos trabalhadores e dos empregadores na elaboração da legislação laboral, MÁRIO PINTO, *Direito do Trabalho cit.*, I, 141 ss., MONTEIRO FERNANDES, *Direito do Trabalho cit.*, 98 ss., e ainda J. BACELAR GOUVEIA, *Os direitos de participação dos representantes dos trabalhadores na elaboração de legislação laboral*, in Estudos do Instituto de Direito do Trabalho, I, Coimbra, 2001, 109-152.

§7º AS FONTES INTERNAS COMUNS

A L. nº 16/79, de 26 de Maio, deu cumprimento a estas normas constitucionais[91] e regulou minuciosamente os procedimentos necessários ao exercício deste direito.

O reconhecimento do direito de participação dos representantes dos trabalhadores no processo de aprovação dos actos normativos que lhes respeitam teve uma grande importância, não só no domínio laboral mas também genericamente.

No domínio laboral, este direito de participação é importante porque evidencia o relevo dos interesses colectivos dos trabalhadores e legitima a respectiva prossecução pelos seus entes representativos na área tradicionalmente reservada aos poderes públicos, que é a área da produção normativa – neste sentido, este direito de participação representa uma especificidade no processo de elaboração das normas laborais.

Mas o reconhecimento deste direito de participação foi também importante em termos gerais, porque constituiu o precedente para o reconhecimento genérico da pertinência de quaisquer interesses colectivos relevantes no processo de feitura das leis. Efectivamente, esta característica do processo de elaboração das normas laborais acabou por se revelar de utilidade geral, com a aprovação do DL nº 185/94, de 5 de Julho, que estabeleceu a obrigação geral de audição pelos poderes públicos dos entes representativos de interesses colectivos no processo de elaboração das leis. É pois uma característica do processo de elaboração das normas laborais que se mostrou de valia geral, na medida em que acabou por influenciar o processo de elaboração da lei, sempre que as normas previstas incidam sobre interesses colectivos relevantes.

No que se refere à *participação dos empregadores no processo de elaboração das normas laborais*, ela começou por ser assegurada nos termos do DL nº 185/94, de 5 de Julho – embora, muito antes, viesse sendo posta em prática –, mas veio a ser expressamente consagrada apenas em 1999, na L. nº 36/99, de 26 de Maio. Este diploma remetia genericamente para o regime legal relativo à participação dos trabalhadores.

---

[91] Art. 2º do referido diploma. Em consonância, o regime jurídico das comissões de trabalhadores (L. nº 46/79, de 12 de Setembro) integrava este direito no elenco dos direitos das comissões de trabalhadores (art. 18º nº 1 d), primeira parte), regulando o respectivo exercício (arts. 34º ss.).

**III.** O Código do Trabalho regula a matéria do direito de participação dos trabalhadores e dos empregadores no processo de elaboração de leis laborais no título dedicado ao «Direito Colectivo do Trabalho»[92].

Para efeitos da delimitação deste direito, o Código define «*legislação do trabalho*» como «a que regula os direitos e obrigações dos trabalhadores e empregadores, enquanto tais, e as suas organizações» – art. 469º nº 1[93]. Para concretizar este conceito, o nº 2 deste artigo indica, em moldes exemplificativos, como temas a ser considerados para este efeito, os temas relativos ao contrato de trabalho, ao direito colectivo do trabalho, à segurança, higiene e saúde no trabalho, aos acidentes de trabalho e doenças profissionais, à formação profissional e ao processo do trabalho[94].

O conceito de legislação laboral constante desta norma do Código do Trabalho afigura-se limitativo e justifica uma interpretação ampla do preceito. É o que propomos, nos seguintes termos:

i) A *noção de legislação do trabalho* constante do nº 1 do art. 469º, tem um alcance limitado, por duas razões: de uma parte, porque nem todas as normas laborais configuram tecnicamente «direitos ou obrigações» dos trabalhadores e empregadores, mas não faz sentido isentar as normas procedimentais nem as disposições técnicas do direito de participação dos trabalhadores e empregadores na respectiva elaboração; de outra parte, porque a delimitação da noção por recurso ao critério da qualidade de trabalhador e de empregador, conjugada com a inser-

---

[92] A opção sistemática do Código do Trabalho quanto ao tratamento desta matéria em sede de «direito colectivo» (que já provém do CT de 2003) teve em conta o critério dos entes que exercem o direito de participação e não o direito de participação em si mesmo. A nosso ver, esta não é a melhor opção: sendo esta uma matéria geral e relativa às fontes do Direito do Trabalho, que o Código trata nos artigos iniciais, ter-se-ia justificado a sua colocação nessa sede.
[93] Esta norma corresponde, com alterações ao art. 2º da L. nº 16/79, de 26 de Maio; este preceito reportava ainda o conceito de legislação do trabalho às matérias atinentes às «relações individuais e colectivas de trabalho».
[94] Esta norma corresponde ao art. 2º nº 1 da L. nº 16/79, com alterações. Estas alterações prosseguem objectivos de clarificação (assim, a referência às normas de processo do trabalho) ou de simplificação (assim, algumas das matérias explicitadas no primeiro diploma deixaram de ser referidas porque se integram na disciplina do contrato de trabalho ou do direito colectivo do trabalho).

ção sistemática da norma no Código do Trabalho, pode permitir uma leitura redutora do direito de participação, no sentido do respectivo reconhecimento apenas a sujeitos laborais em sentido próprio – deixando de fora, por exemplo, trabalhadores parasubordinados ou trabalhadores públicos, não sujeitos ao Código do Trabalho.

Ora, esta leitura estreita do preceito não parece conforme com a Constituição, uma vez que o direito de participação na elaboração da legislação do trabalho é reconhecido em termos amplos pela Lei Fundamental e tem, além disso, a categoria de direito, liberdade e garantia, com a amplitude e a força jurídica que inere a esta categoria de direitos.

Por estas razões, entende-se que a norma deverá ser interpretada em termos amplos, de modo a conferir à noção de «legislação do trabalho» a maior amplitude material possível e ao direito de participação na sua elaboração a maior incidência subjectiva possível, porque é esta interpretação que se afigura mais consentânea com a configuração do direito de participação na própria Constituição – este sentido amplo para a expressão «legislação do trabalho» tem sido, aliás, sufragado pelo Tribunal Constitucional, na sua interpretação dos correspondentes preceitos constitucionais (cfr. Ac. TC nº 117/86, DR, I S., de 19/05/86), e por um sector da doutrina[95]. Por outro lado, especificamente no que se refere aos trabalhadores públicos, sustentámos, em edição anterior do Tratado[96] a aplicação analógica do regime previsto nestes preceitos do Código, por forma a assegurar a estes trabalhadores o direito de participar no processo normativo, porque esta matéria não constava da LCVR nem da LCTFP. Contudo, a questão está hoje resolvida, uma vez que a LGTFP consagra expressamente tal direito de participação, regulando-o, adequadamente, a propósito das fontes (arts. 15º e ss.).

ii) Em segundo lugar, *deve salientar-se o carácter exemplificativo do enunciado dos temas laborais que encontramos no nº 2 do art. 469º do CT.* Justifica-se

---

[95] Neste sentido e já no contexto do Código do Trabalho, por exemplo, MONTEIRO FERNANDES, *Direito do Trabalho cit.*, 101 s.
[96] *Tratado I*, 3ª ed., 2012, 231.

assim o exercício do direito de participação dos representantes dos trabalhadores e empregadores no processo de elaboração de diplomas sobre matérias aqui não referidas ou cuja incidência laboral seja apenas indirecta – assim, por exemplo, matérias de segurança social, quando se reportem ao sistema contributivo ou a regimes profissionais de segurança social.

*iii)* Por fim, *o próprio termo «legislação» para efeitos do exercício deste direito não deve ser reconduzido ao conceito de lei em sentido formal, mas deve ser interpretado em moldes amplos,* por forma a abranger não só actos legislativos da Assembleia da República (incluindo as leis de autorização)[97], mas também os actos normativos das Assembleias Regionais dos Açores e da Madeira, e ainda os projectos de Decreto-Lei do Governo da República e dos Governos Regionais – para este sentido amplo do termo «legislação» aponta, aliás, o art. 470º do CT.

De outra parte, como é expressamente referido no nº 3 do art. 469º, deve ser considerado matéria de legislação de trabalho o processo normativo de aprovação para ratificação das Convenções da OIT.

**IV.** O direito de participação na elaboração da legislação laboral é reconhecido às comissões de trabalhadores, às associações sindicais e às associações de empregadores, respectivamente nos arts. 423º nº 1 d), e 443º nº 1 c).

O *modo de exercício deste direito* encontra-se regulado nos arts. 470º ss.. Os traços mais salientes deste regime são os seguintes:

– a participação dos representantes dos trabalhadores e dos empregadores no processo de elaboração da legislação laboral deve ter lugar durante o prazo de apreciação pública dos projectos normativos, que tem a duração mínima 30 dias, ou de 20 dias em caso de urgência devidamente justificado (art. 473º);

---

[97] Para mais desenvolvimentos sobre este ponto, *vd* o Ac. TC nº 107/88, de 31 de Maio, DR, I S., de 21/06/88, e ainda J. J. GOMES CANOTILHO/JORGE LEITE, *A Inconstitucionalidade da Lei dos Despedimentos,* Coimbra (Sep. do BFDUC), 1988, 13 ss.

- para efeitos do exercício do direito de apreciação pública, o Código estabelece um conjunto de regras relativas ao anúncio e à publicação oficial dos projectos de diploma (art. 472º);
- a participação dos trabalhadores e empregadores neste processo pode revestir duas formas: audição pública solicitada pelos representantes dos trabalhadores ou dos empregadores junto da Assembleia da República, do Governo, das Assembleias Regionais ou dos Governos Regionais, consoante o caso; e emissão de parecer escrito sobre os projectos de diploma em apreciação (art. 474º).

**V.** No que se refere à *natureza da participação dos representantes dos trabalhadores e dos empregadores na elaboração da legislação laboral,* não se suscitam dúvidas sobre o seu alcance meramente consultivo. Neste sentido se compreende a norma constante do art. 475º nº 1, estabelecendo que os pareceres e as opiniões expressas em audição pública serão tidos em conta «como elementos de trabalho» pelo legislador.

No entanto, apesar da sua natureza consultiva, a participação dos trabalhadores e dos empregadores no processo de feitura das leis, por esta via, constitui um mecanismo dotado de grande vigor, por duas razões: de uma parte, pelas consequências que decorrem do seu desrespeito, no que toca aos trabalhadores; de outra parte, pela generalização da denominada «legislação laboral negociada», ao nível da concertação social.

**VI.** No que diz respeito às consequências da violação do direito de participação na elaboração da legislação laboral, cabe distinguir a situação dos trabalhadores e dos empregadores.

Assim, o *desrespeito pelo direito de participação* dos representantes dos trabalhadores no processo de elaboração da legislação laboral determina a inconstitucionalidade do acto normativo em questão, no seu todo, ou com referência às normas que não tenham sido objecto de apreciação pública (art. 277º nº 1 da CRP)[98]. No sentido da inconstitucionalidade das normas de projectos de

---

[98] Contra a opinião que aqui subscrevemos se manifestaram alguns autores. Nesta linha, *vd*, por exemplo, MÁRIO PINTO, *Direito do Trabalho cit.*, I, 143 s., que entende que a violação deste dever consubstancia uma mera ilegalidade ou, quando muito, um caso de inconstitucionalidade em sentido impróprio.

actos normativos de incidência laboral que não foram objecto da apreciação dos trabalhadores, já se pronunciou o Tribunal Constitucional por diversas vezes – Acórdãos do TC nº 117/86, de 9 de Abril, nº 107/88, de 31 de Maio, e nº 868/96, de 16 de Outubro[99].

Já se não tiver sido respeitado o direito de participação dos representantes dos empregadores no processo de elaboração das leis laborais, entendemos que a consequência deste vício não poderá ser a inconstitucionalidade, porque este direito não foi objecto de consagração constitucional[100].

**VII.** Por último, cabe referir que a prática de consulta aos representantes dos trabalhadores e dos empregadores na elaboração da legislação de trabalho, ao longo dos anos, normalizou um processo de elaboração das normas laborais substancialmente diferente do processo normativo tradicional, e que merece ser salientado como uma originalidade do Direito do Trabalho no domínio da construção normativa: é a *legislação laboral negociada*.

A prática da «negociação» da legislação laboral institucionalizou-se entre nós, como noutros países, com a intervenção sistemática da Comissão Permanente da Concertação Social, quer no processo de apreciação pública dos projectos de actos normativos em matéria laboral, quer mesmo na fase prévia de elaboração desses mesmos projectos, em que o conteúdo dos mesmos é debatido nessa sede. Em suma, sem prejuízo das outras formas de participação dos trabalhadores e dos empregadores na feitura das leis laborais, são as sessões da Comissão Permanente da Concertação Social que constituem a ocasião por excelência para o debate dos parceiros sociais sobre os anteprojectos e os projectos de actos normativos, debate este que, com muita frequência, resulta na introdução de alterações de fundo nesses projectos[101-102].

---

[99] Cfr., Ac. TC nº 117/86, de 9 de Abril, in *Acórdãos do Tribunal Constitucional*, 1986, VII (tomo I), 159; Ac. TC nº 107/88, de 31 de Maio, in *Acórdãos do Tribunal Constitucional*, 1988, XI, 7, Ac. TC nº 868/96, de 16 de Outubro (http://www.tribunalconstitucional.pt/tc/acordaos/ 19960868.html).

[100] No sentido do reconhecimento de um vício de inconstitucionalidade também neste caso, com fundamento em que a base do juízo de inconstitucionalidade é o desrespeito pelo dever de «apreciação pública» dos projectos de diploma e este é um dever geral, MONTEIRO FERNANDES, *Direito do Trabalho cit.*, 103 s.

[101] Na prática, é em sede de concertação social que muito diplomas laborais são «negociados», muitas vezes com o maior detalhe.

## §7º AS FONTES INTERNAS COMUNS

Do ponto de vista formal, a intervenção da Comissão Permanente da Concertação Social no processo de elaboração das normas laborais não altera a natureza do acto normativo nem a competência para a sua aprovação, já que esta competência continua a ser detida pelo Estado, nos termos gerais.

No entanto, em termos substanciais, o processo de elaboração das leis laborais resulta alterado, porque os compromissos assumidos na concertação social neste domínio acabam por ter uma influência decisiva no sentido e, por vezes, mesmo na letra da lei: por outras palavras, com a institucionalização desta prática, os projectos de actos normativos são sistemática e amplamente debatidos pelos respectivos destinatários e, no exercício da sua função legislativa, o Estado remete-se ao papel de «homologar» os resultados das transacções entre os parceiros sociais na concertação e os seus próprios desígnios ou políticas[103].

*Em suma, trata-se de um modo de criação de normas jurídicas substancialmente diverso da forma tradicional e que o Direito do Trabalho afinou para prossecução dos seus próprios interesses. A sua originalidade e importância devem ser enfatizadas*[104].

Sensível a esta realidade, o Código do Trabalho consagrou formalmente o direito de intervenção da Comissão Permanente da Concertação Social no processo de elaboração da legislação do trabalho (art. 471º)[105].

---

[102] Para mais desenvolvimentos sobre este ponto, MONTEIRO FERNANDES, *Direito do Trabalho* cit., 104 ss.

[103] Neste sentido, J. M. VERDIER/P. LANGLOIS, *Aux confins de la théorie des sources de droit: une relation nouvelle entre la loi et l'accord collectif*, Dalloz (Rec.), 1972, Chr. XXXIX, 253-260 (256). Ainda sobre a importância do diálogo social em geral e na valência do processo de elaboração dos actos normativos de incidência laboral, *vd*, entre outros, H. NASCIMENTO RODRIGUES, *A Inevitabilidade do Diálogo Social*, Coimbra, 2003, 31 ss.

[104] Para mais desenvolvimentos sobre este ponto, ROSÁRIO PALMA RAMALHO, *Da Autonomia Dogmática... cit.*, 924 ss.

[105] L. nº 108/91, de 17 de Agosto; DL nº 90/92, de 21 de Maio; e *Regulamento da Comissão Permanente da Concertação Social*, publicado no DR, II S., de 13/7/1993. Em geral sobre a instituição e as competências desta Comissão e do Conselho Económico e Social, JORGE MIRANDA, *Conselho Económico e Social e Comissão de Concertação Social. Brevíssima nota*, QL, 1999, 14, 140-146, JORGE LEITE, *Algumas notas sobre a concertação social*, QL, 1999, 14, 147-161 (151 ss.), e L. GONÇALVES DA SILVA, *Sujeitos Colectivos, in* P. ROMANO MARTINEZ (coord.), *Estudos do Instituto de Direito do Trabalho*, III, Coimbra, 2002, 287-388 (312 ss.).

A dúvida que esta norma pode colocar é a de saber se está aqui contemplado apenas o direito de pronúncia da Concertação Social sobre os projectos normativos na fase da respectiva apreciação pública, a par do direito de audição das associações sindicais e patronais, ou também a forma típica de intervenção da Comissão Permanente de Concertação Social no processo legislativo, ou seja a sua participação na própria elaboração dos projectos de diploma, que vem sendo regularmente praticada ao abrigo do Regulamento da Comissão Permanente da Concertação Social[106]. No nosso entender, uma vez que a norma não concretiza o tipo de intervenção da Comissão no processo nem o momento para essa intervenção, pode considerar-se como uma disposição genérica, que não colide com a prática até agora seguida neste domínio[107].

### 18.2. As normas convénio-dispositivas

I. A última particularidade a assinalar no estudo da lei como fonte de Direito do Trabalho tem a ver com a difusão de uma categoria de normas, que se mostra particularmente apta para a prossecução dos interesses desta área jurídica: as denominadas «normas convénio-dispositivas» ou «convénio-supletivas».

Esta categoria de normas laborais – cuja designação, com origem na Alemanha (*tarifdispositive Normen*), foi introduzida entre nós por MENEZES CORDEIRO[108] – caracteriza-se por revestir natureza imperativa ou supletiva consoante o contexto da sua aplicação: assim, estas normas não podem ser afastadas pelos contratos de trabalho, mas podem ser afastadas por convenção colectiva de trabalho.

---

[106] *Regulamento Interno da Comissão Permanente da Concertação Social*, publicado no DR, II S, de 31/08/93.

[107] Numa interpretação mais restritiva deste preceito, MONTEIRO FERNANDES, *Direito do Trabalho* cit., 107, considera que esta disposição do Código não abrange todas as formas de intervenção da Concertação Social no processo de elaboração da legislação laboral, mas apenas a intervenção na fase de apreciação pública dos projectos legislativos finais.

[108] Quanto ao ponto, no direito alemão, C. W. CANARIS, *Tarifdispositive Normen und richterliche Rechtsfortbildung*, in G. HUECK/R. RICHARDI (Hrsg.), *Gedächtnisschrift für Rolf* DIETZ, München, 1973, 199-224; e, entre nós, A. R. MENEZES CORDEIRO, *O princípio do tratamento mais favorável no direito do trabalho actual*, DJ, 1987/88, III, 111-139 (121), e *Manual de Direito do Trabalho* cit., 308.

**II.** As normas convénio-dispositivas correspondem a uma categoria normativa substancialmente pouco comum, já que o seu carácter injuntivo ou supletivo não é aferido pelo critério habitual do tipo de interesses subjacentes à norma mas pelo critério dos seus destinatários. Contudo, elas deixam-se explicar com facilidade no contexto dos valores e da lógica específica de funcionamento do Direito do Trabalho.

No caso, trata-se de prosseguir em simultâneo dois valores importantes desta área jurídica: o princípio da protecção do trabalhador e o princípio da autonomia colectiva. Tendo em atenção que a debilidade negocial do trabalhador se verifica ao nível do contrato de trabalho e não na contratação colectiva, estas normas não podem ser afastadas pelo contrato de trabalho em nome do princípio da protecção do trabalhador; todavia, a imperatividade da norma no plano do contrato de trabalho não impede que o regime legal seja afastado pelos representantes dos trabalhadores na negociação colectiva, em favor de um regime convencional diverso e que pode, inclusivamente, ser menos favorável do que o preceituado na lei.

Por terem esta configuração específica, as normas convénio-dispositivas constituem um importante instrumento de flexibilização do Direito do Trabalho, uma vez que conferem às convenções colectivas de trabalho mais espaço de intervenção; mas são ao mesmo tempo um instrumento de maleabilização «controlada» dos regimes laborais, já que a sua imperatividade perante o contrato de trabalho assegura a tutela do trabalhador no plano em que esta tutela é mais necessária[109].

**III.** O sistema juslaboral anterior à codificação do Direito do Trabalho previa formalmente esta categoria de normas no art. 13º nº 2 da LCT e continha múltiplos preceitos legais com esta configuração, tanto na LCT como noutros diplomas laborais[110].

---

[109] Para mais desenvolvimentos sobre as virtualidades desta categoria de normas laborais e sobre a sua originalidade, vd ROSÁRIO PALMA RAMALHO, *Da Autonomia Dogmática... cit.*, 939 ss.
[110] Não obstante a sua previsão formal apenas na LCT, trata-se de uma categoria normativa cuja validade geral não oferecia dúvidas, não só porque a LCT constituiu originariamente a disciplina jurídica unitária do contrato de trabalho, mas porque se refere a matéria de fontes, logo de índole geral. A existência deste tipo de normas noutros diplomas laborais não suscitou, pois, dúvidas.

No entanto, o alcance desta categoria de normas foi posteriormente limitado pelas imposições estabelecidas ao conteúdo das convenções colectivas de trabalho, pelo art. 6º nº 1 c) da LRCT: por força desta norma, apenas era possível o afastamento das normas legais não imperativas pelos instrumentos de regulamentação colectiva do trabalho para estabelecer um regime mais favorável ao trabalhador. Na prática, a operacionalidade das normas convénio-dispositivas era, pois, reduzida.

Esta solução prestava-se a duas críticas, que oportunamente lhe dirigimos: por um lado, ela limitava a autonomia colectiva, na medida em que diminuía a força das convenções colectivas de trabalho enquanto instrumentos de maleabilização dos regimes laborais, nos termos que, em concreto, melhor correspondam aos interesses dos entes laborais; por outro lado, a imposição do requisito da maior favorabilidade no plano da negociação colectiva trazia implícito um juízo de «menoridade» relativamente às associações sindicais, que não se justificava[111].

**IV.** O CT de 2003 alterou significativamente o quadro descrito. Assim, de uma parte, o art. 5º deste Código, sob a epígrafe anódina de «aplicação de disposições», veio consagrar genericamente esta categoria de normas, estabelecendo (em termos idênticos aos do art. 13º nº 2 da LCT) que «sempre que numa disposição deste Código se determinar que a mesma pode ser afastada por instrumento de regulamentação colectiva do trabalho, entende-se que o não pode ser por cláusula do contrato de trabalho».

De outra parte, nas regras sobre a relação entre as normas legais e os instrumentos de regulamentação colectiva do trabalho, quer a propósito do princípio do tratamento mais favorável ao trabalhador (art. 4º nº 1 do CT 2003), quer a propósito do conteúdo dos instrumentos de regulamentação colectiva do trabalho (art. 533º do CT 2003), não se estabeleceu a condição de que o regime convencional colectivo fosse mais favorável do que o regime legal como requisito para o afastamento deste último, mas apenas que a norma legal em causa não tivesse conteúdo imperativo (art. 4º nº 1 *in fine,* conjugado com o art. 533º a) do CT de 2003). Apenas se exceptuava deste regime a portaria de

---

[111] Sobre o ponto, com desenvolvimentos, Rosário Palma Ramalho, *Da Autonomia Dogmática...cit.,* 941 s.

condições de trabalho[112] (art. 4º nº 2 do mesmo Código), o que se justificava pela natureza de regulamento administrativo puro que assiste a este instrumento de regulamentação colectiva do trabalho[113-114].

A nosso ver, este regime legal era de aplaudir porque permitia aproveitar ao máximo as potencialidades desta categoria de normas, em prossecução dos interesses laborais que, em concreto, fossem considerados mais importantes pelos próprios destinatários das normas, mas sem descurar a tutela dos trabalhadores ao nível do contrato de trabalho.

Apesar de tudo, deve salientar-se que o Código de 2003 continha poucas normas convénio-dispositivas e um número consideravelmente superior de normas supletivas em termos gerais (ou seja, normas que podem ser afastadas quer em sede de negociação colectiva quer pelo contrato de trabalho) do que a legislação anterior[115], tendo assim acabado por não tirar grande partido desta categoria normativa.

O actual Código do Trabalho veio alterar um pouco este estado de coisas, porque, embora continue a prever esta categoria de normas, veio reduzir as possibilidades de afastamento dos regimes legais pelas convenções colectivas de trabalho.

A categoria das normas convénio-dispositivas continua a ser prevista em moldes genéricos pela lei, constando agora do art. 3º nº 5 do CT. E, no actual Código, o alcance desta categoria é até aparentemente mais amplo, porque ela não é limitada a disposições do próprio Código (como sucedia no CT de

---

[112] Ao tempo designada como regulamento de condições mínimas.
[113] *Infra*, § 8º, ponto 23.2. e *Tratado III*, § 52º, ponto 186.
[114] A versão originária deste preceito foi objecto de apreciação preventiva da constitucionalidade, no Ac. TC nº 306/2003, de 25 de Junho, resultando a redacção final da norma (designadamente o nº 2) do juízo de inconstitucionalidade parcial do preceito que foi então emitido. Uma vez que a questão de inconstitucionalidade suscitada se prende com o problema mais vasto do princípio do tratamento mais favorável ao trabalhador na sua aplicação ao problema dos conflitos hierárquicos de fontes laborais, far-lhe-emos referência nesse contexto – *infra*, neste capítulo, Secção II, pontos 26.4. e 31.
[115] Este aumento considerável do número de normas supletivas no Código merece uma reflexão autónoma. Fá-la-emos a propósito do princípio do tratamento mais favorável ao trabalhador, *infra*, pontos 26 e 31.

2003[116]). Contudo, resulta da conjugação desta norma com a nova formulação do princípio do tratamento mais favorável ao trabalhador, feita pelo art. 3º nº 3, um âmbito substancialmente mais restrito para esta categoria de normas do que sucedia anteriormente, já que, num conjunto considerável de matérias, foi reposto o princípio tradicional de que a convenção colectiva apenas pode afastar os regimes legais para dispor em sentido mais favorável ao trabalhador. As virtualidades deste tipo de normas são pois mais reduzidas no âmbito do actual Código do Trabalho do que à luz do CT de 2003.

Como exemplos de normas convénio-dispositivas no Código, podem apontar-se o art. 139º (contrato a termo), o art. 328º (sanções disciplinares), o art. 339º n[os] 2 e 3 (critérios de fixação das indemnizações por cessação do contrato de trabalho) e múltiplas disposições legais em matéria de tempo de trabalho – entre outros, o art. 206º (sobre adaptabilidade grupal), o art. 208º (sobre banco de horas), o art. 210º nº 1 (sobre redução do período normal de trabalho), ou o art. 213º nº 2 (sobre redução do intervalo de descanso).

## 19. O costume e os usos laborais

### 19.1. O costume

I. O costume é uma prática social reiterada (ou seja, um *uso*), acompanhada da convicção generalizada da sua obrigatoriedade. Na medida em que revele normas jurídicas constitui fonte imediata do Direito[117].

A importância do costume como fonte de regras laborais decorre do modo particular de desenvolvimento do Direito do Trabalho, e, especificamente, do atraso na regulação formal dos fenómenos ligados ao trabalho industrial, que se prolongou por todo o séc. XIX, conforme demos conta na nossa digressão

---

[116] Por esta razão sufragámos, no âmbito do CT de 2003, a interpretação extensiva desta disposição legal por forma a abranger normas convénio-dispositivas constantes de outros diplomas laborais – ROSÁRIO PALMA RAMALHO, *Direito do Trabalho*, I, 1ª ed. *cit.*, 218; ainda sobre esta matéria, com enfoque no actual CT, vd MILENA ROUXINOL, *A imperatividade (que tipo de imperatividade?) das normas legais face ao contrato individual de trabalho – considerações em torno do nº 5 do art. 3º do CT*, in *Vinte Anos de Questões Laborais*, Coimbra, 2013, 159-185.

[117] Em geral e por todos sobre a noção de costume e o seu relevo como fonte do Direito, OLIVEIRA ASCENSÃO, *O Direito. Introdução e Teoria Geral cit.*, 264 e 268 ss.

pela história desta área jurídica[118]. Esta situação aumentou a importância do costume como modo de revelação de normas juslaborais, sobretudo no domínio das situações juslaborais colectivas – assim, correspondeu a um costume *praeter legem* a prática de celebração de convenções colectivas de trabalho e o respeito por essas mesmas convenções muitos anos antes da recepção formal da figura pela ordem jurídica[119]; e a mesma base consuetudinária teve a imposição social do associativismo profissional e das greves, que foi feita contra a proibição dos fenómenos de associativismo e coalisão, ou seja, em verdadeira prática consuetudinária *contra legem*.

II. Na actualidade e à semelhança do que sucede noutras áreas jurídicas, o costume tem escassa relevância como fonte do Direito do Trabalho, uma vez que a lei tende a regular, com extensão e minúcia, os mais diversos aspectos da fenomenologia laboral.

### 19.2. Os usos laborais

I. Os usos correspondem a práticas sociais reiteradas não acompanhas da convicção de obrigatoriedade. Como é sabido, o Código Civil manda atender aos usos nas condições cumulativas previstas no art. 3º, ou seja, quando a lei determinar especificamente a sua atendibilidade e desde que não con-

---

[118] *Supra*, § 2º, ponto 3.1.
[119] Sobre a precedência histórica das convenções colectivas de trabalho em relação à respectiva regulamentação, no direito germânico, PHILIPP LOTMAR, *Die Tarifverträge zwischen Arbeitgebern und Arbeitnehmer*, in Joachim RÜCKERT (Hrsg.), *Philipp Lotmar Schriften zum Arbeitsrecht, Zivilrecht und Rechtsphilosophie cit.*, 431-554 (esp. 433 e 548), e ainda HORST MENGEL, *Tarifautonomie und Tarifpolitik cit.*, 411 s.; no sistema francês, G. SCELLE, *Le droit ouvrier... cit.*, 64, e JACQUES LE GOFF, *La naissance des conventions collectives*, Droits, 1990, 12, 67-79 (68); na Bélgica, por exemplo, G. MAGREZ-SONG, *Le droit conventionnel du travail*, in AA/VV, *Liber Amicorum Frédéric Dumon*, I, Antwerpen, 1983, 597-611 (597); e na Itália, LUISA SANSEVERINO, *Contratto colletivo di lavoro*, Enc.Dir., X (1962), 55-77 (56). Com referência à prática de celebração de contratos colectivos de trabalho no nosso país, antes da aprovação do seu primeiro regime legal, constante do DL nº 10 145, de 27 de Dezembro de 1924, pode ver-se RUY ULRICH, *Legislação Operária Portugueza cit.*, 439 ss.

trariem a boa fé. Como fonte do Direito, os usos situam-se no sopé da hierarquia normativa[120].

Em termos gerais, os usos são habitualmente reconduzidos à categoria de fonte meramente mediata de normas jurídicas, por não terem relevância autónoma: a sua atendibilidade depende da mediação da lei e esta mediação não é genérica mas concreta.

Esta qualificação geral dos usos não colide com o relevo particular que lhes possa ser reconhecido em determinados sectores da ordem jurídica. O Direito do Trabalho é um destes sectores, pela importância que reconhece tradicionalmente aos denominados *usos da profissão e das empresas.*

A particular relevância dos usos no domínio laboral justifica-se por dois motivos: de uma parte, pela importância que as práticas associadas a determinadas profissões têm na organização do vínculo de trabalho; de outra parte, pelo facto de os usos da empresa e da profissão do trabalhador serem, com frequência, tomados em consideração para integrar aspectos do conteúdo do contrato de trabalho que não foram expressamente definidos pelas partes.

Apesar de tudo, a importância dos usos no domínio laboral vem diminuindo, não apenas por força da intervenção legislativa, mas também em resultado da negociação colectiva, que tende a ser cada vez mais abrangente.

**II.** O sistema jurídico português reconhece tradicionalmente o valor dos usos da profissão do trabalhador e das empresas no contexto das fontes laborais[121]. Em consonância com esta tradição normativa, também a maioria da doutrina sufragou a recondução dos usos laborais a uma fonte do Direito do Trabalho em sentido próprio[122], no que é acompanhada pela

---

[120] Em geral sobre o relevo dos usos como fontes do Direito, ainda OLIVEIRA ASCENSÃO, *O Direito. Introdução e Teoria Geral cit.*, 278 ss.

[121] Em geral sobre o valor dos usos como fonte do Direito do Trabalho, no contexto anterior ao Código do Trabalho, MENEZES CORDEIRO, *Manual de Direito do Trabalho cit.*, 165 ss., MÁRIO PINTO, *Direito do Trabalho cit.*, I, 154, ROMANO MARTINEZ, *Direito do Trabalho cit.*, 179 ss., J. ANDRADE MESQUITA, *Direito do Trabalho*, Lisboa, 2003, 83 ss., MONTEIRO FERNANDES, *Direito do Trabalho cit.*, 118, BERNARDO XAVIER, *Curso de Direito do Trabalho cit.*, I, 524 ss., e A. DIAS COIMBRA, *Uso laboral*, in J. REIS/L. AMADO/L. FERNANDES/R. REGINA (coord.), *Para Jorge Leite. Escritos Jurídico-Laborais*, Coimbra, 2014, 251-283.

[122] Neste sentido, entre outros, MENEZES CORDEIRO, *Manual de Direito do Trabalho cit.*, 165 ss., MÁRIO PINTO, *Direito do Trabalho cit.*, I, 156, e ROMANO MARTINEZ, *Direito do Trabalho cit.*, 196 s.. Já MONTEIRO FERNANDES, em edição do seu *Direito do Trabalho* anterior ao surgimento do

jurisprudência[123]. Actualmente, dispõe sobre esta matéria o art. 1º do CT, norma que corresponde ao art. 1º do CT de 2003, e, na fase anterior à codificação do Direito do Trabalho, ao art. 12º nº 2 da LCT. Nesta matéria, as maiores alterações foram introduzidas com o CT de 2003, de onde transitaram, sem modificações, para o actual Código.

O art. 1º do CT, sob a epígrafe «fontes específicas»[124], estabelece o relevo dos «*usos laborais*», desde que não contrariem o princípio da boa fé. O regime desta norma, no que se refere aos usos, suscita as seguintes observações:

i) Em primeiro lugar, o *conceito de «usos laborais»* parece ter um conteúdo a um tempo mais amplo[125] e a um tempo mais rigoroso do que o que decorria da expressão clássica «usos da profissão do trabalhador e das empresas», utilizada pelo art. 12º nº 2 da LCT. Assim, parecem integrar o conceito de usos laborais as práticas reiteradas das empresas, desde que relacionadas com as situações laborais existentes no seu seio, e as práticas profissionais, mas também e apenas na medida em que estas práticas se devam considerar extensíveis ao desempenho daquela profissão no regime laboral[126]. Por outro lado, poderão ser atendíveis como usos laborais outras práticas sociais reiteradas, atinentes aos entes laborais colectivos, por exemplo.

---

Código do Trabalho (por exemplo, a 11ª ed., de 1999, a pp. 108 s.), sustentava que os usos não constituíam uma fonte laboral em sentido próprio, mas um mero critério de integração do conteúdo do contrato de trabalho, mas na 12ª edição da mesma obra, publicada já no contexto do Código do Trabalho, parece inclinar-se (ainda que não de uma forma totalmente clara) para a sua qualificação como fonte – cfr., *Direito do Trabalho cit.* (12ª ed.), 114 s.

[123] Sobre esta matéria, na jurisprudência, entre outros, Ac. RC de 22/04/1993, CJ, 1993, II, 78, Ac. RP de 3/12/1990, CJ, 1990, V, 243, e Ac. RLx. de 8/10/2003, CJ, 2003, IV, 156.

[124] Em bom rigor, do ponto de vista da qualificação, os usos não deveriam ser configurados pela lei como uma fonte específica do Direito do Trabalho, uma vez que relevam em termos gerais. No entanto, compreende-se que o legislador os tenha referido como fonte específica, tendo em atenção as particularidades do regime jurídico da figura na sua aplicação laboral.

[125] Neste sentido, BERNARDO XAVIER, *Curso de Direito do Trabalho cit.*, I, 526.

[126] O ponto pode ser especialmente relevante se tivermos em conta o elevado número de profissões que podem ser desenvolvidas quer em regime de trabalho autónomo quer em regime de trabalho subordinado.

Em suma, o adjectivo «laboral» reforça o facto de os usos aqui relevantes serem usos atinentes ao fenómeno do trabalho subordinado.

ii) Em segundo lugar, a formulação da norma parece manter a especificidade dos usos laborais em relação ao regime geral dos usos que já vem do direito anterior: ou seja, *por força desta norma, a atendibilidade dos usos laborais é genérica*, uma vez que o seu relevo decorre desta norma geral, não carecendo de disposição legal específica.

De qualquer modo, nada obsta a que outras normas laborais reiterem a relevância dos usos para determinados efeitos em concreto – é o que sucede, por exemplo, quanto a diversos aspectos do regime jurídico da retribuição, em que a lei manda especificamente atender aos usos (assim, o art. 258º nº 1, sobre o conceito de retribuição, o art. 260º nº 3 a), sobre gratificações, ou o art. 272º nº 1, sobre os critérios de fixação judicial da retribuição).

iii) Por fim, no que respeita aos *critérios de atendibilidade dos usos laborais*, o Código do Trabalho exige simplesmente que os usos não contrariem o princípio da boa fé. Esta formulação da norma coloca, no entanto, o problema da inserção dos usos na hierarquia das fontes e o problema da sua relação com os contratos de trabalho – questões que eram resolvidas expressamente pela LCT[127] e que voltam a ficar em aberto.

A nosso ver, dado o seu papel eminentemente integrador do conteúdo do contrato de trabalho, os usos laborais não devem prevalecer sobre disposição contratual expressa em contrário[128]; na mesma linha não

---

[127] Efectivamente, na LCT, eram dois os critérios de atendibilidade dos usos laborais: a não contrariedade à boa fé; e a inexistência de convenção escrita em contrário. Ora, o Código do Trabalho manteve formalmente apenas o primeiro critério. Por outro lado, a LCT colocava expressamente os usos no sopé da hierarquia das fontes laborais, ao passo que o Código nada refere sobre este ponto.

[128] Expressamente neste sentido, ainda que no âmbito do sistema anterior ao Código do Trabalho, Ac. RLx. de 8/10/2003, CJ, 2003, IV, 156. E, no mesmo sentido, mas já no quadro desta norma no âmbito do Código do Trabalho de 2003, Bernardo Xavier, *Curso de Direito do Trabalho cit.*, I, 529. Este Autor argumenta ainda em favor deste entendimento com a eventual inconstitucionalidade que adviria do reconhecimento dos usos como fonte de Direito vinculativa e autónoma (por contrariedade ao art. 112º nº 6 da CRP). Em contraponto desta interpretação restritiva da norma do art. 1º do CT, este Autor chama a atenção para a possi-

prevalecem também os usos sobre disposição do regulamento interno com conteúdo negocial, porque esta pressupõe que os trabalhadores sobre ela se tenham podido pronunciar, podendo tê-la afastado; e, por fim, podem os usos ser afastados pelos instrumentos convencionais de regulamentação colectiva do trabalho, já que estes correspondem a uma autoregulamentação laboral. Já no que respeita à relação dos usos com a lei, parece decorrer da formulação da norma que o uso pode afastar normas legais supletivas, mas, naturalmente, não valerá se contrariar uma norma imperativa[129].

Por fim, ainda no que toca à relação entre os usos e o contrato de trabalho, importa ter sempre presente a natureza e os efeitos dos próprios usos, uma vez que alguns deles podem fazer surgir direitos ou legítimas expectativas na esfera jurídica dos trabalhadores, enquanto outros não são de molde a criar essas expectativas.

O problema coloca-se, sobretudo, em relação aos usos ou práticas reiteradas das empresas: assim, por exemplo, se uma parcela da retribuição for calculada de acordo com certos critérios, habituais na empresa, e a alteração posterior deste critério determinar uma diminuição da retribuição, estaremos perante um direito dos trabalhadores com origem nos usos, que deve ser tutelado nos termos gerais da tutela da retribuição; mas já se a empresa tiver reiteradamente para com os seus trabalhadores uma liberalidade (assim, um prémio de produtividade anual atribuído durante um longo período, ou uma prática de tolerância de ponto, durante certo tempo ou em certas circunstâncias) estamos ainda perante um uso, mas dele não se retiram direitos para os trabalhadores porque esta prática reiterada não deixa de corresponder a uma liberalidade[130].

---

bilidade de aproveitamento dos usos integrados com as convenções colectivas e para efeitos de conferir eficácia geral aos regimes destes instrumentos de regulamentação colectiva do trabalho quando não haja portarias de extensão. (*idem*, 531).

[129] Quanto a este último ponto, o Ac. STJ de 16/06/1993, CJ (STJ), 1993, III, 261, entendeu que não podia ser aceite como uso a prática reiterada de uma empresa de atribuir uma pensão complementar de reforma aos trabalhadores, contra o disposto na lei, independentemente da maior favorabilidade do regime decorrente do uso.

[130] Neste sentido se pronunciou já a jurisprudência: assim, com referência a um uso de tolerância de ponto, Ac. RP de 3/12/1990, CJ, 1990, V, 243, e Ac. RC de 22/04/1993, CJ, 1993, II, 78.

## 20. A jurisprudência e a doutrina

**I.** Cabe uma última referência, em sede de fontes comuns do Direito do Trabalho, à jurisprudência e à doutrina, cuja importância é de reconhecer, ainda que se suscitem dúvidas quanto à sua recondução à categoria de fonte do Direito, mesmo em sentido mediato.

**II.** A *jurisprudência*, definível como o conjunto das decisões dos tribunais em aplicação do Direito, tem interesse no domínio laboral a dois níveis:

*i)* Através da *jurisprudência uniformizada* produzida pelo Supremo Tribunal de Justiça, quer em Plenário e para resolução de um conflito de decisões judiciais (nos termos dos arts. 629º nº 2 d) e 686º do CPC, aplicáveis no domínio do processo do trabalho, por força da norma geral do art. 1º nº 2 do CPT e ainda por força da remissão directa do art. 79º do CPT para o art. 678º do CPC anterior, que deve agora ser entendida como feita para o art. 629º do novo CPC)[131].

Uma vez que a jurisprudência uniformizada não é vinculativa, ao contrário do que sucedia com os assentos[132], ela apenas pode reconduzir-se a uma fonte mediata de regras jurídicas.

*ii)* Através da *jurisprudência laboral comum*, cujo conjunto evidencia o sentir dominante dos tribunais na tarefa de interpretação e aplicação do Direito ao caso concreto.

---

[131] Sobre estas remissões, com maior desenvolvimento, J. CORREIA/A. PEREIRA, *Código de Processo do Trabalho Anotado*, cit., 158 ss. (anotação de A. Pereira).

[132] Como é sabido, o instituto da jurisprudência uniformizada veio substituir os assentos, previstos no art. 2º do CC, após a revogação desta norma pelo DL nº 329-A/95, de 12 de Dezembro, na sequência da declaração de inconstitucionalidade do respectivo regime jurídico. A declaração de inconstitucionalidade dos assentos fundamentou-se exactamente na sua força obrigatória geral, que o Tribunal Constitucional considerou contrária ao art. 115º nº 5 da CRP – Ac. TC nº 810/93, de 7 de Dezembro, RLJ, 1994/95, 127, 35. Sobre esta matéria, vd A. CASTANHEIRA NEVES, *Comentário ao Acórdão do Tribunal Constitucional nº 810/93, de 7 de Dezembro de 1993*, RLJ, 1994/95, 63-72 e 79-96, A. MENEZES CORDEIRO, *Anotação*, ROA, 1996, I, 307 ss., e M. TEIXEIRA DE SOUSA, *Sobre a constitucionalidade da conversão do valor dos assentos*, ROA, 1996, II, 707 ss.

A importância da jurisprudência, em termos gerais, deve ser recordada: *de jure constituto*, a jurisprudência é o recurso por excelência para compreender as normas vigentes, na sua tarefa interpretativa, para avaliar o grau de eficácia dessas normas na sua aplicação ao caso e, obviamente, para chegar a soluções de justiça; de *jure constituendo*, a jurisprudência tem também uma grande importância do ponto de vista do progresso do sistema jurídico, uma vez que é um elemento a ter em conta nas reformas legislativas.

No domínio do Direito do Trabalho, destacamos dois grandes contributos da jurisprudência para o progresso geral do sistema laboral: o seu papel na interpretação das normas laborais e, designadamente, o seu contributo para a intergação de conceitos indeterminados fundamentais nesta área jurídica (assim, o conceito de subordinação jurídica, o conceito de justa causa, o conceito de interesse da empresa, o conceito de retribuição ou o conceito de prejuizo sério, entre muitos outros)[133]; e o seu papel na integração de lacunas de regulamentação em diversas matérias (assim, por exemplo, na resolução de problemas colocados pelos contratos equiparados ao contrato de trabalho, ou na resolução de questões relativas à greve dos trabalhadores públicos, na ausência de regulamentação específica destes temas) e na superação das antinomias normativas, que são muito frequentes nesta área jurídica pelo seu percurso histórico algo atribulado.

---

[133] Esta função da jurisprudência laboral é enfatizada noutros sistemas jurídicos. Assim, e a título de exemplo, em França, o conceito de *subordination* foi um conceito de criação jurisprudencial e foram os tribunais que aprofundaram o conceito de *interêt de l'entreprise*; na Itália, também se deve aos tribunais o aprofundamento das noções de *subordinazione* e, mais recentemente, de *parasubordinazione;* na Alemanha, os tribunais e a doutrina desenvolveram o conceito de «dependência pessoal» (*persönliche Abhängigeit*) e os princípios delimitadores do direito de greve (como o princípio da *ultima ratio* e o princípio da proporcionalidade) são também de criação jurisprudencial, para além de se evidenciar, em termos gerais, o papel da jurisprudência no domínio laboral – por exemplo, PETER SCHWERDTNER, *Das Tarifdispositive Richterrecht als Methodenproblem, in Arbeitsrecht und juristische Methodenlehre*, Neuwied – Darmstadt, 1980, 109-130, ou C.-W. CANARIS, *Tarifdispositive Normen und richterliche Rechtsfortbildung cit.,* 199-224.

## §7º AS FONTES INTERNAS COMUNS

A jurisprudência laboral é muito abundante e relativamente rica, embora o leque de questões laborais levadas a tribunal seja, na aparência, relativamente limitado.

Efectivamente, por razões que se prendem com a dificuldade prática do trabalhador de accionar judicialmente o empregador na pendência do vínculo de trabalho, a maioria das decisões judiciais debruça-se sobre problemas atinentes à cessação do contrato de trabalho, aos acidentes de trabalho e doenças profissionais e às convenções colectivas de trabalho.

Deve, contudo, salientar-se que, no contexto destes processos, são debatidas as questões mais variadas, o que evidencia a riqueza da produção jurisprudencial nesta área.

Noutra linha, salienta-se a importância da jurisprudência constitucional no domínio laboral, por força da consagração dos principais direitos dos trabalhadores na Lei Fundamental.

Por fim, deve realçar-se a importância da jurisprudência europeia no domínio laboral ou social, pelo contributo relevantíssimo que, ao longo dos anos, tem dado para o desenvolvimento do Direito Social da União Europeia. Como já referimos, a propósito das fontes comunitárias[134], a jurisprudência do Tribunal de Justiça é, tradicionalmente, uma das grandes impulsionadoras do desenvolvimento desta área do Direito Europeu.

**III.** Embora não possa qualificar-se como fonte do Direito, a *doutrina*, ou conjunto das opiniões dos jurisconsultos, deve ser referida neste âmbito, porque o estudo dos problemas laborais e a análise técnica do sistema juslaboral contribui para a compreensão e para o aperfeiçoamento desse mesmo sistema.

No domínio laboral e especificamente no contexto português, o papel da doutrina é especialmente importante pela tradicional falta de estabilidade do ordenamento jurídico-laboral.

---

[134] Cfr., *supra*, § 6º, ponto 16.1.

# §8º AS FONTES INTERNAS ESPECÍFICAS

## 21. As convenções colectivas de trabalho

### 21.1. Aspectos gerais: a importância da convenção colectiva como fonte de Direito do Trabalho

**I.** Apreciadas as fontes comuns de Direito do Trabalho, cabe proceder à apresentação das denominadas *fontes laborais específicas*, expressão que identifica os modos particulares de revelação de regras laborais na nossa ordem jurídica.

Constituem fontes laborais específicas os instrumentos de regulamentação colectiva do trabalho. Do elenco destes instrumentos destaca-se a figura da convenção colectiva de trabalho, que constitui o mecanismo, por excelência, de auto--regulação dos interesses laborais. Por isso lhe dedicamos uma especial atenção.

**II.** A convenção colectiva de trabalho pode definir-se como o acordo entre um empregador ou uma associação de empregadores e uma ou mais associações sindicais, em representação dos trabalhadores membros, com vista à regulação das situações juslaborais individuais e colectivas, numa determinada profissão ou sector de actividade e numa certa área geográfica ou empresa[135].

---

[135] Sobre as convenções colectivas de trabalho enquanto fontes de Direito do Trabalho, *vd*, na nossa literatura jurídica J. BARROS MOURA, *A Convenção Colectiva entre as Fontes de Direito*

## §8º AS FONTES INTERNAS ESPECÍFICAS

Constituindo um instrumento normativo laboral de grande tradição, que se impôs à ordem jurídica por via consuetudinária – como vimos oportunamente, a celebração de convenções colectivas de trabalho é muito anterior à respectiva regulamentação jurídica[136] – a convenção colectiva de trabalho é, desde os primórdios do Direito do Trabalho e até hoje, o instrumento por excelência do exercício da autonomia colectiva.

O conteúdo das convenções colectivas de trabalho pode distribuir-se pelas mais variadas matérias, tanto da esfera das situações juslaborais colectivas como da área do contrato de trabalho e, na verdade, assim acontece. Por outro lado, por serem celebradas pelos próprios entes laborais, as convenções colectivas constituem o instrumento mais adequado para adaptar os regimes gerais dispostos pela lei às particularidades de cada sector profissional ou regional ou de um determinado contexto empresarial, correspondendo assim da melhor forma aos interesses laborais específicos desse sector de actividade ou dessa empresa.

**III.** As convenções colectivas de trabalho constituem uma fonte de direito em sentido próprio, por duas razões substanciais:

– em primeiro lugar, porque revelam regras jurídicas aplicáveis às situações juslaborais individuais e colectivas que existem ou que venham a constituir-se no âmbito da sua esfera de incidência: as cláusulas das convenções colectivas de trabalho revestem assim as características de generalidade e abstracção típicas da norma jurídica;
– em segundo lugar, porque, apesar de constituírem uma auto-regulação de interesses, as convenções colectivas não se confundem com os contratos de trabalho e a autonomia colectiva que se nelas se exerce

---

*do Trabalho*, Coimbra, 1984, MENEZES CORDEIRO, *Manual de Direito do Trabalho cit.*, 172 ss., MÁRIO PINTO, *Direito do Trabalho cit.*, I, 145 ss., JORGE LEITE, *Direito do Trabalho cit.*, I, 90 ss., ROSÁRIO PALMA RAMALHO, *Da Autonomia Dogmática... cit.*, 799 ss. e 914 ss., e ROMANO MARTINEZ, *Direito do Trabalho cit.*,186 ss., MONTEIRO FERNANDES, *Direito do Trabalho cit.*, 114 ss., e BERNARDO XAVIER, *Curso de Direito do Trabalho cit.*, I, 537 ss.

[136] Como oportunamente referimos, a negociação colectiva impôs-se na maioria dos sistemas jurídicos por força de um verdadeiro costume *praeter legem*. Cfr., *supra*, § 7º, ponto 19.1.I. Ainda sobre a importância tradicional destes instrumentos no desenvolvimento do Direito do Trabalho, *supra*, § 1º, ponto 2.1.IV.

não corresponde a uma forma simples de autonomia privada (ou à «soma» das autonomias negociais manifestadas nos contratos de trabalho), revestindo antes uma profunda singularidade. A singularidade da autonomia colectiva, revelada em aspectos tão diversos como a possibilidade de as convenções colectivas de trabalho abrangerem trabalhadores e empregadores que não sejam membros das associações outorgantes, de poderem ser objecto de extensão administrativa ou ainda nas normas convénio-dispositivas[137], contribui também para reconhecer nas regras constantes destes instrumentos as características de generalidade e abstracção próprias das normas jurídicas.

Acresce a estes argumentos substanciais um argumento formal no sentido da recondução das convenções colectivas de trabalho a fontes de Direito em sentido próprio: elas são expressamente reconhecidas como tal pela lei no art. 1º do CT. O carácter formal deste argumento deve, no entanto, ser realçado.

Por outro lado, foi justamente por reconhecer o carácter substancialmente normativo das convenções colectivas que o Tribunal Constitucional reconheceu (aliás, em inversão de jurisprudência anterior), que as cláusulas das convenções colectivas podem ser objecto de apreciação de constitucionalidade – Ac. TC nº 714/2008 (Proc. nº 714/07)[138].

Enquanto fontes do Direito, as convenções colectivas de trabalho correspondem, em todo o caso, a um modo pouco comum de criação de regras jurídicas, na medida em que nelas concorre, sobretudo, a vontade dos destinatários dos respectivos comandos, ou directamente (se o empregador outorgar o instrumento de regulamentação colectiva do trabalho *per se*) ou através das associações laborais respectivas.

---

[137] Desenvolveremos este ponto a propósito da fundamentação da autonomia do Direito do Trabalho, que tem um dos seus alicerces nesta singularidade da autonomia colectiva (*infra*, Capítulo III, § 14º, ponto 48.2.), bem como na análise dinâmica das convenções colectivas de trabalho e, concretamente, na apreciação da questão da sua natureza jurídica (*Tratado III*, § 49º, *maxime* ponto 176).

[138] www.tribunalconstitucional.pt. A jurisprudência anterior sobre esta matéria pode confrontar-se, por exemplo, no Ac. TC nº 224/2005 (Proc. nº 68/05), de 27/04/2005, www.jusnet.pt).

**IV.** As convenções colectivas de trabalho têm, hoje como antes, uma enorme importância no universo laboral. Esta importância evidencia-se em vários planos, dos quais salientamos os seguintes:

- no *plano sistemático*, não só por serem uma forma de auto-regulamentação de interesses mas também pela sua natural vocação de perenidade, as convenções colectivas de trabalho são o instrumento normativo laboral mais adequado para testar soluções novas para os problemas laborais e, genericamente, para prosseguir as metas modernas do Direito do Trabalho, como a flexibilização e a desregulamentação (na modalidade da re-regulamentação)[139], sem descurar outros interesses laborais e, designadamente, continuando a assegurar a tutela dos trabalhadores;
- no *plano dogmático*, as convenções colectivas de trabalho evidenciam a singularidade do Direito do Trabalho e a sua maturidade enquanto área jurídica, no que se refere ao modo de produção das suas normas;
- no *plano sociológico*, as convenções colectivas de trabalho constituem um instrumento da maior valia para a diminuição da tradicional conflitualidade laboral, na medida em que as suas normas resultam do acordo entre os parceiros sociais, e estes são, ao mesmo tempo, partes da convenção e representantes dos destinatários da convenção;
- por fim, no *plano da gestão dos recursos humanos* e quando tenham dimensão empresarial (ou seja, quando correspondam a acordos de empresa), as convenções colectivas de trabalho podem contribuir para desenvolver as soluções que melhor adaptem os regimes legais aos diversos interesses em jogo na organização empresarial: os interesses da gestão empresarial e dos titulares das empresas e os interesses dos trabalhadores.

**V.** O reconhecimento da importância das convenções colectivas de trabalho para o equilíbrio geral dos sistemas laborais justifica a preocupação de incremento da negociação colectiva, que se observa tanto no plano do direito interno, como ao nível do direito comunitário.

---

[139] Quanto a estes objectivos, *vd*, *supra*, § 2º, ponto 4.2.

Neste último nível, assinalámos já o incentivo da União Europeia ao diálogo social no plano europeu e a previsão nos Tratados da realização de *convenções colectivas de dimensão europeia* – art. 155º do TFUE (ex-art. 139º do TCE)[140]. Estas convenções colectivas têm grande interesse para enquadrar os vínculos de trabalho no seio das empresas multinacionais de um modo uniforme, resolvendo alguns dos problemas que hoje se colocam neste tipo de vínculos pela tendência crescente para a internalização do trabalho e pela cada vez maior facilidade de circulação do trabalhadores. Em todo o caso, devem ter-se em conta as dificuldades práticas de celebração deste tipo de convenções colectivas, em razão das profundas diferenças entre os sistemas juslaborais de cada Estado[141].

No plano nacional, assinala-se a preocupação do Código do Trabalho no incremento da negociação colectiva. Esta preocupação evidencia-se não apenas na regra geral de promoção destes instrumentos (art. 485ºº do CT), mas, sobretudo, na previsão de diversas medidas tendentes ao desbloqueamento dos processos de negociação colectiva e de revisão das convenções colectivas de trabalho (art. 10º da Lei Preambular ao CT e art. 501º do CT)[142].

### 21.2. Tipologia das convenções colectivas de trabalho

**I.** As convenções colectivas de trabalho podem agrupar-se em duas grandes categorias, cada uma das quais compreende diversas modalidades: uma categoria geral, aplicável aos entes laborais comuns e regulada no Código do Trabalho; e uma categoria especial, destinada a operacionalizar o processo de negociação colectiva articulada, estabelecido no diploma que regula os vínculos de trabalho em funções públicas (LGTFP, arts. 13º e 347º ss.).

As várias modalidades de convenção colectiva de trabalho, que integram cada uma das categorias assinaladas, são determinadas com recurso a dois

---

[140] *Supra*, § 6º, ponto 16.8.
[141] Ainda sobre as convenções colectivas internacionais e europeias, R. M. MOURA RAMOS, *Da Lei Aplicável ao Contrato de Trabalho Internacional cit.* 39, e MENEZES CORDEIRO, *Manual de Direito do Trabalho cit.*, 193 ss.
[142] A propósito do estudo das convenções colectivas de trabalho, teremos ocasião de analisar estas medidas (*Tratado III*, § 48º, ponto 170, e § 49º, ponto 175.).

§8º AS FONTES INTERNAS ESPECÍFICAS

critérios: o critério dos entes laborais outorgantes da convenção colectiva de trabalho; e o critério da área de incidência da própria convenção colectiva.

**II.** Na *categoria geral de convenções colectivas de trabalho*, distinguem-se as seguintes modalidades, definidas nas várias alíneas do nº 3 do art. 2º do CT:

a) *Contratos colectivos de trabalho* (CCT): convenções colectivas de trabalho celebradas entre associações sindicais e associações de empregadores;
b) *Acordos colectivos de trabalho* (ACT): convenções colectivas de trabalho celebradas entre associações sindicais e uma pluralidade de empregadores, para um conjunto de empresas;
c) *Acordos de empresa* (AE): convenções colectivas de trabalho celebradas por associações sindicais e um empregador, para uma empresa ou estabelecimento.

Noutra perspectiva, que tem em conta o âmbito substancial de aplicação das convenções colectivas de trabalho, distinguem-se as *convenções colectivas horizontais* (aplicáveis a uma determinada profissão ou categoria profissional) e as *convenções colectivas verticais* (aplicáveis num determinado sector de actividade económica)[143] – art. 481º do CT.

Estas modalidades de convenção colectiva de trabalho reflectem o reconhecimento, pelo nosso sistema jurídico, de diferentes níveis de negociação colectiva, que podem coexistir, em decorrência do princípio constitucional da autonomia colectiva: assim, os contratos colectivos de trabalho correspondem, normalmente, a convenções colectivas de grande porte, cujo âmbito de incidência pode ser muito vasto ou mesmo nacional e é definido por sector de actividade, por profissão e/ou por um critério geográfico; os acordos colectivos de trabalho podem ter um porte idêntico ao dos contratos colectivos, embora, habitualmente, não sejam tão abrangentes, mas distinguem-se daqueles pela natureza dos outorgantes patronais, que são os empregadores e não as respectivas associações; por fim, os acordos de empresa são a modalidade de convenção colectiva de âmbito mais especializado e que se des-

---

[143] Assim, por exemplo, uma convenção colectiva de trabalho para os trabalhadores de escritório *versus* uma convenção colectiva de trabalho para o sector bancário, respectivamente.

§ 8º AS FONTES INTERNAS ESPECÍFICAS

tina à regulação das situações juslaborais no âmbito de uma única empresa ou estabelecimento.

Os dados estatísticos sobre o emprego regularmente publicados revelam que a grande maioria das convenções colectivas de trabalho em Portugal corresponde à modalidade do contrato colectivo de trabalho, sendo os acordos de empresa em número reduzido[144]. Estes dados permitem, assim, concluir no sentido de uma tradição de negociação colectiva de âmbito alargado e, nessa medida, com um reduzido grau de flexibilidade, ao contrário do que sucede noutros países. Ainda assim, nos últimos anos cresceu o número de acordos de empresa, revelando, porventura, alguma inflexão no predomínio tradicional da regulamentação coleciva centralizada e de maior porte[145].

Como veremos, o reconhecimento de diferentes níveis de negociação colectiva pelo nosso sistema jurídico e a coexistência de todos eles obriga ao estabelecimento de regras específicas para resolver os problemas de concurso que possam surgir na respectiva aplicação. Apreciaremos estes problemas na secção subsequente.

III. A estas modalidades gerais de convenção colectiva de trabalho acrescem as *modalidades especiais*, previstas para a regulamentação colectiva dos vínculos laborais no seio da Administração Pública na LGTFP (art. 13º):

a) *Acordos colectivos de carreira*, aplicáveis a uma carreira ou conjunto de carreiras, independentemente dos órgãos ou serviços onde os trabalhadores exerçam funções;
b) *Acordos colectivos de empregador público*, aplicáveis no âmbito de um único empregador público[146].

---

[144] Estes dados constam dos *Quadros de Pessoal*, publicados periodicamente pelo Ministério que tem a tutela sobre as questões do trabalho e do emprego.
[145] Sobre estas novas tendências quanto ao nível predominante da contratação colectiva no nosso país, ROSÁRIO PALMA RAMALHO, *Portuguese Labour Law and Industrial Relations...* cit., 3 ss. e 19 s.,e ainda *Portuguese Labour Law and Relations...*cit., 159 s.
[146] Estas modalidades vieram substituir as modalidades especiais de convenção colectiva de trabalho no âmbito da Administração Pública, previstas anteriormente na L. nº 23/2004, de 22 de Junho, e que contemplavam três categorias de convenções: os *contratos colectivos nacionais* (convenções colectivas outorgadas por associações sindicais e pelo Estado, representado pelo Ministro das Finanças, e aplicáveis a todas as pessoas colectivas públicas); os *contratos*

§8º AS FONTES INTERNAS ESPECÍFICAS

A previsão destas modalidades especiais de convenção colectiva de trabalho pretendeu conjugar a existência de um verdadeiro sistema de contratação colectiva para os trabalhadores da Administração Pública que exerçam as suas funções em regime de contrato de trabalho[147] com as especificidades inerentes à qualidade pública do respectivo empregador e aos interesses públicos por este prosseguidos.

Para este efeito, foi criado um sistema de negociação colectiva especial, denominado *negociação colectiva articulada*, que passa por uma repartição das matérias entre as convenções dos diferentes níveis e por um relacionamento diferente entre estes instrumentos – art. 14º da LGTFP.

## 22. Outras fontes autónomas

### 22.1. O acordo de adesão

**I.** O segundo instrumento de regulamentação colectiva de natureza convencional referido pelo Código do Trabalho é o acordo de adesão – art. 2º nº 2 do CT.

*colectivos sectoriais* (convenções colectivas outorgadas por associações sindicais e pelo Ministro da tutela do sector de actividade e aplicáveis nesse sector de actividade); os *acordos colectivos sectoriais* (convenções colectivas outorgadas por associações sindicais e por uma pluralidade de pessoas colectivas públicas tuteladas pelo mesmo Ministro); e os *acordos de pessoa colectiva pública* (convenções colectivas outorgadas por associações sindicais e uma pessoa colectiva pública) – L. nº 23/2004, de 22 de Junho, art. 19º nº 1. A LCTFP já contemplava apenas as dus modalidades referidas em texto, com uma pequena diferença na designação (art. 2º nº 3 do Regime). Em especial sobre esta matéria, no universo dos trabalhadores públicos, P. MADEIRA DE BRITO, *Contrato de Trabalho na Administração Pública e o Sistema de Fontes (dissertação dout.)*, copiogr., Lisboa (FDL), 2011, *passim*.

[147] Como veremos a propósito da negociação colectiva (*Tratado III*, § 49º, ponto 177), no que respeita aos trabalhadores com funções públicas em regime de nomeação o sistema jurídico nacional não prevê uma verdadeira contratação colectiva, mas tão somente um processo de negociação colectiva a que se segue a emissão de regulamentação pelo Estado – era o que decorria do regime tradicional desta matéria, estabelecido pela L. nº 23/98, de 26 de Maio, tendo sido mantido pelo regime actual, constante da LGTFP (arts. 347º ss.). Pelo contrário, para os trabalhadores que tenham um vínculo laboral com o Estado ou outra entidade empregadora pública, é previsto um sistema de contratação colectiva em sentido próprio, ainda que com especificidades. Para mais desenvolvimentos sobre a matéria, embora ainda no âmbito da L. nº 23/2004, ROSÁRIO PALMA RAMALHO /MADEIRA DE BRITO, *Contrato de trabalho na Administração Pública cit.*, 91 ss.

§ 8º AS FONTES INTERNAS ESPECÍFICAS

O acordo de adesão pode definir-se como um acordo entre uma associação sindical, uma associação de empregadores ou um empregador, que não outorgaram determinada convenção colectiva de trabalho em vigor, e o parceiro ou parceiros laborais que se lhe teriam contraposto na respectiva negociação, com vista à aplicação dessa mesma convenção aos respectivos membros ou no seio da respectiva empresa[148]. Para além da adesão a convenções colectivas de trabalho em vigor, que já vem do regime anterior à codificação, o Código do Trabalho prevê ainda a adesão a deliberações arbitrais, o que não acontecia na LRCT, que previa apenas a extensão destes instrumentos por via administrativa[149].

II. O acordo de adesão (AA) encontra-se regulado no art. 504º do CT[150] e a sua função é permitir o alargamento do âmbito de incidência das convenções colectivas de trabalho para lá da esfera dos outorgantes originários. Nesta medida, trata-se de um importante instrumento de promoção da autonomia colectiva.

Do ponto de vista da sua natureza, trata-se ainda de um instrumento de regulamentação colectiva de origem convencional, na medida em que resulta de um acordo. No entanto, a liberdade negocial que nele se manifesta não é total, porque deste acordo não pode resultar modificação do conteúdo da convenção colectiva de trabalho (art. 504º nº 3) – neste sentido se compreende a designação «acordo de adesão». Dito de outra forma, trata-se de um acordo em que há liberdade de celebração mas não liberdade de estipulação.

---

[148] Sobre o acordo de adesão como fonte do Direito do Trabalho, *vd*, entre outros, na nossa literatura juslaboral, MENEZES CORDEIRO, *Manual de Direito do Trabalho cit.*, 172 ss. e 335 ss., e MÁRIO PINTO, *Direito do Trabalho cit.*, I, 148, ROMANO MARTINEZ, *Direito do Trabalho cit.*, 209, e BERNARDO XAVIER, *Curso de Direito do Trabalho cit.*, I, 599.

[149] Cfr., art. 29º nº 1 da LRCT, e *infra*, ponto 23.1.

[150] Esta norma corresponde, na fase prévia à codificação do Direito do Trabalho, ao art. 28º da LRCT, com duas alterações: a previsão da adesão a deliberações arbitrais; e o estabelecimento, como condição para a adesão, do requisito de que as convenções colectivas de trabalho objecto de adesão estejam em vigor. Com efeito, a LRCT exigia apenas que a convenção colectiva de trabalho em questão estivesse publicada, expressão que se podia revelar enganadora, porque a convenção colectiva de trabalho publicada podia, entretanto, ter deixado de estar em vigor.

§ 8º AS FONTES INTERNAS ESPECÍFICAS

Em tudo o mais, o acordo de adesão é equiparado à convenção colectiva de trabalho, pelo que não se suscitam dúvidas quanto à sua qualificação como fonte de Direito do Trabalho em sentido próprio[151].

### 22.2. A deliberação de arbitragem voluntária

**I.** A terceira a última fonte de Direito do Trabalho qualificada pelo Código do Trabalho como instrumento de regulamentação colectiva do trabalho de natureza convencional é a decisão de arbitragem voluntária[152] – art. 2º nº 2 do CT.

Regulada nos artigos 506º s. do CT, a decisão de arbitragem voluntária é, na verdade, uma deliberação, porque é tomada por um colégio arbitral (arts. 505º nº 2 e 507º nº 2).

O objecto da arbitragem laboral – definido em termos exemplificativos e bastante amplos no art. 506º do CT[153] – é qualquer diferendo sobre a interpretação ou a aplicação de uma convenção colectiva de trabalho, que os respectivos outorgantes tenham acordado em submeter a este processo de jurisdição voluntária, comprometendo-se ainda a aceitar a deliberação final que os árbitros sobre ele venham a tomar.

**II.** Como decorre desta noção, a deliberação arbitral não constitui um instrumento de regulamentação colectiva do trabalho convencional em sentido próprio, uma vez que não é uma auto-regulamentação laboral directa mas antes o resultado de um mecanismo de resolução pacífica de um conflito

---

[151] A matéria dos acordos de adesão será objecto de maior desenvolvimento no *Tratado III*, § 50º, ponto 178.
[152] Sobre a decisão arbitral enquanto fonte do Direito do Trabalho, *vd* MENEZES CORDEIRO, *Manual de Direito do Trabalho cit.*, 339 ss., e MÁRIO PINTO, *Direito do Trabalho cit.*, I, 149, entre outros. Em geral sobre o tema da arbitragem no domínio laboral, e para uma abordagem mais desenvolvida, JOÃO REIS, *Resolução Extrajudicial dos Conflitos Colectivos de Trabalho*, I e II, Coimbra, 2012 (*maxime*, II, 1090 ss. e *passim*) e D. MOURA VICENTE, *Arbitragem de conflitos colectivos de trabalho*, in Estudos do Instituto de Direito do Trabalho, IV, Coimbra, 2004, 249-267.
[153] Esta norma corresponde, com alterações, ao art. 34º nº 1 da LRCT. O âmbito da arbitragem voluntária é actualmente mais amplo, porque inclui também as matérias relativas à interpretação dos instrumentos de regulamentação colectiva do trabalho. Por outro lado, a natureza exemplificativa do preceito permite que as partes submetam outros diferendos à arbitragem.

laboral – no caso, um conflito atinente à interpretação ou à aplicação de uma convenção colectiva de trabalho.

No entanto, determinando a lei que a deliberação arbitral produz os mesmos efeitos que a convenção colectiva de trabalho e segue as regras desta no que se refere ao conteúdo obrigatório e ao processo de depósito (art. 505º n.os 2 e), esta figura pode equiparar-se a um instrumento de regulamentação colectiva do trabalho. E, naturalmente, uma vez que a sujeição do diferendo à arbitragem decorre da vontade das partes, manifestada na convenção de arbitragem, trata-se de um instrumento de natureza convencional.

Nestas condições, conclui-se que a deliberação arbitral é uma fonte do Direito do Trabalho em sentido próprio, por um motivo formal e por um motivo material: em termos formais, porque é como tal qualificada pelo Código do Trabalho (art. 2º nº 2); em termos materiais, porque cria regras dotadas de generalidade e abstracção, nos mesmos termos em que o são as cláusulas das convenções colectivas de trabalho.

**III.** Sem prejuízo do aprofundamento desta matéria em sede própria[154], deve salientar-se, desde já, a importância do recurso à arbitragem, como mecanismo de resolução pacífica de conflitos laborais, saudando, por isso, o incremento vigoroso deste mecanismo pelo Código do Trabalho.

Como processo de resolução pacífica de conflitos, a arbitragem reveste uma importância muito particular em áreas de vincada conflitualidade social, como é o domínio laboral: quando utilizado adequadamente, este mecanismo diminui a litigância laboral comum e permite às partes uma intervenção mais directa no processo de resolução do litígio, uma vez que escolhem os respectivos árbitros. Em suma, este mecanismo promove o diálogo e a paz social.

Tendo em conta estas potencialidades de aplicação, o sistema jurídico português previa tradicionalmente o recurso à arbitragem para a resolução de conflitos resultantes de instrumentos de regulamentação colectiva do trabalho – art. 34º da LRCT. No entanto, na prática, este mecanismo foi escassamente utilizado, na modalidade da arbitragem voluntária, pela falta de tradição dos parceiros sociais neste recurso.

---

[154] Cfr., *Tratado III*, § 50º, ponto 179.

Procurando inverter esta tendência, o Código do Trabalho de 2003 procedeu ao alargamento dos casos de arbitragem obrigatória e regulou com minúcia o procedimento arbitral. O actual Código do Trabalho mantém esta mesma linha, tendo ainda instituído a nova figura da arbitragem necessária, especificamente vocacionada para promover a celebração ou revisão de convenções colectivas de trabalho, após a caducidade de uma convenção colectiva anterior, sem a devida substituição (arts. 510º e s.).

## 23. As fontes heterónomas

### 23.1. A portaria de extensão[155]

**I.** Para além dos modos específicos de produção de normas laborais com origem convencional, o Direito do Trabalho dispõe também de modos próprios de produção de normas que têm origem num acto de heteroregulamentação: são os instrumentos de regulamentação colectiva do trabalho não convencionais.

Estas fontes estão enunciadas no nº 4 do art. 2º do CT, embora sejam reguladas muito mais à frente, em sede do regime jurídico dos instrumentos de regulamentação colectiva do trabalho. Elas são a portaria de extensão, a portaria de condições de trabalho e a deliberação de arbitragem obrigatória ou necessária.

A portaria de extensão (PE) é uma figura tradicional do nosso ordenamento juslaboral[156]. Tendo a natureza de um regulamento administrativo, estas portarias foram mesmo rebaptizada no CT 2003 como «regulamento

---

[155] Em geral, sobre a figura da portaria de extensão como fonte do Direito do Trabalho, A. NUNES DE CARVALHO, *Regulamentação de trabalho por portarias de extensão*, RDES, 1988, 4, 437-467; L. GONÇALVES DA SILVA, *A Portaria de Extensão: Contributo para o seu Estudo*, Lisboa (copiogr., FDL), 1999, e, do mesmo autor, *Pressupostos, requisitos e eficácia da portaria de extensão*, in *Estudos do Instituto de Direito do Trabalho*, I, Coimbra, 2001, 669-776; MENEZES CORDEIRO, *Manual de Direito do Trabalho cit.*, 343 ss., MÁRIO PINTO, *Direito do Trabalho cit.*, I, 152 ss., JORGE LEITE, *Direito do Trabalho cit.*, I, 88 s., ROSÁRIO PALMA RAMALHO, *Da Autonomia Dogmática... cit.*, 918 ss., ROMANO MARTINEZ, *Direito do Trabalho cit.*, 192 ss., MONTEIRO FERNANDES, *Direito do Trabalho cit.*, 110 ss., e BERNARDO XAVIER, *Curso de Direito do Trabalho cit.*, I, 603 ss.
[156] Na verdade, a figura das portarias de extensão é anterior à LRCT, estando prevista no diploma que antecedeu aquela lei – o DL nº 164-A/76, de 28 de Fevereiro. A figura estava prevista no art. 20º deste diploma, de onde transitou em 1979 para a LRCT (art. 29º).

de extensão»[157], tendo agora recuperado a sua designação tradicional – o que é também correcto, atendendo ao facto de a portaria ser uma modalidade de regulamento administrativo[158].

Trata-se de um instrumento de regulamentação colectiva do trabalho através do qual o Governo (por intermédio do Ministro responsável pela área do emprego e do trabalho, e, em alguns casos, com o Ministro da tutela do sector de actividade – art. 514º n.os 1 e 2 do CT) determina o alargamento do âmbito de aplicação de uma convenção colectiva de trabalho ou de uma deliberação arbitral a empregadores que não subscreveram inicialmente a convenção e a trabalhadores não filiados nas associações sindicais outorgantes.

Como o nome indica, estas portarias procedem ao alargamento do âmbito de aplicação originário de uma convenção colectiva de trabalho ou de uma deliberação arbitral. A diferença entre este tipo de extensão e a extensão operada pelo acordo de adesão é que esta provém da vontade dos sujeitos laborais e aquela é o produto de uma decisão administrativa: assim, o acordo de adesão corresponde ainda a uma autoregulamentação dos interesses laborais, ao passo que a portaria de extensão é uma heteroregulamentação laboral.

**II.** *O objectivo da portaria de extensão é duplo.* Por um lado, pretende-se integrar o vazio de regulamentação colectiva que existe em relação aos trabalhadores não filiados nas associações sindicais outorgantes das convenções colectivas de trabalho e aos empregadores que também não as outorgaram – este vazio decorre do facto de as convenções colectivas apenas se aplicarem aos outorgantes e aos respectivos membros, por força do princípio geral nesta matéria (o denominado princípio da filiação, que o Código do Trabalho consagra no art. 496º[159]). Por outro lado, com esta extensão administrativa assegura-se a uniformidade do regime jurídico aplicável aos trabalhadores daquele

---

[157] Artigo 573º do CT de 2003.
[158] Sobre a discussão doutrinal acerca da natureza jurídica destes instrumentos podem ver-se, entre outros, MENEZES CORDEIRO, *Manual de Direito do Trabalho cit.*, 347, MÁRIO PINTO, *Direito do Trabalho cit.*, I, 150, MONTEIRO FERNANDES, *Direito do Trabalho cit.*, 110 s., e GONÇALVES DA SILVA, *Portaria de Extensão... cit.*, 352 ss. Por todos sobre a qualificação, M. REBELO DE SOUSA/A. SALGADO DE MATOS, *Direito Administrativo Geral*, III, Lisboa, 2007, 253. Retomaremos o ponto no *Tratado III*, § 51º.
[159] Teremos ocasião de apreciar este princípio com maior detalhe, *Tratado III*, § 49º, ponto 174. A referência agora feita destina-se apenas a tornar compreensível a existência de instru-

sector. Por outras palavras, através das portarias de extensão promove-se a eficácia geral das convenções colectivas de trabalho num determinado sector profissional ou de actividade.

Noutra perspectiva, deve assinalar-se que a portaria de extensão era, tradicionalmente, uma figura de grande utilização no nosso sistema jurídico, constituindo prática corrente a sua emissão sempre que era publicada uma convenção colectiva de trabalho[160].

Ora, como sustentámos repetidamente e em diversas sedes[161], esta prática era contraproducente. Com efeito, embora estas portarias sejam, formalmente, um mecanismo de extensão dos regimes convencionais colectivos, a verdade é que, em termos substanciais, elas podem afectar negativamente a autonomia colectiva e desincetivar a filiação sindical. É que, ao viabilizar a aplicação das convenções colectivas a trabalhadores e empregadores que não participaram ou não foram representados na respectiva negociação, este tipo de instrumento torna despiciendo o associativismo sindical e patronal para efeitos de beneficiar de uma regulamentação convencional colectiva. Ora, a médio e a longo prazo, a falta de incentivo do associativismo laboral repercute-se negativamente na autonomia colectiva.

Foi neste contexto que, no âmbito da última reforma laboral e em cumprimento de uma medida prevista no MoU, foram introduzidos requisitos mais restritivos para a emissão das portarias de extensão, pela Res. CM nº 90/2012, de 31 de Outubro. A introdução destes requisitos, saldou-se numa drástica diminuição do número de portarias de extensão emitidas entre 2012 e 2014, o que determinou uma descida abrupta da taxa de cobertura das convenções colectivas de trabalho – uma vez que a maioria dos trabalhadores portugueses só é abrangida pelas convenções colectivas de trabalho através das portarias

---

mentos de regulamentação colectiva do trabalho de extensão, como o acordo de adesão e a portaria de extensão.
[160] Podem consultar-se dados mais desenvolvidos sobre esta prática no nosso *Da Autonomia Dogmática...cit.*, 919 e nota [490] e ainda in *Portuguese Labour Law and Industrial Relations...cit.*, 4 e *passim*.
[161] Por exemplo, ROSÁRIO PALMA RAMALHO, *Da Autonomia Dogmática...cit.*, 919 e *passim*, e nas edições anteriores do *Tratado* (por exemplo, *Tratado I*, 3ª edição, 263, e ainda *Tratado III*, 2ª ed., 373 ss.), bem como in *Portuguese Labour Law and Industrial Relations...cit.*, 4. Voltaremos a este ponto no *Tratado III*, § 51º, ponto 181.

de extensão, porque não é sindicalizada. Contudo, a forte contestação destas medidas restritivas pela maioria dos parceiros sociais, nessa época, acabou por conduzir ao aligeiramento dos requisitos de emissão impostos por aquela Resolução do Conselho e de Ministros, o que foi consumado pela Res. CM nº 43/2014, de 26 de Junho.

Esta última alteração resultou numa certa «recuperação» da figura das portarias de extensão, mas não na sua generalização, pelo que podemos considerar o sistema actual nesta matéria relativamente equilibrado.

III. As portarias de extensão podem então ser emitidas ocorrendo as seguintes condições cumulativas, constantes dos arts. 514º e 515º do CT, e da Res. CM nº 90/2012, de 31 de Outubro (alterada pela Res. CM nº 43/2014, de 26 de Junho):

- os empregadores e os trabalhadores estarem integrados, respectivamente, no mesmo sector de actividade e profissional ao qual é aplicável a convenção colectiva de trabalho a estender (art. 514º nº 1 do CT);
- não haver uma convenção colectiva aplicável naquele sector de actividade e profissional (art. 515º do CT);
- ocorrerem circunstâncias económicas e sociais que justifiquem a extensão, nomeadamente a identidade ou semelhança económica e social das situações a que se venha a aplicar a convenção, por via da portaria de extensão (art. 514º nº 2 do CT);
- a extensão ser requerida por, pelo menos, uma associação sindical e uma associação de empregadores outorgantes da convenção a estender (ponto 1 a) da Res. CM nº 90/2012);
- a convenção colectiva a estender preencher, *ab initio*, requisitos de representatividade que são aferidos pela percentagem de trabalhadores inicialmente abrangidos no seio do sector de actividade, geográfico ou empresarial em que se pretende a extensão (no mínimo, 50%), excepto no caso de o sector de actividade ser constituído por uma percentagem significativa (no mínimo, 30%) de micro, pequenas ou médias empresas (ponto 1 c) da Res. CM nº 90/2012, na redacção dada pela Res. CM nº 43/2014, de 27 de Junho).

§8º AS FONTES INTERNAS ESPECÍFICAS

Quanto à competência para a emissão destas portarias, deve reter-se o seguinte: tal competência é, em regra, do Ministro com a tutela da área laboral (art. 516º nº 1), sujeita embora a requerimento de, pelo menos, uma associação sindical e uma associação de empregadores outorgantes da convenção a estender (ponto 1 a) da Res. CM nº 90/2012); contudo, se qualquer interessado manifestar oposição fundamentada em relação à extensão (que se deve manifestar no prazo de 15 dias sobre a publicação do projecto de portaria de extensão), a competência para a emissão da portaria passa a ser conjunta do Ministro com a área do trabalho e do Ministro da tutela da área de actividade (art. 516º nº 1 e 3).

Comparando o actual regime desta matéria com o direito anterior observam-se importantes diferenças. É que, no âmbito do CT de 2003 (aliás, como na LRCT, que não foi alterada nesta matéria), distinguiam-se dois tipos de portarias de extensão, que se sujeitavam a requisitos de admissibilidade diversos (artigos 573º e 575º do CT 2003): os denominados *regulamentos de extensão interna*, que procediam ao alargamento da convenção colectiva a empresas e a trabalhadores da mesma profissão ou de profissão análoga que não fossem membros das associações outorgantes daquela convenção colectiva de trabalho; e os *regulamentos de extensão externa*, que procediam ao alargamento da convenção a empregadores e a trabalhadores do mesmo ou de análogo sector profissional ou de actividade, quando não existissem associações sindicais ou de empregadores nessa área e se pretendesse aplicar a convenção a uma diferente área geográfica. No primeiro caso, a competência para a emissão deste instrumento normativo era do Ministério do Trabalho; no segundo caso, era exigida também a intervenção do membro do Governo que tutelasse o sector de actividade em questão.

Já o actual Código do Trabalho fez cair a distinção entre portarias de extensão interna e externa[162], bem como o requisito da inexistência de associações sindicais, para além de regular de forma diferente a questão da competência para a emissão destas portarias.

Por fim, relativamente aos requisitos substanciais para a emissão destas portarias coloca algumas dúvidas o requisito da justificação económica ou

---

[162] Contra este entendimento, vd, contudo, ROMANO MARTINEZ/L. MIGUEL MONTEIRO/ JOANA VASCONCELOS/MADEIRA DE BRITO/GUILHERME DRAY/L. GONÇAVES DA SILVA, *Código do Trabalho Anotado cit.*, 1030 (anotação de GONÇALVES DA SILVA).

social e a avaliação da identidade ou semelhança entre a convenção em vigor e o sector ou profissão em relação ao qual se pretende que opere a extensão (art. 514º nº 2 do CT), dada a ampla margem de discricionariedade que este tipo de juízo envolve.

**IV.** A qualificação da portaria de extensão como fonte laboral em sentido próprio não oferece dificuldades, na medida em que constitui um acto normativo em sentido formal, emanado de um órgão com autoridade e competência para tal e cujas regras são dotadas de generalidade e abstracção: neste sentido se compreende a sua recondução a uma fonte heterónoma do Direito do Trabalho, cuja especificidade está em constituir uma regulamentação colectiva dos vínculos de trabalho.

Contudo, se, do ponto de vista formal, a portaria de extensão é fácil de enquadrar, em termos substanciais trata-se de uma figura de grande originalidade, pelo modo como cumpre a sua função normativa: é que, sem deixar de ser um acto de autoridade, a portaria de extensão aproveita um regime convencional privado e dota-o de força normativa geral para o aplicar a outros sujeitos; ou seja, ao recorrer a esta figura, a autoridade administrativa utiliza a sua competência normativa não da forma tradicional, através da regulação directa das situações jurídicas, mas alterando a fisionomia de uma regulamentação autónoma existente, para cumprir os seus desígnios.

Em suma, enquanto comando normativo, a portaria de extensão é, do ponto de vista material, um modo de produzir normas que reveste uma profunda originalidade. Sem prejuízo do ulterior aprofundamento desta matéria, deve ficar, desde já, salientada a originalidade intrínseca da figura das portarias de extensão, enquanto fontes do Direito do Trabalho[163].

### 23.2. A portaria de condições de trabalho

**I.** A portaria de condições de trabalho (PCT) constitui o instrumento de regulamentação colectiva do trabalho administrativo por excelência: atra-

---

[163] Sobre o ponto, com desenvolvimentos, Rosário Palma Ramalho, *Da Autonomia Dogmática... cit.*, 918 ss., e *Tratado III*, § 51º, ponto 185.

vés desta portaria, o Ministro responsável pela área laboral e o Ministro que tutela o sector de actividade em causa estabelecem a regulamentação colectiva para um determinado sector de actividade e profissional no qual não haja regulamentação colectiva de origem convencional, quando não seja viável o recurso à extensão administrativa de convenções colectivas de trabalho em vigor, e não exista associação sindical ou de empregadores. Esta portaria é prevista como fonte do Direito do Trabalho no art. 2º nº 4 do CT e é regulada nos arts. 517º e 518º.

II. Este tipo de portaria é uma figura tradicional no nosso sistema juslaboral: ela já era prevista no art. 36º nº 1 da LRCT sob a designação, não muito rigorosa, de «portaria de regulamentação do trabalho»[164], foi rebaptizada como «regulamento de condições mínimas» pelo CT de 2003 e é agora designada como «portaria de condições de trabalho» no CT de 2009.

Contudo, ao contrário do que sucede com as portarias de extensão, as portarias de condições de trabalho foram caindo em desuso à medida que a negociação colectiva se regularizou e generalizou.

Efectivamente, a regulamentação colectiva das situações juslaborais através das então denominadas «portarias de regulamentação do trabalho» começou por ser utilizada em sectores de actividade com constrangimentos em sede de negociação colectiva – assim, por exemplo, as instituições de solidariedade social – ou em sectores em que o associativismo laboral se revelou de difícil implantação – como sucede, por exemplo, na agricultura. Com a generalização da contratação colectiva a todos os sectores da Economia, estas situações deixaram praticamente de ter significado, pelo que as portarias de condições de trabalho que subsistem são raras e os dados oficiais sobre a matéria apontam para a emissão, no máximo, de uma ou duas por ano, havendo diversos anos sem a emissão de nenhum regulamento deste tipo.

Trata-se assim, cada vez mais, de um mecanismo absolutamente residual, que cede perante o exercício normal da autonomia colectiva.

---

[164] Em geral sobre esta figura, MENEZES CORDEIRO, *Manual de Direito do Trabalho cit.*, 349 ss., MÁRIO PINTO, *Direito do Trabalho cit.*, I, 153., JORGE LEITE, *Direito do Trabalho cit.*, I, 88 s., e ROMANO MARTINEZ, *Direito do Trabalho cit.*, 192, e MONTEIRO FERNANDES, *Direito do Trabalho cit.*, 110 ss., e BERNARDO XAVIER, *Curso de Direito do Trabalho cit.*, I, 611 ss.

## 23.3. A deliberação de arbitragem obrigatória e necessária

**I.** As últimas fontes heterónomas específicas do Direito do Trabalho são a deliberação[165] de arbitragem obrigatória e a deliberação de arbitragem necessária. Estas deliberações são qualificadas pelo Código do Trabalho como instrumentos de regulamentação colectiva do trabalho de natureza não negocial (art. 2º nº 4), sendo reguladas com minúcia nos artigos 508º ss.

**II.** A *deliberação de arbitragem obrigatória* sucede no nosso sistema jurídico à «sentença arbitral» (assim designada tradicionalmente por corresponder à decisão de um tribunal arbitral), que era prevista e regulada no art. 35º da LRCT[166].

Pelas razões já expostas em relação à deliberação de arbitragem voluntária, não se trata de um instrumento de regulamentação colectiva do trabalho em sentido próprio, mas pode ser-lhe equiparado, porque produz os mesmos efeitos e segue as mesmas regras, no que toca ao conteúdo obrigatório, ao processo de depósito e à entrada em vigor (arts. 505º nº 1 e 519.. do CT). É neste sentido que se compreende a integração desta figura no elenco dos instrumentos de regulamentação colectiva do trabalho, operada pelo art. 2º nº 4 do Código.

A grande diferença da deliberação de arbitragem obrigatória relativamente à deliberação de arbitragem voluntária não reside nas deliberações em si mesmas mas nas motivações do recurso a esta forma de arbitragem e na natureza do processo de arbitragem.

Assim, enquanto a instauração do processo de arbitragem voluntária depende do acordo das partes (art. 506º), o processo de arbitragem obrigatória é da iniciativa do Ministro responsável pela área laboral, a requerimento de qualquer das partes envolvidas no conflito ou na sequência de recomenda-

---

[165] Mantemos o léxico «deliberação» de arbitragem (em lugar de «decisão» de arbitragem), que já utilizámos com referência à arbitragem voluntária, por também aqui estarmos perante uma decisão colegial.

[166] Sobre a sentença arbitral como fonte de Direito do Trabalho no contexto anterior ao Código do Trabalho, vd MENEZES CORDEIRO, *Manual de Direito do Trabalho* cit., 339 ss., e MÁRIO PINTO, *Direito do Trabalho* cit., I, 149. E, para uma apreciação desenvolvida sobre este tema, JOÃO REIS, *Resolução Extrajudicial...* cit., II, 1232 ss. e 1276 ss.

§8º AS FONTES INTERNAS ESPECÍFICAS

ção da Comissão Permanente da Concertação Social (art. 508º nº 1). Por outro lado, do ponto de vista da sua motivação, a arbitragem obrigatória tem lugar nas condições definidas pelos arts. 508º e 509º, i.e., verificando-se uma situação de impasse negocial na celebração ou revisão de uma convenção colectiva de trabalho, tendo-se esgotado outros mecanismos de resolução desse conflito (a conciliação e a mediação[167]) e na falta de acordo das partes em submeter o conflito a arbitragem voluntária (art. 508º nº 1 a)[168]).

A *deliberação de arbitragem necessária* é uma novidade do Código do Trabalho de 2009 e destina-se especificamente a ultrapassar impasses na contratação colectiva determinados pela caducidade de uma convenção colectiva de trabalho, não adequadamente substituída pelas partes durante o lapso de tempo de 12 meses, não havendo também outra convenção colectiva aplicável a, pelo menos, 50% dos trabalhadores do universo laboral em questão (uma empresa, um grupo de empresas ou um sector de actividade) – art. 510º.

Esta arbitragem é também desencadeada pelo Ministro responsável pela área laboral a requerimento de qualquer das partes interessadas (art. 511º nº 1).

O actual Código do Trabalho (aliás, na esteira do CT de 2003, mas desenvolvendo ainda mais a matéria) dá um grande destaque à arbitragem como mecanismo de resolução de conflitos laborais colectivos, designadamente no que toca às convenções colectivas. Dada a necessidade de dinamização da negociação colectiva no nosso país, esta é uma matéria de grande importância.

**III.** Para além destas situações, o Código do Trabalho fixa ainda um *regime especial de arbitragem obrigatória para dirimir conflitos relativos à determinação dos serviços mínimos, em caso de greve*. Assim, na falta de definição prévia destes serviços e na ausência de acordo sobre a matéria entre as associações sindicais e o empregador, sendo este uma empresa do sector empresarial do Estado, recorre-se para este efeito ao regime da arbitragem obrigatória (art. 538º

---

[167] Apreciaremos oportunamente estes instrumentos de resolução de conflitos colectivos de trabalho – *Tratado III,* Parte III, Secção I, ponto 192.
[168] Esta norma corresponde, com ligeiras alterações, ao art. 35º nº 1 da LRCT.

nº 4 b) do CT, na redacção dada a esta norma pelo diploma de regulamentação do Código – L. nº 105/2009, de 14 de Setembro, art. 35º).

Já quando a greve ocorra noutro serviço da Administração directa ou indirecta do Estado, aplica-se o regime específico da LGTFP uma matéria de serviços mínimos (arts. 400º e ss.).

Em matéria de arbitragem obrigatória, necessária e de serviços mínimos, o regime do Código é complementado pelo DL nº 259/2009, de 25 de Setembro.

## 24. A questão do regulamento da empresa

I. A última figura a considerar a propósito das fontes laborais específicas é a figura do regulamento da empresa, ou *regulamento interno de empresa*, na terminologia utilizada pelo Código do Trabalho (art. 99º e art. 104º nº 1)[169].

O regulamento de empresa é uma figura de grande tradição no domínio laboral – assim, por exemplo, na Bélgica, os *réglements d'atelier* foram objecto de um diploma legal em 1896[170] e, no nosso sistema jurídico, a referência aos *regulamentos de oficina* é também muito antiga[171]. Apesar de ter um carácter facultativo, na maioria dos sistemas[172] – é o caso em Portugal, ainda que se preveja a possibilidade de serem tornados obrigatórios por instrumento de regulamentação colectiva do trabalho convencional (art. 99º nº 4 do CT) –

---

[169] Em geral, sobre a figura do regulamento de empresa, J. ALMEIDA POLICARPO, *O regulamento de empresa – sua função*, ESC, 1969, 29, 15-32; BERNADO XAVIER/C. ALMEIDA RIBEIRO, *Regulamento de empresa (subsídios para a elaboração de regulamentos de empresa)*, ESC, 1973, 36, 87-121; e M. R. PALMA RAMALHO, *Do Fundamento do Poder Disciplinar Laboral*, Coimbra, 1993, 176 ss.
[170] Cfr. PAUL HORION, *Le contrat de travail en droit belge... cit.*, 162 ss.
[171] Nesta linha, vejam-se as referências de ADOLPHO LIMA, *O Contrato de Trabalho cit.*, 320 e 322 ss., à existência de regulamentos de oficina entre nós, desde meados do século XIX.
[172] Mas, contrariamente a esta tendência, atente-se, por exemplo, no sistema francês, onde a elaboração destes regulamentos é obrigatória para as empresas com vinte ou mais trabalhadores – art. L. 122-33 do *Code du travail*. Este regime jurídico justifica, aliás, a grande atenção que a figura tem merecido no seio da doutrina francesa. Neste contexto, *vd*, entre outros, G. LYON-CAEN, *Une anomalie juridique: le réglement interieur*, Dalloz (Chr.), 1969, n. 14, 284, JEAN PÉLISSIER, *Le réglement intérieur e les notes de service*, DS, 1982, 1, 75-82 , BERNARD SOINNE, *Le contenu du pouvoir normatif de l'employeur*, DS, 1983, 7/8, 509-519, ou JOSSELINE DE LA CLAUSADE, *Le réglement intérieur d'entreprise et les droits de la personne, Conseil d'État 25 janvier 1989*, DS, 1990, 2, 201-204.

o regulamento de empresa é um instrumento de enorme importância e utilização na prática, sobretudo no âmbito das grandes empresas, que recorrem a esta figura para a elaboração de regras de funcionamento interno em matérias gerais e em matérias mais específicas, relativas a segurança, a saúde e higiene nos locais de trabalho, ou ainda em matérias com ligação específica ao sector de actividade ou ao sector profissional.

A estrutura complexa da figura do regulamento de empresa dificulta a sua qualificação e tem, designadamente, dividido a doutrina quanto à questão da sua recondução a uma fonte autónoma do Direito do Trabalho.

II. Tradicionalmente, a figura do regulamento de empresa era referida a propósito da formação do contrato de trabalho e a propósito do poder de direcção do empregador. No actual Código do Trabalho, a referência à figura a propósito da formação do contrato de trabalho mantém-se (art. 104º nº 1), mas, no contexto dos poderes do empregador, a figura é referida com independência em relação ao poder directivo e ao poder disciplinar (art. 99º).

Estas referências permitem identificar duas facetas na figura dos regulamentos de empresa, que correspondem à dupla função que esta figura desempenha. Assim:

i) No contexto da formação do contrato de trabalho, dispõe o art. 104º nº 1[173] que a vontade negocial do empregador se pode manifestar através dos regulamentos internos da empresa, aos quais o trabalhador adere expressa ou tacitamente. Neste contexto, o regulamento da empresa tem, pois, a função de integrar o conteúdo do contrato de trabalho – é a denominada *faceta negocial do regulamento de empresa*.

Esta faceta negocial do regulamento de empresa é da maior importância para a determinação do conteúdo do contrato de trabalho, tanto mais que este contrato não se encontra, por via de regra, sujeito a forma especial (é o princípio do consensualismo, exarado no art. 110º). Na prática, correspondem a esta função integradora do contrato de trabalho as disposições do regulamento de empresa relativas à retribui-

---

[173] Esta norma corresponde, sem alterações de monta, ao art. 7º nº 1 da LCT.

ção e a outras prestações remuneratórias, aos deveres do trabalhador atinentes à prestação laboral, à carreira, etc...

Por outro lado, a vontade negocial do empregador, manifestada nesta faceta negocial do regulamento de empresa, apresenta as características de pré-determinação, generalidade e abstracção, que são típicas das cláusulas contratuais gerais[174], pelo que o regime jurídico da formação dos negócios jurídicos com este tipo de cláusulas[175] tem aqui aplicação. Por fim, o contrato de trabalho de trabalho celebrado por esta via é de qualificar como um contrato de adesão, uma vez que ao trabalhador não assiste liberdade de estipulação mas apenas liberdade de celebração do contrato.

ii) No contexto da posição jurídica do empregador, dispõe o art. 99º que «o empregador pode elaborar regulamentos internos de empresa contendo normas sobre *organização e disciplina do trabalho*[176]». Ainda neste contexto, o Código impõe ao empregador o dever de ouvir a comissão de trabalhadores por ocasião da elaboração do regulamento (art. 99º nº 2) e o dever de publicitar devidamente o regulamento no seio da empresa (nº 3 do art. 99º)[177]. Por fim, é neste contexto que a lei prevê a possibilidade destes regulamentos serem tornados obrigatórios para certas matérias, por disposição de instrumento de regulamentação colectiva do trabalho convencional (art. 99º nº 4).

É nesta parcela do conteúdo do regulamento de empresa que se pode reconhecer a *faceta normativa* desta figura. Efectivamente, a referência do

---

[174] Sobre estas características das cláusulas contratuais gerais e, em geral, sobre a formação dos contratos com recurso a estas cláusulas e sobre os contratos de adesão, *vd*, por todos, I. GALVÃO TELLLES, *Manual dos Contratos em Geral*, 4ª ed., Coimbra, 2002, 315 ss., e MENEZES CORDEIRO, *Tratado de Direito Civil Português cit.*, I, 593 ss.

[175] LCCG – DL nº 446/85, de 25 de Outubro, com as alterações introduzidas pelo DL nº 220/95, de 31 de Agosto, e pelo DL nº 249/99, de 7 de Julho.

[176] Itálico nosso.

[177] Tradicionalmente, a nossa lei exigia ainda o envio do regulamento empresarial à Autoridade para as Condições de Trabalho, dispondo neste sentido o art. 99º nº 3 b) do CT. A alteração ao CT, introduzida pela L. nº 23/2012, de 25 de Junho, eliminou este dever de comunicação do empregador. É uma solução que se aplaude por pôr termo a uma intromissão excessiva da Administração laboral na organização das empresas, para além de contribuir para a desburocratização dos regimes laborais.

## §8º AS FONTES INTERNAS ESPECÍFICAS

Código a regras de «organização e disciplina do trabalho», aponta para regras relativas ao modo de cumprimento da prestação de trabalho pelo trabalhador (assim, a definição do horário de trabalho ou dos turnos), que são uma emanação do poder de direcção do empregador, mas também para regras de outra natureza, que se justificam pelas necessidades de organização empresarial e não pelo contrato de trabalho (assim, regras de circulação nas instalações, de segurança, de saúde, de apresentação pessoal, etc....) – em suma, regras de disciplina na empresa, que são uma emanação do poder disciplinar do empregador. Na prática, a referência da lei tem sido interpretada nestes termos amplos.

Por outro lado, justamente porque, nesta sua faceta normativa, o regulamento de empresa é uma emanação dos poderes laborais do empregador (o poder directivo ou o poder disciplinar), salienta-se a sua importância do ponto de vista da limitação destes mesmos poderes, na medida em que o empregador fica vinculado às disposições regulamentares que aprovou[178].

**III.** É esta dupla faceta do regulamento de empresa que tem suscitado as dificuldades de qualificação da figura e dividido a doutrina quanto à sua recondução a uma fonte do Direito do Trabalho.

Neste debate, alguns autores acentuam a ligação do regulamento de empresa ao contrato de trabalho e, portanto, a sua faceta negocial, para recusarem a recondução da figura a uma fonte laboral[179]. Pelo contrário, outros autores invocam o carácter genérico e abstracto das disposições destes regulamentos para nelas reconhecerem normas jurídicas em sentido próprio, e, em consequência, para justificarem a recondução da figura a uma fonte laboral em sentido próprio[180].

O nosso entendimento é no sentido da *recondução do regulamento de empresa a uma fonte de Direito do Trabalho em sentido técnico e material* (embora não em sen-

---

[178] Aprofundaremos mais este tema a propósito do estudo dos poderes laborais do empregador – *Tratado II*, §§ 28º e 29º, *maxime* ponto 103.3.

[179] É o entendimento subscrito por ROMANO MARTINEZ, *Direito do Trabalho cit.*, 182. Em apoio desta posição, o autor observa ainda que estes regulamentos não são publicados mas apenas publicitados e que a sua aplicabilidade depende da celebração de um contrato de trabalho.

[180] Neste sentido se manifestaram MÁRIO PINTO/FURTADO MARTINS/NUNES DE CARVALHO, *Comentário às Leis do Trabalho cit.*, I, 191, nota 3; e MENEZES CORDEIRO, *Manual de Direito do Trabalho cit.*, 180.

tido formal, na medida em que a lei não a integra no elenco das fontes laborais), por força do carácter geral e abstracto das suas disposições.

É certo que a aplicação destas disposições a cada trabalhador depende da celebração do contrato de trabalho, mas esta «condição» de aplicabilidade não altera a essência das próprias regras em questão, cuja generalidade e abstracção as torna aplicáveis a todo o universo de trabalhadores presentes e futuros da empresa: como observa Menezes Cordeiro[181], o facto de o regulamento interno ser referido na lei a propósito da formação do contrato de trabalho e dos poderes laborais, apenas significa que este instrumento normativo retira a sua força jurídica de outras fontes e, nessa medida, é de reconduzir à categoria de fonte mediata de regras laborais.

**IV.** Enquanto fonte laboral, o regulamento de empresa integra o elenco das fontes específicas e autónomas do Direito do Trabalho: é uma fonte específica, porque evidencia um modo de produção de normas jurídicas que é próprio desta área jurídica; e é uma fonte autónoma, porque corresponde a uma autoregulação de interesses laborais.

Este último ponto merece um esclarecimento complementar: no âmbito do sistema anterior ao Código do Trabalho de 2003, poderia suscitar-se a dúvida sobre a natureza autónoma ou administrativa do regulamento de empresa, dada a obrigatoriedade legal da sua aprovação pela então Inspecção-Geral do Trabalho (art. 39º nº 3 da LCT). O Código do Trabalho de 2003 substituiu esta exigência de aprovação administrativa pela exigência de depósito e registo do regulamento nos serviços da IGT (art. 153º nº 4), e o CT de 2009, na redacção originária do preceito, referia-se apenas à necessidade de envio do regulamento aos serviços inspectivos do Ministério (art. 99º nº 3 b)), exigência esta que desapareceu na nova redacção da norma (art. 99º nº 3) introduzida pela L. nº 23/2012, de 25 de Junho.

A questão deixou pois de se colocar: o regulamento empresarial é uma fonte laboral autónoma.

---

[181] *Manual de Direito do Trabalho cit.*, 180 s.

Quanto ao lugar do regulamento de empresa na hierarquia das fontes laborais, cremos que ele se coloca, naturalmente, no sopé da hierarquia normativa, não podendo contrariar normas legais nem dispor contra as convenções colectivas de trabalho; mas, como norma escrita, ele prevalece sobre os usos, nos termos oportumente explicitados.

# Secção II
# Interpretação e aplicação das normas laborais: o *favor laboratoris*

## 25. Considerações gerais. Sequência

**I.** Apresentada a multiplicidade de fontes de Direito do Trabalho, com a delimitação entre fontes internacionais e internas, comuns e específicas, cabe proceder à análise dinâmica destas fontes, que se destina a apreciar os problemas suscitados na sua aplicação concreta ao caso, no relacionamento que se estabelece entre elas e o contrato de trabalho. É a matéria da aplicação do Direito do Trabalho.

Deve frisar-se, como ponto prévio, que utilizamos o termo «aplicação do Direito do Trabalho» em sentido amplo, para englobar todas as operações ligadas à actuação das normas jurídicas na resolução de problemas concretos. Estes problemas podem ser de diversos tipos:

- problemas de interpretação das normas laborais e de integração das suas lacunas;
- problemas de conflitos na aplicação das normas laborais, que podem ser conflitos no tempo, conflitos no espaço, conflitos hierárquicos e conflitos decorrentes da concorrência de fontes com o mesmo valor hierárquico;
- problemas na relação entre as fontes e o contrato de trabalho.

SECÇÃO II - INTERPRETAÇÃO E APLICAÇÃO DAS NORMAS LABORAIS: O *FAVOR LABORATORIS*

**II.** É este conjunto de problemas que nos ocupará de seguida. Na sua apreciação verificaremos que, nuns casos, as soluções laborais concretizam os princípios gerais em matéria de interpretação e aplicação das normas jurídicas, enquanto noutros casos apresentam especificidades.

Questão prévia à apreciação destes problemas é a referência ao princípio laboral que domina esta matéria e que reveste carácter geral, uma vez que, de uma ou de outra forma, é sistematicamente trazido à colação como critério de resolução dos diversos problemas que acima enunciámos: o princípio do tratamento mais favorável ao trabalhador ou *favor laboratoris*.

## 26. O princípio do *favor laboratoris*: relevo geral e evolução recente

### 26.1. Delimitação geral e importância do *favor laboratoris*

**I.** O princípio do tratamento mais favorável ao trabalhador ou *favor laboratoris* tem origem no desígnio proteccionista que orientou o Direito do Trabalho desde a sua origem e ao longo do seu desenvolvimento sistemático[182].

Como verificámos na nossa digressão histórica sobre o surgimento e a autonomização da legislação laboral, as primeiras normas de Direito do Trabalho decorreram da insuficiência das normas civis para responder às questões particulares colocadas pela prestação de um trabalho em situação de subordinação, já que, apesar da posição formal de igualdade das partes no contrato de trabalho, aquelas normas civis não tinham impedido a degradação das condições de trabalho e de vida dos trabalhadores, em resultado da sua real inferioridade económica perante o empregador.

Ora, o reconhecimento desta situação esteve na origem de uma dupla convicção, que perpassa pelos sistemas jurídicos e se enraizou também profundamente nos entes laborais colectivos, ao longo da história do Direito do Trabalho: de uma parte, os sistemas normativos laborais evidenciam a ideia de que a tutela dos trabalhadores passa pela emissão de normas imperativas, assumidamente vocacionadas para aquela tutela e acompanhadas de regras de salvaguarda do nível de protecção que asseguram; de outra parte, os entes

---

[182] Cfr., *supra*, § 2º, ponto 4.1.

colectivos desenvolveram a convicção de que a tutela laboral passa pela evolução do sistema protectivo sempre num sentido progressivamente mais favorável aos trabalhadores e que não admite retrocessos.

Foi este quadro que permitiu o desenvolvimento do princípio do tratamento mais favorável ao trabalhador ou *favor laboratoris*, que se evidencia em diversos mecanismos de salvaguarda da tutela do trabalhador na interpretação e na aplicação das fontes laborais. Radicando axiologicamente na vocação tutelar do Direito do Trabalho, o *favor laboratoris é, pois, a projecção interpretativo-aplicativa do princípio geral da protecção do trabalhador.*

**II.** Como projecção interpretativo-aplicativa do princípio da protecção do trabalhador, o *favor laboratoris* é um recurso tradicional dos sistemas juslaborais, amplamente referido nos textos normativos – incluindo em instrumentos normativos internacionais –, utilizado, com frequência, pela jurisprudência e objecto de grande atenção da doutrina[183].

Do ponto de vista da sua incidência, este princípio manifestou-se tradicionalmente e manifesta-se ainda hoje em três grandes áreas:

- na *interpretação das fontes laborais e do contrato de trabalho*, em que é ponderado o valor da protecção do trabalhador na fixação do sentido das normas e das cláusulas do contrato, em caso de dúvida;
- na *conjugação das fontes laborais*, onde se manifesta em regras de favorecimento dos trabalhadores, como a regra da irredutibilidade dos direitos adquiridos em caso de sucessão de fontes, a regra da escolha do instrumento de regulamentação colectiva do trabalho mais favo-

---

[183] Assim, a título de exemplo, ZÖLLNER/LORITZ, *Arbeitsrecht cit.*, 398 ss. e *passim*, SÖLLNER, *Grundriß des Arbeitsrecht cit.* 141 ss. e 206 s., ou GAMILLSCHEG, *Arbeitsrecht cit.*, I, 21 s. e *passim*; SALVATORE HERNÁNDEZ, *Il «favor» del lavoratore come tutela compensativa*, DLav., 1969, I, 293-300; G. MAZZONI (dir.); *Manuale di diritto del lavoro cit.* I, 213; A. MONTEIRO FERNANDES, *O princípio do tratamento mais favorável ao trabalhador*, ESC, 1966, 21, 73-93; J. ACÁCIO LOURENÇO, *O princípio do tratamento mais favorável ao trabalhador*, in *Estudos sobre Temas de Direito do Trabalho*, Lisboa, 1982, 91-110; MENEZES CORDEIRO, *O princípio do tratamento mais favorável no direito do trabalho actual cit., passim*, e *Manual de Direito do Trabalho cit.*, 205 ss.; ROSÁRIO PALMA RAMALHO, *Da Autonomia Dogmática... cit.*, 926 ss.; ROMANO MARTINEZ, *Direito do Trabalho cit.*, 217 ss.; BERNARDO XAVIER, *Curso de Direito do Trabalho cit.*, I, 615 ss.; JÚLIO GOMES, *Direito do Trabalho cit.*, I, 43 ss.; LEAL AMADO, *Contrato de Trabalho cit.*, 51 ss. E, para um tratamento mais desenvolvido, ainda G. DRAY, *O Princípio da Protecção do Trabalhador cit.*, 429 ss.

rável em situações de concurso e na escolha do regime aplicável em caso de conflito de normas laborais no espaço;
- na *relação entre as fontes laborais e o contrato de trabalho*, onde são propostas soluções de limitação da liberdade negocial que garantem a tutela dos trabalhadores.

**III.** Com o seu desígnio tutelar e com a amplitude acima indicada, o *favor laboratoris* é um princípio de grande importância se tivermos em conta, designadamente, a inserção do Direito do Trabalho no universo jurídico privado, que tem como uma das suas ideias-chave o reconhecimento da igualdade dos entes jurídicos nos vínculos que estabelecem entre si[184].

Com efeito, ao assumir a vocação protectiva das suas normas e ao desenvolver o *favor laboratoris* como mecanismo de salvaguarda daquele desígnio tutelar, o Direito do Trabalho veio, de uma forma pragmática mas eficaz, chamar a atenção – pela primeira vez, na história do direito privado – para a exigência de uma igualdade efectiva e não meramente formal dos entes jurídicos privados e, consequentemente, para a necessidade de proteger a parte mais fraca nos negócios jurídicos privados, sempre que se imponha tal protecção para atingir ou repor aquela igualdade substancial. Trata-se, afinal, de um apelo do Direito do Trabalho à necessária substancialidade das soluções jurídicas, que o próprio Direito Civil veio, anos mais tarde, a acolher em moldes gerais, através do desenvolvimento de vários mecanismos de tutela do contraente débil.

Assim, em termos de conclusão geral, deve ser salientada a *importância do princípio do tratamento mais favorável ao trabalhador como um recurso técnico específico que o Direito do Trabalho soube desenvolver em prossecução dos seus próprios desígnios (no caso, a tutela do trabalhador), mas que contribuiu também para o aperfeiçoamento da dogmática jurídica geral, na medida em que apela a soluções de substancialidade na aplicação das normas jurídicas que fazem sentido para todas as áreas do Direito*[185].

---

[184] Por todos, sobre o princípio da igualdade como princípio fundamental geral do direito privado, a par do valor da liberdade, MENEZES CORDEIRO, *Tratado de Direito Civil* I, tomo I cit., 30.

[185] Sobre a valia dogmática geral deste princípio, no sentido exposto, *vd* ROSÁRIO PALMA RAMALHO, *Da Autonomia Dogmática... cit.*, 930. Nesta mesma linha, é reconhecido pela doutrina que os desenvolvimentos do *favor laboratoris* influenciaram a teoria geral da interpretação e contribuíram para a assunção, pelo próprio Direito Civil, de preocupações sociais na interpretação e na aplicação das suas normas. Neste sentido, R. RICHARDI, *Arbeitsrecht und*

## 26.2. As operações técnicas pressupostas no favor laboratoris: a determinação da natureza das normas laborais e os critérios de comparação das fontes laborais

**I.** O recurso ao *favor laboratoris*, na interpretação e aplicação do Direito do Trabalho, pressupõe duas operações técnicas prévias, destinadas a balizar a intervenção do próprio princípio: a determinação do sentido das normas laborais, necessária para avaliar se e até que ponto podem ser afastadas por fonte de valor inferior ou pelo contrato de trabalho; e uma operação de comparação entre fontes, que tem como objectivo determinar a mais favorável para efeitos da resolução de problemas de conflitos entre elas, com apelo ao *favor laboratoris*.

Estas operações têm merecido ampla atenção dos autores, tanto entre nós como noutros contextos doutrinais.

**II.** A primeira operação pressuposta pelo *favor laboratoris* é, obviamente, a *classificação das normas sobre as quais aquele princípio poderá incidir*. Efectivamente, como recurso interpretativo-aplicativo específico do Direito do Trabalho, que possibilita a escolha de um determinado regime em detrimento de outro (no caso, o regime mais favorável ao trabalhador), o *favor laboratoris* só poderá actuar se e na medida em que a norma o permita, o que depende da natureza dessa mesma norma.

No caso português, a lei fornece algumas pistas para a resolução deste problema, ao condicionar a possibilidade de afastamento das fontes superiores pelas fontes inferiores mais favoráveis, pelo requisito da «não oposição» da fonte superior. Este requisito, que constitui a condição de afastamento da fonte superior pela fonte inferior, estava solidamente ancorado no nosso sistema (art. 13º nº 1 da LCT) e foi mantido no CT de 2003 (art. 4º nos 1 e 3) e no actual Código do Trabalho (art. 3º nº 1), embora sob uma fórmula diferente (a expressão utilizada é «salvo quando delas [i.e. das normas do Código] resultar o contrário»).

---

*Zivilrecht*, ZfA, 1974, 1, 3-27 (25), e entre nós, A. MENEZES CORDEIRO, *Da situação jurídica laboral: perspectivas dogmáticas do direito do trabalho*, ROA, 1982, 89-149 (108), e *Manual de Direito do Trabalho* cit., 101.

A referência da lei à «não oposição» da fonte superior remete para a natureza da norma em questão e levou a doutrina a generalizar uma classificação das normas laborais que é de grande utilidade para a resolução dos problemas de interpretação, de conflitos entre fontes e da relação entre as fontes e o contrato de trabalho[186]. Esta classificação, que adoptamos, distingue as normas laborais em três grandes categorias:

- *normas laborais supletivas*: as normas desta categoria admitem o afastamento em qualquer sentido, tanto por fonte de valor inferior como pelo contrato de trabalho;
- *normas laborais imperativas* (também designadas como «normas imperativas fixas»[187]): estas normas não admitem o afastamento em nenhum sentido, de acordo com as regras gerais da hierarquia normativa;
- *normas laborais imperativas mínimas*: porque estabelecem um nível mínimo de tutela, as normas desta categoria admitem o afastamento por fonte inferior bem como pelo contrato de trabalho, mas apenas no sentido que mais favoreça o trabalhador[188].

---

[186] Esta classificação das normas laborais era já proposta por Raúl Ventura, *Teoria da Relação Jurídica de Trabalho cit.*, 199 ss., mas foi particularmente desenvolvida por Monteiro Fernandes, *O princípio do tratamento mais favorável ao trabalhador cit.*, passim. Na esteira deste autor, a maioria da doutrina adoptou a classificação – entre outros, J. Barros Moura, *Notas para uma Introdução ao Direito do Trabalho*, Lisboa, 1979/80, 351 ss., e *A Convenção Colectiva... cit.*, 147 ss., L. Brito Correia, *Direito do Trabalho*, I, Lisboa (copiogr., UCP), 1980/81, 78 ss., F. Ribeiro Lopes, *Direito do Trabalho*, Lisboa (copiogr. FDL), 1977/78, 58 ss., e Bernardo Xavier, *Curso de Direito do Trabalho cit.*, I, 622 s.

[187] Foi a designação introduzida por Monteiro Fernandes, *Direito do Trabalho cit.*, 127 s. No direito francês, este tipo de normas é associado ao conceito de *ordre public*: as normas laborais de ordem pública revelam valores essenciais ao Direito do Trabalho, que se impõem às restantes fontes e ao contrato de trabalho. Por todos, relativamente à aplicação do conceito de ordem pública neste contexto, G. Lyon-Caen, *Négociation collective et législation d'ordre public*, DS, 1973, 2, 89-101, e Michel Despax, *Négociations, conventions et accords collectifs*, in G. H. Camerlynck (dir.), *Traité de Droit du travail*, VII, 2ª ed., Paris, 1989, 83 ss.

[188] Utilizando uma terminologia e uma construção diferentes, Menezes Cordeiro, *Manual de Direito do Trabalho cit.*, 214 ss., distingue entre *normas laborais supletivas e normas laborais imperativas* nos termos gerais, mas procede a uma segunda distinção no seio das normas imperativas: a distinção entre *normas imperativas com pretensão de aplicação absoluta ou efectiva* (aquelas que não admitem o afastamento em nenhum caso e em nenhum sentido) *e sem pretensão de aplicação absoluta* (as que admitem o afastamento por fonte inferior, embora apenas para o estabelecimento de um regime mais favorável ao trabalhador) – estas últimas correspondem,

Esta classificação das normas laborais permite fixar o *âmbito de incidência do princípio do favor laboratoris*: ele apenas actua relativamente à categoria das normas imperativas mínimas, já que as normas supletivas permitem o afastamento em qualquer sentido e as normas imperativas absolutas não podem ser afastadas em sentido algum.

Contudo, esta delimitação do âmbito de aplicação do *favor laboratoris* não obscurece a sua importância, já que as normas imperativas mínimas constituem a categoria normativa mais abrangente no seio das normas laborais.

> Justifica-se uma nota suplementar sobre a natureza destas *normas imperativas mínimas*. Em bom rigor, estas normas não constituem uma categoria normativa específica do Direito Laboral mas são normas comuns, que se encontram em qualquer área jurídica e se caracterizam por terem um conteúdo parcialmente imperativo e parcialmente supletivo: assim, por exemplo, a norma que estabelece o limite máximo do tempo de trabalho diário em 8 horas só reveste imperatividade para efeitos do aumento desse período mas não impede a respectiva redução, tal como a norma que estabelece um tecto para o aumento da renda num contrato de arrendamento não impede que seja fixado um aumento inferior a esse tecto.
>
> A designação deste tipo de normas como *normas imperativas mínimas* no contexto laboral destina-se, pois, apenas a realçar a complexidade do seu conteúdo e o tipo de imperatividade destas normas, o que é importante para iluminar as operações de articulação das fontes e a relação das fontes com o contrato de trabalho.

Resta referir que, no âmbito do CT de 2003 (art. 531º), esta operação de qualificação da natureza das normas laborais devia também ser feita em relação aos preceitos dos instrumentos de regulamentação colectiva do trabalho, designadamente para efeitos da verificação da possibilidade do respectivo afastamento pelo contrato de trabalho. É que a referência à condição de não imperatividade absoluta das normas legais, exigida para o seu afastamento por instrumento de regulamentação colectiva do trabalho, também se aplicava à relação entre os instrumentos de regulamentação colectiva do traba-

---

na classificação que adoptámos, às normas imperativas mínimas, e as primeiras às normas imperativas absolutas.

lho e o contrato de trabalho, no sentido de não permitir, em sede do contrato, o afastamento das cláusulas «imperativas» de tais instrumentos.

Contudo, esta norma passou a ter uma nova formulação no actual CT (art. 476º), pelo que esta questão deixou de se colocar.

**III.** A segunda operação prévia à actuação do princípio do *favor laboratoris* tem incidência na matéria dos conflitos de fontes e consiste na *comparação das fontes em presença para efeitos da verificação da mais favorável*.

A questão dos critérios de comparação das fontes laborais preocupou tradicionalmente a doutrina laboral, tanto no contexto nacional, como no estrangeiro, em especial quando estão em causa instrumentos de regulamentação colectiva do trabalho em situação de concorrência ou de sucessão. Em síntese, desenvolveram-se tradicionalmente três orientações doutrinais sobre este problema. Elas são as seguintes:

i) A *teoria do cúmulo*, que foi sustentada na doutrina francesa[189] e, entre nós, por exemplo, por RAÚL VENTURA E CONCEIÇÃO TAVARES DA SILVA[190]: esta teoria preconiza uma comparação dos instrumentos de regulamentação colectiva do trabalho norma a norma, a fim de determinar a norma mais favorável em cada caso; o resultado desta operação permite «reconstruir» o regime aplicável ao trabalhador a partir do somatório das disposições mais vantajosas de cada uma das fontes em presença.

ii) A *teoria da conglobação simples*, pela qual opta a maioria da doutrina italiana[191] e da doutrina espanhola[192]: esta teoria preconiza uma comparação dos instrumentos de regulamentação colectiva do trabalho em bloco; feita a comparação, optar-se-á pelo instrumento normativo considerado globalmente mais favorável.

---

[189] Por todos, com desenvolvimentos, DESPAX, *Négociations, conventions et accords collectifs...* cit., 91 ss. (*maxime* 95 s.).

[190] RAÚL VENTURA, *O cúmulo e a conglobação na disciplina das relações de trabalho*, Dir., 1962, 94, 201-221, e *Teoria da Relação Jurídica de Trabalho* cit., 198 s.; M. CONCEIÇÃO TAVARES DA SILVA, *Direito do Trabalho*, Lisboa (copiogr.), 1964-65, 538.

[191] Por exemplo, G. MAZZONI, *Manuale di Diritto del lavoro* cit., I, 215 s.

[192] Assim, entre outros, ALONSO OLEA/CASAS BAAMONDE, *Derecho del Trabajo* cit., 945 ss.

*iii)* A *teoria da conglobação limitada* (sustentada no contexto da doutrina germânica[193], por alguns autores espanhóis[194] e, entre nós, por MENEZES CORDEIRO e RIBEIRO LOPES[195]): esta teoria preconiza a comparação dos instrumentos de regulamentação colectiva do trabalho por grupos de normas incindíveis e a respectiva concatenação (assim, por exemplo, podem comparar-se as normas relativas à retribuição mas devem associar-se a esta comparação outros efeitos patrimoniais do contrato). O regime aplicável em concreto é o que resultar desta comparação por grupos de normas.

A análise destas orientações aconselha à rejeição das duas primeiras. Efectivamente, à teoria do cúmulo pode opor-se o argumento de que contraria a lógica do sistema de negociação colectiva, que é, por definição, um sistema global de cedências mútuas, para além de quebrar a unidade normativa das fontes analisadas. Mas, por seu turno, a teoria da conglobação simples peca pelo excesso de abstracção do critério de comparação e pelo subjectivismo dos resultados a que conduz.

Deste modo, a teoria da conglobação limitada parece ser a preferível, uma vez que é a que conduz a um resultado mais fiável, sendo ainda de aconselhar que a operação de comparação tenha em conta todos os interesses em jogo, ou seja, tanto os interesses dos trabalhadores destinatários do instrumento de regulamentação colectiva do trabalho, como outros interesses laborais colectivos relevantes (assim, por exemplo, poderá admitir-se uma diminuição da retribuição para impedir a redução de postos de trabalho na empresa).

Deve, apesar de tudo, frisar-se que, independentemente do método utilizado, na prática é muito difícil proceder à comparação das fontes e, em especial, dos instrumentos de regulamentação colectiva do trabalho, devido à sua extensão e complexidade.

---

[193] Por exemplo, ZÖLLNER/LORITZ, *Arbeitsrecht... cit.*, 398 ss., *maxime* 400.
[194] Por exemplo, MONTOYA MELGAR, *Derecho del Trabajo cit.*, 223.
[195] MENEZES CORDEIRO, *Princípio do tratamento mais favorável... cit.*, 127 ss. e *passim*, e *Manual de Direito do Trabalho cit.*, 209; RIBEIRO LOPES, *Direito do Trabalho cit.*, 79 s. Já ROMANO MARTINEZ, *Direito do Trabalho cit.*, 280 ss., após uma apreciação crítica das três teorias, conclui no sentido da simples aplicação das regras gerais na resolução de quaisquer conflitos hierárquicos na aplicação das fontes, fazendo apelo à natureza supletiva ou imperativa das normas.

SECÇÃO II – INTERPRETAÇÃO E APLICAÇÃO DAS NORMAS LABORAIS: O *FAVOR LABORATORIS*

**IV.** Uma vez esclarecido o sentido das operações técnicas necessárias e preliminares à actuação do *favor laboratoris* na tarefa de interpretação e aplicação das fontes laborais, passemos então em revista a evolução do princípio e as suas áreas de incidência no nosso sistema juslaboral.

Para o efeito, distinguiremos o quadro normativo anterior à codificação do Direito do Trabalho e o tratamento desta matéria no Código de 2003 e no Código de 2009, uma vez que, em cada um destes períodos, encontramos diferenças muito relevantes.

### 26.3. O *favor laboratoris* no nosso sistema juslaboral: evolução histórica

**I.** O *favor laboratoris* constitui um critério tradicional de resolução dos problemas suscitados na interpretação e aplicação das fontes laborais e no relacionamento entre as fontes e o contrato de trabalho no nosso sistema juslaboral.

As diversas referências da lei à ideia de maior favorabilidade atestam bem o relevo geral deste princípio e a multiplicidade das suas áreas de incidência. Assim, no sistema anterior à codificação laboral, este princípio era referido nos seguintes contextos:

i) A propósito da *relação entre as fontes laborais e o contrato de trabalho*, o *favor laboratoris* permitia que o contrato de trabalho afastasse as normas legais e as cláusulas de instrumento de regulamentação colectiva do trabalho, mas apenas para estabelecer um regime mais favorável ao trabalhador (neste sentido dispunha o art. 14º nº 2 da LCT, quanto à relação entre as fontes legais e o contrato de trabalho, e o art. 14º nº 1 da LRCT, sobre a relação entre os instrumentos de regulamentação colectiva do trabalho e o contrato de trabalho).

ii) A propósito dos *conflitos entre fontes laborais de diferente valor hierárquico*: neste domínio, o critério da maior favorabilidade do regime constante da fonte de menor valor podia ser determinante para a prevalência da fonte inferior sobre a fonte de valor superior, excepto no caso de a norma superior ser imperativa (era a disciplina constante do art. 13º nº 1 da LCT).

*iii)* Ainda no contexto da relação entre fontes de valor hierárquico diferente, mas especificamente no que toca aos *conflitos entre normas legais e normas de instrumentos de regulamentação colectiva do trabalho*, o princípio do *favor laboratoris* determinava que os instrumentos de regulamentação colectiva do trabalho só podiam afastar as normas legais para estabelecerem um regime mais favorável aos trabalhadores (art. 6º nº 1 c) da LRCT).

*iv)* Em matéria de *sucessão de instrumentos de regulamentação colectiva do trabalho no tempo*, o princípio do *favor laboratoris* manifestava-se, com um particular vigor, na regra da irredutibilidade dos direitos adquiridos enunciada no art. 15º da LRCT: de acordo com esta regra, os direitos adquiridos ao abrigo da anterior convenção colectiva de trabalho só podiam ser pontualmente reduzidos pelo novo instrumento de regulamentação colectiva do trabalho se este instrumento fosse globalmente mais favorável do que o anterior.

*v)* A propósito dos *conflitos entre fontes do mesmo grau hierárquico*, nomeadamente para a situação de concorrência entre duas convenções colectivas de trabalho, o *favor laboratoris* era indicado como critério de escolha do instrumento de regulamentação colectiva do trabalho aplicável, dentro de certas condições (art. 14º nº 2 b) da LRCT).

*vi)* A propósito dos *conflitos de fontes laborais no tempo*, eram feitas diversas referências ao princípio nas normas de direito transitório, que se destinavam a salvaguardar os regimes mais favoráveis previstos na lei anterior (assim, por exemplo, o art. 54º da LDT e o art. 10º da Lei Preambular à LCT).

*vii)* A propósito dos *conflitos de fontes laborais no espaço*, o *favor laboratoris* é considerado para efeitos do art. 6º da Convenção de Roma sobre a Lei Aplicável às Obrigações Contratuais como um dos critérios de conexão a ter em conta na escolha da lei aplicável aos contratos de trabalho plurilocalizados, uma vez que a escolha pelas partes da lei aplicável aos litígios laborais falece perante a verificação da necessidade de tutela do trabalhador[196].

---

[196] Neste sentido, considerando expressamente esta regra do art. 6º da Convenção de Roma como um afloramento do princípio do tratamento mais favorável ao trabalhador, D. MOURA

**II.** Basta o enunciado destas referências para aquilatar da importância geral deste princípio no conjunto das operações relativas à aplicação das fontes laborais e aos problemas da sua relação com os contratos de trabalho. Em suma, este princípio constitui tradicionalmente um recurso interpretativo- -aplicativo de grande alcance no nosso sistema juslaboral[197].

Sendo patente o vigor tradicional do favor laboratoris no sistema jurídico português, deve, no entanto, chamar-se a atenção para os efeitos perversos deste princípio em algumas das suas aplicações e para a sua crescente desadequação em alguns aspectos, pela maturidade entretanto atingida pelo Direito do Trabalho e pelos entes laborais.

Em primeiro lugar, deve atentar-se no facto de o quadro sociológico e jurídico, que justificou no passado a consagração deste princípio, em moldes de uma vincada irredutibilidade, ter evoluído: efectivamente, não só as condições económicas da categoria dos trabalhadores dependentes melhoraram globalmente e esta categoria perdeu muito da sua homogeneidade tradicional, como, do ponto de vista jurídico, os patamares de tutela dos trabalhadores são hoje muito mais elevados. Por si só, esta evolução justificaria a recolocação do princípio do favor laboratoris em moldes de menor rigidez e irredutibilidade.

De outra parte, não parece justificar-se a aplicação deste princípio com o mesmo grau de irredutibilidade ao nível do contrato de trabalho e ao nível da contratação colectiva, dada a maturidade das associações representativas dos trabalhadores, que intervêm neste último nível, e as vantagens de conferir uma maior elasticidade à negociação colectiva – o que passa, naturalmente, pela eliminação das restrições impostas pelo princípio do tratamento mais favorável ao trabalhador neste domínio[198].

---

Vicente, *Destacamento Internacional de Trabalhadores*, in *Direito Internacional Privado – Ensaios*, I, Coimbra, 2002, 85-106 (88).

[197] Numa perspectiva diversa, autores como Romano Martinez, *Direito do Trabalho cit.*, 221, sustentam que o *favor laboratoris* se compreende num estádio mais incipiente da evolução do Direito do Trabalho, pelo que reveste hoje um mero interesse histórico.

[198] Chamando também a atenção para o excesso de protecção do *favor laboratoris* no contexto da sucessão de convenções colectivas de trabalho, Bernardo Xavier, *Sucessão no tempo de Instrumentos de Regulamentação Colectiva e princípio do tratamento mais favorável*, RDES, 1987, 465-512; e ainda sobre esta aplicação do princípio, do mesmo autor, *A sobrevigência das convenções colectivas no caso das transmissões das empresas. O problema dos «direitos adquiridos»*, RDES,

Por fim, deve atentar-se nos efeitos do excesso de protecção laboral que decorrem da irredutibilidade da tutela laboral (que é, em boa medida, suportada por este princípio), do ponto de vista da clivagem do mercado de trabalho entre os trabalhadores comuns, que beneficiam desta tutela, e os restantes trabalhadores. Dito de uma forma simples, a salvaguarda dos níveis de tutela de uns trabalhadores actua contra o aumento da tutela dos restantes e este facto merece ponderação.

**III.** No âmbito do Código do Trabalho de 2003, o tratamento desta matéria sofreu alterações consideráveis, denunciadoras de uma postura globalmente diferente do legislador em relação a este princípio. Entre estas alterações, destacaram-se, pelo seu valor emblemático, as seguintes:

- no que respeita à *relação entre os instrumentos de regulamentação colectiva de trabalho e o contrato de trabalho*, a lei passou a condicionar a possibilidade de afastamento das disposições dos instrumentos de regulamentação colectiva de trabalho pelo contrato de trabalho ao carácter mais favorável deste e à natureza não imperativa das referidas normas colectivas (art. 531º do CT de 2003);
- no que toca à *relação entre fontes laborais de diferente valor hierárquico*, o art. 4º nº 1 do CT de 2003 diminuiu o vigor do princípio do tratamento mais favorável ao trabalhador na relação entre a lei e os instrumentos de regulamentação colectiva do trabalho, estabelecendo a supletividade das normas legais como regra, o que permitia aos instrumentos de regulamentação colectiva (à excepção da portaria de condições de trabalho – art. 4º nº 2[199]) estabelecer regimes menos favoráveis do que a lei, embora dentro de certos limites[200].

---

1994, 1/2/3, 123-134. Ainda sobre esta valência do princípio, MICHEL DESPAX, *Dénonciation d'une convention collective et sort des avantages acquis en matière de rémunération*, DS, 1990, 2, 156-163. Desenvolveremos este ponto no Tratado III, § 49º, ponto 175.2.

[199] Esta excepção resultou da declaração de inconstitucionalidade sobre a primeira formulação do art. 4º nº 1 do CT. Retomaremos este ponto um pouco mais à frente.

[200] Para uma apreciação crítica do regime do art. 4º nº 1 do CT, e suscitando, designadamente, a questão da sua constitucionalidade, pode ver-se J. LEAL AMADO, *Tratamento mais favorável ao trabalhador e art. 4º do Código do Trabalho: o fim de um princípio?*, in *A Reforma do Código do Trabalho* (coord. do Centro de Estudos Judiciários), Coimbra, 2004, 113-121, bem como J. Reis, *Princípio*

- a referência ao *favor laboratoris* como critério de resolução da *situação de concorrência entre duas convenções colectivas de trabalho* prevista anteriormente na LRCT (art. 14º nº 2 b)) não foi mantida pelo Código do Trabalho;
- as referências de diversos diplomas ao *favor laboratoris* como critério de resolução de *conflitos de normas no tempo*, que determinavam a salvaguarda do regime anterior mais favorável ao trabalhador, no que se referia às situações pretéritas (caso do art. 54º da LDT e o art. 10º da Lei Preambular à LCT), não tiveram correspondência no Código.

Por comparação com o regime anterior observou-se uma diminuição do vigor do princípio do *favor laboratoris* no CT de 2003 – em particular no que se refere à relação entre a lei e os instrumentos de regulamentação colectiva do trabalho. Ainda assim, neste Código, o princípio manteve o seu relevo na maioria das operações envolvidas na aplicação das fontes laborais e na sua relação com o contrato de trabalho.

Acresce que as principais modificações introduzidas pelo Código de 2003 atingiram o princípio nas áreas em que a sua imposição, nos moldes rígidos anteriormente previstos, tinha tido mais efeitos perversos, com destaque para a área da relação entre os instrumentos de regulamentação colectiva do trabalho e as normas legais, levando, designadamente, à manutenção de convenções muito antigas e desadequadas. Assim, neste aspecto, as modificações introduzidas correspondiam ao reconhecimento da maioria das associações sindicais na negociação colectiva.

**IV.** É neste quadro que deve ser compreendido o tratamento desta matéria pelo actual Código do Trabalho.

*do tratamento mais favorável e de norma mínima*, in J. REIS/L. FERNANDES/R. REGINA (coord.), *Para Jorge Leite. Escritos Jurídico-Laborais*, I, Coimbra, 856-884.

SECÇÃO II - INTERPRETAÇÃO E APLICAÇÃO DAS NORMAS LABORAIS: O *FAVOR LABORATORIS*

## 26.4. O *favor laboratoris* no Código do Trabalho: apreciação geral

I. Reportando-nos ao direito vigente, verificamos que o princípio do tratamento mais favorável ao trabalhador deixou de ser referido autonomamente em sede de fontes laborais (a epígrafe do art. 4º do CT 2003 referia-se expressamente a este princípio na epígrafe), uma vez que, no actual Código do Trabalho, a matéria da articulação das fontes foi toda integrada num único preceito (o art. 3º), sob uma designação mais ampla e neutra. O princípio é pois agora referido nos nºs 3 4 e 4 do art. 3º do CT, para além de ser objecto de referências dispersas ao longo do Código.

Estas referências continuam a evidenciar o relevo geral deste princípio e a multiplicidade das suas áreas de incidência, mas são de notar algumas alterações em relação ao tratamento desta matéria no CT de 2003.

Assim, o princípio do favor laboratoris é referido nos seguintes contextos:

i) *Relação entre as normas legais e o contrato de trabalho* (art. 3º nº 4 do CT): nos termos desta norma, os contratos de trabalho só podem afastar as normas legais para estabelecer um regime mais favorável para o trabalhador e desde que das referidas normas legais não resulte a impossibilidade de afastamento (ou seja, desde que não sejam imperativas absolutas, de acordo com a classificação das normas laborais que adoptámos). Neste ponto, o actual Código mantém pois uma linha de continuidade com o regime anterior.

ii) *Relação entre os instrumentos de regulamentação colectiva de trabalho e o contrato de trabalho* (art. 476º do CT): nesta matéria, a lei permite que o contrato de trabalho se afaste do regime disposto pela convenção, mas apenas para estabelecer um regime mais favorável ao trabalhador. Assim, neste ponto, o actual Código afastou-se da solução anterior (art. 531º do CT 2003), para voltar à formulação tradicional desta regra, constante da LRCT.

iii) *Relação entre fontes laborais de diferente valor hierárquico*: no que toca à relação entre as normas legais e os instrumentos de regulamentação colectiva do trabalho, o novo Código introduziu várias alterações ao

regime do CT de 2003. Assim, neste ponto temos agora três regras nesta matéria, que constam do art. 3º:
- a regra geral continua a ser a da supletividade das normas legais em relação aos instrumentos de regulamentação colectiva do trabalho, que podem assim afastar a lei para dispor tanto em sentido mais favorável ao trabalhador como em sentido menos favorável, excepto no caso de a norma ser absolutamente imperativa (art. 3º nº 1);
- desta regra geral continua exceptuada a portaria de condições de trabalho, que não pode afastar o regime legal (art. 3º nº 2);
- nas matérias enunciadas no art. 3º nº 3, as convenções colectivas apenas podem afastar as normas legais se estiverem reunidas duas condições: que as normas legais não sejam absolutamente imperativas; e que o regime a estabelecer seja mais favorável aos trabalhadores. Estas matérias referem-se a direitos de personalidade, igualdade e não discriminação, protecção na parentalidade, trabalho de certas categorias de trabalhadores (menores, deficientes ou trabalhadores com capacidade de trabalho reduzida e trabalhadores-estudantes), dever de informação do empregador, limites aos períodos de trabalho e de descanso, férias, garantias da retribuição, acidentes de trabalho e doenças profissionais, transmissão da empresa ou do estabelecimento e direitos dos representantes dos trabalhadores.

Assim, no que se refere a esta matéria, o actual Código do Trabalho ficou a meio caminho entre a legislação tradicional nesta matéria (que tinha a exigência máxima quanto ao requisito da maior favorabilidade para o afastamento da lei pelas convenções colectivas de trabalho) e o Código do Trabalho de 2003, que perfilhava o entendimento oposto. Em suma, trata-se de uma solução de compromisso, uma vez que se mantém o princípio da supletividade geral das normas legais perante as convenções colectivas de trabalho, mas se atenua esse princípio com a exigência da maior favorabilidade em matérias mais significativas do ponto de vista das garantias dos trabalhadores.

De qualquer modo, sendo o princípio geral na matéria um princípio de supletividade, e não sendo o alcance de todas as alíneas do art. 3º nº 3 absolutamente claro, considera-se que estas limitações ao referido princípio se devem interpretar restritivamente, em nome do primado da autonomia colectiva.

iv) *Sucessão de convenções colectivas de trabalho*: nos termos do art. 503º nº 3, a nova convenção colectiva apenas pode reduzir os direitos adquiridos ao abrigo da anterior convenção se tiver um carácter globalmente mais favorável. Neste ponto, o Código actual (tal como o CT de 2003) mantém pois a denominada regra da irredutibilidade das posições adquiridas na contratação colectiva, que constitui uma das projecções tradicionais do princípio do tratamento mais favorável.

v) *Conflitos de normas laborais no espaço* (art. 7º nº 1 e 8º nº 1 do CT): especificamente na matéria do destacamento de trabalhadores, tanto o art. 7º como o art. 8º do CT referem expressamente o princípio do favor laboratoris, como critério a ter em conta na escolha do regime laboral aplicável a estes trabalhadores, que prevalece sobre as normas nacionais.

Em compensação, o Código poderia ter ido mais longe em algumas matérias que exprimem directamente o princípio e noutras matérias as soluções adoptadas não foram as mais adequadas.

Assim, a solução dos problemas da sucessão de convenções colectivas de trabalho (proveniente do CT de 2003), que mantém a tradicional rigidez da regra da irredutibilidade dos direitos adquiridos, é especialmente criticável, não só porque se baseia num estatuto de menoridade dos parceiros da convenção colectiva, que há muito não se lhes adequa, mas também porque impede a adequação dos regimes convencionais colectivos a novas conjunturas económicas e é, em geral, um entrave à flexibilização do Direito do Trabalho.

Por outro lado, o Código não explorou suficientemente a outra via de dinamização do sistema de fontes laborais e do princípio do *favor laboratoris*, que é a do incremento das normas convénio-dispositivas[201], já que esta categoria

[201] Cfr., supra, § 7º, ponto 18.2.

normativa está prevista no art. 3º nº 5, mas é pouco desenvolvida ao longo do articulado.

**III.** Estabelecido o quadro geral nesta matéria, vejamos então as projecções deste princípio e o modo como se conjuga com outras regras gerais nas diversas áreas em que se desenvolve o tema da aplicação das fontes laborais.

### 27. Interpretação e integração das normas laborais

**I.** No que se refere à interpretação das fontes laborais (referindo aqui o termo «interpretação» num sentido amplo, que abrange não apenas a operação de fixação do conteúdo das normas, mas também a operação, indissociavelmente ligada a esta, de integração das lacunas da lei[202]), pode dizer-se que o Direito do Trabalho segue, *grosso modo*, as regras gerais constantes do Código Civil, mas com relevantes especificidades.

**II.** Especificamente no que toca à *interpretação das normas laborais*, são de aplicar as regras gerais do art. 9º do CC, mas levanta-se a questão da admissibilidade do princípio do tratamento mais favorável como recurso genérico de interpretação dessas normas. A admitir-se como regra geral, este princípio teria duas aplicações:

- uma *aplicação interpretativa pura*, que permitisse que, em caso de dúvida sobre o sentido a atribuir à norma, prevalecesse o sentido mais favorável ao trabalhador;
- uma *aplicação interpretativo-aplicativa* (portanto, ao nível de um conflito de fontes ou da relação entre as fontes e o contrato de trabalho), na qual o princípio do favor laboratoris teria a função de criar no intérprete a presunção de que as normas laborais seriam imperativas apenas quanto às condições mínimas que estabelecessem, podendo, por

---

[202] Em geral e por todos sobre o conceito e os sentidos da interpretação jurídica, OLIVEIRA ASCENSÃO, *O Direito. Introdução e Teoria Geral cit.*, 382 e 394 ss.

isso, ser afastadas, desde que em sentido mais favorável ao trabalhador e tanto pelas fontes inferiores como pelo contrato de trabalho.

III. Deixando um pouco mais para a frente o problema da aplicação do princípio aos conflitos hierárquicos de fontes e à relação fontes/contrato de trabalho e concentrando-nos, por ora, na operação de pura interpretação das normas laborais, entendemos que, perante o actual estádio de maturação do Direito do Trabalho e designadamente, perante o reconhecimento do seu carácter compromissório (que faz prevalecer ora os interesses dos trabalhadores ora os interesses de gestão dos empregadores nas normas e nos regimes que estabelece)[203], *não faz sentido reconhecer a existência de um prius geral de interpretação das fontes laborais em favor do trabalhador. Assim, em caso de dúvida sobre o sentido a atribuir à norma, apenas será de adoptar o sentido que mais favoreça o trabalhador se, no caso concreto, se observar a necessidade de protecção do trabalhador como parte mais fraca.*

Deve, contudo, ficar claro que esta conclusão não significa nem a recondução do princípio do favor laboratoris, nesta sua valência puramente interpretativa, a um resquício histórico de uma fase de desenvolvimento incipiente do Direito do Trabalho, como é convicção de alguns autores[204], nem o reconhecimento de que ele terá sido absorvido pelo princípio civilista do favor debitoris, como entende outro sector da doutrina[205].

A nosso ver, esta visão não é aceitável, não só porque o princípio do favor laboratoris tem um alcance muito mais vasto do que esta incidência meramente interpretativa, mas porque, nessas outras aplicações, ele não cuida de verificar se o trabalhador é, efectivamente, a parte mais fraca (antes presume que o é) e também não resolve as dúvidas de interpretação em favor do empregador, mesmo que, hipoteticamente, seja ele a parte mais fraca do negócio – solução que poderia decorrer da regra geral da tutela do contraente débil[206].

---

[203] Sobre o carácter compromissório do Direito do Trabalho *vd, supra*, § 3º, ponto 6.4.
[204] Neste sentido, BERNARDO XAVIER, *Curso de Direito do Trabalho cit.*, I, 619, e ROMANO MARTINEZ, *Direito do Trabalho cit.*, 221. Como oportunamente indicámos, para este último autor a recondução deste princípio a um resquício histórico do Direito do Trabalho é sufragada em moldes gerais e não apenas para a valência estritamente interpretativa do princípio.
[205] MENEZES CORDEIRO, *Da situação jurídica laboral... cit.*, 108, e *Manual de Direito do Trabalho cit.*, 101.
[206] Para uma justificação mais desenvolvida deste entendimento, vd ROSÁRIO PALMA RAMALHO, *Da Autonomia Dogmática... cit.*, 928 ss.

Em suma e em definitivo, o *favor laboratoris* não é a projecção laboral do princípio interpretativo civil da tutela do contraente débil.

**IV.** Especificamente no que se refere à integração das lacunas laborais, o Direito do Trabalho também não estabelece regras especiais mas impõem-se algumas cautelas.

Assim, em primeiro lugar, deverá verificar-se se as lacunas são reais ou aparentes, dada a relação de especialidade entre o Direito do Trabalho e o Direito Civil. Se esta verificação permitir concluir pela existência de uma lacuna, deve esta lacuna ser integrada com recurso aos critérios gerais do art. 10º do CC, i.e., recorrendo à aplicação analógica e, na falta de analogia, resolvendo o caso por aplicação da norma que o intérprete criaria se tivesse que legislar dentro do espírito do sistema.

Duas prevenções devem, no entanto, orientar o intérprete nesta operação de integração das lacunas laborais. Estas prevenções decorrem da autonomia dogmática do Direito do Trabalho no universo jurídico global[207] e evitam uma aplicação indiscriminada, acrítica e inadequada das normas civis, que contrarie essa autonomia:

- a primeira prevenção tem a ver com a *necessidade de aferir a compatibilidade axiológica da norma civil a aplicar com os princípios do próprio Direito do Trabalho* – é a operação que Gamillscheg[208] designou como verificação da «adequação social» (*die soziale Tauglichkeit*) da norma civil na sua aplicação laboral e que é prévia a essa aplicação. Se nesta operação se verificar que a norma civil em questão colide com uma valoração axiológica específica do Direito do Trabalho, é de excluir a integração da lacuna laboral através da aplicação analógica daquela norma civil, porque tal aplicação contraria a autonomia do Direito Laboral;
- a segunda prevenção tem a ver com os critérios a seguir na integração das lacunas laborais pela forma prevista no nº 3 do art. 10º do CC (ou seja, com recurso ao espírito do sistema), no caso de não ser viável

---

[207] Abordaremos este tema, infra, aquando do estabelecimento dos alicerces dogmáticos do Direito do Trabalho – Capítulo III, Secção II e Secção III, §§ 13º a 16º.
[208] F. GAMILLSCHEG, *Zivilrechtliche Denkformen und die Entwicklung des Individualarbeitsrechts cit.*, 202 s. e 220.

integrar a lacuna por aplicação analógica. É que, ainda por força da autonomia dogmática do Direito do Trabalho, *o recurso à resolução do caso conforme a norma que o intérprete criaria, se tivesse que legislar de acordo com o sistema, deve ter em conta o sistema juslaboral e não o sistema civil*[209].

V. Ainda em matéria de interpretação das fontes laborais, e sem prejuízo de ulterior desenvolvimento do tema[210], justifica-se uma nota complementar relativa à *interpretação das convenções colectivas de trabalho*. Neste domínio, são ainda aplicáveis as regras gerais de interpretação que constam do Código Civil, com as cautelas impostas pelos valores próprios do Direito do Trabalho, mas coloca-se o problema de saber se devem ser seguidas as regras de interpretação do negócio jurídico (arts. 236º ss. do CC) ou as regras de interpretação da lei (art. 9º).

A dúvida tem razão de ser pela complexidade destes instrumentos de regulamentação colectiva do trabalho, cujo conteúdo tem uma parcela negocial (a que disciplina as relações entre as partes outorgantes) e uma parcela normativa (a que disciplina os vínculos laborais que existam ou se venham a constituir entre os empregadores e os trabalhadores abrangidos pela convenção). Deste modo, a resolução do problema da interpretação pressupõe a apreciação da questão, particularmente delicada, da natureza jurídica destes instrumentos: se se atender à parcela negocial destes instrumentos de regulamentação colectiva do trabalho, a respectiva interpretação deverá pautar-se pelas regras do art. 236º e ss. do CC; pelo contrário, se atendermos ao conteúdo normativo destes instrumentos, tendo designadamente em conta o facto de eles disciplinarem os vínculos jurídicos de terceiros, impor-se-á uma interpretação nos termos do art. 9º do CC.

Na apreciação deste problema, a doutrina tem sufragado a aplicação dos critérios de interpretação da lei[211] ou uma solução mista, que atende ao art. 9º do CC para a resolução dos problemas de interpretação da parcela normativa das convenções colectivas de trabalho, e que recorre ao art. 236º do CC para

---

[209] Para mais desenvolvimentos sobre o tema, nesta perspectiva, vd ROSÁRIO PALMA RAMALHO, *Da Autonomia Dogmática... cit.*, 998 s., e ainda, infra, em especial § 15º, ponto 52.
[210] *Tratado III*, § 49º, ponto 173.5.1.
[211] Neste sentido, MENEZES CORDEIRO, *Manual de Direito do Trabalho cit.*, 307, e BARROS MOURA, *A Convenção Colectiva... cit.*, 157.

esclarecer as dúvidas sobre o sentido das cláusulas negociais da convenção[212]. Por seu turno, a jurisprudência tem privilegiado os critérios de interpretação da lei na apreciação das convenções colectivas de trabalho e refere-se frequentemente às respectivas cláusulas como normas jurídicas[213].

No nosso entender, *a interpretação das convenções colectivas de trabalho deve pautar-se por um critério unitário e não dualista e deve seguir globalmente as regras de interpretação da lei*. Esta posição funda-se num argumento ligado à essência unitária deste instrumento jurídico, num argumento substancial atinente ao seu conteúdo, e num argumento atinente à natureza da própria convenção colectiva de trabalho. Assim:

*i)* De uma parte, correspondendo a convenção colectiva de trabalho a um instrumento jurídico unitário, a sua interpretação deve obedecer, também ela, a critérios unitários, sob pena de quebra da unidade interna do próprio instrumento; esta a razão pela qual recusamos a tese da interpretação dualista.

*ii)* De outra parte, tendo em conta que o conteúdo essencial da convenção colectiva de trabalho é o conteúdo regulativo ou normativo (i.e., a disciplina dos vínculos de trabalho que estejam na sua área de incidência), deve a interpretação do instrumento pautar-se pelos critérios que sejam mais adequados a este conteúdo e não ao conteúdo negocial, de menor significado[214]. Ora, os critérios de interpretação mais adequados à essência normativa do instrumento colectivo são naturalmente os critérios de interpretação da lei, pela sua índole predominantemente objectiva e favorecedora da segurança jurídica.

---

[212] Nesta perspectiva, BERNARDO XAVIER, *Curso de Direito do Trabalho cit.*, I, 620.

[213] Neste sentido, entre outros, Ac. STJ de 22/01/1992, BMJ 413-377, Ac. STJ de 10/11/1993, CJ (STJ), 1993, III, 29, ou Ac. STJ de 9/11/1994, CJ (STJ), 1994, III, 284.

[214] Não queremos significar com esta afirmação que a parcela negocial da convenção colectiva de trabalho não tem importância, mas apenas que o objectivo essencial deste instrumento colectivo é a disciplina dos vínculos laborais existentes ou que se venham a constituir no seu âmbito de incidência.

*iii)* Por fim, o recurso aos critérios da interpretação da lei coaduna-se melhor com o reconhecimento formal da convenção colectiva de trabalho como fonte laboral e com a sua natureza jurídica complexa, que impede, designadamente, a recondução, pura e simples, desta figura à categoria geral do negócio jurídico[215].

À posição que sustentamos pode ser oposto o argumento de que não há uma grande distância entre os critérios de interpretação da lei e do negócio jurídico, sobretudo se se perfilhar uma perspectiva objectivista quanto a esta última[216] e desde que se ponham de lado os critérios de pendor mais subjectivo previstos no art. 236º do CC[217]. Por outro lado, pode alegar-se a conveniência de atentar na vontade manifestada pelas partes da convenção colectiva de trabalho aquando da respectiva negociação para o esclarecimento de algumas das suas cláusulas[218].

A nosso ver, estes argumentos não colhem. Assim, de uma parte, cremos não haver vantagem em recorrer ao art. 236º do CC se não for para aproveitar os critérios que diferenciam a interpretação do negócio jurídico relativamente à interpretação da lei (e que são justamente as concessões ao subjectivismo, designadamente no art. 236º nº 1 *in fine* e nº 2). Por outro lado, numa interpretação conforme ao art. 9º do CC, os trâmites da negociação colectiva podem ser tidos em conta enquanto argumento histórico – ou seja, nos termos em que são tidos em conta na interpretação da lei.

Em suma, afigura-se mais adequada a interpretação das convenções colectivas de trabalho de acordo com os critérios gerais de interpretação da lei. Na mesma perspectiva, a integração das lacunas das convenções colectivas de trabalho deve seguir os critérios gerais de integração das lacunas da lei, esta-

---

[215] Aprofundaremos este argumento a propósito do estudo da figura das convenções colectivas de trabalho e do problema da natureza jurídica destes instrumentos. Cfr., *Tratado III*, § 49º, pontos 173.5.1. e 176.
[216] Mas, contra esta perspectiva objectivista na interpretação do negócio jurídico, por exemplo, OLIVEIRA ASCENSÃO, *Direito Civil. Teoria Geral*, II, 2ª ed., Coimbra, 2003, 188 ss.
[217] É o que sufraga ROMANO MARTINEZ, *Direito do Trabalho cit.*, 229.
[218] Ainda ROMANO MARTINEZ, *Direito do Trabalho cit.*, 228.

belecidos no art. 10º do CC[219], ainda que rodeados das cautelas acima referidas, que atendem às valorações materiais específicas do Direito do Trabalho.

No que toca aos *instrumentos de regulamentação colectiva do trabalho heterónomos*, a sua origem administrativa e a sua qualificação como actos normativos regulamentares não permite hesitações quanto aos critérios de interpretação a utilizar: esta interpretação seguirá os parâmetros gerais da interpretação da lei, fixados no art. 9º do CC.

## 28. Conflitos de fontes laborais no tempo: o problema dos direitos adquiridos

**I.** Os conflitos de fontes laborais no tempo são muito frequentes, dada a vocação de durabilidade da maioria das situações jurídicas laborais. Estes conflitos podem referir-se à sucessão de normas legais no tempo e à sucessão de instrumentos de regulamentação colectiva do trabalho.

Apreciaremos separadamente um e outro tipo de conflitos.

**II.** *Os conflitos decorrentes da sucessão de normas legais no tempo* são resolvidos por regras especiais de direito transitório laboral (arts. 7º e 10º do Diploma Preambular ao CT) e, subsidiariamente, pelas regras gerais do art. 12º do CC, que desenvolvem o princípio geral da não retroactividade da lei e de ressalva das situações pretéritas.

O diploma introdutório do Código do Trabalho estabeleceu uma regra geral e algumas regras especiais para resolução dos conflitos decorrentes da sucessão de normas laborais no tempo:

– a regra geral é a da aplicação das normas do Código aos contratos de trabalho em execução e aos instrumentos de regulamentação colectiva do trabalho em vigor aquando do surgimento do Código, com *ressalva das respectivas condições de validade e dos efeitos de factos ou situações «totalmente passados anteriormente»* ao momento do surgimento do Código

---

[219] Parcialmente contra, ROMANO MARTINEZ, *Direito do Trabalho cit.*, 228., que prescreve a aplicação do art. 239º do CC para a integração das lacunas da parcela obrigacional da convenção colectiva de trabalho.

(art. 7º nº 1 do Diploma Preambular); a mesma regra se aplica às estruturas representativas dos trabalhadores e empregadores já existentes, que se sujeitam ao Código em tudo o que não respeite às suas condições de validade e aos efeitos relacionados com a sua constituição e modificação (art. 8º nº 4)[220];
- por outro lado, *são também salvaguardados, em especial, os regimes anteriores em matérias específicas,* como o período experimental, os prazos de caducidade e de prescrição, os procedimentos disciplinares e a duração do contrato a termo certo[221] (art. 7º nº 5).

Como decorre do exposto, o Código do Trabalho desenvolve, no domínio laboral, as regras gerais em matéria de aplicação da lei no tempo: assim, aplica-se a nova lei aos contratos de trabalho e aos instrumentos de regulamentação colectiva do trabalho em execução e em vigor, bem como aos entes laborais colectivos existentes, mas ressalvam-se as situações jurídicas decorrentes de factos pretéritos. Por outro lado, e tal como já decorria do CT de 2003, não há referências ao carácter mais favorável do regime anterior como condição para a sua ressalva pela lei nova.

[220] Era já esta a regra vigente no sistema anterior e que manifesta o princípio geral da não retroactividade da lei na sua aplicação às situações jurídicas duradouras, como é o caso do contrato de trabalho. Por diversas vezes, a jurisprudência nacional fez uso desta regra. Assim, por exemplo, o Ac. da REv. de 26/05/1992, CJ, 1992, III, 361, considerou aplicável a regra da LCCT sobre a conversão automática do contrato de trabalho em contrato a termo, quando o trabalhador atinge os setenta anos, a um contrato de trabalho por tempo indeterminado celebrado na vigência da lei anterior; e, por seu turno, o Ac. RLx. de 19/02/1992, CJ, 1992, I, 208, relativamente à cessação de um contrato de trabalho a termo celebrado ao abrigo do regime legal anterior à LCCT mas cessado já durante a vigência deste diploma, considerou que o trabalhador tinha direito à compensação pela cessação do contrato que foi instituída pela LCCT. Nos dois casos, aplicou-se o regime constante da nova lei a contratos em execução. Mas, por exemplo, o Ac. STJ de 9/11/1994, CJ (STJ), 1994, III, 282, a propósito da compensação remuneratória por trabalho extraordinário prestado na vigência da LDT (logo antes do surgimento da LTS), entendeu que tal trabalho devia ser remunerado de acordo com os parâmetros definidos na LDT e não na LTS (no caso, tratou-se se ressalvar os efeitos de um facto totalmente passado, através da aplicação da lei vigente no momento em que ocorreu).
[221] Quanto ao contrato a termo certo, parece decorrer desta norma que apenas é salvaguardada a duração inicialmente prevista pelas partes, mas não a que venha a decorrer, por hipótese, de uma renovação do contrato que ocorra já na vigência do novo Código do Trabalho.

No entanto, a aplicação prática destas regras não se tem revelado fácil por força da conjugação de dois factores: a dificuldade de determinar o que seja uma «situação totalmente passada» para efeitos da não sujeição ao Código, tendo em conta que muitas situações e direitos laborais são de formação lenta e nem todos são ressalvados expressamente; e a circunstância de o Código do Trabalho ter entrado em vigor no decurso do ano civil (tal como sucedeu, aliás, com o CT de 2003), ou seja, quando aquelas situações jurídicas se encontravam ainda em formação. Em suma, esta matéria não é isenta de dúvidas.

Por fim, cabe ter em conta algumas regras específicas de aplicação das normas laborais no tempo nas matérias que já foram objecto de alteração, no actual Código do Trabalho, com destaque para o novo regime de compensação por cessação do contrato de trabalho, mas abrangendo também outras matérias, e ainda com referência à imposição das novas regras legais aos instrumentos de regulamentação colectiva de trabalho em vigor – dispõem sobre este ponto, os arts. 4º, 5º, 6º, e 10º e 7º da L. nº 23/2012, de 25 de Junho, e os arts. 5º, 6º e 8º da L. nº 69/2013, de 30 de Agosto. Em todo o caso deve ter-se em conta que uma parte das regras da L. nº 23/2012, de 25 de Junho, nesta matéria, foi declarada institucional pelo Ac. TC nº 602/2013, de 20 de Setembro[222].

**III.** No que toca à *sucessão de instrumentos de regulamentação colectiva do trabalho*, o Diploma Preambular ao Código do Trabalho estabeleceu também algumas regras de direito transitório, regendo para as outras situações as regras do próprio Código:

- as regras de direito transitório constam dos arts. 7º nº 2 e 10º do Diploma Preambular, que estabelecem um regime de revisão dos instrumentos de regulamentação colectiva do trabalho a partir da entrada em vigor do Código e pelo prazo de um ano, com vista a eliminar as cláusulas destes instrumentos que contrariem normas imperativas do Código, e sob pena de nulidade dessas mesmas cláusulas (art. 7º nº 2 da Lei Preambular); por outro lado, estabelece-se um regime especial de caducidade

---

[222] Em especial sobre este ponto, M. R. PALMA RAMALHO, *O olhar do Tribunal Constitucional sobre a reforma laboral – algumas reflexões*, in JOÃO REIS/LEAL AMADO/ LIBERAL FERNANDES/REGINA REDINHA (coord.), *Para Jorge Leite. Escritos Judirico-Laborais*, I, Coimbra, 2014, 757-778 (770 ss.).

das convenções colectivas mais antigas, que é, contudo, condicionado a uma série de requisitos (art. 10º do Diploma Preambular)
– as regras gerais de sucessão dos instrumentos de regulamentação colectiva do trabalho constam do art. 503º do CT, delas resultando (em consonância substancial com o regime anterior) que da mera sucessão de convenções colectivas não pode resultar a diminuição do nível global de protecção dos trabalhadores (nº 2), e que a nova convenção só pode reduzir pontualmente direitos adquiridos ao abrigo do instrumento anterior, na condição de ser globalmente mais favorável (nº 3) e de esses direitos não terem sido expressamente ressalvados pelas partes (nº 4).

De acordo com estas regras gerais, a aplicação do princípio do *favor laboratoris* deve ser feita em termos globais e é compatível com a redução pontual de direitos, que, a pretenderem-se ressalvados, devem ser indicados expressamente pelas partes. Esta última exigência, que já provém do Código do Trabalho de 2003, parece destinada a obter uma maior clarificação dos direitos que ficam efectivamente ressalvados, não obstante a alteração da convenção.

O Código continua, no entanto, a não resolver três problemas técnicos relevantes nesta matéria: o problema pressuposto no juízo sobre o carácter mais ou menos favorável dos dois instrumentos colectivos em causa, que é o problema da respectiva comparação e dos critérios a seguir nessa comparação; o problema do sentido a atribuir à exigência da lei segundo a qual deve constar do texto da nova convenção uma referência expressa ao seu carácter globalmente mais favorável (art. 503º nº 3, *in fine* do CT); e o problema da delimitação do próprio conceito de direitos adquiridos, cuja salvaguarda continua a constituir a regra geral em matéria de sucessão no tempo de instrumentos de regulamentação colectiva do trabalho. Sem prejuízo do desenvolvimento desta matéria, a propósito do estudo dos instrumentos de regulamentação colectiva de trabalho[223], vale a pena reflectir um pouco sobre cada um destes problemas.

**IV.** Relativamente à *comparação dos instrumentos de regulamentação colectiva do trabalho em sucessão* remetemos para o que atrás se disse sobre os critérios

---

[223] *Tratado III*, § 49º, ponto 175.

de comparação: de acordo com a teoria da conglobação limitada, a comparação entre instrumentos de regulamentação colectiva do trabalho deve ser feita por grupos incindíveis de normas.

**V.** No que se refere à *exigência de que o carácter globalmente mais favorável conste expressamente do texto do novo instrumento de regulamentação colectiva do trabalho* (art. 503º nº 3), a questão que se coloca é a de saber se esta exigência pode ser entendida como meramente formal ou deve corresponder à realidade.

O entendimento clássico nesta matéria vai no sentido da exigência de que a cláusula do instrumento de regulamentação colectiva de trabalho que declare o seu carácter globalmente mais favorável relativamente ao instrumento anterior[224] corresponda, de facto, à realidade.

Quanto a nós, este entendimento – defensável como projecção do princípio geral da substancialidade no exercício das posições jurídicas e que, por isso mesmo, já perfilhámos – não é de acolher porque contraria um princípio fundamentante específico do Direito do Trabalho: o princípio do colectivo, na projecção da autonomia colectiva[225]. Com efeito, sendo a convenção colectiva de trabalho um produto da autonomia colectiva e o resultado de múltiplas (e, quase sempre, difíceis), transacções de interesses entre as partes, e sendo a própria cláusula da convenção que atesta o seu carácter globalmente mais favorável, também ela, o produto da autaonima colectiva, qualquer sindicância posterior do conteúdo de regimes concretos da convenção, para efeitos de avaliar a sucessão de convenções colectivas representaria uma limitação do princípio da autonomia colectiva, que não se afigura admissível.

Assim, e contrariamente ao entendimento tradicional nesta matéria, cremos que basta a declaração formal de que a nova convenção colectiva é globalmente mais favorável do que a anterior para que se considere satisfeita a condição de maior favorabilidade na sucessão de convenções colectivas imppsta pelo art. 503º nº 3 do CT.

---

[224] Na verdade, a afirmação expressa do carácter globalmente mais favorável do novo instrumento de regulamentação colectiva do trabalho consta, à cautela, da esmagadora maioria das convenções colectivas.

[225] Desenvolveremos oportunamente a matéria dos princípios próprios do Direito do Trabalho – *infra*, § 16º, e especificamente quanto ao princípio do colectivo, ponto 55.

SECÇÃO II - INTERPRETAÇÃO E APLICAÇÃO DAS NORMAS LABORAIS: O *FAVOR LABORATORIS*

**VI.** Por fim, uma vez que a regra geral em matéria da sucessão de instrumentos de regulamentação colectiva do trabalho no tempo é a salvaguarda dos direitos adquiridos ao abrigo do instrumento anterior, cabe deixar uma nota sobre o conceito de direitos adquiridos, projecção por excelência do favor laboratoris na sucessão de fontes laborais.

A convicção tradicional na evolução do sistema laboral sempre *in melius* vulgarizou um entendimento amplo do conceito de direitos adquiridos, que o identifica com toda e qualquer situação de vantagem obtida pelos trabalhadores ao abrigo do instrumento de regulamentação colectiva do trabalho anterior. A nosso ver, este entendimento amplíssimo do conceito de direitos adquiridos não só não é razoável, do ponto de vista dos interesses em jogo na negociação colectiva – uma vez que esta negociação, pela sua essência transaccional, se dinamiza justamente através da «troca» de vantagens entre as partes – como não tem correspondência na lei, pelo que deve ser revisto. Para essa revisão deve ter-se em conta o próprio conceito de direito subjectivo e a referência da lei à expressão «adquirido» neste contexto.

Assim, em primeiro lugar, deve ficar claro que a lei pretendeu salvaguardar apenas direitos subjectivos e não outras situações de vantagem decorrentes do instrumento normativo anterior, como as simples expectativas – assim, por exemplo, se a previsão de acréscimo salarial ao abrigo de uma convenção colectiva de trabalho era de 5% e a nova convenção colectiva de trabalho veio estabelecer um aumento de apenas 3%, verifica-se apenas uma quebra das expectativas dos trabalhadores relativamente aos seus ganhos salariais futuros, mas não um direito subjectivo à manutenção de uma determinada percentagem de aumento salarial.

Em favor deste entendimento depõe ainda o qualificativo destes direitos como «adquiridos», feito pela própria lei. Nesta expressão parece estar implícita a ideia de exigibilidade ou de vencimento do direito, o que exclui a tutela de efeitos futuros da situação de vantagem – assim, por exemplo, se o trabalhador prestou trabalho suplementar na vigência de uma convenção colectiva de trabalho que previa uma determinada compensação remuneratória e, entretanto, a nova convenção colectiva de trabalho previu uma compensação de valor inferior, o trabalhador terá direito ao acréscimo remuneratório previsto na primeira convenção para o trabalho suplementar que prestou na vigência da mesma[226], mas o trabalho suplementar que preste no âmbito da nova convenção deve ser remunerado nos termos por esta previstos.

Noutra perspectiva, porque revestem a natureza de direitos subjectivos e não de expectativas, os direitos dos trabalhadores que esta norma tutela correspondem, na esfera do empregador, a verdadeiros deveres ou sujeições e não a outras situações jurídicas – assim, por exemplo, se a situação de vantagem dos trabalhadores decorre de uma prática de benevolência do empregador, não pode invocar-se o princípio dos direitos adquiridos para obstar à supressão dessa prática, mesmo que ela tenha sido mantida ao longo de muito tempo[227].

Por fim, chama-se a atenção para os limites legais da tutela dos direitos adquiridos, que decorrem da relação dos instrumentos de regulamentação colectiva do trabalho com a lei: designadamente, um regime mais favorável decorrente de instrumento de regulamentação colectiva do trabalho não pode continuar a aplicar-se e deve obrigatoriamente ser modificado num sentido menos favorável, se, entretanto, a lei tiver estabelecido um regime imperativo naquela matéria[228].

Em suma, justifica-se uma interpretação cuidada e tecnicamente rigorosa do conceito de direitos adquiridos para efeitos das regras de sucessão de instrumentos de regulamentação colectiva do trabalho.

Por último, chama-se a atenção para as exigências decorrentes da formulação da regra de salvaguarda dos direitos adquiridos na sucessão de instrumentos de regulamentação colectiva do trabalho no Código do Trabalho (art. 503º nº 4): mantendo-se o princípio geral da salvaguarda destes direitos, passa a ser necessário indicar expressamente os direitos que se pretendem

---

[226] Exactamente sobre uma questão deste tipo, embora reportada à sucessão dos regimes legais do trabalho suplementar, Ac. STJ de 9/11/2004, CJ (STJ), 1994, III, 282.

[227] Assim, por exemplo, um prémio de produtividade instituído por um uso da empresa. A salvaguarda dos direitos adquiridos não impõe a sua supressão pelo empregador, mas apenas que o trabalhador que, por força do trabalho desenvolvido antes dessa supressão, esteja em condições de o receber, seja pago. Na mesma linha, relativamente à prática reiterada, por mais de quinze anos, de redução do período normal de trabalho diário na véspera dos feriados, o Ac. RP de 3/12/1990, CJ, 1990, V, 243, entendeu que não surgiu aqui um direito adquirido dos trabalhadores a tal redução, que podia assim ser retirada.

[228] Algumas decisões judiciais exemplificam este tipo de situação: neste sentido, vd o Ac. RLx. de 8/04/1992, CJ, 1992, II, 203, considerando que o regime mais favorável em matéria de despedimento, constante de convenção colectiva de trabalho outorgada antes da entrada em vigor da LCCT, não pode continuar a ser aplicado na vigência da nova lei.

ressalvar no novo instrumento de regulamentação colectiva do trabalho, sob pena de se considerarem ultrapassados.

Esta regra, cujo objectivo é, claramente, um objectivo de clarificação, permite ultrapassar algumas das dificuldades práticas na aplicação do princípio dos direitos adquiridos na sucessão de instrumentos de regulamentação colectiva de trabalho.

## 29. Conflitos de fontes laborais no espaço[229]

**I.** Outra situação conflitual, que pode surgir na aplicação das fontes laborais, decorre da possibilidade de aplicação de normas de diferentes sistemas jurídicos ao contrato de trabalho, por força da conexão do contrato com mais do que um sistema jurídico. Este fenómeno é cada vez mais frequente, pela moderna tendência para a globalização da Economia e pela cada vez maior facilidade de circulação dos trabalhadores.

Este tipo de conflitos quanto à lei aplicável ao contrato de trabalho pode decorrer do facto de o trabalhador prestar a sua actividade laboral no estrangeiro (assim, o português contratado por uma empresa nacional para trabalhar noutro país, ou o caso do trabalho nas embaixadas e representações consulares nacionais); pode decorrer do facto de o empregador ser uma entidade estrangeira a operar no nosso país (assim, uma empresa estrangeira que contrate um português ou um cidadão de outro país para trabalhar em Portugal e ainda uma missão diplomática ou consular estrangeira em Portugal); e pode ainda decorrer da nacionalidade do trabalhador, que não é português mas trabalha em Portugal como imigrante ou como trabalhador destacado.

A jurisprudência tem apreciado diversas situações deste género[230].

---

[229] Sobre esta matéria, vd ROMANO MARTINEZ, *Direito do Trabalho cit.*, 267 ss., MENEZES CORDEIRO, *Manual de Direito do Trabalho cit.*, 201 ss., MOURA RAMOS, *Da Lei Aplicável ao Contrato de Trabalho Internacional cit.*, passim, MARQUES DOS SANTOS, *Alguns princípios de direito internacional privado e de direito internacional público do trabalho cit*, 13-47, D. MOURA VICENTE, *O Direito Internacional Privado no Código do Trabalho*, in Estudos do Instituto de Direito do Trabalho, IV, Coimbra, 2004, 15-34, e BERNARDO XAVIER, *Curso de Direito do Trabalho cit.*, I, 672 ss.

[230] Assim, entre outros, Acórdãos do STJ de 7/06/1983, BMJ 328-447, de 19/03/1992, BMJ 415-412, de 12/01/1994, CJ (STJ), 1994, I, 274, de 26/10/1994, QL, 1996, 8, 158, de 25/01/2000, CJ (STJ), 2000, I, 259, e de 20/03/2002, CJ (STJ), 2002, I, 277; Ac. RLx. de 24/11/1980,

**II.** Não se debruçando o legislador nacional sobre esta matéria, a orientação tradicional da jurisprudência era no sentido de excepcionar os litígios laborais da aplicação das regras de conflitos de normas no espaço, considerando que as situações juslaborais estão sujeitas a regras de ordem pública que determinam a aplicação sistemática da lei do lugar da execução da prestação laboral (neste sentido, o Ac. RLx. de 24/11/1980[231], em orientação que se generalizou).

Contudo, esta orientação veio a ser alterada na sequência do surgimento da *Convenção de Roma de 1980 sobre a Lei Aplicável às Obrigações Contratuais*. Na regulamentação actual desta matéria, que consta do *Reg. CE/593/2008 (Roma I), de 17 de Junho de 2008*, estabelecem-se dois critérios de conexão em alternativa (art. 8º): o critério voluntário da *lex contractus* (que faz apelo à vontade das partes na escolha da lei aplicável (art. 8º nº 1); e o critério objectivo de conexão (em princípio, o local da prestação do trabalho e, subsidiariamente, a lei do país com o qual a situação apresente a conexão mais estreita), que não só se aplica na falta de convenção das partes sobre a matéria, mas sempre que aquela convenção tenha como consequência privar o trabalhador da protecção conferida pelas normas imperativas da lei que, na falta de escolha, seria aplicável (art. 8º nº2, 3 e 4)– por esta razão, se pode dizer, como LIMA PINHEIRO, que «a lei objectivamente conectada fornece o padrão mínimo de protecção do trabalhador»[232].

Por outro lado, quer relativamente a certas categorias de trabalhadores, quer no que se refere a litígios sobre determinadas matérias, há ainda que

---

CJ, 1980, V, 56; Ac. RLx. de 18/11/1987, BMJ 371-534 ; Ac. RLx. de 28/10/1988, CJ, 1988, IV, 166, Ac. RLx. de 9/06/1991, CJ, 1991, III, 220; Ac. RPto de 25/11/1991, CJ, 1991, V, 232 ; Ac. RLx. de 3/06/1992, CJ, 1992, III, 271; Ac. REv. de 16/02/1993, CJ, 1993, I, 293; Ac. RLx. de 10/03/1993, CJ, 1993, II, 155; Ac. RLx. de 9/12/1998, CJ, 1998, V, 168 ; Ac. RLx. de 5/07/2000, CJ, 2000, IV, 159; Ac. RLx. de 7/03/2001, CJ, 2001, II, 142.

[231] CJ, 1980, V, 56.

[232] L. LIMA PINHEIRO, *Direito Internacional Privado – Parte Especial (Direito de Conflitos)*, 2ª ed., Coimbra, 2002, 202 ss. (203). Em geral sobre esta norma da Convenção de Roma (embora na versão anterior) e sobre o relevo da vontade dos contraentes para a determinação da lei aplicável aos litígios resultantes do contrato de trabalho, A. MARQUES DOS SANTOS, *As Normas de Aplicação Imediata em Direito Internacional Privado – Esboço de uma Teoria Geral*, II, Coimbra, 1991, 913 ss., MOURA RAMOS, *Da Lei Aplicável ao Contrato de Trabalho Internacional cit.*, 812 ss., e F. GAMILLSCHEG, *A autonomia da vontade no direito internacional do trabalho*, RDES, 1987, 2, 145-161 (145 ss.).

contar com outros instrumentos normativos internacionais – assim, sobre a lei aplicável às situações juslaborais dos trabalhadores de representações diplomáticas e consulares regem a *Convenção de Viena sobre Relações Diplomáticas* (art. 37º) e a *Convenção de Viena sobre Relações Consulares* (arts. 40º e ss.)[233]; sobre os litígios internacionais emergentes de acidentes de trabalho dispõe ainda a *Conv. da OIT, nº 19, de 5 de Junho de 1925, relativa à Igualdade de Tratamento dos Trabalhadores Estrangeiros e Nacionais em matéria de Reparação de Desastres no Trabalho* (art. 2º); por fim, sobre o destacamento internacional de trabalhadores no âmbito de uma prestação de serviços, dispõe a *Dir. 96/71/CE, de 16 de Fevereiro.*

**III.** A matéria dos conflitos de normas laborais no espaço foi versada no art. 6º do CT de 2003 mas não é tocada pelo novo Código do Trabalho, que optou por manter em vigor aquela disposição do CT de 2003 (art. 12º nº 2 do Diploma Preambular ao CT de 2009).

Assim, deve atender-se às regras estabelecidas no art. 6º do CT de 2003 referida para a determinação da lei aplicável a um contrato de trabalho internacional. Estas regras são as seguintes:

*i)* Uma regra geral que atende à vontade das partes: tendo as partes determinado a lei a aplicar na resolução dos litígios emergentes do contrato de trabalho, aplica-se essa lei (nº 1) – é um critério que privilegia a autonomia privada na resolução do problema.

*ii)* Uma regra subsidiária, que actua na falta de escolha da lei aplicável pelas partes: nesta situação, deve aplicar-se a lei do Estado com o qual o contrato apresente a conexão mais estreita (nº 2). A conexão mais estreita é definida nos termos dos nº 3 e 4, da seguinte forma: é aplicável a lei do local habitual da prestação do trabalho (art. 3º a); é aplicável a lei do Estado onde está localizado o estabelecimento onde o trabalhador foi contratado, se o trabalhador não trabalhar habitualmente noutro Estado (nº 3 b); e, em caso de conexão mais estreita do

---

[233] No que se refere aos trabalhadores das missões diplomáticas e consulares portuguesas no estrangeiro, rege ainda um estatuto legal específico, que consta do DL nº 444/99, de 3 de Novembro.

que as duas conexões anteriores, é aplicável a lei do Estado com o qual exista tal conexão (n.º 4).

iii) Por fim, as duas regras anteriores são temperadas pelas excepções de ordem pública previstas nos nos 5 a 7 do art. 6º do CT de 2003: assim, a determinação da lei aplicável segundo as regras definidas nos n.º 2 a 4 não obsta à aplicação das normas de ordem pública do Estado com o qual a situação jurídica tenha uma conexão estreita (nos 5 e 6); e, caso a lei portuguesa fosse a aplicável por força dos critérios legais de conexão, a escolha da lei pelas partes nos termos do n.º 1, não obsta à aplicação das normas imperativas do Código do Trabalho (n.º 7).

Esta norma tem, todavia, que se conjugar com a Convenção de Roma I, vigente no nosso país e que está em posição cimeira à da lei ordinária (nos termos do art. 8º n.º 3 da CRP).

Esta conjugação não é fácil na medida em que, apesar da similitude da redacção, as regras nacionais e as regras da Convenção não contemplam exactamente as mesmas situações. Designadamente, coloca-se a questão de colmatar a falta de referências do Código do Trabalho a três problemas: a questão da forma, do tempo e dos limites da escolha da lei aplicável pelas partes, que é tratada pelo art. 3º da Convenção de Roma I; a possibilidade de recorrer à excepção de ordem pública nas situações em que a lei aplicável, por força dos critérios de conexão do n.º 2, não seja a lei nacional mas uma lei estrangeira, situação que a Convenção de Roma também contempla (art. 8º n.º 1 e art. 9º); e a possibilidade de fazer prevalecer sobre a lei aplicável, determinada pelas conexões gerais, normas imperativas da lei do foro (art. 9º n.º 2 da Convenção)[234].

---

[234] Como exemplo de uma situação deste tipo, *vd* Ac. STJ de 11/06/1996, CJ (STJ), 1996, II, 266, relativo ao despedimento de uma trabalhadora portuguesa residente na Alemanha e que celebrou um contrato de trabalho com um banco português, para trabalhar na Alemanha ou em Portugal. No caso, tendo sido considerada aplicável a lei alemã, que permitia o despedimento, foi discutida a aplicabilidade da tutela nacional em matéria de despedimento, tendo em conta outros elementos de conexão (no caso, a nacionalidade da trabalhadora e a sede do banco em Portugal), ao abrigo da excepção de ordem pública. Ainda em matéria de cessação do contrato de trabalho e desenvolvendo a ideia da prevalência da *lex fori* neste domínio sobre a *lex loci* ou a *lex contractus*, com base na ideia de ordem pública, podem ver-se o Ac. RLx.

Encontrando-se a Convenção de Roma I em vigor e prevalecendo sobre a lei ordinária, parece que a ela se deve recorrer directamente nestas três situações. Assim, o art. 3º da Convenção regerá as questões ligadas ao processo de escolha da lei aplicável pelas partes; por força da conjugação dos nos 1 e 2 do art. 8º da Convenção, a lei escolhida pelas partes pode ceder para dar lugar à aplicação de disposições imperativas de um direito estrangeiro; e as regras do art. 9º da Convenção permitirão a aplicação de normas imperativas do direito do foro, quando a lex contractus fosse outra[235].

Como já foi observado[236], esta solução tem como pressuposto a complementaridade dos dois instrumentos normativos, tendo em conta que o Código do Trabalho não regula todas as situações previstas na Convenção e que esta não carece de mediação legal para ser aplicável no nosso sistema jurídico. Outra possibilidade seria reconhecer que há alguma sobreposição entre os dois instrumentos (designadamente no que se refere à regra constante do nº 7 do art. 6º do CT), mas, a reconhecer-se tal sobreposição, prevaleceriam sempre as regras da Convenção, pela posição superior que esta ocupa na hierarquia normativa.

**IV.** Conexa com esta questão é a questão do *regime dos trabalhadores estrangeiros destacados no nosso país*, que, pelas afinidades temáticas, o Código do Trabalho trata também na parte geral e em sede de fontes laborais – arts. 4º a 7º. Relativamente a esta matéria, devem ainda ter-se em conta as várias Convenções da OIT sobre a igualdade entre trabalhadores nacionais e estrangeiros e sobre a tutela dos trabalhadores migrantes (Convenções nº 19, de 1925, nº 143, de 1975, e nº 157, de 1982), a *Convenção Europeia sobre o Estatuto Jurídico do Trabalhador Migrante*, elaborada no âmbito do Conselho da

---

de 18/11/1987, BMJ 371-534, o Ac. RPto de 25/11/1991, CJ, 1991, V, 232, o Ac. RLx de 10/01/1996, CJ, 1996, I, 160, e o Ac. RLx. de 5/07/2000, CJ, 2000, IV, 159.

[235] Neste sentido e com mais desenvolvimentos, MOURA VICENTE, *O Direito Internacional Privado no Código do Trabalho cit.*, 21. Ainda sobre as regras da Convenção de Roma nesta matéria, JOÃO REIS, *Lei Aplicável ao contrato de trabalho segundo a Convenção de Roma*, QL, 1995, 4, 35-49, e *Contrato de trabalho plurilocalizado e ordem pública internacional*, QL, 1996, 8, 159-187, bem como A. S. SOUSA GONÇALVES, *O contrato de trabalho internacional no Regulamento nº 593/2008 (Roma I)*, in J. REIS/L. AMADO/L. FERNANDES/R. REDINHA (coord.), *Para Jorge Leite. Escritos Jurídico-Laborais*, I, Coimbra, 2014, 367-389.

[236] MOURA VICENTE, *O Direito Internacional Privado no Código do Trabalho cit.*, 21.

Europa[237], e ainda a *Dir. 96/71/CE, de 16 de Fevereiro, sobre o destacamento internacional de trabalhadores no âmbito de uma prestação de serviços*.

Com referência aos trabalhadores estrangeiros, o art. 4º do CT estabelece um princípio geral de equiparação, e o art. 5º impõe algumas exigências especiais quanto a forma e formalidades dos contratos de trabalho celebrados com estes trabalhadores[238].

Com referência aos trabalhadores destacados, a Directiva comunitária estabelece também um princípio geral de equiparação dos trabalhadores destacados num Estado Membro por uma empresa estabelecida noutro Estado comunitário aos trabalhadores nacionais, devendo ser garantida a esses trabalhadores a tutela mínima do direito nacional nas matérias relativas aos períodos máximos de trabalho e aos períodos mínimos de descanso, à duração mínima das férias, ao salário mínimo, à igualdade de tratamento entre homens e mulheres, e o direito às condições de trabalho especiais previstas para os jovens e para as trabalhadoras grávidas, puérperas e lactantes (art. 3º nº 1 da Directiva).

Esta Directiva foi transposta para o sistema jurídico nacional pela L. nº 9/2000, de 15 de Junho. Actualmente o Código do Trabalho trata a matéria nos artigos 4º e 6º a 8º, nos quais são estabelecidas as seguintes regras[239]:

i) O art. 6º nº 1 estabelece os *pressupostos do destacamento para o território nacional*, que são a existência de um vínculo de trabalho com um empregador de outro Estado Membro (incluindo um vínculo de trabalho temporário), que esteja em execução, que o trabalhador preste a actividade em Portugal ou num estabelecimento do seu empregador ou ao abrigo de um contrato entre o empregador e o beneficiário da sua actividade. As diversas situações de destacamento são enunciadas no nº 1 deste artigo[240].

---

[237] Esta Convenção foi aprovada para ratificação pela L. nº 162/78, de 27 de Dezembro.

[238] Esta matéria será desenvolvida a propósito da formação do contrato de trabalho – *Tratado II*, § 18º, ponto 62.1.VII.

[239] Em especial sobre o tema do destacamento de trabalhadores, MOURA VICENTE, *Destacamento Internacional de Trabalhadores cit.*, 85-106.

[240] Deve referir-se, no entanto, que continua a faltar uma noção de trabalhador destacado (nos termos do art. 2º nº 1 da Directiva) que refira expressamente que o trabalhador é destacado por um período de tempo limitado.

*ii)* O art. 4º estabelece um *princípio geral de equiparação* dos trabalhadores destacados em Portugal aos trabalhadores nacionais;

*iii)* O art. 7º enuncia as *áreas de protecção mínima dos trabalhadores destacados em Portugal*, nas quais será obrigatoriamente aplicado o direito nacional (incluindo as normas legais e os instrumentos de regulamentação colectiva do trabalho de eficácia geral), sem prejuízo de regimes mais favoráveis constantes da lei aplicável ao contrato de trabalho ou do próprio contrato.

*iv)* O art. 8º estende o regime do art. 7º ao *destacamento de trabalhadores para o estrangeiro*, ou seja, à situação em que um trabalhador contratado por uma empresa estabelecida em Portugal esteja a prestar a sua actividade noutro Estado e enquanto durar essa prestação241.

## 30. Concorrência entre instrumentos de regulamentação colectiva de trabalho

**I.** Outra situação de conflito, que pode sobrevir na aplicação das fontes laborais, é a situação de concorrência entre duas convenções colectivas de trabalho potencialmente aplicáveis a um trabalhador.

Esta situação é relativamente rara porque cada trabalhador se sujeita, por regra, a um só instrumento de regulamentação colectiva do trabalho: o que regule a sua profissão ou o seu sector de actividade e que tenha sido outorgado pela associação sindical na qual esteja filiado e pelo seu empregador ou pela respectiva associação de empregadores. Além disso, a lei dispõe que, no caso de coexistência de um instrumento de regulamentação colectiva do trabalho determinado pelo sector de actividade (instrumento vertical) e de outro determinado por profissão (instrumento horizontal), na mesma área geográfica de incidência e que seja potencialmente aplicável ao trabalhador, prevalece o primeiro instrumento (art. 481º do CT). Ora, esta disposição afasta a maioria dos conflitos na aplicação da regulamentação colectiva.

---

[241] Com esta norma, o Código do Trabalho ultrapassa a limitação inicial da L. nº 9/2000, que apenas se referia ao destacamento de trabalhadores para Portugal e não ao destacamento para o estrangeiro de trabalhadores de empresas sedeadas em Portugal.

**II.** No entanto, estes conflitos podem sobrevir se, por hipótese, o trabalhador desenvolver duas actividades na empresa e a cada uma delas corresponder um instrumento de regulamentação colectiva do trabalho diferente, tendo ambos sido outorgados pelo seu empregador (ou pela associação de empregadores respectiva) e pela sua associação sindical.

O Código do Trabalho trata a matéria no art. 482º, resolvendo os problemas de concurso com recurso aos seguintes critérios, de aplicação sucessiva:

- o critério do tipo de instrumento de regulamentação colectiva do trabalho em concurso: estando em concurso instrumentos de regulamentação colectiva do trabalho de incidência diversa, prevalece o acordo de empresa sobre os outros instrumentos de regulamentação colectiva do trabalho e prevalece o acordo colectivo sobre o contrato colectivo de trabalho (art. 482º nº 1);
- o critério da escolha dos trabalhadores da empresa em relação aos quais de verifique a situação de concorrência, por maioria (art. 482º nº 2);
- o critério do instrumento de regulamentação colectiva do trabalho mais recente (art. 482º nº 3)[242].

Já não consideramos aqui a questão da concorrência entre instrumentos de regulamentação colectiva do trabalho convencionais e administrativos, porque se trata de um caso de concurso meramente aparente, pela relação de subsidiariedade entre estas duas categorias de instrumentos de regulamentação colectiva do trabalho (art. 484º), que tratámos a propósito da apresentação geral das fontes laborais[243].

Por fim, no caso de concorrência entre instrumentos de regulamentação colectiva do trabalho administrativos, aplicam-se os critérios do art. 483º do CT.

---

[242] O regime anterior à codificação laboral previa ainda a prevalência da convenção colectiva de trabalho mais favorável aos trabalhadores, dentro de certas condições (art. 14º nº 2 b) da LRCT). Nem o CT de 2003, nem o actual Código do Trabalho mantiveram este critério de superação dos problemas de concurso de instrumentos de regulamentação colectiva do trabalho.
[243] Cfr., *supra*, ponto 11.

## 31. Conflitos hierárquicos de fontes laborais e relação entre as fontes laborais e o contrato de trabalho

### 31.1. Aspectos gerais. Razão de ordem

**I.** A última área problemática da aplicação das fontes do Direito do Trabalho é a área dos conflitos entre fontes de diferente grau hierárquico. Porque os problemas colocados nesta matéria encontram um paralelo nas questões colocadas pela relação entre as fontes e o contrato de trabalho, consideramos em conjunto os dois problemas, embora, rigorosamente, só o primeiro seja um problema de conjugação de fontes.

**II.** Alguns exemplos ilustram as dimensões destes problemas no quadro anterior à codificação do Direito do Trabalho, bem como o papel do princípio do *favor laboratoris* neste domínio. Assim:

- no que se refere às *relações entre a norma legal e outras fontes*, colocava-se a questão da admissibilidade de presumir a imperatividade mínima das normas legais na sua relação com outras fontes laborais, designadamente com os instrumentos de regulamentação colectiva do trabalho (o que encontraria justificação na conjugação do art. 13º nº 1 da LCT com o art. 6º nº 1 c) da LRCT);
- no que toca à *relação entre a lei e o contrato de trabalho*, discutia-se tradicionalmente o sentido das referências da lei à possibilidade de afastamento de regimes legais pelo contrato de trabalho em matérias como a função do trabalhador ou o local de trabalho, colocando-se, especificamente, o problema de saber se tais estipulações em contrário poderiam afastar a lei apenas para estabelecer um regime mais favorável ao trabalhador ou também para estabelecer um regime menos favorável (por exemplo, arts. 22º e 24º da LCT); e o princípio do *favor laboratoris* influía ainda no regime especial de substituição automática das cláusulas do contrato de trabalho menos favoráveis do que o regime imperativo constante da lei (art. 14º nº 2 do CT).

Actualmente, perante o tratamento da matéria feito pelo Código do Trabalho (designadamente no seu art. 3º), o papel que o princípio do *favor laboratoris* desempenha neste plano é diferente consoante esteja em causa a relação da norma legal ou de outra fonte com o contrato de trabalho e a relação entre fontes laborais de valor hierárquico diverso (*maxime*, a relação entre normas legais e instrumentos de regulamentação colectiva do trabalho).

### 31.2. Os conflitos hierárquicos de fontes: em especial, a relação entre as normas legais e os instrumentos de regulamentação colectiva do trabalho

**I.** A questão dos conflitos hierárquicos de fontes coloca-se, sobretudo, na *relação entre as normas legais e as cláusulas constantes dos instrumentos de regulamentação colectiva do trabalho*.

Nesta matéria, o Código do Trabalho de 2003 modificou o regime anterior, fazendo cessar a presunção de imperatividade mínima das normas legais perante os instrumentos de regulamentação colectiva do trabalho, que decorria da conjugação do art. 13º nº 1 da LCT com o art. 6º nº 1 c) da LRCT. Na mesma linha se manteve o actual Código do Trabalho, embora com as diferenças já assinaladas e que revelam um recrudescimento da importância do princípio do *favor laboratoris* nas áreas consideradas mais importantes do ponto de vista das garantias dos trabalhadores. Rege nesta matéria o art. 3º nºs 1, 2 e 3 do CT, com a regra da supletividade geral das normas legais em relação aos instrumentos de regulamentação colectiva do trabalho (excepto no caso da portaria de condições de trabalho), temperada com os limites de intervenção do nº 3.

Já tendo apresentado estas regras, para aí se remete.

**II.** O alcance mais limitado do princípio do tratamento mais favorável ao trabalhador na relação entre fontes laborais, consagrado no Código do Trabalho de 2003, corresponde ao entendimento que já tínhamos considerado, de *jure condendo*, mais adequado ao actual estádio de maturidade do Direito do Trabalho como ramo jurídico e ao estatuto de maioridade das associações sindicais, enquanto representantes dos trabalhadores na negociação colectiva[244].

Efectivamente, se faz sentido limitar a liberdade negocial ao nível do contrato de trabalho pelo requisito da maior favorabilidade, em razão da natural debilidade negocial do trabalhador subordinado relativamente ao empregador, já não faz sentido transpor este tipo de raciocínio para o domínio da negociação colectiva porque as associações sindicais não estão em posição de inferioridade perante os empregadores.

É exactamente por este motivo que se advoga também uma interpretação restritiva do art. 3º nº 3 do CT, no sentido já exposto.

**III.** As novas regras sobre a relação entre instrumentos de regulamentação colectiva do trabalho e a lei, são aplicáveis às portarias de extensão, mas não às portarias de condições de trabalho, de acordo com o disposto no nº 2 do art. 3º do CT. Assim, quanto a esta categoria de instrumentos de regulamentação colectiva do trabalho heterónomos mantém-se a regra tradicional da imperatividade mínima das normas laborais.

> A diferença de regimes do Código neste aspecto, que já provém do Código do Trabalho de 2003, decorre da declaração de inconstitucionalidade da versão inicial desta norma no Projecto do Código de 2003 (Ac. TC nº 306/2003, de 25 de Junho[245]), na parte em que estabelecia a supletividade geral das normas legais perante todos os instrumentos de regulamentação colectiva do trabalho, ou seja, sem distinguir entre instrumentos autónomos e heterónomos.
> 
> Em apreciação do preceito, o Tribunal Constitucional entendeu que a supletividade das normas legais apenas se justificava perante os instrumentos autónomos de regulamentação colectiva do trabalho, na medida em que estes instrumentos evidenciam a autonomia colectiva e esta constitui um direito fundamental dos trabalhadores. Já se o regime laboral for estabelecido por instrumento colectivo de origem administrativa, não se justifica que tal instrumento possa afastar a lei porque reveste carácter regulamentar e, nessa medida, encontra-se num lugar inferior na pirâ-

---

[244] ROSÁRIO PALMA RAMALHO, *Da Autonomia Dogmática... cit.*, 938 s. e nota [521].
[245] DR I S-A, de 18 de Julho de 2003.

mide normativa. Contudo, o Tribunal apenas estendeu o seu juízo de inconstitucionalidade sobre a regra da supletividade aos então denominados regulamentos de condições mínimas e não aos regulamentos de extensão, valorizando o facto de estes últimos corresponderem ainda a uma forma de autonomia colectiva. Esta a razão de ser do nº 2 do art. 4º do CT de 2003, aditado na sequência do referido Acordão do Tribunal Constitucional, e que corresponde, no actual Código do Trabalho, ao art. 3º nº 2.

O regime disposto pelo Código do Trabalho, na sequência da declaração de inconstitucionalidade da norma, na versão inicialmente proposta para o CT de 2003, justifica-se em relação à portaria de condições de trabalho pela natureza heterónoma e regulamentar deste instrumento. Efectivamente, correspondendo a uma regulamentação administrativa dos vínculos laborais, mal se compreenderia que este instrumento pudesse afastar a lei, designadamente para diminuir a tutela por ela dispensada aos trabalhadores; e tal possibilidade iria ainda contra as regras gerais da hierarquia normativa, uma vez que, enquanto acto regulamentar, este instrumento se deve subordinar às fontes de valor superior, como é o caso da lei.

Constituindo o argumento da hierarquia normativa um argumento de validade geral, poder-se-á então perguntar porque é que o juízo de inconstitucionalidade do regime do Código nesta matéria não se estendeu à portaria de extensão, tanto mais que este instrumento é também de índole administrativa. A solução não suscita, no entanto, grandes dúvidas, se tivermos em conta, a par da qualificação formal deste instrumento, o objectivo que prossegue (a uniformização da disciplina dos vínculos laborais num determinado sector profissional ou área de actividade) e, sobretudo, a forma como prossegue esse objectivo (ou seja, não através da criação *ex nuovo* de uma regulamentação administrativa, mas através da extensão do âmbito de incidência de um regime convencional colectivo já existente).

Tivemos já noutra sede a oportunidade de chamar a atenção para a *originalidade substancial da portaria de extensão, enquanto instrumento normativo*, e que decorre justamente do seu *modus operandi*: apesar de corresponder formalmente a um acto regulamentar, o seu conteúdo consiste no aproveitamento de um regime convencional, estabelecido por entes privados em prossecução dos seus interesses particulares e que, por esta via, fica dotado de eficácia geral[246]. Ora, na apreciação da incidência da norma nestes instrumentos, o Tribunal Constitucional foi justamente sensível à originalidade substancial da portaria de extensão, que fez prevalecer sobre a sua qualificação formal, ao considerar que, estando ainda em causa um regime convencional, fazia sentido aplicar a este instrumento a regra geral do nº 1 do art. 3º e não o regime restritivo do nº 2 dese artigo[247]. É, efectivamente, a solução mais adequada e que se saúda ainda por ter privilegiado um argumento substancial, atinente à essência do instrumento normativo, sobre o argumento formal da sua qualificação como regulamento administrativo. Por esta via, o Tribunal Constitucional reconheceu a originalidade intrínseca da figura da portaria de extensão que, desde há muito, vimos afirmando.

### 31.3. A relação entre as fontes laborais e o contrato de trabalho

I. Resta dar conta das regras dispostas pelo Código do Trabalho no que se refere à relação entre as fontes e o contrato de trabalho. Como acima referimos, não sendo rigorosamente esta uma matéria de fontes, uma vez que os parâmetros da sua apreciação são idênticos aos da comparação entre fontes de valor hierárquico diferente, faz sentido apreciá-la neste contexto.

II. No que se refere à relação *entre a lei e o contrato de trabalho*, rege o art. 3º nº 4 do CT[248]. Esta norma estabelece uma presunção de imperatividade mínima das normas legais perante o contrato de trabalho, mas esta presunção pode ser afastada pela natureza da norma. Assim, esta matéria articula-se do seguinte modo:

---

[246] Cfr. Rosário Palma Ramalho, *Da Autonomia Dogmática... cit.*, 918 ss. e *passim*.
[247] No raciocínio que expendeu sobre esta solução, o Tribunal Constitucional remeteu expressamente para as nossas observações sobre esta figura in *Da Autonomia Dogmática... cit.*, *loc cit.* na nota anterior.
[248] Esta norma deve ainda ser conjugada com o art. 121º nº 2, que estabelece a regra da substituição automática das cláusulas do contrato de trabalho que contrariem normas imperativas pelo regime constante destas normas. Voltaremos a este ponto a propósito do tema da invalidade do contrato de trabalho – *Tratado II*, § 18º, ponto 67.

*i)* A regra geral é a de que a norma legal só pode ser afastada pelo contrato de trabalho para dispor em sentido mais favorável ao trabalhador – por outras palavras, a norma é dotada de imperatividade quanto às condições mínimas que estabeleça.

*ii)* A norma legal pode ser afastada pelo contrato de trabalho em qualquer sentido, se dela resultar expressamente a natureza supletiva (por exemplo, os artigos 120º nº 2 e 194º nº 2 do CT, respectivamente sobre mobilidade funcional geográfica do trabalhador).

*iii)* A norma não poderá ser afastada pelo contrato de trabalho em nenhum sentido se dela resultar a sua imperatividade absoluta (por exemplo, o regime da cessação do contrato de trabalho, nos termos do art. 339º nº 1 do CT).

Como decorre do exposto, neste contexto o princípio do favor *laboratoris* mantém o seu alcance tradicional.

Chama-se, em todo o caso, a atenção para o elevado número de normas supletivas que o Código consagrou. A nosso ver, mantendo-se alguma debilidade negocial do trabalhador ao nível do contrato, esta opção tem o perigo de facilitar a ultrapassagem de direitos e garantias do trabalhador em matérias tão importantes como o local de trabalho ou a função. Em contrapartida, o Código recorreu pouco às normas convénio-dispositivas, que teriam permitido alcançar idênticos objectivos de flexibilização dos regimes laborais, mas sem os perigos da utilização excessiva que sempre surgem no plano do contrato de trabalho.

**III.** No que toca à *relação entre os instrumentos de regulamentação colectiva do trabalho* e o contrato de trabalho rege o art. 476º do CT, nos termos do qual as disposições dos instrumentos de regulamentação colectiva do trabalho só podem ser afastadas pelo contrato de trabalho num sentido mais favorável ao trabalhador.

Como já referimos, neste ponto o actual Código do Trabalho afastou-se do CT de 2003, que permitia cortar a liberdade de estipulação ao nível do contrato de trabalho de um modo que não se justificava.

# III
# Alicerces Dogmáticos do Direito do Trabalho

# Secção I
## As pessoas juslaborais

### 32. Questões gerais. O conceito de pessoa juslaboral

**I.** A apresentação dos alicerces dogmáticos do Direito do Trabalho deve iniciar-se pelas pessoas laborais, uma vez que são elas que protagonizam as situações jurídicas laborais e é também para elas que os regimes laborais são instituídos.

Antes de procedermos à apresentação dos vários entes que actuam no domínio laboral (os trabalhadores, os empregadores, as associações sindicais, as associações de empregadores e as comissões de trabalhadores), cabe fazer algumas referências de carácter geral ao conceito de pessoa jurídica, para aferir do modo de aplicação desse conceito no domínio laboral.

O conceito de pessoa juslaboral decalca-se naturalmente do conceito geral de pessoa jurídica, que a doutrina identifica como o ente susceptível de ser titular de situações jurídicas[1]. Assim, pode definir-se genericamente a pessoa juslaboral como o ente a quem o Direito do Trabalho reconheça personalidade jurídica.

---

[1] Em geral e por todos sobre o conceito de pessoa jurídica, OLIVEIRA ASCENSÃO, *Direito Civil. Teoria Geral cit.*, I, 38 ss. e 63.

Correspondendo esta afirmação à regra geral, ela tem, no entanto que ser adaptada em alguns casos, por força da dinâmica própria do mundo laboral, designadamente na sua área colectiva e, de outra parte, em razão da especificidade do próprio contrato de trabalho. Assim, a dinâmica das situações laborais colectivas impõe a aplicação do conceito de personalidade jurídica em termos particularmente amplos por força da componente colectiva ou de grupo, que sobressai, com frequência, nesta área jurídica; por seu turno, no domínio do contrato de trabalho, encontramos regras especiais relativamente à capacidade do trabalhador para celebrar o contrato, para além de se exigir algum cuidado na apresentação da pessoa do empregador, designadamente para efeitos da sua delimitação em relação à empresa, quando o contrato tenha um escopo empresarial.

**II.** As pessoas juslaborais são o trabalhador, o empregador e os entes laborais colectivos. Os entes laborais colectivos constituem uma categoria ampla que engloba as comissões de trabalhadores (art. 404º b) e arts. 415º a 439º do CT), as associações sindicais e de empregadores (art. 404º a) e arts. 440º a 475º do CT), os representantes dos trabalhadores para a segurança e saúde no trabalho (art. 404º c) e L nº 102/2009, de 10 de Setembro, arts. 21º ss.) os conselhos de empresa europeus (art. 404º d) e L. nº 96/2009, de 3 de Setembro), e os conselhos de trabalhadores, estruturas de representação típicas da sociedade anónima europeia e da sociedade cooperativa europeia (DL nº 215/2005, de 13 de Dezembro, art. 2º nº 1, e L nº 8/2008, de 18 de Fevereiro, art. 2º nº 1, respectivamente).

A par do empregador deve ainda ser considerada a empresa, que, não sendo uma pessoa juslaboral em sentido técnico, tem relevo autónomo para diversos efeitos.

Tradicionalmente, as pessoas laborais são agrupadas em dois grandes grupos ou categorias: a categoria das *pessoas laborais individuais* e a categoria das *pessoas laborais colectivas*. Para justificar esta classificação, é usualmente indicado um critério estrutural, que tem em conta o facto de os entes do segundo grupo não serem pessoas físicas, mas também um critério funcional, assente na ideia de que estas entidades protagonizam situações laborais individuais e colectivas, respectivamente.

Em consonância com este segundo critério e em desenvolvimento da técnica da relação jurídica, o Código do Trabalho apresenta o trabalhador, o empregador e a empresa na parte dedicada aos sujeitos do contrato de trabalho (Título II, Secção II, arts. 13º e ss., e arts. 97 ss.); e, na mesma perspectiva, enuncia como sujeitos das relações colectivas de trabalho as estruturas representativas dos trabalhadores (associações sindicais e associações de empregadores e comissões de trabalhadores) – Título III, Subtítulo I, arts. 404º ss.

Esta delimitação das pessoas laborais a partir do conceito redutor de *sujeitos* presta-se às críticas que oportunamente fizemos à técnica da relação jurídica, na perspectiva da sua aplicação ao domínio laboral[2]. Remetemos pois para essas críticas.

Mas, para além desta crítica geral, merece, a nosso ver, particular reparo a opção do Código de delimitar os entes juslaborais a partir do critério funcional da respectiva intervenção nas situações juslaborais individuais e colectivas, porque tal critério colide com a unidade intrínseca do Direito do Trabalho[3], aqui comprovada no facto de os entes laborais intervirem nos seus dois centros regulativos. Efectivamente, não só os entes laborais colectivos podem actuar no quadro de situações juslaborais atinentes ao contrato de trabalho, como também cada trabalhador e cada empregador protagonizam situações laborais colectivas: assim, por exemplo, a associação sindical ou a comissão de trabalhadores são chamadas a pronunciar-se sobre o despedimento de um trabalhador (arts. 357º n.ᵒˢ 2 e 3, com referência ao despedimento por facto imputável ao trabalhador, art. 360º nº 1, quanto ao despedimento colectivo, art. 369º nº 1, no caso do despedimento por extinção do posto de trabalho, e art. 376º nº 1, quanto ao despedimento por inadaptação), e intervêm por ocasião da transferência de local de trabalho de um trabalhador delegado sindical ou membro da comissão de trabalhadores (arts. 286º nº 1 e 287º); e, na mesma linha, a adesão à greve é um acto que cabe, individualmente, a cada trabalhador (art. 536º) e é o empregador que outorga, por si mesmo, tanto os acordos de empresa como os acordos colectivos de trabalho (arts. 2º nº 3 b) e c) do CT).

---

[2] Sobre estas críticas, *supra,* § 4º , ponto 9.V.
[3] Cfr., *supra,* § 4º, ponto 9.IV.

Em suma, também ao nível das pessoas juslaborais, as áreas regulativas do Direito do Trabalho se entrecruzam constantemente, pelo que o critério de apresentação das pessoas laborais na perspectiva relacional e compartimentada, que o Código adopta, carece de revisão.

É também por este motivo que tratamos os entes laborais colectivos a propósito do estabelecimento dos alicerces dogmáticos gerais do Direito do Trabalho e não a propósito do direito das situações laborais colectivas, contrariamente ao que decorre da opção do Código do Trabalho.

## §9º O TRABALHADOR E O EMPREGADOR

### 33. O trabalhador subordinado

#### 33.1. Delimitação geral e figuras próximas

I. Tal como vimos suceder com o termo *trabalho*[4], também o termo *trabalhador* tem diversas acepções. Distinguimos, entre elas, a acepção sociológica, a acepção económica e a acepção técnico-jurídica: do ponto de vista sociológico ou político, o trabalhador é o sujeito que depende do trabalho para subsistir ou o membro da classe trabalhadora ou do grupo dos assalariados; do ponto de vista económico, o trabalhador é o ente detentor do factor de produção trabalho; por último, num sentido técnico-jurídico, o trabalhador é a pessoa jurídica que presta a sua actividade produtiva, livre e retribuída para outrem; se essa actividade for prestada sob a direcção e a autoridade da outra parte, estamos perante um *trabalhador subordinado*.

Sendo evidentemente a acepção técnico-jurídica do termo trabalhador a que mais nos interessa, não podemos, de todo, dispensar as outras acepções, não só pela já reconhecida porosidade social e política do Direito do Trabalho, mas, sobretudo, porque os textos laborais ponderam as outras acepções do termo – assim, por exemplo, a acepção económica do termo trabalhador transparece até hoje na figura dos contratos equiparados (art. 10º do CT)

---

[4] *Supra*, § 1º, ponto 1.1.

e o art. 4º nº 1 c) da Lei Preambular ao Código do Trabalho estende o regime jurídico dos acidentes de trabalho aos trabalhadores economicamente dependentes.

**II.** Feita esta ressalva, na acepção jurídica, a *noção de trabalhador subordinado* pode delimitar-se a partir da conjugação de um critério objectivo e de um critério subjectivo, que se apoiam na noção de contrato de trabalho, constante do art. 11º do CT. Assim:

i) De acordo com um critério objectivo, *o trabalhador é a pessoa que presta a sua actividade produtiva mediante uma remuneração*. Este critério objectivo permite excluir da qualificação de trabalhador, para efeitos laborais, o chamado *trabalhador voluntário*, que presta a sua actividade gratuitamente e, *quiçá*, com subordinação.

ii) De acordo com um critério subjectivo, *a posição de trabalhador caracteriza-se pela sua sujeição à «autoridade» do empregador*[5]. Este critério permite distinguir o trabalhador subordinado do *trabalhador autónomo ou independente*, que organiza, ele próprio, a sua prestação. No entanto, deve chamar-se a atenção para a dificuldade de distinção destas duas categorias de trabalhadores no caso concreto, bem como para a necessidade de avaliar a posição de autonomia ou de subordinação de cada trabalhador de acordo com critérios de substancialidade e não apenas atendendo ao estabelecido formalmente nos títulos contratuais, já que há muitas situações em que a autonomia ou a independência do trabalhador são afirmações que não correspondem à realidade (é a questão dos denominados «falsos independentes», a que voltaremos a propósito do contrato de trabalho[6]).

Dos dois critérios enunciados para a delimitação do conceito de trabalhador subordinado o segundo é o fundamental porque é pela sua posição subjectiva de dependência perante o credor do trabalho que o trabalhador

---

[5] A noção de contrato de trabalho constante do CC (art. 1152º) acentua ainda o facto de o trabalhador estar sujeito à «direcção» do empregador. Contudo, a referência do art. 11º do CT à autoridade inclui a direcção do empregador.

[6] *Tratado II*, § 17º, pontos 57 e 58.

§9º O TRABALHADOR E O EMPREGADOR

laboral se singulariza perante outros trabalhadores – aplicando a distinção entre actividade laborativa e actividade laboral, que oportunamente estabelecemos[7], a este contexto, observa-se que o critério objectivo de delimitação do trabalhador subordinado evidencia aquela parcela do conteúdo da sua situação jurídica que o aproxima de outros prestadores de trabalho, enquanto o critério subjectivo evidencia a sua especificidade enquanto ente laboral. Em suma, o trabalhador subordinado não se identifica pela actividade que presta, mas pela posição em que se encontra perante o respectivo credor.

A importância desta componente subjectiva da subordinação na delimitação da noção de trabalhador é reconhecida tradicionalmente pela doutrina, sobretudo nos sistemas jurídicos em que a ausência de uma noção legal de contrato de trabalho ou a não autonomização deste contrato dos contratos congéneres de prestação de serviços na lei, fez com que a tarefa essencial de delimitação da figura do contrato de trabalho coubesse à jurisprudência e à doutrina – assim sucedeu, entre outros, nos sistemas francês e germânico.

Ora, em prossecução deste objectivo de delimitação do contrato de trabalho, a posição de subordinação ou dependência do trabalhador perante o empregador (dependência esta cujo cunho pessoal é acentuado, por exemplo, no contexto germânico – i.e., como *persönliche Abhängigkeit* – para distinguir o contrato de trabalho do contrato de prestação de serviço) é considerada como o traço mais relevante para a delimitação da pessoa do trabalhador[8] e, em consequência, alguns autores entendem mesmo que o conceito de trabalhador, assim delimitado, é o conceito-chave de todo o Direito do Trabalho[9].

---

[7] *Supra*, § 1º, pontos 1.3. e 1.5.
[8] Neste sentido, entre muitos outros, H.-C. NIPPERDEY/H. MOHNEN/D. NEUMANN, *Der Dienstvertrag*, Berlin, 1958, 1106, T. TOMANDL, *Wesensmerkmale des Arbeitsvertrages in Rechtsvergleichender und Rechtspolitischer Sicht*, Wien – New York, 1971, 182 ss., R. RICHARDI, *J. von Staudingers Kommentar... cit.* 49 s., e ainda SÖLLNER, *Grundriß des Arbeitsrecht cit.*, 18.
[9] Neste sentido, entre outros, MOLITOR, *Arbeitnehmer und Betrieb cit.*, 9, G. HUECK, *Einige Gedanken zum Begriff des Arbeitnehmers cit.*, 217, HILGER, *Zum ArbeitnehmerBegriff cit.*, 1, H.-J. BAUSCHKE, *Auf dem Weg zu einem neuen Arbeitnehmerbegriff cit.*, 209; mas já relativizando o conceito de trabalhador como conceito nuclear do direito laboral, R. RICHARDI, *Arbeitnehmerbegriff und Arbeitsvertrag*, in DIETER WILKE (Hrsg.), *Fest. zum 125jährigen Bestehen der Juristischen Gesellschaft zu Berlin*, Berlin – New York, 1984, 607-624 (*maxime* 621 ss.), e ZÖLLNER/LORITZ, *Arbeitsrecht... cit.*, 51. Por outro lado, deve notar-se que, embora tenha sido particularmente desenvolvida no contexto

**III.** Fixado o conceito de trabalhador subordinado e operada a sua delimitação em relação à figura dos trabalhadores voluntários e dos trabalhadores independentes, deve ainda completar-se esta operação de delimitação com a distinção entre trabalhadores subordinados e dois outros tipos de trabalhadores, com especiais afinidades com esta categoria: os trabalhadores subordinados públicos e os trabalhadores equiparados.

**IV.** Os *trabalhadores subordinados públicos* (tradicionalmente designados *funcionários públicos* e actualmente denominados *trabalhadores que exercem funções públicas*) constituem a categoria de trabalhadores mais próxima do trabalhador laboral, porque desenvolvem uma prestação laborativa (i.e., nos termos oportunamente definidos[10], uma actividade humana livre e produtiva prestada mediante retribuição) e, do ponto de vista subjectivo, estão também sujeitos aos poderes de direcção e disciplina do destinatário da actividade.

Tradicionalmente, a distinção entre os trabalhadores públicos e os trabalhadores comuns[11] retirava-se da conjugação de dois critérios essenciais, atinentes, respectivamente, à natureza da entidade credora da actividade laboral e à forma de constituição do vínculo de trabalho: assim, por um lado, a entidade credora do trabalho, no caso dos trabalhadores públicos, é o Estado ou outra entidade empregadora pública, no exercício dos seus poderes de autoridade; e, por outro lado, o modo de constituição dos vínculos de serviço público era, tradicionalmente, um acto de nomeação ou de um contrato administrativo de provimento e não um contrato de trabalho.

Mais recentemente, esta distinção perdeu algum sentido já que, por força dos fenómenos de privatização do emprego público, cresceram as áreas de sobreposição entre os regimes aplicáveis aos trabalhadores comuns e aos trabalhadores públicos, sendo mesmo em alguns casos estes regimes comuns[12].

---

germânico, a ideia do centralismo do conceito de trabalhador no Direito do Trabalho também se encontra no contexto da doutrina nacional – neste sentido, por exemplo, Fernanda Agria, *O conceito de trabalhador e o direito laboral*, ESC, 1966, 20, 15-35 (16 e 20).

[10] *Supra*, § 1º, ponto 1.3.

[11] Para mais desenvolvimentos sobre a distinção entre os vínculos laborais e os vínculos de trabalho público noutros contextos jurídicos, M. Papaleoni, *Il rapporto di lavoro*, in G. Mazzoni (dir.), *Manuale di diritto del lavoro cit*, I, 283 ss., ou Zöllner/Loritz, *Arbeitsrecht... cit*, 58 s.

[12] Neste sentido, era paradigmático, no âmbito do CT de 2003, o art. 5º do respectivo Diploma Preambular, que previa a aplicação directa aos trabalhadores públicos dos regimes previstos

Ao mesmo tempo, foram aumentando as situações em que o Estado ou outras pessoas colectivas públicas podiam recorrer à contratação laboral. Esta tendência teve as seguintes várias fases, que culminaram no regime actual:

i. Numa primeira fase, as necessidades urgentes de funcionamento da Administração Pública, justificaram a admissibilidade da celebração de contratos de trabalho a termo pelo Estado ou por outras pessoas colectivas públicas, operada pelo DL nº 184/89, de 2 de Junho, e regulada originariamente pelo DL nº 427/89, de 7 de Dezembro (arts. 18º e ss.). Contudo, nesta fase, a contratação laboral constituía ainda uma excepção ao modelo tradicional do vínculo de funcionalismo público.

ii. Numa segunda fase, que constituiu a alteração de fundo no modelo tradicional de vinculação a funções públicas, a L. nº 23/2004, de 22 de Junho, veio permitir a generalização dos contratos de trabalho por tempo indeterminado tanto no seio da administração indirecta do Estado como no âmbito da administração directa, para o desempenho de funções que não envolvessem prerrogativas de autoridade ou soberania e que correspondem, no essencial, à prestação de serviços públicos (art. 1º nºs 2 e 4). Contudo, do ponto de vista prático, esta lei não teve grande impacto, porque dispunha apenas para o futuro, não alterando a qualificação do vínculos de serviço público em execução.

iii. Numa terceira fase, a LVCR (L. nº 12-A/2008, de 27 de Fevereiro) deu um salto no processo de laboralização da função pública ao determinar a conversão imediata dos vínculos de função pública existentes em contratos de trabalho em funções públicas. Este contrato passou, pois, a ser a moldura normal para o desempenho de funções públicas, passando a figura da nomeação a ser residual e reservada a funções que têm a ver com o desempenho de funções segurança pública e defesa do Estado, representação externa do Estado, investigação criminal e inspecção (art. 10º da LVCR). O regime jurídico do contrato de trabalho em funções públicas foi então desenvolvido pela LCTFP (L. nº 59/2008, de 11 de Setembro), e era, não só em termos de siste-

no Código em matéria de igualdade e não discriminação, protecção da maternidade e da paternidade, constituição de comissões de trabalhadores e direito à greve.

matização, mas também quanto ao conteúdo da grande maioria das suas regras, «decalcado» da matriz regulativa do CT de 2003 e da RCT de 2004[13] – opção que, aliás, se veio a revelar inadequada perante a revisão do próprio CT de 2003. Em todo o caso, do ponto de vista substancial, as particularidades do regime jurídico destes contratos são muito significativas, apontando para um vínculo de pendor muito mais administrativista do que o desenhado, na fase anterior, pela L. nº 23/2004, de 22 de Junho.

iv. Na quarta fase, em que hoje nos encontramos, a LVCR e a LCTFP foram revogadas e substituídas por um regime jurídico geral e unitário dos vínculos de trabalho em funções públicas, que consta da LGTFP (L. nº 35/2014, de 25 de Junho). Embora mantenha a distinção entre vínculos de nomeação e vínculos assentes no contrato de trabalho em funções públicas, este regime tem, de novo, um pendor mais laboralista, assumindo mesmo (ao contrário da LVCR e da LCTFP) o Código do Trabalho como legislação subsidiária geral e remetendo directamente para este Código em muitas matérias (art. 4º).

Em suma, a admissibilidade e a generalização da constituição dos vínculos de serviço público em moldes negociais próximos do contrato de trabalho comum resultou num *effacement* da distinção clássica entre trabalhadores privados e trabalhadores públicos.

Ainda assim, as duas categorias de trabalhadores continuam a distinguir-se com base no critério da natureza jurídica do credor do trabalho, pela reduzidíssima margem de liberdade negocial na constituição dos vínculos de trabalho público e ainda pelas especificidades regimentais deste vínculo. Assim, vejamos:

i) Por um lado, tendo em atenção a natureza do ente jurídico credor da actividade de trabalho, nos contratos de trabalho comuns temos um ente de direito privado (ou que se comporta como tal), ao passo que nos vínculos de trabalho público (quer contituídos por nomeação,

---

[13] Para um cotejo geral deste regime, vd ROSÁRIO PALMA RAMALHO/MADEIRA DE BRITO, *Regime do Contrato de Trabalho em Funções Públicas cit., passim.*

quer constituídos por contrato de trabalho) o empregador é o Estado ou outra pessoa colectiva pública, no exercício dos seus poderes de autoridade. Em suma, por aplicação do critério do *jus imperii*, estamos perante situações jurídicas de natureza pública.

*ii)* Por outro lado, a verdade é que, apesar da designação, o contrato de trabalho para o exercício de funções públicas tem uma reduzidíssima margem de liberdade negocial para o trabalhador, que o afasta irremediavelmente do contrato de trabalho comum e coloca dúvidas sobre a subsistência da liberdade negocial neste contexto. Também por esta via, a qualificação pública deste vínculo parece ser a consequência a retirar.

*iii)* Por fim, o regime do contrato de trabalho para o exercício de funções públicas actualmente em vigor tem relevantes especificidades, que o afastam do regime laboral comum, constante do Código do Trabalho. Estas especificidades, que apreciaremos no lugar próprio[14], contribuem para individualizar a categoria dos trabalhadores públicos em relação aos trabalhadores subordinados comuns de uma forma muito substancial e por conformar o respectivo vínculo de trabalho em moldes de grande singularidade.

**V.** Por último, cabe distinguir os trabalhadores subordinados dos denominados *trabalhadores equiparados*.

Os trabalhadores equiparados correspondem a uma categoria híbrida, cujos contornos foram objecto de apuramento doutrinal[15]. Em termos sintéticos, trata-se de trabalhadores formal e juridicamente independentes do credor da respectiva prestação laboral, mas economicamente dependentes desse credor, porque para ele trabalham em exclusividade ou dele recebem a matéria-prima com que realizam a prestação, voltando a remeter-lhe o produto final.

---

[14] *Tratado II*, § 21º, ponto 79.7.
[15] Sobre o tema, entre outros, na doutrina nacional, M. C. Tavares Da Silva, *Trabalho no domicílio*, ESC, 1962, 4, 13-41, A. Monteiro Fernandes, *Notas sobre os contratos «equiparados» ao contrato de trabalho (art. 2º da LCT)*, ESC, 1970, 34, 11-35, ou Mário Torres, *Trabalho no domicílio*, RMP, 1987, 30, 25-66, e mais recentemente, Ana Lambelho, *Trabalho autónomo economicamente dependente: da necessidade de um regime jurídico próprio*, in J. Reis/L. Amado/L. Fernandes/R. Redinha (coord.), *Para Jorge Leite. Escritos Jurídico-Laborais*, I, Coimbra, 2014, 433-454.

A complexidade da situação destes trabalhadores decorre do facto de neles concorrer a qualificação jurídica como trabalhadores autónomos (pela falta de subordinação jurídica perante o credor da prestação) com a situação de dependência económica perante o credor, que justifica a sua tutela em moldes de que a generalidade dos trabalhadores autónomos não carece. Por esta razão, a doutrina refere-se a estas situações como situações de parasubordinação e, de um modo geral, os sistemas juslaborais são sensíveis a estas situações, sujeitando-as a um regime especial de alguma protecção[16].

É também esta a orientação do nosso sistema jurídico, que reconhece os trabalhadores economicamente dependentes como uma categoria específica (referida originariamente no art. 2º da LCT, esta categoria de trabalhadores é actualmente referida no art. 10º do CT), e que estabeleceu um regime tutelar específico para alguns destes trabalhadores em 1991 (DL nº 440/91, de 14 de Novembro, aplicável aos trabalhadores economicamente dependentes que prestassem o trabalho no seu domicílio). Este regime passou, com alterações, para a RCT de 2004 (arts. 14º ss.), mas, no âmbito do Código do Trabalho de 2009, esta matéria foi remetida para diploma especial (art. 12º nº 6 a) da Lei Preambular). Este diploma foi, entretanto publicado – L. nº 101/2009, de 8 de Setembro.

Voltaremos a esta matéria a propósito da delimitação do contrato de trabalho[17].

**VI.** Apresentada a noção técnico-jurídica de trabalhador subordinado, avaliada a sua importância e delimitada esta categoria das categorias próximas, cabe ainda responder a uma questão relativa à *natureza jurídica do trabalhador*, que foi colocada por alguns sectores da nossa doutrina: a questão de saber se o trabalhador deveria obrigatoriamente ser uma pessoa singular ou se poderia ser uma pessoa colectiva.

---

[16] Sobre o tema, entre outros, M. PEDRAZZOLI, *Prestazione d'opera e parasubordinazione*, RIDL, 1984, 506-556, G. SANTORO-PASSARELLI, *Il lavoro parasubordinato*, Milano, 1983, M. VITORIA BALLESTRERO, *L'ambigua nozione di lavoro parasubordinato*, Lav.Dir., 1987, 1, 41-67, SÖLLNER, *Grundriß des Arbeitsrechts cit.*, 23 s., ZÖLLNER/LORITZ, *Arbeitsrecht... cit*,. 54 s. e bibliografia aí indicada.

[17] *Tratado II*, § 17º, ponto 59.

A possibilidade de o trabalhador ser uma pessoa colectiva foi avançada por MENEZES CORDEIRO[18], como consequência lateral das conclusões deste autor sobre a natureza da relação de trabalho[19]. Acentuando o pendor patrimonial deste vínculo, observando a tendência geral para o anonimato dos vínculos laborais de hoje, que tornaria menos relevante os aspectos da personalidade do trabalhador, e, por fim, reconduzindo a subordinação jurídica a um estado de sujeição, este Autor sugere que, tecnicamente, a posição de trabalhador subordinado pode caber tanto a uma pessoa singular como a um ente colectivo.

Na verdade, este problema encontra-se hoje ultrapassado, em termos de direito positivo, já que a exigência de que o trabalhador seja uma pessoa singular consta hoje expressamente da noção legal de contrato de trabalho (art. 11º do CT) – foi uma das alterações introduzidas à noção de contrato de trabalho pelo actual Código do Trabalho. Ficaram assim dissipadas eventuais dúvidas sobre esta matéria.

De qualquer modo, independentemente da solução legal, sempre se dirá que a admissibilidade do trabalhador-pessoa colectiva contraria a essência do vínculo de trabalho e, designadamente, a especificidade da prestação laboral. Sem prejuízo de alicerçarmos melhor este entendimento a propósito da construção dogmática do vínculo laboral[20], justificamos, desde já, a nossa posição nos seguintes argumentos: em primeiro lugar, a patrimonialidade do vínculo laboral não obsta à concomitante relevância de elementos de pessoalidade nesse vínculo, e estes elementos não quadram a uma pessoa colectiva; em segundo lugar, as qualidades pessoais do trabalhador são sempre essenciais para o empregador, o que faz do contrato de trabalho um contrato *intuitu personae* – ora, esta característica não quadra a uma pessoa colectiva; por último, a maioria dos regimes laborais não teria aplicabilidade se o trabalhador fosse uma pessoa colectiva, o que claramente evidencia que foram pensados para pessoas singulares (assim, o regime das férias e das faltas, o regime disciplinar, os direitos de personalidade, etc...)[21].

---

[18] *Manual de Direito do Trabalho cit.*, 108.
[19] Analisaremos este tema *infra*, § 12º, pontos 42 e 43.
[20] Cfr., *infra*, § 12º, ponto 43.
[21] Também realçando a inaplicabilidade da maioria dos regimes laborais caso fosse concebível que o trabalhador fosse uma pessoa colectiva e, por isso mesmo, recusando essa possibilidade, MONTOYA MELGAR, *Derecho del Trabajo cit.*, 282.

Deste modo, concluiríamos sempre no sentido de admitir que *apenas as pessoas singulares possam ser trabalhadores subordinados*, mesmo que o Código do Trabalho não se pronunciasse expressamente no mesmo sentido.

### 33.2. As categorias de trabalhadores

**I.** Tal como o delimitámos, o conceito de trabalhador subordinado tem uma grande amplitude e adequa-se a situações laborais muito diversas. Por esta razão, são tradicionais na doutrina diversas classificações dos trabalhadores.

**II.** A classificação mais antiga é a que distingue entre *assalariados ou operários* e *empregados*, de acordo com o tipo de actividade predominantemente desenvolvida pelo trabalhador: os operários ou assalariados são os trabalhadores que desenvolvem uma actividade predominantemente manual; os empregados são os trabalhadores que desenvolvem uma actividade predominantemente intelectual ou funções de colaboração directa com o empregador.

Esta distinção, que já vem dos primórdios do Direito do Trabalho (como vimos[22], as normas laborais começaram exactamente por se aplicar apenas aos operários e só depois se estenderam aos empregados), é comum a muitos sistemas jurídicos, tendo diversas projecções regimentais.

> Assim, tendo em conta a natureza predominantemente manual ou intelectual da actividade desenvolvida, no direito germânico distingue-se entre *Arbeitern* e *Angestellten* e persistem alguns efeitos regimentais desta distinção[23]; no direito italiano são referidas na lei as categorias de *operai* e de *impiegati*, distinguindo-se ainda, dentro da segunda categoria, diversas modalidades, algumas das quais com regimes específicos em certas matérias (assim, por exemplo, os trabalhadores dirigentes e os quadros,

---

[22] *Supra*, § 2º, ponto 3.1.II.
[23] ZÖLLNER/LORITZ, *Arbeitsrecht...* cit., 59 ss., e SÖLLNER, *Grundriß des Arbeitsrechts* cit., 27 s. Relativamente ao conceito de trabalhador neste contexto doutrinal, *vd* ainda V. BEUTHIEN (Hrsg.), *Arbeitnehmer oder Arbeitsteilhaber – Zur Zukunft des Arbeitsrecht in der Wirtschaftsordnung*, Stuttgart, 1987, obra colectiva com diversos contributos sobre o tema, e ainda H.-J-BAUSCHKE, *Auf dem Weg zu einem neuen Arbeitnehmerbegriff* cit., *passim*.

no seio da categoria dos *impiegati*) – *Codice civile*, art. 2095º[24]; no direito francês distingue-se entre *ouvriers* e *employés* e a distinção tem ainda hoje algumas projecções regimentais[25]; o mesmo sucede no direito belga, que faz inclusivamente decorrer desta distinção duas modalidades diferentes de contrato de trabalho – o *contrat de travail* (referente à prestação de uma actividade manual) e o *contrat d'emploi* (referente a uma actividade intelectual)[26]; no sistema espanhol, a mesma distinção surge entre *obreros* e *empleados*, indicando a doutrina que esta distinção é objecto de uma ampla pormenorização em sede de contratação colectiva[27].

No caso português, a distinção entre operários e empregados foi acolhida pela LCT de 1937 (art. 4º), e foi mantida na noção de contrato de trabalho, que consta do art. 1152º do CC e que constava também do art. 1º da LCT de 1969.

Inicialmente, no nosso sistema jurídico, esta distinção tinha diversas projecções regimentais, em matérias como o direito a férias (mais favorável para os empregados), ou a forma de cálculo da retribuição (à semana para os operários e ao mês para os empregados). No entanto, a preocupação de uniformização das condições de trabalho determinou o progressivo abandono destas diferenças de regime, que já não tinham significado na LCT de 1969.

Foi talvez por isso que, na sua noção de contrato de trabalho, o art. 10º do CT de 2003 fez desaparecer esta distinção, orientação que se mantém no actual Código do Trabalho (art. 11º). Já a noção de contrato de trabalho, que consta do Código Civil (art. 1152º), mantém a referência à actividade intelectual ou manual prestada pelo trabalhador, o que pressupõe aquela distinção tradicional.

No nosso entender, a opção dos Códigos do Trabalho nesta matéria não foi a melhor, porque a referência ao carácter manual ou intelectual da actividade do trabalhador na noção de contrato de trabalho tem três outras virtualidades, que, assim, resultam obscurecidas. De uma parte, esta referência chama a

---

[24] M. PAPALEONI, *Il rapporto di lavoro*, in G. MAZZONI (dir.), *Manuale di diritto del lavoro cit.*, I, 382 ss., F. SANTORO-PASSARELLI, *Nozioni di diritto del lavoro cit.*, 110 ss.
[25] Por todos, JAVILLIER, *Droit du travail cit.*, 171 s.
[26] Quanto ao sistema jurídico belga, vd a *Loi du 3 juillet 1978, relative aux contrats de travail* e, na doutrina, PAUL HORION, *Le contrat de travail en droit belge cit.*, 159, e A. COLENS/D. COLENS, *Le contrat d'emploi – contrat de travail des employés*, 6ª ed., Bruxelles, 1980.
[27] MONTOYA MELGAR, *Derecho del Trabajo cit.*, 283.

atenção para a especificidade da actividade humana valorizada no contrato de trabalho (uma actividade humana e, por isso mesmo, intelectual ou manual) e, nessa medida, ajuda a distinguir o contrato de trabalho de outros contratos em que também é desenvolvida uma actividade laborativa (designadamente, o contrato de prestação de serviço), mas em que é valorizado, sobretudo, o respectivo resultado – ora, como veremos, esta distinção não é fácil de fazer, pelo que estes elementos constituem um auxiliar adicional nesta tarefa. De outra parte, esta referência ao carácter manual ou intelectual da actividade chama a atenção para uma característica muito importante do vínculo laboral, que é o envolvimento da personalidade do trabalhador na prestação e o carácter *intuitu personae* do próprio contrato de trabalho – com a sua ausência, esta característica do contrato fica também obscurecida. Finalmente, estas referências ajudam a clarificar o facto de o trabalhador ter que ser uma pessoa singular, uma vez que só uma pessoa física pode prestar uma actividade *intelectual* ou *manual*.

**III.** Para além desta distinção específica entre trabalhadores intelectuais e manuais, a noção muito ampla de trabalhador, que se retira do conceito de contrato de trabalho no Código do Trabalho e que é susceptível de enquadrar as mais diversas categorias, leva a colocar, *de jure condendo*, a questão geral da *conveniência de distinguir categorias de trabalhadores*, para daí retirar consequências regimentais.

É que, apesar do carácter generalista da noção de trabalhador, na prática (e, em alguns casos, na lei) e por força da aplicação de múltiplos critérios de distinção, há diversas categorias de trabalhadores. Por outro lado, sendo cada vez menor o grau de uniformidade dos regimes laborais e tendendo-se, cada vez mais, no Direito Laboral moderno, a substituir o tradicional objectivo de uniformização dos regimes laborais pelos novos desafios da diversificação, as classificações dos trabalhadores são particularmente úteis, na medida em que contribuem para a clarificação global do sistema laboral[28].

Tendo em conta estas vantagens e recorrendo a vários critérios classificativos, distinguimos as seguintes *categorias de trabalhadores* subordinados:

---

[28] Realçando também a utilidade de proceder à classificação dos trabalhadores, MENEZES CORDEIRO, *Manual de Direito do Trabalho cit.*, 109 ss.

- pelo critério do conteúdo da actividade laboral, *trabalhadores manuais e intelectuais*;
- pelo critério do grau de especialização da actividade laboral, *trabalhadores indiferenciados, semi-especializados ou muito especializados*;
- pelo critério do posicionamento do trabalhador na hierarquia empresarial, *trabalhadores indiferenciados, técnicos, chefias intermédias e trabalhadores dirigentes*;
- pelo critério do tipo de vínculo laboral, *trabalhadores por tempo indeterminado, a termo, sazonais, ou temporários*;
- pelo critério do local de trabalho, *trabalhadores comuns, deslocalizados, no domicílio e teletrabalhadores* (para a delimitação desta última categoria intervém ainda um critério atinente ao tipo de prestação);
- pelo critério do *tempo de trabalho, trabalhadores a tempo inteiro, a tempo parcial ou intermitentes*;
- pelo critério da especificidade do regime jurídico aplicável, *trabalhadores comuns e trabalhadores especiais*, englobando na última categoria trabalhadores menores, trabalhadores-estudantes, estrangeiros, destacados e deficientes, bem como trabalhadoras grávidas, puérperas e lactantes (se a especificidade é atinente ao trabalhador em si mesmo); noutra linha, trabalhadores domésticos, rurais, a bordo, portuários, da área do espectáculo, desportistas (se a especificidade tem a ver com a actividade laboral desenvolvida); e, por fim, trabalhadores privados e trabalhadores em funções públicas (quando a especificidade do regime decorre da natureza pública do empregador).

Estas distinções têm projecções significativas, e devem, por isso, ser tidas em conta, mesmo quando não sejam claramente assumidas pela lei.

Nesta linha, realçamos, pelas suas amplas projecções regimentais, as classificações dos trabalhadores que têm em conta o seu grau de especialização e a posição que ocupam na hierarquia da empresa. Vejamos algumas das projecções destas classificações:

- o grau de especialização do trabalhador e, bem assim, o lugar que ocupa na hierarquia da empresa influenciam o nível de autonomia técnica que lhe é reconhecido na execução da prestação (art. 116º);

- a organização hierárquica da empresa permite que alguns trabalhadores exerçam os poderes laborais sobre os restantes trabalhadores, em representação do empregador e, muitas vezes, quase se confundindo com ele (art. 128º nº 2);
- as funções de chefia ou de direcção, bem como outros cargos de confiança pessoal podem ser desenvolvidos num regime de maior maleabilidade para o empregador e com quebra da tradicional garantia da irreversibilidade da categoria: é o regime do trabalho em comissão de serviço (art. 161º);
- nas funções de chefia ou de direcção, bem como noutros cargos de confiança pessoal, o peso do elemento de fidúcia no vínculo de trabalho é superior, o que aumenta a intensidade do dever de lealdade do trabalhador, com as inerentes consequências em matéria disciplinar (art. 128º nº 1 f));
- na cessação do contrato de trabalho, os trabalhadores dirigentes têm menor protecção no que se refere à reintegração em caso de despedimento ilícito (art. 392º nº 1).

## 34. O empregador e a empresa laboral

### 34.1. Delimitação geral da figura do empregador

**I.** O segundo ente jurídico laboral que cabe caracterizar é o empregador. Tal como sucede com o termo *trabalho* e o termo *trabalhador*, também a expressão *empregador* tem diversas acepções que importa reter. Assim, do ponto de vista sociológico e político, o empregador identifica-se com o membro da classe capitalista ou do patronato; do ponto de vista económico, o empregador é o titular do meio de produção capital e, na maioria dos casos, o proprietário da empresa; do ponto de vista técnico-jurídico, o empregador é o credor da prestação de trabalho e o devedor da retribuição.

Interessa-nos, evidentemente, a acepção técnico-jurídica do termo, que permite definir o empregador por recurso à conjugação de um critério objectivo e de um critério subjectivo. Assim:

§9º O TRABALHADOR E O EMPREGADOR

*i)* Por aplicação de um critério objectivo, o empregador pode definir-se como *o credor da prestação laboral e o devedor da retribuição que lhe corresponda*.

*ii)* Por aplicação de um critério subjectivo, o empregador é *o ente laboral que, nos termos do art. 11º do CT, detém a organização no seio da qual o trabalhador se insere e que sobre ele exerce poderes de autoridade* – dito de outro modo, o empregador é o titular dos poderes de direcção e de disciplina, que correspondem à posição de subordinação do trabalhador[29].

Tal como no caso do trabalhador, é o critério subjectivo de delimitação que permite, efectivamente, distinguir o empregador de outros credores de prestações laborativas – por outras palavras, é o facto de ser detentor dos poderes laborais de direcção e de disciplina que singulariza o empregador laboral. E, como teremos ocasião de comprovar a propósito da construção dogmática do contrato de trabalho[30], no elenco destes poderes, aquele que tem maior especificidade (contribuindo assim também decisivamente para identificar o empregador) é o poder disciplinar.

**II.** Do ponto de vista terminológico, observa-se alguma flutuação na forma de designar o empregador, que é também referido como «entidade patronal» e, outras vezes, identificado com a «empresa» ou com a figura do «empresário». Por seu turno, a empresa é, por vezes, identificada com o «estabelecimento».
Esta flutuação terminológica é comum entre nós e no seio de outros sistemas jurídicos.

Assim, quanto a outros sistemas jurídicos, encontramos, em Itália, a referência a empresário e a dador de trabalho (*imprenditore* e *datore di lavoro*), sem uma clara distinção em termos de conteúdo, e, paralelamente, são referidas a *impresa* e a *azienda* sendo, aliás, regulado separadamente o tra-

---

[29] No CT de 2003, a referência aos poderes de direcção do empregador era mais explícita na noção legal de contrato de trabalho (constante, nesse Código, do art. 10º), ao passo que não era feita qualquer referência à organização do empregador nesse mesmo contexto. Contudo, como já se referiu, a referência ao elemento «autoridade» tem um sentido amplo, que abrange quer o poder de direcção quer o poder disciplinar. Aliás, ambos os poderes são expressamente atribuídos ao empregador nos arts. 97º e 98º do actual CT.
[30] *Infra*, § 12º, ponto 43.

balho subordinado prestado num contexto empresarial e num contexto não empresarial (*Codice civile*, artigos 2082º ss. e 2239º ss.)[31]; na Alemanha, o empregador é referido como *Arbeitgeber* (dador de trabalho) e a empresa como *Betrieb*, mas encontram-se também referências à figura do empresário (*Unternehmen*)[32]; em França, encontramos referências a *employeur, entreprise* e *établissement*; e em Espanha, a lei refere-se ao *empresário* (*Estatuto de los Trabajadores*, art. 1º nº 2)[33].

No que toca ao sistema jurídico nacional, a variação terminológica deve-se, em parte, à porosidade linguística típica do Direito do Trabalho, tendo sido mais comum a designação *entidade patronal* e a adjectivação *patronal* associada aos institutos laborais atinentes ao empregador, tanto na doutrina como ao nível da lei (por exemplo, as associações de empregadores eram designadas como *associações patronais* na lei[34] e os deveres do empregador eram apresentados como deveres da entidade patronal[35]). No plano doutrinal, encontram-se também referências ao termo *dador do trabalho*[36], expressão que se nos afigura

---

[31] Estes conceitos são amplamente tratados pela doutrina italiana. Assim, entre outros, A. Greco, *Il contratto di lavoro, in* F. Vassali (dir.), *Trattato di diritto civile italiano*, VII (tomo III), Torino, 1939, 59 s., G. Roberti, *Il rapporto di lavoro e l'azienda*, DLav., 1940, I, 33-37, Papaleoni, *Il rapporto di lavoro, in* G. Mazzoni (dir.), *Manuale di diritto del lavoro cit.*, I, 345 ss.

[32] Também no contexto doutrinal germânico, estes conceitos são objecto de um amplo tratamento, desde os primórdios do Direito do Trabalho até hoje. Assim, entre muitos outros, E. Molitor, *Arbeitnehmer und Betrieb cit.*, passim, E. Jacobi, *Betrieb und Unternehmer als Rechtsbegriffe*, Leipzig, 1926, Hessel, *Zum Begriff des Betriebs*, RdA, 1951, 12, 450-452, K. Hax, *Betriebswirtschaftliche Deutung der Begriffe «Betrieb» und «Unternehmung», in* K. Ballertedt/E. Friesenhahn/O. V. Nell-Breuning (Hrsg.), *Recht und Rechtsleben in der sozialen Demokratie, Festg. für Otto KUNZE zum 65. Geburtstag*, Berlin, 1969, 109-126, F. Gamillscheg, *«Betrieb» und «Bargaining unit» – Versuch des Vergleichs zweier Grundbegriffe*, ZfA, 1975, 357-400, e, ainda deste autor, *Betrieb und Unternehmen – Zwei Grundbegriffe des Arbeitsrechts*, ArbuR, 1989, 2, 33-37, F. Mehrhoff, *Die Veränderung des Arbeitgeberbegriffs*, Berlin, 1984, D. Joost, *Betrieb und Unternehmen als Grundbegriffe im Arbeitsrecht*, München, 1988.

[33] Montoya Melgar, *Derecho del Trabajo cit.*, 289 s., ou L. M. Morillo-Velarde, *El concepto de empresario en el Derecho del Trabajo español in* J. Reis/L. Amaro/L.Fernandes/R. Redinha (coord.), *Para Jorge Leite. Escritos Jurídico-Laborais*, I, Coimbra, 2014, 549-567.

[34] Regime Jurídico das Associações Patronais (LAP), aprovado pelo DL nº 215-C/75, de 30 de Abril, art. 1º nº 1 e nº 2 a).

[35] Art. 19º da LCT.

[36] Assim, Menezes Cordeiro, *Manual de Direito do Trabalho cit.*, 115.

particularmente contraditória, porque, com efeito, a pessoa que «dá» o trabalho é o trabalhador e não o empregador.

No seu esforço de simplificação linguística, o Código do Trabalho utiliza sistematicamente o termo *empregador*, que é, efectivamente, a expressão tecnicamente mais rigorosa e também a mais anódina do ponto de vista cultural.

**III.** No que toca à *natureza jurídica do empregador*, é fácil de compreender que, ao contrário do que vimos suceder com o trabalhador, ele possa ser uma pessoa física ou um ente colectivo. A referência do art. 11º do CT ao termo «pessoa» ou «pessoas» deve pois ser interpretada no sentido de abranger tanto pessoas singulares como pessoas colectivas. Na prática, muitos empregadores são pessoas colectivas.

Se for uma pessoa colectiva, pode também o empregador ser um ente de direito privado ou uma pessoa colectiva pública. Neste último caso, exige-se, contudo, que o ente público não actue no exercício dos seus poderes de autoridade, mas como se de um ente privado se tratasse, sob pena de descaracterização do vínculo laboral. É o que sucede com as relações de trabalho no seio das empresas públicas, das entidades públicas empresariais de pessoas colectivas cujo capital seja total ou maioritariamente detido pelo Estado, sujeitando-se genericamente os vínculos de trabalho constituídos no seio destes entes às regras de Direito do Trabalho[37]. Já no âmbito do Estado ou de outros empregadores públicos, as especificidades são muito maiores, apesar da tendência de "laboralização" dos vínculos de trabalho, oportunamente apontada, porque o Estado actua como empregador público e é aplicável um regime legal especial a estes vínculos.

**IV.** Por último, cabe referir que o Código do Trabalho de 2003 (art. 92º) veio admitir a possibilidade de a posição jurídica de empregador caber não

---

[37] Neste sentido, dispunha o art. 11º do Diploma Preambular à LCT e dispõe tradicionalmente o Estatuto das Empresas Públicas e do Sector Empresarial do Estado (art. 17º do DL nº 133/2013, de 3 de Outubro, reiterando o entendimento tradicional nesta matéria). No que toca ao regime de trabalho nas empresas públicas, as especificidades eram mínimas, mas aumentaram nos últimos anos, por força dos OGES e do último Estatuto das Empresas Públicas. Em especial sobre este tema, J. ACÁCIO LOURENÇO, *As Relações de Trabalho nas Empresas Públicas*, Coimbra, 1984.

a uma única entidade mas a um conjunto de entidades: é a figura da pluralidade de empregadores, hoje tratada pelo art. 101º do CT. Pela sua importância, referiremos em separado esta figura, um pouco mais à frente[38].

### 34.2. A empresa laboral: delimitação geral e importância

I. Embora a nossa lei não diferencie os regimes laborais consoante o contrato de trabalho se desenvolva num contexto empresarial ou num contexto não empresarial – ao contrário do que sucede noutros sistemas jurídicos[39] e chegou a ser proposto por GALVÃO TELLES, no seu projecto para a revisão do regime do contrato de trabalho constante da LCT de 1937[40] –, tendo optado por um regime uniforme do contrato de trabalho, o relevo do contexto empresarial ou não empresarial do contrato de trabalho é incontornável.

Com efeito, a maioria dos regimes laborais pressupõe a empresa como contexto normal de desenvolvimento do contrato de trabalho (a ponto de a aplicação de alguns destes regimes em contratos de trabalho de escopo não empresarial exigir adaptações ou ser mesmo inviável) e este contexto influencia quotidianamente o contrato de trabalho.

A empresa é, pois, uma realidade a analisar cuidadosamente no contexto dos entes jurídicos laborais. Esta análise deve tocar três pontos essenciais:

---

[38] *Infra*, ponto 34.3.
[39] É o caso do sistema italiano, que separa o regime jurídico do trabalho empresarial e do trabalho subordinado desenvolvido num contexto não empresarial, como acima indicámos – arts. 2082º e ss. e art. 2239º e ss. do *Codice civile*.
[40] Sobre este Projecto e a respectiva justificação, *vd* I. GALVÃO TELLES, *Parecer nº 45/VII à Câmara Corporativa – Regime do Contrato de Trabalho (Projecto de Proposta de L. nº 517)*, in *Pareceres da Câmara Corporativa (VII legislatura)*, 1961, II, Lisboa, 1962, 515-560. O entendimento de GALVÃO TELLES nesta matéria correspondia, aliás, ao veiculado algum tempo antes, na sua proposta para a regulamentação do contrato de trabalho no novo Código Civil. Embora a solução proposta neste contexto passasse apenas pelo enunciado de algumas regras gerais na matéria, por se entender que a especificidade deste contrato aconselhava a remissão do seu regime para diploma especial, não deixava de se fazer a distinção entre o trabalho empresarial e não empresarial – para justificação desta proposta, *vd* I. GALVÃO TELLES, *Contratos Civis – Exposição de Motivos*, RFDUL, 1953, IX, 144 ss. (199 ss.). Esta solução acabou por não ser acolhida nem no CC de 1966 nem na LCT de 1969.

§9º O TRABALHADOR E O EMPREGADOR

*i)* A delimitação do conceito de empresa laboral e a questão da sua natureza, o que passa pela sua distinção de conceitos próximos, como o conceito de estabelecimento, e pela clarificação da relação entre empresa laboral, empresário e empregador.

*ii)* A referência aos aspectos de maior incidência da empresa no contrato de trabalho, que exige ainda o recorte dos conceitos operatórios-chave de incidência laboral ligados à empresa (i.e., os conceitos de «interesse da empresa» e de «interesse de gestão»).

*iii)* A indicação da tipologia das empresas laborais.

Passemos em revista estes pontos.

II. A *empresa laboral* é, naturalmente, uma subespécie da realidade mais ampla «empresa», pelo que cabe tecer algumas reflexões sobre o conceito jurídico de empresa em geral.

Talvez por ter estado durante largo tempo «escondida» sob o instituto da propriedade (conforme observa RIPERT[41]), a empresa é uma realidade difícil de conceptualizar em termos jurídicos – como refere NICOLE CATALA, para o Direito a empresa é *«une notion diffuse, qui semble irréductible à une définition unique»*[42].

Numa perspectiva jurídica, a empresa pode ser definida como um conjunto de factores económicos e humanos, materiais e imateriais, aglomerados de uma forma duradoura e organizada para prossecução de um determinado objectivo produtivo, com utilidade para o Direito[43].

---

[41] GEORGES RIPERT, *Aspects juridiques du capitalisme moderne*, 2ª ed., Paris, 1951, 268. Ainda sobre as ligações entre a realidade empresarial e o instituto da propriedade, entre nós, J. OLIVEIRA ASCENSÃO, *A empresa e a propriedade*, Brotéria, 1970, 591-607 (591 ss.).

[42] NICOLE CATALA, *L'entreprise*, in G.H. CAMERLYNCK (dir.), *Traité de droit du travail*, IV, Paris, 1980, VI. Outros autores realçam a imprecisão e a fluidez do conceito jurídico de empresa – assim, M. MAGREZ, *L'entreprise en droit social ou l'efflorescence d'une institution*, in *Liber Amicorum Frédéric DUMON*, Antwerpen, 1983, 581-586 (585), J. SAVATIER, *Le groupe de societés et la notion d'entreprise en droit du travail*, in *Études de droit du travail offertes à André BRUN*, Paris, 1974, 527-546 (527), ou G. LYON-CAEN, *Le droit du travail. Une technique réversible*, Paris, 1995, 14, e, entre nós, A. MENEZES CORDEIRO, *Da Responsabilidade Civil dos Administradores das Sociedades Comerciais*, Lisboa, 1997, 498 ss. e 516, e *Manual de Direito Comercial*, I, Coimbra, 2001, 207 ss. e 232 ss.

[43] Retomamos a noção de empresa que já tínhamos estabelecido noutras obras – cfr. ROSÁRIO PALMA RAMALHO, *Do Fundamento do Poder Disciplinar Laboral cit.*, 358, *Da Autonomia Dogmática...*

No entanto, sob esta definição simples, encontram-se diversas acepções associadas à empresa[44/45]. Destas acepções, realçamos três: numa perspectiva subjectiva, a empresa pode ser reconduzida à ideia criadora do empresário, identificando-se com ele (é a perspectiva presente no art. 230º do C.Com)[46]; numa perspectiva objectiva, a empresa é reconduzida ao complexo de bens objecto do domínio do empresário, porque integram o seu património[47]; e, num sentido orgânico ou institucional, a empresa é vista como um corpo social *a se*, dotado de um objectivo próprio, comum aos seus membros, e de

*cit.*, 315, e ainda *Grupos Empresariais e Societários...cit.*, 21. Sobre o conceito de empresa, *vd* ainda, entre outros, PAULO SENDIM, *Lições de Direito Comercial e de Direito da Economia*, I (copiogr.), Lisboa, 1979/80, 220 ss., MENEZES CORDEIRO, *Direito da Economia*, Lisboa, 1986, 234, *Manual de Direito do Trabalho cit.*, 117, *Da Responsabilidade Civil dos Administradores das Sociedades Comerciais cit.*, 498 ss. e 516, e ainda *Manual de Direito Comercial cit.*, I, 232 ss.

[44] Sobre a multiplicidade de acepções jurídicas do termo empresa, entre nós, ORLANDO DE CARVALHO, *Critério e Estrutura do Estabelecimento Comercial*, I – *O Problema da Empresa como Objecto de Negócios*, Coimbra, 1967, I, 5 ss., nota [3], e 293 ss., FERNANDO OLAVO, *Direito Comercial*, I, 2ª ed. (*reprint*), Lisboa, 1974, 250 ss., OLIVEIRA ASCENSÃO, *Direito Comercial* I (*reprint*), Lisboa, 1994, 134 ss., e, ainda, J. M. COUTINHO DE ABREU, *Da Empresarialidade (As Empresas no Direito)*, Coimbra, 1996, 4 ss. (que dá também conta das dificuldades terminológicas de outros sistemas jurídicos nesta matéria), MENEZES CORDEIRO, *Da Responsabilidade Civil dos Administradores das Sociedades Comerciais cit.* 498 ss. e 516, e *Manual de Direito Comercial cit.*, I, 232 ss., e ROSÁRIO PALMA RAMALHO, *Grupos Empresariais e Societários... cit.*, 21 ss.

[45] Também noutros sistemas são identificadas múltiplas acepções jurídicas da empresa – assim, quanto ao sistema germânico, F. GAMILLSCHEG, «*Betrieb*» *und* «*Bargaining unit*» *cit.*, *passim*, HESSEL, *Zum Begriff des Betrieb cit.*, K. HAX, *Betriebswirtschaftliche Deutung der Begriffe* «*Betrieb*» *und* «*Unternehmung*» *cit.*, 109 ss., D. JOOST, *Betrieb und Unternehmen als Grundbegriffe im Arbeitsrecht cit.*, *maxime* 3 ss. e 171 ss., 337 ss. e 395 ss.; quanto ao sistema francês, NICOLE CATALA, *L'entreprise cit.*, VI, e SAVATIER, *Le groupe de societés...cit.*, 528; quanto ao sistema italiano, L. MENGONI, *Contratto e rapporto di lavoro nella recente dottrina italiana*, Riv.soc., 1965, 674-688 (679 ss.) ou F. SANTORO-PASSARELLI, *Soggetività dell'impresa*, in *Scritti in Memoria di Alessandro* GRAZIANI, V – *Impresa e società*, Napoli, 1968, 1767-1773 (1772).

[46] Sobre esta acepção de empresa, RAÚL VENTURA, *Teoria... cit.*, I, 87, PAULO SENDIM, *Lições... cit.*, I, 220, OLIVEIRA ASCENSÃO, *Direito Comercial cit.*, I, 134, FERNANDO OLAVO, *Direito Comercial cit.*, I, 252 ss., BRITO CORREIA, *Direito Comercial*, I, Lisboa, 1987 (*reprint* 1990), 213 s., e MENEZES CORDEIRO, *Manual de Direito Comercial cit.*, I, 234 s.

[47] Sobre esta acepção, ainda RAÚL VENTURA, *Teoria...cit.*, I, 87, ORLANDO DE CARVALHO, *Critério e Estrutura...cit.*, I, 293, OLIVEIRA ASCENSÃO, *Direito Comercial cit.*, I, 135, FERNANDO OLAVO, *Direito Comercial cit.*, I, 252 ss., BRITO CORREIA, *Direito Comercial cit.*, I, 214, COUTINHO DE ABREU, *A Empresa e o Empregador em Direito do Trabalho*, Coimbra, 1982, 4, FERRER CORREIA, *Lições de Direito Comercial*, I (1973), II (1968) e III (1975), Lisboa (*reprint* 1994), 117, e MENEZES CORDEIRO, *Manual de Direito Comercial cit.*, I, 235.

uma organização específica, que envolve determinada distribuição funcional e cuja autonomia lhe permite sobreviver às vicissitudes do próprio empresário[48].

Não cabendo aqui aprofundar as teorias sobre a empresa, compete verificar em que acepção ou acepções esta realidade releva no domínio laboral.

III. Para este efeito, começamos por passar em revista as *referências dos textos normativos laborais à empresa e ao estabelecimento*. Estas referências são muito frequentes e revelam uma multiplicidade de sentidos. Assim:

*i)* O termo *estabelecimento* tanto é referido em sentido estrito, reportado a local de trabalho ou à unidade física onde é prestada a actividade, como em sentido mais amplo, equiparável a unidade económica, e nesse sentido, recondutível ao conceito de empresa ou de parte da empresa – quanto ao sentido mais estrito, *vd*, por exemplo, o art. 127º nº 1 j) do CT, sobre os deveres do empregador em matéria de registo de pessoal, o art. 218º nº 1 c), sobre a isenção de horário, o art. 201º, relativo ao período de funcionamento, o art. 203º nº 2, relativo ao tempo de trabalho, o art. 194º nº 1 a), relativo à transferência do local de trabalho por mudança do estabelecimento, o art. 415º nº 2, sobre a composição das subcomissões de trabalhadores, ou o art. 535º nº 1, relativo à proibição de substituição dos trabalhadores grevistas; e, quanto ao sentido mais amplo, *vd* o art. 2º nº 3 c), relativo aos acordos de empresa, os arts. 6º nº 1 b), relativo ao destacamento o art.140º nº 4 a), sobre a admissibilidade da contratação a termo, o art. 150º nº 4º, relativo à comparação entre o trabalho a tempo inteiro e a tempo parcial, o art. 285º, relativo à transmissão do estabelecimento, e o art. 347º nº 2 relativo ao encerramento do estabelecimento por insolvência.

*ii)* Por seu turno, o termo *empresa* é utilizado ora na acepção de unidade económica ou orgânica ora num sentido mais estrito, como local onde se desenvolve a actividade empresarial e o trabalho – assim, quanto ao sentido amplo, neste sentido, *vd* o art. 2º nº 3 c), relativo aos acordos de empresa, o art. 100º, que estabelece a tipologia das empresas labo-

---

[48] Sobre esta acepção, PAULO SENDIM, *Lições... cit.*, I, 222 s. e 228, BRITO CORREIA, *Direito Comercial cit.*, I, 215, e OLIVEIRA ASCENSÃO, *Direito Comercial cit.*, I, 135 ss.

§9º O TRABALHADOR E O EMPREGADOR

rais, o art. 140º nº 2 f) e nº 4 a), relativo à admissibilidade da contratação a termo, o art. 150º nº 4, relativo à comparação entre o trabalho a tempo inteiro e a tempo parcial, o art. 285º relativo à transmissão da empresa, o art. 346º nº 2 relativo ao encerramento da empresa, e o art. 359º nº 1, relativo ao despedimento colectivo; já evidenciando uma acepção mais estrita do termo empresa, *vd*, entre outros, no Código, o art. 203º nº 2, relativo ao tempo de laboração, e o art. 242º nº 1, relativo ao encerramento para férias.

**IV.** A dispersão das referências legais à empresa e ao estabelecimento, bem como a pluralidade de sentidos que lhes podem atribuídos, conduzem alguns autores a secundarizar o relevo laboral deste conceito, considerando que se trata de uma realidade cujo interesse é, sobretudo, económico e preferindo reportar-se, por sistema, ao empregador no domínio laboral[49].

Não é este o nosso entendimento. Efectivamente, cremos que se deve realçar a importância da empresa no domínio laboral[50] e que é útil delimitar um conceito laboral de empresa, distinto da pessoa do empregador, conferindo, assim, um alcance dogmático às múltiplas referências legais à empresa e ao estabelecimento.

Alicerçamos este entendimento em argumentos atinentes à necessidade de distinguir a empresa do empregador, aos poderes laborais, à componente organizacional do contrato de trabalho, à influência das vicissitudes económicas e de gestão das empresas nos vínculos laborais e à conveniência de delimitar o conceito de interesse da empresa.

Em primeiro lugar, a distinção entre os conceitos de empregador e de empresa laboral é útil porque nem todas as empresas poderão ser reconduzidas a sujeitos laborais, mas apenas recebem esta qualificação aquelas tenham

---

[49] Assim, MENEZES CORDEIRO, *Manual de Direito do Trabalho cit.*, 117.
[50] Neste sentido ORLANDO DE CARVALHO, *Empresa e Direito do Trabalho*, in *Temas de Direito do Trabalho – Direito do Trabalho na Crise. Poder Empresarial. Greves Atípicas – IV Jornadas Luso- -Hispano-Brasileiras de Direito do Trabalho*, Coimbra, 1990, 9-17 (17). Também realçando o interesse da realidade da empresa no domínio laboral, BERNARDO XAVIER, *Curso de Direito do Trabalho cit.*, I, 330 ss. e 336 ss., e, com referência directa ao Código do Trabalho, CATARINA O. CARVALHO, *Algumas questões sobre a empresa e o Direito do Trabalho no novo Código do Trabalho*, in *A Reforma do Código do Trabalho* (coord. do Centro de Estudos Judiciários), Coimbra, 2004, 437-474, e ainda *Da Dimensão da Empresa no Direito do Trabalho cit.*, 17.

trabalhadores subordinados. Deste modo, a fixação de um conceito laboral de empresa auxilia a distinguir o empresário-empregador de outros tipos de empresários, como, por exemplo, o empresário de uma sociedade sem trabalhadores subordinados ou de uma cooperativa. Na mesma linha, a distinção entre empresário e empregador é também útil porque nem todos os empregadores são empresários.

Em segundo lugar, a distinção entre empregador e empresa laboral é útil porque a existência de uma empresa determina uma organização específica, que passa por uma determinada distribuição de funções e que, muitas vezes se evidencia na delegação dos poderes próprios do empregador em termos que dificultam o reconhecimento da respectiva titularidade. Este aspecto obriga a distinguir entre a titularidade e o exercício dos poderes laborais: assim, o empregador é o titular da empresa e dos poderes laborais de direcção e disciplina; contudo, o exercício destes poderes pode ser delegado nos superiores hierárquicos do trabalhador – é o que dispõe o art. 128º nº 2 do CT, quanto ao poder directivo, e o art. 329º nº 4 do CT, quanto ao poder disciplinar.

Em terceiro lugar, a autonomização do conceito de empresa laboral relativamente ao conceito de empregador é relevante para compreender os efeitos que decorrem para o trabalhador e para o seu contrato de trabalho da sua inserção na organização empresarial. Como veremos[51], o contrato de trabalho contém sempre um elemento de inserção organizacional, implicando a integração do trabalhador no seio de uma organização, que pode ser mais complexa ou mais rudimentar e pode corresponder ou não a uma empresa. Todavia, é no seio de uma empresa que as regras próprias da organização do empregador mais se repercutem no contrato de trabalho e contribuem para explicar alguns dos mais típicos regimes laborais – assim, conceitos como o de carreira, de categoria ou de hierarquia, princípios como o da igualdade de tratamento dos trabalhadores (art. 59º nº 1, corpo, da CRP, e arts. 24º e 25º do CT), figuras como o regulamento interno (art. 99º do CT), regimes como o da recorribilidade das sanções disciplinares para o escalão hierarquicamente superior (art. 329º nº 7), e ainda institutos como a greve (arts. 530º e ss.) ou as comissões de trabalhadores (arts. 415º e ss.) fazem, sobretudo, sentido nos contratos de trabalho de escopo empresarial.

---

[51] Cfr., *infra*, § 12º, ponto 43.

§9º O TRABALHADOR E O EMPREGADOR

Em quarto lugar, a distinção entre empregador e empresa é útil pela inegável influência que os fenómenos económicos que afectam as empresas têm no desenvolvimento dos contratos de trabalho. Pensamos em fenómenos como as cisões ou as fusões das empresas, que, muitas vezes, envolvem a transmissão da posição jurídica do empregador (art. 285º do CT), bem como noutros regimes laborais justificados pelas relações entre empresas do mesmo grupo económico, como, por exemplo, o regime da cedência ocasional de trabalhadores (art. 288º), ou o regime de responsabilidade solidária pelos créditos laborais nos grupos de sociedades (art. 334º), ou mesmo, o regime da pluralidade de empregadores (art. 101º); e pensamos também em situações de crise empresarial de motivação económica, que justificam medidas como a redução do tempo de trabalho ou a suspensão dos contratos de trabalho (art. 298º), o despedimento colectivo (art. 359º) ou a declaração de insolvência da empresa (art. 347º). Todas estas situações, e os regimes laborais delas decorrentes, evidenciam a autonomia da realidade empresa relativamente à pessoa do empregador.

Por último, a distinção entre o conceito de empregador e o conceito de empresa laboral afigura-se de grande utilidade para a concretização de um conceito geral de que a lei se serve amiúde para justificar alguns regimes laborais – o conceito de *interesse da empresa*, ou, num sentido mais lato (que se nos afigura preferível porque é passível de extensão a situações laborais não empresariais, quando nelas se configure também um imperativo organizacional) o conceito de *interesse de gestão*. O conceito de interesse da empresa é tratado pela doutrina (com destaque para a doutrina francesa[52]), sendo utilizado pela nossa lei para justificar alguns desvios ao acordo negocial – é o que sucede, por exemplo, no regime da mobilidade funcional (art. 120º nº 1 do CT)[53], ou nos regimes da mobilidade espacial ou geográfica e da transferência temporária do trabalhador (arts. 194º nº 1 b)). Mas, para além destas referências legais expressas ao requisito do «interesse da empresa», a mesma ideia de interesse empresarial ou de necessidades de gestão está subjacente a regimes legais como o do trabalho suplementar (que só é admissível em

---

[52] Por todos, quanto ao tratamento deste conceito na doutrina francesa, ANDRÉ BRUN, *Le lien d'entreprise*, JCP, 1962, I, 1719.
[53] Este instituto corresponde à figura classicamente conhecida como *jus variandi*, que era prevista no art. 22º nºˢ 7 e 8 da LCT.

caso de «acréscimo eventual e transitório de trabalho...» – art. 227º nº 1) ou o regime da baixa da categoria (que pode ser justificada por «necessidades prementes da empresa» – art. 119º). Ora, na concretização deste conceito de interesse da empresa, a jurisprudência e a doutrina têm afirmado repetidamente a necessidade de o distinguir das conveniências pessoais do empresário ou do empregador, o que evidencia o interesse autónomo que a realidade empresa tem para o Direito do Trabalho.

**V.** Pelos motivos expostos, conclui-se pelo *relevo autónomo do conceito de empresa laboral*. Numa noção cujo formalismo se assume, diremos então que *a empresa laboral é a modalidade de empresa que tenha trabalhadores subordinados*[54].

Como também decorre da exposição precedente, *a empresa distingue-se do estabelecimento*, que, este sim, é um conceito de vocação económica e cujo relevo jurídico se mantém na área do Direito Comercial, não ganhando uma dimensão diferente no domínio laboral[55]. Efectivamente, no mundo laboral, o conceito de estabelecimento ou é reconduzido à figura mais restrita de local de trabalho ou de local de desenvolvimento da actividade da empresa laboral ou é valorizado como unidade económica *a se*, em termos idênticos aos do Direito Comercial.

**VI.** Fixado o relevo da empresa laboral, dele resulta também que, *entre os diversos sentidos de empresa que a doutrina costuma isolar, o sentido orgânico é o mais relevante para o domínio laboral*, já que a maior utilidade da empresa decorre, neste domínio, da sua autonomização em relação ao respectivo titular e da sua sobrevivência às vicissitudes que o afectem.

No entanto, no nosso entender, o relevo particular da acepção orgânica da empresa no campo laboral não significa o reconhecimento da sua dimensão institucional, nem sequer a extensão ao domínio laboral da dimensão institu-

---

[54] Em sentido semelhante ao que propomos, COUTINHO DE ABREU, *A Empresa e o Empregador em Direito do Trabalho* cit. 10, e *Da Empresarialidade... cit.*, 299, bem como L. MORILLO-VALVERDE, *El concepto de empresario... cit.*, 550, assinalando que se trata de um conceito reflexo do conceito de trabalhador.

[55] Sobre o relevo do conceito de estabelecimento no Direito Comercial, *vd*, por todos, ORLANDO DE CARVALHO, *Critério e Estrutura... cit.*, I, *passim*, OLIVEIRA ASCENSÃO, *Direito Comercial* cit., I, 491 ss., e MENEZES CORDEIRO, *Manual de Direito Comercial* cit., I, 237 ss.

cional que lhe possa ser reconhecida no plano associativo. É que os interesses e as posições jurídicas do empregador e do trabalhador no contrato de trabalho não correspondem a uma comunhão mas são, pelo contrário, opostas quanto ao seu conteúdo essencial. Assim, *aceitar a relevância laboral directa da empresa não significa reconhecê-la como instituição.*

Como se verá, esta conclusão sobre a natureza não institucional da empresa, para efeitos laborais, tem implicações na construção dogmática do vínculo de trabalho, de que nos ocuparemos um pouco mais à frente[56].

### 34.3. Tipologia das empresas laborais

**I.** O Código do Trabalho reconheceu formalmente a importância laboral da empresa ao integrá-la no elenco dos sujeitos laborais que tratou a propósito do contrato de trabalho – é a Subsecção IX da Secção II (Sujeitos) do Capítulo I da disciplina do contrato de trabalho, que se intitula «O empregador e a empresa».

Nesta subsecção são apresentados os poderes laborais de direcção e disciplina, é tratado o regulamento interno e é ainda integrado o regime da pluralidade de empregadores. É também aqui que é estabelecida a tipologia das empresas laborais.

**II.** A *tipologia das empresas laborais*, enunciada no art. 100º nº 1 do CT com limites ligeiramente diferentes dos do Código anterior, permite distinguir quatro categorias de empresas.

1) Microempresa: é a empresa laboral que emprega menos de 10 trabalhadores;
2) Pequena empresa: é a empresa laboral que emprega entre 10 e 49 trabalhadores;
3) Média empresa: é a empresa laboral que emprega entre 50 e 249 trabalhadores;

---

[56] *Infra*, § 12º, ponto 42.

§9º O TRABALHADOR E O EMPREGADOR

4) Grande empresa: é a empresa laboral que emprega mais de 250 trabalhadores[57].

Os números subsequentes deste artigo fornecem os *critérios para proceder ao cômputo dos trabalhadores da empresa*, para efeitos da integração da mesma numa das categorias acima referidas. Estas regras distinguem os anos comuns de exercício (art. 100º nº 2) e o ano de início da actividade empresarial (art. 100º nº 3).

Neste aspecto, permanece a dúvida de saber se, no cômputo dos trabalhadores, devem entrar apenas os trabalhadores por tempo indeterminado ou também outras categorias de trabalhadores, como os trabalhadores a termo e os trabalhadores temporários. Perante a letra da lei, entende-se que todos os trabalhadores devem ser tidos em conta para este efeito, independentemente do tipo de vínculo que tenham com a empresa[58]. Excluem-se apenas os trabalhadores temporários, uma vez que, embora se integrem na empresa utilizadora, o seu empregador é a empresa de trabalho temporário – art. 172º a) e b) do CT[59]. Salientamos, contudo, que esta interpretação vai para além do exigido pela directiva comunitária relativa ao despedimento colectivo (Dir. 98/59/CE, de 20 de Julho de 1998), que, para o efeito do cálculo da dimensão das empresas, recorre ao critério dos «trabalhadores habituais» – art. 1º da Directiva.

A norma sobre a tipologia das empresas foi introduzida pelo CT de 2003. No entanto, já antes da codificação a lei fazia apelo ao número de trabalhado-

---

[57] A comparação com o Código do Trabalho de 2003 nesta matéria (art. 91º) mostra algumas alterações, uma vez que neste Código uma empresa com 10 trabalhadores era ainda qualificada como microempresa e uma empresa com 50 trabalhadores era ainda uma pequena empresa. Por outro lado, a dimensão da média e da grande empresa foi também alterada, uma vez que, tendo mais de 200 trabalhadores, a empresa era qualificada como grande empresa.

[58] Era já este o entendimento da doutrina no contexto do regime anterior ao Código, na interpretação das referências dispersas da lei ao número de trabalhadores das empresas para efeitos da aplicação de determinados regimes – assim, por exemplo, BERNARDO XAVIER, *O Despedimento Colectivo no Dimensionamento da Empresa cit.*, 376 ss.

[59] Mas, relativamente a esta categoria de trabalhadores, *vd* ainda BERNARDO XAVIER, *O Despedimento Colectivo cit.*, 376 e nota 47, entendendo que devem ser tidos em conta no cômputo dos trabalhadores se ocuparem, em substituição, postos de trabalho permanentes da empresa utilizadora.

res das empresas para efeitos da aplicação dos regimes laborais sempre que o entendia necessário – assim, a dimensão das empresas era tida em conta, entre outros casos, para a determinação do número de delegados sindicais com crédito de horas, para a composição das comissões de trabalhadores, para a declaração de uma greve não sindical, para a fixação do regime a seguir no processo de despedimento por justa causa e ainda para a configuração do despedimento colectivo.

A tipologia das empresas laborais, agora feita pelo Código, cumpre exactamente a mesma função, com a vantagem da arrumação e economia do sistema normativo, uma vez que se evitam as referências dispersas, à medida das necessidades, que eram feitas no sistema anterior. Apenas em alguns casos, subsiste a necessidade de continuar a atender ao número de trabalhadores da empresa para efeitos da aplicação de certos regimes, em moldes que não se encaixam nas categorias definidas (assim, por exemplo, para efeitos de decretação de uma greve não sindical, nos termos previstos pelo art. 531º nº 2 do CT).

III. A categorização das empresas nos termos descritos releva, como todas as classificações jurídicas, pelas projecções regimentais que dela se podem retirar. No caso, as *projecções regimentais* da classificação observam-se em matéria de estruturas representativas dos trabalhadores, em matérias atinentes às condições de trabalho e à execução do contrato de trabalho e a propósito da cessação do contrato. Assim:

i) Relativamente às *estruturas representativas dos trabalhadores*, a dimensão da empresa é relevante para efeitos da fixação do número de membros das comissões e subcomissões de trabalhadores (art. 417º do CT), e para efeitos do respectivo crédito de horas (art. 422º).

ii) Em vários aspectos do *regime jurídico atinente às condições de trabalho e à execução do contrato de trabalho*, a dimensão reduzida da empresa justifica um regime diferente: assim, o tempo de aviso prévio para a alteração do horário de trabalho por iniciativa do empregador é reduzido de sete para três dias nas microempresas (art. 217º nº 2); os limites anuais máximos do trabalho suplementar são mais alargados nas microempresas e nas pequenas empresas do que nas médias e grandes empresas (art. 228º nº 1 a) e b)); há regras especiais no que toca à marcação das férias nas microempresas (241º nº 3), bem como em matéria de licenças sem retribuição (art. 317º nº 3 d)).

iii) Em matéria de *cessação do contrato de trabalho*, a dimensão da empresa é relevante para efeitos do regime da caducidade (art. 346º nº 4 e 347º nº 4), para efeitos do número mínimo de trabalhadores que fundamenta um despedimento colectivo (art. 359º nº 1), para efeitos do aligeiramento do processo para despedimento por facto imputável ao trabalhador nas microempresas (art. 358º) e ainda para efeitos da limitação do direito à reintegração em caso de ilicitude do despedimento, também nas microempresas (art. 392º nº 1).

Como decorre do exposto, para além das projecções colectivas, as especificidades de regime decorrentes da dimensão das empresas são, na maior parte dos casos, motivadas pelo objectivo de aligeiramento de procedimentos, cuja complexidade é excessiva para pequenas organizações. Noutros casos, a motivação destes regimes especiais reside nas exigências de operacionalidade das empresas mais pequenas (assim, o regime especial do trabalho suplementar) ou é justificada pela maior proximidade entre empregador e trabalhador nas pequenas empresas, que dificulta a aplicação do regime comum (foi a justificação indicada, por exemplo, para o regime especial de recusa de reintegração do trabalhador ilicitamente despedido[60]).

Não deve, contudo, menosprezar-se o alcance prático destes regimes especiais, uma vez que a estrutura produtiva nacional assenta, sobretudo, nas microempresas e nas pequenas e médias empresas[61].

IV. Independentemente da classificação das empresas de acordo com os critérios definidos no art. 100º do CT, o número global de trabalhadores das empresas releva ainda directamente, para outros efeitos, assim como tem também importância o número de trabalhadores sindicalizados.

---

[60] Neste sentido, P. ROMANO MARTINEZ, *Apontamentos sobre a cessação do contrato de trabalho à luz do Código do Trabalho*, Lisboa, 2004, 149.

[61] Neste sentido, *vd* os dados fornecidos no Ac. TC 306/2003, de 25 de Junho, que apreciou a constitucionalidade de diversas normas do Código do Trabalho, entre as quais a da não reintegração dos trabalhadores das microempresas ilicitamente despedidos – cfr., em especial, o ponto c) do referido Acórdão.

Assim, a lei calcula o número de membros das associações sindicais com representação na empresa que têm direito a um regime especial de tutela a partir do número de trabalhadores membros do sindicato na empresa (art. 463º do CT); atende ao número global de trabalhadores da empresa para fixar o conceito de *empresa de dimensão comunitária* e para efeitos de constituição de conselhos de empresa europeus (art. 2º da L. nº 96/2009, de 3 de Setembro); e tem também em conta a dimensão da empresa e o número de trabalhadores sindicalizados dessa empresa para efeitos da decretação da greve não sindical (art. 531º nº 2 do CT).

**V.** O tratamento das empresas laborais levado a efeito pelo Código do Trabalho, em sede de *sujeitos do contrato de trabalho,* pode suscitar o problema de saber se as empresas são hoje de considerar como empregadores, sempre que o contrato de trabalho tenha um escopo empresarial.

Apesar da opção sistemática do Código, cremos que este é um falso problema, porque a empresa não tem, por si mesma, personalidade jurídica. Assim, o empregador continua a ser a pessoa singular ou colectiva que contrata o trabalhador, sendo que, no caso de se tratar de uma pessoa física, pode também ser um empresário singular.

### 34.4. A pluralidade de empregadores

**I.** Para completar a conceptualização da figura do empregador, cabe ainda fazer referência à figura prevista pelo Código do Trabalho para enquadrar os vínculos laborais que se desenvolvam no contexto de um grupo empresarial: a figura da pluralidade de empregadores, contemplada no art. 101º do Código[62].

É reconhecida a importância crescente das empresas de grupo, em resultado das modernas tendências económicas de concentração empresarial e dos diversos fenómenos de colaboração societária, muitos dos quais têm mesmo uma dimensão internacional.

---

[62] Sobre esta matéria, ROSÁRIO PALMA RAMALHO, *Grupos Empresariais e Societários... cit.,* 307 ss., 375 ss., 465 ss., 484 ss., 581 ss., e 638 ss., bem como CATARINA CARVALHO, *Algumas questões sobre a empresa... cit.,* 438 ss., e ainda *Da Dimensão da Empresa no Direito do Trabalho* cit., 231 ss.

Estas tendências e estes fenómenos (que, apesar de heterogéneos, vamos agrupar sob a designação de fenómenos de grupos empresariais, por um motivo de simplicidade) repercutem-se no domínio laboral em diversos planos. Assim, do ponto de vista da gestão dos recursos humanos, no seio dos grupos empresariais exige-se uma maior maleabilidade e mobilidade aos trabalhadores e aos seus vínculos do que na generalidade das situações laborais[63]. Por outro lado, encontrando-se «do lado do empregador» não uma mas mais do que uma entidade, podem nestas situações colocar-se dúvidas sobre o regime jurídico aplicável aos trabalhadores, designadamente em caso de pluralidade de instrumentos de regulamentação colectiva do trabalho em vigor no sector de actividade ou profissional em causa ou nas várias empresas[64]. Por fim, a diversidade dos nexos societários, que podem existir no seio dos grupos empresariais, dificulta, em alguns casos, a identificação do empregador, já que este pode não coincidir com a entidade que, formalmente, contratou o trabalhador – é o problema que a doutrina designou de *identificação do empregador real*[65/66].

---

[63] Sobre esta dimensão do problema, entre outros, ROSÁRIO PALMA RAMALHO, *Grupos Empresariais e Societários... cit.*, 484 ss., A. DIAS COIMBRA, *Grupo societário em relação de domínio total e cedência ocasional de trabalhadores: atribuição de prestação salarial complementar*, RDES, 1990, 1/2/3/4, 115-154, (*maxime* 125 ss.), A. LYON-CAEN, *La mise à disposition internationale du salarié cit.*, 747 ss., TIZIANO TREU, *Gruppi di imprese e relazione industriali: tendenze europee cit.*, 644 ss., B. VENEZIANI, *Gruppi di imprese e diritto del lavoro cit.*, 625 ss., G. MELIADÒ, *Il rapporto di lavoro nei gruppi di società... cit.*, 127 ss., C. WINDBICHLER, *Arbeitnehmer mobilität im Konzern cit.*, 95 ss., F. P. DE LOS COBOS ORIHUEL, *La movilidad de los trabajadores en los grupos de sociedades europeos: el caso español cit., passim*.

[64] Relativamente aos problemas da negociação colectiva nos grupos de empresas e da determinação do regime legal aplicável aos trabalhadores destas empresas, ROSÁRIO PALMA RAMALHO, *Grupos Empresariais e Societários... cit.*, 697 ss, A. DIAS COIMBRA, *Os grupos societários no âmbito das relações colectivas de trabalho: a negociação de acordo de empresa*, RDES, 1992, 4, 379-415 (388 ss.), VENEZIANI, *Gruppi di imprese... cit.* 639 ss., ORIHUEL, *La movilidad... cit.*, 51 ss., ou O. MAZZOTTA, *Rapporto di lavoro, società collegate e statuto dei lavoratori cit.*, 751 ss., R. BIRK, *Diritto del lavoro e imprese multinazionali cit.*, *maxime*, 144 ss. e 147 ss.

[65] Sobre o problema da identificação do empregador, *vd*, entre outros, ROSÁRIO PALMA RAMALHO, *Grupos Empresariais e Societários...cit.*, 359 ss., G. MELIADÒ, *Il rapporto di lavoro nei gruppi di società... cit.*, 49 ss., J. MAGAUD, *L'éclatement juridique de la collectivité de travail cit.*, MICHÈLE VOISSET, *Droit du travail et crise*, DS, 1980, 6, 287-297 (290 s.), ROY, *Droit du travail ou droit du chômage? cit.*, 300, G. LYON-CAEN, *La concentration du capital...cit.*, 289 s., e do mesmo autor, *La crise du droit du travail, in In Memoriam Sir Otto Kahn-Freund*, München, 1980, 517-523 (523), e A. LYON-CAEN, *Les rapports internationaux de travail cit.*, 201, LUCA TAMAJO, *Gruppi di imprese e rapporti di lavoro: spunti preliminari cit.*, 67 ss., L. MORILLO-VALVERDE, *El concepto de empresario... cit.*, 555 ss. e 563 ss.

## §9º O TRABALHADOR E O EMPREGADOR

Até ao surgimento do CT de 2003, a lei laboral dispunha apenas de um instituto capaz de responder a alguns dos problemas envolvidos nesta temática: a figura da cedência ocasional de trabalhadores, introduzida em 1989, na LTT[67] (art. 26º ss.) e hoje regulada nos arts. 288º ss. do CT. Esta figura, através da qual, por acordo, um trabalhador é temporariamente transferido para uma outra empresa do grupo a que pertence o seu empregador, para aí prestar a sua actividade, permitiu responder às necessidades de maior maleabilização dos recursos humanos que estão usualmente envolvidas nestes novos modelos empresariais.

No entanto, dado o alcance limitado desta figura, pode dizer-se que, até hoje, o Direito do Trabalho tem grandes dificuldades em lidar com este tipo de situações. Efectivamente, a tradicional rigidez das normas laborais, patente em princípios como a invariabilidade da prestação, a irredutibilidade da categoria ou a inamovibilidade, constituem um entrave ao funcionamento e à intercomunicabilidade deste tipo de organizações, no que toca aos respectivos trabalhadores.

**II.** A figura da pluralidade de empregadores é uma solução imaginativa para este tipo de problemas. Nos termos do art. 101º nº 1 do CT, o trabalhador pode obrigar-se a prestar trabalho a vários empregadores, desde que exista entre eles uma relação societária de participações recíprocas, de domínio ou de grupo[68], ou se os empregadores, independentemente da natureza societária, mantiverem estruturas organizativas comuns.

---

[66] Ainda em geral sobre a temática dos vínculos de trabalho no âmbito dos grupos de empresas, ROSÁRIO PALMA RAMALHO, *Grupos Empresariais e Societários...cit.*, *passim*, M. HENSSLER, *Der Arbeitsvertrag im Konzern cit.*, K.-P. MARTENS, *Das Arbeitsverhältnis im Konzern cit.*, H. KONZEN, *Arbeitnehmerschutz im Konzern cit.*, 65 ss., G. PICA, *Le droit du travail à l'épreuve de l'économie (À propos des licenciements collectifs pour motif économique dans les groupes de sociétés)*, DS, 1994, 1, 26-29, G. PERA, *Trasformazioni, fusioni e incorporazione nel settore creditizio; profili di diritto del lavoro cit.*, J. M. COUTINHO DE ABREU, *Grupos de sociedades e direito do trabalho*, BFDUC, vol. LXVI, 1990, 124-149 (132 s.), e J. ENGRÁCIA ANTUNES, *Os grupos de sociedades no direito do trabalho*, QL, 2012, 39, 49-79.
[67] Regime Jurídico do Trabalho Temporário, aprovado pelo DL nº 358/89, de 17 de Outubro. Embora a figura da cedência ocasional de trabalhadores não tenha a mesma natureza do trabalho temporário, ela foi regulada no mesmo diploma.
[68] Em geral e por todos, sobre os fenómenos dos grupos societários na perspectiva juscomercial, pode ver-se J. ENGRÁCIA ANTUNES, *Os Grupos de Sociedades. Estrutura e Organização da*

No que toca aos fundamentos do recurso a este tipo de contratação, observa-se que a figura se dirige, sobretudo, aos grupos societários – ou seja, a realidade das sociedades em relação de participação recíproca, de domínio ou de grupo, tal como são enunciadas no art. 482º do CSC. Chama-se, todavia, a atenção, para a pluralidade de formas de colaboração entre empresas que pode justificar o recurso a esta modalidade de contrato de trabalho, uma vez que estão também aqui incluídas relações de colaboração material, de âmbito societário ou não, desde que estas relações dêem lugar a «estruturas organizativas comuns» – a área de incidência da figura é, pois, ampla.

A regularidade do contrato de trabalho celebrado com uma pluralidade de empregadores depende ainda dos requisitos formais enunciados no referido artigo (n.º 2). Assim, o contrato reveste obrigatoriamente forma escrita, tratando-se de uma forma qualificada, uma vez que o documento escrito deve estipular a actividade a que o trabalhador se obriga, o local e o período normal de trabalho; todos os empregadores devem também ser identificados, devendo indicar-se aquele que representa os demais no cumprimento dos deveres e no exercício dos direitos emergentes do contrato de trabalho.

Por outro lado, embora a lei apenas se refira à constituição, *ab initio*, do vínculo laboral na modalidade de contrato de trabalho com uma pluralidade de empregadores, nada parece obstar a que este vínculo se constitua no decurso da execução de um contrato de trabalho simples, através da celebração de um acordo escrito neste sentido, desde que se respeitem as formalidades e os fundamentos previstos nesta norma. Neste último caso, estamos perante uma situação de *contitularidade sucessiva da posição de empregador*[69], que altera a configuração originária do vínculo laboral.

Com referência a esta segunda situação, sempre diremos, no entanto, que, analisando-se essencialmente este acordo superveniente numa modificação na posição jurídica do empregador, devem ser salvaguardados na esfera do trabalhador todos os efeitos decorrentes da situação laboral anterior, com destaque para os que decorrem da sua antiguidade.

*Empresa Plurissocietária*, 2ª ed., Coimbra, 2002, A. MENEZES CORDEIRO, *Manual de Direito das Sociedades*, I (*Das Sociedades em Geral*), 2ª ed., Coimbra, 2007, 989 ss., A. MENEZES CORDEIRO (coord.), *Código das Sociedades Comerciais Anotado*, Coimbra, 2009, 1119 ss., e ainda ROSÁRIO PALMA RAMALHO, *Grupos Empresariais e Societários... cit.*, 71 ss. e 121 ss.
[69] A expressão é de CATARINA CARVALHO, *Algumas questões sobre a empresa... cit.*, 439.

**III.** As *vantagens deste tipo de contratação* são significativas, tanto para os empregadores como para os trabalhadores.

Para os empregadores, a figura é atractiva do ponto de vista da gestão do grupo empresarial, uma vez que facilita a intercomunicabilidade dos trabalhadores no seio do grupo e optimiza a utilização do trabalhador nesse mesmo contexto.

Para os trabalhadores, o regime tem também a vantagem de reforçar a sua tutela a vários níveis: relativamente a eventuais créditos que venham a ter sobre o empregador, a lei estabelece um regime de responsabilidade solidária dos vários empregadores beneficiários da prestação de trabalho pelo cumprimento das obrigações que decorram deste contrato de trabalho (nº 3); é garantida a vinculação do trabalhador ao empregador que representa os demais no caso de os pressupostos da pluralidade cessarem e salvo acordo em contrário (nº 4); e o trabalhador tem o direito de escolher o empregador a que quer ficar vinculado, no caso de os referidos pressupostos não serem respeitados (nº 5).

**IV.** Apesar das vantagens apontadas e do carácter imaginativo, *a solução da pluralidade de empregadores levanta diversos problemas*, que apenas podemos deixar esboçados. Alguns destes problemas referem-se ao âmbito da figura, outros ao seu regime, designadamente pela dificuldade da sua articulação com outros regimes laborais.

Assim, no que toca ao âmbito da figura, suscitam-se duas questões:

i) A questão do *grande alcance da figura no domínio empresarial*, que vai muito para além da esfera dos denominados «grupos de empresas»: designadamente, poderá ser excessivo admitir este tipo de contratos desde que haja uma «estrutura organizativa comum» (nº 1, *in fine*). É que, não sendo definida na lei, esta estrutura comum pode incluir as mais diversas (e insignificantes) formas de colaboração entre os empregadores, o que será, porventura excessivo[70].

---

[70] Para balizar o recurso à figura nestes casos, L. M. MONTEIRO, *in* ROMANO MARTINEZ/L. M. MONTEIRO/J. VASCONCELOS/P. MADEIRA DE BRITO/G. DRAY/L GONÇALVES DA SILVA, *Código do Trabalho Anotado cit.*, 281, sugere que as várias entidades não podem apenas partilhar a posição jurídica de credor da prestação, mas devem partilhar o mesmo espaço, o mesmo equipamento, ou os mesmos recursos no exercício da actividade económica.

*ii)* A questão da *possibilidade de extensão deste regime fora do âmbito empresarial*, sentido em favor do qual depõe o nº 2 do art. 101º, a própria epígrafe do artigo (que poderia ter limitado a figura ao contexto dos grupos de *empresas*, mas se refere expressamente à pluralidade de *empregadores*) e ainda a noção de contrato de trabalho (art. 11º do CT), que admite essa possibilidade: a nosso ver, embora esta extensão pareça possível em interpretação exegética destas normas, a *ratio* eminentemente empresarial da figura poderá justificar uma interpretação restritiva do preceito.

Mas é do ponto de vista regimental que, a nosso ver, a figura da pluralidade de empregadores coloca mais problemas.

Efectivamente, a lei basta-se com o enunciado de uma regra de representação dos diversos empregadores por um deles, que exercerá os poderes laborais (art. 101º nº 2 c) do CT), mas nada refere sobre a articulação deste regime com outros regimes laborais. Ora, esta falta de articulação cria vários problemas, que ilustram as dificuldades de operacionalização prática da figura. Vejamos alguns exemplos, que deixamos esboçados em termos meramente interrogativos:

*i)* Com referência à regulamentação colectiva aplicável, em caso de pluralidade de instrumentos de regulamentação colectiva vigentes nas várias empresas, qual será o aplicável a estes trabalhadores? Ou pressupõe esta figura a unificação do regime convencional colectivo e, nesse caso, como é que essa unificação se processa?

*ii)* Em caso de coexistência de vários regimes de segurança social, pode o trabalhador escolher o que mais lhe interessar ou cabe essa escolha a um dos empregadores e, nesse caso, qual e com que critérios?

*iii)* O princípio da igualdade de tratamento, *verbi gratia*, ao nível remuneratório e de inserção na categoria, funciona entre as várias empresas do grupo?

*iv)* Com referência ao exercício dos poderes laborais, o facto de um dos empregadores «representar» os restantes significa que o dever de obediência do trabalhador se circunscreve a esse «representante», ou estende-se a ordens emanadas das outras empresas? E, nesta linha, pode o trabalhador ser disciplinarmente sancionado (e como) pelo não cumprimento de uma instrução dada pela outra empresa?

v) Como se processa a conjugação desta figura com os regimes da cedência ocasional (art. 288º), da mobilidade geográfica (art. 194º), da mobilidade funcional (art. 120º) e da responsabilidade solidária pelos créditos laborais no âmbito dos grupos de sociedades (art. 334º)?

vi) Com referência às vicissitudes empresariais, se uma das empresas desaparecer, têm os respectivos trabalhadores direito a ser absorvidos pelas outras, ou cessam os respectivos contratos? E como se conjuga esta figura com o regime da transmissão do estabelecimento, se a empresa de um dos empregadores for alienada?

vii) Com referência à cessação do contrato, se o contrato de um trabalhador a termo cessar, tem ele direito de preferência na admissão por tempo indeterminado noutra empresa do grupo? E como é que se processa o despedimento colectivo?[71]

Enfim, não obstante o carácter imaginativo da solução, parece-nos que não foram equacionadas todas as suas implicações, o que dificulta a aplicação prática da figura.

---

[71] Para mais desenvolvimentos sobre todas estas questões e com algumas propostas de solução, vd ROSÁRIO PALMA RAMALHO, *Grupos Empresariais e Socieários... cit., passim.*

## §10º AS PESSOAS JUSLABORAIS COLECTIVAS

### 35. Aspectos gerais

I. Como referimos no enunciado geral desta matéria[72], devem ser reconhecidas como pessoas laborais colectivas, por aplicação de um critério estrutural, atinente à sua natureza e função, as seguintes entidades:

- como entes representativos gerais dos trabalhadores, as *associações sindicais* e as *comissões de trabalhadores*;
- como entes de representação colectiva dos trabalhadores específicos das empresas de dimensão europeia e das empresas constituídas sob a forma de sociedade anónima europeia ou sob a forma de sociedade cooperativa europeia, os *conselhos de empresa europeus* e os *conselhos de trabalhadores*, respectivamente;
- como entes representativos dos empregadores, as *associações patronais ou associações de empregadores*.

II. No tratamento desta matéria, o Código do Trabalho de 2003 procedeu à unificação dos diversos diplomas legais pelos quais estava dispersa a regulamentação das associações sindicais (LS – DL nº 215-B/75, de 30 de Abril), das comissões de trabalhadores (LComT – L nº 46/79, de 12 de Setembro),

---

[72] *Supra*, ponto 32.

das associações patronais (LAP – DL nº 215-C/75, de 30 de Abril) e dos conselhos de empresa europeus (L nº 40/99, de 9 de Junho).

Já o Código do Trabalho de 2009 adoptou uma orientação diferente. Após enunciar as várias estruturas de representação colectiva dos trabalhadores e empregadores no art. 404º, o Código trata a figura das comissões de trabalhadores (arts. 415º a ss.), e, em regulamentação conjunta (o que constitui uma novidade), disciplina as figuras das associações sindicais e das associações de empregadores (arts. 440º ss.), remetendo para diploma próprio o regime dos conselhos de empresa europeus e dos conselhos de trabalhadores. Assim, quanto as estas últimas categorias de representantes colectivos dos trabalhadores, o quadro normativo actual é o seguinte:

- os conselhos de empresa europeus são regulados pela L 96/2009, de 3 de Setembro;
- os conselhos de trabalhadores típicos das sociedades anónimas e cooperativas europeias são regulados no DL nº 215/2005, de 13 de Dezembro, e na L nº 8/2008, de 18 de Fevereiro, respectivamente.

Aplicando a técnica da relação jurídica a esta matéria, o Código trata as figuras das associações sindicais, das comissões de trabalhadores e das associações de empregadores no título destinado aos «sujeitos» das relações colectivas de trabalho, fazendo anteceder a descrição do regime jurídico de cada uma delas de uma secção destinada à explanação dos princípios gerais nesta matéria. Já tendo procedido à apreciação crítica desta opção do Código, remetemos para o que atrás foi dito a esse propósito.

As regras comuns a todos os entes laborais colectivos serão analisadas a propósito do *direito das situações laborais colectivas*, no terceiro tomo do *Tratado*, porque têm a ver com a dinâmica particular desta área regulativa do Direito do Trabalho. Por ora, procede-se apenas a uma breve apresentação destas entidades.

III. Como última nota geral a anteceder a apresentação das diversas categorias de pessoas laborais colectivas, cabe apenas recordar que, por força da componente colectiva que assiste globalmente ao Direito do Trabalho[73], algumas

---

[73] Aprofundaremos este ponto no § 16º, ponto 55.

situações juslaborais colectivas são também, por vezes, actuadas por grupos laborais *ad hoc*, que se organizam na prossecução de um determinado objectivo ou que correspondem a estruturas organizativas da empresa – assim, o plenário de trabalhadores que declara uma greve, o conjunto de trabalhadores que integra um piquete de greve ou a comissão *ad hoc* de trabalhadores que representa os colegas grevistas; mas, também, o grupo de empregadores que se junta para negociar um acordo colectivo de trabalho; e ainda o conjunto dos trabalhadores de determinada categoria, de certa secção da empresa ou de um dos seus estabelecimentos.

Naturalmente que, neste tipo de situações, não cabe reconhecer a emergência de pessoas laborais colectivas. Mas deve ser realçada a importância deste tipo de actuações colectivas informais, que evidencia a dinâmica de grupos (e, nesse sentido, colectiva), que é própria do Direito do Trabalho.

Num outro registo, mas que também não implica o reconhecimento de um ente laboral colectivo em sentido próprio, cabe ainda referir os *representantes dos trabalhadores para a segurança e saúde no trabalho*. Estes representantes são previstos no art. 404º c) do CT, mas encontram-se regulados no regime jurídico da segurança e saúde no trabalho, aprovado pela L. 102/2009, de 10 de Setembro (arts.21º ss.).

## 36. Associações sindicais[74]

I. As associações sindicais são a categoria de pessoa juslaboral colectiva mais antiga. Elas remontam aos primórdios do Direito do Trabalho e decorrem directamente da consciencialização, por parte dos trabalhadores, da sua maior força enquanto grupo.

Neste contexto, os sindicatos surgiram e mantêm-se até hoje – sem prejuízo de algumas vicissitudes históricas por que passaram e que se repercutiram transitoriamente na sua natureza jurídica[75] – como associações privadas

---

[74] Desenvolveremos a figura das associações sindicais no *Tratado III*, § 42º.

[75] Como verificámos, na nossa digressão sobre a evolução histórica do Direito do Trabalho nacional, durante o corporativismo, os sindicatos e os grémios sofreram os efeitos da tendência geral de publicização da área jurídica, sendo reconduzidos à categoria de pessoas colectivas públicas – cfr., *supra*, § 2º, ponto 5.1.3.

de defesa dos interesses sócio-profissionais dos trabalhadores, agrupados por categoria, profissão ou área de actividade, ou ainda por um critério geográfico.

No sistema jurídico português, este desígnio das associações sindicais infere-se actualmente do art. 56º nº 1 da CRP e dos arts. 440º nº 1 e 442º nº 1 a) do CT. Por outro lado, a importância da figura das associações sindicais revela-se na sua consagração na Lei Fundamental, que também enuncia os direitos destas associações (art. 56º nº 2) e se refere ao princípio da liberdade sindical, nas suas diversas valências (art. 55º).

**II.** A *noção legal de associação sindical* retira-se do art. 442º nº 1 a) do CT[76]. A conjugação desta norma com outros preceitos do Código permite identificar os seguintes elementos neste ente laboral colectivo:

*i)* Em primeiro lugar, o sindicato deve qualificar-se como uma *associação* no sentido técnico do termo, uma vez que é uma pessoa colectiva de base corporativa, ou seja, que tem como substrato essencial um conjunto de pessoas[77].

*ii)* Em segundo lugar, trata-se de uma *associação privada*, porque é constituída por sujeitos privados (os trabalhadores) e prossegue objectivos privados (os interesses sócio-profissionais dos trabalhadores).

*iii)* Em terceiro lugar, é uma *associação em sentido estrito*, nos termos do art. 157º do CC, porque não prossegue fins lucrativos[78].

*iv)* Em quarto lugar, é uma *associação com vocação de durabilidade*, como se pode retirar da referência constante do art. 442º nº 1 a) do CT, ao carácter «permanente» destas associações: esta característica permite afastar da qualificação a associação esporádica de trabalhadores constituída para prosseguir um objectivo pontual (por exemplo, um plenário de trabalhadores, que convoca uma greve).

---

[76] Esta delimitação provém já do regime originário das associações sindicais (art. 2º b) da LS).
[77] Em geral e por todos sobre esta classificação das pessoas colectivas, MENEZES CORDEIRO, *Tratado de Direito Civil Português cit.*, I, tomo IV, 624.
[78] Sobre esta classificação, ainda e por todos, MENEZES CORDEIRO, *Tratado de Direito Civil Português cit.*, I, tomo IV, 624, que destaca, aliás, a relatividade e o carácter algo obsoleto desta delimitação.

v) Em quinto e último lugar, é uma *associação finalisticamente determinada pelo objectivo de promoção e defesa dos interesses sócio-profissionais dos trabalhadores que representa*. Este elemento finalístico permite distinguir a associação sindical de outras associações de trabalhadores, que prosseguem outros fins (por exemplo, uma associação de socorros mútuos)[79].

**III.** O aspecto mais significativo desta noção de associação sindical – e que tem suscitado maior debate no seio da doutrina – é o da delimitação funcional destas associações pelo escopo da promoção e defesa dos interesses sócio-profissionais dos trabalhadores.

Poderá suscitar-se o problema da compatibilidade da norma constante do art. 442º nº 1 a) do CT com a Constituição, uma vez que a Lei Fundamental não limita nem o princípio da liberdade sindical nem as competências dos sindicatos pelo critério dos interesses sócio-profissionais dos trabalhadores, mas se refere tão somente à defesa e promoção dos «direitos e interesses dos trabalhadores» (art. 55º nº 1 e art. 56º nº 1 da CRP). Nesta óptica, as associações sindicais não estariam circunscritas à defesa dos interesses sócio-profissionais dos trabalhadores, podendo actuar em prossecução de quaisquer outros interesses dos trabalhadores[80].

A nosso ver, a noção de associação sindical constante do Código do Trabalho é conforme com a Constituição, por uma razão teleológica e de adequação funcional dos próprios entes colectivos em questão. Evidentemente que, enquanto entes representativos dos trabalhadores subordinados, as associações sindicais estão geneticamente condicionadas pelos interesses dos trabalhadores, no sentido em que o seu escopo ou desígnio natural será a defesa e a promoção destes interesses. Contudo, os interesses dos trabalhadores aqui em causa serão, necessariamente, os que lhes assistam nessa qualidade,

---

[79] Ainda sobre a delimitação do conceito de associação sindical, MENEZES CORDEIRO, *Manual de Direito do Trabalho cit.*, 119, MÁRIO PINTO, *Direito do Trabalho cit.*, I, 179, ROMANO MARTINEZ, *Direito do Trabalho cit.*, 146 ss., MONTEIRO FERNANDES, *Direito do Trabalho cit.*, 726 ss., e BERNARDO XAVIER, *Curso de Direito do Trabalho cit.*, I, 141 s.

[80] Neste sentido, por exemplo, JORGE LEITE, *Direito do Trabalho cit.*, I, 160 s., e ainda JORGE LEITE/COUTINHO DE ALMEIDA, *Legislação do Trabalho*, 17ª ed., Coimbra, 2002, 452, em anotação ao art. 2º da LS.

a maior parte dos quais tem, aliás, assento constitucional – ou seja, os seus interesses sócio-profissionais.

Assim, ao recorrer à ideia de interesses sócio-profissionais para delimitar o conceito de associações sindicais, a lei apenas concretiza a esfera de actuação das associações sindicais que já resulta do seu código genético constitucional. A não haver esta limitação, às associações sindicais seria, efectivamente, reconhecida uma possibilidade de actuação que extravasaria a razão pela qual foram criadas. A delimitação funcional tem, pois, um fundamento estrutural e teleológico, para além de corresponder, aliás, à regra geral em matéria de capacidade jurídica das pessoas colectivas (art. 160º nº 1 do CC).

Justificando-se a delimitação das atribuições das associações sindicais no sentido exposto, cabe apenas salientar que, estando em causa o exercício de direitos fundamentais e impondo-se, por consequência, o mínimo de limitações ao seu conteúdo, o nexo da actividade sindical com os interesses sócio-profissionais dos trabalhadores pode ser directo ou meramente indirecto. Assim, por exemplo, se não será, em regra, de admitir que os sindicatos desencadeiem uma greve contra a política educativa do Governo, tal actuação já será admissível se tal greve for dirigida contra os efeitos reflexos de tal política no estatuto dos professores[81].

Por fim, decorre também da recondução do princípio geral da liberdade sindical a um direito constitucional fundamental dos trabalhadores, conjugada com a noção ampla de trabalhadores perfilhada pela Constituição, que o direito de associativismo sindical assiste também aos trabalhadores públicos[82]. No plano legal, desenvolveu o princípio neste domínio o DL nº 84/99, de 19 de Março, que estabeleceu o regime jurídico da actividade sindical na Administração Pública, mas hoje estas associações sujeitam-se ao regime do CT, com as especificidades constantes da LGTFP (art. 337º nº 2 e arts 338º ss. deste diploma), e sem prejuízo dos diplomas específicos sobre a matéria, para

---

[81] Voltaremos a este ponto, a propósito do direito de greve – *Tratado III*, § 54º, ponto 194.5.
[82] Neste sentido, expressamente, Mário Pinto, *Direito do Trabalho cit.*, I, 183, e Monteiro Fernandes, *Direito do Trabalho cit.*, 726. Como teremos ocasião de verificar, no estudo mais aprofundado desta matéria (*Direito do Trabalho* III, § 41º, ponto 153), o direito de associativismo sindical sofre alguns constrangimentos relativamente a determinadas categorias de trabalhadores públicos, como os trabalhadores com funções de segurança pública ou os militares.

certas categorias de trabalhadores públicos[83]. Por outro lado, especificamente no que se refere à projecção do princípio da liberdade sindical no domínio da contratação colectiva, devem ter-se em conta os arts. 350º e ss. da LGTFP.

IV. No seio da figura geral da associação sindical, a lei reconhece diversas *modalidades*, de acordo com critérios geográficos e profissionais. Assim, nos termos dos art. 440 nº 3 e 442º do CT[84], podemos distinguir:

- *sindicato*: associação sindical em sentido estrito (art. 442º nº 1 a));
- *federação sindical*: associação de sindicatos da mesma profissão ou do mesmo sector de actividade (art. 442º nº 1 b));
- *união sindical*: associação de sindicatos de base regional (art. 442º nº 1 c));
- *confederação sindical*: associação de sindicatos de base nacional (art. 442º nº 1 d)).

Para além destas modalidades, relevam também as *confederações internacionais de sindicatos*, que o Código do Trabalho não considera como uma modalidade específica de associação sindical, mas às quais se refere indirectamente, ao dispor que as associações sindicais têm o direito de estabelecer relações ou de se filiar em organizações sindicais internacionais (art. 443º nº 1 e) do CT, em consonância com o art. 55º nº 5 da CRP). Ainda neste contexto, e tendo em conta a integração de Portugal na União Europeia, merecem uma especial referência as *associações sindicais de dimensão europeia*.

A importância da distinção entre estas categorias de sindicatos tem a ver, sobretudo, com os níveis da negociação colectiva, e ainda com a representação dos trabalhadores na concertação social, que é feita ao nível mais abrangente.

Já na perspectiva do *exercício da actividade sindical na empresa*, o Código do Trabalho distingue entre delegado sindical, secção sindical da empresa, comissão sindical de empresa, e comissão intersindical de empresa (art. 442º, nº 1 alíneas e), f), g) e h) do CT):

---

[83] Assim, a L. nº 14/2002, de 19 de Fevereiro, sobre a actividade sindical na Polícia de Segurança Pública, e a L. nº 3/2001, que dispõe sobre o direito de associativismo profissional dos militares.
[84] Estas normas correspondem ao art. 2º, alíneas b), c), d) e) e f) da LS, e aos arts. 475º e 476º do CT de 2003, com meras alterações de forma.

- o *delegado sindical* é o trabalhador eleito para exercer actividade sindical na empresa ou no estabelecimento (alínea f) do nº 1 do art. 442º)
- a *secção sindical da empresa* é o conjunto de trabalhadores de uma empresa ou estabelecimento filiados no mesmo sindicato (alínea e) do nº 1 do art. 442º);
- a *comissão sindical de empresa* é a organização dos delegados sindicais do mesmo sindicato, na empresa ou no estabelecimento (alínea f) do nº 1 do art. 442º);
- a *comissão intersindical de empresa* é a organização dos delegados das várias comissões sindicais de empresa (alínea g) do nº 1 do art. 442º).

**V.** As associações sindicais adquirem *personalidade jurídica* através do registo dos seus estatutos no Ministério responsável pela área laboral, nos termos previstos no art. 447º nº 1 do CT.

Com o registo dos estatutos, as associações sindicais tornam-se, pois, pessoas colectivas em sentido próprio. Por outro lado, a sua qualificação como pessoas colectivas de base associativa justifica que o regime civil geral das associações (constante dos arts. 157º ss. do CC), lhes seja subsidiariamente aplicável, com ressalva das disposições que possam contender com a especificidade da autonomia sindical – neste sentido, dispõe o art. 441º nº 1 do CT[85].

**VI.** Resta referir que, enquanto pessoas colectivas de direito privado, as associações sindicais se regem por um princípio geral de liberdade, com consagração constitucional (art. 55º da CRP).

Este *princípio geral de liberdade sindical* tem uma vertente individual e uma vertente colectiva. Assim:

i) Na *vertente colectiva*, a liberdade sindical manifesta-se no direito de livre constituição de associações sindicais, que projecta o princípio do pluralismo sindical (art. 55º nº 2 a) da CRP e art. 440º nº 1 do CT), na liberdade de organização interna dos sindicatos (art. 55º nº 2 c) e

---

[85] A propósito do estudo mais aprofundado das associações sindicais, teremos ocasião de suscitar alguns problemas relativos à aplicabilidade do regime civil geral das associações às associações sindicais, que já foram, aliás, apreciados pela jurisprudência – cfr. *Tratado III*, § 42º, ponto 149.1. Por ora, esboça-se apenas o princípio geral.

nº 3 da CRP e art. 445º do CT), na sua autonomia perante os poderes públicos e perante os empregadores (art. 55º nº 4 da CRP e arts. 446º nº 1 do CT) e, ao nível da negociação colectiva, na forma peculiar de autonomia privada que é a autonomia colectiva, e que confere às associações sindicais legitimidade para celebrarem convenções colectivas de trabalho(art. 56º nº 3 da CRP e art. 443º nº 1 a) do CT).

ii) Na *vertente individual*, a liberdade sindical evidencia-se no direito que assiste a cada trabalhador de se filiar numa das associações sindicais da sua área profissional ou sector de actividade, no correspondente direito de desvinculação (art. 55º nº 2 b) da CRP e art. 444º do CT) e na proibição de qualquer discriminação do trabalhador por força da sua pertença (ou não) ao sindicato (art. 406º do CT)[86].

### 37. Comissões de trabalhadores[87]

**I.** As comissões de trabalhadores constituem o ente representativo dos trabalhadores com vocação específica para actuar ao nível da empresa, aí prosseguindo os interesses dos trabalhadores, nomeadamente através do controlo da gestão.

Tradicionais noutros sistemas jurídicos desde há décadas[88], as comissões de trabalhadores foram instituídas entre nós pela Constituição de 1976, que as regulou com minúcia[89]. Na versão actual da Lei Fundamental, esta figura está prevista no art. 54º.

---

[86] Para mais desenvolvimentos sobre o princípio da liberdade sindical, entre outros, MÁRIO PINTO, *Direito do Trabalho cit.*, I, 181 ss., MONTEIRO FERNANDES, *Direito do Trabalho cit.*, 711 ss., e BERNARDO XAVIER, *Curso de Direito do Trabalho cit.*, I, 145 ss. Voltaremos ao tema no *Tratado III*, § 42º, ponto 147.

[87] A figura das comissões de trabalhadores será desenvolvida no *Tratado III*, § 43º.

[88] Assim, por exemplo, na Alemanha, as comissões de trabalhadores (*Betriebsräte*) remontam à organização do trabalho no nacional socialismo e mantêm-se até hoje com um importante papel na organização interna das empresas; em França, os *comités d'entreprise* são também organismos de grande tradição, cuja constituição é, aliás, obrigatória nas empresas com mais de cinquenta trabalhadores (*Code du travail*, art. L. 431-1).

[89] Para mais desenvolvimentos sobre o surgimento das comissões de trabalhadores em Portugal, MONTEIRO FERNANDES, *Direito do Trabalho cit.*, 754 s., e BERNARDO XAVIER, *Curso de Direito do Trabalho cit.*, I, 392 ss.

Na sua versão originária, a Constituição dedicava dois artigos à figura das comissões de trabalhadores (arts. 55º e 56º), nos quais não só estabelecia os seus objectivos e direitos, como também regulava, com excessiva minúcia e em normas de pendor quase regulamentar, o seu processo de constituição e a forma de aprovação dos seus estatutos (arts. 55º nos 2 e 3 da CRP, na versão de 1976).

Podendo justificar-se esta regulamentação minuciosa com a novidade da figura no nosso sistema jurídico, uma vez estabelecido o seu regime jurídico na lei, as revisões constitucionais encarregaram-se de expurgar as referidas normas dos aspectos mais regulamentares, que não se compadecem com a dignidade do texto constitucional.

Por outro lado, a própria delimitação dos objectivos das comissões de trabalhadores (art. 55º nº 1 da CRP, na versão de 1976) foi, em sede de revisão constitucional, expurgada das componentes de pendor mais ideológico que lhe assistiram na versão originária da norma (designadamente, desapareceu a referência ao papel das comissões de trabalhadores na «mobilização [das classes trabalhadoras] para o processo revolucionário de construção do poder democrático dos trabalhadores», constante do art. 55º nº 1 *in fine* da CRP).

Em desenvolvimento das normas constitucionais, a L. nº 46/79, de 12 de Setembro, estabeleceu o regime jurídico das comissões de trabalhadores. Este regime manteve-se até à entrada em vigor da RCT de 2004.

No âmbito do CT de 2003, o essencial do regime destas comissões constava da RCT, uma vez que o Código se limitava a estabelecer algumas normas de carácter geral sobre a figura. Era uma opção criticável[90], já que não se adequava à importância desta matéria (comprovada, que mais não seja, pela sua consagração constitucional), a que teria correspondido um lugar natural no Código do Trabalho, enquanto corpo central das normas laborais, pelo menos no que se refere aos direitos das comissões de trabalhadores. Por outro lado, a técnica de remissão ampla utilizada pelo Código de 2003 na disciplina desta figura não tinha paralelo com a técnica seguida quanto às associações sindicais, não se vislumbrando a razão das diferenças.

---

[90] Para mais desenvolvimentos sobre a apreciação crítica do CT de 2003 neste ponto, ROSÁRIO PALMA RAMALHO, *O Novo Código do Trabalho... cit.*, in *Estudos de Direito do Trabalho cit.*, I, 48.

Esta questão está hoje ultrapassada, já que o actual Código do Trabalho voltou a regular a matéria com desenvolvimento e incorporando as disposições antes integradas na RCT de 2004(arts. 415º ss.). Foi a opção adequada.

Por fim, deve ter-se em conta que a lei também prevê a constituição de comissões de trabalhadores no universo dos trabalhadores públicos, como não podia deixar de ser, uma vez que se trata de um direito fundamental dos trabalhadores e a Constituição também qualifica como «trabalhadores» os trabalhadores da Administração Pública (art. 269º nº 1 da CRP).

No âmbito do CT de 2003, o regime aplicável aos funcionários públicos nesta matéria era o do próprio Código e da RCT, por expressa determinação do art. 5º da Lei Preambular ao CT. Diferentemente, a matéria foi regulada em moldes específicos (se bem que substancialmente idênticos ao regime laboral comum) na LCTFP (arts. 298º a 307º do Regime, e arts. 205º a 239º do Regulamento). Esta orientação foi mantida pela LGTFP, que regula a matéria nos arts. 320º ss.

**II.** A Constituição e a lei estabelecem o direito dos trabalhadores a constituírem comissões de trabalhadores mas não as definem, ao contrário do que sucede com as associações sindicais.

No entanto, do regime jurídico da figura das comissões de trabalhadores podem retirar-se os seguintes elementos, relevantes para a sua conceptualização:

*i)* As comissões de trabalhadores são *pessoas colectivas em sentido próprio*, uma vez que a lei lhes atribui personalidade jurídica a partir do registo dos seus estatutos junto do Ministério responsável pela área laboral (art. 416º nº 1 do CT).

*ii)* Enquanto pessoas colectivas, as comissões de trabalhadores são um *ente de direito privado*, porque são constituídas por sujeitos privados (os trabalhadores), para prossecução dos seus próprios interesses, e correspondem a uma *associação em sentido estrito*, porque os seus fins não são lucrativos.

*iii)* As comissões de trabalhadores constituem uma *entidade de representação unitária dos trabalhadores da empresa*, uma vez que a lei prevê a constituição apenas de uma comissão de trabalhadores por empresa ou por estabelecimento (art. 415º nº 1 do CT).

iv) As comissões de trabalhadores têm como escopo a *defesa dos interesses dos trabalhadores e, designadamente, o exercício dos direitos conferidos pela Constituição* (art. 415º nº 1 parte final do CT), mas têm uma vocação específica para actuar no seio da empresa, aí exercendo os seus direitos e representando o conjunto dos trabalhadores.

Efectivamente, à excepção do direito de participação na elaboração da legislação do trabalho (art. 54º nº 5 d) da CRP e art. 470º do CT), os restantes direitos das comissões de trabalhadores pressupõem a empresa como palco normal para o seu exercício. Estes direitos são enunciados no art. 54º nº 5 da CRP e alguns deles são desenvolvidos pelo Código do Trabalho. Estes direitos são os seguintes:

- direito à informação e consulta (art. 54º nº 5 a) da CRP e arts. 423º ss. do CT);
- direito ao controlo de gestão (art. 54º nº 5 b) da CRP e arts. 426º ss. do CT);
- direito de participação nos processos de reestruturação da empresa (art. 54º nº 5 c) da CRP e arts. 429º ss. do CT);
- direito de participação na gestão de obras sociais da empresa (art. 54º nº 5 e) da CRP);

Deve ainda ter-se em conta que, em desenvolvimento do objectivo constitucional geral de representação dos interesses dos trabalhadores, a lei confere às comissões de trabalhadores direitos de intervenção em matérias relacionadas com as situações juslaborais individuais – assim, por exemplo, as comissões de trabalhadores intervêm nos vários processos de despedimento.

Em consonância com o escopo das comissões de trabalhadores, o Código do Trabalho estabelece que a capacidade jurídica destas comissões abrange todos os direitos e obrigações necessários ou convenientes à prossecução dos seus fins (art. 416º nº 2 do CT).

Dos elementos indicados na delimitação das comissões de trabalhadores, destacamos dois, pela sua especial importância: o reconhecimento da personalidade jurídica a estas comissões, que foi uma novidade do CT de 2003; e o aspecto relativo às suas atribuições e objectivos.

**III.** A *atribuição de personalidade jurídica às comissões de trabalhadores*, a partir do registo dos seus estatutos junto do Ministério que tenha a seu cargo a área laboral (art. 416º do CT), é um traço do regime da figura que foi introduzido pelo CT de 2003 e que permitiu clarificar a questão, controvertida no direito anterior, da natureza jurídica destes entes colectivos.

É que, no âmbito do regime anterior à codificação, apesar de a lei apenas reconhecer formalmente capacidade judiciária às comissões de trabalhadores (art. 17º da LComT), o conjunto de direitos que lhes assistiam não podiam ser considerados como direitos dos seus membros, o que fazia das comissões de trabalhadores centros autónomos de imputação de normas jurídicas. Por este motivo, um sector da doutrina advogava o reconhecimento da personalidade jurídica a estas comissões, ainda que apenas para efeitos laborais[91]. O Código do Trabalho de 2003 permitiu ultrapassar este problema.

**IV.** No que toca às *atribuições e aos objectivos das comissões de trabalhadores*, justificam-se duas notas complementares. A primeira nota é para clarificar a distinção entre as esferas típicas de actuação destas comissões e das associações sindicais; a segunda é para dar conta das tendências mais recentes sobre as atribuições das comissões de trabalhadores e sobre o seu *modus operandi*.

Quanto ao primeiro aspecto, observa-se uma certa sobreposição entre as associações sindicais e as comissões de trabalhadores, no sentido em que ambas as entidades representam os interesses dos trabalhadores e ambas actuam (ou, no caso das associações sindicais, podem actuar) no âmbito da empresa. A diferença entre estas entidades resulta, apesar de tudo, clara, se tivermos em atenção a vocação típica de cada uma delas, o nexo de representação que estabelecem com os trabalhadores e, por fim, as atribuições específicas de uma e de outra.

---

[91] Era o entendimento subscrito, por exemplo, por MENEZES CORDEIRO, *Manual de Direito do Trabalho cit.*, 123. Ainda sobre este problema, no âmbito do direito anterior ao CT de 2003, MÁRIO PINTO, *Direito do Trabalho cit.*, I, 231 s.

Assim, por um lado, enquanto a comissão de trabalhadores é, por excelência, uma entidade cuja vocação é interna à empresa, a associação sindical é uma entidade de vocação profissional ou relativa a determinado sector de actividade. Por outro lado, enquanto a comissão de trabalhadores representa todos os trabalhadores da empresa (com eles estabelecendo, pois, um nexo de representação legal), a associação sindical representa apenas os trabalhadores nela filiados (com os quais estabelece, pois, um nexo de representação voluntária). Por fim, há direitos exclusivos de cada uma destas entidades, que ajudam à respectiva diferenciação – assim, entre nós e a título exemplificativo, o direito de negociação colectiva e de contratação colectiva é deferido em exclusivo às associações sindicais por imperativo constitucional (art. 56º nº 2 da CRP), ao passo que os direitos relativos ao controlo de gestão das empresas são exclusivos das comissões de trabalhadores, também por determinação da Lei Fundamental (art. 54º nº 5 b) da CRP).

No que toca às atribuições das comissões de trabalhadores e à evolução do seu *modus operandi*, chama-se a atenção para a diversidade destas atribuições consoante os países, e, de um modo geral, para as tendências mais recentes no sentido da diminuição do tradicional belicismo destas entidades perante os empregadores.

Numa perspectiva comparada, assinala-se a variedade das atribuições e do grau de importância das comissões de trabalhadores nos diversos sistemas jurídicos, por força das suas tradições específicas. Assim, em países como a Alemanha, as comissões de trabalhadores têm um papel decisivo nas estruturas empresariais por força da tradição da cogestão, consagrada e desenvolvida na lei em múltiplos aspectos (leis da cogestão e da constituição laboral da empresa – *Mittbestimmungsgesetz* e *Betriesverfassungsgesetz*)[92], enquanto noutros países estas comissões são remetidas à função de controlo da gestão (é o que sucede entre nós).

Por outro lado, a literatura laboral mais recente dá conta de uma dupla tendência no modo de relacionamento das comissões de trabalhadores com os órgãos de gestão das empresas, no plano do direito comparado. Assim, de

---

[92] *MitbestG vom 4. Mai 1976*, com as alterações introduzidas pela *Gesetz vom 28. Oktober 1994*; *BetrVG vom 23. Dezember 1988*, com as alterações introduzidas pela *Gesetz vom 28. Oktober 1994*.

uma parte, propende-se hoje para limitar o papel destas comissões, no que toca à sua intervenção na gestão ou às formas de controlo da gestão (consoante os sistemas), em nome dos princípios da autonomia privada e da livre iniciativa empresarial[93]. Por outro lado, a tradicional cultura conflitual dos entes laborais colectivos mostra alguns sinais de diminuição no que toca às comissões de trabalhadores, o que tem sido aproveitado para desenvolver formas de colaboração e parceria entre estas comissões e os órgãos de gestão das empresas, num clima mais participativo do que conflitual, à margem dos sindicatos e, por vezes, mesmo nos domínios típicos de intervenção destes, como a contratação colectiva – são estas tendências que explicam o surgimento da denominada *negociação colectiva atípica* e dos *acordos colectivos atípicos*, fenómeno emergente mas com uma dimensão crescente e que é, quase sempre, protagonizado pelas comissões de trabalhadores[94].

Teremos ocasião de aprofundar estas tendências a propósito do estudo da contratação colectiva e da figura das comissões de trabalhadores, no lugar próprio[95]. Por ora, ficam apenas esboçadas.

**V.** Embora as comissões de trabalhadores correspondam a uma entidade colectiva de representação unitária dos trabalhadores no seio da empresa, o Código do Trabalho prevê a possibilidade de serem constituídas sob diversas modalidades de acordo com a tipologia das empresas em que se inserem ou para exercerem funções de coordenação.

---

[93] Esta crítica é particularmente candente nos países onde o grau de intervenção das comissões de trabalhadores na gestão é maior, como é o caso da Alemanha – neste sentido, entre outros, W. ZÖLLNER, *Arbeitsrecht und Marktwirtschaft cit.*, 59 s., R. DAHRENDORF, *Conflitto e contratto. Relazione industriale e comunità politica in tempi di crisi*, Riv.DL, 1978, I, 214-229 (221 s. e 224 s.) B. RÜTHERS, *35 Jahre Arbeitsrecht in Deutschland*, RdA, 1995, 6, 326-333 (331), ou M. HEINZE, *Wege aus der Krise des Arbeitsrecht – Der Beitrag der Wissenschaft*, NZA, 1997, 1, 1-9 (4).
[94] Com amplos desenvolvimentos sobre este fenómeno, M. R. PALMA RAMALHO, *Negociação Colectiva Atípica*, Coimbra, 2009. Ainda sobre o ponto, J.-E. RAY, *Mutation économique et droit du travail*, in *Les Transformations du droit du travail. Études offertes à G.* LYON-CAEN, Paris, 1989, 11-31 (26), J. SAVATIER, *Accords d'entreprise atypiques*, DS, 1985, 3, 188-193, e, do mesmo autor, *Les accords collectifs d'intéressement et de participation*, DS, 1988, 1, 89-98, C. FREYRIA, *Les accords d'entreprise atypiques – jurisprudence commentée*, DS, 1988, 6, 464-467, ou G. VACHET, *Les accords atypiques*, DS, 1990, 7/8, 620-625. e João LOBO, *A negociação colectiva informal na ordem jurídica portuguesa*, QL, 1995, 4, 14-34.
[95] *Tratado III*, § 48º, ponto 170.2, e § 43º, ponto 157.

Assim, o art. 415º do CT estabelece a seguinte *tipologia das comissões de trabalhadores*:

- *comissões de trabalhadores*, cujo âmbito de actuação é a empresa (art. 415º nº 1);
- *subcomissões de trabalhadores*, previstas para empresas com estabelecimentos geograficamente dispersos e tendo como âmbito de actuação o estabelecimento (art. 415º nº 2);
- *comissões coordenadoras de trabalhadores*, previstas para funções de articulação entre as comissões de trabalhadores no âmbito de grupos de empresas e noutras situações de colaboração societária (art. 415º nº 4).

### 38. Conselhos de empresa europeus e conselhos de trabalhadores[96]

**I.** Os conselhos de empresa europeus e os conselhos de trabalhadores são estruturas de representação colectiva dos trabalhadores específicos de certo tipo de empresas ou grupos de empresas: as empresas ou grupos de dimensão europeia; e as empresas ou grupos de empresas constituídos sob a forma de sociedade anónima europeia ou de sociedade cooperativa europeia.

Em qualquer dos casos, trata-se de estruturas de representação dos trabalhadores impostas pelo Direito da União Europeia, resultando a sua previsão e o seu regime no ordenamento jurídico nacional da transposição de directivas comunitárias.

**II.** *Os conselhos de empresa europeus*[97] são a estrutura representativa dos trabalhadores no âmbito específico das empresas ou grupos de empresas de dimensão comunitária. Trata-se de uma figura cujo escopo essencial é assegurar a informação e a consulta dos trabalhadores sobre os aspectos mais relevantes para a sua situação laboral neste tipo de empresas.

---

[96] Desenvolveremos esta matéria no *Tratado III*, § 44º.
[97] Em geral sobre esta figura, *vd* JORGE LEITE/LEAL AMADO/JOÃO REIS, *Conselhos de Empresa Europeus*, Lisboa, 1996, e, para mis desenvolvimentos, ROSÁRIO PALMA RAMALHO, *Grupos Empresariais e Societários... cit.*, 272 ss., 306 ss. e 671 ss.

§10º AS PESSOAS JUSLABORAIS COLECTIVAS

Com origem no direito comunitário, onde foi instituída pela Dir. 94/45/CE, de 22 de Setembro (entretanto substituida pela Dir. 2009/38/CE, de 6 de Maio de 2009), a figura dos conselhos de empresa europeus foi transposta para a nossa ordem jurídica pela L. nº 40/99, de 9 de Junho. Esta figura foi depois contemplada no CT de 2003 (arts. 471º a 474º), mas, por força da remissão estabelecida pelo art. 474º deste Código, o essencial da sua disciplina jurídica foi remetido para a RCT de 2004(arts. 365º a 369º). No âmbito do actual Código do Trabalho, a figura é prevista no art. 404º d), mas o seu regime foi remetido para diploma avulso. Este diploma é hoje a L. nº 96/2009, de 3 de Setembro.

Remetendo o estudo da disciplina jurídica desta figura para o lugar próprio[98], deixam-se, por ora, as notas essenciais para a delimitação da figura e para a clarificação dos seus objectivos.

Como se referiu, os conselhos de empresa europeus constituem um organismo de representação dos trabalhadores cujo âmbito de actuação são as empresas e grupos empresariais com uma grande dimensão em número de trabalhadores e de vocação europeia, no sentido de que actuam em mais do que um Estado membro. Deverão ser consideradas como empresas e grupos de dimensão europeia as entidades empresariais que revistam as características previstas no art. 2º da L nº 96/2009, de 3 de Setembro. Assim:

- são *empresas de dimensão comunitária* as que tenham pelo menos 1000 trabalhadores e estabelecimentos pelo menos em dois Estados Membros da União Europeia, com um número mínimo de 150 trabalhadores (art. 2º c) da L. nº 96/2009, de 3 de Setembro);
- são *grupos de dimensão comunitária* os grupos de empresas que tenham pelo menos 1000 trabalhadores e empresas controladas pelo menos em dois Estados Membros da União Europeia, com um número mínimo de 150 trabalhadores (art. 2º e) da L. nº 96/2009, de 3 de Setembro).

O objectivo dos conselhos de empresa europeus é assegurar o direito dos trabalhadores das empresas ou dos grupos empresariais de dimensão comunitária à informação e à consulta.

[98] *Tratado III*, § 43º, ponto 159.

Para esse efeito, a L. nº 96/2009, de 3 de Setembro regula o procedimento de instituição destes conselhos e prevê a celebração de acordos sobre os procedimentos de informação e de consulta a seguir, bem como sobre as relações entre os membros do conselho e a administração da empresa ou do grupo de dimensão comunitária (arts. 4º ss.).

**III.** Os *conselhos de trabalhadores*[99] são a estrutura representativa dos trabalhadores no âmbito específico das empresas constituídas sob a forma de sociedade anónima europeia (SE) ou de sociedade cooperativa europeia (SCE). Trata-se de uma figura cujo escopo essencial é assegurar a informação, a consulta e a participação dos trabalhadores nos aspectos mais relevantes para a sua situação laboral neste tipo de empresas.

Estas figuras têm também origem no direito comunitário, onde são disciplinadas pela Dir. 2001/86/CE, de 8 de Outubro, e pela Dir. 2003/72/CE, de 22 de Junho, respectivamente. Este regime foi transposto para a nossa ordem jurídica, em moldes praticamente idênticos, pelo DL nº 215/2005, de 13 de Dezembro, e pela L. nº 8/2008, de 18 de Fevereiro.

O modelo de representação dos trabalhadores nestas estruturas não difere substancialmente do modelo dos conselhos de empresa europeus. Em especial, assinalam-se os poderes de intervenção mais amplos destas estruturas na empresa, já que, para além dos direitos de informação e de consulta, se prevêm também direitos de participação dos trabalhadores nos órgãos de gestão da SE e da SCE (art. 4º c) do DL nº 215/2005, de 13 de Dezembro, e art. 4º c) da L. nº 8/2008, de 18 de Fevereiro).

### 39. Associações de empregadores[100]

**I.** As associações de empregadores são as pessoas laborais colectivas que representam os interesses dos empregadores, enquanto tais, e constituem

---

[99] Sobre estas figuras, com amplos desenvolvimentos, ROSÁRIO PALMA RAMALHO, *Grupos Empresariais e Societários... cit.*, 276 ss., e 671 ss., e *Tratado III*, § 44º, ponto 160.
[100] A figura será desenvolvida no *Tratado III*, § 45º.

o parceiro natural das associações sindicais. Como refere expressivamente MÁRIO PINTO, estas associações corporizam a «liberdade sindical dos empregadores»: é que, embora a Constituição não lhes reporte expressamente o princípio da liberdade sindical, as diversas valências deste princípio encontram eco na disciplina jurídica destas associações, em moldes que permitem a sua diferenciação do regime jurídico comum das associações[101]. Este paralelismo entre as associações sindicais e as associações de empregadores transparece, aliás, hoje claramente da respectiva disciplina jurídica, no Código do Trabalho que é apresentada, embora nem sempre de forma feliz, num regime conjunto.

Até ao surgimento do CT de 2003, o regime jurídico destas associações constava do DL nº 215-C/75, de 30 de Abril, conhecido como *Lei das Associações Patronais* (LAP). Actualmente, esta figura é disciplinada nos arts. 440º ss. do CT.

II. No nosso sistema jurídico, as associações de empregadores já tiveram várias designações: assim, durante o corporativismo, eram conhecidas como «grémios» (DL nº 23 049, de 23 de Setembro de 1933); já no âmbito da actual ordem jurídico-constitucional, consolidou-se a sua designação como «associações patronais», quer na prática, quer na lei (DL nº 215-C/75, de 30 de Abril); no CT de 2003 foram designadas simplesmente como «associações de empregadores» (art. 506º deste Código), designação que mantêm no actual Código.

A designação escolhida pelo Código do Trabalho insere-se no louvável objectivo semântico de recorrer, tanto quanto possível, a expressões sociologicamente neutras – como é, evidentemente, o caso desta designação, mais anódina do que a expressão tradicional «associações patronais». No entanto, neste caso concreto, não acompanhamos a opção do Código, porque a nova designação contribui para aumentar a confusão que já existia ao abrigo do regime anterior (e para a qual a doutrina chamou, repetidas vezes, a atenção)

---

[101] MÁRIO PINTO, *Direito do Trabalho cit.*, I, 194, e BERNARDO XAVIER, *Curso de Direito do Trabalho cit.*, I, 419. Também discutindo resta questão MONTEIRO FERNANDES, *Direito do Trabalho cit.*, 745 ss., embora reconhecendo que numa interpretação literal, o texto constitucional não permite concluir por uma lógica de paridade entre as associações sindicais e as associações de empregadores, fundamenta o reconhecimento da liberdade sindical dos empregadores na disciplina infra-constitucional destas associações.

entre este tipo de associações de empregadores e outras associações que também envolvem empregadores mas que não têm vocação laboral: as *associações empresariais*.

Ora, uma vez que a definição de associações de empregadores constante da lei (art. 442º nº 2 a) do CT) tem natureza formal e o Código mantém a referência do direito anterior (em parte responsável pela confusão acima indicada), ao objectivo «de defesa e promoção dos interesses *empresariais* dos empregadores» na caracterização destas associações (art. 440 nº 2), a delimitação entre as duas figuras tornou-se ainda mais difícil.

**III.** A *definição das associações de empregadores* consta do art. 442º nº 2 a) do CT. Nos termos desta norma, a associação de empregadores é uma «associação permanente de pessoas, singulares ou colectivas, de direito privado, titulares de uma empresa, que têm habitualmente trabalhadores ao seu serviço». Conjugando esta noção com outros elementos retirados da lei, podemos delimitar estas associações com recurso aos seguintes elementos:

*i)* A associação de empregadores é uma *pessoa colectiva em sentido próprio*, ganhando personalidade jurídica com o registo dos seus estatutos junto do ministério responsável pela área laboral (art. 447º nº 1 do CT).

*ii)* Enquanto pessoa colectiva, a associação de empregadores é um *ente de direito privado e de natureza associativa*, porque o seu substrato é essencialmente pessoal – como decorre do art. 442º nº 2 a), a associação é constituída por um conjunto de pessoas. Trata-se ainda de uma associação em sentido estrito, uma vez que não prossegue objectivos lucrativos.

*iii)* A associação de empregadores é *composta por pessoas singulares ou colectivas, de direito privado, que sejam titulares de uma empresa e que tenham habitualmente trabalhadores ao seu serviço*.

*iv)* A associação de empregadores tem uma *vocação duradoura* (na expressão do art. 442º nº 2 a) é uma «associação permanente»). Esta característica permite distinguir estas associações de outras manifestações associativas esporádicas dos empregadores.

*v)* Por fim, a associação de empregadores é uma associação finalisticamente determinada pelo *objectivo de «promoção e defesa dos interesses empresariais» dos seus associados,* nos termos do art. 440º nº 2.

**IV.** Dos diversos elementos que concorrem para a delimitação do conceito de associação de empregadores, dois merecem uma referência complementar: o que se refere à composição da associação; e o que se reporta aos seus objectivos.

Quanto à *composição das associações de empregadores,* a lei permite que sejam integradas por pessoas singulares ou colectivas, de direito privado, titulares de uma empresa, desde que tenham habitualmente trabalhadores ao seu serviço (art. 442º nº 2 a)); mas prevê também a possibilidade de os empresários que não empreguem trabalhadores se filiarem nas associações de empregadores (art. 444º nº 4). Da conjugação destas normas, resultam as seguintes regras:

*i)* *A possibilidade de constituição de associações de empregadores está limitada a empregadores que sejam titulares de uma empresa* (art. 442º nº 2 a)), o que parece deixar de fora os empregadores individuais.
Julgamos, contudo, que a interpretação deste preceito deve ser feita em termos amplos, a partir do significado laboral de empresa, que se coaduna com uma organização de meios muito rudimentar, desde que nela concorra o recurso ao trabalho subordinado (assim, por exemplo, um empregador que seja titular de um estabelecimento individual de responsabilidade limitada, um comerciante em nome individual ou ainda um agricultor, desde que recorram a trabalhadores assalariados, constituem, do nosso ponto de vista, uma empresa, para os efeitos desta norma). Em apoio deste entendimento amplo do conceito de empresa para efeitos da norma parece também depor a referência da lei à possibilidade de a associação de empregadores integrar não só pessoas colectivas como também pessoas singulares (art. 442º nº 2 a)).

*ii)* *A possibilidade de constituição de associações de empregadores assiste apenas a pessoas de direito privado* (art. 442º nº 2 a)). Não é pois extensível ao Estado ou a outras pessoas colectivas públicas o direito de constituírem estas associações, não obstante poderem ser empregadores. No mesmo sentido depõe, aliás, a LGTFP, que, ao enunciar as entidades de representação colectiva no universo público apenas refere as associações sindicais e as comissões de trabalhadores (art. 314º nº 1).

Já se estivermos perante pessoas colectivas de direito privado, ainda que detidas na totalidade ou maioritariamente pelo Estado ou por outras pessoas colectivas públicas (assim sucede, cada vez com maior frequência, não só no sector empresarial do Estado, como no sector de prestação de serviços do Estado), não se vê razão para afastar estes empregadores públicos das associações de empregadores do sector.

iii) *As associações de empregadores são integradas por titulares de empresas que tenham «habitualmente» trabalhadores ao seu serviço*: esta referência da lei (art. 442º nº 2 a) do CT) reforça a ideia de que as associações de empregadores são pensadas para as *empresas laborais*, no sentido que atribuímos ao termo, ou seja, para empresas com trabalhadores subordinados[102].

No entanto, o adjectivo «habitual» justifica que não perca a qualidade de membro da associação aquele empregador que, esporadicamente, deixe de ter trabalhadores subordinados e enquanto essa situação se mantiver.

iv) Por fim, *também podem ser membros das associações de empregadores os empresários que não empreguem trabalhadores e as respectivas associações*, nos termos do art. 444º nº 4. No entanto, estes membros não podem intervir nas deliberações associativas que respeitem às situações jurídicas laborais.

No que toca aos *objectivos das associações de empregadores*, deve ter-se em conta o art. 440º nº 2. No entanto, a formulação da norma suscita algumas dificuldades, designadamente quanto à *delimitação entre estas associações e as associações empresariais*, tanto mais que o art. 444º nº 4 permite que os empresários não empregadores e as próprias associações empresariais sejam membros das associações de empregadores.

---

[102] Cfr., *supra*, ponto 34.2.IV.

O critério de distinção entre os dois tipos de associação terá que atender aos objectivos por elas prosseguidos. Assim, as associações de empregadores previstas pelo Código do Trabalho prosseguem os objectivos dos empregadores, enquanto tais, e têm como domínio específico de actuação as situações juslaborais (como decorre, aliás, expressamente, do art. 444º nº 4 *in fine*). Já as associações empresariais (que podem ter membros que não revistam a qualidade de empregadores, porque não têm trabalhadores subordinados ao seu serviço, mas podem também integrar empregadores) prosseguem interesses empresariais de escopo essencialmente económico[103]. Naturalmente só as primeiras são pessoas laborais colectivas, com os inerentes direitos laborais.

A lei prevê ainda que as associações empresariais adquiram a qualidade de associações de empregadores, desde que estejam em condições de prosseguir as atribuições destas e sigam os trâmites de constituição das associações de empregadores, previstos na lei (art. 448º do CT).

**V.** Enquanto pessoas colectivas, as associações de empregadores são titulares dos direitos e obrigações necessários à prossecução dos seus fins (art. 160º do CC).

Os direitos que correspondem ao escopo essencial destas associações estão enunciados no art. 443º nº 1 e nº 3 do CT, tendo particular saliência, no conjunto destes direitos, o direito à participação na elaboração da legislação laboral e o direito à negociação e à contratação colectivas. No entanto, quanto a este último direito, deve ter-se em atenção que, ao contrário do que sucede com as associações sindicais, a contratação colectiva não é monopólio das associações de empregadores, podendo algumas convenções colectivas ser outorgadas directamente pelo empregador ou por um grupo de empregadores – é o que sucede com os acordos colectivos de trabalho e com os acordos de empresa (art. 2º nº 2 b) e c) do CT).

**VI.** Tal como para as associações sindicais, a lei prevê diversas *modalidades de associações laborais de empregadores*, tendo em conta o sector de actividade ou critérios de base regional ou nacional. Assim, podemos estabelecer as seguintes distinções (art. 442º nº 2 do CT):

---

[103] MENEZES CORDEIRO, *Manual de Direito do Trabalho cit.*, 121.

- *associação de empregadores em sentido estrito* (art. 442º nº 2 a));
- *federação de empregadores*: organização de associações de empregadores do mesmo sector de actividade (art. 442º nº 2 b));
- *união de empregadores*: organização de associações de empregadores de base regional (art. 442º nº 2 c));
- *confederação de empregadores*: organização nacional de empregadores, de uniões ou de federações de empregadores (art. 442º nº 2 c))[104].

Para além destas modalidades, há ainda a ter em conta as *associações internacionais de empregadores*, nas quais as associações nacionais se podem filiar, conforme dispõe o art. 443º nº 1 e) do CT.

**VII.** Resta referir que, tal como as associações sindicais, as associações de empregadores se regem por princípios de liberdade e autonomia, com uma valência colectiva (liberdade de constituição e independência de organização e funcionamento interno) e com uma valência individual (liberdade de filiação e de desvinculação dos respectivos associados). Estes princípios são desenvolvidos nos arts. 444º, 445º e 446º do CT e serão estudados no local próprio[105].

---

[104] No panorama nacional, as mais importantes confederações nacionais de empregadores são a *Confederação dos Agricultores Portugueses* (CAP), a *Confederação do Comércio e Serviços de Portugal* (CCP), a *Confederação Empresarial de Portugal* (CIP) e a *Confederação do Turismo Português* (CTP).
[105] Tratado III, § 45º, ponto 163.3.

## Secção II
## As situações jurídicas laborais nucleares e derivadas

### §11º EVOLUÇÃO GERAL

**40. A relação de trabalho como situação jurídica central do Direito do Trabalho: apreciação crítica**

I. Como área jurídica disciplinadora dos fenómenos atinentes à actividade laboral, o Direito do Trabalho estruturou-se em termos metodológicos a partir da categoria técnica da relação jurídica, adaptada ao contexto da sua própria fenomenologia: ou seja, concretizando aquela categoria jurídica geral no conceito de *relação jurídica de trabalho*.

Em conformidade com esta perspectiva, e como tivemos oportunidade de verificar na apresentação da sistematização tradicional do Direito Laboral[106], as suas áreas regulativas tratam classicamente os temas da «relação individual de trabalho» – que, como veremos, não é obrigatoriamente suportada no contrato de trabalho – e, sob o conceito algo impreciso de «relações colectivas de trabalho», os temas atinentes aos entes laborais colectivos, à negociação colectiva e aos conflitos colectivos de trabalho.

---

[106] Cfr., *supra*, § 1º, ponto 2.1.

## §11º EVOLUÇÃO GERAL

Como referimos sumariamente, a propósito do enunciado dos parâmetros metodológicos do ensino das matérias laborais[107], na sua aplicação ao domínio laboral o conceito de relação jurídica mantém as limitações que lhe assistem em termos gerais, mas faz-lhes acrescer uma inadequação particular à dinâmica própria e às especificidades do mundo laboral. Deixando de parte os inconvenientes gerais do conceito – já devidamente demonstrados – vale a pena atentar nas suas dificuldades operativas no domínio laboral, porque são estas dificuldades que justificam a ultrapassagem deste conceito por uma categoria alternativa.

Os inconvenientes do recurso à categoria geral da relação jurídica no domínio laboral evidenciam-se no plano técnico, no plano sistemático e no plano dogmático.

**II.** No *plano técnico,* as dificuldades do conceito de relação jurídica na sua aplicação laboral decorrem do carácter intersubjectivo ou relativo desta categoria, que não se adequa a muitas situações juslaborais, correspondentes a situações jurídicas absolutas.

As limitações operativas do conceito de relação jurídica são exemplificadas por múltiplas situações juslaborais absolutas: os direitos de personalidade do trabalhador e do empregador (arts. 14º e ss. do CT); os diversos direitos potestativos do trabalhador e do empregador que decorrem das respectivas qualidades e se impõem ao contrato de trabalho (assim, por exemplo, os direitos associados à qualificação profissional do trabalhador ou a situações especiais como a menoridade, a gravidez e a parentalidade, a incapacidade física ou a qualidade de estrangeiro); e com referência ao domínio colectivo, os direitos potestativos que não pressupõem a existência de um vínculo de trabalho em concreto mas ainda e tão só a qualidade de trabalhador subordinado ou de empregador (assim, o direito de filiação do trabalhador e do empregador nas associações representativas respectivas (art. 444º do CT); as situações jurídicas emergentes das convenções colectivas de trabalho, que têm a ver com a sua aplicação e não com a sua celebração, e que, por isso, também escapam à lógica do conceito de relação jurídica; os direitos e deveres decorrentes da inserção dos trabalhadores na organização do empregador, que só

---

[107] Cfr., *supra,* § 4º, ponto 9.V.

se deixam justificar por essa mesma organização, como o direito à igualdade de tratamento (arts. 23º ss.) e os deveres do trabalhador para com os colegas (art. 128º nº 1 a) do CT), e ainda as prerrogativas do empregador justificadas pelas vicissitudes empresariais e que se impõem potestativamente ao contrato de trabalho (assim, por exemplo, os direitos relativos à mobilidade funcional ou geográfica do trabalhador – arts. 120º e 194º do CT).

Em suma, do ponto de vista estritamente técnico, o conceito de relação jurídica não quadra à multiplicidade e à diversidade das situações jurídicas laborais.

**III.** No *plano sistemático*, a aplicação laboral do conceito de relação jurídica contribui para perpetuar a visão policêntrica do Direito do Trabalho e para secundarizar, no seu seio, a parcela regulativa colectiva relativamente às matérias atinentes ao contrato e à relação de trabalho, em prejuízo da unidade interna e do equilíbrio global da área jurídica.

É que, sendo, apesar de tudo, a categoria operativa da relação jurídica mais adaptável ao contrato de trabalho e à relação entre o empregador e o trabalhador que decorre da celebração desse contrato, esta perspectiva metodológica sobre os temas laborais contribui para centrar globalmente a área jurídica no estudo da relação de trabalho, considerando os temas colectivos apenas por «acoplagem» a este núcleo central e perspectivando globalmente o direito das situações laborais colectivas como uma parcela secundária da área jurídica.

Em suma, este conceito facilita a visão do Direito do Trabalho eminentemente como o «*direito da relação de trabalho*», ou como o «*direito do contrato de trabalho*».

**IV.** Por fim, no *plano dogmático*, o recurso ao conceito de relação jurídica de trabalho como conceito aglutinante geral do Direito Laboral tem um efeito redutor na discussão dos problemas dogmáticos que se colocam no domínio laboral, tanto na especialidade como em geral.

Assim, *in specie*, esta perspectiva dificulta o tratamento dogmático dos institutos laborais mais difíceis de compaginar com a lógica da relação jurídica, como os direitos de personalidade do trabalhador e do empregador, o poder disciplinar, a greve, as convenções colectivas de trabalho ou a igualdade de tratamento. Por outro lado, em termos gerais, o conceito de relação jurídica obscurece uma visão global sobre o Direito do Trabalho e sobre o seu lugar na Ordem Jurídica, uma vez que reduz a discussão sobre a sua autonomia dogmática ao problema, mais circunscrito, da singularidade da relação de trabalho e do contrato de trabalho perante os seus congéneres contratos obrigacionais[108].

Em suma, o conceito de relação jurídica propicia uma perspectiva dogmática estreita sobre o Direito do Trabalho e sobre os seus problemas, que deve ser superada.

**V.** O enunciado dos limites operativos e dogmáticos do conceito de relação jurídica na sua aplicação laboral bastaria para concluir que, mesmo que este conceito fosse aceitável em termos gerais, ele continuaria a ser inadequado para enquadrar juridicamente os fenómenos laborais.

Por esta razão, propõe-se a substituição deste conceito pelo conceito de *situação jurídica laboral nuclear*, nos termos que seguem.

## 41. A alternativa: as situações jurídicas laborais nucleares inerentes à qualidade de trabalhador subordinado e à qualidade de empregador e as situações laborais derivadas

### 41.1. As situações jurídicas laborais nucleares

**I.** O Direito do Trabalho é susceptível de uma delimitação unitária se for possível enquadrar a actividade laboral por um conceito operatório que corresponda a três objectivos: evidencie o traço característico do trabalho subordinado, ou seja, o seu conteúdo *laboral*, no sentido que atribuímos ao termo[109]; viabilize uma apreciação integrada das diversas parcelas regulativas da área jurídica; e permita salientar as diversas valorações substanciais associadas aos fenómenos laborais, nas suas dimensões individuais e colectivas.

O conceito operatório que propomos para esse efeito é o conceito de *situação jurídica laboral*, mas este conceito deve ser reportado não à relação de traba-

---

[108] Aprofundaremos este ponto, *infra*, § 13º, ponto 45.
[109] *Supra*, § 1º, ponto 1.5.

lho[110] e sim directamente aos entes presentes em todos os fenómenos laborais: o trabalhador e o empregador. Trata-se, em suma, do conceito de *situação jurídica de trabalhador subordinado* e de *situação jurídica de empregador*. Por constituir o denominador comum a toda a fenomenologia laboral, designamos este conceito pela expressão *situação juslaboral nuclear*.

**II.** Reportada ao trabalhador e ao empregador, a situação jurídica laboral nuclear corresponde à realidade normativa individual[111] em que estão investidos o prestador e o credor da actividade laboral, em virtude da promessa ou da prestação efectiva dessa mesma actividade. Assim definida, esta situação jurídica desdobra-se em duas situações menores e de conteúdo estatutário, dado que emergem da qualidade dos sujeitos nelas investidos: a situação jurídica de trabalhador subordinado e a situação jurídica de empregador.

Designamos estas situações jurídicas como situações juslaborais nucleares porque, de uma forma separada ou em conjunto, elas são sempre o referente das normas laborais.

Recorrendo aos critérios de classificação das situações jurídicas propostos pela doutrina[112], podemos caracterizar as situações juslaborais nucleares do seguinte modo:

- trata-se de *situações unisubjectivas*, porque postulam um único sujeito (o trabalhador subordinado e o empregador, respectivamente);
- são *situações absolutas*, porque não dependem de uma situação de sinal contrário (a situação de trabalhador subordinado e a situação de empregador produzem efeitos jurídicos independentemente da relação jurídica que venha a ser estabelecida entre eles);

---

[110] Neste sentido, por exemplo, MENEZES CORDEIRO, *Manual de Direito do Trabalho... cit.*, 89. A noção de situação jurídica laboral proposta por este autor corresponde a uma situação jurídica relativa, logo, num sentido diverso do que propomos.
[111] Seguimos genericamente os ensinamentos de OLIVEIRA ASCENSÃO, *Direito Civil. Teoria Geral cit.*, III, 11 ss., e MENEZES CORDEIRO, *Tratado de Direito Civil cit.*, I, 863, quanto ao conceito de situação jurídica: é um conceito normativo, mas com dimensão individual, no sentido em que opera a subjectivação da regra jurídica.
[112] Por todos, quanto a estes critérios classificativos, MENEZES CORDEIRO, *Tratado de Direito Civil... cit.*, I, 864 ss.

- e são *situações compreensivas*, já que se desdobram em diversos elementos de conteúdo activo e passivo: efectivamente, da qualidade de trabalhador subordinado e da qualidade de empregador decorrem direitos e deveres diversos, que consubstanciam outras tantas situações jurídicas, absolutas e relativas, autonomamente valoradas pelo Direito.

**III.** Os conceitos de situação jurídica de trabalhador subordinado e de situação jurídica de empregador apresentam três grandes *vantagens sobre o conceito tradicional de relação jurídica de trabalho enquanto categorias operativas gerais do Direito do Trabalho*: eles evidenciam melhor o traço característico e diferenciador dos fenómenos laborais; eles têm uma aptidão explicativa geral, na medida em que permitem enquadrar todos os fenómenos laborais; e eles contribuem para uma perspectiva dogmaticamente aberta sobre os problemas laborais.

Assim, em primeiro lugar, o conteúdo essencial destas situações jurídicas permite fixar o objecto do Direito do Trabalho na *actividade laboral*, mas enfatiza o facto de a dependência do prestador dessa actividade – que constitui o traço distintivo desta actividade perante outras formas de actividade laborativa – corresponder a um estado subjectivo ou a uma qualidade do trabalhador e não a uma característica da prestação, como oportunamente verificámos[113]. *A primeira vantagem deste conceito é, pois, a sua maior aproximação à realidade.*

Em segundo lugar, o facto de estas situações jurídicas se reportarem às qualidades de trabalhador subordinado e de empregador, e não ao vínculo que entre eles se estabelece, torna-as aptas para enquadrar não apenas a relação de trabalho como também outras situações laborais – assim, as situações que relacionam o trabalhador ou o empregador com outras entidades, as situações absolutas em que relevem apenas interesses dos trabalhadores ou interesses de gestão e as situações juslaborais colectivas. *A segunda vantagem deste conceito é, pois, a sua maior abrangência, que aumenta a sua vocação unificadora.*

Esta aptidão unificadora geral do conceito de situação jurídica laboral, no sentido em que o entendemos – ou seja, reportado à qualidade de trabalhador e/ou de empregador – transparece no próprio sistema normativo. Efec-

---

[113] Cfr., *supra*, § 1º, 1.3. e 1.5.

§11º EVOLUÇÃO GERAL

tivamente, naquelas normas laborais que mais dificilmente se reconduzem à lógica de relacionamento intersubjectivo negocial imposta pelos parâmetros da figura da relação jurídica, verifica-se que foi ponderada directamente a posição de subordinação do trabalhador e/ou a posição de domínio do empregador.

Alguns exemplos ilustram a maior valia explicativa deste conceito. Assim:

- o *regime da categoria e da carreira* do trabalhador (arts. 129º nº 1 e) e 119º do CT) não se deixa facilmente explicar numa lógica relacional pura, mas compreende-se como uma forma de tutela directa da situação jurídica de trabalhador subordinado;
- a mesma ponderação directa da posição do trabalhador está na base do *regime da antiguidade*, justificando, por exemplo, que esta continue a contar em situações de suspensão do contrato (art. 295º nº 2);
- *prerrogativas do empregador como a mobilidade funcional e o jus variandi, a mobilidade geográfica ou o direito de exigir trabalho suplementar* (respectivamente, arts. 120º, 194º e 227º) são mais facilmente explicados como manifestações da tutela da situação jurídica do empregador do que como desvios ao sinalagma contratual;
- *a interconexão das situações jurídicas dos diversos trabalhadores de uma empresa*, manifestada nos deveres de colaboração e de respeito entre os colegas, extravasa a relação negocial entre empregador e trabalhador, mas é fácil de compreender se tivermos em conta o estatuto de trabalhador subordinado e as exigências da organização do empregador;
- *as relações do trabalhador com o sindicato e do empregador com a associação de empregadores* não se deixam explicar pelo contrato de trabalho, mas justificam-se directamente nas qualidades de trabalhador subordinado e de empregador – o que explica, por exemplo, que o trabalhador não perca a qualidade de associado do sindicato com a cessação do contrato de trabalho (art. 444º nº 2), e que seja a qualidade de empregador e não os contratos de trabalho por ele celebrados que permite a sua inscrição numa associação patronal (art. 442º nº 2 a) do CT);
- o elenco dos *direitos das comissões de trabalhadores* (art. 54º da CRP) extravasa o âmbito da relação negocial entre cada trabalhador e o empregador, justificando-se directamente na tutela dos interesses do conjunto dos trabalhadores da empresa;

– na base do *direito de greve* não estão necessariamente interesses negociais, mas interesses colectivos dos trabalhadores, que podem extravasar o domínio dos respectivos contratos (art. 531º nº 2 do CT); e são também estes interesses que justificam a admissibilidade dos piquetes de greve e as actividades por eles desenvolvidas junto de cada trabalhador para o persuadir a aderir à paralisação (art. 533º do CT).

Em suma, se nem sempre é fácil explicar os regimes laborais numa lógica relacional, parece, contudo, evidente que a situação jurídica de trabalhador subordinado e a situação jurídica de empregador, tomadas de per si, constituem o denominador comum de toda a fenomenologia laboral.

Por fim, porque não é relacional, *o conceito de situação juslaboral nuclear, que adoptamos, facilita uma perspectiva integrada dos centros regulativos do Direito do Trabalho* e, nessa medida, contribui para a unidade sistemática e dogmática da área jurídica[114].

**IV.** Em face do exposto, adoptam-se os conceitos de situação jurídica de trabalhador subordinado e de situação jurídica de empregador como categorias técnicas unificadoras do Direito Laboral, porque são exactamente essas situações que representam o denominador comum a toda a fenomenologia laboral.

Este entendimento leva implícita uma visão do Direito do Trabalho que não o reduz ao complexo de normas jurídicas reguladoras do contrato de trabalho ou da relação de trabalho[115], mas que o perspectiva como a área normativa que regula as matérias atinentes à situação jurídica de trabalhador subordinado e à situação jurídica de empregador e às demais situações jurídicas que decorram destas situações nucleares. No seu âmbito cabe, naturalmente – e nele merece, aliás, lugar de destaque, pela sua importância – o estudo do contrato de trabalho e da relação de trabalho –, mas este estudo não esgota a área jurídica.

---

[114] Para mais desenvolvimentos sobre as virtualidades do conceito de situação juslaboral nuclear no sentido proposto, *vd* ROSÁRIO PALMA RAMALHO, *Da Autonomia Dogmática... cit.*, 119 ss.
[115] Como faz, por exemplo, WOLF, *Der Begriff Arbeitsrecht cit.*, 709 e 718.

**V.** O entendimento proposto pode ser alvo de duas críticas: a crítica do subjectivismo, porque este critério delimitador assenta na qualidade de uma categoria de sujeitos e não no vínculo que entre eles se estabelece, o que poderia significar o retorno a uma perspectiva «classista» do Direito do Trabalho, que não faz hoje grande sentido; e a crítica da imprecisão, por dificultar o estabelecimento das fronteiras da área jurídica, uma vez que a multiplicidade das situações jurídicas atinentes à qualidade de empregador e à qualidade de trabalhador dificultará a exclusão do seu domínio de matérias que dele se têm vindo a separar – *maxime*, as matérias da segurança social.

A nosso ver, nenhuma destas críticas é procedente.

Quanto à crítica do subjectivismo, sendo certo que o conceito de situações jurídicas laborais nucleares, no sentido preconizado, aponta para uma qualidade partilhada por um grupo de pessoas (a qualidade de trabalhador subordinado e a qualidade de empregador), nele não está implícita uma visão classista do Direito do Trabalho, à maneira tradicional, porque não vemos a área jurídica como o direito dos operários, nem sequer como o direito dos trabalhadores subordinados, ou seja, com um ramo jurídico de pendor unilateral, vocacionado para a protecção de uma determinado grupo social – já tendo demonstrado a índole compromissória do Direito Laboral, o ponto não carece de mais justificação[116].

É certo que a perspectiva adoptada chama mais a atenção para a componente de grupo que assiste a esta área jurídica. No entanto, a ser qualificado como um «direito de grupo», o Direito do Trabalho terá que ser, em qualquer caso, considerado como o *direito do grupo dos trabalhadores subordinados* e *do grupo dos empregadores*. É o que se assume.

A segunda crítica aponta para o perigo da indefinição das fronteiras do Direito do Trabalho. A questão que aqui se coloca é a de saber se perspectivar a área jurídica a partir das situações jurídicas de trabalhador subordinado e de empregador, mas sem a intermediação clássica da figura da relação de trabalho, chama para o seu âmbito todas as normas que se reportem ao trabalhador subordinado ou ao empregador.

---

[116] Cfr., *Supra*, § 3º, ponto 6.4.

O conteúdo da situação jurídica do trabalhador subordinado e da situação jurídica do empregador, que acima delimitámos, permite responder negativamente: apenas integram o Direito do Trabalho as normas que se justificam, directa ou indirectamente, na promessa, na efectivação ou no aproveitamento de uma actividade laboral. Já os fenómenos que decorram da qualidade de trabalhador subordinado e/ou de empregador, mas não pressuponham ou não actuem, de forma conjunta ou disjunta, as respectivas posições laborais, não são fenómenos laborais, e, consequentemente, as normas que os regulam não se integram no âmbito do Direito Laboral

> Alguns exemplos de situações jurídicas laborais e não laborais, com origem nas qualidades de trabalhador subordinado e de empregador ilustram o critério distintivo proposto.
> Assim, é laboral a relação jurídica entre o trabalhador e o empregador que decorre da celebração do contrato de trabalho, porque ambos actuam, conjugadamente, as suas posições subjectivas respectivas de subordinação e de domínio; são laborais os deveres do empregador perante o Estado em matéria de condições de trabalho (higiene e segurança das instalações, mapas de horários de trabalho, comunicações à Administração Pública laboral nas mais diversas matérias, entre outros), porque prosseguem interesses atinentes à protecção dos trabalhadores que a Ordem Jurídica acautela, exactamente em razão do seu estatuto subordinado; é laboral a relação entre o trabalhador e o sindicato ou entre o empregador e a associação de empregadores, porque ambas prosseguem interesses atinentes à posição de subordinação dos primeiros e à posição dominial dos segundos; e são laborais os deveres de natureza pública dos trabalhadores grevistas relativamente à prestação de serviços mínimos num processo de greve (art. 537º nº 2 do CT), porque constituem um limite ao seu direito de greve, que lhes é reconhecido pela Constituição e pela lei em atenção ao seu estatuto de subordinação.
> Pelo contrário, não são laborais as situações jurídicas do âmbito da segurança social porque, embora decorram da qualidade de trabalhador subordinado e da qualidade de empregador (este como sujeito passivo, contribuindo para o financiamento do sistema, aquele como contribuinte e beneficiário desse sistema), não actuam as posições laborais do sujeito empregador e do sujeito trabalhador; assim como não é laboral a relação

do empregador com a empresa seguradora emergente da celebração de contratos de seguro para cobertura dos riscos de acidentes de trabalho e de doenças profissionais dos trabalhadores ao seu serviço, porque, embora tais contratos resultem de uma imposição legal decorrente da qualidade de empregador, não são neles actuados quaisquer poderes de domínio nem são prosseguidos interesses atinentes à posição laboral de empregador.

Esta clarificação é de especial valia para apurar a distinção entre o Direito Laboral e outras áreas jurídicas que lhe são próximas, com destaque para o Direito da Segurança Social. Para além dos traços de distinção entre esta área jurídica e o Direito do Trabalho, que já apontámos oportunamente[117] e que têm a ver, essencialmente, com a natureza pública das suas normas, as duas áreas jurídicas distanciam-se ainda pelo facto de as normas de segurança social, mesmo quando se reportam ao trabalho subordinado, regularem situações jurídicas que não têm conteúdo laboral, no sentido que indicámos.

### 41.2. As situações jurídicas laborais derivadas; o vínculo de trabalho

**I.** Identificado o conceito de situações juslaborais nucleares, como categoria unificadora geral do Direito do Trabalho alternativa à categoria da relação jurídica de trabalho, resta referir aquilo que designamos como o *efeito multiplicador* deste conceito e que, efectivamente, nos dá a medida da riqueza da nossa área jurídica.

Enquanto situações jurídicas laborais nucleares, as situações do trabalhador subordinado e do empregador são passíveis de múltiplas e diversas projecções em novas situações jurídicas, de carácter relativo ou absoluto, patrimonial ou pessoal, e de âmbito individual ou colectivo[118].

**II.** Assim, na área regulativa individual do Direito do Trabalho, as situações laborais nucleares de trabalhador subordinado e de empregador projec-

---

[117] *Supra*, § 3º, ponto 7.IX.
[118] Para mais desenvolvimentos sobre este ponto, *vd* Rosário Palma Ramalho, *Da Autonomia Dogmática... cit.*, 124 s.

## §11º EVOLUÇÃO GERAL

tam-se em múltiplas situações jurídicas, que podemos agrupar nas seguintes categorias:

- a *situação jurídica emergente do contrato de trabalho*, ou *relação de trabalho*, que conecta o trabalhador e o empregador um com o outro; trata-se de uma situação jurídica intersubjectiva, relativa e de conteúdo complexo, que, por sua vez, se desdobra em inúmeras outras situações jurídicas, activas e passivas, patrimoniais e pessoais;
- *situações jurídicas que prosseguem interesses atinentes apenas ao trabalhador ou apenas ao empregador*: por exemplo, o direito potestativo de fazer variar a prestação laboral, que assiste ao empregador ou o direito potestativo de aderir à greve, que assiste a cada trabalhador (arts. 120º nº 1 e 536º do CT, respectivamente);
- *situações jurídicas que relacionam o empregador ou o trabalhador, isoladamente considerados, com outras entidades*: assim, a relação do trabalhador com a comissão de trabalhadores da empresa e com a associação sindical, e a relação do empregador com a sua associação de empregadores.

Por seu turno, na área regulativa colectiva do Direito do Trabalho, as situações jurídicas de trabalhador subordinado e de empregador fazem surgir outras situações jurídicas, quer de índole institucional quer de índole informal. De novo, e para efeitos de simplificação, podemos agrupar estas situações jurídicas nas seguintes categorias:

- *situações jurídicas de carácter institucional entre o empregador ou as associações de empregadores e os entes colectivos que representam os trabalhadores*: assim, a relação do empregador com a comissão de trabalhadores no âmbito da empresa e a relação do empregador ou das associações de empregadores com as associações sindicais, com vista à negociação colectiva ou no quadro de um conflito colectivo de trabalho;
- *relações não formais entre o empregador e grupos de trabalhadores da empresa*, para diversos fins: por exemplo, a relação do empregador com a comissão de greve ou com o piquete de greve (arts. 532 nº 1 e art. 533º do CT);
- *relações internas ao grupo de trabalhadores*, como a relação dos trabalhadores com a comissão de greve que os representa (art. 532º nº 1 do CT);

- *relações internas ao grupo dos empregadores e ao grupo dos representantes dos trabalhadores*: assim, as relações decorrentes dos vários níveis das associações patronais, das associações sindicais e das comissões de trabalhadores, bem como de cada uma delas com os seus representantes, membros ou delegados.

**III.** Como decorre deste enunciado, o elemento comum a todas as situações enunciadas é a situação jurídica de trabalhador subordinado e/ou a situação jurídica de empregador, das quais estas situações constituem uma projecção. Por isso, qualificamos estas situações como *situações juslaborais derivadas*.

É o conjunto das situações juslaborais nucleares atinentes à qualidade de trabalhador subordinado ou de empregador e das situações laborais que delas decorrem (as situações juslaborais derivadas) que constitui o objecto do Direito do Trabalho.

**IV.** Uma das mais importantes situações juslaborais derivadas é a relação de trabalho. A importância do contrato de trabalho e da relação de trabalho enquanto situação juslaboral justifica que ela seja apreciada com autonomia, a propósito do estabelecimento dos alicerces dogmáticos desta área jurídica.

É o que se fará de seguida.

## §12º O VÍNCULO DE TRABALHO: EVOLUÇÃO E RECONSTRUÇÃO DOGMÁTICA

### 42. O vínculo de trabalho: evolução histórica e dogmática

#### 42.1. Aspectos gerais; sequência

**I.** O vínculo de trabalho é uma das situações jurídicas laborais de maior relevo. No estabelecimento dos alicerces dogmáticos do Direito do Trabalho, cabe, por isso, proceder à sua análise aprofundada.

Esta análise compreende duas etapas: a descrição e a apreciação crítica do modo como o vínculo laboral foi enquadrado em termos dogmáticos, ao longo da história do Direito do Trabalho, e a apresentação das tendências actuais quanto à sua conceptualização; e a apresentação e justificação da nossa própria concepção sobre este vínculo e sobre o papel que ele desempenha na dinâmica específica da área jurídica.

**II.** Ao longo da história do Direito do Trabalho, podem reconhecer-se três grandes orientações na construção dogmática do vínculo laboral: a construção civilista, a construção comunitário-pessoal e a construção obrigacional.

Numa perspectiva histórica, pode dizer-se que estas construções corresponderam aos períodos mais marcantes da evolução da área jurídica, oportunamente referenciados[119]: assim, a construção civilista do vínculo de trabalho

---

[119] Cfr., *supra*, § 2º, ponto 4.

foi dominante no período da implementação do Direito do Trabalho como área jurídica, no primeiro quartel do séc. XX; no período da consolidação e na época do maior desenvolvimento sistemático do Direito Laboral, que decorreu até à década de setenta do século XX, dominou a concepção comunitário--pessoal do vínculo de trabalho, com diversas formulações; por fim, na época da crise do Direito do Trabalho, que se instalou a partir dos anos oitenta do séc. XX, ganhou terreno a concepção obrigacional da relação de trabalho.

A apreciação destas diversas concepções sobre o vínculo laboral é indispensável para a construção dogmática deste vínculo na actualidade. Por isso, vamos passá-las sucintamente em revista.

### 42.2. A construção civilista: a recondução do vínculo laboral às figuras da locação ou da prestação de serviços[120]

**I.** Nos primórdios do desenvolvimento do Direito do Trabalho, o vínculo laboral começou por ser enquadrado por uma das projecções modernas da figura romana da *locatio conductio*: a figura do contrato de locação, de acordo com a tradição do Código de Napoleão, mas que encontramos também no Código Civil italiano de 1865 (art. 1570º) e no Código espanhol (art. 1583º); ou a figura do contrato de prestação de serviço, aproveitada para o efeito pelo BGB (§ 611º) e pelo Código Civil Português de 1867 (art. 1391º)[121].

O enquadramento do vínculo laboral pelas figuras da locação ou da prestação de serviços tem implícita a visão deste vínculo em consonância com os parâmetros obrigacionais daquelas duas figuras: ou seja, a relação de trabalho é vista como uma relação de escambo entre duas prestações patrimoniais equivalentes (a actividade laboral e a retribuição), cuja base é um acordo entre dois sujeitos livres e iguais (o empregador e o trabalhador).

No caso concreto, o reconhecimento da liberdade dos sujeitos laborais tem um significado axiológico especial para o trabalhador dada a origem histórica do trabalho subordinado livre no trabalho servil; e a afirmação da igualdade do trabalhador e do empregador assegura formalmente a ruptura do vínculo

---

[120] Para uma apreciação mais desenvolvida desta concepção, *vd* ROSÁRIO PALMA RAMALHO, *Da Autonomia Dogmática... cit.*, 232 ss.
[121] Cfr., *supra*, § 2º, ponto 3.2.VI.

laboral com os vínculos de vassalagem e de domínio pessoal que enquadraram o trabalho dependente no *Ancien Régime*.

Por outro lado, a condição técnica que viabiliza este enquadramento do vínculo de trabalho é a materialização da actividade laboral, que é conseguida através do aproveitamento jurídico do conceito económico de *trabalho abstracto*: para este efeito, a actividade laboral é separada da pessoa do trabalhador e perspectivada como um bem integrativo do seu património, de que ele pode dispor e que pode constituir o objecto de um negócio jurídico.

Na verdade, uma vez adquirida esta ideia da separação entre a actividade laboral e o sujeito prestador, o enquadramento do vínculo de trabalho pode ser feito por diversos contratos civis.

Assim, por exemplo, CARNELLUTTI[122] estabelece um paralelismo entre a prestação de trabalho e o contrato de fornecimento de energia eléctrica para concluir no sentido da configuração de ambos os vínculos como modalidades do contrato de compra: no caso do trabalho subordinado, o objecto do contrato seria a energia laborativa do trabalhador, que pode ser apropriada pelo empregador a partir do momento em que se separa da sua pessoa. Já autores como CHATELAIN reconduzem a prestação subordinada de trabalho a um contrato misto, com elementos do contrato de compra e venda e do contrato de sociedade (sociedade para a qual o trabalhador contribuiria com o bem «trabalho»)[123]; e, entre nós, ADOLPHO LIMA[124] propõe a configuração do vínculo de trabalho como um contrato obrigacional novo.

Em suma, as figuras do contrato de locação ou do contrato de prestação de serviço constituíram apenas as vias de enquadramento do fenómeno do trabalho subordinado industrial mais difundidas na doutrina e

---

[122] *Studi sulle energie come oggetto di rapporti giuridici... cit.*, 371 ss., e 381 ss.
[123] É. CHATELAIN, *El Contrato de Trabajo* (trad. espanhola de Adolfo Posada), Madrid, 1904, 48 s. e 71 s., *Esquisse d'une nouvelle théorie sur le contrat de travail conforme aux principes du Code civil*, Rev.trim.dr.civ., 1904, 313-342 (319 ss.), e ainda *Une application de la nouvelle théorie du contrat de travail*, Rev.trim.dr.civ., 1905, 271.
[124] *O Contrato de Trabalho cit.*, 147 s. Considerando impossível a recondução do vínculo laboral aos contratos de compra e venda, de sociedade e de locação, o autor propõe o reconhecimento de uma nova figura contratual para o enquadrar, e caracteriza este «novo» contrato como o contrato bilateral entre um operário, que se obriga à produção de utilidades através do esforço próprio, e o patrão, que se obriga ao pagamento de uma remuneração calculada em função do tempo e do esforço gastos.

que vieram a ter acolhimento legal – este enquadramento foi subscrito, entre muitos outros, pelos pandectistas germânicos, como WINDSCHEID e KIPP e, na sua esteira, por LOTMAR, considerado um dos fundadores do Direito Laboral na Alemanha, pelos tratadistas franceses do século XIX e do início do século XX, como TROPLONG, DEMANTE, PLANIOL, BAUDRY-LANCATINERIE e A. WAHKL, ou AUBRY e RAU, por autores italianos como BARASSI ou ABELLO, e, entre nós, por CUNHA GONÇALVES[125]. Estas não são, no entanto, as únicas vias possíveis para o enquadramento dos vínculos de trabalho subordinado, em moldes compatíveis com os parâmetros do direito civil.

**II.** Como decorre do exposto, esta construção valoriza essencialmente no vínculo de trabalho o aspecto da troca das prestações principais das partes, preocupando-se em acentuar o carácter patrimonial e a equivalência destas prestações e em afirmar a plena aplicabilidade dos princípios gerais dos contratos a este vínculo – com destaque para os princípios da igualdade e da liberdade, particularmente apurados pela dogmática civilista de oitocentos, e cujo reconhecimento e reforço no vínculo laboral tinha um importante valor axiológico pelos antecedentes históricos do fenómeno do trabalho subordinado fabril. Além disso, esta construção tem a vantagem de enquadrar o novo fenómeno do trabalho industrial com recurso a categorias jurídicas tradicionais do Direito Civil, o que ajuda a conformar o respectivo regime jurídico aos parâmetros dogmáticos do direito civil.

É por este conjunto de razões que nos referimos a esta primeira construção dogmática do vínculo de trabalho como a *construção civilista*.

---

[125] B. WINDSCHEID/T. KIPP, *Lehrbuch des Pandettenrechts, 9 Auflage unter vergleichender Darstellung des deutschen bürgerlicher Rechts*, II, Frankfurt, 1906 (reprint 1963), 719; LOTMAR, *Der Arbeitsvertrag nach dem Privatrecht... cit.*, I, *passim*; M. TROPLONG, *De l'échange et du louage, in Le droit civil expliqué. Commentaire des Titres VII et VIII du livre III du Code Napoléon*, 3ª ed., II, Paris, 1859, 223; C. AUBRY/C. RAU, *Cours de droit civil français*, IV, 4ª ed., Paris, 1871, 512 ss.; A. M. DEMANTE, *Cours analytique de Code civil*, 2ª ed., VII, Paris, 1887, 226 ss. e 334 ss.; M. PLANIOL, *Traité élémentaire de droit civil*, 6ª ed., II, Paris, 1912, 588 e *passim*; G. BAUDRY-LACANTINERIE/A. WAHL, *Traité théorique et pratique de droit civil – Du contrat de louage*, 3ª ed., II *(Première Partie)*, Paris, 1907, 4 e *passim*; L. BARASSI, *Il contrato di lavoro nel diritto... cit.*, I; L. ABELLO, *Della locazione*, II *(Locazione di opere)*, Parte II, 2ª impr., Napoli – Torino, 1910, 8 s. e *passim*; CUNHA GONÇALVES, *Tratado de Direito Civil em Comentário ao Código Civil Português cit.*, VII, 572 ss.

## 42.3. As concepções comunitário-pessoais do vínculo de trabalho[126]

I. Como salientámos na análise da sua evolução histórica[127], o Direito do Trabalho cresceu em termos sistemáticos em torno do desígnio da protecção do trabalhador, enquanto sujeito débil do vínculo laboral, e desenvolveu esse desígnio protectivo através de normas imperativas, que procuraram, de uma forma pragmática, limitar os abusos dos empregadores no domínio laboral.

Ora, algumas destas normas reportam-se directamente à tutela da pessoa do trabalhador, impondo ao empregador o dever de zelar pela sua segurança e saúde no trabalho: são os denominados «deveres de assistência» do empregador, que foram consagrados pela primeira vez nos §§ 617 e 618 do BGB, para a modalidade do contrato de prestação de serviço em que o prestador está numa situação de dependência perante o credor do serviço (e que equivale ao moderno contrato de trabalho).

> Efectivamente, embora tivesse sido aprovado numa época em que a Alemanha era já um país fortemente industrializado, o BGB não autonomizou formalmente a figura do contrato de trabalho, aliás, contra a opinião de alguns juslaboralistas eminentes da época, como ENDEMANS, STADHAGEN ou MENGER[128]. Assim, o fenómeno do trabalho subordinado foi enquadrado pelo «contrato de serviço» (*Dienstvertrag*), considerando-se como seu traço específico o facto de o prestador do serviço se encontrar numa posição de dependência pessoal (*persönliche Abhängigkeit*) perante o credor do mesmo. Ora, é justamente nestes casos de dependência pessoal do trabalhador que o BGB impõe ao credor do serviço deveres especiais de cuidado em relação à pessoa do prestador, deveres estes que não têm lugar nos outros contratos de serviço – são os deveres de assistência (*Fürsorgepflichte*).

Admitidos sem grande discussão pela necessidade de protecção do trabalhador, os deveres de assistência suscitam, contudo, alguns problemas de

---

[126] Para uma apreciação mais aprofundada destas concepções, *vd* ROSÁRIO PALMA RAMALHO, *Da Autonomia Dogmática...cit.*, 273 ss. e *passim*.
[127] Cfr., *supra*, § 2º, ponto 4.1.
[128] W. ENDEMANNS, *Die Behandlung der Arbeit im Privatrecht, in Jahrbüchern für Nationalökonomie und Statistik cit.*, MENGER, *Das bürgerliche Recht...cit.*, STADTHAGEN, *Das Arbeiterrecht cit.*, *passim*.

fundo à construção dogmática do vínculo laboral nos moldes civilistas tradicionais. Estes problemas deixam-se enunciar em moldes interrogativos: como explicar que, num contrato de moldura obrigacional e patrimonial, cujo pressuposto é a liberdade e a igualdade dos contraentes, uma das partes seja investida no dever de zelar pela pessoa e pela saúde da outra? Ou, dito de outra forma, como explicar este relevante traço de pessoalidade num vínculo patrimonial? E, por outro lado, como compatibilizar a afirmação da igualdade das partes com a investidura de uma delas no dever de proteger a outra, mas também nos poderes laborais de direcção e disciplina?

Em suma, os deveres de assistência do empregador em relação ao trabalhador e, genericamente, a feição proteccionista do Direito do Trabalho e a componente de pessoalidade envolvida nessa protecção, põem à prova os alicerces eminentemente patrimoniais e formalmente igualitários da construção civilista do vínculo laboral.

**II.** A dificuldade de explicar os deveres de cuidado do empregador em relação à pessoa do trabalhador no vínculo laboral abriu caminho a uma nova concepção sobre a relação de trabalho. Esta concepção desenvolveu-se na Alemanha a partir do segundo quartel do século XX, irradiou do contexto germânico para a maioria dos sistemas jurídicos europeus (incluindo para Portugal) e, com diversas formulações, foi dominante ao longo das décadas seguintes, sendo, aliás, sustentada até hoje por alguns autores.

Ao contrário da concepção civilista, que tinha relevado no vínculo laboral os traços que mais o aproximavam de outros vínculos obrigacionais (i.e., a componente de troca patrimonial entre as prestações principais e a igualdade das partes), a nova concepção valoriza os traços da relação de trabalho que mais a afastam daqueles vínculos e que, por isso mesmo, vão viabilizar a sua emancipação dogmática. Estes elementos são, em primeiro lugar, o elemento da pessoalidade e, uns anos mais tarde, o elemento comunitário. Por assentar nestes traços, esta nova construção dogmática do vínculo laboral ficou conhecida como *concepção comunitário-pessoal da relação de trabalho* (*personenrechtliches Arbeitsverhältnis*).

**III.** As novas concepções explicativas do vínculo laboral começaram por relevar o *elemento de pessoalidade* deste vínculo.

## §12º O VÍNCULO DE TRABALHO: EVOLUÇÃO E RECONSTRUÇÃO DOGMÁTICA

Nesta óptica, autores como POTHOFF, JACOBI, MOLITOR, SINZHEIMER, RICHTER, NIKISCH ou MELSBACH[129] propõem a deslocação do cerne da relação de trabalho do binómio patrimonial da troca trabalho/salário (valorizado pela concepção civilista) para um binómio pessoal, que valoriza outros deveres das partes: do lado do trabalhador, o dever de lealdade (*Treupflicht*)[130], e, do lado do empregador, o dever de assistência (*Fürsorgepflicht*). Com esta deslocação, ficam assim justificados os deveres de assistência consagrados no BGB e é enfatizada a dimensão pessoal do vínculo laboral.

Para justificar esta construção do vínculo de trabalho, alguns autores ensaiam mesmo novos caminhos na justificação histórica deste vínculo, que apresentam como alternativas à filiação romanista tradicional na figura da *locatio conductio*. É o que encontramos, por exemplo, no ensaio de VON GIERKE sobre a origem histórica do *Dienstvertrag*[131], onde o autor sustenta a origem histórica deste contrato (e, designadamente, da sua modalidade de serviço dependente, que o Autor faz corresponder ao contrato de trabalho) num contrato da tradição medieval germânica, onde os traços de pessoalidade são muito mais marcados: é o *contrato de serviço fiel (Treudienstvertrag)*, vínculo de vassalagem em que o vassalo se obrigava a deveres de lealdade pessoal para com o senhor, em troca da protecção deste.

Enquanto relação de índole pessoal e beneficiando mesmo de uma justificação histórica autónoma, a relação de trabalho é, contudo, ainda concebida como uma relação contratual. Simplesmente, este contrato (que por esta época, é já habitualmente referenciado como *contrato de trabalho – Arbeitsvertrag*) é considerado um contrato pessoal e, como tal, é globalmente subtraído

---

[129] H. POTHOFF, *Ist das Arbeitsverhältnis ein Schuldverhältnis?*, ArbR, 1922, 5, 267-284 (271 s.) e, do mesmo autor, *Die Einwirkung der Reichsverfassung auf das Arbeitsrecht, in* T. RAMM (Hrsg.), *Arbeitsrecht und Politik. Quellentexte (1918-1933)*, Luchterland, 1966, 1-77 (26); JACOBI, *Grundlehren des Arbeitsrechts*, Leipzig, 1927, 54; E. MOLITOR, *Das Wesen des Arbeitsvertrages*, Leipzig, 1925, 12 s.; SINZHEIMER, *Grundzüge des Arbeitsrecht cit.*, 118 s.; RICHTER, *Grundverhältnisse des Arbeitsrechts cit.*, 33 e 72 ss.; A. NIKISCH, *Die Grundformen des Arbeitsvertrags und der Anstellungsvertrag*, Berlin, 1926, 154 ss.; E. MELSBACH, *Deutsches Arbeitsrecht zu seiner Neuordnung*, Berlin-Leipzig, 1923, 29 s. (este último autor releva também um elemento comunitário no vínculo laboral).
[130] Especificamente sobre o significado do dever de lealdade nesta concepção, pode ainda ver-se A. NIKISCH, *Die Bedeutung der Treupflicht für das Arbeitsverhältnis*, DAR, 1938, 7/8, 182-186.
[131] O.VON GIERKE, *Las raíces del contrato de servicios cit.*, passim.

à lógica dos contratos obrigacionais[132]. Está assim consumada a emancipação do vínculo de trabalho do seu enquadramento civil originário.

**IV.** Esta concepção pessoalista do vínculo de trabalho fica completa, uns anos mais tarde, com a *junção de um elemento comunitário ao elemento de pessoalidade*.

Remotamente filiada na tradição do pensamento comunitarista germânico do princípio do séc. XX (que se encontra em autores como VON GIERKE[133], por exemplo), a perspectiva comunitarista do vínculo laboral tem a sua origem próxima na obra de MOLITOR[134], que, ainda nos anos vinte, realça a importância da integração do trabalhador subordinado na organização do empregador e desenvolve o conceito de pertença à empresa (*Betriebszugehörigeit*) para explicar os poderes laborais e para justificar alguns aspectos da tutela do trabalhador subordinado – é o primeiro esboço da ideia de integração organizacional do trabalhador, que não mais se vai perder.

A partir do início dos anos trinta do século passado, a ideia de inserção e de pertença do trabalhador à empresa, avançada por MOLITOR, vai conhecer um desenvolvimento comunitarista, que passa a acompanhar o elemento de pessoalidade na construção do vínculo de trabalho. De acordo com este entendimento (sufragado por autores como SIEBERT, DIETZ, JOERGES, POTHOFF, HUECK, NIKISCH, DENECKE, MÜLLERREISERT ou WESTPFAHL[135], entre muitos outros), a relação de trabalho é não apenas uma relação pessoal (pelo relevo

---

[132] Ainda POTHOFF, *Ist das Arbeitsverhältnis ein Schuldverhältnis? cit.*, 273 s., que chega a comparar o contrato de trabalho ao contrato de casamento, para enfatizar a sua essência pessoal.

[133] O. VON GIERKE, *Das Deutsche Genossenschaftsrecht*, I, II, e III, 1ª ed. (*reprint*), Darmstadt, 1954.

[134] *Arbeitnehmer und Betrieb – zugleich ein Beitrag zur einheitlichen Grundlegung des Arbeitsrechts cit.*

[135] W. SIEBERT, *Die Begründung des Arbeitsverhältnis*, DAR, 1937, 11, 305-310 e 338-342, e *Das Recht der Arbeit – Systematische Zusammenstellung der wichtigsten arbeitsrechtlichen Vorschriften*, 5ª ed., Berlin-Leipzig-Wien, 1944, 5; R. DIETZ, *Die Pflicht der ehemaligen Beschäftigten zur Verschwiegenheit über Betriebsgeheimnisse*, in R. FREISLER/G. A. LÖNING/H. C. NIPPERDEY (Hrsg), *Fest. Justus Willhelm* HEDEMANN, Jena, 1938, 330-350 (332 ss.); JOERGES, *Der Arbeitsvertrag als Begründung des Arbeitsverhältnis in seiner geschichtlichen Entwicklung*, DAR, 1938, 6, 157-159, e, do mesmo autor, *Die Arbeitsverhältnis und Betriebsgemeinschaft. Wesen und Rechtsgrund*, DAR, 1938, 6, 91-95; POTHOFF, *Das Deutsche Arbeitsrecht*, Berlin, 1935, 11 ss.; A. HUECK, *Die Begründung des Arbeitsverhältnisses*, DAR, 1938, 7/8, 180-182; A. NIKISCH, *Arbeitsvertrag und Arbeitsverhältnis*, Berlin, 1941; DENECKE, *Vermögensrechtliches oder personenrechtliches Arbeitsverhältnis*, DAR, 1934, 7/8, 219-224; F. MÜLLERREISERT, *Das Arbeitsverhältnis als Vertrag und als Gemeinschaft des Personenrechts*, DAR, 1938, 11, 280-283; WESTPFAHL, *Warum trägt das Arbeitsverhältnis personenrechtlichen Charakter*, DAR, 1938, 12, 329-330.

essencial do nexo lealdade/assistência), mas também uma relação comunitária, porque pressupõe a integração do trabalhador numa comunidade, no seio da qual se reconhece a existência de uma comunhão de interesses entre o trabalhador e o empregador na prossecução do objectivo organizacional.

Nesta construção do vínculo de trabalho, sucede à tradicional oposição de interesses das partes, típica dos contratos obrigacionais, a afirmação da comunhão de interesses entre trabalhador e empregador, sendo esta comunhão justificada pela integração do primeiro na empresa ou na organização do segundo, e sendo esta organização reconduzida a uma comunidade: a *Betrieb*, *Betriebsgemeinschaft* ou *Arbeitsgemeinschaft*, na designação germânica[136], e a *azienda* ou *comunità di lavoro*[137], em Itália. Em termos legais, a ideia da comunidade entre trabalhador e empregador na prossecução do interesse empresarial é traduzida na valorização da empresa e no reporte do princípio da mútua colaboração entre o empregador e o trabalhador ao quadro organizacional ou empresarial e para prossecução do respectivo fim.

Em suma, a relação de trabalho é não só pessoal como também comunitária, e são os elementos de pessoalidade e de comunidade que explicam o dever de lealdade do trabalhador em relação à organização do empregador, mas também os deveres de cuidado do empregador em relação ao trabalhador: o nexo entre os deveres de lealdade e de assistência vê-se, assim, confirmado como nexo fundamental do vínculo de trabalho[138].

**V.** Não pode desligar-se o desenvolvimento histórico da concepção comunitário-pessoal do vínculo de trabalho do ambiente ideológico envolvente – o ambiente da transição dos anos vinte para os anos trinta do século passado, no qual floresceram as ideologias nacional-socialista na Alemanha, o fascismo na Itália e o corporativismo na Península Ibérica.

---

[136] Por exemplo, MELSBACH, *Deutsches Arbeitsrecht zu seiner Neuordnung cit.*, 29 s., e NIKISCH, *Arbeitsvertrag und Arbeitsverhältnis cit.*, 19.
[137] Sobre estes conceitos, com o sentido indicado, no contexto italiano, por exemplo, GRECO, *Il contratto di lavoro cit.*, 58 ss., e C. LEGA, *La comunità del lavoro nell'impresa*, Milano, 1963, *passim*.
[138] Por todos, quanto a esta justificação, NIKISCH, *Die Bedeutung der Treupflicht cit.*, 129 e 184 s. Para mais desenvolvimentos sobre a importância destes deveres nesta construção da relação de trabalho, *vd* o nosso *Da Autonomia Dogmática... cit.*, 280 ss.

## §12º O VÍNCULO DE TRABALHO: EVOLUÇÃO E RECONSTRUÇÃO DOGMÁTICA

Assentes nos princípios da colaboração interclassista e da sujeição dos interesses privados ao interesse nacional, estas ideologias aproveitaram a ideia da comunhão de interesses, não apenas para conceber o vínculo de trabalho em novos moldes, mas também para proceder a uma reorientação axiológica global do Direito do Trabalho. Assim, foi na ideia da comunhão de interesses que se justificou a erradicação dos fenómenos de conflito laboral; foi também nesta ideia que se alicerçou o empolamento conferido pela lei à empresa[139], vista como a célula sócioprodutiva por excelência, cujos elementos (incluindo o proprietário) concorrem para o objectivo produtivo, mas subordinando-se sempre este objectivo ao superior interesse nacional; por fim, foi a ideia de comunhão de interesses que justificou a organização interna da empresa em moldes hierárquicos (i.e., uma organização moldada sobre o «princípio do chefe» ou *Führerprinzip*»), reconduzindo-se o empregador à figura do «chefe da empresa» (*Betriebsführer*)[140], que exerce os poderes laborais por delegação do Estado e, de novo, em prossecução do interesse geral[141].

No entanto, apesar da facilidade do seu aproveitamento ideológico, deve realçar-se a valia axiológica geral da concepção comunitário-pessoal do vínculo laboral. Esta valia geral decorre do facto de ter sido esta concepção que chamou a atenção para os aspectos mais originais da relação de trabalho, que devem, obviamente, ser tidos em conta na sua construção dogmática: a envolvente pessoal do vínculo, no que toca ao trabalhador, conjugada com a sua subordinação, que é, também ela, um estado de sujeição pessoal; e o facto de o trabalhador se inserir numa organização alheia.

---

[139] Destaca-se nesta linha a *Arbeitsordnungsgesetz* (AOG), que, em 1934, estabeleceu as bases do Direito Laboral germânico no nacional-socialismo; mas também noutros sistemas normativos foi reconhecido um papel proeminente à empresa no enquadramento do vínculo laboral.

[140] Em particular, sobre o *Führerprinzip* e o tema do chefe da empresa e a respectiva justificação neste contexto, DENECKE, *Vermögensrechtliches oder personenerechtliches... cit.*, 220 ss., NIKISCH, *Die Bedeutung der Treupflicht cit.*, 183, e POTHOFF, *Das Deutsche Arbeitsrecht cit*, 14 e 17.

[141] Sobre o aproveitamento ideológico desta concepção do vínculo de trabalho, com destaque para o caso alemão, T. MAYER-MALY, *Nationalsozialismus und Arbeitsrecht*, RdA, 1989, 4/5, 233-240, B. RÜTHERS, *Die unbegrenzte Auslegung. Zum Wandel der Privatordnung im Nationalsozialismus*, 2ª ed., Frankfurt, 1973, e ainda a análise exaustiva de E. WOLF, *Das Arbeitsverhältnis. Personenrechtliches Gemeinschaftsverhältnis oder Schuldverhältnis?*, Marburg, 1970, 41 ss. Para mais desenvolvimentos sobre este tema, ainda ROSÁRIO PALMA RAMALHO, *Da Autonomia Dogmática... cit.*, 274 ss.

§ 12º O VÍNCULO DE TRABALHO: EVOLUÇÃO E RECONSTRUÇÃO DOGMÁTICA

Neste contexto, sempre diremos que, enquanto Ciência social e humana, o Direito é globalmente permeável ao ambiente social e político envolvente e as construções jurídicas mais bem fundadas em termos axiológicos e, até, as mais democráticas, são susceptíveis de aproveitamento ideológico[142], sendo também inevitável que esta permeabilidade seja particularmente intensa nas áreas jurídicas que lidam com fenómenos sociais de maior delicadeza, como é o caso do Direito do Trabalho[143]. Esta permeabilidade ideológica das concepções jurídicas não preclude a sua validade científica.

No caso concreto, a valia jurídica geral da concepção comunitário-pessoal da relação de trabalho explica que ela tenha sobrevivido ao fim das ideologias à sombra das quais floresceu e seja ainda hoje sustentada em alguns sectores.

**VI.** Assente a recondução do vínculo de trabalho a uma relação comunitário-pessoal no sentido exposto, desenvolvem-se duas *linhas de fundamentação dogmática desta concepção*, com algumas variantes, entre as décadas de trinta e quarenta do séc. XX: a orientação contratualista e a orientação institucionalista. Particularmente aprofundadas no seio da dogmática germânica, estas construções difundiram-se também noutros contextos doutrinais.

A *orientação contratualista* faz assentar a relação comunitário-pessoal de trabalho no contrato de trabalho (o *Arbeitsvertrag*, *Arbeitseinung* ou *Arbeitsvereinbarung*)[144], mas concebe este contrato como um contrato de natu-

---

[142] Sobre a porosidade ideológica do sistema jurídico em geral, K. STOYANOVITCH, *Sens du môt droit et idéologie*, Arch.Ph.Dr., 1974, XIX, 181-195 (194), e T. MAYER MALY, *Rechtsidee – Rechtswissenschaft – Rechtspolitik*, *in* M. JUST/M. WOLLENSCHLÄGER/P. EGGERS/H. HABLITZEL (Hrsg.), *Recht und Rechtsbesinnung, Gedächtnisschrift für Günther* KÜCHENHOFF *(1907-1983)*, Berlin, 1987, 141-148.
[143] Sobre a porosidade ideológica do Direito do Trabalho, *vd*, por todos, W. ᶻᵒ̈ˡˡⁿᵉʳ, *Arbeitsrecht und Politik*, DB, 1970, 1/2, 54-62, e *Arbeitsrecht und politisches System*, Frankfurt a.M., 1973, T. RAMM (Hrsg.), *Arbeitsrecht und Politik. Quellentexte (1918-1933) cit.*, e B. RÜTHERS, *Arbeitsrecht und Ideologie*, *in* Hans G. LESER (Hrsg.), *Arbeitsrecht und Zivilrecht in Entwicklung, Fest. Hyung BAE-KIM*, Berlin, 1995, 103-124. Já demos conta desta característica do Direito do Trabalho, *supra*, § 3º, ponto 6.5.
[144] Não é, assim, correcta a recondução da ideia de comunidade apenas às teorias institucionalistas. A ideia comunitária, como elemento qualificador da relação de trabalho, é um pressuposto tanto da fundamentação institucionalista como da fundamentação contratualista do vínculo laboral.

reza pessoal e comunitária e não como um contrato obrigacional, por força do maior relevo dos elementos de pessoalidade e de comunidade.

Esta qualificação do contrato de trabalho assegura a emancipação do vínculo de trabalho em relação ao seu enquadramento civilista originário e justifica as múltiplas particularidades do seu regime jurídico, que não se deixam subsumir a uma lógica puramente obrigacional – assim, a tutela do trabalhador e a sua visão como contraente débil, os desvios às regras gerais em matéria de capacidade, de invalidade e de responsabilidade civil, e ainda as especificidades decorrentes da integração do trabalhador na empresa, como os poderes laborais ou as relações do trabalhador com outros trabalhadores.

Sustentada na Alemanha por autores como MÜLLERREISERT, MANSFELD, DENECKE, POTHOFF, JOERGES ou HUECK[145], a partir da década de trinta do séc. XX, e tendo irradiado deste contexto para outros contextos doutrinais, a fundamentação contratualista da concepção comunitário-pessoal do vínculo de trabalho foi dominante na maioria dos países e mesmo no contexto doutrinal germânico, excepto nos anos quarenta, durante os quais a justificação institucionalista ganhou mais adeptos.

VII. A *orientação institucionalista* é proposta em alternativa à concepção contratualista por alguma doutrina germânica (no qual avultam autores como SIEBERT e NIKKISH[146]), na transição para os anos quarenta do século passado. Tal como a concepção contratualista, a concepção institucionalista irradiou da doutrina germânica para outros contextos doutrinais, encontrando defensores na doutrina francesa (por exemplo, P. DURAND e A. VITU, BRÈTHE DE LA GRESSAYE e A. LÉGAL ou HÉBRAUD[147]), na doutrina italiana (por exem-

---

[145] MÜLLERREISERT, *Das Arbeitsverhältnis als Vertrag... cit.*, 280 s.; MANSFELD, *Vom Arbeitsvertrag... cit.*, 129, DENECKE, *Vermögensrechtliches oder personenrechtliches... cit.*, 222; POTHOFF, *Das Deutsche Arbeitsrecht cit.*, 11 e 30; JOERGES, *Arbeitsverhältnis und Betriebsgemeinschaft...cit.*, 95 s.; HUECK, *Die Begründung des Arbeitsverhältnis cit.*, 180.

[146] NIKISCH, *Die Eingliederung in ihrer Bedeutung für das Arbeitsrecht*, RdA, 1960, 1, 1-5 , e ainda *Arbeitsrecht*, I, 3ª ed., Tübingen, 1961; SIEBERT, *Das Arbeitsverhältnis in der Ordnung der nationalen Arbeit*, Berlin, 1935, *Die Entwicklung der Lehre vom Arbeitsverhältnis im Jahre 1936*, DAR, 1937, 1, 14-19, e ainda *Die Begründung des Arbeitsverhältniss cit.*, 305 ss. e 338 ss.

[147] P. DURAND/A. VITU, *Traité de Droit du travail*, II, Paris, 1950, 209 s., e ainda de P. DURAND, *Le particularisme du droit du travail*, DS, 1945, 8, 298-303; J. BRÈTHE DE LA GRESSAYE, *Les transformations juridiques de l'entreprise patronale*, DS, 1939, 1, 2-6, e também na obra conjunta

plo, GRECO, ARDAU e RABAGLIETTI[148]) e na doutrina portuguesa (RAÚL VENTURA[149]).

A fundamentação institucionalista da relação comunitário-pessoal de trabalho desenvolveu-se com base em duas ideias fundamentais: a desvalorização do contrato de trabalho, enquanto facto constitutivo da relação de trabalho, em favor de um outro facto constitutivo (a incorporação); e a recondução da empresa à categoria técnico-jurídica de instituição.

De uma parte, esta concepção desvaloriza o papel do contrato de trabalho na constituição do vínculo laboral em favor de um outro elemento, que é eleito como facto constitutivo daquele vínculo: a inserção do trabalhador na empresa, ou *incorporação (Eingliederung)*. Para os defensores desta concepção, o que faz surgir a relação comunitário-pessoal de trabalho não é o contrato de trabalho, mas o acto de ingresso do trabalhador na estrutura produtiva do empregador.

Esta *desvalorização do contrato como facto constitutivo da relação de trabalho* deve-se a um motivo especificamente laboral, mas não deixa de se inscrever numa tendência geral de recuo da figura do contrato em favor de categorias técnicas alternativas.

O motivo especificamente laboral (particularmente desenvolvido no seio da dogmática germânica) é a dificuldade de justificação, numa óptica contratualista, de alguns aspectos do regime da relação de trabalho, e, designadamente, a incapacidade das teorias contratualistas para explicarem as denominadas relações laborais de facto (*Faktischesarbeitsverhältnis*), que, apesar de emergirem de um contrato de trabalho inválido, vêm os seus efeitos salvaguardados pelo tempo em que foram executadas, por força da impossibilidade prática de repetir as prestações já efectuadas. Ora, não podendo ser explicadas numa base contratual, estas situações deixam-se compreen-

---

com A. LÉGAL, *Le pouvoir disciplinaire dans les institutions privées*, Paris, 1938, 62 ss; P. HÉBRAUD, *Le régime des institutions disciplinaires instituées au sein de l'entreprise*, DS, 1949, 188-190.

[148] A. GRECO, *Il contratto di lavoro... cit.*, 54 ss., 260 ss., e 320 s.; G. ARDAU, *Corso di diritto del lavoro*, Milano, 1947, 75 ss.; M. F. RABAGLIETTI, *Introduzione alla teoria del lavoro nell'impresa*, Milano, 1956, 67.

[149] *Teoria da Relação Jurídica de Trabalho cit.*, 72 ss.

der se o facto constitutivo da situação jurídica laboral for a incorporação do trabalhador na empresa, uma vez que esta incorporação tem sempre lugar[150].

Por outro lado, em termos gerais, o sucesso desta justificação alternativa da relação de trabalho fica a dever-se ao facto de o seu surgimento coincidir com uma fase de relativo recuo da categoria técnico-jurídica geral do contrato, em favor de categorias jurídicas alternativas[151]. Ora, uma das categorias alternativas à figura do contrato que, à época, conheceu um maior desenvolvimento, foi a categoria da instituição e a fácil aplicação desta categoria operativa à empresa justifica, assim, em boa medida, o sucesso destas concepções.

O outro esteio fundamental da concepção institucionalista da relação comunitário-pessoal da relação de trabalho é, pois, a *recondução da empresa ao conceito técnico-jurídico de instituição.*

Teorizado em termos gerais na Alemanha, a partir do pensamento comunitarista germânico tradicional (através do conceito de *Genosssenschaft*, que é reaproveitado neste contexto, por exemplo, por C. SCHMITT[152]), mas desenvolvido também no seio das doutrinas francesa (HAURIOU, DELOS e RENARD[153]) e italiana (SANTI ROMANO[154]), o conceito de instituição encontra na empresa um terreno de fértil desenvolvimento, porque, desde que encarada numa

---

[150] Em especial sobre as relações laborais de facto, na perspectiva indicada, A. NIKISCH, *Über «faktische Vertragsverhältnisse»*, in E. v. CAEMMERER/A. NIKISCH/K. ZWEIGERT (Hrsg.), *Vom Deutschen zum Europäischen Recht, Fest. für Hans Dolle*, I, Tübingen, 1963, 79-102.

[151] Entre outros, sobre a crise da categoria jurídica do contrato e a emergência de categorias alternativas, por esta época, H. BATIFFOL, *La «crise du contrat» et sa portée*, Arch.Ph.Dr., 1968, XIII, 13-30 (13 s.), F. TERRÉ, *Sur la sociologie juridique du contrat*, Arch.Ph.Dr., 1968, XIII, 71-88 (71 e 79 s.), ou P. S. ATIYAH, *The Rise and Fall of Freedom of Contract*, Oxford, 1979, 717, 723, 725 e 737. Entre nós, A. VAZ SERRA, *Efeitos dos contratos (princípios jurídicos)*, BMJ, 1958, 74, 333-369 (363), exemplifica o declínio da figura do contrato justamente com o caso da relação de trabalho.

[152] C. SCHMITT, *Sobre as três modalidades científicas do pensamento jurídico* (1934), trad. port., BMJ, 1951, 26, 5-39, e 27, 5-35 (*maxime*, BMJ, 27, 18 ss.).

[153] M. HAURIOU, *La théorie de l'institution et de la fondation – Cahiers de la Nouvelle Journée*, IV, Paris, 1925; G. RENARD, *La théorie de l'institution. Essai d'ontologie juridique*, I, Paris, 1930; J.-T. DELOS, *La Théorie de l'Institution. La solution réaliste du Problème de la Personnalité Morale et le Droit à fondement objectif*, Arch.Ph.Dr., 1931, 1/2, 97-153 E ainda sobre o pensamento institucional de HAURIOU, vd O. P. BRODERICK, *La notion d' «institution» de Maurice Hauriou dans ses rapports avec le contrat en droit positif français*, Arch.Ph.Dr., 1968, XIII, 143-160.

[154] *L'ordinamento giuridico*, 2ª ed., Firenze, 1945, 29 ss., e *passim*.

§12º O VÍNCULO DE TRABALHO: EVOLUÇÃO E RECONSTRUÇÃO DOGMÁTICA

perspectiva orgânica[155], nela se podem identificar com facilidade os três traços necessários ao reconhecimento de uma realidade institucional: um objectivo comum aos membros (no caso concreto, este objectivo é o objectivo produtivo e é reportado ao elemento de comunidade do vínculo laboral); uma organização autónoma, que transcende a pessoa do criador (no caso, a empresa é vista como organização *a se*, que ultrapassa a pessoa do empresário e as respectivas vicissitudes); e uma estrutura interna definida (no caso da empresa, trata-se uma organização hierárquica ou vertical, o que explica os poderes laborais).

Em suma, a viabilidade técnica da fundamentação institucionalista da relação de trabalho é conseguida através da recondução da empresa a uma instituição. Uma vez operada esta recondução, o facto constitutivo do vínculo laboral desloca-se do contrato para o acto de ingresso do trabalhador na comunidade empresarial-institucional; é este acto que faz surgir a relação comunitário-pessoal de trabalho.

> A concepção institucionalista da relação de trabalho teve várias formulações, ainda no contexto da doutrina germânica. Estas formulações divergem, essencialmente, no papel que reconhecem ao contrato de trabalho.
> Assim, para autores como SIEBERT[156], embora a origem próxima da relação comunitário-pessoal de trabalho seja o acto de ingresso do trabalhador na empresa-instituição, o contrato de trabalho (ao qual o autor reconhece carácter obrigacional) é relevante como um contrato preparatório, que cria uma relação laboral preliminar (*ein Vorarbeitsverhältnis*); mas a denominada «relação de trabalho completa» (*Vollarbeitsverhältnis*) surge apenas quando a este contrato (obrigacional) se junta o elemento (laboral) da incorporação do trabalhador na empresa (*Eingliederung*). Na medida em que reconhece ainda algum papel ao contrato no surgimento do vínculo laboral, esta formulação pode considerar-se como a versão mais moderada das teorias institucionalistas.
> Já para autores como NIKISCH[157], o contrato de trabalho é irrelevante para a constituição do vínculo laboral, sendo a incorporação do trabalha-

---

[155] Cfr., *supra*, § 9º, ponto 34.2., as referências aos diversos significados da empresa no domínio laboral.
[156] *Die Begründung des Arbeitsverhältnisses... cit.*, 306 e 338 ss., e *Die Entwicklung der Lehre vom Arbeitsverhältnis... cit.*, 18 s..
[157] Por exemplo, em *Arbeitsvertrag und Arbeitsverhältnis cit.*, 14, 37 ss. e 70 e ss.

dor na empresa facto constitutivo bastante da relação comunitário-pessoal de trabalho. Esta formulação mais extremista da fundamentação institucionalista da relação de trabalho ficou conhecida como *teoria da incorporação (Eingliederungstheorie)* e acabou por ser abandonada pelo Autor em favor da formulação mais moderada, numa fase mais tardia do seu pensamento[158].

Deve ainda dizer-se que, na sua irradiação para outros contextos doutrinais, a fundamentação institucionalista da relação comunitário-pessoal de trabalho foi desenvolvida, sobretudo, na formulação mais moderada – ou seja, atribuindo ainda alguma importância ao contrato de trabalho – o que se coaduna, aliás, com o facto de, na maioria dos sistemas jurídicos (e ao contrário do que sucedia na Alemanha) este contrato ter já sido autonomizado formalmente na lei por esta época. É também com este perfil mais moderado que a concepção institucionalista é acolhida, entre nós, por RAÚL VENTURA, que, com este significado institucional, se refere à organização do empregador como «fundo de trabalho», designação que prefere ao termo empresa[159].

Por outro lado, consoante as tradições jurídicas e sociais de cada país, estas concepções acentuaram mais o elemento comunitário do conceito de instituição na sua aplicação à empresa (foi o que sucedeu em França, onde estas teorias permitiram o desenvolvimento das teorias da empresa laboral e do conceito de interesse da empresa[160]), ou antes o elemento da organização hierárquica da instituição-empresa e a sua visão como organismo autónomo, dando ainda maior ênfase ao dever de colaboração entre as partes (nesta linha de desenvolvimento encontramos a Itália e Portugal[161]).

**VIII.** Esta breve apresentação das construções contratualista e institucionalista da relação comunitário-pessoal da relação de trabalho permite

---

[158] Esta formulação mais moderada do pensamento de NIKISCH encontra-se já em *Das Arbeitsgesetzbuch und die Lehre vom Arbeitsverhältnis*, in H.C. NIPPERDEY (Hrsg.), *Fest Molitor*, Berlin, 1962, 83-105 (96 s. e 102 e s.), bem como na 3ª edição da obra *Arbeitsrecht... cit*, I, 158 ss., que data de 1961.

[159] *Teoria da Relação Jurídica de Trabalho cit.*, I, 72 s.

[160] Assim, entre outros, A. BRUN, André, *Le lien d'entreprise cit.*, 1719.

[161] Por exemplo, em GRECO, *Il contratto di lavoro... cit.*, 54 ss., 260 ss., e 320 s., em ARDAU, *Corso di diritto del lavoro cit.*, 75 ss.; e, quanto a Portugal, em RAÚL VENTURA, *Teoria da Relação Jurídica de Trabalho cit.*, I, 70 ss.

descortinar os seus pontos comuns e dissipar algumas dúvidas que estes entendimentos têm colocado. Estes pontos são os seguintes:

i) *As duas construções têm carácter jurídico, não correspondendo a teoria institucionalista apenas a uma abordagem de cariz sociológico sobre a relação de trabalho*: efectivamente, ambas as construções se baseiam em categorias técnico-jurídicas (num caso, a categoria do contrato, no outro caso a categoria da instituição) e procuram explicar o vínculo laboral de acordo com os parâmetros jurídicos possibilitados pelos conceitos operativos respectivos.

ii) *As duas formulações têm como ponto de partida comum o reconhecimento da relação de trabalho como uma relação comunitário-pessoal* e, em consequência, ambas procedem à emancipação deste vínculo relativamente ao seu enquadramento civilista originário. A concepção contratualista consegue esta emancipação do vínculo laboral através da qualificação do contrato de trabalho como um contrato pessoal. Já a concepção institucionalista logra tal emancipação por via da substituição do contrato pelo acto de incorporação como facto constitutivo do vínculo laboral.

iii) Por fim, embora qualquer umas destas construções se tenha mostrado permeável em termos ideológicos (ainda que, quanto a este ponto, se deva admitir a maior permeabilidade da concepção institucionalista, por força do carácter tecnicamente menos elaborado do conceito de instituição), *ambas as concepções têm validade jurídica geral*. Este último ponto é, aliás, comprovado, pela manutenção destas concepções, ainda que reformuladas, após o declínio das ideologias à sombra das quais tinham florescido, como vamos ver de imediato.

IX. Entre as décadas de cinquenta e setenta do séc. XX, a concepção comunitário-pessoal da relação de trabalho continuou a ser dominante na doutrina juslaboral, embora numa feição reformulada[162].

---

[162] Para mais desenvolvimentos sobre a evolução destas concepções no pós-Guerra, *vd* ROSÁRIO PALMA RAMALHO, *Da Autonomia Dogmática... cit.*, 367 ss.

Esta reformulação atingiu, sobretudo, o elemento comunitário, no qual foram diluídos os contornos que mais tinham facilitado o seu aproveitamento ideológico. Assim, continuou a ser enfatizada a ideia da comunhão de interesses entre o empregador e o trabalhador na empresa, mas deixou de se subordinar o interesse da empresa ao interesse nacional, para se salientar, sobretudo, a dimensão empresarial e comunitária do dever de colaboração entre trabalhador e empregador – é uma construção que encontramos em autores como Barassi ou Mazzoni[163], e que é também muito difundida no nosso sistema, por autores como Bigotte Chorão[164], embora, como se sabe, num contexto sociológico diverso. Por outro lado, na reconstrução do elemento comunitário do vínculo de trabalho, admite-se a coexistência deste elemento com os fenómenos laborais de conflito, que voltaram a ser reconhecidos.

Já no que refere ao elemento da pessoalidade, a sua importância foi ainda mais enfatizada nesta construção, através do realce dos deveres de lealdade e de assistência, nos quais a doutrina continuou a alicerçar a singularidade da relação de trabalho relativamente às congéneres relações obrigacionais de serviço.

No que toca à *fundamentação dogmática da concepção comunitário-pessoal da relação de trabalho nesta época*, observa-se o declínio das teorias institucionalistas – embora alguns autores continuem a sustentá-las, na versão mais moderada que não prescinde por completo do contrato de trabalho[165] – e a recuperação das concepções contratualistas, que voltam a ser dominantes[166].

---

[163] L. Barassi, *Il dovere della colaborazione*, Riv.DL, 1950, 1-15 (3 ss.), e *Elementi di diritto del lavoro*, 7ª ed., Milano, 1957, 29, 43 s. e 139 s.; G. Mazzoni, *Crisi o evoluzione del diritto del lavoro?*, DLav., 1954, I, 9-19 (12).

[164] M. Bigotte Chorão, *A colaboração na empresa perante o Direito Português*, Dir., 1971, 9-22.

[165] A. Nikisch, *Dienstpflicht und Arbeitspflicht*, in R. Dietz/A. Hueck/R. Reinhardt (Hrsg.), *Fest. Nipperdey*, München-Berlin, 1955, 65-82 (69), e, ainda, *Die Eingliederung... cit.*, 2 s.; P. Durand/A. Vitu, *Traité de Droit du travail, cit.*, II, 209 s., Brèthe De La Gressaye, *Les transformations juridiques de l'entreprise patronale cit.*, 2-6; L. S. Vigorita, *Impresa, rapporto di lavoro, continuità*, Riv.dir.civ., 1969, I, 545-578.

[166] Nesta perspectiva contratualista, entre muitos outros, A. Hueck, *Vertragstheorie und Eingliederungstheorie*, RdA, 1955, 9, 323-328 (325), W. Herschel, *Entwicklungstendenzen des Arbeitsrechts*, RdA, 1956, 5, 161-168 (164 s.), e ainda *Vom Arbeiterssschutz zum Arbeitsrecht, in Hundert Jahre Deutsches Rechtsleben, Fest. zum Hundertjährigen Bestehen des Deutschen Juristentages, 1860-1960*, I, Karlsruhe, 1960, 305-315 (312 s.), K. Kummer, *ie Entwicklung des Arbeitsrechtes in Österreich sei*

No entanto, deve salientar-se que, a partir desta época, as teorias contratualistas são objecto de uma reformulação, que as afasta das primitivas concepções contratualistas (e, designadamente, da ideia da recondução do contrato de trabalho a um contrato de natureza exclusivamente pessoal) e tira partido da qualificação obrigacional do contrato de trabalho feita pelas doutrinas institucionalistas na formulação mais moderada (designadamente por SIEBERT). Assim, na sua versão mais moderna, estas teorias consideram que o fundamento da relação comunitário-pessoal de trabalho é o contrato de trabalho, mas reconhecem a este contrato uma dupla dimensão: uma dimensão obrigacional (que se evidencia no binómio de troca trabalho-salário) e uma dimensão laboral (caracterizada pelo binómio dever de lealdade/deveres de assistência e na qual concorrem uma componente de pessoalidade e uma componente comunitária).

Esta construção implica pois uma reobrigacionalização parcial da relação de trabalho, mas esta evolução não afasta a singularidade globalmente reconhecida ao vínculo, uma vez que é a outra dimensão deste vínculo que, verdadeiramente, lhe confere o cunho laboral diferenciador.

Com esta configuração, a fundamentação contratualista da relação comunitário-pessoal no pós-Guerra não significa, pois, um retorno à formulação originária do contratualismo mas é, efectivamente, uma construção de síntese. É esta construção dogmática do vínculo laboral que vai ser dominante na doutrina ao longo das duas décadas seguintes e continua, até hoje, a ser sufragada por alguns autores.

X. No panorama nacional, a concepção comunitário-pessoal da relação de trabalho, na versão contratualista reformulada, transparece na LCT de 1969, em diversos aspectos do regime jurídico do contrato de trabalho, que vão desde o dever de mútua colaboração entre o empregador e o trabalhador (art. 18º da LCT), até ao relevo da empresa e à concepção hierárquica dos poderes laborais (arts. 20º nº 2, 26º e 31º da LCT).

*1945*, RdA, 1956, 4, 34-138 (137), G. BOLDT, *Le contrat de travail dans le droit de la République Fédérale d'Allemagne*, in G. BOLDT/G. CAMERLYNCK/P. HORION/A. KAYSER/M. G. LEVENBACH/L. MENGONI, *Le contrat de travail dans les pays membres de la C.E.C.A.*, Paris (s.d.), 225-310 (238 s.), e WIEDEMANN, *Das Arbeitsverhältnis als Austausch... cit.*, 8, 33 e 40.

Com este perfil, a concepção comunitário-pessoal da relação de trabalho foi adoptada pela maioria da doutrina nas décadas de sessenta e setenta e os elementos em que assenta (a comunidade empresarial e a pessoalidade da prestação do trabalhador) são referidos ainda hoje, na nossa doutrina, por autores como BERNARDO XAVIER ou MOTTA VEIGA[167].

### 42.4. As críticas à concepção comunitário-pessoal do vínculo de trabalho e a reconstrução obrigacional deste vínculo; a teoria da remuneração[168]

**I.** Embora nunca tenha sido completamente consensual (já que mereceu, precocemente, a crítica de autores como NEUMANN, FARTHMANN, MAVRIDIS, PINTHER, ou SCHMIDT[169]), é, sobretudo, a partir do final dos anos sessenta do século XX e, de novo, por impulso da dogmática germânica, que a concepção comunitário-pessoal da relação de trabalho começa a ser alvo de uma crítica sistemática. Esta crítica vai determinar o abandono desta concepção pela maioria dos autores.

As críticas à concepção comunitário-pessoal da relação de trabalho – que encontramos, na doutrina germânica, entre muitos outros, em WOLF, SCHWERDTNER ou SÖLLNER[170], mas que virão a ser desenvolvidas mais tarde, noutros contextos doutrinais, e que, entre nós, se podem confrontar em MENEZES

---

[167] BERNARDO XAVIER, *Curso de Direito do Trabalho cit.*, I, 117; MOTTA VEIGA, *Lições... cit.*, 223 e 381 s.

[168] Para uma apreciação mais aprofundada destas concepções, *vd* ROSÁRIO PALMA RAMALHO, *Da Autonomia Dogmática... cit.*, 459 ss.

[169] F. NEUMANN, *Das Arbeitsrecht in der modernen Gesellschaft*, RdA, 1951, 1, 1-5 (também com tradução italiana, sob o título *Il diritto del lavoro nella società moderna*, in G. VARDARO (dir.), *Il diritto del lavoro fra democrazia e dittatura*, Bologna, 1983, 395-406); F. FARTHMANN, *Der «personenrechtliche Charakter» des Arbeitsverhältnisses*, RdA, 1960, 1, 5-9; V. MAVRIDIS, *Eingliederungstheorie, Vertragstheorie und Gemeinschaft*, RdA, 1956, 12, 444-448; H. PINTHER, *Ist das Arbeitsverhältnis ein personenrechtliches Gemeinschaftsverhältnis?*, ArbuR, 1961, 8, 225-230; O. SCHMIDT, *Kritische Gedanken zu Kollektivwirkung, Individualbereich und personenrechtlichem Gemeinschaftsdenken im Arbeitsrecht*, AcP, 1963, 162, 4, 305-353.

[170] E. WOLF, *Das Arbeitsverhältnis. Personenrechtliches Gemeinschaftsverhältnis oder Schuldverhältnis? cit.*, 7 ss., e ainda *«Treu und Glauben», «Treu» und «Fürsorge» im Arbeitsverhältnis*, DB, 1971, 39, 1863-1868; P. SCHWERDTNER, *Fürsorgetheorie und Entgelttheorie im Recht der Arbeitsbedingungen*, Heidelberg, 1970, 46 ss.; SÖLLNER, *Grundriß des Arbeitsrecht cit.*, 246.

CORDEIRO[171] – põem em causa os dois elementos essenciais desta concepção: o elemento comunitário; e o elemento de pessoalidade.

**II.** O *elemento comunitário* da relação de trabalho é recusado pelo seu irrealismo, argumentando-se que não é possível reconhecer neste vínculo nem uma comunidade em sentido jurídico nem uma comunidade em sentido sociológico: a comunhão jurídica é, neste caso, excluída pela oposição recíproca dos deveres principais das partes (o dever de trabalho e o dever retributivo); e a comunidade em sentido sociológico, ou seja, como comunhão de interesses, é excluída não apenas pelos diferentes interesses essenciais de cada uma das partes na relação (do lado do trabalhador o interesse em auferir um salário cada vez mais alto e, do lado do empregador, o interesse na satisfação das suas necessidades ou o objectivo do lucro), mas pelo ambiente de elevada conflitualidade social subjacente ao vínculo de trabalho e ao qual, de certo modo, o sistema jurídico dá cobertura, quando admite e regula os procedimentos conflituais (como a greve, por exemplo).

Neste contexto de conflitualidade, fundar o vínculo laboral no reconhecimento de uma comunhão de interesses dos entes laborais corresponde a uma ficção, pelo que o elemento comunitário deve ser recusado[172].

A *crítica ao elemento de pessoalidade* na construção dogmática do vínculo laboral não nega a existência deste elemento mas atribui-lhe um valor secundário e não lhe reconhece singularidade. Nesta linha, são desenvolvidos essencialmente três argumentos:

- em primeiro lugar, considera-se que a ênfase dada aos deveres de lealdade e de assistência no contrato de trabalho não se coaduna com os

---

[171] *Da situação jurídica laboral... cit.*, 113 s., e *Manual de Direito do Trabalho cit.*, 93 s.
[172] Neste sentido, entre muitos outros, SCHWERDTNER, *Fürsorgetheorie und Entgelttheorie im Recht der Arbeitsbedingungen cit.*, 46 s., e 56, e, ainda deste autor, *Gemeinschaft, Treue, Fürsorge – oder: die Himmelfahrt des Wortes*, ZRP, 1970, 3, 62-67, e *Fürsorgeund Treuepflichten im Gefüge des Arbeitsverhältnis oder: vom Sinn und Unsinn einer Kodifikation des Allgemein Arbeitsvertragsrechts*, ZfA, 1979, 1-42; H. FENN, *Fürsorgetheorie und Entgelttheorie im Recht der Arbeitsbedingungen (Rezenzion über P. Schwerdtner)*, ArbuR, 1971, 11, 321-327; SÖLLNER, *Grundriß des Arbeitsrecht cit.*, 246; MENEZES CORDEIRO, *Da situação jurídica laboral...cit.*, 114 s., e *Manual de Direito do Trabalho cit.*, 93 s., bem como *Concorrência laboral e justa causa de despedimento*, ROA, 1986, 487-526 (499).

principais interesses das partes no vínculo, que têm carácter patrimonial: o interesse em receber a retribuição e o interesse em utilizar o trabalho de outrem para satisfação das necessidades próprias (neste sentido, entre outros, MENEZES CORDEIRO[173]);
- em segundo lugar, argumenta-se que a importância do elemento de pessoalidade é contrariada pela moderna tendência para o anonimato das relações de trabalho: em contextos modernos, em que empregador e trabalhador muitas vezes nem se chegam a conhecer ou em que nem sequer é o proprietário da empresa que a gere, a componente pessoal do vínculo laboral tende a diluir-se, pelo que não deve ser sobrevalorizada (nesta linha crítica, entre outros, SCHWERDTNER e MENEZES CORDEIRO[174]);
- em terceiro e último lugar, aponta-se a falta de singularidade do elemento de pessoalidade do vínculo de trabalho, considerando que este elemento é comum a todos os contratos obrigacionais que envolvam a prestação de um serviço, ainda que no caso do contrato de trabalho possa, eventualmente, ser mais intenso (entre outros, neste sentido, PINTHER e WOLF[175]).

**III.** Em consequência destas críticas, os autores rejeitam globalmente a concepção comunitário-pessoal, considerando que ela corresponde a uma visão fictícia e globalmente ultrapassada do vínculo laboral[176].

Como alternativa, é proposta a *reconstrução dogmática deste vínculo em moldes obrigacionais*: o cerne do contrato de trabalho é, de novo, deslocado para o binómio patrimonial de troca entre a actividade laboral e a retribuição e o contrato de trabalho é dogmaticamente reconduzido a uma modalidade do contrato de prestação de serviço. Em alguns sistemas, esta recondução do vínculo de trabalho à figura da prestação de serviços tem mesmo tradução

---

[173] *Manual de Direito do Trabalho cit.*, 95.
[174] SCHWERDTNER, *Fürsorgetheorie und Entgelttheorie... cit.*, 58; MENEZES CORDEIRO, *Da situação jurídica laboral... cit.*, 119, e *Manual de Direito do Trabalho cit.*, 94 s.
[175] PINTHER, *Ist das Arbeitsverhältnis ein personenrechtliches Gemeinschaftsverhältnis? cit.*, 229; WOLF, *«Treu und Glauben», «Treu» und «Fürsorge» im Arbeitsverhältnis cit.*, 1866 s.
[176] Neste sentido, entre muitos outros, SCHWERDTNER, *Fürsorgetheorie und Entgelttheorie... cit.*, 69 e 72; K. BALLERSTEDT, *Probleme einer Dogmatik des Arbeitsrechts*, RdA, 1976, 1, 5-14 (7 s.), e, entre nós, MENEZES CORDEIRO, *Da situação jurídica laboral... cit., passim*.

na lei (é o que sucede no sistema germânico, por força das opções do BGB nesta matéria); mas mesmo naqueles sistemas em que o contrato de trabalho já foi objecto de autonomização formal na lei – como sucedeu na maioria dos países e também entre nós – os autores consideram que, do ponto de vista da construção dogmática, o contrato de trabalho tem uma natureza puramente obrigacional e pode conceber-se como uma modalidade da prestação de serviços, individualizada apenas pela posição de dependência ou subordinação do sujeito prestador (é o entendimento sustentado, no panorama nacional, por MENEZES CORDEIRO[177]).

Constituindo uma explicação linear para o binómio central do vínculo laboral (o binómio relativo às prestações principais das partes), a concepção obrigacional tem ainda que explicar os deveres de lealdade e de assistência, que continuam a ser reconhecidos no contrato de trabalho.

Para justificação dos deveres de assistência do empregador é desenvolvida uma teoria, que ficou conhecida como *teoria da remuneração* (*Entgelttheorie*) e que se deve a SCHWERDTNER[178]. Este autor desenvolve a ideia de que os tradicionais deveres de assistência do empregador se deixam reconduzir a um conceito de remuneração em sentido amplo, evidenciando apenas a complexidade da posição debitória do empregador no contrato de trabalho (uma vez que o empregador não se obriga apenas ao pagamento da retribuição pelo trabalho prestado mas a um conjunto de outras prestações patrimoniais), mas não impedindo a construção global deste contrato em moldes obrigacionais. Este entendimento é sustentado, no panorama doutrinal nacional, por MENEZES CORDEIRO[179].

Para a justificação dos deveres de lealdade do trabalhador é chamado à colação o princípio da boa fé. Nesta construção, que foi desenvolvida na doutrina germânica, sobretudo, por SÖLLNER[180], entende-se que o dever de lealdade do trabalhador é a manifestação laboral do princípio geral da boa fé no cumprimento dos contratos, que exige que as partes cumpram com lealdade as respectivas prestações. Em suma, não se vislumbra uma dimensão especí-

---

[177] *Da situação jurídica laboral...* cit., 141 s., e *Manual de Direito do Trabalho* cit., 521, nota (5).
[178] *Fürsorgetheorie und Entgelttheorie...* cit.
[179] *Da situação jurídica laboral...* cit., 141 s.
[180] *Grundriß des Arbeitsrecht* cit., 256.

fica do dever de lealdade no domínio laboral e o tradicional desenvolvimento comunitarista e pessoal deste dever, através das ideias de fidelidade pessoal à empresa e aos desígnios empresariais, é reconduzido à regra geral da lealdade ao contrato. Entre nós, este entendimento foi sufragado por MENEZES CORDEIRO[181], que considerou os deveres de lealdade no contrato de trabalho como uma concretização geral do princípio da boa fé no cumprimento das obrigações contratuais, tal como se encontra exarado no art. 762º nº 2 do CC.

Através dos desenvolvimentos expostos – que são objecto de uma ampla teorização pela doutrina germânica e noutros contextos doutrinais[182] – logra-se, pois, um enquadramento da relação de trabalho em moldes obrigacionais. Está consumado o processo de reobrigacionalização do vínculo laboral.

### 42.5. Síntese crítica

**I.** Descrita a evolução da construção dogmática do vínculo laboral na doutrina, cabe apresentar o nosso entendimento sobre esta matéria. Naturalmente, este entendimento tem subjacente o sistema jurídico nacional.

A nosso ver, a concepção comunitário-pessoal da relação de trabalho sujeita-se a críticas gerais e a críticas dirigidas especificamente à sua fundamentação institucionalista.

**II.** As *críticas gerais à concepção comunitário-pessoal da relação de trabalho* envolvem uma ponderação sobre os interesses essenciais em jogo no vínculo laboral e dirigem-se ainda ao elemento comunitário desta concepção. Estas críticas são as seguintes:

i) Em primeiro lugar, sendo as prestações essenciais das partes no contrato de trabalho a actividade laboral e a retribuição, é nestas prestações que se situa necessariamente o cerne do vínculo laboral, o que

---

[181] *Da situação jurídica laboral... cit.*, 137 s.
[182] Para mais desenvolvimentos vd ROSÁRIO PALMA RAMALHO, *Da Autonomia Dogmática do Direito do Trabalho cit.*, 465 ss., com indicações bibliográficas.

implica a recondução dos deveres de lealdade e de assistência à categoria de deveres acessórios.

Evidentemente, uma vez recolocado o cerne da relação de trabalho naquelas prestações das partes, é forçoso reconhecer a importância da componente patrimonial do vínculo, que decorre do valor económico daquelas prestações.

*ii)* Em segundo lugar, o reconhecimento de um elemento comunitário no vínculo laboral, no sentido da partilha pelas partes de interesses essenciais, é inconsistente, tendo em conta não apenas o antagonismo dos seus objectivos principais como também o ambiente de elevada conflitualidade social subjacente ao contrato de trabalho e a tradução deste clima social em diversos aspectos do regime laboral (assim, a admissibilidade dos poderes laborais, da greve ou de instituições de representação colectiva dos trabalhadores, com poderes de fiscalização ou controlo, reflectem, no plano jurídico, o clima de conflitualidade social subjacente à fenomenologia laboral em geral e ao contrato de trabalho em particular).

Em suma, ao contrário do que a concepção comunitário-pessoal faz crer, os vínculos de trabalho são um dos vínculos jurídicos mais conflituais do universo privado, pelo que é uma ficção reconhecer uma comunhão ao nível dos interesses essenciais das partes.

**III.** No que se refere especificamente à *fundamentação institucionalista da concepção comunitário-pessoal do vínculo de trabalho* acrescem ainda quatro críticas, que obrigam à sua rejeição: a insubsistência da recondução da empresa a uma instituição; a incapacidade explicativa global destas doutrinas; a base necessariamente negocial da relação de trabalho, no nosso sistema jurídico; e, genericamente, a menor solidez do conceito de instituição relativamente ao conceito de contrato, como categoria jusoperativa de eficácia geral.

Vejamos então cada uma destas objecções, que obrigam a recusar a concepção institucionalista da relação de trabalho:

*i)* Em primeiro lugar, esta concepção é de recusar porque o pressuposto técnico em que assenta (a recondução da empresa a uma instituição) não se verifica: efectivamente, a empresa não se deixa reconduzir ao conceito de instituição porque lhe falta o elemento da comunhão de objectivos dos respectivos membros, já que o interesse da empresa se identifica com o empresário/empregador mas não é comum aos trabalhadores, enquanto interesse principal.

*ii)* Em segundo lugar, a concepção institucionalista da relação de trabalho deve ser recusada pela sua ineficácia explicativa global: é que, mesmo que se admitisse a recondução da empresa a uma instituição e que, com essa base, se aceitasse a justificação institucionalista dos vínculos laborais desenvolvidos no seu seio, esta justificação não quadra aos vínculos de trabalho de escopo não empresarial, nos quais não se encontra idêntico substrato. Ora, tendo em conta que o nosso sistema jurídico perspectiva o vínculo de trabalho em moldes unitários, não distinguindo entre contratos de trabalho empresariais e não empresariais, não é aceitável uma fundamentação dos vínculos de trabalho que apenas sirva para explicar alguns desses vínculos.

*iii)* Em terceiro lugar, a justificação institucionalista do vínculo de trabalho não é defensável no sistema jurídico nacional, porque o regime deste vínculo é de base contratual, assentando no reconhecimento e na autonomização da figura do contrato de trabalho e desenvolvendo-se de acordo com uma lógica negocial. Neste contexto, o necessário apoio normativo das construções dogmáticas, que é condição da sua validade, aponta para uma construção negocial do vínculo de trabalho.

*iv)* Por fim e como argumento geral, a concepção institucionalista é de recusar pela própria debilidade do conceito de instituição, enquanto categoria operativa geral alternativa à categoria do contrato. Sendo a solidez dogmática da categoria do contrato inquestionável e, no caso, projectando-se esta categoria no regime do vínculo laboral, não se vislumbra a utilidade de uma construção não negocial deste vínculo.

§12º O VÍNCULO DE TRABALHO: EVOLUÇÃO E RECONSTRUÇÃO DOGMÁTICA

As críticas feitas justificam *a rejeição, sem margem para dúvidas, da concepção comunitário-pessoal do vínculo de trabalho, tanto na sua fundamentação contratualista como na sua fundamentação institucionalista*.

Efectivamente, do ponto de vista estrutural, a concepção comunitário-pessoal não tem correspondência com a realidade do vínculo laboral nem com os interesses que nele se jogam, pelo que é dogmaticamente inconsistente. Por outro lado, do ponto de vista histórico, esta concepção corresponde a uma fase de emancipação do vínculo laboral relativamente ao seu enquadramento civilista originário, que foi, entretanto, ultrapassada por força da própria consolidação dogmática do Direito do Trabalho como área jurídica. Assim, ela deixou de ter utilidade.

**IV.** A rejeição da concepção comunitário-pessoal do vínculo laboral poderia remeter-nos para as concepções obrigacionais, defendidas por uma parte da doutrina. No entanto, *estas concepções também não são satisfatórias, por dois motivos: porque, na sua simplicidade, conduzem a uma construção artificial do vínculo laboral; e porque têm efeitos redutores na forma de perspectivar globalmente as questões laborais*.

Apreciemos sucintamente estas *limitações da concepção obrigacional do vínculo de trabalho*.

A reconstrução do vínculo laboral em moldes obrigacionais tem a vantagem da coerência e da simplicidade: trata-se de uma concepção coerente porque recoloca o eixo central do vínculo laboral nas prestações que correspondem, efectivamente, aos interesses essenciais das partes; e é uma concepção simples no seu apoio dogmático, porque faz apelo a princípios civis fortes e bem alicerçados (no caso, a ideia de deveres acessórios e o princípio geral da boa fé), para explicar a complexidade da posição das partes no vínculo laboral.

No entanto, a verdade é que esta simplicidade redunda, também ela, numa construção artificial do vínculo de trabalho, uma vez que, ao reduzir o contrato de trabalho a «mais» uma modalidade de prestação de serviços, deixa por explicar alguns dos aspectos mais singulares deste vínculo, que ressaltam do respectivo regime jurídico: as especificidades da prestação de trabalho, o facto de o trabalhador se inserir na organização do credor e a interacção das situações jurídicas dos vários trabalhadores no seio dessa organização, bem como as prerrogativas do empregador que se justificam na organização e ainda a lógica colectiva que subjaz a muitos institutos laborais e que também se projecta no regime da relação de trabalho.

Em suma, esta concepção ignora, em certa medida, a riqueza e a complexidade do vínculo laboral, que decorre do contexto onde se processa a troca das prestações principais e do particular envolvimento do trabalhador nesse vínculo. É nesse sentido que a sua simplicidade se revela artificial, tornando a concepção insatisfatória.

Acresce que esta concepção obrigacional tem efeitos redutores gerais na análise das questões laborais, porque volta a «recentrar» o Direito do Trabalho na relação de trabalho e no nexo individual que o contrato de trabalho cria entre o empregador e o trabalhador. Com esta concepção, são assim secundarizados os fenómenos laborais colectivos, com prejuízo para a unidade interna da área jurídica.

Também por esta razão, a concepção obrigacional do vínculo de trabalho não satisfaz.

**V.** Perante o quadro exposto, resta saber se há ou não uma alternativa de construção dogmática do vínculo laboral, que permita relevar os seus traços de maior originalidade, a par da sua inequívoca dimensão obrigacional e patrimonial, que as concepções mais modernas evidenciaram.

Para este efeito, cabe proceder, em primeiro lugar, à decomposição do conteúdo essencial do vínculo laboral; perante este conteúdo aferiremos então da sua singularidade dogmática.

### 43. Reconstrução do vínculo laboral: o conteúdo do contrato de trabalho e a sua singularidade dogmática

#### 43.1. Os pontos de partida da construção: a natureza negocial do vínculo de trabalho e a sua complexidade interna

**I.** O ponto de partida para a construção dogmática do vínculo laboral passa pelo reconhecimento de duas características essenciais a este vínculo: a sua índole negocial; e a complexidade do seu conteúdo.

**II.** No ordenamento jurídico português, o *carácter negocial do vínculo de trabalho* não suscita dúvidas, alicerçando-se nos seguintes argumentos: em primeiro lugar, o facto constitutivo da relação de trabalho é um contrato, que corresponde, aliás, a um tipo contratual específico e delimitado como tal na lei (art. 1152º do CC e art. 11º do CT); em segundo lugar, aplicam-se no âmbito do contrato de trabalho os princípios gerais que dominam a formação dos negócios jurídicos: i.e., a liberdade de celebração e, quase sempre[183], a liberdade de estipulação; por fim, o regime jurídico da relação de trabalho é globalmente concebido sobre parâmetros negociais, sem prejuízo de apresentar uma lógica negocial própria.

O reconhecimento do carácter negocial do vínculo laboral permitiu-nos já recusar as concepções institucionalistas da relação de trabalho. Na tentativa de reconstrução dogmática do vínculo laboral, ele permite-nos agora falar indiferentemente de vínculo de trabalho e de contrato de trabalho para efeitos desta reconstrução, embora, pelas razões já apontadas, não nos remeta para uma construção obrigacional do contrato de trabalho.

**III.** A *complexidade do vínculo de trabalho* decorre de, no seu conteúdo, concorrerem elementos objectivos e subjectivos, elementos patrimoniais e pessoais e uma dimensão organizacional. Em termos esquemáticos, podemos reconduzir este conteúdo a um duplo binómio, cujos termos são enriquecidos pelo relevo dos diversos elementos apontados:

i) Um *binómio objectivo*, relativo às prestações essenciais das partes, que são, respectivamente, a actividade laboral e a retribuição. Este binómio confirma a essência patrimonial do contrato de trabalho e, com ela, a componente obrigacional deste contrato.

ii) Um *binómio subjectivo*, que tem a ver com a posição relativa das partes no vínculo: do lado do trabalhador, esta posição caracteriza-se como uma posição de subordinação ou dependência; do lado do empregador, trata-se de uma posição de domínio ou de poder, que se manifesta na

---

[183] A ressalva tem a ver com a possibilidade de os contratos de trabalho poderem ser celebrados por adesão, nos termos do art. 104º do CT.

titularidade dos poderes laborais de direcção e disciplina. Porque é a característica da subordinação do prestador que permite distinguir a actividade laboral de outras formas de actividade laborativa[184], pode dizer-se que este binómio evidencia a componente verdadeiramente laboral do contrato.

Por outro lado, na fixação do conteúdo do vínculo laboral, devem ter-se em conta dois elementos, que assistem às várias componentes dos binómios assinalados. Assim:

– a par dos elementos patrimoniais do contrato de trabalho, descortina-se neste contrato uma importante *componente de pessoalidade*, que emerge directamente da prestação do trabalhador;
– por outro lado, a posição jurídica do empregador neste contrato só é globalmente compreensível se tivermos em conta o *contexto organizacional*, que também constitui um elemento essencial do contrato de trabalho.

É da conjugação de todos estes elementos que decorre a harmonia do contrato de trabalho e a sua especificidade no universo dos contratos privados. Eles devem, por isso, ser apreciados separadamente. Convém, todavia, frisar que esta abordagem separada do conteúdo do vínculo de trabalho corresponde apenas a um desígnio de clarificação analítica, que em nada prejudica a unidade intrínseca do vínculo laboral.

### 43.2. A delimitação objectiva do vínculo de trabalho: a actividade laboral e os deveres acessórios do trabalhador

#### 43.2.1. A actividade laboral: actividade e resultado; actividade e disponibilidade do trabalhador

**I.** A prestação da actividade laboral constitui o dever principal do trabalhador, conforme se pode retirar da própria noção de contrato de trabalho

---

[184] *Supra*, § 1º, pontos 1.3 e 1.5.

(art. 11º do CT) e corresponde aos interesses essenciais em jogo neste vínculo: no caso, o interesse essencial do empregador é, justamente, o aproveitamento da actividade laboral do trabalhador.

O Código do Trabalho refere-se ao dever de prestar a actividade laboral no enunciado dos deveres do trabalhador (art. 128º nº 1 c) ), ou seja, sem lhe dar um destaque especial no elenco dos deveres do trabalhador, embora dedique uma secção específica a esta matéria (arts. 115º ss.). Esta técnica não prejudica, contudo, a qualificação do dever de prestar a actividade laboral como dever principal do trabalhador, não só pela necessária conjugação desta norma com a noção de contrato de trabalho (que permite reconduzir a actividade laboral a um elemento essencial do negócio), mas também por força da recusa das concepções comunitário-pessoais do vínculo de trabalho.

Já tendo genericamente caracterizado a actividade laboral, enquanto fenómeno nuclear do Direito do Trabalho[185], cabe apenas recordar sucintamente os traços caracterizadores que então enunciámos: trata-se de uma actividade humana produtiva, a qualificar juridicamente como uma prestação de facto positiva, que releva *in se* e não pelos resultados que produza e cujo conteúdo é heterodeterminado, no sentido em que carece de ser concretizado pelo empregador.

Esta caracterização genérica da actividade laboral obriga-nos a equacionar dois problemas básicos: a questão da relação entre a actividade prestada e o fim concretamente pretendido pelo empregador; e a conjugação do conceito jurídico de actividade positiva (no sentido de *prestação de facere*) com dois tipos de situações – as actividades de simples presença e as situações de inactividade material do trabalhador.

**II.** Relativamente ao *nexo entre a actividade laboral e os fins concretamente prosseguidos pelo empregador*, o enfoque do objecto essencial do vínculo de trabalho na ideia de actividade, e não nos resultados concretos dessa actividade ou no fim que, através dela, o empregador pretende prosseguir, tem várias consequências. Independentemente de posterior desenvolvimento[186], estas consequências podem, desde já, ficar enunciadas.

---

[185] *Supra*, § 1º, ponto 1., *maxime* números 1.5. e 1.7.
[186] *Tratado II*, § 17º, ponto 57.2.

Assim, de uma parte, a preponderância da actividade do trabalhador sobre os resultados dessa actividade servirá como um dos critérios de delimitação do contrato de trabalho relativamente ao contrato de prestação de serviço, no qual é o resultado da actividade que reveste mais interesse para o credor[187].

Por outro lado, a centragem do débito principal do trabalhador na ideia de actividade torna-o, em princípio, irresponsável pela frustração dos resultados pretendidos em concreto pelo empregador. Como veremos, esta irresponsabilidade não é total, devendo ser temperada com recurso à ideia de diligência (nos termos do art. 128º nº 1 c) do CT constitui dever do trabalhador «realizar o trabalho com zelo e diligência»), que permite responsabilizar o trabalhador se os resultados não forem atingidos devido à sua negligência no cumprimento da prestação. Contudo, a regra é que o risco da não obtenção dos resultados previstos corre por conta do empregador e a justificação para tal regra encontra-se, justamente, no facto de o objecto do contrato de trabalho se centrar na actividade *in se* e no facto de esta actividade ser desenvolvida de modo heterodeterminado, ou seja, de acordo com as orientações do empregador-credor.

III. A segunda questão colocada pelo enfoque do débito contratual do trabalhador na ideia de actividade, como prestação de facto positiva, tem a ver com a *conjugação deste conceito positivo de actividade com duas outras situações: as situações de inactividade material do trabalhador; e as situações de simples disponibilidade do trabalhador.*

Efectivamente, há situações em que a prestação do trabalhador se cumpre exactamente através da ausência de uma actividade material positiva: assim, por exemplo, a função do guarda poderá exigir apenas a presença num determinado lugar, bem como a função do modelo que se deixa pintar e, para isso, deve ficar imóvel. Este tipo de situações suscita a questão de saber se é possível, ainda nestes casos, reconduzir o objecto do negócio a uma actividade, entendida como uma prestação de facto positiva.

Por outro lado, na pendência do contrato de trabalho, há momentos em que o trabalhador não se encontra a desenvolver nenhuma actividade: assim

---

[187] Este ponto será aprofundado a propósito da distinção entre o contrato de trabalho e as figuras afins – *Tratado II*, § 17º, ponto 58.

sucede, por exemplo, se a empresa fechar temporariamente para limpeza ou obras e em situações diversas de desocupação do trabalhador, por motivos técnicos, por quebra de encomendas ou outros. Perante este tipo de situações, levanta-se o problema de qualificar a inacção do trabalhador.

**IV.** As duas categorias de situações indicadas obrigam a conjugar o conceito de actividade com um outro conceito, na fixação do conteúdo concreto da prestação contratual principal do trabalhador: o *conceito de disponibilidade*[188].

Justamente para explicar este tipo de situações, compreende-se a afirmação, que se encontra em muitos autores, de que em, alguns casos, a prestação de trabalho pode ser uma prestação negativa, de abstenção ou de inactividade pura (MONTEIRO FERNANDES[189]), com referência a actividades predominantemente passivas, como a do vigilante ou a do modelo, bem como a afirmação de que o trabalhador cumpre a sua prestação não apenas quando desenvolve em concreto a actividade a que se encontra adstrito, mas também quando está *disponível* para exercer aquela actividade, cabendo ao empregador aproveitar essa disponibilidade (ainda MONTEIRO FERNANDES[190]).

A este propósito, recorde-se o estudo de F. CARNELUTTI[191], elaborado nos primeiros anos do séc. XX (e que referimos a propósito da construção civilista do contrato de trabalho[192]), em que o Autor compara o contrato envolvendo a prestação de um trabalho humano ao contrato de fornecimento de energia eléctrica, do ponto de vista do objecto, reconduzindo, nos dois casos, o objecto do negócio à própria *energia*, que, através do contrato, é colocada à disposição de outrem – no caso do contrato de trabalho, à disposição do empregador. Como vimos oportunamente, o Autor desenvolveu esta ideia em apoio da sua tentativa de enquadramento do fenómeno do trabalho subordinado pela figura da compra e venda. No entanto, este ensaio é, ao mesmo tempo, um primeiro esboço da ideia da disponibilidade como objecto do contrato de trabalho.

---

[188] *Tratado II*, § 23º, pontos 85.1. e 85.2.
[189] *Direito do Trabalho cit.*, 133.
[190] *Idem*, 133 s.
[191] *Studi sulle energie come oggetto di rapporti giuridici... cit.*
[192] *Supra*, ponto 42.2.I.

*A nosso ver, o recurso à ideia de disponibilidade pode ser útil para temperar um entendimento demasiado restritivo do conceito de actividade. No entanto, esta utilidade só se verifica se a ideia de disponibilidade não substituir o conceito de actividade na delimitação do objecto do contrato e apenas se manterá enquanto a disponibilidade for uma disponibilidade efectiva.*

A ideia de disponibilidade não deve substituir o conceito de actividade enquanto prestação principal do trabalhador (o que parece ser sugerido, por exemplo, por MONTEIRO FERNANDES[193]), por três razões: em primeiro lugar, porque o interesse do empregador (como, aliás, do trabalhador) é o desempenho de uma actividade e não a simples disponibilidade para a vir a desenvolver; em segundo lugar, porque o conceito de disponibilidade é um conceito necessariamente finalista (no sentido em que se está disponível para algo) e a falta de ponderação desta dimensão finalista pode ter consequências negativas do ponto de vista da tutela de interesses relevantes do trabalhador no vínculo (é o que sucede em matéria de dever de ocupação efectiva); em terceiro lugar, porque a dimensão finalista da ideia de disponibilidade ajuda a explicar as situações em que a prestação do trabalhador é puramente passiva, devendo entender-se essa passividade em sentido jurídico e não em sentido material – ou seja, do ponto de vista jurídico, nestas situações a prestação continuará a ser positiva, porque a disponibilidade do trabalhador é direccionada para uma actividade, ainda que, materialmente, se reconduza a uma actividade de mera presença.

V. Sem prejuízo de posterior desenvolvimento[194], a questão do denominado *dever de ocupação efectiva do empregador* merece uma referência complementar, em sede da fixação da actividade laboral como uma actividade juridicamente positiva. Esta questão coloca-se quando o trabalhador é deliberadamente desocupado pelo empregador, sem que para tal desocupação haja um fundamento objectivo de gestão. Ora, entendendo-se que este tipo de desocupação do trabalhador é atentatório da sua dignidade no trabalho, a jurisprudência e a maioria da doutrina tendem a reconhecer que o empregador tem o dever de ocupar efectivamente o trabalhador, respondendo, designadamente, pelos prejuízos materiais e

---

[193] *Sobre o objecto do contrato de trabalho*, ESC, 1968, 25, 13-35 (18 ss., e *passim*).
[194] *Tratado II*, § 23º, ponto 85.2.

morais que para ele decorram da situação de inactividade[195]. Em consonância com este entendimento, o Código do Trabalho de 2003 veio, pela primeira vez entre nós, a consagrar expressamente o dever de ocupação efectiva em sede de garantias do trabalhador (art. 122º b) do CT 2003). No mesmo sentido dispõe o art. 129º nº 1 b) do CT actual.

A nosso ver, no domínio anterior à codificação laboral, a admissibilidade do dever de ocupação efectiva não colocava dificuldades, desde que se centrasse a prestação principal do trabalhador na ideia de actividade positiva e não na ideia de disponibilidade. Mas o problema era de resolução mais difícil caso fosse valorizada a ideia de disponibilidade, uma vez que, neste caso, o empregador tinha apenas a faculdade, mas não o dever, de direccionar a disponibilidade do trabalhador para uma actividade em concreto, não podendo, em consequência, ser sancionado pela não ocupação do trabalhador.

Com a consagração do dever de ocupação efectiva em moldes expressos, o CT de 2003 e o actual Código de Trabalho vieram, pois, reforçar a ideia de que a prestação principal do trabalhador é, efectivamente, a actividade que ele desempenha, e não a simples atitude de disponibilidade para o trabalho. É um ponto que deve ser assinalado.

Em conclusão, *a ideia de disponibilidade deve acompanhar mas não substituir o conceito de actividade, relativamente ao qual tem um valor instrumental*. Com esta configuração, a ideia tem o maior interesse para enquadrar as situações de não prestação temporária de qualquer actividade pelo trabalhador, por motivos técnicos ou de gestão, bem como os casos de actividade meramente latente que são típicos de algumas prestações de trabalho.

**VI.** Por outro lado, *enquanto conceito instrumental do conceito de actividade, a ideia de disponibilidade só tem interesse na medida em que esteja assegurado que essa disponibilidade tem carácter efectivo e não meramente aparente*. Dito de outra forma,

---

[195] Sobre o dever de ocupação efectiva, na doutrina nacional, P. FURTADO MARTINS, *Despedimento Ilícito, Reintegração na Empresa e Dever de Ocupação Efectiva. Contributo para o Estudo dos Efeitos da Declaração da Invalidade do Despedimento*, Lisboa, 1992, e A. NUNES DE CARVALHO, *Sobre o dever de ocupação efectiva*, RDES, 1991, 3/4, 263 ss. Na jurisprudência, debruçaram-se sobre o tema entre muitos outros, o Ac. STJ de 13/01/1993, CT (STJ), 1993, I, 220, e o Ac. RLx. de 15/01/1997, CJ, 1997, I, 176.

se o trabalhador não se encontra, de facto, a executar a sua prestação laboral, afirmando embora a sua disponibilidade para o fazer, há que verificar se essa disponibilidade é real ou aparente: se se tratar de uma disponibilidade real ou efectiva, a situação deve ser equiparada ao próprio desempenho da actividade, considerando-se a prestação cumprida e mantendo-se o direito à retribuição; já se a disponibilidade for meramente aparente, então podemos estar perante uma situação de incumprimento contratual, com as consequências daí decorrentes.

Na maioria das situações de inactividade material do trabalhador não há dificuldades em qualificar a sua disponibilidade como efectiva ou real – é o que acontece se o trabalhador não está ocupado por razões técnicas ou ligadas ao ciclo produtivo, porque o empregador não lhe solicita qualquer serviço ou por força de decréscimos pontuais de trabalho. Contudo, há situações em que o trabalhador se encontra desocupado mas invoca a manutenção do direito à retribuição afirmando a sua disponibilidade para o trabalho, sendo que essa disponibilidade é meramente formal – é o que sucede com algumas greves atípicas, como as greves intermitentes, as greves rotativas e as greves-trombose[196]. Nestes casos, poderá justificar-se o tratamento da situação como de efectiva indisponibilidade do trabalhador, com a inerente qualificação do comportamento do trabalhador como incumprimento da prestação principal[197].

**VII.** Delimitada a actividade laboral, resta dar conta das suas características e dos seus requisitos, ainda que sumariamente, uma vez que se trata de matéria a que voltaremos a propósito da delimitação do contrato de trabalho[198].

As *características da actividade laboral* podem ser fixadas com facilidade tendo em conta a análise precedente. Assim, a actividade laboral é:

---

[196] Sobre estas modalidades de greve, vd ROSÁRIO PALMA RAMALHO, *Greves de maior prejuízo – notas sobre o enquadramento jurídico de quatro modalidades de comportamento grevista (greves intermitentes, rotativas, trombose e retroactivas)*, Rev. AAFDL, 1986, 5, 67-115 (republicado in *Estudos de Direito do Trabalho cit.*, I, 289-338).

[197] Desenvolveremos esta matéria no *Tratado III*, § 54º, ponto 194.4.2.

[198] *Tratado II*, § 17º., ponto 57.2.

## §12º O VÍNCULO DE TRABALHO: EVOLUÇÃO E RECONSTRUÇÃO DOGMÁTICA

- uma *actividade com valor patrimonial* (uma vez que o trabalho é um bem jurídico avaliável em dinheiro), mas à qual assiste também uma *componente de pessoalidade*, que apreciaremos um pouco mais à frente[199];
- uma *actividade muito diversificada*, como se pode concluir a partir das classificações dos trabalhadores a que procedemos oportunamente[200], algumas das quais assentam justamente no tipo de actividade desenvolvida – assim, a actividade laboral pode ser intelectual ou manual e abrange desde funções indeterminadas até funções de elevada especialização técnica, de chefia ou de confiança pessoal;
- uma *actividade material e/ou jurídica*: nos termos do art. 115º nº 3 do CT[201], o trabalhador subordinado pode praticar actos e negócios jurídicos; na prática, a realização de negócios jurídicos na qualidade de trabalhador subordinado estende-se às mais variadas prestações de trabalho, desde aquelas às quais se associam usualmente esses actos, como os advogados, até ao balconista que regularmente celebra contratos de compra e venda e ao condutor do autocarro, que celebra contratos de transporte;
- por fim, a actividade laboral deve ser uma *actividade passível de ser retribuída*, uma vez que a retribuição constitui também um elemento essencial do contrato.

Por outro lado, enquanto objecto de um contrato, a actividade laboral deve corresponder aos requisitos de determinabilidade e de licitude, não podendo ser contrária à lei, à boa fé e aos bons costumes, nos termos do art. 124º do CT e nos termos gerais (arts. 280º e 281º do CC).

Teremos ocasião de desenvolver estes requisitos a propósito do estabelecimento dos pressupostos objectivos do contrato de trabalho[202].

---

[199] *Infra*, ponto 43.5.2.
[200] Cfr., *supra*, § 9º, ponto 33.2.
[201] Esta norma corresponde ao art. 5º nº 3 da LCT e ao art. 111º nº 3 do CT 2003.
[202] *Tratado II*, § 18º, ponto 62.

### 43.2.2. Os deveres acessórios do trabalhador: deveres acessórios integrantes e deveres acessórios independentes da prestação principal

**I.** Na posição debitória complexa do trabalhador, recortam-se, a par do dever principal de prestação da actividade laboral, uma série de outros deveres. Dada a sua multiplicidade e diversidade, é útil a classificação destes deveres.

A classificação dos deveres do trabalhador pode ser feita por recurso a vários critérios, entre os quais salientamos dois critérios gerais, atinentes à fonte destes deveres e à sua natureza, e um critério especificamente laboral, atinente à relação destes deveres com o dever principal do trabalhador.

**II.** Assim, pelo *critério da fonte*, os deveres do trabalhador podem ser deveres normativos (são os deveres impostos pela lei ou por instrumento de regulamentação colectiva do trabalho administrativo), deveres convencionais (são os deveres com origem no contrato de trabalho ou em instrumento de regulamentação colectiva do trabalho de índole convencional), podem ter um fundamento empresarial ou profissional (quando decorram do regulamento empresarial ou de uso profissional ou da empresa) e, por fim, podem ter origem em conceitos indeterminados ou em princípios gerais, como o princípio da boa fé.

Os deveres legais do trabalhador encontram-se enunciados no art. 128º do CT, mas, como decorre do proémio do nº 1 deste artigo, esta enumeração reveste carácter exemplificativo. Ela deve ainda ser completada por outras disposições do Código, entre as quais se destaca o art. 351º, que enuncia os comportamentos do trabalhador que podem configurar justa causa para despedimento, recortando assim, também, de forma indirecta, os deveres do trabalhador.

Por outro lado, ainda em aplicação do critério da fonte, o Código do Trabalho confere uma especial relevância ao dever de colaboração entre as partes, sob o desígnio geral da boa fé (art. 126º).

Já tendo em conta o *critério da natureza dos deveres*, alguns dos deveres do trabalhador são deveres acessórios legais ou decorrentes de princípios gerais, e, nessa medida revestem um carácter necessário; outros reconduzem-se à categoria de deveres secundários, porque têm como fonte um instrumento jurídico convencional colectivo, a vontade das partes manifestada no contrato ou ainda a vontade do empregador manifestada no regulamento empresarial.

**III.** É, contudo, a *classificação dos deveres acessórios e secundários do trabalhador pelo critério especificamente laboral da sua ligação com o dever principal* que maior interesse prático reveste para a compreensão global da posição debitória do trabalhador no vínculo de trabalho.

Desenvolvida na doutrina germânica, sobretudo a partir da construção de HERSCHEL[203], e subscrita também no contexto nacional[204], esta classificação distingue os deveres acessórios e secundários do trabalhador em duas grandes categorias, de acordo com o critério do nexo que estes deveres têm com o dever principal de prestação da actividade laboral. Estas categorias são as seguintes[205]:

i) *Deveres acessórios integrantes da prestação principal*: esta categoria integra aqueles deveres do trabalhador que, pela sua própria natureza e função, estão intrinsecamente ligados ao dever de prestar a actividade laboral, sendo, por isso, exigíveis na pendência desta mesma actividade.
Integram esta categoria os deveres de assiduidade e de pontualidade (al. b) do nº 1 do art. 128º do CT), o dever de obediência (art. 128º nº 1 e) e nº 2), o dever de zelo e diligência (al. c) do nº 1 do art. 128º), o dever de custódia dos bens postos à disposição do trabalhador para a realização do trabalho (al. g) do nº 1 do art. 128º) e o dever de produtividade (al. h) do nº 1 do art. 128º).

ii) *Deveres acessórios autónomos da prestação principal*: esta categoria integra aqueles deveres do trabalhador que não se encontram ligados ao dever principal, pelo que são exigíveis tanto na pendência da actividade

---

[203] W. HERSCHEL, *Haupt – und Nebenpflichten im Arbeitsverhältnis*, BB, 1978, 12, 569-572.
[204] Assim MENEZES CORDEIRO, *Concorrência laboral e justa causa de despedimento cit.*, 500 ss., e *Direito do Trabalho cit.*, 129 ss., e ROSÁRIO PALMA RAMALHO, *Do Fundamento do Poder Disciplinar Laboral cit.*, 211 s.
[205] *Tratado II*, § 23º, ponto 85.3.

principal como em situações em que o trabalhador não se encontre adstrito ao cumprimento desta actividade.

Integram esta categoria os seguintes deveres: deveres de respeito e de urbanidade para com o empregador, os colegas e demais pessoas em contacto com a organização (al. a) do n.º 1 do art. 128º); o dever de participar em acções de formação (al. d) do n.º 1 do art. 128º); o dever de lealdade ao empregador, designadamente nas manifestações do sigilo e da não concorrência (al. f) do n.º 1 do art. 128º); os deveres de cooperação e de actuação em matéria de segurança, higiene e saúde no local de trabalho (alíneas i) e j) do n.º 1 do art. 128º), que devem ser complementados pelos deveres constantes da L. n.º 102/2009, de 10 de Setembro (art. 17º); bem como, sempre que ao trabalhador sejam confiados bens da empresa sem estarem associados à prestação do trabalho (por exemplo, um automóvel que o trabalhador mantenha consigo para além do tempo de trabalho), o dever de custódia (al. g) do n.º 1 do art. 128º).

A classificação indicada tem uma virtualidade prática e uma virtualidade dogmática.

A grande *vantagem prática desta classificação* dos deveres do trabalhador é constituir um critério seguro para clarificar a situação jurídica do trabalhador sempre que a prestação de trabalho não seja exigível, o que pode ocorrer em diversas situações – assim sucede por força da ocorrência de vicissitudes de suspensão do contrato, quer por motivo atinente ao trabalhador ou em resultado da crise da empresa, bem como em caso de suspensão do contrato decorrente da adesão do trabalhador a uma greve (arts. 295º n.º 1 e 536 n.º 2º do CT, respectivamente); e também, ao longo do desenvolvimento normal do vínculo de trabalho, por ocasião do descanso semanal do trabalhador, de feriados ou de férias, em suma, em todas as situações em que a prestação de trabalho não tenha lugar. Ora, esta classificação dos deveres do trabalhador vem tornar claro que, em todas as situações de inexigibilidade da prestação de trabalho são também inexigíveis os deveres acessórios do trabalhador integrantes dessa prestação, mas mantêm-se os deveres acessórios autónomos, cujo incumprimento continua assim a ser sancionável nos termos gerais.

A *virtualidade dogmática desta classificação* dos deveres laborais é a de clarificar globalmente a situação jurídica do trabalhador no vínculo de trabalho:

§12º O VÍNCULO DE TRABALHO: EVOLUÇÃO E RECONSTRUÇÃO DOGMÁTICA

efectivamente, esta classificação dá-nos a exacta medida da complexidade da posição debitória do trabalhador neste vínculo, mas permite-nos também concluir que uma boa parte dos seus deveres não se deixa justificar pela prestação principal e, por fim, que alguns desses deveres (como o dever de lealdade ou o dever de respeito, mas também o dever de colaboração) têm uma dimensão pessoal, por força da sua própria natureza, e também uma dimensão organizacional, por ser a organização do empregador o contexto normal em que se manifestam.

Retiraremos as devidas ilações desta posição debitória complexa do empregador para efeitos da construção dogmática do contrato de trabalho, um pouco mais à frente.

**IV.** Para completar o enunciado dos deveres acessórios do trabalhador, devem ser realçados dois destes deveres, pela sua especial importância, que não é ofuscada pela forma relativamente discreta como são apresentados na lei: o dever de obediência (art. 128º nº 1 e) e nº 2 do CT); e o dever de lealdade (al. f) do nº 1 do art. 128º).

A importância do *dever de obediência* do trabalhador decorre de este dever ser a manifestação, por excelência, da subordinação do trabalhador no vínculo laboral, a par da sujeição ao poder disciplinar sancionatório do empregador. Ficando, desde já, destacada a sua importância, analisaremos este dever um pouco adiante, a propósito da subordinação jurídica.

O outro dever especialmente importante que assiste ao trabalhador no vínculo de trabalho é o *dever de lealdade*. A importância deste dever decorre do seu conteúdo amplo e da sua eficácia. Assim:

*i)* Ao dever de lealdade deve ser reconhecido um sentido estrito mas também um sentido amplo: em sentido estrito, este dever projecta-se no dever de sigilo sobre os negócios e os interesses da organização e no dever de não concorrência com o empregador (é o sentido contemplado expressamente pela al. f) do art. 128º nº 1); mas, em sentido amplo (para o qual aponta, aliás, a expressão «nomeadamente», que é utilizada nesta mesma norma), o dever de lealdade aponta globalmente para uma conduta do trabalhador na execução do contrato conforme com a boa fé (neste sentido, veja-se ainda o art. 126º nº 1) e com os interesses da organização. Com esta configuração, o dever de lealdade tem pois uma índole compreensiva e uma relevância global no contrato.

*ii)* Por outro lado, do ponto de vista da sua eficácia, o dever de lealdade é também um dever forte, na medida em que se mantém omnipresente durante toda a execução do contrato e persiste mesmo após a respectiva cessação (assim, não é admissível que, após a cessação do contrato de trabalho, o trabalhador revele os segredos de fabrico ou a carteira de clientes do seu antigo empregador a uma empresa concorrente). O dever de lealdade no âmbito do contrato de trabalho é, pois, um dever dotado da característica da pós-eficácia[206].

### 43.3. A delimitação objectiva do vínculo de trabalho (cont.): a retribuição e os deveres acessórios do empregador

#### 43.3.1. A retribuição

**I.** O pagamento da retribuição constitui o dever principal do empregador no contrato de trabalho. Tal como a actividade laboral, a retribuição integra o eixo objectivo do contrato, como contrapartida da actividade laboral, e evidencia a dimensão patrimonial e obrigacional deste contrato.

Embora o dever retributivo seja mencionado, sem particular destaque, entre outros deveres do empregador, no respectivo enunciado legal (art. 127º nº 1 b) do CT), não suscita dúvidas a sua qualificação como dever principal do empregador, não apenas porque a retribuição é referida como elemento essencial do contrato de trabalho na respectiva noção legal (art. 1152º do CC e art. 11º do CT), mas também por força da ultrapassagem das concepções comunitário-pessoais do vínculo laboral.

---

[206] Em geral e por todos sobre a pós-eficácia das obrigações e o respectivo fundamento A. MENEZES CORDEIRO, *Da Boa Fé no Direito Civil cit.*, 625 ss., e L. MENEZES LEITÃO, *Direito das Obrigações*, I, 7ª ed., Coimbra, 2008, 363 s.

A delimitação básica da retribuição passa pela fixação dos seus elementos essenciais, pela verificação da extensão do conteúdo do dever retributivo e por algumas notas sobre o seu enquadramento constitucional[207].

**II.** Os *elementos essenciais e as características da retribuição* retiram-se da delimitação legal deste conceito (constante do art. 258º do CT[208]), conjugada com outros aspectos do seu regime jurídico. Assim:

- a retribuição reconduz-se tecnicamente a uma *prestação de dare*, uma vez que o seu cumprimento se consubstancia na entrega de um bem;
- a retribuição é uma *prestação de conteúdo patrimonial*, porque o seu objecto é avaliável em dinheiro; por determinação legal, trata-se, aliás, de uma prestação pecuniária, uma vez que a lei obriga à sua satisfação em numerário ou equivalente, pelo menos em parte (art. 259º nº 2);
- a retribuição é a *contrapartida do trabalho prestado*, o que evidencia a natureza onerosa e sinalagmática do contrato de trabalho (art. 258º nº 1);
- a retribuição é uma *prestação periódica*, porque o seu cumprimento é fraccionado no tempo em intervalos regulares (art. 258º nº 2);
- a retribuição constitui um *direito do trabalhador* (art. 258º nº 1).

**III.** Suscita-se a questão do *âmbito do dever retributivo do empregador*, uma vez que, para além do pagamento do salário correspondente à actividade laboral prestada, compete ao empregador um conjunto de outras prestações de natureza patrimonial, mas que escapam ao requisito de *contrapartida* que é essencial ao conceito de retribuição.

Estas prestações integram a faceta patrimonial do tradicional dever de assistência do empregador e correspondem, essencialmente, às seguintes categorias de situações:

- *situações de não prestação efectiva de trabalho mas que são equiparadas a tempo de trabalho*, fazendo surgir na esfera do trabalhador o direito ao respec-

---

[207] O estudo aprofundado desta matéria será feito no contexto do contrato de trabalho, no *Tratado II*, § 27º.
[208] Esta norma corresponde ao art. 82º da LCT e ao art. 249º do CT 2003.

tivo pagamento: assim, o pagamento de dias feriados, do período de férias do trabalhador, do tempo correspondente a faltas justificadas ou do crédito de horas dos trabalhadores (arts. 269º, 264º nº 1, 255º nº 1 e 2, e 409º nº 2, respectivamente);
- *prestações remuneratórias complementares gerais*, como os subsídios de férias e de Natal ou as diuturnidades (arts. 264º nº 2, 263º e 262º nº 2 b));
- *outras prestações remuneratórias complementares*, associadas a determinadas funções, à distribuição do tempo de trabalho, a despesas do trabalhador, a riscos profissionais específicos ou a outras situações: assim, quanto ao tempo de trabalho, as prestações remuneratórias associadas à isenção de horário de trabalho, ao trabalho nocturno, por turnos e ainda ao trabalho suplementar (arts. 260º, 265º, 266º, 267º e 268º); quanto à compensação de despesas, as ajudas de custo e os subsídios de refeição, de transporte ou de alojamento; e relativamente a funções específicas ou riscos profissionais, os abonos de caixa ou os subsídios de risco (art. 260º);
- *encargos patrimoniais associados à constituição e à execução de um vínculo de trabalho subordinado*: assim, a inscrição do trabalhador no sistema de segurança social e a assunção dos inerentes encargos de financiamento desse sistema, através da TSU, bem como a celebração do contrato de seguro de acidentes de trabalho e o pagamento dos respectivos prémios;
- por fim, *encargos patrimoniais associados aos deveres de formação profissional dos trabalhadores*.

A propósito do estudo da matéria da retribuição[209], teremos ocasião de apreciar mais detalhadamente este tipo de prestações e o respectivo regime jurídico. Por ora, cabe apenas dar nota da distinção, desenvolvida pela doutrina (a partir da concepção germânica de SCHWERDTNER, que ficou conhecida como teoria de remuneração[210]) entre dois tipos de prestações remuneratórias do empregador:

- a *remuneração em sentido estrito ou retribuição*, que constitui a contrapartida do trabalho prestado;

---

[209] *Tratado II*, § 27º.
[210] Cfr., *supra*, ponto 42.4.III.

– a *remuneração em sentido amplo (ou, simplesmente, remuneração)*, que engloba todas as prestações de conteúdo patrimonial a cargo do empregador que emergem da celebração de um contrato de trabalho.

Esta distinção tem importantes projecções regimentais, que teremos ocasião de apreciar oportunamente[211]. Para já, ela dá-nos uma primeira ideia acerca do grau de complexidade da posição debitória do empregador no vínculo laboral.

**IV.** Nesta apresentação básica dos deveres remuneratórios do empregador no vínculo laboral, resta deixar uma breve nota sobre o enquadramento constitucional desta matéria, que teve essencialmente em conta a denominada *função alimentar da retribuição* – ou seja, a circunstância de a retribuição não ser apenas a contrapartida técnica do trabalho prestado mas o meio de subsistência da maioria dos trabalhadores e dos respectivos agregados familiares.

Esta perspectiva da Lei Fundamental sobre a retribuição justifica os princípios constitucionais do salário mínimo e da igualdade salarial (art. 59º nº 1 a) e nº 2 a) da CRP) e influenciou fortemente o regime legal nesta matéria, como teremos ocasião de comprovar.

### 43.3.2. Os deveres acessórios do empregador

**I.** A par do dever de pagar a retribuição, que constitui o seu dever principal, o empregador tem um conjunto de deveres que completam a sua posição debitória no vínculo laboral. Tal como vimos suceder em relação aos deveres do trabalhador, os deveres do empregador podem ser classificados de acordo com um critério atinente à fontes dos deveres, por um critério relativo à natureza dos deveres e ainda por um critério atinente ao destinatário dos deveres.

Assim, pelo *critério da fonte*, o empregador está sujeito a deveres normativos (os que decorrem da lei ou de instrumento de regulamentação colectiva do trabalho administrativo), a deveres convencionais (os que decorrem de instrumento de regulamentação colectiva do trabalho convencional ou do

---

[211] *Tratado II*, § 27º, ponto 98.1.

contrato de trabalho) e a deveres decorrentes de conceitos indeterminados ou de princípios gerais, como a boa fé (art. 126º do CT).

Já tendo em conta o *critério da natureza dos deveres*, o empregador está adstrito a deveres patrimoniais (assim, para além do dever de pagamento da retribuição, todos os deveres que se reportam à responsabilidade remuneratória ampla do empregador, que acima identificámos) e a múltiplos deveres de índole não patrimonial.

Por fim, de acordo com o *critério do destinatário dos comportamentos debitórios*, o empregador tem deveres para com o trabalhador mas também para com o Estado (assim, nesta segunda categoria, o dever de inscrição do trabalhador no sistema de segurança social e de contribuir para esse sistema, o dever de retenção na fonte do imposto sobre o rendimento do trabalho que impenda sobre o trabalhador, bem como das suas contribuições para o sistema de segurança social, e ainda deveres diversos em matéria de condições de trabalho, de higiene e segurança das instalações e de período de funcionamento da empresa).

**II.** O Código do Trabalho enuncia os deveres do empregador no art. 127º, mas esta disposição não é abrangente, uma vez que outros deveres decorrem de outros preceitos do Código – designadamente no que se reporta aos deveres relativos à responsabilidade remuneratória ampla do empregador. Por outro lado, esta norma deve ser completada com o art. 129º, referente às garantias do trabalhador, uma vez que estas garantias fazem sobressair novos deveres do empregador.

A conjugação destas normas permite identificar as seguintes *categorias de deveres legais* na esfera jurídica do empregador:

i) *Deveres gerais relativos à pessoa do trabalhador*: nesta categoria incluem-se o dever de respeito e urbanidade (al. a) do nº 1 do art. 127º), o dever de contribuir para a promoção humana, profissional e social do trabalhador (art. 126º nº 2, *in fine*), o dever de permitir ao trabalhador o exercício de cargos em organizações representativas dos trabalhadores (al. f) do nº 1 do art. 127º), e, genericamente, o dever de não obstar nem se opor, por qualquer forma, ao exercício dos seus direitos pelos trabalhadores, bem como o dever de não os tratar desfavoravelmente pelo exercício desses direitos (al. a) do nº 1 do art. 129º).

*ii) Deveres relativos à pessoa do trabalhador mas com um escopo funcional ou profissional*: nesta categoria, sobressaem o dever de proporcionar ao trabalhador boas condições de trabalho do ponto de vista físico e moral (al. c) do nº 1 art. 127º) e de forma a facilitar a conciliação entre a vida profissional e a vida familiar (art. 127º nº 3), o dever de ocupação efectiva (alínea b) do nº 1 do art. 129º), o dever de contribuir para a elevação do nível de produtividade do trabalhador, nomeadamente proporcionando-lhe formação profissional (alínea d) do nº 1 art. 127º), e o dever de respeitar a autonomia técnica do trabalhador (al. e) do nº 1 do art. 127º).

*iii) Deveres específicos em matéria de higiene, segurança e saúde no local de trabalho*: nesta categoria, encontramos o dever de prevenir riscos e doenças profissionais e de indemnizar o trabalhador pelos prejuízos decorrentes de acidentes de trabalho, o dever de cumprir as disposições legais em matéria de higiene, saúde e segurança e o dever de informação ao trabalhador em matéria de prevenção de doenças profissionais e acidentes de trabalho (alíneas g), h) e i) do nº 1 do art. 127º bem como o nº 2 deste mesmo artigo). Os deveres do empregador nesta matéria são ainda completados pela L. nº 102/2009, de 10 de Setembro (arts. 15º s.).

*iv) Deveres relativos ao controlo da situação dos trabalhadores na organização*: é o caso do dever de manter um registo actualizado sobre os aspectos mais relevantes da situação laboral de cada trabalhador (alínea j) do nº 1 do art. 127º).

Como decorre do exposto, e tal como vimos suceder em relação ao trabalhador, *a posição debitória do empregador no vínculo laboral é de grande complexidade e integra não só deveres patrimoniais mas também deveres de índole pessoal.*

Esta complexidade justifica a recusa da construção obrigacional do vínculo de trabalho, que reconduz estes deveres acessórios do empregador, de uma forma simples, ou ao conceito de remuneração em sentido amplo, desenvolvido por SCHWERDTNER (no caso dos deveres com conteúdo patrimonial), ou, na esteira da concepção de SÖLLNER, a emanações do princípio geral da boa fé (solução proposta para o enquadramento dos deveres de conteúdo não patrimonial)[212].

Efectivamente, a especificidade laboral da maioria dos deveres assinalados depõe contra uma justificação generalista destes deveres e obriga à sua compreensão nos quadros dogmáticos específicos do Direito do Trabalho. É que faremos em sede de reconstrução dogmática do contrato de trabalho, um pouco mais à frente.

### 43.4. A delimitação subjectiva do vínculo laboral: a subordinação do trabalhador e os poderes laborais do empregador

#### 43.4.1. A subordinação do trabalhador

**I.** Para completar a descrição da situação jurídica do trabalhador no vínculo de trabalho cabe referir a sua componente subjectiva: i.e., a posição de subordinação do trabalhador perante o empregador. De acordo com o esquema delineado para a apreciação do conteúdo do vínculo de trabalho, a subordinação do trabalhador integra o binómio subjectivo desse vínculo.

A subordinação jurídica é o traço verdadeiramente delimitador da situação juslaboral do trabalhador, no sentido em que é este elemento que o diferencia de outros prestadores de uma actividade laborativa: com efeito, o trabalhador não se obriga apenas a prestar determinada actividade de trabalho, mas obriga-se a desenvolver esta actividade sob a «autoridade» do empregador (art. 11º do CT), ou seja, colocando-se numa posição de dependência perante o credor.

**II.** A lei refere-se, em diversos pontos e sob uma terminologia também ela diversificada, tanto à subordinação do trabalhador como aos correspondentes poderes laborais de direcção e disciplina, que assistem ao empregador. Assim:

– a referência à *autoridade* do empregador integra a noção de contrato de trabalho constante do Código do Trabalho (art. 11º) e a referên-

---

[212] Cfr., *supra*, ponto 42.4.

cia ao elemento *direcção* consta ainda da noção de contrato de trabalho constante do Código Civil (art. 1152º); a referência à *direcção* é de utilização tradicional para a delimitação do contrato de trabalho em relação ao contrato de prestação de serviço, mas o termo *autoridade* não tem tradição no domínio privado;
- a lei atribui ao empregador o *poder de direcção* e o *poder disciplinar* (respectivamente, arts. 97º e 98º do CT);
- a referência ao termo *disciplina* encontra-se anda a propósito da figura do regulamento de empresa (art. 99º nº 1 do CT) e na configuração do dever de obediência do trabalhador (alínea e) do nº 1 do art. 128º);
- a referência ao termo *subordinação* encontra-se, por exemplo, no art. 536º nº 1 do CT, a propósito dos efeitos da greve no contrato de trabalho do trabalhador aderente, e no art. 1º nºs 1 e 2 da L. 101/2009, de 8 de Setembro, a propósito dos trabalhadores no domicílio;
- por fim, é referido o termo *dependência*, a propósito dos denominados contratos equiparados (art. 10º do CT), a propósito dos trabalhadores no domicílio (art. 1º nºs 1 e 2 da L. nº 101/2009, de 8 de Setembro) e ainda para justificar a extensão de determinados regimes laborais a trabalhadores não subordinados mas economicamente dependentes do credor das respectivas prestações de trabalho (art. 4º nº 1 d) do Diploma Preambular ao Código do Trabalho).

Perante a extensão destas referências, parece não suscitar dúvidas o reconhecimento legal da subordinação do trabalhador como traço específico da sua situação juslaboral, não obstante o carácter privado do contrato de trabalho.

À Ciência Jurídica caberá justificar esta subordinação.

**III.** As modernas tendências de reforço da componente patrimonial e da índole obrigacional do contrato de trabalho conduzem a maioria da doutrina a considerar a subordinação jurídica como um atributo da actividade laboral, justificando-a no carácter heterodeterminado da prestação de trabalho, e, em consequência, fazendo-lhe corresponder o poder de direcção do empregador[213].

---

[213] Neste sentido, entre outros, R. RICHARDI, *Der Arbeitsvertrag im Zivilrechtssystem*, ZfA, 1988, 3, 221-225 (225), e, do mesmo autor, *Arbeitnehmerbegriff und Arbeitsvertrag cit.*, 622 ss.;

Não é este o nosso entendimento. Como já salientámos[214], a subordinação jurídica corresponde a um estado pessoal do trabalhador no seio do vínculo laboral e a não uma qualidade da actividade de trabalho, porque, tomada só por si, a prestação de um trabalho não se presta a tal qualificativo e pode ser idêntica quer seja desenvolvida no quadro de uma prestação de serviços quer decorra no quadro de um contrato de trabalho – assim, por exemplo, a actividade de advogado ou de médico é objectiva e globalmente a mesma, quer estes profissionais trabalhem nos seus escritórios ou consultórios, quer desempenhem funções no serviço de contencioso de uma empresa ou num hospital.

Ora, se a mesma actividade profissional pode ser desenvolvida tanto num contexto autónomo como num contexto de dependência, não oferece dúvidas que o elemento distintivo da segunda situação é um elemento atinente ao *sujeito* que a desenvolve: é este sujeito que, por força da celebração do contrato de trabalho aceita colocar-se sob a autoridade do credor.

Em suma, *a subordinação jurídica deve ser reconhecida como um estado de dependência pessoal* («*ein persönliche Abhängigkeit*», na expressão popularizada pela doutrina germânica) do prestador do trabalho perante o credor.

Por outro lado, deve também reconhecer-se que *a subordinação jurídica não é apenas o reverso do poder de direcção do empregador mas tem um conteúdo amplo.*

O conteúdo amplo da subordinação decorre do facto de lhe corresponderem, na titularidade do empregador, o poder de direcção e o poder disciplinar: o poder de direcção permite ao empregador orientar o trabalhador quanto ao modo de execução da actividade laboral, tanto através de ordens directas, como através de instruções genéricas; o poder disciplinar permite ao empregador estabelecer regras de disciplina na empresa, que, sem terem uma relação directa com a actividade laboral, se justificam pela dinâmica da sua organização (é a faceta prescritiva do poder disciplinar), bem como aplicar

---

Zöllner/Loritz, *Arbeitsrecht...cit.*, 45 s.; L. Mengoni, *L'influenza del diritto del lavoro sul diritto civile, diritto processuale civile, diritto amministrativo – diritto civile*, DLRI, 1990, 45, I, 5-23 (6 s.); G. Pera, *Compendio di diritto del lavoro cit.*, 96; Menezes Cordeiro, *Manual de Direito do Trabalho cit.*, 16, 125 e 656.
[214] Cfr., *supra*, § 1º, ponto 1.5.II.

sanções disciplinares ao trabalhador em caso de incumprimento (é a faceta sancionatória ou punitiva do poder disciplinar)[215].

Perante estes poderes e por força da sua posição de subordinação, o trabalhador está investido numa situação passiva complexa, na qual avulta o dever de obediência e o dever de acatamento das sanções disciplinares que lhe sejam regularmente aplicadas, sendo o dever de obediência de qualificar como um *dever* no sentido técnico-jurídico estrito, e o dever de acatamento das sanções disciplinares de reconduzir tecnicamente a um *estado de sujeição*[216].

**IV.** Tal como é preconizado pela doutrina, deve realçar-se o *relevo do dever de obediência no recorte da posição jurídica do trabalhador*, como manifestação, por excelência, do seu estado de subordinação perante o empregador.

Contudo, deve ficar claro que este dever não corresponde apenas ao poder de direcção, do empregador, porque a lei o estabelece em termos amplos e não necessariamente conexos com a necessidade de determinação do conteúdo da prestação de trabalho. Efectivamente, o art. 128º nº 1 e) e nº 2 do CT permite concluir que este dever tem um conteúdo tão extenso como intenso. Assim:

*i)* Nos termos do art. 128º nº 1 e) do CT, o trabalhador deve «cumprir as ordens e instruções do empregador em tudo o que respeite à execução e disciplina do trabalho, salvo na medida em que tais orientações se mostrem contrárias aos seus direitos e garantias»: *o dever de obediência é, assim, particularmente extenso*, já que não se limita às ordens e instruções conexas com a prestação principal, mas se estende também às regras de funcionamento da empresa e, em alguns casos, poderá mesmo atingir comportamentos extra-laborais do trabalhador. Como decorre da lei, os limites deste dever são, sobretudo, negativos, no sentido em que as ordens e instruções não podem contrariar os direitos e garantias do trabalhador.

---

[215] Aprofundaremos esta construção dos poderes laborais e do poder disciplinar em particular, no ponto seguinte e no *Tratado II*, § 28º e § 29º.
[216] Em geral e por todos, sobre a diferença entre dever em sentido estrito e sujeição, MENEZES CORDEIRO, *Tratado de Direito Civil cit.*, I, tomo I cit., 915 ss.

§12º O VÍNCULO DE TRABALHO: EVOLUÇÃO E RECONSTRUÇÃO DOGMÁTICA

*ii)* Nos termos do art. 128º nº 2, é devida obediência não apenas ao empregador, mas também a ordens e instruções emanadas dos superiores hierárquicos nos quais tenha sido delegado o exercício do poder directivo: *o dever de obediência é pois também um dever muito intenso*, ao qual o trabalhador se sujeita permanentemente, enquanto durar o seu contrato de trabalho.

**V.** Em face do exposto, conclui-se que a subordinação é o estado de dependência pessoal em que se encontra o trabalhador perante o empregador no contrato de trabalho, e que se manifesta essencialmente em dois deveres do trabalhador: o dever de obediência, com o conteúdo amplo que lhe atribuímos e que corresponde, na titularidade do empregador, ao poder de direcção (através do qual este fixa o conteúdo concreto da actividade laboral a desenvolver) e ao poder disciplinar na sua faceta prescritiva (pelo qual são estabelecidos deveres atinentes à disciplina e organização da empresa); e o dever de acatamento das sanções disciplinares, que lhe sejam regularmente aplicadas pelo empregador ao abrigo do poder disciplinar sancionatório.

**VI.** Delimitada a subordinação, cabe proceder à indicação sumária das suas características. Estas características têm sido apuradas pela doutrina e pela jurisprudência[217] e são as seguintes: a subordinação tem natureza jurídica e não económica, pode ser meramente potencial, comporta graus e não tem carácter técnico, e deve ser limitada por um critério funcional.

A *natureza jurídica da subordinação* é realçada pela doutrina e pela jurisprudência para distinguir o conceito de subordinação da situação de dependência económica do trabalhador em relação ao empregador: a subordinação consubstancia-se no estado pessoal de sujeição do trabalhador aos poderes de directivo e disciplinar do empregador (e, nesse sentido, é uma dependência pessoal), enquanto a dependência económica se reporta à necessidade que o trabalhador tem do salário para subsistir ou à circunstância de trabalhar em exclusivo para um credor.

---

[217] A propósito da fixação dos elementos essenciais do contrato de trabalho, este tema será desenvolvido – cfr., *Tratado II*, § 17º, ponto 57.4. Por ora, pretendese apenas esboçar a caracterização geral da posição subordinada do trabalhador no vínculo laboral, com o objectivo de proceder à reconstrução dogmática deste vínculo.

O *carácter meramente potencial da subordinação* do trabalhador evoca o facto de a situação de subordinação se compadecer com a mera possibilidade do exercício dos poderes laborais (ou, pelo menos, de um deles), não sendo necessária a actuação efectiva e constante destes poderes.

A referência a que *a subordinação comporta graus e não tem carácter técnico* explica a sua intensidade diversa, consoante as aptidões técnicas do trabalhador, a especificidade da actividade laboral ou a importância da função que desempenha – assim, em regra, o grau de subordinação de um quadro técnico de uma empresa é menor do que o de um operário indiferenciado. Por outro lado, a subordinação é compatível com a autonomia necessária para o exercício de uma profissão ou actividade especializada (a denominada *autonomia técnica*), bem como com a denominada *autonomia deontológica*, que releva em profissões sujeitas a um código deontológico – é o que dispõe o art. 116º do CT.

Por fim, realça-se o *carácter funcional da subordinação* para lhe impor alguns limites. Ainda que tenha um conteúdo amplo, a subordinação do trabalhador justifica-se em função do contrato de trabalho e no quadro desse contrato, pelo que deve limitar-se pelo objecto do contrato e confinar-se dentro dos limites do débito negocial do trabalhador, que já é, em si mesmo, bastante amplo. Designadamente, a essência funcional da subordinação deve ser realçada para impedir que o contrato de trabalho invada toda a vida do trabalhador e, designadamente, que interfira com a sua vida pessoal.

**VII.** Um último ponto a reter sobre esta matéria refere-se à *natureza da situação de subordinação do trabalhador*.

A este respeito, alguns autores têm sustentado a recondução global da subordinação do trabalhador a um estado de sujeição[218]. Não acompanhamos este entendimento em bloco, mas apenas na faceta da subordinação que corresponde ao poder disciplinar, em que o trabalhador tem, de facto, que suportar na sua esfera jurídica os efeitos do exercício daquele poder. No que toca ao dever de obediência, trata-se de um dever em sentido estrito e próprio, que obriga, em princípio, a uma actuação positiva do trabalhador para

---

[218] Assim, MENEZES CORDEIRO, *Manual de Direito do Trabalho cit.*, 127. Este é um entendimento que encontramos também em alguns autores italianos, como U. PROSPERETTI, *La posizione professionale del lavoratore subordinato*, Milano, 1958, 11 ss.

o respectivo cumprimento; além disso, é um dever que envolve globalmente a pessoa do trabalhador, o que também não se coaduna com a recondução ao conceito de sujeição.

Relativamente a este ponto, parece-nos, sobretudo, importante realçar a *complexidade da situação de subordinação do trabalhador no vínculo laboral, que resulta do seu débito negocial amplo, e, bem assim, a essência pessoal do estado de subordinação*.

### 43.4.2. Os poderes laborais: poder de direcção e poder disciplinar

**I.** À subordinação do trabalhador correspondem, na titularidade do empregador, os poderes de direcção e disciplina.

Estes poderes evidenciam a posição subjectiva de domínio que o empregador ocupa no contrato de trabalho, sem embargo do carácter privado do mesmo. Por esta razão e em consonância com o critério já utilizado para isolar o conceito de actividade laboral[219], designamos estes poderes do empregador como *poderes laborais*.

**II.** Na lei, a posição de domínio que o empregador ocupa no vínculo laboral retira-se da noção de contrato de trabalho constante do art. 11º do CT (na qual é reconhecida a «autoridade» do empregador), infere-se das múltiplas referências à subordinação ou dependência do trabalhador, que oportunamente indicámos, e é confirmada pelo reconhecimento expresso dos dois poderes laborais (o poder de direcção e o poder disciplinar) a propósito da delimitação da posição jurídica do empregador (arts. 97º e 98º do CT).

Sem prejuízo do oportuno desenvolvimento desta matéria[220], deve proceder-se de imediato à delimitação básica destes poderes, pelo papel central que desempenham no vínculo laboral.

---

[219] De acordo com este critério, que desenvolvemos, *supra*, § 1º, ponto 1.5., a actividade de trabalho pode qualificar-se como actividade laboral quando é desenvolvida em situação de dependência ou subordinação do prestador. Correspondendo esta dependência ou subordinação do trabalhador aos poderes de direcção e disciplina do empregador, estes poderes são também de qualificar como poderes laborais.

[220] Esta matéria será retomada no *Tratado II*, §§ 28º e 29º.

**III.** O *poder directivo* é o poder através do qual o empregador atribui uma função concreta ao trabalhador no âmbito da actividade para a qual foi contratado e adequa a prestação deste aos seus próprios interesses, ao longo da execução do contrato (art. 97º).

Como decorre desta norma, o poder de direcção reporta-se ao modo de prestação do trabalho, tendo assim a sua razão de ser no carácter relativamente indeterminado ou genérico da actividade laboral. Com esta configuração, o poder de direcção reconduz-se tecnicamente a um *poder de escolha ou de especificação*, no sentido obrigacional do termo[221].

Numa delimitação básica do poder de direcção, salientamos os seguintes pontos essenciais:

*i)* A *titularidade do poder de direcção* é, na generalidade dos casos, do empregador, mas em algumas situações laborais especiais pode verificar-se um desdobramento dos poderes laborais e, quando assim é, este poder pode ser atribuído por lei a um ente diverso do empregador. É o que sucede com alguns contratos de trabalho especiais, como o contrato de trabalho temporário, em que o poder de direcção é cometido por lei à entidade que utiliza os serviços do trabalhador e que não é o seu empregador (art. 185º nº 2 e nº 4, *a contrario sensu* do CT); e a mesma situação de desdobramento dos poderes laborais se observa ainda na figura da cedência ocasional de trabalhadores, caso em que o poder directivo é atribuído ao ente cessionário, que não é o empregador (art. 288º)[222].

*ii)* Quanto ao *modo de exercício*, o poder de direcção pode ser exercido directamente pelo empregador e pode ser delegado nos superiores hierárquicos do trabalhador (art. 128º nº 2).

---

[221] Em geral e por todos, sobre o poder de escolha do credor de uma obrigação genérica ou de conteúdo relativamente indeterminado, ANTUNES VARELA, *Das Obrigações em Geral cit.*, I, 846 ss., com indicações bibliográficas.

[222] Para mais desenvolvimentos sobre este ponto, *vd* ROSÁRIO PALMA RAMALHO, *Do Fundamento do Poder Disciplinar Laboral cit.*, 242 ss.

*iii)* Quanto à *forma de actuação*, o poder de direcção pode ser actuado em moldes específicos, através de ordens ou instruções concretas para cada trabalhador (art. 128º nº 2), ou em moldes genéricos, quer através da emissão de directrizes genéricas para todos ou para determinada categoria de trabalhadores, quer através da emissão de regulamentos empresariais (art. 99º).

*iv)* Quanto aos *limites*, o poder de direcção tem como moldura delimitadora positiva a própria prestação de trabalho, uma vez que se trata de um poder de escolha do credor, e, como limite negativo, os direitos e garantias do trabalhador. No entanto, trata-se de um poder bastante amplo, não só pelo grau de indeterminação da actividade laboral, conjugado com o carácter continuado do vínculo de trabalho (o que aumenta as exigências de adequação do comportamento do trabalhador às necessidades do empregador), como também pelas amplas possibilidades que a lei confere ao empregador de, unilateralmente, proceder a ajustes ou a modificações na prestação, no respectivo modo de execução ou nas condições externas que a rodeiam, como as condições de tempo e de lugar. Esta amplitude do poder de direcção justifica-se na componente organizacional do contrato de trabalho, pelo que lhe daremos a devida atenção um pouco mais à frente[223].

*v)* Quanto ao *papel que desempenha no contrato de trabalho*, pode dizer-se que o poder de direcção é essencial para conformar a posição jurídica do empregador mas não é suficiente para delimitar o contrato de trabalho em relação a figuras próximas, na medida em que assiste, embora com uma extensão menor, a outros credores de actividades de trabalho ou de serviço (assim, o poder de dar instruções ao mandatário, que a lei confere ao mandante, nos termos do art. 1161º a) do CC, e os poderes de fiscalização e de imposição de alterações, que assistem ao dono da obra na empreitada – arts. 1209º e 1216º nº 1 do CC). Com efeito, embora seja um poder típico do empregador, o poder de direcção não é, *per se*, um poder singular; a sua singularidade e o seu carácter dominial (e, neste

---

[223] Cfr., *infra,* ponto 43.5.2.

sentido, laboral) decorrem do facto de estar assistido pelo poder disciplinar.

*vi)* Por fim, quanto à sua *natureza*, o poder directivo reconduz-se à categoria de direito subjectivo em sentido estrito, porque constitui uma situação jurídica típica de vantagem que impõe ao trabalhador uma determinada conduta (evidenciada no dever de obediência), e porque se desdobra em diversos poderes menores.

**IV.** O *poder disciplinar laboral* constitui a segunda componente da posição subjectiva de domínio que o empregador ocupa no vínculo de trabalho. Outorgado directamente pela lei (art. 98º do CT), este poder tem um duplo conteúdo: um conteúdo ordenatório ou prescritivo; e um conteúdo sancionatório ou punitivo[224].

Na sua faceta *ordenatória ou prescritiva*, o poder disciplinar permite ao empregador estabelecer regras de comportamento e disciplina no seio da sua organização, que, por não se reportarem à prestação de trabalho, não podem ser imputadas ao poder directivo – por exemplo, regras de apresentação pessoal dos trabalhadores ou de fardamento, de acesso e circulação nas instalações da empresa ou de utilização dos respectivos meios de telecomunicação, ou ainda regras em matéria de saúde e segurança no local de trabalho não directamente impostas pela actividade desenvolvida.

Na sua faceta *sancionatória ou punitiva*, o poder disciplinar consubstancia-se na possibilidade que assiste ao empregador de aplicar sanções disciplinares ao trabalhador em caso de incumprimento do seu dever principal ou dos seus deveres acessórios, legais ou convencionais. A lei prevê um elenco de sanções disciplinares de gravidade crescente (art. 328º do CT); à excepção da sanção do despedimento imediato, que tem uma finalidade extintiva do vínculo laboral, as restantes sanções disciplinares têm um objectivo conservatório do vínculo, pretendendo recolocar o trabalhador na situação de cumprimento do contrato[225].

---

[224] Retoma-se a construção dogmática do poder disciplinar laboral já desenvolvida *in* ROSÁRIO PALMA RAMALHO, *Do Fundamento do Poder Disciplinar Laboral cit.*, 262 ss.

[225] A propósito da análise mais desenvolvida da matéria do poder disciplinar (*Tratado II*, § 29º), teremos ocasião de aprofundar a concepção ampla que sustentamos para este poder. Por

Numa delimitação básica do poder disciplinar laboral, que não obsta ao desenvolvimento posterior da matéria, salientamos as seguintes características essenciais deste poder[226]:

i) No que se refere à *titularidade*, o poder disciplinar cabe ao empregador, tanto nas situações laborais comuns como nos casos de desdobramento dos poderes laborais por diversas entidades. Por outras palavras, ao contrário do que sucede com o poder directivo, o poder disciplinar é sempre do empregador.

ii) No que se refere ao *modo de exercício*, o poder disciplinar pode ser exercido directamente pelo empregador ou, por delegação deste, pelos superiores hierárquicos do trabalhador (art. 329º nº 4).

iii) Os *limites gerais do poder disciplinar laboral* são os direitos e garantias do trabalhador (arts. 129º e 331º nº 1 d)); na faceta punitiva deste poder, algumas sanções disciplinares têm também limites de duração ou de valor (art. 328º nº 3º)[227].

iv) *Na sua faceta sancionatória, o poder disciplinar é de caracterizar como um poder processualizado,* uma vez que a aplicação das sanções disciplinares é obrigatoriamente precedida de um processo: o processo disciplinar comum, previsto para a aplicação das sanções disciplinares conservatórias (arts. 329º); e o processo disciplinar especial, previsto para a aplicação da sanção do despedimento imediato por facto imputável ao trabalhador (arts. 352º ss.).

---

ora, fica apenas a indicação de que esta concepção não é partilhada pela maioria da doutrina, que, por regra, reconhece a este poder apenas um conteúdo sancionatório.

[226] Para mais desenvolvimentos, *Tratado II*, § 29º, ponto 106.2.

[227] Em especial sobre este ponto, ROSÁRIO PALMA RAMALHO, *Os limites do poder disciplinar laboral, in* A. MOREIRA (coord.), *I Congresso Nacional de Direito do Trabalho. Memórias*, Coimbra, 1998, 181-198; também publicado no nosso *Estudos de Direito do Trabalho cit.*, I, 179-193 (186 ss.).

§12º O VÍNCULO DE TRABALHO: EVOLUÇÃO E RECONSTRUÇÃO DOGMÁTICA

*v)* No que se refere à *função que desempenha no contrato de trabalho*, o poder disciplinar laboral é um poder absolutamente essencial, por dois motivos: de uma parte, ele constitui a garantia genérica da posição de domínio do empregador no contrato, uma vez que é um meio expedito e de grande eficácia para reagir ao incumprimento do trabalhador; de outra parte, ele constitui um elemento decisivo na operação de qualificação do contrato de trabalho, em situações de dúvida de qualificação, uma vez que, ao contrário do poder directivo, é um poder sem paralelo noutros contratos de direito privado – assim, uma vez que se verifique que o trabalhador está inserido no ordenamento disciplinar do credor, podem as dúvidas de qualificação do contrato ser resolvidas no sentido da sua qualificação como um contrato de trabalho[228].

*vi)* Por fim, no que se refere à sua *natureza*, o poder disciplinar reconduz-se à categoria do direito subjectivo, na modalidade de direito potestativo, uma vez que a situação em que se traduz tem um conteúdo complexo (desdobrando-se em diversos poderes menores) e o seu exercício coloca o trabalhador numa situação de sujeição. Deve ainda salientar-se que a grande singularidade deste poder reside na sua faceta sancionatória e no objectivo eminentemente punitivo que lhe assiste nesta faceta. Esta feição punitiva, sem paralelo no universo contratual privado, torna o poder disciplinar particularmente difícil de justificar, como veremos[229].

---

[228] Para mais desenvolvimentos sobre estas funções do poder disciplinar laboral, *vd* ROSÁRIO PALMA RAMALHO, *Do Fundamento do Poder Disciplinar Laboral cit.*, 266 ss. e 279 ss. Desenvolveremos o tema da aptidão qualificativa do poder disciplinar em relação ao contrato de trabalho, a propósito da delimitação deste contrato em relação a figuras afins (*Tratado II*, § 17º, ponto 57.5.).
[229] *Tratado II*, § 29º, ponto 112.

### 43.5. A componente de pessoalidade e a componente organizacional do vínculo de trabalho[230]

**I.** Como decorre do exposto, concorrem para a delimitação do vínculo de trabalho o binómio objectivo atinente às prestações principais das partes (a actividade laboral e a remuneração), e o binómio subjectivo que evidencia o relacionamento desigual entre elas (caracterizado pela subordinação do trabalhador e pelos poderes laborais do empregador).

No entanto, para que esta delimitação do conteúdo do vínculo laboral fique completa, devem ainda ter-se em conta dois elementos, que assistem às várias componentes dos dois binómios assinalados: a *componente organizacional* do contrato, que enquadra globalmente o relacionamento entre o empregador e o trabalhador no contrato e é, por isso, indispensável para compreender as respectivas posições jurídicas; e a *componente de pessoalidade*, que emerge directamente da posição do trabalhador, (não obstante o carácter patrimonial da actividade desenvolvida) e da essência dominial do vínculo de trabalho.

**II.** Ao mesmo tempo que permitem explicar alguns dos traços regimentais mais específicos do contrato de trabalho, a componente de pessoalidade e a componente organizacional alicerçam a singularidade deste contrato no panorama dos negócios jurídicos privados. Cabe, por isso, darlhes a devida atenção.

### 43.5.1. A componente organizacional

**I.** *A componente organizacional do contrato de trabalho evidencia-se na influência quotidiana que a organização predisposta pelo empregador tem neste vínculo*, e que se retira da análise directa do respectivo regime jurídico.

---

[230] Para mais desenvolvimentos sobre a concepção do contrato de trabalho que se sustenta, designadamente no que toca aos elementos de pessoalidade e organizacional, *vd* ROSÁRIO PALMA RAMALHO, *Da Autonomia Dogmática... cit.*, 711 ss., e ainda *Relação de trabalho e relação de emprego – contributos para a construção dogmática do contrato de trabalho, in Estudos em Homenagem ao Professor Doutor Inocêncio Galvão Telles*, I, Coimbra, 2002, 651-681 (também publicado no nosso *Estudos de Direito do Trabalho cit.*, I, 125-156).

Cabe, por isso, conferir a este elemento o devido relevo na reconstrução dogmática do contrato de trabalho. Contudo, adverte-se, desde já, que a importância reconhecida a este elemento não envolve a recuperação da perspectiva comunitária da relação de trabalho, porque a organização em causa no contrato de trabalho é uma organização do empregador e não uma organização comum às partes.

II. Pela primeira vez no nosso ordenamento jurídico laboral – e, em consonância com o entendimento que há muito vimos sufragando, em termos dogmáticos[231] – o relevo da componente organizacional do contrato de trabalho foi reconhecido em termos genéricos pela nossa lei, com uma referência expressa na noção legal de contrato de trabalho. Assim, nos termos do art. 11º do CT, o contrato de trabalho pressupõe o desenvolvimento da actividade laboral «...no âmbito de organização (do empregador)».

Em todo o caso, esta evolução apenas vem reforçar outros *afloramentos da ideia de organização* que já se retiravam anteriormente e continuam presentes no sistema normativo. Destacamos apenas três:

i) O *princípio geral da colaboração das partes no contrato de trabalho* (enunciado no art. 126º nº 2) *tem uma dimensão organizacional*, uma vez que essa colaboração deve tender para a obtenção da maior produtividade da empresa; e este mesmo escopo organizacional se observa também no dever de produtividade do trabalhador, tal como é enunciado no art. 128º nº 1 h).
Neste sentido pode dizer-se que a colaboração entre o empregador e o trabalhador extravasa o estrito âmbito do relacionamento negocial *inter partes* (reconduzível ao princípio geral da boa fé no cumprimento do contrato) para ganhar uma dimensão organizacional.

ii) *Embora os interesses principais das partes sejam opostos, elas podem ter interesses secundários comuns no seio da organização*: assim, quando o trabalhador é parcialmente remunerado em função dos resultados, quando recebe uma participação nos lucros da empresa (hipótese directa-

---

[231] Cfr, em especial, ROSÁRIO PALMA RAMALHO, *Da Autonomia Dogmática... cit.*, 711 ss.

mente contemplada no art. 260º nº 1 d)) ou quando recebe um prémio de produtividade indexado aos resultados de toda a sua secção (hipótese prevista no art. 260º nº 2 b)), tem um óbvio interesse no aumento dos ganhos da empresa, em comunhão com o empregador; e a mesma comunhão de interesses secundários se observa quando o trabalhador compra acções da sua empresa, ou ainda quando os trabalhadores e os empregadores exploram, em conjunto, um serviço de utilidade social geral para os trabalhadores.

Ora, esta comunhão de interesses secundários entre trabalhador e empregador evidencia a existência de uma forte componente organizacional no contrato de trabalho.

iii) Por fim, *evidencia a componente organizacional do vínculo de trabalho o relevo do denominado «interesse da empresa» ou «interesse de gestão» na construção de uma boa parte dos regimes laborais*: assim, são condicionadas pelo requisito do «interesse da empresa» ou das «necessidades da empresa» certas modalidades especiais de contrato de trabalho (é o caso do contrato de trabalho a termo resolutivo – art. 140º nº 1 d)), institutos como a mobilidade funcional (i.e., a possibilidade de impor ao trabalhador a prestação de tarefas não compreendidas no objecto do seu contrato, prevista no art. 120º), a descida de categoria (art. 119º), a mudança definitiva ou temporária do local de trabalho (art. 194º), ou o trabalho suplementar (art. 227º nº 1), bem como vicissitudes contratuais como a suspensão e a redução do contrato de trabalho em situação de crise empresarial (art. 298º nº 1) e, por fim, as formas de cessação do contrato de trabalho com uma motivação empresarial directa, como o despedimento colectivo ou o despedimento por extinção do posto de trabalho (arts. 359º e 367º, respectivamente).

Em suma, diversos institutos laborais têm uma motivação directa na organização do empregador e nos seus interesses de gestão, que não se fundam no contrato mas no direito de livre iniciativa económica do empregador.

**III.** Perante o relevo dado pela lei à organização do empregador e aos seus interesses de gestão, no desenho de diversos regimes laborais, deve atribuir-se ao elemento organizacional o correspondente destaque na construção dogmática do contrato de trabalho. Neste sentido, entende-se que *o contrato de trabalho é um contrato de inserção organizacional necessária, no sentido em que pressupõe obrigatoriamente a integração do trabalhador na empresa ou na organização predispostas pelo empregador, e que essa organização influencia de uma forma quotidiana e regular a execução desse contrato*. É justamente esta componente organizacional que a nossa lei veio agora reconhecer em termos gerais na noção de contrato de trabalho.

Justificado o relevo do elemento organizacional do contrato de trabalho, a compreensão deste elemento exige ainda três notas complementares.

Em primeiro lugar, deve ter-se em conta que, em si mesma, a organização do empregador/credor não tem carácter comunitário (e muito menos institucional), porque é predisposta unilateralmente pelo empregador e porque o interesse de gestão é também um interesse próprio do empregador.

Em segundo lugar, deve observar-se que a componente organizacional assiste a todos os contratos de trabalho, porque, embora nem todos tenham escopo empresarial (assim, um contrato de trabalho com um assistente pessoal ou num ambiente familiar, por exemplo), em todos eles avulta uma organização, mais sofisticada ou mais rudimentar, e em todos eles surgem interesses do empregador inerentes a essa organização.

Por fim, salienta-se a compatibilidade dos interesses secundários comuns ao empregador e ao trabalhador com a oposição fundamental das suas prestações principais, razão pela qual o relevo do elemento organizacional do contrato de trabalho, no sentido indicado, não é uma recuperação da construção comunitária do vínculo laboral.

**IV.** Apresentado o elemento organizacional do contrato de trabalho, resta fazer referência à *aptidão deste elemento para explicar alguns dos traços regimentais mais peculiares do regime jurídico deste contrato*, que escapam a uma perspectiva puramente obrigacional sobre este vínculo. Estes traços regimentais são os seguintes:

i) *A sistemática prevalência dos interesses de gestão do empregador sobre o acordo negocial*, que se observa no funcionamento de institutos como o trabalho suplementar, a mobilidade funcional ou geográfica, alguns regimes de flexibilização do tempo de trabalho, como a adaptabilidade grupal ou o banco de horas grupal, e a suspensão ou redução dos contratos em situação de crise empresarial (arts. 226º ss., 120º, 194, 206º, 208 A e 298º ss.). A particularidade destes regimes reside no facto de determinarem uma modificação do contrato por vontade unilateral de uma partes (no caso, o empregador), o que contraria as regras gerais de modificação dos negócios jurídicos, *verbi gratia*, o art. 406º do CC. Todavia, estes regimes deixam-se facilmente explicar pelo contexto organizacional do contrato de trabalho.

ii) *As regras de igualdade de tratamento dos trabalhadores*, quer no acesso ao emprego, quer no tratamento remuneratório e ainda com referência à progressão na carreira e às demais condições de trabalho (arts. 23º ss.): difíceis de compreender no contexto estrito de cada contrato de trabalho, estas regras deixam-se explicar com facilidade pela componente organizacional do contrato.

iii) *A constante interdependência dos vínculos laborais no seio da organização do empregador*, que se evidencia em diversos institutos laborais reportados a grupos de trabalhadores ou a unidades de produção (assim, as vicissitudes de um dos estabelecimentos da empresa, ou a greve levada a efeito por certa categoria de trabalhadores): de novo, é, claramente, a componente organizacional do vínculo laboral que explica este particular modo de ser do contrato de trabalho[232].

### 43.5.2. A componente de pessoalidade

**I.** Apesar do inequívoco valor patrimonial das prestações principais das partes, o vínculo laboral tem ainda uma componente de pessoalidade, que cabe realçar.

---

[232] Para mais desenvolvimentos sobre a aptidão explicativa do elemento organizacional e, em geral, sobre o valor deste elemento na reconstrução dogmática do contrato de trabalho, vd ROSÁRIO PALMA RAMALHO, *Da Autonomia Dogmática... cit.*, 742 ss. e 716 ss., e *Relação de trabalho e relação de emprego... cit.*, 143 ss.

Deve, contudo, esclarecer-se, desde já, que o reconhecimento desta componente de pessoalidade não significa o retorno às concepções comunitário-pessoais, definitivamente ultrapassadas com a recolocação do eixo central do contrato no binómio actividade laboral/retribuição. O que se entende é que esta dimensão patrimonial do contrato de trabalho não colide com o reconhecimento de uma componente de pessoalidade neste contrato; e, por outro lado, que, devidamente reconstruída, esta componente de pessoalidade permite compreender alguns dos aspectos do regime jurídico do contrato de trabalho que as concepções obrigacionais deixam por explicar.

A reconstrução dogmática do elemento de pessoalidade do vínculo de trabalho pode ser feita a partir da actividade principal do trabalhador e dos poderes laborais, identificados na apresentação dos binómios objectivo e subjectivo em que se desdobra o contrato de trabalho. O valor particular deste elemento funda-se na singularidade da actividade laboral, enquanto prestação, no relevo das qualidades pessoais do trabalhador para a celebração e para a subsistência do contrato de trabalho, e na essência dominial do próprio vínculo, que decorre da sujeição do trabalhador aos poderes laborais.

II. *A singularidade da actividade laboral, enquanto objecto de um negócio jurídico (no caso, o contrato de trabalho) decorre do facto de esta actividade ser inseparável da pessoa do próprio trabalhador e ser valorizada pelo Direito do Trabalho justamente por esta característica*, não obstante o esforço da dogmática juslaboral – desde as primitivas concepções civilistas até às modernas construções obrigacionais do contrato de trabalho – para lograr esta separação e reconduzi-la a um bem jurídico comum, integrativo do património do trabalhador e transaccionável enquanto tal.

A inseparabilidade da actividade de trabalho da pessoa do trabalhador evidencia-se nos seguintes traços do vínculo laboral: na relevante e permanente indeterminação da prestação de trabalho; no conteúdo amplíssimo dos poderes laborais; e no envolvimento integral da pessoa do trabalhador no vínculo. Assim:

i) O primeiro factor que dificulta a separação da actividade laboral da pessoa do trabalhador é o *grau de indeterminação desta prestação*: efectivamente, trata-se de uma prestação cuja indeterminação não é apenas inicial, como sucede na generalidade das obrigações genéricas, mas permanente, pela constante necessidade que o empregador tem de adequar as aptidões do trabalhador a tarefas concretas e aos objectivos de gestão. Esta necessidade resulta ainda acrescida pelo facto de o contrato de trabalho ter uma vocação duradoura, estando assim sujeito, pela natureza das coisas, a uma maior evolução do interesse contratual do credor – assim, por exemplo, se determinada empresa informatizar o seu serviço de arquivo, as necessidades do empregador relativamente à actividade dos trabalhadores deste serviço serão alteradas, o mesmo sucedendo se a empresa expandir a sua actividade para uma nova área.

Por outro lado, é exactamente por força da *característica de indeterminação relativa permanente da actividade laboral* que releva, em particular, neste contrato a disponibilidade do trabalhador como conceito acessório e instrumental do próprio conceito de actividade, nos termos oportunamente enunciados: efectivamente, mais do que um trabalho muito bem feito num determinado momento, interessa ao empregador poder contar com aquele trabalhador para uma multiplicidade de tarefas que integram a sua actividade laboral, que são afins desta actividade ou mesmo, excepcionalmente, que extravasam a actividade laboral mas correspondem a um interesse objectivo de gestão e estão ao alcance da capacidade do trabalhador. Em suma, interessa ao empregador a disponibilidade do trabalhador e o seu *empenhamento pessoal* nos objectivos da organização.

Naturalmente, este maior envolvimento do trabalhador subordinado na prestação só pode ser explicado através do reconhecimento de uma componente de pessoalidade ao contrato de trabalho.

*ii)* O segundo factor que evidencia a característica da inseparabilidade entre a prestação de trabalho e a pessoa do trabalhador é o *conteúdo amplo dos poderes laborais*: efectivamente, estes poderes e, em particular, o poder disciplinar na sua faceta prescritiva, permitem impor ao trabalhador regras de conduta não atinentes à prestação mas que fazem directamente apelo à sua pessoa (assim, regras de comportamento, de indumentária ou de expressão). Ora, este tipo de regras só faz sentido no quadro de um nexo estreito entre o objecto do contrato e a pessoa do trabalhador.

*iii*) O terceiro factor que evidencia a ligação umbilical entre a actividade laboral desenvolvida e a pessoa do prestador é o *relevo do dever de obediência*: sem deixar de corresponder à ideia de cumprimento, o dever de obediência tem um cunho eminentemente subjectivo, que torna saliente o facto de, no contrato de trabalho, o cumprimento da prestação por parte do trabalhador se reconduzir essencialmente à sua atitude de disponibilização permanente às directrizes do credor, nos limites dos seus direitos e garantias.

Conclui-se, assim, pela *inseparabilidade da actividade laboral em relação à pessoa do trabalhador*. E, se esta conclusão não colide com a qualificação desta actividade como um bem jurídico – condição *sine qua non* para que possa constituir o objecto de um negócio –, ela obriga a admitir que se trata de um bem jurídico peculiar, pelo grau de envolvimento da personalidade do trabalhador no seu cumprimento e, globalmente, no vínculo laboral. A propósito do bem «trabalho», SUPIOT colocou a seguinte questão: «*Le travail, qui met une personne en rapport avec les choses, est-il chose ou personne?*»[233]. A questão, totalmente pertinente, intui a singularidade da actividade laboral enquanto bem jurídico, justamente por se tratar de um bem que dificilmente se separa da pessoa do sujeito prestador e que interessa ao credor exactamente por essa razão.

Ora, desta inseparabilidade da actividade laboral em relação à pessoa do trabalhador decorre, inequivocamente, o relevo de uma componente de pessoalidade no contrato de trabalho.

**III.** *O segundo factor que evidencia a componente de pessoalidade do vínculo de trabalho é o relevo essencial das qualidades pessoais do trabalhador para a constituição e a subsistência do vínculo laboral.*

Neste ponto, não se acompanha a crítica das modernas concepções obrigacionais à construção dogmática tradicional do vínculo de trabalho no sentido da desvalorização da componente pessoal deste vínculo, com base no

---

[233] A. SUPIOT, *Critique de droit du travail cit.*, 8.

argumento do distanciamento entre empregador e trabalhador, comum nas grandes organizações – ou seja, o chamado «anonimato das relações de trabalho»[234].

É que, mesmo no caso das grandes empresas, em que não há contacto directo entre o empresário e os seus trabalhadores, as qualidades pessoais do trabalhador continuam a ser essenciais quer para a constituição do vínculo quer para a sua subsistência: com efeito, o trabalhador é sempre contratado (e, designadamente, é escolhido de entre um conjunto de candidatos àquele posto de trabalho em processos de recrutamento cada vez mais sofisticados e individualizados) por força das qualidades profissionais e pessoais que possui e que o empregador entende serem as mais adequadas à função a desempenhar[235]. E, da mesma forma, se, por força das suas características pessoais, o trabalhador vier a evidenciar uma desadequação insuperável em relação à função, este facto poderá justificar a cessação do contrato – é a justificação da figura do despedimento por inadaptação (arts. 373º e ss. do CT). Além disso, é ainda o relevo das qualidades pessoais do trabalhador no contrato de trabalho que justifica a caracterização deste como um contrato *intuitu personae*.

O relevo das qualidades pessoais do trabalhador no vínculo laboral, associado à inseparabilidade entre a actividade laboral e a personalidade do prestador, evidenciam a componente de pessoalidade neste vínculo.

**IV.** *O terceiro factor que evidencia a componente de pessoalidade do vínculo de trabalho é a essência dominial do próprio vínculo, que decorre da sujeição do trabalhador aos poderes laborais do empregador*, nos termos assinalados.

Destacamos aqui, em particular, a sujeição do trabalhador ao poder disciplinar laboral, na medida em que este poder atinge o trabalhador na sua pessoa, em qualquer das suas facetas: na sua faceta prescritiva, porque o poder disciplinar se manifesta essencialmente em directrizes de natureza compor-

---

[234] Cfr., *supra*, ponto 42.4.II.
[235] Evidentemente, as qualidades pessoais do trabalhador valorizadas no contexto do seu recrutamento podem ser as mais variadas. Assim, podem ser particularmente relevantes as qualificações técnicas, a experiência do trabalhador ou, pelo contrário, a sua juventude, a sua facilidade de comunicação, a sua força física ou a sua aparência... Em qualquer caso, o juízo que o empregador faz sobre estas qualidades é sempre determinante para a escolha daquele trabalhador no universo dos candidatos ao posto de trabalho.

tamental; e na sua faceta sancionatória, porque as sanções disciplinares têm um escopo punitivo e não ressarcitório (aliás, é tendo em atenção este escopo não ressarcitório do poder disciplinar que a lei prevê separadamente a responsabilidade disciplinar e a responsabilidade civil, no domínio do contrato de trabalho – arts. 323º e 328º do CT), dirigindo-se à pessoa do trabalhador no seu todo e não ao seu património.

Em suma, o relacionamento subjectivo desigual típico do vínculo laboral e a essência dominial deste vínculo confirmam a sua componente de pessoalidade.

**V.** Como decorre do exposto, não se sufragam as críticas das modernas concepções obrigacionais sobre o contrato de trabalho ao relevo do elemento de pessoalidade neste contrato[236]. Bem pelo contrário, deve valorizar-se este elemento na reconstrução dogmática do contrato, a partir das duas constatações a que procedemos: a constatação da singularidade da prestação de trabalho, pela sua inseparabilidade da pessoa do trabalhador e pelo relevo das qualidades pessoais deste no contrato; e a confirmação da natureza dominial dos poderes laborais, pela sua incidência na pessoa do trabalhador.

**VI.** Uma vez reconhecido o relevo do elemento de pessoalidade no contrato de trabalho, resta chamar a atenção para a sua *particular valia explicativa em relação a alguns traços do regime do vínculo laboral*. Destacamos essencialmente três:

i) *O elemento de pessoalidade do contrato de trabalho explica os deveres de assistência não patrimoniais que assistem ao empregador*: assim, os deveres relativos às condições de trabalho, à segurança e saúde do trabalhador, o dever de ocupação efectiva ou os deveres atinentes à formação profissional do trabalhador (arts. 127º nº 1 c), g), h) e i) e 129º nº 1 b) do CT). Não podendo integrar o conceito de remuneração em sentido amplo, por não revestirem carácter patrimonial e sendo a sua recondução ao princípio da boa fé algo forçada, porque não se referem de modo directo à prestação principal, estes deveres deixam-se explicar como emanações da componente de pessoalidade do contrato.

[236] *Supra*, ponto 42.4.II.

ii) *O elemento de pessoalidade do contrato de trabalho explica o direito que assiste ao trabalhador de, nos limites da lei, fazer regularmente prevalecer os seus interesse pessoais ou familiares (mas, em qualquer caso, interesses extra-contratuais) sobre o acordo contratual, que se vê, por esse efeito e numa lógica muito particular, sacrificado à vontade de uma das partes.* A prevalência regular dos interesses pessoais ou familiares do trabalhador sobre o contrato é demonstrada com alguns exemplos: assim, o trabalhador que, por ocasião do casamento, tem direito a faltar justificadamente o trabalho (art. 249º nº 2 a)), ou o trabalhador que beneficia do regime de tutela do trabalhador estudante, tendo direito a uma redução do tempo de trabalho, mesmo que as matérias que estuda nada tenham a ver com a actividade que desenvolve na empresa (arts. 89º ss.), ou ainda o trabalhador que tem direito a ver o seu tempo de trabalho reduzido, por ter filhos pequenos, ou que exerce o direito de faltar ao trabalho para dar assistência à família (arts. 49º e 54º ss., e art. 249º nº 2 e)).

Ora, esta lógica de sacrifício do contrato a interesses extracontratuais de uma das partes, sem necessidade do acordo da outra parte e onerando a posição contratual desta, só pode ser explicada pelo relevo de elementos de pessoalidade no contrato[237]: dito de uma forma simples, para compensar o envolvimento pessoal integral do trabalhador no contrato, o sistema jurídico permite-lhe fazer prevalecer regularmente sobre o acordo contratual os interesses extra-contratuais que considera relevantes.

iii) Por fim, *o elemento de pessoalidade do contrato de trabalho explica a ampla tutela dos direitos de personalidade do trabalhador neste contrato*, que o Código do Trabalho desenvolve nos arts. 14º ss. Sendo certo que o Código considera em conjunto os direitos de personalidade do trabalhador e do empregador (art. 14º), a verdade é que, no desenvolvimento concreto da matéria, se ocupa, fundamentalmente, da tutela dos direitos de personalidade do trabalhador[238]. Esta orientação decorre do intenso envolvimento pessoal do trabalhador no vínculo (em razão

---

[237] Para mais desenvolvimentos sobre a aptidão explicativa do elemento de pessoalidade e, em geral, sobre o valor deste elemento na reconstrução dogmática do contrato de trabalho, *vd* ROSÁRIO PALMA RAMALHO, *Da Autonomia Dogmática... cit.*, 773 ss. e 751 ss.
[238] Neste sentido, *vd* as normas constantes dos arts. 17º, 19º, 20º e 21º do CT.

da singularidade da sua prestação), que torna, evidentemente, a sua pessoa e os seus direitos de personalidade especialmente vulneráveis e justifica um cuidado acrescido na tutela destes direitos.

### 43.6. Conclusão: a reconstrução do conteúdo do contrato de trabalho a partir dos conceitos de relação de trabalho e de relação de emprego. A singularidade do vínculo laboral no panorama dos vínculos obrigacionais

**I.** A construção dogmática do vínculo de trabalho que se sustenta obriga a retirar duas conclusões sobre o contrato de trabalho: a primeira é a da confirmação da complexidade desta figura; a segunda é a do reconhecimento da sua singularidade no panorama dos vínculos obrigacionais.

Procurando traduzir a análise do conteúdo do vínculo laboral, a que procedemos, numa construção sintética, podemos estabelecer os seguintes *parâmetros para a reconstrução dogmática do contrato de trabalho*:

*i)* *O vínculo laboral é, sem margem para dúvidas, um vínculo negocial,* não só porque é reconhecido como um contrato *a se* no nosso sistema jurídico, mas também porque o seu regime é globalmente concebido em termos negociais. Nestes termos, a conceptualização do vínculo laboral é a conceptualização do contrato de trabalho.

*ii)* *O contrato de trabalho tem uma essência simultaneamente patrimonial e conflitual*: a primeira decorre do valor económico das prestações essenciais das partes (a actividade laboral e a retribuição); a segunda evidencia-se na oposição dos seus interesses principais, que é, aliás, particularmente intensa.

*iii)* *O nexo patrimonial do contrato, que se reporta à troca entre as prestações principais das partes, não esgota o conteúdo do contrato de trabalho, nele relevando ainda um elemento organizacional e um elemento de pessoalidade.*
O elemento organizacional evidencia-se no facto de a colaboração das partes se processar na organização do empregador, na partilha de inte-

resses secundários pelas partes e no reconhecimento e na tutela legal de interesses de gestão do empregador. Este elemento do contrato de trabalho permite explicar a interdependência dos múltiplos vínculos laborais que coexistem nessa organização e a prevalência regular dos interesses de gestão próprios do empregador sobre o acordo contratual.

Por seu turno, o elemento de pessoalidade decorre da inseparabilidade entre a actividade de trabalho e a pessoa do trabalhador, conjugada com a sujeição deste aos poderes laborais, *maxime* ao poder disciplinar. Este elemento explica a ampla tutela legal da pessoa, dos direitos de personalidade e dos interesses pessoais e familiares do trabalhador, que é feita, não raramente, à custa do acordo contratual e onerando a posição jurídica do empregador.

iv) *Os elementos organizacional e de pessoalidade do contrato de trabalho são dogmaticamente incompatíveis com uma perspectiva estritamente obrigacional e patrimonial do contrato de trabalho.*

Assim, quanto ao elemento organizacional, ele evidencia os interesses específicos de gestão do empregador e, ao «normalizar», em nome desses interesses, a alteração do acordo negocial por vontade de uma das partes (o empregador), mostra-se incompatível com a funcionalização do débito do trabalhador às necessidades de concretização da prestação laborativa, já que a conduta que lhe é exigida vai além de um poder de escolha ou concretização do objecto negocial genericamente fixado no contrato, pelo credor.

Por seu turno, o elemento de pessoalidade é incompatível com uma visão exclusivamente patrimonial do objecto negocial, porque revela a singularidade da actividade laboral enquanto bem jurídico, pela sua inseparabilidade da pessoa do trabalhador. Este elemento contraria ainda o princípio de igualdade típico das situações jurídicas privadas, ao evidenciar a posição negocial desnivelada das partes no vínculo jurídico, pela sujeição do trabalhador aos poderes laborais. E, finalmente, este elemento demonstra o carácter redutor do conceito de «obrigação remuneratória ampla» para explicar o débito negocial alargado do empregador, porque uma parte do regime jurídico de tutela dos interesses pessoais e familiares do trabalhador passa pela imposição ao empregador de deveres não patrimoniais.

II. Com base nos parâmetros indicados e recuperando uma concepção já anteriormente sustentada[239], preconiza-se a construção dogmática do contrato de trabalho a partir da distinção de duas zonas no seu conteúdo, correspondentes a dois binómios essenciais, e a partir das quais se podem isolar situações juslaborais menores no seio da situação jurídica laboral decorrente da celebração do contrato de trabalho. Embora a distinção entre estas duas zonas do contrato de trabalho corresponda apenas a um objectivo de clarificação analítica, esta distinção é essencial para confirmar a complexidade do conteúdo do vínculo laboral sem obscurecer nenhum dos seus aspectos, e para fixar as afinidades e as diferenças entre o contrato de trabalho e outros negócios obrigacionais que também envolvem a prestação de uma actividade laborativa para outrem.

Estas zonas são as seguintes:

1) A *zona obrigacional* do contrato, delimitada pelo binómio actividade laborativa/remuneração; esta zona do contrato dá lugar àquilo que designamos como *relação de trabalho*;
2) A *zona laboral* do contrato, correspondente ao binómio subordinação jurídica/poderes laborais; da conjugação desta zona com a zona obrigacional do contrato emerge o vínculo que denominamos *relação de emprego*.

III. A *zona obrigacional* do contrato de trabalho é delimitada pelo binómio actividade laborativa/remuneração e tem a ver com as prestações principais das partes e com a relação que elas estabelecem na respectiva troca. Esta zona corresponde àquilo que poderemos designar como a parcela objectiva do contrato de trabalho.

---

[239] Cfr., ROSÁRIO PALMA RAMALHO, *Do Fundamento do Poder Disciplinar Laboral cit.*, 428 ss. Retomámos esta concepção em *Da Autonomia Dogmática... cit.*, 784 ss.; no mesmo sentido pode ainda ver-se *Relação de trabalho e relação de emprego...cit.*, 143 ss.

À relação jurídica de troca entre as partes, que se evidencia nesta zona do contrato, chamamos *relação de trabalho*, tomando o termo *trabalho* no sentido correspondente ao conceito de actividade laborativa que isolámos oportunamente[240], justamente para valorizar o facto de, por si só, este binómio objectivo recortar a parcela do conteúdo do contrato de trabalho que é comum a outros negócios envolvendo uma actividade produtiva para outrem e não a parte que o singulariza.

Esta zona do contrato de trabalho confirma a natureza creditícia e patrimonial deste contrato (porque envolve uma operação de troca entre dois bens jurídicos com valor económico), a sua essência conflitual (uma vez que os interesses subjacentes às prestações principais das partes são opostos), o seu carácter sinalagmático (porque as prestações principais são correspectivas) e de execução continuada (porque a actividade de trabalho se desenvolve ao longo do tempo e a obrigação retributiva envolve uma prestação periódica). Por outro lado, sendo o conteúdo da actividade laborativa relativamente indeterminado, esta zona do contrato pode ainda justificar a titularidade do poder directivo pelo empregador, enquanto poder de especificação da prestação do trabalhador.

Todavia, apreciada isoladamente, a zona obrigacional do contrato de trabalho corresponde à parcela do seu conteúdo que é comum a outras figuras negociais que enquadram uma actividade de trabalho livre e remunerada para satisfação de necessidades alheias (ou seja, uma *actividade laborativa*). É que, também nestes casos, a actividade prestada pode ser relativamente indeterminada e desenvolvida de forma continuada, o pagamento pode ser fraccionado ou efectuado com uma certa periodicidade e o devedor se sujeita às instruções do credor no cumprimento da prestação.

Em suma, tomada por si só, esta parcela do vínculo laboral revela as suas afinidades e não as suas diferenças em relação a outros vínculos negociais.

Esta zona do contrato investe as partes naquilo que designamos como *relação de trabalho*: situação jurídica relativa, patrimonial e obrigacional, a *relação de trabalho* surge quando um sujeito desenvolve de forma livre, remunerada e continuada a sua actividade manual ou intelectual (i.e., em termos sociológi-

---

[240] *Supra*, § 1º, ponto 1.1.3.

cos, o seu trabalho), para satisfação de necessidades alheias, podendo, desde que se verifique alguma indeterminação da prestação, sendo dirigido pelo credor no respectivo cumprimento. Neste sentido amplo, a *relação de trabalho* é uma situação jurídica comum aos fenómenos do trabalho subordinado e do trabalho autónomo, ao trabalho prestado no quadro de um vínculo jurídico privado ou público, e explica os pontos de contacto entre os diferentes regimes jurídicos aplicáveis a cada um destes fenómenos.

Mas, se esta zona do contrato de trabalho revela os pontos comuns das diversas formas de trabalho humano, forçoso se torna concluir que ela não permite operar a singularização do vínculo laboral. Na verdade, se, na apreciação do contrato de trabalho, tomássemos apenas em consideração o binómio objectivo de troca entre as prestações laborativa e retributiva, o contrato de trabalho poderia ser dogmaticamente reconduzido a uma modalidade do contrato de prestação de serviço, como sucede noutros sistemas jurídicos[241] e como foi sugerido entre nós (ainda que como mera hipótese teórica, dada a diferente opção do legislador português) pelos subscritores da concepção obrigacional do contrato de trabalho[242].

É pois necessário ir um pouco mais longe na nossa análise. Para isso, cabe apreciar a outra zona do contrato de trabalho.

**IV.** Na verdade, o binómio actividade laborativa/remuneração não esgota o conteúdo do vínculo laboral, devendo ter-se também em conta que a actividade do trabalhador é desenvolvida «sob a autoridade e no âmbito da organização» do empregador; e verificando-se, por outro lado, que os deveres de cada uma das partes não se esgotam no cumprimento das suas prestações principais, como oportunamente vimos[243].

Assim, ao lado da zona obrigacional do contrato de trabalho revela-se a *zona laboral*, que é integrada pelo binómio subordinação jurídica/poderes laborais e que evidencia a posição desnivelada que as partes assumem no vínculo. A subordinação reconduz-se, como vimos, a uma posição subjectiva de obediência e de disponibilidade do trabalhador perante o empregador, que, apesar

---

[241] É o caso germânico e o caso austríaco – § 611 do BGB e § 1151 do ABGB.
[242] É a possibilidade sugerida por MENEZES CORDEIRO, *Manual de Direito do Trabalho cit.*, 518 e 521, nota [5].
[243] Cfr., *supra*, pontos 43.2.1 e 43.3.2.

de funcionalizada às exigências contratuais, tem um conteúdo amplo, pelas possibilidades igualmente amplas de modificar unilateralmente o contrato que assistem ao empregador; os poderes laborais têm uma vertente directiva e uma vertente disciplinar, sendo particularmente importante a vertente disciplinar sancionatória, que assegura a eficácia da componente directiva.

A zona laboral revela a riqueza e a complexidade do contrato de trabalho pela forma como interfere na zona obrigacional. É que, apesar de se reportar à posição subjectiva dos contraentes e não ao objecto do negócio, esta zona obriga a introduzir alterações nas prestações principais e faz surgir novos deveres: é por efeito desta interferência que, da parte do trabalhador, a delimitação da actividade de trabalho é completada pela ideia de disponibilidade e que surgem os deveres atinentes à disciplina da organização (os deveres correspondentes ao poder disciplinar prescritivo e os deveres para com outros trabalhadores), bem como a sujeição a alterações do acordo negocial por iniciativa do empregador; e é ainda esta interferência que justifica, da parte do empregador, a obrigação remuneratória ampla e a adscrição a deveres acessórios para tutela dos interesses pessoais e familiares do trabalhador, em sacrifício do contrato.

A grande riqueza mas também a maior complexidade do conteúdo do vínculo laboral decorre, pois, da ligação entre as duas zonas referidas.

**V.** É do nexo entre a zona laboral e a zona obrigacional do contrato de trabalho que emerge a situação jurídica que designamos como *relação de emprego*. O isolamento desta situação na apreciação do contrato de trabalho tem uma importância fundamental para a construção dogmática deste negócio, porque é ela que permite reconciliar o vínculo jurídico com a sua origem privada sem retirar valor à sua componente dominial, mas antes confirmando, através desta componente dominial, a singularidade do contrato.

*A relação de emprego é a situação jurídica relativa e complexa, com elementos patrimoniais e pessoais, e, apesar de privada, não paritária, que se estabelece entre o empregador e o trabalhador por força do débito negocial alargado que cada um deles assume. A complexidade deste débito decorre da relevância, no conteúdo do contrato de trabalho, dos elementos de inserção organizacional necessária e de pessoalidade e dos interesses específicos de cada uma das partes que subjazem a estes dois elementos (os interesses de gestão do empregador, que subjazem ao elemento organizacional, e os interesses pessoais e familiares do trabalhador, subjacentes ao elemento de pessoalidade).*

Como situação jurídica complexa, a relação de emprego implica a titularidade de posições jurídicas passivas e activas pelas duas partes, justificadas pelos interesses enunciados.

Assim, do lado passivo, o trabalhador obriga-se, em paralelo com a execução da sua actividade de trabalho e em prossecução dos interesses de gestão do empregador, a cumprir outros deveres atinentes à organização e, dentro de certos limites, a suportar a modificação do acordo negocial pela outra parte, em nome dos seus interesses de gestão. Por seu turno, o empregador obriga-se, a par do dever de pagar o trabalho prestado e em prossecução dos interesses pessoais e familiares do trabalhador, a «remunerar» o trabalhador em situações de não prestação do trabalho, a cumprir deveres não patrimoniais (como os de cuidado e segurança) e, até, a aceitar o sacrifício pontual do acordo contratual àqueles interesses do trabalhador.

Mas, do lado activo, a relação de emprego caracteriza-se por conferir ao trabalhador uma ampla protecção legal, de conteúdo pessoal e patrimonial, permitindo-lhe beneficiar, designadamente, da independência da remuneração em relação aos resultados produtivos e do regime restritivo da cessação do contrato de trabalho por iniciativa do empregador. Por seu turno, o empregador vê compensado o seu débito negocial alargado com a titularidade dos poderes laborais e, designadamente, com a possibilidade de assegurar a prevalência dos seus interesses de gestão sobre o acordo negocial, em moldes de grande eficácia, porque garantidos pelo poder disciplinar.

VI. Descrita a relação de emprego, compreende-se a sua importância para a compreensão global do contrato de trabalho, e, designadamente, para nele reconhecermos uma *componente dominial*, que parece relativamente inevitável, não obstante o carácter privado do contrato.

Efectivamente, se tivermos em atenção os interesses de gestão do empregador e os interesses pessoais e familiares do trabalhador subjacentes à relação de emprego, concluímos que os poderes laborais (e, em especial, o poder disciplinar sancionatório) são essenciais para impor às partes os deveres correspondentes àqueles interesses. É que, embora as prestações principais sejam exequíveis no quadro de um relacionamento paritário entre os contraentes (como sucede, aliás, no trabalho autónomo), já as prestações correspondentes ao débito alargado das partes, na prossecução dos interesses de gestão do empregador e dos interesses pessoais e familiares do trabalhador, apenas são exigíveis na base de um relacionamento não paritário entre os sujeitos e não baseado no acordo negocial, porque não são previsíveis *ab initio*[244].

É por esta razão que a essência dominial do vínculo jurídico laboral se apresenta como uma inevitabilidade: ainda que não fosse a única maneira de assegurar o cumprimento das prestações principais, ela é a única forma de assegurar o débito negocial alargado de cada uma das partes, em prossecução dos interesses de gestão do empregador e dos interesses pessoais e familiares do trabalhador, que relevam no contrato de trabalho a par dos interesses relativos à prestação de trabalho e à prestação retributiva, por força dos elementos de organização e de pessoalidade.

A *inevitabilidade da essência dominial da relação de trabalho* foi, aliás, reconhecida expressamente pelo sistema jurídico, logo na noção legal de contrato de trabalho quando se afirma a autoridade do empregador sobre o trabalhador, na integração desta ideia de autoridade com o poder directivo e com o poder disciplinar e nas múltiplas referências das normas legais e convencionais colectivas à subordinação do trabalhador e ao seu dever de obediência. Em suma, é o sistema jurídico que legitima a componente dominial intrínseca ao contrato de trabalho e é por isso mesmo que assegura ao empregador os meios técnicos para a perpetuar.

Perante a juridicidade da essência dominial do vínculo laboral, não faz sentido negar ou reduzir o seu relevo dogmático, para conciliar este vínculo com o direito privado e com o princípio da igualdade, tal como propugnam as concepções obrigacionais: uma tal negação ou redução é artificial e é também por este motivo que as concepções obrigacionais devem ser ultrapassadas.

---

[244] Assim, só o empregador pode, num certo momento e em prossecução dos seus interesses de gestão, decidir transferir o estabelecimento, não podendo o acordo negocial inviabilizar esse direito através de uma cláusula particularmente restritiva em matéria de local de trabalho; da mesma forma, só ao trabalhador compete decidir se, perante uma ocorrência familiar como o nascimento de um filho, aproveita ou não o direito que a lei lhe confere à licença especial para assistência a filhos, que tem um efeito suspensivo sobre o contrato independentemente do acordo do empregador. Em suma, uma vez legitimados estes interesses pelo sistema jurídico, a sua prossecução não deve ser inviabilizada (ainda que possa, nos limites da lei, ser condicionada) pela exigência do acordo da outra parte.

## §12º O VÍNCULO DE TRABALHO: EVOLUÇÃO E RECONSTRUÇÃO DOGMÁTICA

Por fim, ao evidenciar uma nova forma de equilíbrio entre as partes, não reportada às suas prestações principais mas ao débito alargado que cada uma delas assume em relação à outra, por força dos elementos de pessoalidade e organizacional, a parcela laboral do contrato de trabalho permite retirar uma outra ilação: a de que, através do regime que instituiu para o contrato de trabalho, o sistema jurídico laboral tutela não só o trabalhador mas também os interesses de gestão do empregador. Em suma, o regime do contrato de trabalho vem confirmar a essência compromissória do Direito do Trabalho, que oportunamente sustentámos[245].

**VII.** O quadro descrito permite alicerçar uma conclusão final: *o contrato de trabalho é um contrato singular no panorama dos vínculos negociais privados e não é viável a sua redução dogmática a um negócio exclusivamente obrigacional*, apesar do seu conteúdo patrimonial e conflitual e da possibilidade de recondução de alguns deveres acessórios das partes a emanações do princípio da boa fé no cumprimento dos contratos.

Em síntese, a especificidade do contrato de trabalho decorre da complexidade do seu conteúdo e da coexistência, no seu seio, de elementos aparentemente incompatíveis: a patrimonialidade e a pessoalidade, com referência ao objecto negocial; a conflitualidade entre as partes e a sua colaboração na organização; e a natureza simultaneamente privada e dominial do vínculo, com a inerente duplicidade da posição prática e jurídica das partes. Assim:

i) *O contrato de trabalho é um negócio jurídico singular por força do seu objecto, que combina elementos pessoais e patrimoniais* – é o que decorre da inseparabilidade entre a actividade laboral e a pessoa do prestador, da importância da posição subjectiva do trabalhador no vínculo (evidenciada nas ideias de disponibilidade e de obediência e na subordinação jurídica), e da irredutibilidade do envolvimento pessoal do trabalhador ao envolvimento de outros devedores de prestações de *facere*, em contratos puramente obrigacionais.

---

[245] Cfr., *supra*, § 3º, ponto 6.4.

ii) *O contrato de trabalho é um negócio jurídico singular por força dos interesses subjacentes às duas zonas do negócio e da forma especial como a conciliação desses interesses vai sendo feita pelas partes*. Ao contrário da regra geral, os sujeitos do contrato de trabalho prosseguem, com base no título negocial, uma multiplicidade de interesses, que criam entre eles, em permanente interacção, relações de conflito e relações de colaboração: os interesses opostos subjacentes às prestações principais são prosseguidos numa relação conflitual; os interesses acessórios comuns na organização e a inserção organizacional do trabalhador fazem intervir uma componente colaborativa naquela relação; os interesses específicos de gestão do empregador e os interesses específicos do trabalhador voltam a criar uma relação conflitual, que apresenta ainda a particularidade de se resolver pelo sacrifício do acordo negocial.

Em suma, a complexidade da relação das partes, na prossecução de todos os interesses relevantes no negócio laboral, confirma a especificidade dogmática do próprio contrato de trabalho.

iii) *O contrato de trabalho é um negócio jurídico singular na forma como concilia a sua natureza privada com a posição desigual das partes*, evidenciada na subordinação do trabalhador e nos poderes laborais do empregador, com destaque para o poder disciplinar. A titularidade deste poder é, talvez, a demonstração mais evidente da singularidade do contrato de trabalho entre os negócios de direito privado.

Confirmada a singularidade dogmática do contrato de trabalho, dela retiraremos as devidas ilações na propósito da apreciação do problema da autonomia científica do Direito do Trabalho, que ocupa a secção seguinte.

## Secção III
## A autonomia dogmática do Direito do Trabalho

### §13º EVOLUÇÃO DO PROBLEMA DA AUTONOMIA DOGMÁTICA DO DIREITO DO TRABALHO E TENDÊNCIAS ACTUAIS

**44. Enunciado e importância do problema da autonomia dogmática**

I. Como é sabido, a Ordem Jurídica constitui um sistema, no sentido em que corresponde a uma unidade normativa inteligível, enquanto tal, a partir do exterior e cujos conteúdos se articulam segundo uma ordem que obedece a critérios lógicos: neste sentido nos referimos ao *sistema jurídico*[246].

---

[246] Em geral sobre o conceito de sistema e sobre a organização sistemática do Direito, C-W. CANARIS, *Pensamento Sistemático e Conceito de Sistema na Ciência do Direito* cit., 13 ss., H.-M. PAWLOWSKI, *Einführung in die Juristische Methodenlehre. Ein Studienbuch zu den Grundlagenfächern Rechtsphilosophie und Rechtstheorie*, Heidelberg, 1986, 68 ss. e 101 ss., K. LARENZ, *Metodologia da Ciência do Direito*, 6ª ed., 1991 (trad. port.), 3ª ed., Lisboa, 1997, 240 s. e *passim*; e, entre nós, A. MENEZES CORDEIRO, *Introdução à Edição Portuguesa da obra de Claus-Wilhelm* CANARIS, *Pensamento Sistemático e Conceito de Sistema na Ciência do Direito*, 2ª ed., Lisboa, 1996, VII-CXIV, *maxime* LXIX e C., A. CASTANHEIRA NEVES, *A unidade do sistema jurídico: o seu problema e o seu sentido (Diálogo com Kelsen)*, in Estudos em Homenagem ao Prof. Doutor J. J. Teixeira Ribeiro, II, Coimbra, 1979, 73-184 (*maxime* 96 ss.), e J. BAPTISTA MACHADO, *O sistema científico e a teoria de Kelsen*, RFDUL (sep.), XXVI, 9-45 (13 ss.).

## §13º EVOLUÇÃO DO PROBLEMA DA AUTONOMIA DOGMÁTICA DO DIREITO DO TRABALHO

Por força da amplitude e da complexidade dos seus conteúdos e sem prejuízo do seu carácter unitário, o sistema jurídico tende a dividir-se internamente em múltiplas áreas, que se constituem em torno de um ou mais fenómenos dotados de uma certa afinidade sociológica ou cultural[247] e no seio das quais se podem ainda encontrar outras divisões[248]. Quando estas áreas se organizam de um modo lógico, com recurso a ideias-força claras e a categorias técnico-operativas dotadas de eficácia explicativa nos respectivos contextos[249], sendo reconhecíveis como uma unidade *a se* a partir do exterior, estamos na presença de *subsistemas jurídicos*.

**II.** Os níveis de autonomia de cada um dos subsistemas, que se individualizam no seio da Ordem Jurídica global, dependem não apenas da importância social dos fenómenos de que se ocupam, mas também da especificidade da sua organização interna e do grau de originalidade dos institutos e das soluções que desenvolvem, por comparação com o sistema jurídico mais amplo do qual se destacaram.

Tendo em atenção estes critérios e sem prejuízo de outras classificações, distinguem-se, essencialmente, dois grandes níveis de autonomia das áreas do Direito:

*i)* A *autonomia sistemática*: tendo como ideia-chave o conceito de *ordenação*, este nível de autonomia é atingido quando são perfeitamente identificáveis os fenómenos de que a área jurídica se ocupa, quando esta área jurídica se organiza internamente segundo critérios lógicos e conceitos operativos claros e quando é reconhecível como uma uni-

---

[247] Assim, os fenómenos ligados aos contratos, aos bens, às instituições familiares e sucessórias, ou as matérias relativas à actividade comercial ou à actividade laboral, são naturalmente agrupados pelas respectivas afinidades sociológicas; mas a mesma aglutinação natural se observa quanto aos fenómenos constitutivos de crime, aos que se referem às relações entre a Administração Pública e os particulares ou aos que respeitam à Administração Fiscal ou à efectivação dos direitos em juízo.

[248] Assim se justifica a clássica divisão da Ordem Jurídica nos grandes centros do Direito Privado e do Direito Público, no seio dos quais se descortinam, por seu turno, áreas de menor dimensão mas perfeitamente individualizadas.

[249] Assim, no Direito Civil as categorias de situação jurídica e de contrato, no Direito Administrativo o conceito de acto administrativo, ou o conceito de acto do comércio no Direito Comercial.

## §13º EVOLUÇÃO DO PROBLEMA DA AUTONOMIA DOGMÁTICA DO DIREITO DO TRABALHO

dade *a se* a partir do exterior. Neste caso, reconhece-se habitualmente a emergência de um novo *ramo do direito*.

ii) A *autonomia dogmática*: tendo como ideia-chave o conceito de *redução valorativa* (i.e., a ideia de que os conteúdos normativos devem ser validados por ponderações axiológicas ou princípios), este nível de autonomia é atingido quando, na área jurídica dotada de autonomia sistemática, se reconhecem princípios ou valorações materiais específicos, diferentes dos que regem o tronco jurídico comum do qual a área jurídica em questão se autonomizou[250].

O reconhecimento da autonomia sistemática de uma área jurídica não oferece dificuldades, a partir de um certo nível de desenvolvimento normativo e de um apuro mínimo da sua organização interna. Por outro lado, associado a este nível de autonomia das áreas do Direito pode estar – e assim, sucede em muitos casos – uma *tendência para a codificação* geral ou parcelar das respectivas normas, o reconhecimento da *autonomia jurisdicional* (quando corresponda à área jurídica uma jurisdição própria) e o reconhecimento da *autonomia pedagógica* (quando lhe corresponda uma disciplina jurídica específica).

Já a indagação pela autonomia dogmática ou científica de uma determinada área jurídica é uma indagação muito mais difícil porque se cifra numa pesquisa das grandes valorações materiais subjacentes a essa área jurídica – em suma, uma busca dos seus princípios.

III. A autonomia dogmática de um determinado ramo do Direito é independente da importância desse mesmo ramo jurídico[251]. No entanto, *o reco-*

---

[250] Especificamente sobre a aplicação da distinção entre estes níveis de autonomia ao Direito do Trabalho, F. BYDLINSKI, *Arbeitsrechtskodifikation und allgemeines Zivilrecht*, Wien-New York, 1969, 15 ss., BALLERSTEDT, *Probleme einer Dogmatik des Arbeitsrechts cit.*, 6, G. SCHNORR, *Grundfragen der Arbeitsrechtsdogmatik in der Bundesrepublik Deutschland und in Österreich*, RdA, 1979, 6, 387-393; RICHARDI, *Arbeitsrecht und Zivilrecht,cit,*, 5 ss., VON CAROLSFELD, *Die Eigenständigkeit des Arbeitsrechts cit.*, 227.; e, entre nós, MENEZES CORDEIRO, *Da situação jurídica laboral... cit.*, 95 ss., e ROSÁRIO PALMA RAMALHO, *Da Autonomia Dogmática... cit.*, 147 ss.

[251] Assim, não é incomum que áreas jurídicas de indubitável relevo prático, de grande apuro dogmático e cujo reconhecimento como ramos jurídicos *a se* (ou seja, dotados de autonomia sistemática) não suscita dúvidas, não tenham autonomia dogmática, porque não se lhes

*nhecimento deste nível de autonomia tem projecções práticas de grande alcance*, pelo papel decisivo que as valorações materiais específicas da área jurídica desempenham, tanto na compreensão global do ramo jurídico em questão e na validação material dos respectivos conteúdos normativos, como na sua articulação com o tronco jurídico comum.

Em síntese, o reconhecimento da autonomia dogmática de uma determinada área do Direito e o subsequente enunciado dos respectivos princípios ou valorações materiais projectam-se em dois planos:

i) No plano da *interpretação e aplicação do Direito*, os princípios específicos da área jurídica desempenham um duplo papel: de uma parte, eles constituem o referente valorativo na tarefa de aplicação das normas da área jurídica em questão ao caso concreto; de outra parte, sempre que surja a necessidade de aplicação de normas de direito comum a título subsidiário (designadamente por força de uma lacuna regulativa da área jurídica em questão), os princípios específicos daquela área jurídica exercem uma função de controlo axiológico daquelas normas de Direito Comum, evitando a respectiva aplicação sempre que essa aplicação contrarie as valorações materiais da área jurídica dogmaticamente autónoma.

ii) No plano da *produção normativa*, os princípios contribuem para a harmonia do subsistema normativo a que se reportam, na medida em que correspondem às valorações materiais essenciais desse subsistema; e contribuem ainda para iluminar a evolução futura desse sistema, inspirando o legislador na tarefa de criação de novas normas[252].

Como decorre do exposto, a autonomia dogmática ou científica de uma área jurídica evidencia a sua especificidade e maturidade, enquanto subsis-

---

reconhecem valorações materiais muito diferentes das que subjazem ao Direito comum. No domínio do Direito Privado, o principal exemplo desta categoria é o Direito Comercial, cuja autonomia dogmática já foi discutida mas não é hoje sustentada pela maioria dos autores. Sobre este tema, por todos, ORLANDO DE CARVALHO, *Critério e Estrutura do Estabelecimento Comercial cit.*, I, 120 ss. e nota [64], e FERRER CORREIA, *Lições de Direito Comercial cit.*, 18 ss.

[252] Por todos, sobre estas funções dos princípios jurídicos, P. RESCIGNO, *Sui principi generali del diritto*, Riv.trim.DPC, 1992, 2, 379-396 (380 s.).

## §13º EVOLUÇÃO DO PROBLEMA DA AUTONOMIA DOGMÁTICA DO DIREITO DO TRABALHO

tema do universo do Direito, mas denota também o grau de justiça das suas soluções, uma vez que as valorações específicas da área jurídica contribuem para a sua harmonia interna e são critérios materiais de validação das soluções propostas pelo sistema para a resolução dos seus problemas[253].

Do ponto de vista da integração no universo jurídico global, deve ainda assinalar-se que o reconhecimento da autonomia dogmática de um subsistema jurídico não significa a colocação desse subsistema num patamar separado das restantes áreas do Direito (porque a Ordem Jurídica não é um conjunto de compartimentos estanques mas um todo unitário, cujas partes se relacionam entre si), mas clarifica a relação deste subsistema com as restantes áreas do Direito, na medida em que esta relação passa a ponderar necessariamente as valorações materiais próprias do ramo autónomo.

**IV.** As projecções práticas do reconhecimento da autonomia dogmática de qualquer área do universo do Direito demonstram o relevo geral deste problema.

No entanto, o tratamento desta questão é particularmente importante no que respeita a áreas jurídicas mais recentes e que se desenvolveram através do afastamento progressivo do Direito comum, como foi o caso do Direito do Trabalho relativamente ao Direito Civil. Não admira pois que a doutrina juslaboral equacione o problema da autonomia dogmática ou científica do Direito Laboral praticamente desde os anos vinte do século passado e que esse problema nunca tenha deixado de ser colocado ao longo dos cem anos de existência do Direito do Trabalho.

---

[253] Entre outros, sobre a importância e a função do pensamento dogmático, nesta perspectiva eminentemente pratica e crítica, T. DIETRICH, *Arbeitsrechtsprechung und Rechtswissenschaft – Gedanken zu einem nicht störungsfreien Gespräch*, RdA, 1955, 6, 321-326 (322), H. COING, *Bemerkungen zum überkommen Zivilrechtssystem*, in E. Von CAEMMERER/A. NIKISCH/K. ZWEIGERT (Hrsg.), *Vom Deutschen zum Europäischen Recht*, Fest. *für Hans Dölle*, I, Tübingen, 1963, 25-40 (25 ss.), LARENZ, *Metodologia... cit.*, 325, F. BYDLINSKI, *Gedanken über Rechtsdogmatik, in Arbeitsrecht und soziale Grundrechte*, Fest. *Floretta*, Wien, 1983, 3-15 (11 s.); J. ESSER, *Möglichkeiten und Grenzen des dogmatischen Denken im modernen Zivilrecht*, AcP, 1972, 172, 2/3, 97-130 (129), U. DIEDERICHSEN, *Fritz Baur – Zivilrechtsdogmatik und Menschlichkeit*, AcP, 1993, 391-421 (415), ou N. Lipari, *Il diritto tra sociologia e dogmatica – riflessioni sul metodo*, in Studi in onore di Francesco SANTORO--PASSARELLI, III, Napoli, 1972, 99-158 (145 ss. e 154 s.); e, entre nós, MENEZES CORDEIRO, *Da Boa Fé no Direito Civil cit.*, I, 30, e M. TEIXEIRA DE SOUSA, *Da crítica da dogmática à dogmática crítica*, Dir., 1989, IV, 729-739 (734 s.).

Acresce que, sendo a época actual reconhecida como a época da crise do Direito do Trabalho tradicional[254], a questão da autonomia dogmática readquire hoje um renovado interesse. Com efeito, a clarificação do problema da autonomia e, se esta for reconhecida, o enunciado dos princípios fundamentais da área jurídica ajudam a contextualizar a sua *crise* e a perspectivar os desafios que hoje se lhe colocam; é que, como observa BYDLINSKI[255], porque eminentemente valorativo, o pensamento dogmático torna-se indispensável nas épocas de instabilidade das áreas jurídicas.

Em suma, para além de importante, a indagação pela autonomia dogmática do Direito do Trabalho é também de indiscutível actualidade.

**V.** Para podermos compreender os contornos do problema da autonomia dogmática do Direito do Trabalho na actualidade, cabe proceder a uma breve evocação do modo como esta questão foi colocada ao longo da evolução da área jurídica.

### 45. O posicionamento tradicional do problema e a sua evolução

**I.** No caso do Direito do Trabalho, o problema da autonomia dogmática reconduz-se ao reconhecimento da sua emancipação perante o Direito Civil, uma vez que é neste tronco comum do direito privado que se encontra a sua génese e que foram figuras negociais civis que forneceram o primeiro enquadramento jurídico para o fenómeno do trabalho subordinado livre – não é, aliás, por acaso que o Direito do Trabalho começou por ser qualificado como um «*droit enfant du droit civil*»[256] e que os autores reconhecem neste enquadramento civilista originário do vínculo laboral o reflexo da «colonização civil» da área jurídica[257].

Historicamente, o tratamento do problema da autonomia do Direito do Trabalho esteve indissociavelmente ligado às concepções sobre a relação de trabalho e à emancipação deste vínculo relativamente ao seu enquadramento

---

[254] Cfr., *supra*, § 2º, ponto 4.2.
[255] *Gedanken über Rechtsdogmatik* cit., 4 s.
[256] G. GIUGNI, *Direito do trabalho* cit., 309 s.
[257] L. CASTELVETRI, *Le origini dottrinale del diritto del lavoro*, Riv.trim.DPC, 1987, I, 246-286 (285 s.).

§13º EVOLUÇÃO DO PROBLEMA DA AUTONOMIA DOGMÁTICA DO DIREITO DO TRABALHO

civilista originário. Já tendo apreciado estas concepções[258], é agora possível, com brevidade, retirar as competentes ilações relativamente à questão da autonomia.

II. O esboço da autonomização dogmática do Direito do Trabalho detecta-se na doutrina logo com o surgimento das concepções da relação de trabalho que realçam o seu carácter pessoal e, posteriormente, a sua dimensão comunitária[259]. Assim, entre a segunda e a terceira décadas do século XX, aquela visão da relação de trabalho justifica, em muitos autores, a afirmação do Direito do Trabalho como uma área jurídica globalmente subtraída ao Direito Civil.

Para a caracterização da nova área jurídica e para a sua inserção na ordem jurídica global, são apresentadas diversas soluções:

- para alguns autores, o Direito do Trabalho deve ser reconhecido como uma parcela do *direito das pessoas,* dada a natureza pessoal do vínculo laboral (é a perspectiva de POTHOFF, que chama mesmo a atenção para as afinidades da área jurídica com outros ramos do direito das pessoas, como o Direito da Família[260]);
- outros autores associam o cunho de pessoalidade da relação de trabalho ao facto de as normas laborais se destinarem a uma categoria social determinada, para aproximarem a área jurídica de outros ramos do Direito que também se desenvolveram em torno de uma categoria social (nesta linha, JACOBI ensaia uma apresentação integrada do Direito Laboral e do Direito Comercial, perspectivando o primeiro como *direito dos trabalhadores* e o segundo como o *direito dos comerciantes*)[261];
- para outros autores, o Direito Laboral é uma *área jurídica híbrida,* a meio caminho entre os ramos jurídico de perfil patrimonial e os ramos

---

[258] Cfr., *supra,* ponto 42.
[259] Cfr., *supra,* ponto 42.3.
[260] Por exemplo em *Ist das Arbeitsverhältnis ein Schuldverhältnis? cit.,* 275 s., e *Probleme des Arbeitsrecht cit.,* 61 e 66. Já no contexto da Constituição de Weimar, este autor vai completar esta visão personalista da área jurídica com o reconhecimento da sua índole social – por exemplo, in *Die Einwirkung der Reichsverfassung auf das Arbeitsrecht cit.,* 2 ss.
[261] *Grundlehren des Arbeitsrechts cit.,* 54 e *passim.*

jurídicos de essência pessoal (porque tanto os elementos de pessoalidade como os elementos de patrimonialidade estão presentes na relação de trabalho), e a meio caminho entre o direito público e o direito privado porque nele avultam interesses privados e interesses públicos (é o entendimento de RICHTER e SINZHEIMER[262], entre outros);
- por fim, outros autores realçam o facto de o Direito do Trabalho pôr à prova a tradicional divisão entre direito público e privado, já que se debruça sobre um negócio jurídico privado mas é constituído essencialmente por normas imperativas destinadas à protecção de uma categoria social determinada (a categoria dos trabalhadores); e preconizam, em consequência, a sua qualificação como um *tertium genus* entre os domínios privado e público do universo jurídico, que designam como *direito social* (neste sentido, entre muitos outros, KASKEL, MELSBACH ou SCELLE[263]).

Ponto comum às perspectivas expostas é o reconhecimento de que o Direito do Trabalho se emancipou do Direito Civil e ocupa um lugar próprio no universo jurídico privado. Esta autonomia da área jurídica é tecnicamente alicerçada na afirmação da singularidade da relação de trabalho em face dos vínculos obrigacionais, e, em consequência, na subtracção global desta relação ao regime jurídico civil[264].

Ao reconhecimento da autonomia do Direito do Trabalho inere a afirmação do princípio da protecção do trabalhador, que passa a ser considerado como a valoração fundamentante geral da nova área jurídica.

III. A consolidação da concepção comunitário-pessoal do vínculo laboral, a partir dos anos trinta do século XX, e a clara orientação sistemática do

---

[262] RICHTER, *Grundverhältnisse des Arbeitsrechts... cit.*, 54; SINZHEIMER, *Grundzüge des Arbeitsrecht... cit.*, 6 s.
[263] KASKEL, *Das neue Arbeitsrecht... cit.*, 1, MELSBACH, *Deutsches Arbeisrecht... cit.*, 25, SCELLE, *Le droit ouvrier... cit.*, 70 ss. e *passim*.
[264] Neste sentido, expressamente, desde o final da década de vinte do século passado, POTHOFF, *Ist das Arbeitsverhältnis ein Schuldverhältnis? cit.*, 279 s.. Uns anos mais tarde, em *Das Deutsche Arbeitsrecht cit.*, 13, o autor volta a afirmar a autonomia dogmática do Direito Laboral e enuncia os princípios específicos da área jurídica, sobre os quais domina a ideia da protecção do trabalhador.

§13º EVOLUÇÃO DO PROBLEMA DA AUTONOMIA DOGMÁTICA DO DIREITO DO TRABALHO

Direito Laboral para o objectivo de universalização e de intensificação da tutela dos trabalhadores subordinados, a partir dessa época, solidificam os alicerces da autonomia dogmática do Direito do Trabalho (que continuam a ser encontrados na singularidade do vínculo laboral) e confirmam o princípio da protecção do trabalhador como princípio fundamentante geral do Direito do Trabalho.

Acresce que, pelas vicissitudes ideológicas que afectaram muitos países da Europa por essa época, se verificou uma tendência para a publicização de alguns entes e institutos laborais, com destaque para as associações sindicais e patronais e para as convenções colectivas de trabalho[265]. Naturalmente, esta tendência contribuiu ainda mais para o afastamento da área jurídica dos seus cânones civilísticos originários.

Em suma, a conjugação de todos estes factores viabilizou, em definitivo, a consolidação da independência dogmática da área jurídica, por esta época.

IV. As alterações sócio-culturais subsequentes à II Guerra repercutiram-se, como já vimos, no Direito do Trabalho, saldando-se, essencialmente, na tendência de reprivatização dos entes e institutos laborais colectivos[266], numa reconstrução das concepções comunitário-pessoais da relação de trabalho, que passa, sobretudo, por uma nova leitura do elemento de comunidade[267] e, globalmente, no relançamento da área jurídica em moldes privatísticos.

Contudo, esta inflexão privatista do Direito do Trabalho não teve reflexos sobre a questão da sua autonomia dogmática. Com poucas excepções, decorrentes de vicissitudes históricas específicas de determinados sistemas (entre os quais se encontra o sistema português), depois da II Guerra o Direito do Trabalho continua a ver reconhecida a sua autonomia dogmática nos diversos contextos doutrinais – em tendência que se mantém, aliás, até hoje[268] –, e

---

[265] Cfr., *supra*, § 2º, ponto 4.1.2.III.
[266] Cfr., *supra*, § 2º, ponto 4.1.2.IV. e V.
[267] Cfr., *supra*, § 12º, ponto 42.3.IX.
[268] Assim, reconhecem a autonomia dogmática do Direito do Trabalho por esta época, na doutrina alemã e austríaca, entre outros, W. KASKEL/H. DERSCH, *Arbeitsrecht*, 5ª ed., Berlin – Göttingen – Heidelberg, 1957, 4 s., VON CAROLSFELD, *Die Eigenständigkeit... cit.*, 297 ss., NIKISCH, *Arbeitsrecht cit.*, I, 48, H. GELLER, *Gestaltungsfaktoren des Arbeitsrechts*, ArbuR, 1962, 12, 365-370 (370), GAMILLSCHEG, *Zivilrechtliche Denkformen und die Entwicklung des Individualarbeitsrechts... cit.*, 199, BRECHER, *Das Arbeitsrecht als Kritik des Bürgerlichen Rechts*, Fest. Moli-

desenvolve-se em termos sistemáticos a partir dessa época com base no pressuposto da autonomia.

Neste contexto, o caso português justifica uma referência específica, pela quebra da unidade interna do Direito do Trabalho, enquanto área jurídica autónoma, que se verificou durante esta época e se manteve até 1974. Esta evolução da área jurídica, que se explica pelas vicissitudes históricas do país à época, decorreu essencialmente da erradicação dos fenómenos laborais colectivos de conflito, da deslocação dos restantes conteúdos laborais colectivos para a área jurídica emergente do Direito Corporativo[269] e da confinação do Direito do Trabalho à matéria do contrato de trabalho (confinação esta que conduz mesmo, no plano pedagógico, ao estudo deste contrato no âmbito do Direito Civil, a propósito da disciplina geral dos contratos).

Deste modo, embora a doutrina da época reconheça a singularidade da relação de trabalho, pelo seu perfil comunitário-pessoal, e o princípio da protecção do trabalhador se mantenha como princípio orientador do desenvolvimento sistemático do normativo laboral (o que leva mesmo alguns autores a admitirem a autonomia dogmática da área jurídica[270]), a perda da unidade

---

*tor*, München-Berlin, 1962, 35-55, H. FLORETTA, *Probleme der Kodifikation des Österreichischen Arbeitsrechtes, in* T. MAYER-MALY/A. NOWAK/T. TOMANDL (Hrsg.), *Fest. für Hans* SCHMITZ, I, Wien-München, 1967, 43-54 (46), e, mais recentemente, W. DÄUBLER, *Individuum und Kollektiv im Arbeitsrecht, in Mélanges Alexandre* BERENSTEIN – *Le Droit social à l'aube du XXI siècle*, Lausanne, 1989, 235-265 (256 ss.); na doutrina italiana, G. MAZZONI, *Contiene il diritto del lavoro principi generali propri?, in Scritti giuridici in onore della CEDAM nel cinquantenario della sua fondazione*, Padova, 1953, 525-533 (527 ss.), LEGA, *Il diritto del lavoro e il lavoro autonomo*, DLav., 1950, 115-158 (123), G. D'EUFEMIA, *Diritto del lavoro*, Napoli, 1969, 6, G. ASCIAK, *Principi di diritto del lavoro*, Firenze, 1961, 212, R. DEL GIUDICE, *I confini del diritto del lavoro*, DLav., 1957, I, 313-324 (322), L. VIESTI, *L'autonomia scientifica del Diritto del lavoro*, DLav., 1946, I, 8-14 (10), G. ARDAU, *Manuale di diritto del lavoro*, I, Milano, 1972, 177, e, mais recentemente, SCONAMIGLIO, *Diritto del lavoro cit.*, 14, ou ASSANTI, *Corso... cit.*, 40 s.. Na doutrina francesa, pronunciam-se no mesmo sentido, entre outros, A. ROUAST/P. DURAND, *Précis de droit du travail*, 2ª ed., Paris, 1961, 88 s., J. RIVERO/J. SAVATIER, *Droit du travail*, 8ª ed., Paris, 1981, 29, G. H. CAMERLYNCK, *L'autonomie du droit du travail*, DH, 1956, Chr. VI, 23-26, e, mais recentemente, G. COUTURIER, *Les techniques civilistes et le droit du travail*, DH, 1975, 25, Chr. XXIV, 151-158, e 38, Chr. XXXVI, 221-228 (151), e J. PÉLISSIER, *Le droit civil et le contrat individuel de travail*, DS, 1988, 5, 387-394 (391). Na doutrina espanhola, sustenta a autonomia dogmática do direito laboral, por exemplo, MONTOYA MELGAR, *Derecho del Trabajo cit.*, 38 s.

[269] Cfr., *supra*, § 4º, ponto 8.V.

[270] É o entendimento que encontramos em autores como RAÚL VENTURA, *Teoria da Relação... cit.*, I, 159, e BIGOTTE CHORÃO, *Notas... cit.*, 181. Já no contexto moderno do Direito do Trabalho

§13º EVOLUÇÃO DO PROBLEMA DA AUTONOMIA DOGMÁTICA DO DIREITO DO TRABALHO

interna do Direito do Trabalho nacional durante esta época prejudica qualquer indagação sobre o seu grau de autonomia no universo jurídico global.

V. Consequência do reconhecimento genérico da autonomia cientifica do Direito do Trabalho é o *apuramento do princípio da protecção como princípio fundamentante geral da área jurídica*. Este princípio projecta-se em diversos princípios menores, no domínio geral da interpretação e aplicação das fontes (assim, os princípios do *favor laboratoris* e dos direitos adquiridos), no âmbito do direito das situações juslaborais individuais (assim, os princípios da invariabilidade da prestação, da irredutibilidade da retribuição e da igualdade salarial, da irreversibilidade da categoria e da inamovibilidade, e ainda a tutela da estabilidade do emprego), e no âmbito das situações laborais colectivas (assim, o princípio da autonomia colectiva e o princípio da auto-tutela, reportado ao direito de greve)[271].

Embora estes princípios tenham um significado específico, a verdade é que a sua justificação mediata na ideia da tutela dos trabalhadores permite reconduzi-los à categoria de *princípios laborais derivados* do princípio geral da protecção do trabalhador: na expressão de KASKEL e DERSCH[272], o princípio da protecção do trabalhador é a valoração fundamental (o *Grundgedank*) do Direito do Trabalho.

Por fim, a consolidação da autonomia dogmática do Direito do Trabalho relança os esforços de codificação das normas laborais em diversos países[273].

---

nacional sustentam a sua autonomia dogmática, entre outros, BERNARDO XAVIER, *Curso de Direito do Trabalho cit.*, I, 115 ss., e *Direito do Trabalho (Polis) cit.*, 591 s., e MOTTA VEIGA, *Lições... cit.*, 50 s.

[271] O enunciado dos princípios laborais é feito pela doutrina em moldes muito diversos e com um grau de apuro dogmático também diferente. As múltiplas formulações destes princípios podem confrontar-se em ROSÁRIO PALMA RAMALHO, *Da Autonomia Dogmática... cit.*, 414 ss., e 419 ss., com amplas indicações bibliográficas.

[272] *Arbeitsrecht...cit.*, 8 e 18.

[273] Efectivamente, embora as questões da codificação e da autonomia científica sejam independentes, naturalmente que o reconhecimento da segunda constitui um argumento adicional em favor da codificação das normas laborais. Este argumento é especialmente enfatizado naqueles países em que o contrato de trabalho ainda não foi formalmente autonomizado na lei civil, como é o caso da Alemanha e da Áustria, e nos quais o tema da oportunidade e do âmbito de uma codificação geral das normas laborais é, desde os anos vinte do século passado e até hoje, um tema recorrente – sobre o ponto, entre muitos outros, H. KRELLER, *Zum Entwurf*

## §13º EVOLUÇÃO DO PROBLEMA DA AUTONOMIA DOGMÁTICA DO DIREITO DO TRABALHO

### 46. A crise dogmática do Direito do Trabalho

**I.** A partir da década de setenta do século século XX, a convicção na autonomia dogmática do Direito do Trabalho é objecto de uma inflexão em alguns sectores doutrinais, que recusam a autonomia da área jurídica e preconizam a sua recondução aos parâmetros dogmáticos do Direito Civil. A doutrina germânica é, de novo, a percursora das novas tendências, pela mão de autores como BEITZKE, ISELE, WOLF, RICHARDI, PREIS, BYDLINSKI ou ZÖLLNER[274], mas elas serão acolhidas noutros contextos doutrinais. Entre nós, sufragam este entendimento autores como MENEZES CORDEIRO e ROMANO MARTINEZ[275].

Em síntese[276], a recusa da autonomia dogmática do Direito do Trabalho é apoiada em dois grandes argumentos: um argumento de «desconstrução» do alicerce tradicional da autonomia, i.e. a concepção comunitário-pessoal do vínculo de trabalho; e um argumento incidente na valoração axiológica fundamentante da área jurídica (i.e., o princípio da protecção do trabalhador), cuja singularidade dogmática é contestada.

---

*eines Allgemeinen Arbeitsvertragsgesetzes*, AcP, 1924, 122, 1, 1-35, F. BYDLINSKI, *Arbeitsrechtskodifikation und allgemeines Zivilrecht cit.*, T. MAYER-MALY, *Probleme der Kodifikation des Arbeitsrechts in Österreich*, JZ, 1961, 18, 553-564, *festgefahren?*, JuBl, 1963, 19/20, 501-507, e ainda *Grundsätztliches zur Kodifikatorischen Ordnung des deutschen Arbeitsrechts*, RdA, 1964, 1-7, W. HERSCHEL, *Der erste Teilentwurf einer Österreichischen Kodifikation des Arbeitsrecht*, RdA, 1962, 6, 208-217, T. TOMANDL, *Entwurf eines Österreichichen Arbeitsgesetzbuch*, RdA, 1961, 1, 9-13, W. HRODMAKA, *Ein Arbeitsvertragsgesetz für Deutschland. Der Entwurf des Arbeitskreises*, in D. BOEWER/B. GAUL (Hrsg.), *Deutsches Rechtseinheit im Arbeitsrecht*, Fest. Dieter GAUL, Berlin, 1992, 357-395, D. NEUMANN, *Der sächsische Entwurf eines Arbeitsvertragsgesetz*, in FARTHMANN/HANAU/ISENHARDT /PREIS (Hrsg.), *Rückblick in Arbeitsgesetzgebung und Arbeitsrechtsprechung*, Fest. E. STAHLHACKER, Berlin, 1995, 349-361, ou F. GRAFE, *Arbeitsvertragsgesetzentwurf – Forsetzung einer Tradition*, AuA, 1997, 1, 3-5.

[274] G. BEITZKE, *Arbeitsrecht und Zivilrechtsdogmatik*, JBl., 1959, 6, 153-155, H. G. ISELE, *Das Arbeitsverhältnis in der Zivilrecthsordnung*, JuJ, 1967/68, 8, 63-78, WOLF, *Das Arbeitsverhältnis... cit.*, RICHARDI, *Arbeitsrecht und Zivilrecht cit.*, U. PREIS, *Perspektiven der Arbeitsrechtswissenchaft*, RdA, 1955, 6, 333-343, BYDLINSKI, *Arbeitsrechtskodifikation und allgemeines Zivilrecht cit.*, ZÖLLNER, *Privatautonomie und Arbeitsverhältnis cit.*

[275] MENEZES CORDEIRO, *Da situação jurídica laboral... cit.*, e *Manual de Direito do Trabalho cit.*, 101 ss.; ROMANO MARTINEZ, *Direito do Trabalho. Relatório cit.*, 63 ss.

[276] Para mais desenvolvimentos, *vd* ROSÁRIO PALMA RAMALHO, *Da Autonomia Dogmática... cit.*, 453 ss.

**II.** O primeiro argumento sobre o qual assenta a recusa da autonomia dogmática do Direito do Trabalho dirige-se ao alicerce técnico desta autonomia: a concepção comunitário-pessoal da relação de trabalho.

Efectivamente, tal como aquela concepção tinha viabilizado o reconhecimento da autonomia dogmática do Direito do Trabalho, por se entender que, com a sua configuração comunitário-pessoal, a relação de trabalho era irredutível ao Direito Civil, a crítica a esta concepção e a subsequente reconstrução do vínculo laboral em moldes obrigacionais, que é proposta por alguns autores a partir da década de setenta[277], permite reconduzir globalmente o Direito do Trabalho aos parâmetros dogmáticos civilistas.

Em suma, a autonomia dogmática do Direito Laboral deixa de ser necessária e falece em resultado da queda do seu alicerce técnico.

**III.** O segundo argumento no qual se baseia a recusa da autonomia dogmática do Direito do Trabalho é dirigido ao princípio fundamentante geral da área jurídica: o princípio da protecção do trabalhador.

Nesta linha de argumentação, a doutrina começa por retirar as devidas ilações dogmáticas das tendências de flexibilização dos sistemas normativos laborais, que se anunciam a partir da década de setenta do séc. XX e não deixam de se acentuar, ao longo dos anos seguintes, na maioria dos países. É que, no plano dogmático, estas tendências de flexibilização – que, como vimos oportunamente[278], se analisam essencialmente na diversificação dos modelos de vínculo laboral, a que correspondem níveis menores de tutela dos trabalhadores, e na atenuação do perfil garantístico do regime do contrato de trabalho, em diversos aspectos – reflectem um recuo do princípio da protecção do trabalhador, uma vez que a maioria das medidas de flexibilização se apoia noutros valores, como as necessidades de gestão, de melhoria da produtividade e da concorrência das empresas, ou a necessidade de combater o desemprego, mesmo que à custa da diminuição do nível de tutela dos trabalhadores.

Em suma, a denominada *crise sistemática do Direito do Trabalho*[279], que é habitualmente associada às tendências de flexibilização dos regimes laborais, tem

---

[277] Cfr., *supra*, § 12º, ponto 42.4.
[278] Cfr., *supra*, § 2º, ponto 4.2.2.
[279] ROSÁRIO PALMA RAMALHO, *Da Autonomia Dogmática... cit.*, 533 ss.

óbvios reflexos dogmáticos, na medida em que demonstra a fragilidade e os efeitos perversos do princípio da protecção do trabalhador e obriga a reflectir sobre a bondade deste princípio, enquanto valoração material específica da área jurídica.

A par destas reflexões, a doutrina propõe uma leitura do princípio da protecção do trabalhador que lhe retira a especificidade. Assim, embora quase todos os autores continuem a reconhecer o valor deste princípio[280], consideram que tal princípio não é desconhecido do Direito Civil, uma vez que, no seu próprio apuramento dogmático ao longo do século XX, também o Direito Civil aprendeu a proteger o contraente débil e tem hoje diversos mecanismos gerais para garantir essa protecção, quando necessário[281]. Assim, para estes autores, o princípio da protecção do trabalhador deve ser reconduzido à manifestação laboral do princípio civil geral da tutela do contraente débil.

Em complemento desta perspectiva sobre o princípio da protecção do trabalhador, os autores criticam alguns dos princípios laborais derivados, que se manifestam na área regulativa individual como na área regulativa colectiva, ou propõem uma leitura civilista desses princípios: nesta linha, é proposta a recondução da tutela dos direitos do trabalhador à tutela geral da personalidade (SCHWERDTNER[282]) e a leitura do princípio da igualdade de tratamento dos trabalhadores à luz do princípio geral da igualdade (RICHARDI[283]); é considerada excessiva a limitação da liberdade das partes no contrato de trabalho em nome do princípio da protecção e propugnada a recuperação daquela autonomia como projecção do princípio geral da liberdade negocial

---

[280] Mas, ainda assim, numa perspectiva de negação radical deste princípio, que entende conduzir a um tratamento privilegiado de uma categoria social em moldes incompatíveis com o princípio geral da igualdade, que domina o Direito Privado, veja-se, por exemplo, WOLF, *Das Arbeitsverhältnis... cit.*, 15.

[281] Neste sentido, entre outros, RICHARDI, *Arbeitsrecht und Zivilrecht cit.*, 23 ss., e 235 e nota [102], e ainda no *Staudingers Kommentar... cit.*, II, 42, K.-P. MARTENS, *Die Einheit des Privatrechts und das Arbeitsrecht*, JuS, 1987, 5, 337-344 (343), PREIS, *Perspektiven der Arbeitsrechtswissenchaft cit.*, 338 s., T. MAYER-MALY, *Arbeitsrecht und Privatrechtsordnung*, JZ, 1961, 7, 205-209 (208); BYDLINSKI, *Arbeitsrechtskodifikation und allgemeines Zivilrecht cit.*, 18; MENEZES CORDEIRO, *Da situação jurídica laboral... cit.*, 146 s., e *Manual de Direito do Trabalho cit.*, 101.

[282] *Fürsorgetheorie und Entgelttheorie... cit.*, 97 ss.

[283] *Arbeitsrecht und Zivilrecht cit.*, 15 s.

§13º EVOLUÇÃO DO PROBLEMA DA AUTONOMIA DOGMÁTICA DO DIREITO DO TRABALHO

(ZÖLLNER e BEUTHIEN[284]); é propugnada a recondução da liberdade sindical aos princípios gerais da liberdade associativa e da liberdade negocial (RICHARDI e BYDLINSKI[285]); é salientada a similitude das convenções colectivas com negócios civis envolvendo também uma dimensão colectiva (MENEZES CORDEIRO[286]); e é proposta a recondução do princípio da autonomia colectiva ao princípio da autonomia privada (MARTENS, ZÖLLNER, LORITZ e MENEZES CORDEIRO[287]).

Esta leitura do princípio da protecção do trabalhador e dos princípios laborais derivados tem implicações imediatas na questão da autonomia: sendo este princípio considerado a valoração axiológica específica, por excelência, do Direito do Trabalho (uma vez que, como vimos, os restantes princípios laborais são projecções desta valoração geral), a sua apropriação civilista reconduz globalmente a área jurídica ao Direito Civil.

**IV.** Na sequência dos dois argumentos expostos, alguns sectores doutrinais não hesitam em recusar a autonomia dogmática do Direito do Trabalho na actualidade, reconhecendo-o como uma área do Direito Civil ou mesmo, como uma parcela do Direito das Obrigações – é o entendimento subscrito por autores como WOLF, BYDLINSKI, MAYER-MALY, RICHARDI, PREIS, BALLERSTEDT, TRINKER e WOLFER, MENGONI, VALVERDE, GUTIÉRREZ e MURCIA, LYON-CAEN e PÉLISSIER, MENEZES CORDEIRO ou ROMANO MARTINEZ[288].

---

[284] ZÖLLNER, *Privatautonomie und Arbeitsverhältnis cit.*, 223 ss; W. BEUTHIEN, *Arbeitsrecht und Vereinsfreiheit – Gedanken zum Verhältnis von Arbeitsrecht und Gesellschaftsrecht*, in F. GAMILLSCHEG (Hrsg.), *25 Jahre Bundesarbeitsgericht*, München, 1979, 1-16 (10 ss.).
[285] RICHARDI, *Arbeitsrecht und Zivilrecht cit.*, 10 s; BYDLINSKI, *Arbeitsrechtskodifikation... cit.*, 76.
[286] *Da situação juridica laboral... cit.*, 129 s, e *Manual de Direito do Trabalho cit.*, 99.
[287] MARTENS, *Die Einheit...cit.*, 341; ZÖLLNER/LORITZ, *Arbeitsrecht... cit.*, 375; MENEZES CORDEIRO, *Da situação juridica laboral... cit.*, 130, e *Manual de Direito do Trabalho cit.*, 321.
[288] WOLF, *Der Begriff... cit.*, 719, BYDLINSKI, *Arbeitsrechtskodifikation... cit.*, 18 ss., 48 ss. e 174, MAYER-MALY, *Arbeitsrecht und Privatrechtsordnung cit.*, 208, e ainda em *Ausgewählte Schriften zum Arbeitsrecht cit.*, 20 s., RICHARDI, *Der Arbeitsvertrag im Zivilrechtssystem cit.*, 254 s., e *Staudingers Kommentar...cit.*, II, 43, PREIS, *Perspektiven der Arbeitsrechtswissenschaft cit.*, 340, BALLERSTEDT, *Probleme einer Dogmatik... cit.*, 6 ss., TRINKER/WOLFER, *Modernes Arbeitsrecht... cit.*, 5, MENGONI, *L'influenza del diritto del lavoro sul diritto civile... cit.*, 9 s., VALVERDE/GUTIÉRREZ /MURCIA, *Derecho del Trabajo cit.*, 49, LYON-CAEN/PÉLISSIER, *Droit du travail cit.*, 35, MENEZES CORDEIRO, *Da situação juridica laboral... cit.*, 146 ss., e *Manual de Direito do Trabalho cit.*, 102 ss., e ROMANO MARTINEZ, *Direito do Trabalho. Relatório cit.*, 63 ss., e *Direito do Trabalho cit.*, 60 s.

## §13º EVOLUÇÃO DO PROBLEMA DA AUTONOMIA DOGMÁTICA DO DIREITO DO TRABALHO

A *crise dogmática do Direito do Trabalho* é uma realidade.

**V.** Apresentados os argumentos que conduzem à recusa da autonomia dogmática do Direito do Trabalho, cabe apreciar esta construção.

No nosso entender, este entendimento deve ser rejeitado porque se baseia numa perspectiva metodológica incorrecta sobre a questão da autonomia, porque assenta numa visão estreita sobre a função do princípio da protecção do trabalhador e, por fim, porque conduz a resultados indesejáveis do ponto de vista da coesão e da harmonia interna do Direito do Trabalho.

Em síntese, os argumentos indicados enunciam-se do seguinte modo:

*i)* Em primeiro lugar, *o entendimento descrito não satisfaz porque aprecia a questão da autonomia num prisma metodológico excessivamente estreito (o prisma da natureza da relação de trabalho) para dele inferir uma conclusão de ordem geral, que não resulta, assim, suficientemente validada.*

Na verdade, em apreciação desta temática, a doutrina coloca sistematicamente a questão da natureza jurídica do vínculo laboral e retira da resposta dada a esta questão uma conclusão sobre o problema da autonomia da área jurídica (reconhecendo essa autonomia quando conclui pela singularidade do vínculo laboral, ou recusando-a quando considera o vínculo laboral compatível com o Direito Civil). Ora, esta perspectiva de apreciação do problema da autonomia é estreita porque deixa de fora outros institutos laborais, cuja compatibilização com o Direito comum também deve ser apreciada, sob pena de qualquer conclusão sobre a autonomia da área jurídica não ter validade geral.

Em suma, esta perspectiva metodológica sobre o problema da autonomia deve ser revista.

*ii)* Em segundo lugar, *este entendimento deve ser rejeitado porque a recondução do princípio da protecção do trabalhador ao princípio da tutela do contraente débil assenta numa visão estreita sobre a função daquele princípio, que não tem correspondência com a sua efectiva importância e incidência.*

Efectivamente, o princípio da protecção do trabalhador não pode ser reconduzido ao princípio da tutela do contraente débil, por dois motivos: de uma parte, porque, ao contrário daquele princípio civil, este

§13º EVOLUÇÃO DO PROBLEMA DA AUTONOMIA DOGMÁTICA DO DIREITO DO TRABALHO

princípio laboral não vê o seu domínio de aplicação limitado à interpretação dos negócios jurídicos (no caso, o contrato de trabalho), mas actua também noutros domínios, como a produção das normas laborais, os conflitos de fontes, a interpretação da lei e o relacionamento no seio da organização; de outra parte, mesmo na sua função interpretativo-aplicativa do contrato de trabalho, o princípio da protecção do trabalhador não se deixa reconduzir a uma emanação do princípio da tutela do contraente débil porque nunca concebe que outra parte que não o trabalhador possa, *in casu*, ser a parte débil[289].

*iii)* Por fim, *este entendimento deve ser rejeitado porque conduz a uma visão do Direito do Trabalho que não corresponde à sua dinâmica específica e que é empobrecedora da sua unidade interna.*
Com efeito, a recusa da autonomia dogmática do Direito Laboral e a sua recondução aos parâmetros dogmáticos do Direito Civil conduzem sistematicamente os defensores deste entendimento a centrar a área jurídica na figura do contrato de trabalho, com a inerente secundarização da sua dimensão colectiva (por exemplo, GAST, RICHARDI, BYDINSKI ou BÖTTICHER[290]), ou preconizando mesmo a exclusão dos fenómenos colectivos do seu âmbito, já que a compreensão destes fenómenos em moldes obrigacionais é mais difícil (expressamente neste sentido, WOLF[291]). Ora, a nosso ver, esta perspectiva obscurece a dinâmica específica do Direito do Trabalho, que passa, justamente, por uma interpenetração constante dos domínios colectivo e individual[292]. À Ciência

---

[289] Cfr., *supra*, ponto 26., os desenvolvimentos sobre o princípio do *favor laboratoris*, a propósito das fontes laborais, que atestam bem a riqueza e a multiplicidade de aplicações desta projecção do princípio da protecção do trabalhador.
[290] W. GAST, *Das Arbeitsrecht als Vertragsrecht*, Heidelberg, 1984, *passim*, e ainda *Die Vollendung des Arbeitsrechts*, BB, 1992, 23, 1634-1639 (1636); RICHARDI, *Das Arbeitsrecht im Zivilrechtssystem cit.*, 251; BYDLINSKI, *Arbeitsrechtskodifikation... cit.*, 624; E. BÖTTICHER, *Arbeitsrecht: Bemerkungen zu einigen Grundprinzipien*, ZfA, 1978, 621-644 (624).
[291] *Der Begriff... cit.*, 709 e nota [5] e 715.
[292] Assim, a relação entre o contrato de trabalho e os instrumentos de regulamentação colectiva do trabalho, a situação de cada trabalhador e a sua consideração no seio do grupo profissional, da categoria, ou da secção da empresa, o empregador e o trabalhador tomados isoladamente ou inseridos nas respectivas associações, e ainda outros fenómenos laborais de

Jurídica cabe explicar esta dinâmica do Direito do Trabalho mas não a deve ignorar, sob pena de empobrecer a área jurídica.

**VI.** Não sendo aceitável a recusa da autonomia dogmática do Direito do Trabalho nos moldes preconizados, mas não sendo também consistente a fundamentação desta autonomia na concepção comunitário-pessoal do vínculo laboral, porque esta concepção se encontra definitivamente ultrapassada, cabe recolocar a questão em novos moldes.

É o que se propõe.

grupo, que envolvem actuações individuais e têm repercussões nos contratos de trabalho de cada trabalhador, como a greve ou a negociação colectiva.

## §14º O REPOSICIONAMENTO DO PROBLEMA[293]

### 47. Premissas e metodologia da indagação pela autonomia dogmática do Direito do Trabalho

I. A indagação pelo problema da autonomia dogmática do Direito do Trabalho assenta numa premissa axiomática e em várias premissas técnicas. Estas premissas retiram-se da natureza e características da própria área jurídica, já estabelecidas, e da apreciação precedente.

A *premissa axiomática em que assenta esta indagação é a da convicção da utilidade de uma reflexão dogmática de fundo sobre qualquer ramo do Direito*, pela utilidade geral do pensamento dogmático na clarificação das valorações materiais subjacentes ao sistema normativo. No caso do Direito do Trabalho, esta premissa surge reforçada pelo facto de a área jurídica estar actualmente a atravessar uma época de grande instabilidade normativa e a ser questionada nos seus valores tradicionais, tendo que responder a novos desafios, o que faz recrudescer a necessidade do pensamento dogmático.

Por seu turno, do ponto de vista técnico, a indagação pela autonomia dogmática do Direito do Trabalho assenta nas seguintes premissas:

---

[293] Para uma apreciação mais desenvolvida deste tema, *vd* ROSÁRIO PALMA RAMALHO, *Da Autonomia Dogmática... cit.*, 701 ss.

## §14º O REPOSICIONAMENTO DO PROBLEMA

*i)* A *premissa da natureza unitária do Direito do Trabalho*: esta premissa é comprovada pelo alcance meramente sistemático e pedagógico da sua divisão nos centros regulativos individual e colectivo[294], e impõe que o problema da autonomia seja colocado em relação à área jurídica na sua globalidade.

*ii)* A *premissa do carácter privado do Direito do Trabalho*: não suscitando hoje particulares dúvidas[295], o carácter privado do Direito do Trabalho faz com que o problema da autonomia dogmática se reconduza, essencialmente, a um problema de relação entre o Direito Laboral e o Direito Civil.

*iii)* A *premissa da autonomia sistemática do Direito do Trabalho*: no caso do Direito do Trabalho português, a autonomia sistemática não suscita dúvidas, sendo comprovada pelo facto de as áreas regulativas laborais se terem desenvolvido em torno de conceitos aglutinadores-chave e de uma forma relativamente harmónica quanto aos assuntos de que se ocupam, mau grado alguma instabilidade regulativa e a incipiência da codificação das normas laborais. Assente este grau de autonomia da área jurídica, ele constitui um *prius* lógico relativamente à autonomia dogmática.

*iv)* A *premissa da limitação da pesquisa sobre a autonomia dogmática ao sistema jurídico nacional*: imposta pelo necessário apoio das reflexões dogmáticas no sistema normativo (pela índole prática da dogmática), desta premissa decorre que as conclusões a que se chegue quanto ao grau de autonomia do Direito do Trabalho nacional não sejam extrapoláveis para fora do contexto nacional.

**II.** Assentes as premissas da indagação pela autonomia dogmática do Direito do Trabalho, cabe assentar na metodologia de abordagem desta questão.

O ponto de partida para a reconstrução do problema da autonomia dogmática deve ser o reconhecimento da autonomia sistemática desta área jurídica, com a identificação, no seu seio, dos grandes centros regulativos do *direito das*

---

[294] Conforme comprovámos, *supra*, § 1º, ponto 2.2.
[295] Cfr., *supra*, § 3º, ponto 6.1.

*situações juslaborais individuais* e do *direito das situações juslaborais colectivas*. Esta visão de conjunto das áreas regulativas que compõem o Direito do Trabalho impede a circunscrição do problema da autonomia dogmática à análise do contrato de trabalho ou da relação de trabalho para daí retirar uma inferência geral (como tem sido feito pela doutrina), impondo antes uma pesquisa em todos os centros regulativos do Direito do Trabalho e pelo conjunto dos institutos laborais.

Nesta perspectiva global, a apreciação do problema da autonomia dogmática do Direito do Trabalho impõe uma análise a dois níveis:

*i)* Uma *análise estrutural,* em que se apreciam os principais institutos laborais, para aferir do seu grau de singularidade, que será revelado pelo modo como o seu regime jurídico se relacionar com os princípios gerais do Direito Civil. Os institutos a apreciar para este efeito são aqueles que, tradicionalmente, colocaram mais dificuldades a uma construção civilista, ou seja, o contrato de trabalho, a convenção colectiva de trabalho e a greve.

*ii)* Uma *análise sistemática,* em que se procede a uma apreciação transversal do sistema laboral, destinada a verificar até que ponto ele desenvolveu mecanismos e técnicas próprias para resolver os seus problemas e prosseguir as suas metas.

A importância destes dois níveis de análise do problema é evidente: a apreciação dos principais institutos laborais dá-nos a medida da singularidade do Direito do Trabalho; por seu turno, a análise transversal do sistema normativo laboral dá-nos a medida da maturidade do Direito do Trabalho, enquanto subsistema específico da Ordem Jurídica global.

**III.** Antes de proceder à abordagem do problema da autonomia, nos dois níveis de análise apontados, impõe-se ainda uma observação relativa à oportunidade de apreciação desta temática antes de um estudo aprofundado do regime dos institutos e figuras laborais nos quais assenta necessariamente a reflexão dogmática – é que a perspectiva crítica e prática do pensamento dogmático, que se subscreve, poderia apontar exactamente no sentido contrário.

§14º O REPOSICIONAMENTO DO PROBLEMA

No caso, não subscrevemos esse entendimento, porque uma perspectiva clara sobre o posicionamento do Direito do Trabalho no universo jurídico global e sobre as valorações materiais fundamentais que subjazem às suas normas constitui um instrumento de grande valia para a compreensão dos regimes jurídicos laborais que a seguir se apresentam.

A inversão metodológica fica assim justificada.

### 48. Os fundamentos estruturais da autonomia dogmática: a singularidade dos principais institutos laborais

**I.** Na primeira linha de apreciação do problema da autonomia dogmática do Direito do Trabalho, devem ter-se em conta aqueles institutos laborais que são reconhecidos como fundamentais, bem como aqueles que, tradicionalmente, são mais difíceis de conciliar com os parâmetros dogmáticos do Direito Comum. Estes institutos são o contrato de trabalho, a convenção colectiva de trabalho e o direito de greve.

**II.** Todos estes institutos laborais são irredutíveis aos quadros dogmáticos do Direito Civil, por força da sua natureza ou da função que desempenham, ou porque o seu regime contraria um ou mais princípios civis gerais, justificando-se em objectivos específicos e em valorações próprias do Direito do Trabalho.

A irredutibilidade do conjunto destes institutos ao Direito Civil evidencia a singularidade dogmática do Direito do Trabalho.

### 48.1. A singularidade do contrato de trabalho

**I.** A singularidade do contrato de trabalho no universo dos contratos privados decorre de dois factores: a sua complexidade interna, que se evidencia na conjugação da componente obrigacional com as componentes de pessoalidade e organizacional e na sua essência dominial; a forma peculiar como, no seu seio, se equilibram os interesses das partes, e que passa pela normalidade do sacrifício do acordo negocial tanto a interesses de gestão do empregador como a interesses extra-contratuais do trabalhador.

## §14º O REPOSICIONAMENTO DO PROBLEMA

Já tendo desenvolvido estes pontos a propósito da reconstrução da figura do contrato de trabalho[296], cabe apenas deles retirar as devidas ilações para efeitos do problema da autonomia dogmática do Direito Laboral.

II. A caracterização do contrato de trabalho, oportunamente feita, confirma os desvios do regime jurídico desta figura em relação às regras gerais de cumprimento dos negócios obrigacionais e a alguns princípios do direito civil.

Assim, a ampla possibilidade de modificação do acordo negocial por vontade unilateral de um dos contraentes, que resulta da complexidade da posição jurídica das partes e dos múltiplos interesses subjacentes ao vínculo, confirma o desvio ao princípio geral da necessidade do consenso das partes para a alteração dos negócios jurídicos, vertido no art. 406º nº 1 do CC.

Por outro lado, por força do elemento de inserção organizacional, a interdependência dos vários contratos de trabalho, que coexistem na organização do empregador, pode dar lugar a desvios ao princípio geral da relatividade dos contratos obrigacionais, consagrado no nº 2 do art. 406º do CC, uma vez que cada contrato de trabalho pode ser afectado pelos vínculos laborais dos demais trabalhadores da organização.

De outra parte, a componente dominial do contrato de trabalho – que se manifesta na subordinação do trabalhador e nos poderes laborais – denota o fraco vigor do princípio da igualdade neste contrato, mau grado a afirmação da igualdade formal dos contraentes. Neste aspecto, o menor vigor do princípio da igualdade decorre da atribuição ao empregador do poder disciplinar, instrumento laboral típico de reacção ao incumprimento do trabalhador, sendo certo que a este último não é concedido um meio equivalente de reacção ao incumprimento do empregador.

Por fim, o vínculo laboral envolve uma excepção ao princípio do monopólio da justiça pública, na vertente sancionatória do poder disciplinar laboral: tendo em conta que este poder permite ao empregador (ente jurídico privado) reagir a um incumprimento do trabalhador sem necessidade de recorrer aos meios jurisdicionais comuns, na prossecução dos seus próprios interesses, e tendo ainda em conta o escopo punitivo e não ressarcitório das sanções dis-

---

[296] Cfr., *supra*, § 12º, pontos 43.1., 43.3. e 43.6.

## §14º O REPOSICIONAMENTO DO PROBLEMA

ciplinares, o poder disciplinar configura-se como um poder privado de punir, o que contraria as regras gerais em matéria de realização coactiva dos direitos e não tem paralelo no direito privado. Ora, a importância deste regime laboral de excepção não pode ser diminuída, pelo papel fundamental que o poder disciplinar desempenha na delimitação do contrato e como garante da posição dominial do empregador na sua execução[297].

Alguns sectores da doutrina procuram esbater a singularidade do poder disciplinar laboral aproximando-o de outros poderes privados, como o poder disciplinar paternal ou o poder disciplinar no âmbito das associações ou das ordens profissionais. No nosso entender, a comparação não colhe: quanto ao poder disciplinar paternal, porque não é um poder negocial e porque é atribuído no interesse do filho e não no interesse do titular do poder, ao contrário do que sucede com o poder disciplinar laboral; quanto ao poder disciplinar que se encontra no domínio associativo, reconduz-se a uma forma de auto--disciplina da organização, aceite e configurada pelos próprios membros da associação, ao passo que o poder disciplinar laboral é um poder do empregador, atribuído por lei, e que se impõe ao trabalhador na prossecução dos interesses próprios do empregador.

Em suma, na sua vertente sancionatória, o poder disciplinar laboral é, efectivamente, um instituto singular no domínio das situações jurídicas privadas, e cujo único paralelo é o poder disciplinar no âmbito do funcionalismo público (que, todavia se deixa explicar pelos poderes de autoridade do Estado). À Ciência Jurídica caberá explicar este poder, com a singularidade que lhe assiste.

**III.** *Perante a importância dos desvios do regime do contrato de trabalho em relação ao regime comum dos negócios obrigacionais e a alguns princípios civis gerais, não se suscitam dúvidas sobre a singularidade deste contrato e, consequentemente, sobre a sua importância para a afirmação da autonomia dogmática do Direito do Trabalho perante o Direito Civil*: não sendo argumento suficiente para a resolução do problema da autonomia (porque a apreciação não se pode quedar pela análise deste contrato), o contrato de trabalho afasta decisivamente o Direito do Trabalho do Direito Civil, pelo que deve ser considerado como um dos alicerces da sua autonomia científica.

---

[297] Especificamente sobre este ponto, *Tratado II*, § ponto 112.

## 48.2. A singularidade da convenção colectiva de trabalho

**I.** Como vimos, na apresentação da figura da convenção colectiva de trabalho a propósito das fontes laborais[298], a convenção colectiva corresponde a uma forma específica de autoregulação de interesses laborais pelas associações sindicais e pelos empregadores ou associações de empregadores, que tem como objectivo essencial a definição do regime jurídico dos contratos de trabalho.

Sendo certo que a singularidade da convenção colectiva de trabalho apenas pode ser cabalmente apreendida após um estudo aprofundado do seu regime, a fazer no lugar próprio[299], a breve caracterização deste instrumento de regulamentação colectiva do trabalho, que fizemos oportunamente, permite, por si só, identificar os principais traços deste instituto que o tornam singular e que, por esse efeito, devem ser tidos em conta na reconstrução do problema da autonomia dogmática do Direito do Trabalho. Estes traços são os seguintes:

*i)* De uma parte, a convenção colectiva de trabalho consubstancia uma autoregulação de interesses privados, é levada a cabo por entes jurídicos privados, ou que se comportam como tal, e tem um processo de formação que muito a aproxima da figura do negócio jurídico; mas, ao mesmo tempo, entra em vigor nos mesmos termos da lei, é aplicável *extra partes* e dotada de eficácia geral, para além se ser formalmente reconduzida à categoria de fonte do Direito Laboral, o que a aproxima da figura da norma jurídica. Em suma, trata-se de uma figura em que concorre a índole negocial com o objectivo e a dimensão normativas.

*ii)* De outra parte, a convenção colectiva de trabalho tem um conteúdo negocial ou obrigacional, no qual são estabelecidos direitos e deveres das partes outorgantes, mas tem também um conteúdo regulativo ou normativo[300], no qual é estabelecido o regime jurídico dos contratos de trabalho vigentes ou que venham a celebrar-se no âmbito de

---

[298] Cfr., *supra*, § 6º, ponto 21.
[299] *Tratado III*, § 49º.
[300] Sobre estas designações do conteúdo da convenção colectiva de trabalho, por exemplo, MENEZES CORDEIRO, *Manual... cit.*, 275 ss., ou MÁRIO PINTO, *Direito do Trabalho cit.*, 320 ss. e 323 ss.

incidência do instrumento de regulamentação colectiva do trabalho (art. 492º nº 2). Ora, com referência a esta segunda parcela do seu conteúdo (que é, aliás, a parcela principal), a convenção colectiva de trabalho escapa a uma lógica negocial, apesar de ser celebrada por entidades que representam os trabalhadores e os empregadores, porque é aplicável para além do nexo de representação (neste sentido, vejam-se as situações previstas nos artigos 497º e 498º), porque a convenção pode dispor em matérias vedadas ao contrato de trabalho (todas aquelas previstas em normas convénio-dispositivas) e porque, em regra, a convenção prevalece sobre cláusula contratual que disponha diferentemente (art. 476º). Dito de outra forma, as convenções colectivas não se deixam reduzir à categoria de negócios jurídicos celebrados por representação, porque o seu conteúdo escapa aos limites do próprio instituto da representação[301].

Os traços expostos têm feito do tema da natureza jurídica da convenção colectiva de trabalho um tema tão apaixonante quanto difícil. Este tema tem merecido recorrentemente a atenção da doutrina, que se divide entre uma perspectiva predominantemente negocial sobre estes instrumentos, uma perspectiva que valoriza a sua feição normativa e uma perspectiva que assume o carácter híbrido ou misto da figura[302].

Sem prejuízo do posterior desenvolvimento desta matéria[303], pode, desde já, dizer-se que a convenção colectiva de trabalho é uma figura laboral *sui generis*, na medida em que, apesar de ter um conteúdo normativo, não se pode reconduzir a um acto normativo puro, e, não obstante a sua componente de autoregulação, também não se deixa reconduzir a um negócio jurídico puro. Em suma, na expressão popularizada por CARNELUTTI[304] e que reveste até

---

[301] Para mais desenvolvimentos sobre esta questão, *vd* ROSÁRIO PALMA RAMALHO, *Da Autonomia Dogmática... cit.*, 799 ss.

[302] Para mais desenvolvimentos sobre estas perspectivas, numa apreciação histórico-crítica do problema, ROSÁRIO PALMA RAMALHO, *Da Autonomia Dogmática... cit.*, 799 ss.; e ainda sobre esse tema, ROSÁRIO PALMA RAMALHO, *Negociação Colectiva Atípica cit.*, 124 ss. e *passim*.

[303] *Tratado III*, § 49º, ponto 176.

[304] F. CARNELUTTI, *Teoria del regolamento colletivo dei rapportti di lavoro*, Padova, 1930, 116 s. A ideia é retomada por F. FERRARI, *La natura giuridica del contratto collettivo di lavoro*, Riv.DL,

hoje uma grande actualidade, a convenção colectiva de trabalho é uma figura híbrida, porque nela concorre «*il corpo del contratto e l'anima della legge*».

**II.** O carácter híbrido e o regime jurídico da convenção colectiva de trabalho confirmam esta figura como um esteio da autonomia dogmática do Direito do Trabalho, não só porque a figura não tem paralelo no Direito Comum, mas também porque o seu regime se afasta de alguns princípios civis gerais.

Com referência à índole da convenção colectiva de trabalho, não convencem, efectivamente, os lugares paralelos entre este instrumento e outros contratos privados que também aparentam uma índole «colectiva», como os negócios celebrados com recurso a cláusulas contratuais gerais e os acordos celebrados por associações de defesa dos consumidores[305], porque nem um nem outro destes negócios é dotado de eficácia geral nem lhes assiste qualquer componente normativa. Com a sua configuração híbrida, a convenção colectiva de trabalho é, efectivamente, um instituto singular no domínio privado.

Este ponto merece uma observação complementar, uma vez que a figura da convenção colectiva de trabalho tem em comum com as duas figuras apontadas o facto de corresponder a um modelo de contratação genérica e com um conjunto indeterminado de destinatários. Estas afinidades não obscurecem, contudo, as diferenças profundas entre as figuras. É que, no caso do negócio celebrado com recurso a cláusulas contratuais gerais, apesar da índole colectiva, está sempre em causa um contrato único e individualizado, entre dois sujeitos, e não a justaposição de um acordo colectivo de alcance genérico a um contrato individual, como sucede

---

1952, 309-330 (313), HERSCHEL, *Vom Arbeiterschutz zum Arbeitsrecht cit.*, 309, e MENGEL, *Tarifautonomie und Tarifpolitik cit.*, 407.

[305] Quanto aos negócios celebrados com recurso a cláusulas contratuais gerais, *vd* a LCCG, aprovada pelo DL nº 446/85, de 25 de Outubro, com as alterações introduzidas pelo DL nº 220/95, de 31 de Agosto e pelo DL nº 249/99, de 7 de Julho; quanto aos acordos celebrados por associações de defesa dos consumidores, dispõe a L. nº 24/96, de 31 de Julho, art. 19º. O paralelo entre as convenções colectivas de trabalho e estas figuras foi estabelecido, entre nós, por MENEZES CORDEIRO, *Manual de Direito do Trabalho cit.*, 321 e nota [22] e, ainda em *Convenções Colectivas de Trabalho e Alterações de Circunstâncias*, Lisboa, 1995, 65 e nota [81]. Também estabelecendo um paralelo entre as convenções colectivas de trabalho e os negócios celebrados com recurso a cláusulas contratuais gerais, pode ver-se D. REUTER, *Das Verhältnis von Individualautonomie, Betriebsautonomie und Tarifautonomie*, RdA, 1991, 4, 193-204, 196.

com a convenção colectiva de trabalho. Por seu turno, no caso do acordo de consumidores falta também a dimensão normativa e a eficácia geral, uma vez que este acordo se destina a regular as relações entre os outorgantes e apenas impõe obrigações aos profissionais que o outorgam para com terceiros, obrigações estas que se deixam explicar facilmente com recurso à figura do contrato a favor de terceiro.

Com referência aos aspectos regimentais, destacamos dois princípios gerais que são postos em causa pelo regime da convenção colectiva de trabalho: por um lado, a eficácia geral da convenção colectiva de trabalho põe em causa o princípio geral da relatividade dos contratos (uma vez que a convenção pode ser aplicada a trabalhadores e a empregadores que não a outorgaram nem directa nem indirectamente); por outro lado, a autonomia colectiva não se deixa reconduzir a uma simples manifestação do princípio da autonomia privada mas é, no mínimo, uma forma *sui generis* de autonomia, não só porque é sujeita a múltiplos condicionamentos legais (art. 478º nº 1), mas, sobretudo, porque se impõe aos contratos de trabalho (art. 476º) e porque é, inclusivamente, condicionadora da futura negociação colectiva, em processo de sucessão de convenções colectivas de trabalho, por força do princípio da salvaguarda dos direitos adquiridos (art. 503º)[306].

**III.** Como decorre do exposto, e independentemente da solução que venha a ser encontrada para a questão da sua natureza jurídica, *a convenção colectiva de trabalho confirma-se como um instituto laboral de grande singularidade, porque é irredutível quer à categoria de contrato quer à categoria de acto normativo*[307].

Esta irredutibilidade e o facto de o seu regime contrariar alguns princípios gerais do Direito Civil bastam para considerar esta figura como um dos alicerces da autonomia dogmática do Direito do Trabalho[308].

---

[306] Para mais desenvolvimentos sobre estes pontos, ROSÁRIO PALMA RAMALHO, *Da Autonomia Dogmática... cit.*, 831 ss.
[307] Neste sentido, expressamente, G. GIUGNI, *Direito do Trabalho... cit.*, 344.
[308] Neste sentido, expressamente, MAGREZ-SONG, *Le droit conventionnel du travail cit.*, 597.

## 48.3. A singularidade do direito de greve

**I.** A greve é o direito fundamental dos trabalhadores (art. 57º da CRP) que lhes permite, em acção colectiva e concertada, recusar a prestação do trabalho em prossecução de um determinado objectivo e num regime de imunidade contratual – ou seja, sem que a recusa da prestação possa ser considerada como incumprimento do contrato.

O instituto da greve coloca diversos problemas à Ordem Jurídica: problemas de delimitação, pela multiplicidade e diversidade dos comportamentos grevistas; dificuldades de regime, que têm, aliás, feito da greve um fenómeno tradicionalmente rebelde à regulação jurídica; e dificuldades de construção dogmática, uma vez que a greve envolve uma componente colectiva (na decisão, na decretação e na gestão da greve), mas se repercute na situação juslaboral de cada trabalhador (na adesão à greve e nos efeitos da greve). Teremos ocasião de apreciar oportunamente estes problemas[309].

Contudo, o simples recorte da figura da greve evidencia a sua essência insurreccional e a sua absoluta singularidade, que é, aliás, reconhecida pela doutrina – neste sentido, por exemplo, CARNELUTTI[310] refere-se à greve como *«il ritorno alla guerra per regolare i rapportti fra le categorie sociale»* e CASTANHEIRA NEVES[311] qualifica-a como uma «rebelião sem armas». Ora, a circunstância de o Direito admitir (e, no caso português, consagrar mesmo como um direito fundamental) um comportamento com este perfil permite, por si só, intuir os desafios que o instituto coloca à dogmática jurídica.

**II.** Na óptica do problema da autonomia dogmática do Direito do Trabalho, o instituto da greve é, efectivamente, um argumento de peso em favor da autonomia, porque o seu regime jurídico põe à prova diversos princípios gerais do Direito Comum.

O primeiro princípio civil geral posto à prova pelo instituto da greve é o princípio do cumprimento pontual dos contratos (art. 406º nº 1 do CC), uma

---

[309] *Tratado III*, §§ 54º e 55º.
[310] F. CARNELUTTI, *Capitale e lavoro (schema per una discussione)*, Riv.DL, 1954, 1-7 (6).
[311] A. CASTANHEIRA NEVES, *Considerações a propósito do direito à greve*, in Temas de Direito do Trabalho. Direito do Trabalho na Crise. Poder Empresarial. Greves Atípicas. IV Jornadas Luso-Hispano--Brasileiras de Direito do Trabalho, Coimbra, 1990, 449-452 (449 s.).

vez que o comportamento grevista determina a suspensão do contrato de trabalho (art. 536º nº 1 do CT), mas este efeito suspensivo resulta da decisão unilateral do trabalhador de aderir ao processo grevista – em suma, a greve produz uma modificação no contrato de trabalho, mas esta modificação é produto da vontade unilateral de uma das partes e prevalece sobre o acordo contratual.

Um outro aspecto em que o direito de greve põe à prova os quadros dogmáticos comuns decorre do facto de os objectivos da greve (cuja delimitação cabe aos próprios trabalhadores, nos termos da Constituição – art. 57º nº 2 da CRP) poderem transcender o âmbito profissional ou o contexto empresarial dos trabalhadores grevistas. Ora, tendo em conta que os efeitos do comportamento grevista se repercutem na esfera jurídica do empregador, esta especial amplitude do direito de greve, do ponto de vista dos objectivos que prossegue[312], subtrai este instituto à lógica negocial e impede, naturalmente, a sua recondução a outras figuras civis de recusa do cumprimento da prestação (como o direito de retenção ou a excepção de não cumprimento do contrato). Em suma, também por esta via se confirma a singularidade do instituto da greve no universo jurídico.

De outra parte, o direito de greve revela uma profunda singularidade no modo como se estrutura para a prossecução dos seus objectivos: é que os objectivos subjacentes à paralisação são atingidos através do dano ou prejuízo que essa paralisação causa ao empregador e o sistema jurídico não só consente nesse comportamento danoso como assegura mesmo uma medida mínima de prejuízos, ao vedar ao empregador a substituição dos trabalhadores grevistas (art. 535º do CT). Por outras palavras, o direito de greve envolve um comportamento deliberadamente nocivo e que é, enquanto tal, admitido e protegido pela Ordem Jurídica, o que não tem paralelo noutros domínios.

Por fim, enquanto direito dos trabalhadores, a greve põe à prova o princípio geral da igualdade dos entes jurídicos privados, porque não tem correspondência num direito análogo do empregador – uma vez que no sistema laboral português é proibido o *lock-out* ( art. 57º nº 4 da CRP, e art. 544º do CT)[313/314].

---

[312] Teremos ocasião de aprofundar a difícil problemática dos objectivos da greve no *Tratado III*, § 53º, ponto 194.5. Por ora, limitamo-nos a enunciar o problema na óptica do seu contributo para a confirmação da singularidade do próprio instituto da greve.
[313] Trataremos o tema do *lock-out* no *Tratado III*, pontos 202 e 203.
[314] Para mais desenvolvimentos sobre estes pontos, *vd* Rosário Palma Ramalho, *Da Autonomia Dogmática... cit.*, 866 ss.

**III.** Em conclusão, *a fisionomia profundamente singular do instituto da greve e a importância dos desvios às regras gerais de cumprimento dos negócios jurídicos e a princípios gerais do Direito Comum, que o seu regime jurídico envolve, confirmam a irredutibilidade desta figura aos quadros dogmáticos civis* e constituem um argumento de peso em favor da autonomia dogmática do Direito do Trabalho.

### 49. Os fundamentos sistemáticos da autonomia: a dimensão colectiva integral do Direito do Trabalho e os seus recursos técnicos específicos

**I.** Assente a singularidade dos principais institutos laborais e confirmado, a partir dela, o afastamento do Direito do Trabalho dos quadros dogmáticos do Direito Civil, resta proceder ao segundo nível de análise da questão da autonomia: o da apreciação do sistema laboral, na perspectiva de observar as especificidades da sua organização interna e de verificar até que ponto desenvolveu mecanismos próprios e aperfeiçoou técnicas específicas de resolução dos seus problemas.

**II.** Efectivamente, este plano de análise revela que o Direito do Trabalho se organizou internamente em obediência a uma lógica colectiva ou de grupos, que contribui para o afastar dos parâmetros dogmáticos do Direito Civil; e que apurou instrumentos normativos, técnicas de interpretação e aplicação das suas normas e de conjugação das suas fontes e ainda mecanismos de autotutela dos seus interesses, cuja especificidade e eficácia revelam a sua maturidade e auto-suficiência como ramo do Direito.

Porque estes instrumentos e técnicas laborais foram já apresentados, limitamo-nos, agora, a deles retirar as competentes ilações para a confirmação da maturidade dogmática do Direito Laboral.

### 49.1. A dimensão colectiva integral do Direito do Trabalho

**I.** O primeiro aspecto do sistema juslaboral, que evidencia o afastamento do Direito do Trabalho dos parâmetros dogmáticos do Direito Civil, tem a ver com o facto de o Direito Laboral se organizar internamente numa lógica de grupos ou colectiva. Esta lógica colectiva observa-se tanto no domínio das situações juslaborais colectivas como no domínio das situações juslaborais individuais, por força da unidade e da interpenetração constante destas duas áreas.

**II.** Efectivamente, uma observação panorâmica do sistema juslaboral permite verificar que *a dimensão colectiva do Direito do Trabalho é, na prática, indissociável da sua dimensão individual e que o elemento colectivo é, de facto, omnipresente nesta área jurídica.* Esta conclusão decorre das seguintes observações[315]:

*i)* Em primeiro lugar, no direito das situações laborais colectivas (que integra as matérias relativas ao associativismo laboral, à regulamentação colectiva das relações laborais e aos conflitos colectivos de trabalho) é patente a lógica colectiva e a intervenção de grupos institucionalizados como entes laborais colectivos (as associações sindicais e patronais e as comissões de trabalhador). Mas a verdade é que intervêm também neste centro regulativo, de uma forma directa, o empregador e o trabalhador e, ainda, grupos *ad hoc* de trabalhadores ou de empregadores – assim, por exemplo, a liberdade sindical tem uma componente individual (art. 444º), os acordos de empresa e os acordos colectivos de trabalho não são outorgados por entes laborais colectivos mas directamente pelo empregador ou por um grupo *ad hoc* de empregadores, respectivamente (art. 2º nº 3 b) e c)), a escolha da convenção colectiva de trabalho aplicável num contexto de concorrência entre instrumentos de regulamentação colectiva do trabalho pode caber a um grupo de trabalhadores (art. 482º nº 2 e art. 497º), a decretação de uma greve pode ser feita por um grupo *ad hoc* de trabalhadores à margem das associações sindicais (art. 531º nº 2) e a adesão à greve é um acto individual de cada trabalhador, sendo também sobre o seu contrato de trabalho que recaem os efeitos da greve (art. 536º nº 1).

Na mesma linha, observa-se uma ampla intervenção dos entes laborais colectivos em matérias habitualmente reconduzidas ao direito das

---

[315] Para um maior desenvolvimento destes argumentos, *vd* ROSÁRIO PALMA RAMALHO, *Da Autonomia Dogmática... cit.,* 893 ss.

situações juslaborais individuais – assim, a competência da comissão de trabalhadores e, em certos casos, das associações sindicais, para darem parecer ou para intervirem de outra forma no processo de despedimento de um trabalhador (por exemplo, arts. 353º nº 2, 360º, 369º e 376º).
*Em suma, a forma de actuação dos entes laborais comprova a interpenetração dos centros regulativos individual e colectivo do Direito do Trabalho, mas confirma também a importância, em qualquer destes níveis, da ideia de grupo.*

*ii)* Em segundo lugar, no âmbito do direito das situações laborais colectivas, encontramos situações jurídicas de diversa índole e que prosseguem interesses colectivos ou de grupo, mas também interesses de trabalhadores individualizados e até interesses gerais – assim, por exemplo, a especial protecção dos membros dos delegados sindicais ou dos membros das comissões de trabalhadores em matéria de local de trabalho (art. 411º) e em matéria disciplinar e de cessação dos respectivos contratos (art. 410º) prossegue interesses colectivos, mas acautela também interesses do trabalhador beneficiário; assim também quando, em negociação colectiva, as associações sindicais aceitam que a retribuição não seja aumentada em troca da criação de novos postos de trabalho na empresa, estão a prosseguir interesses gerais.

E, na mesma linha, também ao nível do contrato de trabalho não deixam de ser ponderados, a par dos interesses de cada empregador e trabalhador, interesses colectivos e até interesses gerais – assim, por exemplo, o regime da suspensão e da redução dos contratos de trabalhos por motivo de crise empresarial e o regime do despedimento colectivo ponderam interesses do conjunto dos trabalhadores da empresa, enquanto o regime de tutela da maternidade e da paternidade ou a admissibilidade da contratação a termo resolutivo para integração de jovens na vida activa ou para reintegração de desempregados de longa duração acautelam interesses sociais gerais.

*Em suma, também do ponto de vista dos interesses subjacentes aos regimes laborais, se observa a interpenetração dos centros regulativos da área jurídica.*

*iii)* Por fim, *os fenómenos de grupo e a ideia de grupo subjazem naturalmente ao vínculo laboral, por força da sua componente organizacional* – é esta ideia de grupo que explica o princípio da igualdade de tratamento e a interdependência natural dos vínculos laborais que coexistem na organização, e é ainda uma ideia de grupo que subjaz a regimes laborais como o da transmissão da empresa ou do estabelecimento (arts. 285º e ss.), o da transferência colectiva do local de trabalho (art. 194º nº 1 a)), ou ainda o do despedimento colectivo (arts. 359º ss.).

**III.** Em suma, *o modo como os diversos entes laborais intervêm nas várias áreas regulativas do Direito do Trabalho, a diversidade de interesses (individuais, colectivos e gerais) subjacentes às actuações e às normas laborais e a componente organizacional do próprio contrato de trabalho demonstram que esta área jurídica se organiza internamente de acordo com uma lógica de constante interpenetração dos seus diversos centros regulativos, e que lhe subjaz globalmente uma ideia de grupo, ou, com maior rigor, uma ideia de grupos, uma vez que estes grupos podem ser diversos.*

Ora, esta lógica colectiva ou de grupos afasta globalmente o Direito do Trabalho dos parâmetros dogmáticos do Direito Civil e, designadamente do Direito das Obrigações, que privilegiam, até hoje, as situações jurídicas individuais e bipolares. Assim sendo, entende-se que esta componente colectiva confirma a emancipação do Direito Laboral perante os seus quadros dogmáticos originários de referência. Mas, porque é também a omnipresença do elemento colectivo, nos termos indicados, que constitui o traço unificador do subsistema laboral, pode dizer-se que este elemento colectivo confirma a maturidade desta área jurídica.

### 49.2. As especificidades do Direito do Trabalho na construção e na aplicação das suas normas e na tutela dos seus interesses

**I.** O segundo alicerce sistemático da autonomia do Direito do Trabalho reside na *capacidade que esta área jurídica demonstrou para desenvolver recursos específicos para a resolução dos seus problemas e para prosseguir os seus interesses e valores próprios.* Porque revestem originalidade, estes recursos evidenciam a maturidade e a auto-suficiência do Direito Laboral, enquanto subsistema do universo jurídico global.

Os recursos específicos desenvolvidos pelo Direito do Trabalho observam-se na área da construção normativa, da interpretação e da aplicação das fontes e, por fim, ao nível da auto-tutela dos interesses laborais. Como estes recursos assentam em figuras já apresentadas, podemos facilmente deles retirar as competentes ilações para o problema da autonomia dogmática[316].

**II.** A primeira área em que o Direito do Trabalho desenvolveu instrumentos próprios para a resolução dos seus problemas foi a área da *construção normativa*. Destacam-se, nesta área, dois instrumentos normativos de grande especificidade, uma técnica de elaboração dos diplomas legais que é própria deste ramo do Direito, e uma categoria normativa que é típica da área jurídica: os instrumentos normativos específicos são a convenção colectiva de trabalho e a portaria de extensão; a técnica de elaboração dos diplomas legais é a legislação laboral negociada; e a categoria normativa específica é a das normas convénio-dispositivas:

**III.** O primeiro instrumento normativo específico do Direito do Trabalho é, obviamente, a *convenção colectiva de trabalho*.

Já tendo apresentado esta figura a propósito das fontes[317] e comprovado a sua singularidade estrutural perante os quadros dogmáticos do Direito Civil no ponto anterior[318], realçamos agora, na perspectiva da demonstração da capacidade do Direito do Trabalho para resolver os seus próprios problemas, a originalidade da figura como instrumento normativo, uma vez que se reconduz a uma auto-regulação de interesses privados mas é dotada de eficácia geral e reconhecida como fonte laboral específica.

É certo que a convenção colectiva de trabalho é, hoje, um instrumento absolutamente consolidado e que foi mesmo inspirador de outros instrumentos negociais colectivos noutras áreas do Direito[319]. Não obstante, a originalidade da convenção colectiva deve ser destacada porque evidencia, desde o momento do seu surgimento até hoje, uma forma singular e muito eficaz de resolução de problemas e de prossecução de objectivos laborais específicos

---

[316] Para uma apreciação mais desenvolvida destes argumentos, *vd* ROSÁRIO PALMA RAMALHO, *Da Autonomia Dogmática...* cit., 913 ss.
[317] Cfr., *supra*, § 8º, ponto 21.
[318] Cfr., *supra*, § 14º, ponto 48.2.
[319] Assim, os já referidos acordos colectivos de protecção dos consumidores.

(no caso, o objectivo de superar a tradicional debilidade negocial dos trabalhadores no contrato de trabalho e de uniformizar as condições de trabalho).

**IV.** O segundo instrumento normativo específico do Direito Laboral que cabe referir, pela forma original como foi desenvolvido, é a *portaria de extensão*. Já tendo apresentado esta figura a propósito das fontes laborais[320], a comprovação da sua originalidade enquanto instrumento normativo não oferece agora dificuldades.

Formalmente reconduzida à categoria de regulamento administrativo, a portaria de extensão é, do ponto de vista substancial, uma figura muito singular, na medida em que, apresar de ter origem numa autoridade pública, não corresponde a uma heteroregulação pura mas consubstancia-se no aproveitamento de um regime jurídico privado (firmado entre entes jurídicos privados e em prossecução de interesses privados) dotando-o de força pública.

A razão de ser desta fisionomia da portaria de extensão é conhecida: pretende-se uniformizar o regime laboral dos trabalhadores sindicalizados e não sindicalizados, através da atribuição de eficácia geral aos instrumentos de regulamentação colectiva do trabalho convencionais; e pretende-se atingir esse objectivo de uniformização da forma que menos afecte a autonomia colectiva, para o que a solução do «aproveitamento» do regime convencional colectivo existente é preferível à solução de criação *ex nuovo* de um outro regime para os trabalhadores não abrangidos pelo instrumento de regulamentação colectiva convencional. Em suma, os interesses laborais em jogo são legítimos e compreensíveis.

Feita a justificação, fica, contudo, patente, a singularidade da figura, no modo pragmático como prossegue os seus objectivos[321].

**V.** Por fim, revelam a aptidão do Direito do Trabalho para resolver os seus problemas, através do desenvolvimento de metodologias normativas específicas, a técnica da *legislação laboral negociada* e ainda as *normas convénio-dispositivas*, que apreciámos a propósito das fontes laborais[322].

---

[320] Cfr., *supra*, § 8º, ponto 23. A ela voltaremos no *Tratado III*, § 51º
[321] Em especial sobre a singularidade da portaria de extensão , *Tratado III*, § 51º, ponto 185.
[322] Cfr., *supra*, § 7º, pontos 18.1. e 18.2.

No primeiro caso, a especificidade está no modo de elaboração dos diplomas laborais, que passa por uma efectiva participação dos actores laborais no processo legislativo e pela remissão do legislador Estado para uma posição de (quase)homologador da composição de interesses dos entes laborais. Mesmo que, do ponto de vista formal, a natureza do acto normativo não se altere, é patente a diferença substancial no processo legislativo, que, no caso, prossegue os objectivos compromissórios do Direito Laboral e, concretamente, pretende favorecer a paz social.

Acresce que, embora tenha começado por ser uma especificidade do Direito do Trabalho, a participação dos representantes dos interesses colectivos ou gerais visados pelas normas no processo da respectiva elaboração se veio a generalizar, ainda que apenas nos termos de um procedimento consultivo geral e não nos moldes da participação activa e institucionalizada na Concertação Social que é típica do domínio laboral. Ora, esta generalização confirma a maturidade do Direito Laboral, na medida em que demonstra a valia geral da técnica de elaboração das normas que se desenvolveu no seu seio.

No que se refere às *normas convénio-dispositivas* (previstas no art. 3º nº 5 do CT), a especificidade reside, como vimos oportunamente, na previsão de diferentes níveis de imperatividade da lei, consoante esteja em relação com outras fontes laborais ou com o contrato de trabalho.

Categoria normativa específica do Direito do Trabalho, estas normas prosseguem, de uma forma pragmática e muito eficaz, dois interesses laborais: a promoção da autonomia colectiva; e a protecção do trabalhador ao nível do contrato de trabalho. Elas evidenciam, pois, a capacidade da área jurídica para desenvolver as soluções mais adequadas aos seus próprios desígnios – ou seja, a sua maturidade enquanto subsistema jurídico.

**VI.** A segunda área em que o Direito do Trabalho revela a sua capacidade para desenvolver técnicas específicas de resolução dos seus problemas, em prossecução dos seus interesses próprios, é a área da interpretação e da aplicação das normas. Destaca-se aqui o papel do *princípio do favor laboratoris*, projecção interpretativo-aplicativa do princípio geral da protecção do trabalhador.

## §14º O REPOSICIONAMENTO DO PROBLEMA

Como vimos oportunamente[323], este princípio tradicional do Direito Laboral mantém-se actuante ainda hoje e tem múltiplas aplicações, em sede de interpretação do contrato de trabalho e das fontes laborais e como critério de resolução de conflitos de fontes no tempo, no espaço e hierárquicos.

O modo como o Direito do Trabalho soube desenvolver este princípio e a actualidade que ele reveste até hoje evidenciam, pois, a maturidade da área jurídica.

**VII.** Por fim, demonstram a maturidade do Direito do Trabalho os dois recursos que nele se desenvolveram para autotutela dos interesses dos trabalhadores e do empregador: o direito de greve e o poder disciplinar laboral, respectivamente.

Já comprovámos a singularidade destas figuras, pela sua irredutibilidade aos parâmetros dogmáticos do Direito Civil[324]. Referimo-las agora para salientar a sua função como instrumentos de autotutela do Direito Laboral. Com efeito, através destas figuras, os interesses dos trabalhadores e os interesses do empregador são prosseguidos de uma forma pouco ortodoxa mas extremamente eficaz, porque não só assegura o particular equilíbrio de forças entre os actores laborais mas também porque dispensa o recurso aos mecanismos de tutela jurisdicional comum.

Em suma, enquanto mecanismos de autotutela dos interesses dos trabalhadores e dos empregadores, as figuras referidas comprovam o dinamismo do Direito Laboral no desenvolvimento de instrumentos que promovem a sua auto-suficiência como subsistema do universo jurídico global.

### 50. Conclusão: o reconhecimento da autonomia dogmática do Direito do Trabalho pela singularidade dos seus institutos e pela sua maturidade como área jurídica

**I.** A análise anterior torna *inevitável o reconhecimento da autonomia dogmática do Direito do Trabalho português, porque permite concluir que os diversos institutos e*

---

[323] Cfr., *supra*, pontos 25. a 31.
[324] Cfr. *supra*, ponto 48.1.II. e ponto 48.3.

*regimes laborais têm subjacentes valorações materiais específicas e que a construção da área jurídica em termos sistemáticos obedece a uma lógica diversa da do Direito Civil.*

Assim, de uma parte, os principais institutos laborais (o contrato de trabalho, a convenção colectiva e a greve) são irredutíveis aos quadros dogmáticos civis, uma vez que o seu regime jurídico contraria alguns dos princípios civis fundamentais e se orienta por valores próprios, como o da protecção do trabalhador, o da salvaguarda dos interesses de gestão do empregador, o da igualdade de tratamento ou o da autonomia colectiva.

De outra parte, a organização do sistema normativo, numa lógica colectiva e de auto-suficiência – em que avulta a indissociabilidade dos fenómenos laborais individuais e colectivos e que passa pelo apuramento de recursos específicos para a resolução dos problemas de interpretação e aplicação das normas laborais e para a tutela dos interesses e institutos laborais – é também inspirada por valores específicos, atinentes à protecção dos interesses dos trabalhadores e dos empregadores, à autonomia colectiva e à paz social.

**II.** Neste quadro e no contexto nacional, o Direito do Trabalho deve ser reconhecido como um ramo do direito privado dotado de autonomia sistemática e dogmática.

A autonomia sistemática é comprovada pela identificação fácil do fenómeno sociológico sobre o qual se debruçam as normas laborais (o trabalho subordinado livre e privado), pelo enquadramento jurídico unitário das matérias laborais (através do conceito de situações laborais nucleares atinentes à qualidade de trabalhador subordinado e à qualidade de empregador) e pela organização da área jurídica em torno dos centros regulativos do direito das situações juslaborais individuais e do direito das situações juslaborais colectivas (que são indissociáveis e aos quais subjaz uma dimensão colectiva integral).

A autonomia dogmática do Direito do Trabalho deve ser reconhecida e os institutos e regimes laborais não são uma simples adaptação das regras civis às necessidades e aos problemas laborais, mas correspondem a valorações materiais específicas concorrentes, alternativas ou contrárias às do direito comum.

## Secção IV
## Os princípios fundamentais do Direito do Trabalho

### §15º ASPECTOS GERAIS

**51. As consequências do reconhecimento da autonomia dogmática: os princípios próprios do Direito do Trabalho**

**I.** Confirmada a autonomia dogmática do Direito do Trabalho, cabe proceder ao enunciado dos seus princípios ou valorações fundamentantes.

Os princípios do Direito do Trabalho não se reconduzem a arquétipos axiomáticos formais do sistema laboral, mas, numa perspectiva substancial, correspondem às valorações materiais, de conteúdo ético e cultural, que estão subjacentes a um conjunto de normas laborais, mais ou menos extenso, e que constituem o respectivo fundamento justificativo. Em suma, adopta-se uma concepção substancial ou valorativa de princípios jurídicos[325].

---

[325] Sobre este sentido dos princípios jurídicos, que decorre da concepção moderna de dogmática jurídica, por todos, LARENZ, *Metodologia da Ciência do Direito cit.*, 316; J. ESSER, *Grundsatz und Norm in der richterlichen Fortbildung des Privatrechts*, 3ª ed., Tübingen, 1974, 267; CANARIS, *Pensamento Sistemático e Conceito de Sistema... cit.*, 77; DIEDERICHSEN, *Fritz Baur – Zivilrechtsdogmatik und Menschlichkeit cit.*, 417; R. ALEXY, *Derecho y Razón Práctica* (trad. espanhola), México, 1993; G. COSTA, *I principii del dirittto tra norma e filosofia*, Riv.trim.DPC, 1993, 2, 593-603 (602 s.).

**II.** Os princípios juslaborais partilham com os restantes princípios jurídicos as seguintes *características*[326]:

*i)* São *princípios gerais*, embora a característica da generalidade seja aqui reportada ao domínio do subsistema laboral (ou seja, são princípios gerais autónomos do Direito do Trabalho[327]). Por outro lado, o carácter geral destes princípios exclui a utilidade da sua classificação em função da área de incidência[328], porque eles são comuns a todas as áreas regulativas do Direito do Trabalho.

*ii)* São *princípios específicos* do Direito do Trabalho, no sentido em que se diferenciam dos princípios jurídicos gerais (e, no caso, por força da natureza privada do Direito Laboral, se diferenciam dos princípios do Direito Civil), mas não são necessariamente opostos àqueles princípios (ainda que a relação de oposição não seja de excluir).

*iii)* *Não têm uma pretensão de exclusividade e têm áreas de sobreposição*, o que explica que as projecções que deles emanam possam também ser ligadas a outros princípios e que apenas perante um conjunto concreto de normas se possa verificar qual o princípio que prevalece.

*iv)* *São dinâmicos e inacabados*, no sentido em que constituem um conjunto de elementos positivos e de restrições ou limites e tanto os elementos positivos como os limites estão em constante evolução. Este carácter inacabado dos princípios explica que eles não sejam imediatamente aplicáveis mas que se vão realizando através de concretizações em subprincípios ou valorações menores, com um conteúdo material próprio e, também eles, em evolução permanente.

**III.** Enunciadas as características dos princípios do Direito do Trabalho, resta recordar as *funções* por eles desempenhadas. Como indicámos oportu-

---

[326] Em geral e por todos, sobre as características típicas dos princípios jurídicos, Esser, *Grundsatz und Norm... cit.*, 267 ss., e Canaris, *Pensamento Sistemático e Conceito de Sistema... cit.*, 79 ss. Sobre a aplicação destas características gerais aos princípios laborais, Rosário Palma Ramalho, *Da Autonomia Dogmática... cit.*, 966 ss.

[327] Ainda Canaris, *Pensamento Sistemático e Conceito de Sistema... cit.*, 79.

[328] Por exemplo, princípios laborais incidentes no direito das situações juslaborais individuais ou no direito das situações juslaborais colectivas.

namente[329], os princípios desempenham um papel fundamental no sistema laboral, como instância de controlo axiológico ou valorativo do próprio sistema normativo, nas operações de interpretação e aplicação das normas laborais ao caso concreto e na relação entre o Direito Laboral e o Direito Civil, para além de constituírem o referente cultural e ético a ter em conta na evolução do sistema normativo e para efeitos de harmonização interna do próprio sistema.

## 52. A autonomia dogmática e a relação entre o Direito do Trabalho e o Direito Civil

**I.** O reconhecimento da autonomia privada do Direito Laboral, nos termos preconizados, não implica a recondução desta área jurídica a um *ius singulare*, sem ligação com as outras áreas do Direito, por força da unidade geral da Ordem Jurídica. Neste sentido, faz sentido realçar a dinâmica das relações entre o Direito do Trabalho e os restantes ramos do Direito, com destaque para aqueles que oportunamente indicámos como os que apresentam mais afinidades com o universo laboral[330].

**II.** A conjugação da autonomia dogmática do Direito do Trabalho com a sua índole privada (oportunamente estabelecida[331]) justifica uma observação adicional sobre as relações entre esta área jurídica e o Direito Civil.
Em termos simples, diremos que *a autonomia científica do Direito do Trabalho impede a sua recondução a um ramo especial do Direito das Obrigações mas não afasta a sua qualificação como direito privado especial*, uma vez que a área jurídica se ocupa de fenómenos atinentes não à situação jurídica do cidadão comum mas às situações jurídicas atinentes à qualidade de trabalhador ou à qualidade de empregador. Esta qualificação tem como consequência que, como direito privado comum, o Direito Civil se mantém como direito subsidiário do Direito do Trabalho.
No entanto, *as valorações materiais específicas, que decorrem da autonomia dogmática do Direito Laboral, condicionam a sua relação com o Direito Civil*, sempre

---

[329] Cfr., *supra*, § 13º, ponto 44.III.
[330] Cfr., *supra*, § 3º, ponto 7.
[331] Cfr., *supra*, § 3º, ponto 6.1.

que esteja em causa a aplicação de uma norma civil para integração de uma lacuna do sistema laboral. Este condicionamento é duplo e manifesta-se do seguinte modo:

*i)* Sendo necessário recorrer a uma norma civil para integração de uma lacuna laboral, a aplicação desta norma não pode ser feita sem uma operação prévia destinada a verificar a compatibilidade da solução decorrente daquela norma com o princípio laboral dominante no caso: ou seja, à aplicação da norma civil precede obrigatoriamente um juízo sobre a sua adequação aos valores laborais em presença – voltando a recorrer à expressão de GAMILLSCHEG[332], diremos que a norma civil tem que revelar a sua «aptidão social» (*die soziale Tauglichkeit*) para se poder aplicar no domínio laboral.

*ii)* Se, porventura, se verificar a inaptidão social da norma civil, a lacuna deve ser integrada nos termos do art. 10º nº 3 do CC, ou seja, com recurso à solução correspondente à norma que o intérprete criaria se tivesse que legislar dentro do espírito do sistema. No entanto, o sistema a ter em conta para este efeito é o sistema laboral (e os respectivos princípios orientadores), pelo carácter unitário e autónomo do Direito do Trabalho.

**III.** Por fim, o reconhecimento da autonomia dogmática do Direito do Trabalho e o enunciado dos seus princípios jurídicos ajudam a contextualizar as referências à crise actual desta área jurídica, que se encontram recorrentemente na doutrina. É que, referindo-se essa crise essencialmente ao princípio da protecção do trabalhador, o enunciado dos outros princípios fundamentantes gerais da área jurídica permite concluir que o alcance da crise é apenas parcelar. Por outro lado, a reavaliação do próprio princípio da protecção do trabalhador, em moldes mais adequados à situação actual do Direito do Trabalho, evidencia uma renovação da área jurídica e a sua vitalidade para enfrentar os desafios que hoje se lhe colocam.

---

[332] *Zivilrechtliche Denkformen und die Entwicklung des Individualarbeitsrechts... cit.*, 202 s e 220.

## §16º ENUNCIADO E CLASSIFICAÇÃO DOS PRINCÍPIOS GERAIS DO DIREITO DO TRABALHO

### 53. Enunciado geral

**I.** No estádio actual de evolução dogmática do Direito do Trabalho nacional e tendo como base o respectivo sistema normativo, podem reconhecer-se três grandes valorações materiais orientadoras desta área jurídica:

– *o princípio da compensação da posição debitória complexa das partes no contrato de trabalho*, que tem duas vertentes: o *princípio da protecção do trabalhador* e o *princípio da salvaguarda dos interesses de gestão*;
– *o princípio do colectivo*, que evidencia a omnipresença do elemento colectivo na área jurídica;
– *o princípio da autotutela laboral*, que evidencia a capacidade de sustentação do sistema laboral em prossecução dos seus interesses e sem dependência da jurisdição exterior.

**II.** Aos grandes princípios indicados correspondem princípios derivados ou de concretização e projecções normativas menores. Aqueles e estas estão plasmados de diferentes maneiras no ordenamento positivo e têm motivações e graus de eficácia diversos.

## 54. O princípio da compensação da posição debitória complexa das partes no contrato de trabalho e as suas projecções

### 54.1. Enunciado geral e vertentes do princípio da compensação: o princípio da protecção do trabalhador; o princípio da salvaguarda dos interesses de gestão

**I.** O primeiro princípio geral do Direito do Trabalho, que emerge sistema normativo, é um *princípio de compensação das partes pelo débito alargado que assumem no contrato de trabalho*.

Como decorre deste enunciado, o princípio da compensação tem uma estrutura bipolar. Efectivamente, entende-se que ao Direito do Trabalho subjaz, como é de tradição, um princípio geral de protecção, mas considera-se que tal desígnio protectivo não é apenas em favor do trabalhador subordinado mas também em favor do empregador. Este princípio prossegue um duplo objectivo: relativamente ao trabalhador, o objectivo é compensar a sua inferioridade negocial no contrato de trabalho; relativamente ao empregador, o objectivo é assegurar o cumprimento dos deveres amplos que lhe incumbem no contrato de trabalho e, indirectamente, viabilizar o próprio contrato.

Em consonância com este duplo objectivo, reconhecem-se duas vertentes no princípio da compensação: uma *vertente de protecção dos interesses do trabalhador* e uma *vertente de salvaguarda dos interesses de gestão do empregador*.

**II.** O princípio da compensação justifica-se na complexidade estrutural do vínculo jurídico laboral, que apreciámos a propósito da reconstrução dogmática do contrato de trabalho[333].

A complexidade do vínculo de trabalho (que traduzimos na expressão *relação de emprego*) reflecte-se na posição das partes, tornando-a também particularmente complexa. Assim, como vimos, o trabalhador não se obriga apenas a prestar a actividade laboral mas submete-se, dentro de certos limites, às regras da organização, sujeita-se a modificações do conteúdo do contrato impostas pelo empregador e assume ainda deveres para com sujeitos terceiros em relação ao negócio, como os colegas de trabalho. Por seu lado, o empre-

---

[333] Cfr., *supra*, § 12º ponto 43.

gador não se obriga apenas a pagar ao trabalhador, mas assume outras responsabilidades patrimoniais e pessoais para com o trabalhador, remunera diversas situações de inactividade do trabalhador, contribui para o financiamento do sistema de segurança social e suporta os riscos ligados à segurança e saúde do trabalhador, sacrifica o acordo negocial às necessidades privadas e familiares deste, dentro de certos limites, e, por fim, sujeita-se às restrições no regime de cessação do contrato de trabalho que decorrem do princípio da estabilidade do emprego.

Ora, é esta posição debitória complexa do trabalhador e do empregador no contrato de trabalho que justifica a vocação tutelar do sistema juslaboral em relação a cada um deles, embora essa vocação se manifeste de modo diferente e prossiga objectivos diversos nos dois casos.

*A protecção do trabalhador justifica-se directamente na sua situação de inferioridade jurídica e material perante o empregador, no contrato de trabalho*: a inferioridade jurídica decorre da sujeição aos poderes laborais e do envolvimento integral e permanente da sua pessoa na prestação; a inferioridade material ou económica evidencia-se na função alimentar do salário e no facto de o trabalhador não controlar o destino das utilidades que produz.

Em face desta inferioridade, é imperioso assegurar o tratamento digno do trabalhador por parte do empregador, salvaguardar a sua vida privada e familiar perante o contrato e garantir a sua efectiva liberdade e igualdade perante a contraparte. O objectivo do *princípio da protecção do trabalhador* é, assim, acudir às necessidades particulares de tutela do trabalhador subordinado, na sua pessoa e no seu património – numa palavra, este princípio acautela os interesses do trabalhador, enquanto pessoa, perante o vínculo de trabalho.

*No caso do empregador, a tutela é também essencial para a subsistência do vínculo laboral, com a estrutura complexa que lhe assiste, e, designadamente, para assegurar que o empregador cumpra os deveres remuneratórios e não patrimoniais amplos que a lei lhe atribui nesse contrato*. É, pois, com este objectivo de subsistência do próprio vínculo laboral que o Direito do Trabalho desenvolve diversas regras, que garantem, dentro de certos limites, a prevalência dos interesses do empregador sobre o acordo negocial, e é o conjunto destas regras que revela o *princípio geral da salvaguarda dos interesses de gestão do empregador*.

A função desta vertente do princípio da compensação é assegurar ao empregador as condições necessárias ao cumprimento dos deveres amplos que lhe incumbem no contrato de trabalho e, indirectamente, viabilizar este mesmo vínculo. Em suma, o princípio da salvaguarda dos interesses de gestão garante a subsistência do próprio vínculo laboral, com a estrutura complexa que o sistema jurídico lhe atribuiu.

**III.** Apresentado o princípio da compensação, resta referir que as suas duas vertentes se desenvolvem em vários sub-princípios e em diversas projecções normativas, que vão concretizando, em áreas diferentes, o seu conteúdo essencial.

No caso português, estes princípios e projecções normativas estão disseminados pelas fontes laborais, manifestam-se sob a forma de representações positivas ou, pelo contrário, como excepções a princípios gerais do direito comum, e têm um valor e uma eficácia diversos. O enunciado destas projecções tem, pois, apenas um objectivo de clarificação.

### 54.2. As projecções do princípio da protecção do trabalhador

### 54.2.1. Aspectos gerais

**I.** Do princípio da protecção do trabalhador emanam múltiplos princípios derivados ou de concretização, apontados pela doutrina como valores eminentes do Direito do Trabalho, bem como outras tantas representações legais abrangentes – uns e outros concretizam aquele princípio e prosseguem o seu objectivo de tutela da pessoa e do património do trabalhador perante o vínculo laboral.

**II.** Na categoria dos *princípios derivados do princípio da protecção do trabalhador* incluem-se diversos princípios e direitos, muitos deles com assento constitucional. Alguns destes princípios e direitos protegem directamente o património do trabalhador, enquanto outros têm um escopo eminentemente pessoal, sendo que todos eles se projectam, de múltiplas maneiras, no regime jurídico do contrato de trabalho. A título de exemplo, destacamos os seguintes:

## §16º ENUNCIADO E CLASSIFICAÇÃO DOS PRINCÍPIOS GERAIS DO DIREITO DO TRABALHO

- o *direito ao trabalho*, que, por seu turno, inclui o *princípio da liberdade e igualdade de oportunidades no acesso ao emprego* (art. 47º e art. 58º nº 1 e nº 2 b) da CRP);
- o *princípio da dignidade e da segurança no trabalho* (art. 59º nº 1, alíneas b), primeira parte, e c), e nº 2 e) da CRP);
- o *princípio da suficiência salarial* (art. 59º nº 1 a) *in fine*, nº 2 a) e nº 3 da CRP);
- o *princípio da conciliação da vida profissional com o direito ao lazer e com a vida privada e familiar, y compris, o princípio da protecção da maternidade e da paternidade* (art. 59º nº 1 corpo e alíneas b) *in fine* e d), bem como nº 2, alíneas b) c), primeira parte, e d), e ainda art. 68º nºs 3 e 4 e art. 67º h) da CRP, este último na redacção introduzida pela 6ª Revisão Constitucional, aprovada pela LC nº 1/2004, de 24 de Julho);
- o *princípio da valorização educacional e profissional* (art. 58º nº 2 c) e art. 59º nº 2, f) da CRP);
- o *princípio da segurança no emprego e da proibição dos despedimentos sem justa causa* (art. 53º da CRP);
- o *princípio da assistência ao trabalhador nas situações de risco ligadas à actividade laboral e nas situações de desemprego involuntário* (art. 59º nº 1 e) e f) e art. 63º n.os 2 e 3 da CRP);
- o *princípio do favor laboratoris*, que resulta globalmente do sistema de fontes laborais;
- o *princípio do respeito pelos direitos de personalidade do trabalhador*, que decorre da conjugação de diversos preceitos constitucionais, do Código Civil (art. 70º ss.) e do Código do Trabalho (arts. 14º ss.).

**III.** Ao nível da lei, encontram-se também diversas *projecções do princípio da protecção* do trabalhador, cujo carácter compreensivo explica que a doutrina se lhes refira, habitualmente, como princípios laborais, ainda que menos abrangentes. São as denominadas *garantias dos trabalhadores*, consagradas no Código do Trabalho, e entre as quais destacamos as seguintes:

- a *garantia da irredutibilidade da retribuição*, que impede a respectiva redução pelo empregador (art. 129º nº 1 d));

- a *garantia da irreversibilidade da categoria*, que limita fortemente a descida da categoria do trabalhador (arts. 129º nº 1 e) e 119º);
- a *garantia da invariabilidade da prestação*, que limita a possibilidade de fazer variar a prestação de trabalho (art. 118º nº 1);
- a *garantia da inamovibilidade*, que protege o local de trabalho (arts. 129º nº 1 f) e 194º);
- as *garantias inerentes ao exercício do poder disciplinar*, como o direito de defesa, os direitos de reclamação e de impugnação da sanção aplicada, ou os princípios da proporcionalidade entre a infracção e a sanção ou da processualidade no exercício do poder disciplinar (arts. 329º a 331º).

**IV.** Finalmente, o princípio da protecção do trabalhador inspira, por si só e sem necessidade de princípios de concretização intermédios, alguns dos aspectos do regime do contrato de trabalho que mais se desviam de regras e de princípios gerais do direito comum: assim, as restrições da liberdade negocial das partes pelo predomínio das normas legais imperativas, ou o reforço das exigências de forma no contrato de trabalho quando esteja em causa o estabelecimento de regimes jurídicos que enfraqueçam a posição do trabalhador, ou ainda o regime aplicável ao contrato de trabalho inválido mas executado (arts. 122º a 125º)[334].

### 54.2.2. Algumas projecções em especial: o favor laboratoris; o princípio da segurança no emprego; a tutela dos direitos de personalidade; a tutela dos direitos inerentes à maternidade, à paternidade e à conciliação (remissão)

**I.** Dos princípios derivados do princípio da protecção do trabalhador, que acabámos de indicar, destacamos, pela sua particular importância para a harmonia e a compreensão global do sistema laboral nacional, o princípio do *favor laboratoris*, o princípio da segurança no emprego e da proibição dos despedimentos sem justa causa, o princípio da tutela dos direitos de personali-

---

[334] Trataremos estes regimes na sua sede própria – *Tratado II*, § 18º, pontos 65 e 67. As referências em texto destinam-se apenas a salientar o seu valor dogmático.

dade do trabalhador e o princípio da conciliação da vida profissional com a vida familiar.

Remetendo-se o aprofundamento destas matérias para outros pontos do estudo, cabem, por ora, apenas algumas observações gerais, acompanhadas das adequadas remissões.

**II.** O *princípio do favor laboratoris* tem um valor fundamental e um alcance geral, porque subjaz globalmente ao regime jurídico das fontes laborais e do relacionamento destas com o contrato de trabalho.

Já tendo apreciado este princípio e as suas múltiplas projecções, a propósito das fontes do Direito do Trabalho, para aí remetemos[335].

**III.** O *princípio da segurança no emprego e da proibição dos despedimentos sem justa causa* é um princípio de grande vigor no sistema juslaboral, desde 1975. Tendo sido consagrado no primeiro regime jurídico autónomo em matéria de despedimento (a denominada *Lei dos Despedimentos*, aprovada pelo DL nº 372-A/75, de 16 de Julho), este princípio foi acolhido pela Constituição de 1976, de onde consta, até hoje, sem alteração (art. 53º).

Estudaremos este princípio a propósito da matéria da cessação do contrato de trabalho[336]. No entanto, deve, desde já, salientar-se a sua importância decisiva para o equilíbrio global do sistema juslaboral e o facto de ser, directa ou indirectamente, responsável pela evolução de outros regimes laborais – como, por exemplo, o regime do período experimental e o regime do contrato de trabalho a termo – bem como por algumas tendências perversas do actual sistema laboral, que foram apontadas a propósito da descrição da crise do Direito do Trabalho.

**IV.** A *tutela dos direitos de personalidade no domínio laboral* tem raízes no princípio geral de tutela dos direitos de personalidade, constante dos arts. 70º ss. do CC. Não obstante estas normas civis serem aplicáveis no domínio laboral[337], a matéria justificou um regime especial de tutela laboral, disposto nos

---

[335] Cfr., *supra*, ponto 26.
[336] *Tratado II*, § 33º, ponto 124.
[337] Sobre esta matéria, *vd* ROSÁRIO PALMA RAMALHO, *Contrato de trabalho e direitos fundamentais da pessoa cit.*, in *Estudos de Direito do Trabalho cit.*, I, 157 ss.

## §16º ENUNCIADO E CLASSIFICAÇÃO DOS PRINCÍPIOS GERAIS DO DIREITO DO TRABALHO

artigos 14º a 22º do CT. Ora, o conjunto deste regime permite reconhecer a tutela dos direitos de personalidade no domínio laboral como um princípio laboral específico, que deriva do princípio geral da protecção do trabalhador.

Sem prejuízo do posterior desenvolvimento da matéria[338], cabe, desde já, proceder a três observações gerais sobre este princípio:

i) Em primeiro lugar, deve salientar-se a importância da tutela dos direitos de personalidade no contrato de trabalho e o facto de esta tutela reforçar o elemento de pessoalidade deste contrato.

ii) Em segundo lugar, deve relevar-se o carácter amplo (ainda que não exaustivo) desta tutela, que abrange tanto o tempo de execução do contrato de trabalho como os seus preliminares e a sua formação e cobre os direitos de personalidade mais susceptíveis de serem afectados no domínio laboral: o direito geral à reserva da vida privada (art. 16º), com diversas projecções relativas ao âmbito do dever de informação e à protecção dos dados pessoais (arts. 17º a 19º), o direito à liberdade de expressão e opinião na empresa (art. 14º), o direito à integridade física e moral (art. 15º), e, como expressão de um princípio de reserva do trabalhador no seio da própria organização do empregador, direitos relativos aos meios de controlo da prestação laboral (arts. 20º e 21º) e à reserva dos meios de comunicação electrónica (art. 22º).

iii) Por fim, deve chamar-se a atenção para o facto de, apesar de o Código tratar em conjunto os direitos de personalidade do trabalhador e do empregador no contrato de trabalho, o regime disposto ter, na verdade, um interesse e uma aplicação muito maior para tutela da personalidade do trabalhador (como se comprova, aliás, pelos aspectos de tutela acima indicados): é que a especificidade da prestação laboral e o envolvimento global da personalidade do trabalhador no vínculo laboral, que decorrem do relevo do elemento de pessoalidade no contrato, fazem com que os perigos de violação daqueles direitos no caso

---

[338] Sendo uma matéria abrangente, ela será referida, no *Tratado II*, a propósito das diversas situações em que possa ocorrer a violação dos direitos de personalidade do empregador, mas, sobretudo, do trabalhador – i.e., a propósito da formação do contrato de trabalho, dos direitos e deveres das partes, da delimitação da actividade laboral do trabalhador e da delimitação do poder de direcção do empregador.

do trabalhador sejam, também eles, muito maiores, o que justifica a sua especial protecção. Por isso, privilegiamos a perspectiva substancial deste princípio como emanação do princípio geral da protecção do trabalhador, sobre a sua configuração formal na lei como princípio de tutela de ambas as partes no contrato de trabalho.

**V.** A última projecção do princípio da protecção do trabalhador, que deve ser realçada, é a *tutela dos direitos inerentes à conciliação entre a vida profissional e a vida familiar, incluindo a protecção da maternidade e da paternidade*.

A importância formal da tutela dos direitos inerentes à conciliação entre a vida profissional e a vida familiar, incluindo a protecção da maternidade e da paternidade, tem sido recorrentemente acentuada nos últimos anos, quer por instrumentos normativos internacionais e pelo Direito da União Europeia (que tem perspectivado a matéria como uma condição substancial para a igualdade de género no trabalho e no emprego[339]), quer pelo sistema jurídico nacional (a alteração ao art. 67º da CRP introduzida pela 6ª Revisão Constitucional, aprovada pela LC nº 1/2004, de 24 de Julho, é apenas o último exemplo desta tendência).

A importância substancial do princípio não carece de ser demonstrada: perante o acesso maciço das mulheres ao mercado de trabalho, desde a década de setenta do séc. XX, e a elevação do seu nível de escolaridade, com o aumento da esperança da vida e, com ela, das necessidades de assistência aos idosos, a par da drástica diminuição do número de nascimentos, e, por fim, tendo em conta o direito dos homens de participarem mais activamente na vida familiar, a promoção da adequada conciliação entre a vida profissional e a vida privada e familiar das pessoas tornou-se uma necessidade económica e um imperativo cultural e ético, a que o Direito terá que responder.

Neste sentido, o regime do Código do Trabalho relativo à protecção da maternidade e da paternidade, agora sob a designação de «parentalidade» (arts. 33º a 65º), bem como o conjunto de referências esparsas – e, apesar de

---

[339] Cfr., neste sentido, em especial, a *Resolução nº 9303/00, do Conselho, de 17 de Junho de 2000*, relativa à participação equilibrada das mulheres e dos homens na actividade profissional e na vida familiar. Sobre o ponto, ROSÁRIO PALMA RAMALHO, *Reconciling Family and Professional Life and the Gender Equality Principle in Employment* cit., passim.

tudo, escassas – do Código sobre a conciliação evidenciam este princípio. Apreciaremos estas normas oportunamente[340].

### 54.3. O princípio da salvaguarda dos interesses de gestão e os seus desenvolvimentos

**I.** Do princípio da salvaguarda dos interesses de gestão do empregador emanam também alguns princípios menores e múltiplas projecções normativas. Algumas destas projecções têm apoio na Constituição, mas a maioria decorre da lei.

**II.** Na Constituição, manifestam o princípio geral da compensação, na vertente da salvaguarda dos interesses de gestão, princípios como o da iniciativa privada e da liberdade na gestão das empresas privadas (arts. 61º nº 1, 80º c) e 86º nº 2 da CRP), o direito de propriedade privada (art. 62º da CRP) e o princípio fundamental de organização económica que admite o sector produtivo privado (art. 80º b) e art. 82º nºs 1 e 3 da CRP).

**III.** É, contudo, ao nível da lei que se encontram as mais relevantes projecções do princípio da salvaguarda dos interesses de gestão, ou como representações positivas desse princípio ou como limites às projecções do princípio da protecção do trabalhador, provando a existência de uma relação dialéctica entre as duas vertentes do princípio da compensação. O fundamento destas projecções é a componente organizacional do vínculo de trabalho e a ideia de interesse da empresa.

Destacamos as seguintes *projecções legais do princípio da salvaguarda dos interesses de gestão*:

– o *princípio da colaboração entre as partes no contrato de trabalho* (art. 126º do CT), pela dimensão necessariamente organizacional dessa colaboração;

---

[340] O tema será aprofundado no *Tratado* II, a propósito das especificidades do trabalho durante a gravidez, o puerpério e a aleitação, e a propósito do tempo de trabalho – § 22º, ponto 81, e § 26º, ponto 92.2.2.

§16º ENUNCIADO E CLASSIFICAÇÃO DOS PRINCÍPIOS GERAIS DO DIREITO DO TRABALHO

- algumas *emanações dos poderes directivo e disciplinar* desenvolvidas pela lei, quer em termos positivos quer como limitações ao princípio da protecção do trabalhador. Entram nesta categoria os regimes de adaptabilidade dos horários (arts. 204º ss.), o regime da mobilidade funcional (art. 120º), figuras como a do regulamento interno da empresa (art. 99º), bem como os poderes modificativos do contrato de trabalho por iniciativa do empregador que fazem prevalecer os seus interesses sobre o acordo negocial, relativamente à prestação exigida, ao local de trabalho, ao tempo de trabalho, ou à transmissão do estabelecimento;
- as *limitações ao princípio da segurança no emprego*, que decorrem da admissibilidade de contratos de trabalho precários (como o contrato de trabalho a termo, a comissão de serviço ou o contrato de trabalho temporário – arts. 139º ss., 161º e ss. e 172º ss., respectivamente), e que se evidenciam nos regimes da cessação do contrato por iniciativa do empregador com fundamento em causas objectivas (despedimento colectivo e cessação do contrato por extinção do posto de trabalho – arts. 359º ss., e 367º ss.), com fundamento em inadaptação do trabalhador (arts. 373º ss.), ou durante o período experimental (art. 114º).

### 54.4. Síntese

**I.** As múltiplas projecções do princípio da compensação, nas suas vertentes da protecção do trabalhador e da salvaguarda dos interesses de gestão do empregador, confirmam o apoio deste princípio no sistema normativo e, com isso, atestam a sua validade dogmática.

A apresentação do princípio e das suas projecções permite ainda retirar algumas ilações dogmáticas de ordem geral. Estas ilações reportam-se ao valor actual do princípio da protecção, à dinâmica das suas vertentes e à relação que elas permitem estabelecer entre o Direito do Trabalho e o Direito Civil, à natureza compromissória actual do Direito do Trabalho e ao âmbito da sua crise.

**II.** Em primeiro lugar, *confirma-se a importância actual do princípio da protecção do trabalhador no sistema jurídico laboral português, mas recusa-se a tradicional qualificação deste princípio como valoração material fundamentante única do Direito* *do Trabalho, em favor da sua colocação ao lado do princípio da salvaguarda dos interesses de gestão do empregador e da qualificação de ambos como vertentes paralelas do princípio da compensação.* Em suma, não só o princípio da protecção do trabalhador como também o princípio da salvaguarda dos interesses de gestão do empregador devem ser considerados como valorações fundamentais específicas do sistema jurídico laboral.

Como quaisquer princípios jurídicos, o princípio da protecção do trabalhador e o princípio da salvaguarda dos interesses de gestão do empregador e as respectivas projecções não se excluem nem entram sistematicamente em oposição, mas limitam-se reciprocamente e podem ser valorizados em alternativa ou em conjunto pelo sistema jurídico.

Por outro lado, a identificação destes princípios como valorações específicas do Direito do Trabalho não implica que eles sejam necessariamente opostos aos princípios fundamentais do Direito Civil, embora a relação de oposição se manifeste numa ou noutra das suas projecções.

**III.** De outra parte, *a perspectiva adoptada sobre o princípio da compensação tem implícita a recusa da visão clássica do Direito Laboral como uma área jurídica predestinada à protecção dos trabalhadores subordinados e, consequentemente, a negação da característica da sua unilateralidade, em favor da sua visão como um direito compromissório,* a que aludimos oportunamente[341].

Na verdade, apesar de compreensível nos primórdios do desenvolvimento sistemático da área jurídica, a visão unilateral do Direito do Trabalho nunca correspondem à realidade porque o sistema jurídico preservou sempre os interesses de gestão do empregado, como condição de viabilização do próprio vínculo laboral – o que comprova que o seu carácter compromissório é genético[342].

Por outro lado, a visão paralela dos princípios da protecção do trabalhador e da salvaguarda dos interesses de gestão do empregador auxilia a compreender a evolução pendular do sistema normativo laboral na procura das soluções de compromisso, que, perante os interesses prevalentes no caso, sejam as mais adequadas.

---

[341] *Supra*, § 3º, ponto 6.4.
[342] Neste sentido, entre outros, RÜTHERS, *35 Jahre Arbeitsrecht in Deutschland.cit.*, 328, ou G. LYON-CAEN, *La crise du droit du travail cit.*, 517, e ainda de LYON-CAEN, *Grundlagen des Arbeitsrechts und Grundprinzipien im Arbeitsrecht*, RdA, 1989, 4/5, 228-233 (233).

**IV.** Por fim, *esta visão bipolar do princípio da compensação confirma a dimensão relativa da actual crise dogmática imputada ao Direito Laboral*: esta crise não é mais do que a crise do seu valor da protecção, mas apenas na vertente da tutela do trabalhador. Contudo, este valor não é o único sustentáculo do Direito do Trabalho, e, na sua ponderação com outros valores, cabe à Ciência Jurídica desbravar os caminhos que permitam a renovação dogmática da área jurídica.

## 55. O princípio do colectivo e as suas projecções

### 55.1. Enunciado geral e importância

**I.** O segundo princípio geral do Direito do Trabalho é o princípio que designamos como *princípio do colectivo*. Em termos simples, este princípio reflecte a orientação geral do Direito Laboral para valorizar, na concepção e na disciplina dos fenómenos laborais (incluindo o contrato de trabalho), uma componente colectiva ou de grupo.

A componente colectiva do Direito do Trabalho manifesta-se tanto na sua área regulativa colectiva como no regime do contrato de trabalho. Na área regulativa colectiva, este princípio manifesta-se na constituição de entes colectivos e de outros grupos laborais e justifica a actuação dos sujeitos laborais colectivamente ou por intermédio de grupos, como forma comum de intervenção no domínio laboral. Ao nível do contrato de trabalho, a componente de grupo manifesta-se na faceta organizacional do contrato e na influência dos fenómenos colectivos na situação juslaboral do trabalhador.

Em suma, *o princípio do colectivo permite reconduzir o Direito do Trabalho a um direito de grupos (entendendo aqui o termo grupo não em moldes restritos, reportados a entidades colectivas, mas em termos amplos, ou seja, abrangendo realidades, conceitos e entidades colectivas)*[343] *e reconhecer a dimensão colectiva como o traço mais original desta área jurídica*[344].

---

[343] Neste sentido, SUPIOT, *Critique... cit.*, 130 ss., G. LYON-CAEN, *Du rôle des principes généraux du droit civil en droit du travail (première approche)*, Rev.trimm.dr.civ., 1974, 229-248 (239 s.), ou F. EDWALD, *Le droit du travail: une légalité sans droit?*, DS, 1985, 11, 723-728, 724.
[344] Neste sentido, SANTORO-PASSARELLI, *Lineamenti attuali del diritto del lavoro in Italia*, DLav., 1953, 3-12, 4.

**II.** O isolamento do princípio do colectivo é particularmente importante por uma razão estrutural e por um motivo conjuntural.

Em termos estruturais, este princípio é de grande importância porque permite ultrapassar as deficiências explicativas da dogmática civil em relação aos fenómenos laborais colectivos e à própria dimensão colectiva do vínculo laboral. Efectivamente, ao salientar o facto de tanto o trabalhador como o empregador serem valorizados no Direito do Trabalho não apenas na sua individualidade mas enquanto membros dos grupos, institucionais ou não institucionais, com os quais se relacionam, este princípio torna também inteligíveis os fenómenos laborais colectivos e os aspectos colectivos do vínculo laboral sem os amputar do seu conteúdo mais original. Nesta medida, trata-se de um princípio de grande alcance dogmático.

Mas o princípio do colectivo tem também um grande significado na actual conjuntura e, designadamente, com reporte à denominada «crise» do Direito Laboral. É que, justamente na época da «crise», fica patente que o princípio do colectivo não só não perdeu a importância que tradicionalmente detinha, como tem sido capaz de se renovar, adaptando as instituições e as actuações laborais às novas necessidades e aos novos desafios da área jurídica – fenómenos como a concertação social, a legislação laboral negociada e a desregulamentação demonstram a vitalidade deste princípio até hoje.

Por estas razões, o princípio do colectivo não foi apenas um pilar fundamental do processo de autonomização dogmática do Direito do Trabalho em relação ao seu berço civil mas é também um suporte de grande valia para a renovação desta área jurídica, que está actualmente em curso.

### 55.2. As projecções do princípio do colectivo: a autonomia colectiva, a intervenção dos trabalhadores na gestão, a primazia do colectivo, a interdependência dos vínculos laborais na organização e a igualdade de tratamento

**I.** De grande densidade dogmática, o princípio do colectivo desenvolveu-se no nosso sistema jurídico em diversos subprincípios e representações normativas, incidentes em várias matérias e disseminados pelas fontes laborais.

## §16º ENUNCIADO E CLASSIFICAÇÃO DOS PRINCÍPIOS GERAIS DO DIREITO DO TRABALHO

Para uma apresentação ordenada destas projecções recorremos ao critério da sua incidência (preferencial) na área regulativa individual ou na área regulativa colectiva do Direito do Trabalho. Deve, contudo, ficar claro que algumas destas projecções são comuns a outros princípios laborais, enquanto outras justificam, só por si, a formulação de novos princípios diferenciados – o que se explica pelo facto de os princípios jurídicos não se excluírem uns aos outros e admitirem zonas de sobreposição. Por outro lado, algumas destas projecções concretizam princípios do direito comum, ao passo que outras se opõem aos princípios civis gerais. Em qualquer caso, porque todas têm um conteúdo especificamente laboral, devem ser qualificadas como valorações materiais próprias do Direito do Trabalho.

No domínio do direito das situações juslaborais colectivas, podem isolar-se, como projecções fundamentais do princípio do colectivo, *o princípio da autonomia colectiva* e o *princípio da intervenção dos trabalhadores na gestão*. Estes dois princípios desenvolvem-se, por seu turno, em princípios menores e em múltiplos direitos, plasmados em diferentes fontes e, designadamente, na Constituição, onde são reconduzidos à categoria de direitos fundamentais dos trabalhadores, pese embora o facto de alguns deles serem extensíveis aos empregadores.

Já na sua incidência no vínculo laboral, o princípio do colectivo desdobra-se no princípio que denominamos de *princípio da primazia do colectivo* e no princípio que apelidamos de *princípio da interdependência dos vínculos laborais na organização* e do qual emerge, por sua vez, o *princípio da igualdade de tratamento entre os trabalhadores*.

Vejamos, brevemente, estas projecções.

**II.** O *princípio da autonomia colectiva* sempre foi reconhecido como um dos princípios fundamentais do Direito do Trabalho. A especificidade deste princípio em relação ao princípio da autonomia privada decorre de múltiplos aspectos do regime jurídico das convenções colectivas, que as tornam irredutíveis à categoria do negócio jurídico[345].

---

[345] Cfr., *supra*, § 13º, ponto 48.2. O princípio da autonomia colectiva será estudado com desenvolvimento no *Tratado III*, a propósito da liberdade sindical e das convenções colectivas.

Este princípio tem, essencialmente, a ver com a capacidade de autoregulação livre, colectiva e uniforme das condições de trabalho pelos trabalhadores (por intermédio das associações sindicais) e pelos empregadores (directamente ou por intermédio das associações de empregadores), que é exercida através da negociação colectiva e das convenções colectivas de trabalho. No nosso sistema, este conteúdo essencial do princípio da autonomia colectiva foi plasmado constitucionalmente no *direito de contratação colectiva* (art. 56º nº 3 da CRP), embora não se esgote neste direito.

Para garantia deste conteúdo essencial do princípio da autonomia colectiva foram ainda estabelecidos vários *princípios instrumentais e algumas condições de efectivação*, que corporizam direitos autónomos. Uns e outros desenvolvem o princípio da autonomia colectiva. Nesta categoria, destacamos os seguintes princípios:

- *princípios de índole associativa* (reunidos no art. 55º da CRP, sob a epígrafe de «liberdade sindical», mas sendo, em grande parte, extensíveis aos empregadores), que incluem a liberdade de associação sindical e patronal (arts. 55º e 46º da Lei Fundamental, e art. 440º nº 1 do CT), o princípio do pluralismo sindical (art. 55º nº 2 a) da CRP), a liberdade de inscrição e de desvinculação dos trabalhadores e dos empregadores nas respectivas associações (arts. 55º nº 2 b) e 46º nº 3 da CRP, e art. 444º do CT), o princípio da não ingerência do Estado nas associações laborais e da regulação e gestão internas destas associações de uma forma livre e democrática (art. 55º nº 2 c) e e), e nºˢ 3, 4 e 5 e ainda art. 46º nº 2 da CRP)[346];
- o *direito de participação das associações sindicais e patronais na elaboração da legislação laboral, na definição das políticas económico-sociais e na concertação social* (art. 56º nº 2, a), c) e d) da CRP, e arts. 469º ss. do CT)[347];
- o *direito de exercício da actividade sindical na empresa* e o direito dos delegados sindicais à protecção adequada (art. 55º nº 2 d) e nº 6 da CRP, e arts. 460º ss. e 410º s. do CT)[348];

---

[346] *Tratado III*, § 42º, ponto 147.
[347] Cfr., *supra*, § 7º, ponto 18.1.
[348] *Tratado III*, § 42º, ponto 151.

§16º ENUNCIADO E CLASSIFICAÇÃO DOS PRINCÍPIOS GERAIS DO DIREITO DO TRABALHO

- o *direito de greve* (art. 57º nº 1 da CRP e art. 530º do CT)[349];
- *princípios subjacentes ao regime jurídico dos instrumentos de regulamentação colectiva*, como o do primado dos instrumentos convencionais sobre os instrumentos administrativos (art. 484ºº do CT) e o do controlo administrativo meramente formal dos instrumentos colectivos (art. 494º nº 4 do CT)[350].

**III.** Por seu turno, o *princípio da intervenção dos trabalhadores na gestão* emerge dos vários direitos que assistem aos trabalhadores relativamente à gestão da empresa e às orientações legislativa e económica do respectivo sector de actividade, e que são exercidos também ao nível colectivo ou de grupo, mas agora através das comissões de trabalhadores.

Este princípio[351] foi recebido pela Constituição, que o concretiza em diversos direitos das comissões de trabalhadores, como o direito à informação, o direito ao controlo da gestão das empresas, o direito à intervenção nos processos de reestruturação das empresas (art. 54º nº 5, a), b) c) e e) da CRP), o direito efectivo de participação na gestão nas empresas do sector público (art. 54º nº 5 f) e art. 89º da CRP), bem como o direito a participar na elaboração da legislação do trabalho e dos planos económicos e sociais para o sector produtivo (art. 54º nº 5 d) da CRP). Todos estes direitos são desenvolvidos pelo Código do Trabalho nos moldes já enunciados e que desenvolveremos na sede própria[352].

Por outro lado, este princípio pressupõe direitos acessórios, que asseguram, designadamente, a liberdade na escolha dos membros da comissão de trabalhadores, a sua livre actuação na empresa e a sua tutela. Estes direitos são também previstos na Constituição (art. 54º nºˢ 1 a 4), e desenvolvidos na lei.

**IV.** No que toca à incidência do princípio do colectivo no vínculo laboral, destacamos o princípio da primazia do colectivo, o princípio da interdepen-

---

[349] *Tratado III*, § 54º.
[350] *Tratado III*, § 48º, ponto 174.2 e ponto 172.4.
[351] De notar que, noutros países, este princípio foi levado muito mais longe do que entre nós: é o caso dos sistemas germânico e austríaco, onde é sustentada a existência de um *princípio de cogestão*.
[352] *Tratado III*, § 43º, ponto 157.

dência dos vínculos laborais na organização e o princípio da igualdade de tratamento entre trabalhadores.

O *princípio da primazia do colectivo* reporta-se à determinação do conteúdo do contrato de trabalho e realça o facto de, por força da integração do trabalhador e do empregador nos respectivos grupos profissionais (a associação sindical e a associação de empregadores), as condições de trabalho serem habitualmente determinadas por via colectiva, bem como o facto de, em caso de dissídio entre as condições de trabalho estabelecidas no contrato e as que sejam dispostas colectivamente, estas prevalecerem tendencialmente sobre aquelas.

Este princípio explica a preocupação do sistema jurídico em assegurar a cobertura da generalidade das situações laborais por via colectiva, que se manifesta nos diversos mecanismos que asseguram a eficácia geral das convenções colectivas de trabalho – os acordos de adesão e as portarias de extensão (arts. 504º e 514º do CT) – e na integração das lacunas do sistema convencional de regulamentação colectiva através das portarias de condições de trabalho (art. 517º); mas justifica também as diversas aplicações do princípio do *favor laboratoris* à relação entre as convenções colectivas e o contrato de trabalho e, designadamente, o princípio da inderrogabilidade *in pejus* do regime convencional colectivo pelo contrato de trabalho (art. 476º).

**V.** A segunda projecção do princípio do colectivo no contrato de trabalho é o *princípio da interdependência dos vínculos laborais na organização*.

Este princípio decorre da componente organizacional do contrato de trabalho e permite compreender as projecções deste contrato para fora do âmbito da relação entre o empregador e o trabalhador, bem como o permanente condicionamento de cada contrato de trabalho por factores atinentes a outros vínculos que se desenvolvem na mesma organização. Com efeito, é porque o trabalhador é perspectivado não só individualmente mas como membro de determinado grupo (o grupo de trabalhadores daquele estabelecimento ou secção, daquela categoria ou daquela profissão) que o seu contrato pode ser afectado por factores atinentes a outros contratos e que tem deveres para com outros trabalhadores.

Este princípio da interdependência dos vínculos laborais no seio da organização do empregador justifica muitos dos desvios do regime jurídico do contrato de trabalho em relação aos princípios gerais da liberdade de estipulação e da relatividade dos negócios jurídicos.

## §16º ENUNCIADO E CLASSIFICAÇÃO DOS PRINCÍPIOS GERAIS DO DIREITO DO TRABALHO

**VI.** Por fim, destacamos, como projecção do princípio do colectivo, o *princípio da igualdade de tratamento entre os trabalhadores*. Embora este princípio seja um desenvolvimento do princípio da interdependência dos vínculos jurídicos laborais, deve ser considerado como um princípio autónomo, porque acabou por se desenvolver para além do domínio empresarial, equacionando o valor ético da igualdade entre trabalhadores em termos gerais.

No caso português, o princípio da igualdade de tratamento entre trabalhadores decorre directamente do princípio constitucional geral da igualdade e não discriminação (art. 13º da CRP) e desenvolve-se, na Lei Fundamental, em princípios menores como os princípios da igualdade de oportunidades no acesso ao emprego e na carreira, da igualdade de tratamento na execução do contrato e da igualdade salarial (arts. 47º nº 2, 58º nº 2 b), e 59º nº 1 a) da CRP). Contudo, deve ter-se em atenção que este princípio é também um princípio basilar do Direito Social da União Europeia, como referimos oportunamente[353].

Ao nível da lei, este princípio começou por se desenvolver no domínio da igualdade de género, em todos os aspectos referidos acima e ainda na vertente da conciliação entre a vida privada e familiar. Actualmente, o Código do Trabalho trata amplamente a matéria da não discriminação em geral, no acesso ao emprego e no desenvolvimento do vínculo laboral e, especificamente, a matéria do assédio e a matéria da igualdade entre trabalhadores e trabalhadoras (respectivamente arts. 23º ss., 29º, e 30º ss.)[354].

Em suma, a importância e a incidência abrangente das referências comunitárias, constitucionais e legais à matéria da igualdade de oportunidades e de tratamento no trabalho e no emprego alicerçam o reconhecimento do princípio da igualdade como um princípio laboral autónomo, que projecta o princípio do colectivo no vector específico da interdependência dos vínculos laborais na organização.

---

[353] Cfr., *supra*, § 6º, ponto 16.5.
[354] A matéria será desenvolvida nos diversos contextos em que se podem suscitar problemas de discriminação – *Tratado II, passim*.

## 56. O princípio da autotutela e as suas projecções

**I.** O sistema normativo laboral permite ainda isolar, como terceiro princípio geral do Direito do Trabalho, o *princípio da autotutela laboral*.

Este princípio realça *a capacidade da área jurídica para assegurar, por si mesma (ou seja, dispensando o recurso aos meios comuns de tutela), a protecção dos interesses dos entes laborais e a preservação dos institutos laborais fundamentais, através de dois mecanismos singulares de autotutela: o poder disciplinar laboral e o direito de greve*.

Como vimos oportunamente, o poder disciplinar garante os interesses do empregador no vínculo laboral mas viabiliza também o próprio contrato de trabalho, na medida em que permite preservar a componente dominial que é essencial a este contrato[355]. Por seu turno, o direito de greve assegura os interesses dos trabalhadores perante o empregador, mas garante também a subsistência do sistema de negociação colectiva, porque constitui o garante da eficácia e do cumprimento das convenções colectivas de trabalho[356].

Ambos são mecanismos de autotutela porque podem ser directamente actuados pelos respectivos titulares e, no seu conjunto, asseguram a auto--suficiência do Direito do Trabalho, porque dispensam o recurso aos meios jurisdicionais comuns de reintegração dos direitos violados e de cumprimento coercivo dos negócios jurídicos[357].

**II.** O reconhecimento de um princípio de autotutela laboral no sentido indicado exige duas justificações complementares: a primeira tem a ver a com a natureza do princípio; a segunda refere-se à sua relação com os outros princípios gerais.

No que se refere à natureza do princípio da autotutela laboral, deve ficar claro que se trata de um princípio bipolar, no sentido de que emerge não só da função de tutela directa dos interesses dos trabalhadores e do sistema de negociação colectiva, que é desempenhada pela greve, mas também da outra figura que permite ao empregador prosseguir os seus interesses sem recorrer

---

[355] Cfr., *supra*, § 12º, pontos 43.4.2.IV. e 43.6.VIII.
[356] Cfr., *supra*, § 14º, ponto 48.3.
[357] *Supra*, § 14º, ponto 49.2.VII.

aos mecanismos comuns de reintegração efectiva dos direitos e dos negócios jurídicos – ou seja, o poder disciplinar laboral[358].

Por outro lado, o carácter bipolar do princípio da autotutela justifica a sua referência como um princípio geral *a se*, apesar de os institutos em que ele se alicerça (a greve e o poder disciplinar laboral) se deixarem também conceber como projecções dos princípios gerais da compensação e do colectivo, acima apresentados[359].

O reconhecimento deste princípio como princípio laboral autónomo decorre da ampla função tutelar dos dois institutos sobre os quais se alicerça – o poder disciplinar e a greve. É que estas figuras não só protegem os interesses do empregador e dos trabalhadores como asseguram a preservação dos institutos laborais mais importantes da área jurídica (o contrato de trabalho e a convenção colectiva) e, com isso, garantem a unidade e a suficiência do Direito do Trabalho como ramo autónomo no universo jurídico privado. Neste sentido, embora cada um dos institutos em causa projecte outros princípios, os dois institutos em conjunto justificam a formulação de um princípio geral de autotutela, no sentido preconizado.

**III.** As duas vertentes do princípio da autotutela têm concretizações explícitas no sistema normativo: no caso do direito de greve, através do seu reconhecimento como direito fundamental dos trabalhadores na Constituição (art. 57º nº 1), desenvolvido e regulado pela lei (arts. 530º ss. do CT); no caso do poder disciplinar, pelo seu reconhecimento legal como poder do empregador e respectiva disciplina jurídica (arts. 98º e 328º ss. do CT).

Devem ainda assinalar-se as *regras e os princípios instrumentais do princípio da autotutela*, que evidenciam o seu vigor.

No caso da greve, o vigor do princípio da autotutela é reforçado pela proibição constitucional expressa do *lock-out* (art. 57º nº 4 da CRP) e pelo prin-

---

[358] O ponto merece uma referência porque classicamente a ideia de autotutela é reportada apenas ao direito de greve – assim, por exemplo, BERNARDO XAVIER, *Curso de Direito do Trabalho* cit., I, 122. Não é este o nosso entendimento, como resulta do exposto.

[359] Assim, o poder disciplinar laboral é também uma projecção do princípio da compensação na sua vertente de salvaguarda dos interesses de gestão do empregador, e o direito de greve constitui uma garantia do princípio do colectivo, na projecção específica da autonomia colectiva.

cípio da irrenunciabilidade da greve (art 530º nº 3 do CT), bem como pela admissibilidade de limitações ao direito de greve apenas no plano do seu exercício, em resultado de deveres de paz social, da necessidade de observância de serviços mínimos ou de exigências processuais, como o pré-aviso (arts. 534º e 537º)[360].

No caso do poder disciplinar, o vigor do princípio da autotutela evidencia-se também na limitação deste poder apenas ao nível do exercício, através das exigências de fundamentação e de proporcionalidade na fixação das sanções disciplinares e, bem assim, com a exigência do seu exercício processualizado e com as garantias inerentes ao processo disciplinar (arts. 329º e 352º ss. do CT)[361].

**IV.** Para completar a apresentação do princípio da autotutela, resta salientar a sua especificidade e a sua importância como valoração geral do Direito do Trabalho.

A especificidade deste princípio decorre da singularidade dos institutos que o actuam, que foi oportunamente evidenciada[362]: o Direito do Trabalho é a única área do direito privado que atribui a um sujeito privado um poder discricionário de punir outro sujeito, para garantia dos seus próprios interesses e salvaguarda de um contrato (é o poder disciplinar); e é também a única área do direito privado em que uma das partes de um negócio jurídico tem o direito de adoptar, unilateralmente e com impunidade, um comportamento intencionalmente danoso para o outro contraente, em prossecução de interesses próprios que podem mesmo transcender o negócio (é o direito de greve).

---

[360] Noutros ordenamentos jurídicos, são indicadas outras restrições ao direito de greve que diminuem o vigor do princípio da autotutela nesta vertente – assim, atente-se nos princípios da proporcionalidade e da *ultima ratio* ou da paridade de armas, desenvolvidos sobretudo pela dogmática germânica (por todos, sobre este ponto, H. Brox/B. Rüthers, *Arbeitskampfrechts. Ein Handbuch für die Praxis*, 2ª ed., Stuttgart – Berlin – Köln – Mainz, 1982, 78 ss., 98 ss., 101 ss., e 120 ss.). Já no caso português, a latitude com que o direito de greve é admitido pela Constituição e regulado na lei tem impedido até agora o desenvolvimento deste tipo de princípios limitadores. Este ponto será desenvolvido a propósito da matéria da greve – *Tratado III*, § 54º.
[361] Estes pontos serão desenvolvidos a propósito do estudo do poder disciplinar – *Tratado II*, § 29º.
[362] Cfr., *supra*, § 14º, ponto 49.2.

Da especificidade deste princípio resulta também que se trata de um princípio laboral claramente em oposição ao direito comum: o princípio da autotutela laboral é directamente oposto ao princípio geral do monopólio da justiça pública, na vertente do poder disciplinar; e, na vertente da greve, é um princípio que contraria os princípios gerais do cumprimento pontual dos contratos e da responsabilidade civil contratual.

Por outro lado, não se suscitam dúvidas quanto ao significado deste princípio geral do Direito do Trabalho: ele tem uma importância fundamental, porque assegura a suficiência da área jurídica na protecção dos interesses que subjazem às suas normas e porque preserva, de uma forma original, o equilíbrio entre os seus institutos mais importantes (o contrato de trabalho e as convenções colectivas).

# ÍNDICE IDEOGRÁFICO[1]

acidentes de trabalho – 34, 48, 57, 63, 109, 139, 150, 179, 230, 240, 258, 317, 405, 455
  – regime jurídico dos... – 87, 90, 97, 120, 235, 336
  – seguro de... – 73, 452
acordo colectivo de carreira – 171, **265**
acordo colectivo de empregador público – 171, **265**
acordo colectivo de trabalho – 41, **171**, 264, 373, 393
acordo de adesão –**171**, 233, **266 ss.**, 271 s.
acordo de empresa – 41, **171**, 262, 264 s. 322, 333, 355, 393, 520
actividade laboral – 19 ss., **27 ss.**
  – características da... – **444 ss.**
  – e disponibilidade do trabalhador – **443 ss.**, 474, 487
actividade laborativa –1, **24 ss.**, 400, 438, 456, 481 s.
actividade sindical – 138, 376, **377 ss.**, 548
adaptabilidade – 98, 119, 250 , 472, 543
adesão (contrato de trabalho de) – 228
Administração Pública (contrato de trabalho na) – 339 ss.
  – *vd* função pública, pessoas colectivas públicas (como empregadores), trabalhadores públicos, trabalhadores com contrato de trabalho em funções públicas, entidade empregadora pública
antiguidade do trabalhador – 401
aprendizes/ aprendizagem – 53, 77
arbitragem – 107, 120, 149, 171 s., 233, **268 ss., 277 ss.**

---

[1] As remissões são feitas para as páginas, podendo reportar-se ao corpo do texto ou a notas de rodapé, e devem considerar-se exemplificativas; os números a negro indicam as páginas onde a matéria é mais desenvolvida.

ÍNDICE IDEOGRÁFICO

– *vd* deliberação de arbitragem voluntária, deliberação de arbitragem obrigatória ou necessária
árbitros avindouros – 85
áreas regulativas do Direito do Trabalho – **38 ss.**, 57, 61, 86, 102, 131, 159, 199, 334, 395, 508, 522, 530
assiduidade e pontualidade (dever de) – *vd* deveres do trabalhador
assistência (deveres de) – **413 ss.**, 426 ss., 451, 477
   – *vd* deveres do empregador
associação sindical – 40, 63, 67 s., 124, 131, 179, 232, 238, 22, 267, 273 s., 276, 321, 333, **373 ss.**, 406, 550
   – direito de/liberdade de... – 197, 204
associações de empregadores / associações patronais – 40, 63 s., 94, 98, 131, 232, 234, 23, 242, 350, 371, **388 ss.**
associações de socorros mútuos – 36
associações empresariais – 72, **390**
associativismo sindical – *vd* sindicalismo
autonomia colectiva – 64, 173, 176, 248, 260 s., 272, 301, 325 s., 379, 516
   – princípio da... – 69, 90, 93, 247, 264, 312, 499, 503, **546 ss.**
   – singularidade da... – 261
autonomia dogmática (conceito de) – 140, **491**
autonomia dogmática do Direito do Trabalho – 8, 40, 42, **140 s., 156 s.,** 224, 304 s., 398, **489 ss.**
autonomia do trabalhador
   – autonomia deontológica – 461
   – autonomia técnica – 347, 455, 461
autonomia sistemática do Direito do Trabalho – **132 ss., 491 s**
autotutela laboral (meios de/princípio da...) – 526, 533, **552 ss.**

banco de horas – 119, 122 s., 225, 250, 472
boa fé (princípio da) – 183, **252 ss.**, 432, 435, 445 s., 450 454, **469 s.**
bolsas de trabalho – 8

caducidade
   – da convenção colectiva – 122, 270, 278, 310 s.
   – do contrato de trabalho – 123 s., 363
características do Direito do Trabalho como ramo jurídico – **129 ss.**
   – direito classista – 59, 73, 403
   – direito compromissório – **135**, 303, 403, 487, 525, 543 s.
   – direito especial – 132 ss.
   – direito expansionista – 30, **137 ss.**, 145

558

– direito (não) institucional – 134 ss.
– direito privado – 129
– direito social – 157, **495**
– *tertium genus* entre o direito privado e o direito público – 129, 496
carreira – 67, 69, 147, 212, 281, 357, 401, 472
categoria – 69, 89, 91, 147, 357, 401
   – irreversibilidade da... – 348, 499, 538
   – mudança de... – 118, 228, 230
cedência ocasional de trabalhadores – 230, 358, 366, 463
cessação do contrato de trabalho – 188, 192, 219, 225 s., 231, 236, 250, 258, 310, 328, 348, 362 s., 370, 401, 450, 470, 485, 535, 539, 543
   – *vd* despedimento
circulação de trabalhadores (princípio da livre) – 179, **205 ss.**
cláusulas contratuais gerais – 139, 224, 281, 515
cogestão – 37, 204, 384
colaboração (dever de)
   – das partes no contrato de trabalho – 446, 469
   – entre trabalhadores - 89
colaboração (princípio da) – 469
   – dimensão organizacional do... – 469
   – interclassista – 62 s., 88, 418
   – mútua... – 89, 91
colectivo (princípio do) – 312, 533, **545 ss.**
   – subprincípios e projecções do... – 546 ss.
comissão de serviço (contrato de trabalho em regime de) – 107, 123, 229
comissões de trabalhadores – 40, 94, 103, 112, 122, 127, 177, 179 s., 225, 357, 362, **379 ss.**
   – direitos e atribuições das... – 93, 238 s., 242, **382 ss.**
   – personalidade jurídica das... – 381, **33 ss.**
   – subcomissões de trabalhadores – 355, 362, **386**
compensação (princípio da) – **534 ss.**, 544
concepção civilista do vínculo laboral – 410 ss.
concepção comunitário-pessoal do vínculo laboral – 413 ss.
concepção obrigacional do vínculo laboral – 428 ss.
concertação social – 106, 122, 238, **244 ss.**, 546, 548
conciliação/mediação – 149, 278, 455, 488
conciliação entre a vida profissional e familiar – 21, 180, 199, 212, 455, 537, **541 s.**, 551
condutas extra-laborais do trabalhador (relevo das) – 188
conselhos de empresa europeus – 117, 120, **220**, 235, 332, 364, 371 s., **386 ss.**
conselhos de trabalhadores – 332, 371, **386 ss.**
Constituição e Direito do Trabalho/Constituição Laboral – 175 ss.

## ÍNDICE IDEOGRÁFICO

– *vd* direitos fundamentais
contra-ordenações laborais – 41, 98, 107, 120, 223, 238
   – *vd* responsabilidade penal e contra-ordenacional (no domínio laboral)
contratação colectiva (direito de) – 88, 176
contrato colectivo de trabalho – 150, **171, 322**
contrato de trabalho internacional/plurilocalizado – 107, **317 ss.**, 224, 295
contratos equiparados – 227, 257, 335, 457
   – *vd* trabalhador equiparado
contratos de trabalho especiais/com regime especial – 101, 111, 113, 118 ss., 123, 127, **217 ss.**, 229, 239, 463
   – contrato de serviço doméstico – 78, 84, 94, 237
   – contrato de teletrabalho – 107, 113, 229
   – contrato de trabalho a bordo – 237
   – contrato de trabalho a tempo parcial – 76 ss., 98, 104, **217 ss.**, 221, 229, 355 ss.
   – contrato de trabalho a termo (*vd* trabalho a termo)
   – contrato de trabalho em regime de comissão de serviço (*vd* comissão de serviço)
   – contrato de trabalho intermitente – 77, 119
   – contrato de trabalho na Administração Pública/contrato de trabalho em funções públicas – 31 ss., 126, 138 ss., **339 ss.**
   – contrato de trabalho na agricultura/rural – 199, 212, 237
   – contrato de trabalho no sector dos espectáculos – 109, 237
   – contrato de trabalho no sector dos transportes ferroviários – 237
   – contrato de trabalho temporário (*vd* trabalho temporário)
controlo de gestão – 379, **382 ss.**
controlo do trabalhador à distância – 72, 187
corporações – 36, 50, **53 ss.**, 85
corporativismo e Direito do Trabalho – 62, **88 ss.**
correio electrónico (*vd* reserva da correspondência)
costume (como fonte laboral) – 250 ss.
crédito de horas – 452
crianças (trabalho de) – 34, **46 ss.**, 86, 150
   – *vd* trabalho infantil, menores (trabalho de)
crise do Direito do Trabalho – 101, **500 ss.**, 545,
cumprimento pontual dos contratos (desvios laborais ao princípio do) – 511 ss., 519, 555
custódia (dever de) – *vd* deveres do trabalhador

dados pessoais dos trabalhadores – 186, 540
dador do trabalho – 349 ss.
   – *vd* empregador
deficientes (trabalho de) – 347

– *vd* trabalhador deficiente
delegados sindicais – 362, **377 ss.**, 407, 521, 548
deliberação de arbitragem obrigatória ou necessária – 277 ss.
deliberação de arbitragem voluntária – 268 ss.
dependência do trabalhador
    – dependência económica – 67, 342, **460**
    – dependência pessoal – 413, 458, **460**
    – *vd* subordinação
descanso semanal – 86, 230, 448
desempregados de longa duração – 132, 521
despedimento
    – colectivo – 69, 96, 123 ss., 144, 218, 226, 231, 234, 333, 356, 358, 361 ss., 370, 447, 470, 521 s., 543
    – com justa causa/por motivo imputável ao trabalhador – 92, 124, 179, 188, 234, 257, 362, 446, 537 s., **538 ss.**
    – por extinção do posto de trabalho – 96, 122, 124 s., 144, 225 s., 231, 333, 470, 543
    – por inadaptação – 96, 122 ss., 225 s., 231, 333, 476, 543
despedimento sem justa causa – *vd* segurança no emprego (princípio da); proibição dos despedimentos sem justa causa (princípio da)
desregulamentação – 75, **80 ss.**, 102, 113, 262
destacamento de trabalhadores – 107, 174, 227, 301, 317, **320 s.**, 355
deveres acessórios – 433, 435, 438, **446 ss., 453 ss.**, 484, 487 s.
deveres do empregador
    – dever de ocupação efectiva (*vd* ocupação efectiva) – 442 ss.
    – dever de respeito – 454, 537
    – deveres de assistência – **413 ss.**, 426 s., 429, 431, 433, 451
deveres do trabalhador
    – dever de assiduidade e pontualidade – 447
    – dever de custódia – 448
    – dever de lealdade – 348, **415 ss.**, 426 s., **431 ss.**, 448 s., 450
    – dever de não concorrência – 448 s.
    – dever de obediência – 369, 447, **449 ss.**, 457, **459 ss.**, 465, 475, 486 s.
    – dever de produtividade – 455
    – dever de respeito e urbanidade – 401, 448 s., 454
    – dever de sigilo – 448 s.
    – dever de zelo e diligência – 440, 447
diálogo social europeu – 202 s., **219 ss.**
*Dienstvertrag* – 26, 46, 110, 413, 415
direitos adquiridos – 81, 287, 295, 301, 311, **313 ss.**, 499, 516

ÍNDICE IDEOGRÁFICO

direitos de personalidade no domínio laboral – 107, 112, 115, **189 ss.**, 228, 396 s., 478 ss., 537, 539 s.
direitos fundamentais em matéria laboral – 92, 104, 141, **176 ss.**, 223, 376
   – eficácia civil dos... – 142, 177, **180 ss.**
   – *vd* Constituição (e Direito do Trabalho)
diuturnidades – 452
domicílio (trabalho no) – 96, 113, 120, 137, 218, 235, 342, 347, 457
doutrina social da Igreja – 47 s., 87

empregador (vd deveres do empregador, empresa, interesse da empresa, poderes laborais, pluralidade de empregadores)
empresa
   – conceito laboral de... – 353 ss.,
   – de dimensão comunitária – 387
empresa de trabalho temporário – 11, 120, 229
empresas
   – fusões, cisões e grupos de... – 72, 107, 148, 199, 358, **365 ss.**, **368 ss.**, 386
   – públicas/entidades públicas empresariais – 351
   – tipologia das... – 353, 355, **360 ss.**, 385
Encíclica *Rerum Novarum* – 47
escravo – 26, 52
   – locação de escravos – 26, 53
   – *vd locatio hominis*, trabalho escravo/servil
Estabelecimento – 192, 265, 317, 320, 378, 382, 387, 391
   – sentidos do... – 349, **353 s.**, **355 ss.**
   – mudança do.../transmissão do... – 148, 219, 230, 300, 370, 486, 522, 543
estabilidade do emprego – *vd* segurança no emprego (princípio do)
estrangeiros (trabalho de) – *vd* trabalhador estrangeiro
evolução tecnológica (e Direito do Trabalho) – 71, 72, 74
exames médicos ao trabalhador – 186
extinção do posto de trabalho (*vd* despedimento por extinção do posto de trabalho)

falsos independentes – 74, 102, 336
faltas – 21, 73, 94, 123, 127, 230, 343, 452
*favor laboratoris* (princípio do) – 82, 104, **285 ss.**, **302 ss.**, 499, 505, 537, **538 ss.**
   – *vd* tratamento mais favorável ao trabalhador (princípio do)
férias – 21, 60, 63, 73, 94, 123, 127, 179, 197 s., 225, 230, 300, 320, 343, 345, 356, 363, 448, 452
feriados – 73, 94, 123, 127, 198, 225, 230, 448, 452

flexibilização do direito do trabalho – 66, **74 ss.**, 83, 98, 101 s., 106, 113 s., 122, 126 s., 247, 262, 301, 328, 472, 501
flexisegurança – 74 s., **82 ss.**
Fundo de Compensação do Trabalho – 236
Fundo de Garantia Salarial – 125, 236
Fundo de trabalho – 424
Fundo Social Europeu – 207 s.
função pública – *vd* Administração Pública, trabalhadores públicos funcionários públicos, trabalhadores públicos

gravidez (testes de) – 186, 192
– *vd* trabalhadoras grávidas, puérperas e lactantes
garantismo (do sistema laboral) – 60, 75, 101, 103, 137
grémios – 90, 373, 389
greve
– adesão à... – 41, 333, 406, 448, 520
– direito de... – 30, 40, 48 s., 64, 69, 85, 88, 93, 95, 138, 176 ss., 198, 204, 233, 376, 402, 499, 510, **517 ss.**, 549, 552, 554
– efeitos da... – 457, 520
– piquete de... – 373, 402, 406
– proibição/incriminação da... – 36, 63, 85, 89 s.
– serviços mínimos em caso de... – 120, **278**, 404
– singularidade dogmática da... – 519, 527
greves atípicas – 444
grupos *ad hoc* de trabalhadores/de empregadores – 103, 131, 134, 373, 520

heterodeterminação (da prestação de trabalho) – *vd* prestação de trabalho
horário de trabalho – 79, 98, 229, 282, 355, 362, 404, 452, 543

idade mínima para o trabalho – 86
igualdade de oportunidades e de tratamento entre trabalhadoras e trabalhadores – 92, 198 s., 203, **210 ss.**, 537, 551
igualdade e não discriminação em geral no domínio laboral (princípio da) – 125, 203, 206, **210 ss.**, **215 ss.**, 379
igualdade remuneratória (princípio da) – 142, 185, 203, **211 ss.**
inadaptação (despedimento por) – *vd* despedimento por inadaptação
inamovibilidade (princípio da/garantia da) – 366, 499
incorporação (acto de/teoria da) – 421 ss.
incumprimento (do contrato de trabalho) – 118, 148, 230 s., 444, 448, 459, 465, 467, 511, 517

ÍNDICE IDEOGRÁFICO

informação (dever de/direitos de) – 202, 204, 207, **220 s.**, 225, 228, 300, 382, 386 ss., 455, 540, 549
insolvência do empregador – 123, 198 s., 218, 355
instituição (e empresa) – 134, 360, **421 ss.**
   – *vd* teorias institucionalistas
instrumentos de regulamentação colectiva do trabalho
   – concurso de... / concorrência entre... – 269, **292 ss., 321 ss.**
   – e contrato de trabalho – 291 s., 294, 297, 299, **327 ss.**
   – e normas legais – 65, 102, 295, 297 s., 299 ss., **324 ss.**
   – sucessão de.../vigência de... – 226, 295, **310 ss.**
   – tipologia dos... – **171 ss.**, 259, **263 ss.**
interdependência dos vínculos laborais (princípio da) – 472, 480, **546 ss.**
interesse da empresa/interesses de gestão – 65, 79, 135, 144, 189, 257, 262, 303, 353, 358 s., 417, **470 s.**, 480, **484 ss.**, 488, 510, 527, 533, 534 ss., **542 ss.**
   – *vd* salvaguarda dos interesses de gestão (princípio da)
interpretação/aplicação das normas laborais – 43, 82, 109, 137, 181, 257, **285 ss.**
intervenção dos trabalhadores na gestão (princípio da) – 384 ss.
*intuitu personae* (contrato de trabalho como um contrato) – 343, 346, 476
invalidade (do contrato de trabalho) – 35, 57, 139, 228, 327, 420
invariabilidade da prestação (princípio da) – 366, 499, 538

*job sharing* – 76 s., 564
jornada de trabalho – 34, 87, 197, 210
jornaleiros – 84
jovens (trabalho dos) – 46, 68, 188, 217 s., 320
   – *vd* menores (trabalho de)
justa causa – 56, 92, 124, 179, 188, 198, 234, 257, 362, 446, 537, **539 ss.**
*jus varindi* – 65, 69, 401
   *vd* mobilidade funcional

lealdade (dever de) – *vd* deveres do trabalhador
legislação laboral – 47 s., 61, 99 ss., 105 ss., **223 ss.**
   – conceito de... – 240 ss.
   – negociada – 99, 238, **244 ss.**,523 s., 546
   – participação na elaboração da... – **240 ss.**, 548
liberdade de expressão (no contrato de trabalho) – 191, 540
liberdade sindical (princípio da) – 89 s., 93, 179 s., 197 s., 374 s., **378 s.**, 389, 520, 548
libertos (trabalho dos) – 52
licença parental – 98, 202, 213, 215, 221
locação (contrato de) – 24, **35 s.**, 50, 55, 61, 64, 149, **410 ss.**

## ÍNDICE IDEOGRÁFICO

locação-condução (contrato de) – 84
locação de obra – 84
local de trabalho – 317, 323, 347, 355, 359, 448, 465, 521, 538
  – alteração do.../transferência do... – 333, 355, 470, 522
  – *vd* mobilidade geográfica
*locatio conductio* – **50 ss.**, 410, 415
*locatio conductio operarum* – 50 ss.
*locatio hominis* – 26, 52
lock-out – 86, 88 s., 93, 180, 204, 233, 518, 553
*louage (contrat de)/louage de services/louage de travail* – 26, 46
luta de classes (e Direito do Trabalho) – 47, 62, 86

maternidade/paternidade (tutela da...) (princípio da protecção da..) – 60, 63, 86, 95, 97, 107, 109, 119, 197 ss., **212 ss.**, 521, 537 s., **541 ss.**
  – *vd* conciliação da vida profissional e familiar
mediação (*vd* conciliação/mediação)
menores (trabalho de) – 95, 97, 117, 124, 198, 225
  – *vd* crianças (trabalho de), jovens (trabalho de)
mobilidade funcional – 118, 144, 228, 230, 328, 358, 370, 397, 401, 470 s., 543
  – *vd jus variandi*
mobilidade geográfica – 370, 397, 401, 471
  – *vd* local de trabalho
mulheres (trabalho de) – 46, 48, 60, 68, 85 s., 150, 541

não concorrência (dever de) – *vd* deveres do trabalhador
não discriminação (princípio geral de) – *vd* igualdade e não discriminação
negociação colectiva
  – ao nível comunitário – 203, **221 s.**
  – atípica – 103, **385**
  – na Administração Pública – **95**, 138, **255 s.**
normas convénio-dispositivas – **246 ss.**, 261, 301, 328, 514, 523 ss.
normas laborais (presunção de imperatividade mínima das...) – 323 ss.
  – *vd* interpretação e aplicação das normas laborais

obediência (dever de) – *vd* deveres do trabalhador
ocupação efectiva (dever de/direito à) – *vd* deveres do empregador
OIT (Organização Internacional do Trabalho) – 62, 88, 195, **198 ss.**
organizações de tendência (trabalho nas) – 192

parasubordinação/*parasubordinazione* – 113, 137, 241, 257, 342

ÍNDICE IDEOGRÁFICO

participação nos lucros – 73, 147, 469
paz social (princípio da/objectivo da/dever de) – 89, 269, 525, 527, 554
período experimental – 228, 309, 539, 543
período normal de trabalho – 87, 250, 300, 314, 320, 367
períodos de funcionamento – 40, 236, 355, 454
pessoa juslaboral (conceito de) – 331 ss.
pessoas colectivas públicas (como empregadores) – 139, 171, 266, **339 s.**
pluralidade de empregadores – 264, **364 ss.**
poder de direcção – 27, 30, 32, 91, 147, 280, 338, 349, 357, 360, 414, **456 ss., 462 ss.**
poder disciplinar – 27 s., 30, 32, 91, 111, 118, 147, 231, 280, 338, 349, 357, 414, **456 ss., 462 ss., 465 ss.,** 474, 512 s., **552 ss.**
　– componente prescritiva e componente sancionatória do... – 449, 460 s., **465 ss.**
　– e delimitação do contrato de trabalho – 349, **467**
　– *vd* processo disciplinar, sanções disciplinares poderes laborais (desdobramento dos...)
poder regulamentar – 91, **280 ss.**
polivalência funcional – 79, 98, 228
porosidade ideológica do Direito do Trabalho – **136 s.,** 335, 419
portaria de condições de trabalho/portaria de regulamentação do trabalho – 95, 172, 233, 248, **275 ss.,** 300, **324 ss.**
portaria de extensão – 169, 172 s., 273 s., 236, **270 ss.,** 325, **524 s.**
prestação de serviço (contrato de) – 27, 35, 55, 61, 74, 84, 90, 149, 205 s., 213, 317, 320, 337, 346, **410 ss., 430 s.**
prestação de trabalho
　– como prestação de facto positiva – 23, **439 ss.**
　– heterodeterminação da... – 28, 473, 482
　– *vd* actividade laboral, actividade laborativa
primazia do colectivo (princípio do) – 546 ss., **550**
processo disciplinar/procedimento disciplinar – 234, 309, **466,** 564
produtividade
　– (dever de) – *vd* deveres do trabalhador
　– prémios de...– 73, 255, 314, 470
proibição dos despedimentos sem justa causa (princípio da) – 92, 179, 537 ss.
protecção do trabalhador (objectivo da/princípio da...) – **59 ss.,** 91, 93, 139, **286 ss.,** 413 s., 496 ss., 525, **534 ss.**

quadros técnicos – 68, 344
qualidades pessoais do trabalhador (relevo das) – 343, 400 s., 404, 473, **475 ss.**
questão social – **47 ss.,** 57, 85

regulamento de condições mínimas – *vd* portaria de condições de trabalho

ÍNDICE IDEOGRÁFICO

regulamento de extensão – *vd* portaria de extensão
regulamento de empresa/regulamento interno – 46, 172, 224, **279 ss.**, 360, 446, 457, 464, 543
relação de emprego – 479, 481, **484 ss.**
relação de trabalho típica/atípica – **70 s.**, 75 ss., 101, 113
relações laborais de facto – 421 s.
remuneração/retribuição – 22, 26, 51, 72 s., 80, 92, 102, 122, 179, 230, 236, 431 s., 437, **450 ss.**,
　– características da retribuição – 451
　– conceitos de... – 214, 254, 257, **451 ss.**, 477
　– irredutibilidade da... – 499, 537
　– privilégios creditórios da.../tutela da... – 21, 97, 255, 300
　– *vd* salário
remuneração (teoria da) – **428 ss.**, 455
repouso (direito ao) – 48, 180, 197 s.
reserva da correspondência (e contrato de trabalho) – 187
respeito (dever de) – *vd* deveres do empregador, deveres do trabalhador
responsabilidade civil (no contrato de trabalho) – 35, 139, 358, 368, 370, 420, 477, 555
responsabilidade penal e contra-ordenacional no domínio laboral – 42, 107, 112, 118, 233,
Revolução Industrial – 34, 45, 50, 52, 54


salário – 199, 415, 427, 429, 451, 460
　– função alimentar do... – 535
　– impenhorabilidade do.../tutela do...– 147
　– justo – 56
　– mínimo – 320, 453
　– trabalho igual, salário igual (princípio do) –
　– *vd* remuneração/retribuição
salvaguarda dos interesses de gestão do empregador (princípio do) – 527, **533 ss.**, **542 ss.**, 553
sanções disciplinares – 46, 250, 357, 459, **465 s.**, 477, 511, 554
segurança, higiene e saúde no trabalho – 34 s., 40, 48 s., 60, 87, 132, 150, 198, **209 s.**, 235, 237, 240, 280, 282, 332, 373, 404, 448, 444 s., 465, 477, 537
　– *vd* exames médicos
segurança no emprego (princípio da) – 177, 179 s., 537, **538 ss.**
Segurança Social – 121, 141, **146 s.**, 201, 204, **212 ss.**, 238, 242, 369, 403, 405, 454, 535
sentença arbitral – *vd* deliberação de arbitragem voluntária, obrigatória e necessária
serviço doméstico (contrato de) – *vd* contratos de trabalho especiais
serviço fiel (contrato de) – *vd Treudienstvertrag*
servidão da gleba – 24, 53

567

ÍNDICE IDEOGRÁFICO

servos (domésticos e rurais) – 53
sigilo (dever de) – *vd* deveres do trabalhador
sindicalismo – 30, 36, 48, 150
    – na Administração Pública – 98
    – *vd* associativismo sindical
sindicatos – 69, 90, 94, 145, 149 s., 364, 373, **374 ss.**, 401, 404
    – únicos – 89
    – *vd* associações sindicais
situações juslaborais nucleares – 395 ss, **398 ss**, 527
subordinação – 22, 25, 52, 185, 189, 257, 336, 342, 349, 401, 404, 418, 431, 437, 449, **456 ss.**, 481, 483, 486 ss.
    – características da... – 343, 460 ss.
    – dimensão subjectiva da... – **27 ss.**, 337, 458
subsídio/subsídios
    – de desemprego – 121 s., 146 s., 236
    – de doença/maternidade – 146
    – de férias – 73, 123, 126, 452
    – de Natal – 73, 452
    – de refeição/transporte/alojamento – 452
    – de risco – 452

teletrabalho – *vd* contratos de trabalho especiais
tempo de trabalho – 21, 34, 47 ss., 60, 63, 73, 79, 86, 100, 122 s., 179, 188, 209 s., 250, 347, 355, 452
    – flexibilização do... – 72, 98, 102, 472
    – *vd* duração do trabalho
tempo parcial (contrato de trabalho a) – *vd* contratos de trabalho especiais
teorias contratualistas – 421, **426 s.**
teorias do cúmulo/da conglobação/da conglobação limitada – 292 s.
teorias institucionalistas – 63, 419, **420 ss.**, **432 ss.**
*tertium genus* (Direito do Trabalho como) – *vd* características do Direito do Trabalho
trabalhador
    – à procura do primeiro emprego – 132
    – autónomo/independente (*vd* trabalho autónomo/independente)
    – deficiente (*vd* deficiente)
    – destacado (*vd* destacamento de trabalhadores)
    – dirigente – 68, 147, 344, 347 s.
    – equiparado – 137, 338, **341 ss.**
    – especializado – 68, 347
    – estrangeiro/apátrida – 97, 132, 317, 319 ss., 347, 396

- estudante – 68, 97, 123, 225, 228, 236, 300, 347, 478
- público – 31 s., 98, 122, 126, 138, 145, 174, 179, 241, 257, **338 ss.**, 377, 381
- típico/atípico (*vd* relação de trabalho típica atípica)

trabalhadoras grávidas, puérperas e lactantes (protecção da saúde e condições de trabalho das...) – 120, 209, 213, 215, 236, 320, 347
- *vd* gravidez (testes de)

trabalho
- abstracto (conceito de) – 411
- agrícola/rural (*vd* contratos de trabalho especiais)
- autónomo /independente – 23, 61, 70, 74, 102, 121, 172, 205, 209, 202 s., 217, 225, 336, 338, 342, 483, 485
- clandestino – 102
- escravo/servil – 24, 26, 50, 52, 54, 56, 410
- fabril – 46 s., 50, 84, 412
- gratuito – 25 ss.
- infantil (*vd* crianças – trabalho de)
- intermitente/sob chamada (*vd* contratos de trabalho especiais)
- na Administração Pública (*vd* contratos de trabalho especiais)
- no sector dos espectáculos (*vd* contratos de trabalho especiais)
- penitenciário – 24 s.
- portuário (*vd* contratos de trabalho especiais)
- típico /atípico (*vd* relação de trabalho típica/atípica) – 71, 75, 78, 104

trabalho a termo – 56, 68, 74 ss., 96 s., 100, 102, 104, 113, 118, 122 s., 126, 217 s., 221, 225, 229, 236, 309, 356

trabalho nocturno – 48, 230, 452

trabalho no domicílio – 96, 113, 120, 137, 218, 235, 342

trabalho por turnos – 229, 282, 452

trabalho suplementar – 19, 80, 87, 96, 122 s., 225, 230, 313 s., 358, 362 s., 401, 452, 470 s.

trabalho temporário (*vd* contratos de trabalho especiais)

transmissão do estabelecimento/da empresa (*vd* estabelecimento)

tratamento mais favorável ao trabalhador (princípio do) – 102, 107, 119, 248, 250, **286 ss.**, **294 ss.**, 324,
- *vd favor laboratoris*

*travail modulé* – 80

*Treudiensvertrag* – 415

*tripalium* – 20

tutela do contraente débil (princípio da) – 139, 268, 302, 304, 420, 502 ss.

unicidade sindical (princípio do/sistema da) – 93

usos laborais/das empresas/profissionais – 170, 173, **250 ss.**

vínculo laboral (evolução histórica e dogmática) – *vd* concepção civilista do..., concepção comunitário-pessoal do..., concepção obrigacional do...
vínculo laboral (reconstrução dogmática do) – *vd* contrato de trabalho (reconstrução dogmática do)

zelo e diligência (dever de) – *vd* deveres do trabalhador
zona obrigacional e zona laboral do contrato de trabalho – 481 ss.

# ÍNDICE BIBLIOGRÁFICO

AA/VV – *Temas de Direito do Trabalho. Direito do Trabalho na Crise. Poder Empresarial. Greves Atípicas – IV Jornadas Luso-Hispano-Brasileiras de Direito do Trabalho*, Coimbra, 1990

ABELLO, Luigi – *Della locazione*, II (*Locazione di opere*), Parte II, 2ª impr., Napoli – Torino, 1910

ABRANTES, José João Nunes – *Direito do Trabalho. Ensaios*, Lisboa, 1995

ABRANTES, José João Nunes – *Contrato de trabalho e direitos fundamentais*, in A. MOREIRA (coord.), *II Congresso Nacional de Direito do Trabalho – Memórias*, Coimbra, 1999, 105-114

ABRANTES, José João Nunes – *Contrat de travail et droits fondamentaux – contribution à une dogmatique commune européenne, avec référence spéciale au droit allemand et au droit portugais*, Frankfurt am Main, 2000

ABRANTES, José João Nunes – *Do Tratado de Roma ao Tratado de Amesterdão – a caminho de um Direito do Trabalho europeu?*, QL, 2000, 16, 162-175

ABRANTES, José João Nunes – *Direito do Trabalho. Relatório*, Lisboa, 2003

ABRANTES, José João Nunes – *Direitos Fundamentais da Pessoa Humana no Trabalho. Em especial, a Reserva da Intimidade da Vida Privada (Algumas Questões)*, Coimbra, 2014

ABREU, Jorge Manuel Coutinho de – *A Empresa e o Empregador em Direito do Trabalho*, Coimbra, 1982

ABREU, Jorge Manuel Coutinho de – *Grupos de sociedades e direito do trabalho*, BFDUC, 1990, LXVI, 124-149

ABREU, Jorge Manuel Coutinho de – *Da Empresarialidade (As Empresas no Direito)*, Coimbra, 1996

*Acordo de Concertação Social sobre Crescimento, Competitividade e Emprego*, celebrado no âmbito do CES entre o Governo, a UGT, a CAP, a CCSP, e a CTP, a18 de Janeiro de 2012, www.ces.pt

ADLERSTEIN, Wolfgang – *Neue Technologien – Neue Wege im Arbeitsrecht*, ArbuR, 1987, 3, 101-104

ADOMEIT, Klaus – *Discussionbeitrag*, ZIAS, 1988, 361-362

AGRIA, Fernanda – *O conceito de trabalhador e o direito laboral*, ESC, 1966, 20, 15-35

ALBUQUERQUE, Ruy de/ALBUQUERQUE, Martim de – *História do Direito Português*, I (tomo II), Lisboa, 1983

ALEXY, Robert – *Derecho y Razón Práctica* (trad. espanhola), México, 1993

ALMEIDA, Fernando Jorge Coutinho de – *O ensino de Direito do Trabalho em Portugal*, in *Jornadas Hispano-Luso-Brasileñas de Derecho del Trabajo*, Madrid, 1985, 395-426

ALONSO OLEA, Manuel – *vd* OLEA

AMADO, João Leal – *Caso Bosman e a «Indemnização de promoção ou valorização» (art. 22º nº 2 do DL 405/95, de 218-11)*, QL, 1996, 7, 3-17

AMADO, João Leal – *Vinculação versus liberdade Liberdade. O Processo de Constituição e Extinção da Relação Laboral do Praticante Desportivo*, Coimbra, 2002

AMADO, João Leal – *Tratamento mais favorável ao trabalhador e art. 4º do Código do Trabalho: o fim de um princípio?*, in *A Reforma do Código do Trabalho* (coord. do Centro de Estudos Judiciários), Coimbra, 2004, 113-121

AMADO, João Leal – *Contrato de Trabalho à luz do novo Código do Trabalho*, Coimbra, 2009

AMADO, João Leal – *Contrato de Trabalho*, 4ª ed., Coimbra, 2014

ANDRADE, Abel de – *Estudo sobre a questão social*, 1898

ANDRADE, J. C. Vieira de – *Os Direitos Fundamentais na Constituição Portuguesa de 1976*, 2ª ed., Coimbra, 2001

ANTUNES, José Engrácia – *Os Grupos de Sociedades. Estrutura e Organização da Empresa Plurissocietária*, 2ª ed., Coimbra, 2002

ANTUNES, José Engrácia – *Os grupos de sociedades no direito do trabalho*, QL, 2012, 39, 49-79

ARANGUREN, Aldo – *Principi generali e fonti*, in G. MAZZONI (dir.), *Manuale di diritto del lavoro*, I, 6ª ed., Milano, 1988, 1-222

ARAÚJO, Fernando – *Introdução à Economia*, I, 2ª ed., Coimbra, 2003, e II, 2ª ed., Coimbra, 2004

ARDAU, Giorgio – *Corso di diritto del lavoro*, Milano, 1947

ARDAU, Giorgio – *Manuale di diritto del lavoro*, I, Milano, 1972

ARISTÓTELES – *Les politiques* (trad. francesa), Paris, 1990

Arrigo, Gianni/Vardaro, G. – *Laboratorio Weimar – conflitti e diritto del lavoro nella Germania prenazista*, Roma 1982
Ascensão, José de Oliveira – *A empresa e a propriedade*, Brotéria, 1970, 591-607
Ascensão, José de Oliveira – *Teoria Geral do Direito Civil*, IV, Lisboa, 1985
Ascensão, José de Oliveira – *Direito Comercial*, I (*reprint*), Lisboa, 1994
Ascensão, José de Oliveira – *Direito Civil. Teoria Geral*, I, II (2ª ed.) e III, Coimbra, 1997, 2003 e 2002
Ascensão, José de Oliveira – *O Direito. Introdução e Teoria Geral*, 13ª ed., Coimbra, 2005
Asciak, Giovanni – *Principi di diritto del lavoro*, Firenze, 1961
Assanti, Cecilia – *Corso di diritto del lavoro*, 2ª ed., Padova, 1993
Atiyah, P. S. – *The Rise and Fall of Freedom of Contract*, Oxford, 1979
Aubry, C./Rau, C. – *Cours de droit civil français*, IV, 4ª ed., Paris, 1871
Avilés, Antonio Ojeda – *El final de un «principio» (la estabilidad en el empleo)*, in *Estudios de Derecho del Trabajo en Memoria del Professor Gaspar Bayón-Chacón*, Madrid, 1980, 467-485
Avilés, António Ojeda – *Autonomía colectiva e autonomía individual*, Rel.Lab., 1990, I, 311-354

Baamonde, Maria Emília Casas – *La individualización de las relaciones laborales*, Rel. Lab., 1991, II, 402-421
Baamonde, María Emília Casas/Dal-Ré, Fernando Valdés – *Diversidad y precariedad de la contratación laboral en España*, Rel.Lab., 1989, I, 240-258
Ballerstedt, Kurt – *Probleme einer Dogmatik des Arbeitsrechts*, RdA, 1976, 1, 5-14
Ballestrero, Maria Vittoria – *L'ambigua nozione di lavoro parasubordinato*, Lav.Dir., 1987, 1, 41-67
Baptista, Albino Mendes – *Jurisprudência do Trabalho Anotada*, 3ª ed., Lisboa, 1999
Baptista, Albino Mendes – *Código de Processo do Trabalho Anotado*, 2ª ed., Lisboa, 2002
Barassi, Lodovico – *Il contratto di lavoro nel diritto positivo italiano*, I e II, 2ª ed., Milano, 1915 e 1917
Barassi, Lodovico – *Il dovere della colaborazione*, Riv.DL, 1950, 1-15
Barassi, Lodovico – *Elementi di diritto del lavoro*, 7ª ed., Milano, 1957
Batiffol, Henri – *La «crise du contrat» et sa portée*, Arch.Ph.Dr., 1968, XIII, 13-30
Battaglia, Felice – *Filosofia del lavoro*, Bologna, 1951
Battaglini, Andrea Orsi – *L'influenza del diritto del lavoro su diritto civile, diritto processuale civile, diritto amministrativo – diritto amministrativo*, DLRI, 1990, I, 39-57

BAUDRY-LACANTINERIE, G./WAHL, Albert – *Traité théorique et pratique de droit civil – Du contrat de louage*, 3ª ed., II (*Première Partie*), Paris, 1907

BAUSCHKE, Hans-Joachim – *Auf dem Weg zu einem neuen Arbeitnehmerbegriff*, RdA, 1994, 4, 205-215

BEITZKE, Günther – *Arbeitsrecht und Zivilrechtsdogmatik*, JBl., 1959, 6, 153-155

BÉLIER, Gilles – *Le contrat de travail à durée indéterminée intermitent*, DS, 1987, 9/10, 696-701

BÉRAUD, Jean-Marc – *Die Flexibilisierung im französischen Arbeitsrecht, in Flexibilisierung des Arbeitsrecht – eine europäische Herausforderung*, ZIAS, 1987, 258-275

BERCUSSON, Brian – *The Dynamic of European Labour Law after Maastricht*, ILJ, 1994, 23, 1-31

BERCUSSON, Brian – *Le concept de droit du travail européen, in* A. SUPIOT (dir.), *Le travail en perspectives*, Paris, 1998, 603-616

BERNERT, Günther – *Arbeitsverhältnisse im 19. Jahrhundert*, Marburg, 1972

BESSE, Geneviève – *Mondialisation des échanges et droits fondamentaux de l'homme au travail: quel progrès possible aujourd'hui*, DS, 1994, 11, 841-849

BEUTHIEN, Volker – *Arbeitsrecht und Vereinsfreiheit – Gedanken zum Verhältnis von Arbeitsrecht und Gesellschaftsrecht, in* F. GAMILSCHEG (Hrsg.), *25 Jahre Bundesarbeitsgericht*, München, 1979, 1-16

BEUTHIEN, Völker (Hrsg.) – *Arbeitnehmer oder Arbeitsteilhaber – Zur Zukunft des Arbeitsrecht in der Wirtschaftsordnung*, Stuttgart, 1987

BIAGI, Marco – *Le tendenze del diritto del lavoro nell'Ocidente – Presentazione*, Lav.Dir., 1987, 1, 97-107

BIRK, Rolf – *Competitividade das empresas e flexibilização do direito do trabalho*, RDES, 1987, 3, 281-307

BIRK, Rolf – *Die Auswirkungen des Rechts der Europäischen Gemeinschaften auf das nationale Arbeitsrecht*, ZAS, 1989, 3, 73-79

BIRK, Rolf – *Diritto del lavoro e imprese multinazionali*, RIDL, 1982, 2, 137-155

BLAISE, Jean – *Réglementation du travail et de l'emploi, in* G. H. CAMERLYNCK (dir.), *Traité de Droit du Travail*, III, Paris, 1966

BLANKE, Thomas – *Flexibilisierung und Deregulierung: Modernisierung ohne Alternative?, in* W. DÄUBLER/M. BOBKE/K. KEHRMANN (Hrsg.), *Arbeit und Recht, Fest. für A. GNADE*, Köln, 1992, 25-38

BLANPAIN, Roger/JAVILLIER, Jean-Claude – *Droit du travail communautaire*, 2ª ed., Paris, 1995

BOISSARD, Adéodat – *Contrat de travail et salariat*, Paris, 1910

BOLDT, Gerhard – *Le contrat de travail dans le droit de la République Fédérale d'Allemagne*, in G. BOLDT/G. CAMERLYNCK/P. HORION/A. KAYSER/M. G. LEVENBACH/L. MENGONI, *Le contrat de travail dans les pays membres de la C.E.C.A.*, Paris (s.d.), 225-310

BOLDT, G./CAMERLYNCK, G/HORION, P./KAYSER, A./LEVENBACH, M. G./MENGONI, L – *Le contrat de travail dans les pays membres de la C.E.C.A.*, Paris (s.d.), 225-310

BORGES, Isabel Alexandra Botelho Vieira – *Férias Laborais: Dever de Gozo Efectivo e Margem de Liberdade*, inédito (FDL), 2013

BORSI, U./PERGOLESI, F. – *Trattato di diritto del lavoro*, I (*Introduzione al diritto del lavoro*), 3ª ed., Padova, 1960

BOSCH, Von Gerhard – *Hat das Normalarbeitsverhältnis eine Zukunft?*, WSIMitt., 1986, 3, 163-176

BOSSU, Bernard – *Le salarié, le délégué du personnel et la vidéosurveillance*, DS, 1995, 12, 978-984

BOTIJA, Eugenio Perez – *Aportaciones del derecho administrativo al derecho del trabajo*, in *Estudios in Homenage a Jordana de Pozas*, III, Madrid, 1961, 1-46

BÖTTICHER, Eduard – *Arbeitsrecht: Bemerkungen zu einigen Grundprinzipien*, ZfA, 1978, 621-644

BRECHER – *Das Arbeitsrecht als Kritik des Bürgerlichen Rechts, Fest. Molitor*, München--Berlin, 1962, 35-55

BRITO, Pedro Madeira de – *Contrato de Trabalho da Administração Pública e o Sistema de Fontes*, inédito (FDL), 2011

BRODERICK, O. P. – *La notion d' «institution» de Maurice Hauriou dans ses rapports avec le contrat en droit positif français*, Arch.Ph.Dr., 1968, XIII, 143-160

BROX, Hans/RÜTHERS, Bernd – *Arbeitskampfrechts. Ein Handbuch für die Praxis*, 2ª ed., Stuttgart – Berlin – Köln – Mainz, 1982

BROX, Hans/RÜTHERS, Bernd/HENSSLER, Martin – *Arbeitsrecht*, 16º ed., Sttutgart, 2004

BRUN, André – *Le lien d'entreprise*, JCP, 1962, I, 1719

BUCKLAND, W. W. – *The Roman Law of Slavery – the Condition of the Slave in Private Law from Augustus to Justinian*, Cambridge, 1908 (*reprint* 1970)

BYDLINSKI, Franz – *Arbeitsrechtskodifikation und allgemeines Zivilrecht*, Wien – New York, 1969

BYDLINSKI, Franz – *Gedanken über Rechtsdogmatik*, in *Arbeitsrecht und soziale Grundrechte, Fest. Floretta*, Wien, 1983, 3-15

BYDLINSKI, Franz/MAYER-MALY, Theo (Hrsg.) – *Die Arbeit: ihre Ordnung – ihre Zukunft – ihr Sinn*, Wien, 1995

CABRAL, R. – *Trabalho*, Verbo, XVII, 1773-1777
CABRAL, R. – *Trabalho*, Polis, V, 1235-1239
CAETANO, Marcello – *Lições de Direito Corporativo*, Lisboa, 1935
CAETANO, Marcello – *O Sistema Corporativo*, Lisboa, 1938
CAETANO, Marcelo – *História do Direito Português*, I, Lisboa – São Paulo, 1981
CAMERLYNCK, G. H. – *L'autonomie du droit du travail*, DH, 1956, Chr. VI, 23-26
CAMERLYNCK, G. H. (dir.) – *Traité de Droit du travail*, I a IX, Paris (1965...)
CAMERLYNCK, G. H./LYON-CAEN, Gérard/PÉLISSIER, Jean – *Droit du travail*, 13ª ed., Paris, 1986
CANARIS, Claus Wilhelm – *Tarifdispositive Normen und richterliche Rechtsfortbildung*, in G. HUECK/R. RICHARDI (Hrsg.), *Gedächtnisschrift für Rolf DIETZ*, München, 1973, 199-224
CANARIS, Claus-Wilhelm – *Grundrechte und Privatreht*, AcP, 1984, 184, 201-246
CANARIS, Claus-Wilhelm – *Pensamento Sistemático e Conceito de Sistema na Ciência do Direito*, 2ª ed. (trad. de A. Menezes Cordeiro), 2ª ed., Lisboa, 1996
CANOTILHO, José Joaquim Gomes/LEITE, Jorge – *A inconstitucionalidade da lei dos despedimentos*, Coimbra (Sep. do BFDUC), 1988
CANOTILHO, José Joaquim Gomes/MOREIRA, Vital – *Constituição da República Portuguesa Anotada*, I, 4ª ed., Coimbra, 2007
CARDOSO, Álvaro Lopes – *Manual de Processo do Trabalho (reprint)*, Lisboa, 1998
CARINCI, Franco – *Rivoluzione tecnologica e diritto del lavoro: il rapporto individuale*, DLRI, 1985, 26, 203-241
CARINCI, Franco – *Contratto e rapporto individuale di lavoro*, in *La riforma del rapporto di lavoro pubblico*, DLRI, 1993, 3/4, 653-789
CARINCI, Franco/Tosi, Paolo/TAMAJO, Raffaelle de Luca/TREU, Tiziano – *Diritto del lavoro*, I (*Il diritto sindacale*), 2ª ed., Torino, 1987, e II (*Il rapporto di lavoro subordinato*), Torino, 1985
CARNELUTTI, Francesco – *Studi sulle energie come oggetto di rapporti giuridici*, Riv.dir. comm., 1913, I, 354-394
CARNELUTTI, Francesco – *Teoria del regolamento colletivo dei rapportti di lavoro*, Padova, 1930
CARNELUTTI, Francesco – *Capitale e lavoro (schema per una discussione)*, Riv.DL, 1954, 1-7
CAROLSFELD, Ludwig Schnorr Von – *Die Eigenständigkeit des Arbeitsrechts*, RdA, 1964, 8/9, 297-305
CARVALHO, António Nunes de – *Regulamentação de trabalho por portarias de extensão*, RDES, 1988, 4, 437-467

CARVALHO, António Nunes de – *Sobre o dever de ocupação efectiva*, RDES, 1991, 3/4, 263 ss.
CARVALHO, António Nunes de – *Ainda sobre a crise do direito do trabalho, in* A. MOREIRA (coord.), *II Congresso Nacional de Direito do Trabalho. Memórias*, Coimbra, 1999, 49-79
CARVALHO, Catarina de Oliveira – *Algumas questões sobre a empresa e o Direito do Trabalho no novo Código do Trabalho, in A Reforma do Código do Trabalho* (coord. do Centro de Estudos Judiciários), Coimbra, 2004, 437-474
CARVALHO, Catarina de Oliveira *Da Dimensão da Empresa no Direito do Trabalho: Consequências Práticas da Dimensão da Empresa na Configuração das Relações Laborais Individuais e Colectivas*, Coimbra, 2011
CARVALHO, Orlando de – *Critério e Estrutura do Estabelecimento Comercial, I – O Problema da Empresa como Objecto de Negócios*, Coimbra, 1967
CARVALHO, Orlando de – *Empresa e direito do trabalho, in Temas de Direito do Trabalho – Direito do Trabalho na Crise. Poder Empresarial. Greves Atípicas – IV Jornadas Luso-Hispano-Brasileiras de Direito do Trablho*, Coimbra, 1990, 9-17
CASAS BAAMONDE, María Emilia – *vd* BAAMONDE
CASTELVETRI, Laura – *Le origini dottrinale del diritto del lavoro*, Riv.trim.DPC, 1987, I, 246-286
CASTRO, Catarina Sarmento e – *A protecção dos dados pessoais dos trabalhadores*, QL, 2002, 19, 27-60, e QL, 2002, 20, 139-163
CATALA, Nicole – *L'entreprise, in* G.H. CAMERLYNCK (dir.), *Traité de droit du travail*, IV, Paris, 1980
CATALDI, Enzo – *Il concetto di lavoro*, DLav., 1948, I, 46-77
CAUPERS, João – *Os Direitos Fundamentais dos Trabalhadores e a Constituição*, Coimbra, 1985
CESSARI, Aldo – *Dal «garantismo» al «controllo»*, Riv.DL, 1980, 1, 3-17
CESSARI, Aldo/TAMAJO, Raffaelle de Luca – *Dal garantismo al controllo*, 2ª ed., Milano, 1987
CHATELAIN, Émile – *El Contrato de Trabajo* (trad. espanhola de Adolfo Posada), Madrid, 1904
CHATELAIN, Émile – *Esquisse d'une nouvelle théorie sur le contrat de travail conforme aux principes du Code civil*, Rev.trim.dr.civ., 1904, 313-342
CHATELAIN, Émile – *Une application de la nouvelle théorie du contrat de travail*, Rev. trim.dr.civ., 1905, 271
CHORÃO, Mário Bigotte – *Notas para um curso de direito do trabalho*, Dir., 1970, 175-188

CHORÃO, Mário Bigotte – *A colaboração na empresa perante o Direito Português*, Dir., 1971, 9-22

*CITE – Pareceres*, Lisboa, 1999

CLAUSADE, Josseline de la – *Le réglement intérieur d'entreprise et les droits de la personne, Conseil d'État 25 janvier 1989*, DS, 1990, 2, 201-204

COIMBRA, António Dias – *Grupo societário em relação de domínio total e cedência ocasional de trabalhadores: atribuição de prestação salarial complementar*, RDES, 1990, 1/2/3/4, 115-154

COIMBRA, António Dias – *Os grupos societários no âmbito das relações colectivas de trabalho: a negociação de acordo de empresa*, RDES, 1992, 4, 379-415

COIMBRA, António Dias – *A convenção colectiva de trabalho europeia: eficácia jurídica*, QL, 1994, 3, 144-153

COIMBRA, António Dias – *Negociação colectiva europeia: o trabalho a tempo parcial*, QL, 1999, 13, 60-89

COIMBRA, António Dias – *Uso laboral*, in JOÃO REIS/LEAL AMADO/LIBERAL FERNANDES/REGINA REDINHA (coord), *Para Jorge Leite. Escritos Jurídico-Laborais*, I, Coimbra, 2014, 251-283

COING, Helmut – *Bemerkungen zum überkommen Zivilrechtssystem*, in E. Von CAEMMERER/A. NIKISCH/K. ZWEIGERT (Hrsg.), *Vom Deutschen zum Europäischen Recht, Fest. für Hans Dölle*, I, Tübingen, 1963, 25-40

COLENS, Antoine/COLENS, Dominique – *Le contrat d'emploi – contrat de travail des employés*, 6ª ed., Bruxelles, 1980

COLOMBO, Mario – *Equilibrio tra garantismo legislativo e autonomia contrattuale*, in *Prospettive del Diritto del lavoro per gli anni'80 – Atti del VII Congresso di Diritto del lavoro, Bari, 23-25-Aprile 1982*, Milano, 1983, 79-88

*Communication from the Commission to the Council, the European Parliament, the European Economic and Social Committee and the Committee of the Regions – Outcome of the Public Consultation on the Commmission's Green Paper «Modernising labour law to meet the chalenges of the 21st century»* (Doc. COM (2007); Doc. SEC (2007)

*Commission Staff Working Document accompanying document to the Communication from the Commission to the Council, the European Parliament, the European Economic and Social Committee and the Committee of the Regions* (Doc. COM (2007) 627 final e Doc. SEC (2007) 1373

CORDEIRO, António da Rocha Menezes – *Da natureza do direito do locatário*, Sep. ROA, Lisboa, 1980

CORDEIRO, António da Rocha Menezes – *Da situação jurídica laboral: perspectivas dogmáticas do direito do trabalho*, ROA, 1982, 89-149

ÍNDICE BIBLIOGRÁFICO

Cordeiro, António da Rocha Menezes – *Da Boa Fé no Direito Civil*, I, e II, Coimbra, 1984
Cordeiro, António da Rocha Menezes – *Direito da Economia*, Lisboa, 1986
Cordeiro, António da Rocha Menezes – *Concorrência laboral e justa causa de despedimento*, ROA, 1986, 487-526
Cordeiro, António da Rocha Menezes – *O princípio do tratamento mais favorável no direito do trabalho actual*, DJ, 1987/88, III, 111-139
Cordeiro, António da Rocha Menezes – *Teoria Geral do Direito Civil. Relatório*, Lisboa, 1988
Cordeiro, António da Rocha Menezes – *Direito das Obrigações*, I, Lisboa, 1980 (*reprint* 1988)
Cordeiro, António da Rocha Menezes – *Manual de Direito do Trabalho*, Coimbra, 1991
Cordeiro, António da Rocha Menezes – *Convenções Colectivas de Trabalho e Alterações de Circunstâncias*, Lisboa, 1995
Cordeiro, António da Rocha Menezes – *Introdução à Edição Portuguesa* da obra de Claus-Wilhelm Canaris, *Pensamento Sistemático e Conceito de Sistema na Ciência do Direito*, 2ª ed., Lisboa, 1996, VII-CXIV
Cordeiro, António da Rocha Menezes – *Da Responsabilidade Civil dos Administradores das Sociedades Comerciais*, Lisboa, 1997
Cordeiro, António da Rocha Menezes – *Anotação*, ROA, 1996, I, 307 ss. Cordeiro, António da Rocha Menezes – *O respeito pela esfera privada do trabalhador*, in A. Moreira (coord.), *I Congresso Nacional de Direito do Trabalho – Memórias*, Coimbra, 1998, 16-37
Cordeiro, António da Rocha Menezes – *A liberdade de expressão do trabalhador*, in A. Moreira (coord.) *II Congresso Nacional de Direito do Trabalho – Memórias*, Coimbra, 1999, 24-43
Cordeiro, António da Rocha Menezes – *Manual de Direito Comercial*, I, Coimbra, 2001
Cordeiro, António da Rocha Menezes – *Contrato de trabalho e objecção de consciência*, in A.Moreira (coord.), *V Congresso Nacional de Direito do Trabalho – Memórias*, Coimbra, 2003, 23-46
Cordeiro, António da Rocha Menezes – *Tratado de Direito Civil Português*, I 4ª ed., Coimbra, 2012, I (tomo I), 3ª ed., Coimbra, 2005, e IV, 3ª ed., Coimbra, 2011
Cordeiro, António da Rocha Menezes – *Manual de Direito das Sociedades*, I (*Das Sociedades em Geral*), 2ª ed., Coimbra, 2007
Cordeiro, António da Rocha Menezes – *Código das Sociedades Comerciais Anotado*, Coimbra, 2009

ÍNDICE BIBLIOGRÁFICO

CORDOVA, Efrén – *Las relaciones de trabajo atípicas (I y II)*, Rel.Lab., 1986, I, 239-283

CORREIA, A. Ferrer – *Lições de Direito Comercial*, I (1973), II (1968) e III (1975), Lisboa (reprint 1994)

CORREIA, João/PEREIRA, Albertina Aveiro – *Código de Processo do Trabalho Anotado à Luz da Reforma do Processo Civil*, Coimbra, 2015

CORREIA, Luís Brito – *Direito do Trabalho*, I, Lisboa, (copiogr.), 1980/81

CORREIA, Luís Brito – *Direito Comercial*, I, Lisboa, 1987 (reprint 1990)

COSTA, Afonso – *A Igreja e a questão social*, Lisboa, 1895

COSTA, Giorgio – *I principi del dirittto tra norma e filosofia*, Riv.trim.DPC, 1993, 2, 593-603

COTTEREAU, Alain – *Théories de l'action et notion de travail*, ST, 1994, XXXVI, 73-86

COUTURIER, Gérard – *Les techniques civilistes et le droit du travail*, DH, 1975, 25, Chr. XXIV, 151-158, e 38, Chr. XXXVI, 221-228

COUTURIER, Gérard – *Droit du travail*, I, 3ª ed., e II, Paris, 1996 e 2001

CRISTOFARO, Maria Luisa – *La disocupazione: modo cruciale del diritto del lavoro negli anni'80, in Prospettive del diritto del lavoro per gli anni'80 – Atti del VII Congresso di diritto del lavoro, Bari, 23-25 Aprile 1982*, Milano, 1983, 175-181

CUNHA, J. M. da Silva – *Lições de Direito Corporativo* (org. António Manuel Pereira), Lisboa (ed. copiogr. AAFDL), 1954

D'ANTONA, Massimo (dir.) – *Politiche di flessibilità e mutameni del diritto del lavoro. Italia e Spagna*, Napoli, 1990

D'ANTONA, Massimo – *Politiche di flessibilità e mutamenti del diritto del lavoro: Italia e Spagna*, in M. D'ANTONA (dir.), *Politiche di flessibilità e mutamenti del diritto del lavoro. Italia e Spagna*, Napoli, 1990, 9-25

D'ANTONA, Massimo – *Armonizzazione del diritto del lavoro e federalismo nell'Unione Europea*, Riv.trim.DPC, 1994, 3, 695-717

D'EUFEMIA, Giuseppe – *Diritto del lavoro*, Napoli, 1969

DAHRENDORF, Ralf – *Conflitto e contratto. Relazione industriale e comunità politica in tempi di crisi*, Riv.DL, 1978, I, 214-229

DAL-RÉ, Fernando Valdés – *Le tendenze del diritto del lavoro nell'Ocidente – Intervento*, Lav.Dir., 1987, 1, 149-161

DÄUBLER, Wolfgang – *Nuove tecnologie: un nuovo diritto del lavoro?*, DLRI, 1985, I, 65-83

DÄUBLER, Wolfgang – *Una riforma del diritto del lavoro tedesco? – prime osservazioni sul Beschäftigungsforderungsgesetz 26 Aprile 1985*, RIDL, 1985, 528-546

DÄUBLER, Wolfgang – *Deregolazione e flessibilizzazione nel diritto del lavoro*, in M. PEDRA-ZZOLLI (dir.), *Lavoro subordinato e dintorni – Comparazioni e prospettive*, Bologna, 1989, 171-182

DÄUBLER, Wolfgang – *Individuum und Kollektiv im Arbeisrecht*, in *Mélanges Alexandre BERENSTEIN – Le Droit social à l'aube du XXI siècle*, Lausanne, 1989, 235-265

DÄUBLER, Wolfgang – *Das Arbeitsrecht*, I, 15ª ed., e II, 11ª ed., Reinbek, 1998

DÄUBLER, Wolfgang/FRIANT, Martine Le – *Un récent exemple de flexibilisation législative: la loi allemande pour la promotion de l'emploi du 26 avril 1985*, DS, 1986, 9/10, 715-720

DÄUBLER, Wolfgang/HJORT, Jens Peter/SCHUBERT, Michael/WOLMERATH, Martin – *Arbeitsrecht: Individualarbeitsrecht mit kollektivrechtlichen Bezügen*, 3ª ed., Baden-Baden, 2013

DÄUBLER, Wolfgang/M. BOBKE, M./K. Kehrmann (Hrsg.), *Arbeit und Recht, Fest. Albert GNADE*, Köln, 1992

DAUGAREILH, Isabelle – *Le contrat de travail à l'épreuve des mobilités*, DS, 1996, 2, 128-140

DAVIES, Paul/FREEDLAND, Mark – *Kahn-Freund's Labour and The Law*, London, 1983

DEAKIN, Simon/MORRIS, Gillian S. – *Labour Law*, 3ª ed., London – Edinburgh, 2001

DELOS, J.-T. – *La Théorie de l'Institution. La solution réaliste du Problème de la Personnalité Morale et le Droit à fondament objectif*, Arch.Ph.Dr., 1931, 1/2, 97-153

DEMANTE, A. M. – *Cours analytique de Code civil*, 2ª ed., VII, Paris, 1887

DENECKE – *Vermögensrechtliches oder personenrechtliches Arbeitsverhältnis*, DAR, 1934, 7/8, 219-224

DENIS, Pierre – *Droit du travail*, Bruxelles, 1992

DESPAX, Michel – *Négociations, conventions et accords collectifs*, in G. H. CAMERLYNCK (dir.), *Traité de Droit du travail*, VII, 2ª ed., Paris, 1989

DESPAX, Michel – *Dénonciation d'une convention collective et sort des avantages acquis en matière de rémunération*, DS, 1990, 2, 156-163

DIEDERICHSEN, Uwe – *Fritz Baur – Zivilrechtsdogmatik und Menschlichkeit*, AcP, 1993, 391-421

DIETRICH, Thomas – *Arbeitsrechtsprechung und Rechtswissenschaft – Gedanken zu einem nicht störungsfreien Gespräch*, RdA, 1955, 6, 321-326

DIETZ, Rolf – *Die Pflicht der ehemaligen Beschäftigten zur Verschwiegenheit über Betriebsgeheimnisse*, in R. FREISLER/G. A. LÖNING/H. C. NIPPERDEY (Hrsg), *Fest. Justus Willhelm HEDEMANN*, Jena, 1938, 330-350

DILTS, David A./DEITSCH, Clarence R. – *Labor Relations*, New York, 1983

DOLE, Georges – *La liberté d'opinion et de conscience en droit comparé du travail*, I, Paris, 1997

DORNDORF, Eberhard – *Mehr Individualvertragsfreiheit im Arbeitsrecht? in* W. DÄUBLER/M. BOBKE/K. KEHRMANN (Hrsg.), *Arbeit und Recht, Fest. für Albert* GNADE, Köln, 1992, 39-55

DORNDORF, Eberhard – *Das Verhältnis von Tarifautonomie und individueller Freiheit als Problem dogmatischer Theorie, in* M. HEINZE/A. SÖLLNER (Hrsg.), *Arbeitsrecht in der Bewährung, Fest. für Otto Rudolf KISSEL*, München, 1994, 139-159

DRAY, Guilherme Machado – *O Princípio da Igualdade no Direito do Trabalho. Sua Aplicabilidade no Domínio Específico da Formação de Contratos Individuais de Trabalho*, Coimbra, 1999

DRAY, Guilherme Machado – *O Princípio da Protecção do Trabalhador*, Coimbra, 2015

DUARTE, Maria Luisa – *Tribunal das Comunidades Europeias (Acórdãos de 27 de Setembro de 1989 e 27 de Março de 1990 – Livre Circulação de Trabalhadores) – Comentário*, ROA, 1991, I, 255-290

DUARTE, Maria Luísa – *Direito comunitário do trabalho – tópicos de identificação, in Estudos do Instituto de Direito do Trabalho*, I, Coimbra, 2001, 153-188

DUBISCHAR, Roland – *Zur Entstehung der Arbeitsrechtwissenschaft als Scientific Community – Eine Erinerung*, RdA, 1990

DUGUIT, Léon – *Le droit social, le droit individuel et la transformation de l'État*, 3ª ed., Paris, 1922

DURAND, Paul – *Le particularisme du droit du travail*, DS, 1945, 8, 298-303

DURAND, Paul – *La naissance d'un droit nouveau – du droit du travail au droit de l'activité professionelle*, DS, 1952, 7, 437-441

DURAND, Paul/JAUSSAUD, R. – *Traité de Droit du travail*, I, Paris, 1947

DURAND, Paul/VITU, André – *Traité de Droit du travail*, II e III, Paris, 1950 e 1956

EDWALD, François – *Le droit du travail: une légalité sans droit?*, DS, 1985, 11, 723-728

ENDEMANNS, Wilhelm – *Die Behandlung der Arbeit im Privatrecht*, in *Jahrbüchern für Nationalökonomie und Statistik (Separatdruck)*, 1896

ESSER, Josef – *Möglichkeiten und Grenzen des dogmatischen Denken im modernen Zivilrecht*, AcP, 1972, 172, 2/3, 97-130

ESSER, Joseph – *Grundsatz und Norm in der richterlichen Fortbildung des Privatrechts*, 3ª ed., Tübingen, 1974

FARTHMANN, Friedhelm – *Der «personenrechtliche Charakter» des Arbeitsverhältnisses*, RdA, 1960, 1, 5-9

FAVENNEC-HÉRY, Françoise – *Le travail à temps partiel*, DS, 1994, 2, 165-175
FENN, Herbert – *Fürsorgetheorie und Entgelttheorie im Recht der Arbeitsbedingungen (Rezenzion über P. Schwerdtner)*, ArbuR, 1971, 11, 321-327
FERNANDES, António de Lemos Monteiro – *O princípio do tratamento mais favorável ao trabalhador*, ESC, 1966, 21, 73-93
FERNANDES, António de Lemos Monteiro – *Sobre o objecto do contrato de trabalho*, ESC, 1968, 25, 13-35
FERNANDES, António de Lemos Monteiro – *Notas sobre os contratos «equiparados» ao contrato de trabalho (art. 2º da LCT)*, ESC, 1970, 34, 11-35
FERNANDES, António de Lemos Monteiro – *Direito do Trabalho*, 15ª ed., Coimbra, 2010; e 11ª ed., Coimbra, 1999
FERNANDES, Francisco Liberal *A Obrigação de Serviços Mínimos como Técnica de Regulação da Greve nos Serviços Essenciais*, Coimbra, 2010
FERNÁNDEZ VILLAZON, Luis Antonio – *vd* VILLAZON
FERRARI, Francisco de – *La natura giuridica del contratto collettivo di lavoro*, Riv.DL, 1952, 309-330
FESTAS, David Oliveira – *O direito à reserva da intimidade da vida privada do trabalhador no Código do Trabalho*, ROA, 2004, I/II, 369-458
FIDALGO, Manuel – *Convenções Internacionais de Trabalho Ratificadas por Portugal (1928-1985)*, Lisboa, 1988
FIRLEI, Klaus – *Hat das Arbeitsrecht überhaupt ein Zukunft?*, in F. BYDLINSKI/T. MAYER-MALY (Hrsg.), *Die Arbeit: ihre Ordnung – ihre Zukunft – ihr Sinn*, Wien, 1995, 69-109
FLORETTA, Hans – *Zentrale Probleme der Kodifikation des Österreischichen Arbeitsrechtes*, in T. MAYER-MALY/A. NOWAK/T. TOMANDL (Hrsg.), *Fest. für Hans SCHMITZ*, I, Wien-München, 1967, 43-54
FOUCAULD, Jean-Baptiste de – *Une citoyenneté pour les chômeurs*, DS, 1992, 7/8, 653-660
FRAENKEL, Ernst – *Il significato politico del diritto del lavoro (1932)*, in G. ARRIGO/G. VARDARO (dir.), *Laboratorio Weimar – conflitti e diritto del lavoro nella Germania prenazista*, Roma, 1982, 119-131
FRANCO, António L. de Sousa – *Noções de Direito da Economia*, I, Lisboa, 1982/83 (*reprint* 1992)
FRANÇOIS, A. D'Harmant – *La delegificazione del diritto del lavoro: alcune riflessioni*, DLav., 1993, I, 165-199
FREYRIA, Charles – *Les accords d'entreprise atypiques – jurisprudence commentée*, DS, 1988, 6, 464-467

GALANTINO, Luisa – *Diritto sindacale,* 13ª ed., Torino, 2012
GALANTINO, Luisa – *Diritto del lavoro,* 10ª ed., Torino, 2014
GAMILLSCHEG, Franz – *Die Grundrechte im Arbeitsrecht,* AcP, 1964, 164, 5/6, 385-444
GAMILLSCHEG, Franz – *«Betrieb» und «Bargaining unit» – Versuch des Vergleichs zweier Grundbegriffe,* ZfA, 1975, 357-400
GAMILLSCHEG, Franz – *Zivilrechtliche Denkformen und die Entwicklung des Individualarbeitsrechts,* AcP, 1976, 176, 197-220
GAMILLSCHEG, Franz – *A autonomia da vontade no direito internacional do trabalho,* RDES, 1987, 2, 145-161
GAMILLSCHEG, Franz – *Betrieb und Unternehmen – Zwei Grundbegriffe des Arbeitsrechts,* ArbuR, 1989, 2, 33-37
GAMILLSCHEG, Franz – *Die allgemeinen Lehren der Grundrechte und das Arbeitsrecht,* ArbuR, 1996, 2, 41-48
GAMILLSCHEG, Franz – *Arbeitsrecht* I e II, 8ª ed., München, 2000
GAST, Wolfgang – *Das Arbeitsrecht als Vertragsrecht,* Heidelberg, 1984
GAST, Wolfgang – *Die Vollendung des Arbeitsrechts,* BB, 1992, 23, 1634-1639
GELLER, Hermann – *Gestaltungsfaktoren des Arbeitsrechts,* ArbuR, 1962, 12, 365-370
GHERA, Edoardo – *La flessibilità: variazioni sul tema,* Riv.GL, 1996, 2, 123-136
GHEZZI, Giorgio/ROMAGNOLI, Umberto – *Il diritto sindacale,* 2ª ed., Bologna, 1987
GHEZZI, Giorgio/ROMAGNOLI, Umberto – *Il rapporto di lavoro,* 3ª ed., Bologna, 1995 (*reprint* 1999)
GHEZZI, Giorgio/ROMAGNOLI, Umberto – *Il diritto sindacale. Il rapporto di lavoro. Aggiornamento 2000,* Bologna, 2000
GHIDINI, Mario – *Diritto del lavoro,* 6ª ed., Padova, 1976
GIERKE, Otto Von – *Das Deutsche Genossenschaftsrecht,* I, II, e III, 1ª ed. (*reprint*), Darmstadt, 1954
GIERKE, Otto Von – *Las raíces del contrato de servicios* (trad.esp.), Madrid, 1982
GIUDICE, Riccardo del – *I confini del diritto del lavoro,* DLav., 1957, I, 313-324
GIUGNI, Gino – *Il diritto del lavoro negli anni '80,* DLRI, 1982, 373-409
GIUGNI, Gino – *Il diritto del lavoro negli anni '80, in Prospettive del diritto del lavoro per gli anni '80 – Atti del VII Congresso Nazionale di diritto del lavoro,* Bari, 23-25 aprile 1982, Milano, 1983, 3-42
GIUGNI, Gino – *Diritto sindacale,* 7ª ed., Bari, 1984
GIUGNI, Gino – *Direito do trabalho,* RDES, 1986, 3, 305-365
GOFF, Jacques Le – *La naissance des conventions collectives,* Droits, 1990, 12, 67-79
GOLDMAN, Alvin L. – *Labor Law and Industrial Relations in the United States of America,* 2ª ed., Deventer, 1984

Gomes, Júlio Manuel Vieira – *Direito do Trabalho*, I – *Relações Individuais de Trabalho*, Coimbra, 2007

Gomes, Orlando/Gottschalk – *Curso de Direito do Trabalho*, 16ª ed., Rio de Janeiro, 2000

Gonçalves, Anabela Susana de Sousa – *O contrato de trabalho internacional no Regulamento nº 593/2008 (Roma I)*, in J. Reis/L. Amado/L. Fernandes/R. Redinha (coord.), *Para Jorge Leite. Escritos Jurídico-Laborais*, I, Coimbra, 2014, 367-389

Gonçalves, Luis da Cunha – *A Evolução do Movimento Operário em Portugal*, Lisboa, 1905

Gonçalves, Luis da Cunha – *Tratado de Direito Civil em Comentário ao Código Civil Português*, VII, Coimbra, 1933

Gonçalves, Luis da Cunha – *Princípios de Direito Corporativo*, Lisboa, 1935

González Ortega, Santiago – *vd* Ortega

Gould IV, William B. – *A Primer on American Labor Law*, 3ª ed., Massachussets, 1993

Gouveia, Jorge Bacelar – *Os direitos de participação dos representantes dos trabalhadores na elaboração de legislação laboral*, in *Estudos do Instituto de Direito do Trabalho*, I, Coimbra, 2001, 109-152

Grafe, Friedericke – *Arbeitsvertragsgesetzentwurf – Forsetzung einer Tradition*, AuA, 1997, 1, 3-5

Grandi, Mario – *La subordinazione tra esperienza e sistema dei rapporti di lavoro*, in M. Pedrazzoli (dir.), *Lavoro subordinato e dintorni – comparazioni e prospettive*, Bologna, 1989, 77-91

Greco, Aldo – *Il contratto di lavoro*, in Filippo Vassali (dir.), *Trattato di diritto civile italiano*, VII (tomo III), Torino, 1939

Gressaye, Jean Brèthe de la – *Les transformations juridiques de l'entreprise patronale*, DS, 1939, 1, 2-6

Guerra, Amadeu – *A Privacidade no Local de Trabalho. As novas Tecnologias e o Controlo dos Trabalhadores através de Sistemas Automatizados. Uma Abordagem ao Código do Trabalho*, Coimbra, 2004

Gurvitch, Georges – *L' Idée du Droit Social – Notion et système du droit social. Histoire doctrinale depuis le XVII ème Siècle jusqu'à la fin du XIX ème siècle*, Paris, 1932

Hanau, Peter – *Befristung und Abrufarbeit nach dem Beschäftigunsgforderungsgesetz 1985*, RdA, 1987, 1, 25-29

Hanau, Peter/Adomeit, Klaus – *Arbeitsrecht*, 13ª ed., Neuwied, 2005

Hauriou, Maurice – *La théorie de l'institution et de la fondation – Cahiers de la Nouvelle Journée*, IV, Paris, 1925

HAUSMANN, Christian – *Le licenciement en droit allemand après la loi du 30 septembre 1993*, DS, 1994, 5, 507-510

HAX, Karl – *Betriebswirtschaftliche Deutung der Begriffe «Betrieb» und «Unternehmung»*, in K. BALLERTEDT/E. FRIESENHAHN/O. V. NELL-BREUNING (Hrsg.), *Recht und Rechtsleben in der sozialen Demokratie*, Festg. für Otto KUNZE zum 65. Geburtstag, Berlin, 1969, 109-126.

HÉBRAUD, Pierre – *Le régime des institutions disciplinaires instituées au sein de l'entreprise*, DS, 1949, 188-190

HEINZE, Meinhard – *Europa und das nationale Arbeitsund Sozialrecht*, in M. HEINZE/A. SÖLLNER, *Arbeitsrecht in der Bewährung, Fest. für Otto Rudolf KISSEL*, München, 1994, 363-386

HEINZE, Meinhard – *Wege aus der Krise des Arbeitsrecht – Der Beitrag der Wissenschaft*, NZA, 1997, 1, 1-9

HEINZE, Meinhard/SÖLLNER, Alfred (Hrsg.) – *Arbeitsrecht in der Bewährung, Fest. für Otto Rudolf KISSEL*, München, 1994

HENSSLER, Martin – *Der Arbeitsvertrag im Konzern*, Berlin, 1983

HEPPLE, Bob/FREDMAN, Sandra – *Labour Law and Industrial Relations in Great Britain*, Antwerp-London-Frankfurt-Boston-New York, 1986

HEPPLE, Bob/O'HIGGINS – *Employment Law*, 4ª ed., London, 1981

HERNÁNDEZ, Salvatore – *Il «favor» del lavoratore come tutela compensativa*, DLav., 1969, I, 293-300

HERSCHEL, Wilhelm – *Entwicklungstendenzen des Arbeitsrechts*, RdA, 1956, 5, 161-168

HERSCHEL, Wilhelm – *Vom Arbeitersschutz zum Arbeitsrecht*, in *Hundert Jahre Deutsches Rechtsleben, Fest. zum Hundertjährigen Bestehen des Deutschen Juristentages, 1860-1960*, I, Karlsruhe, 1960, 305-315

HERSCHEL, Wilhelm – *Der erste Teilentwurf einer Österreichischen Kodifikation des Arbeitsrecht*, RdA, 1962, 6, 208-217

HERSCHEL, Wilhelm – *Haupt – und Nebenpflichten im Arbeitsverhältnis*, BB, 1978, 12, 569-572

HESSEL – *Zum Begriff des Betriebs*, RdA, 1951, 12, 450-452

HILGER, Marie Luise – *Zum Arbeitnehmer-Begriff*, RdA, 1989, 1, 1-7

HOENIGER, Heinrich – *Grundformen des Arbeitsvertrages*, in H. HOENIGER/E. WEHRLE (Hrsg.), *Arbeitsrecht – Sammlung der reichsgesetzlichen Vorschriften zum Arbeitsvertrag*, 6ª ed., Mannheim-Berlin-Leipzig, 1925

HORION, Paul – *Le contrat de travail en droit belge*, in G. BOLDT/G. CAMERLYNCK/P. HORION/A. KAYSER/M. G. LEVENBACH/L. MENGONI, *Le contrat de travail dans les pays membres de la C.E.C.A.*, Paris (s.d.), 155-224

HRODMAKA, Wolfgang – *Ein Arbeitsvertragsgesetz für Deutschland. Der Entwurf des Arbeitskreises*, in D. BOEWER/B. GAUL (Hrsg.), *Deutsches Rechtseinheit im Arbeitsrecht, Fest. Dieter GAUL*, Berlin, 1992, 357-395
HRODMAKA, Wolfgang/MASCHMANN, Frank – *Arbeitsrecht*, I e II, 3ª ed., Berlin, 2005 e 2004
HUECK, Alfred – *Die Begründung des Arbeitsverhältnisses*, DAR, 1938, 7/8, 180-182
HUECK, Alfred – *Vertragstheorie und Eingliederungstheorie*, RdA, 1955, 9, 323-328
HUECK, Götz – *Einige Gedanken zum Begriff des Arbeitnehmers*, RdA, 1969, 7/8, 216-220

ICHINO, Andrea/ICHINO, Pietro – *A chi serve il diritto del lavoro?*, RIDL, 1994, I, 469-503
ISELE, Hellmut Georg – *Das Arbeitsverhältnis in der Zivilrecthsordnung*, JuJ, 1967/68, 8, 63-78

JACINTO, José Luis – *O Trabalho e as Relações Internacionais*, Lisboa, 2002
JACOBI, Erwin – *Betrieb und Unternehmer als Rechtsbegriffe*, Leipzig, 1926
JACOBI, Erwin – *Grundlehren des Arbeitsrechts*, Leipzig, 1927
JAMOULLE, Micheline – *Seize leçons sur le droit du travail*, Liège, 1994
JAVILLIER, Jean-Claude – *Droit du travail*, 3ª ed., Paris, 1990, e 7ª ed., Paris, 1999
JEAMMAUD, Antoine/FRIANT, Martine Le – *Contratto di lavoro, figure intermedie e lavoro autonomo nell'ordinamento francese*, in M. PEDRAZZOLI (dir.), *Lavoro subordinato e dintorni – comparazioni e prospettive*, Bologna, 1989, 255-273
JOERGES – *Der Arbeitsvertrag als Begründung des Arbeitsverhältnis in seiner geschichtlichen Entwicklung*, DAR, 1938, 6, 157-159
JOERGES – *Die Arbeitsverhältnis und Betriebsgemeinschaft.Wesen und Rechtsgrund*, DAR, 1938, 6, 91-95
JOOST, Detlev – *Betrieb und Unternehmen als Grundbegriffe im Arbeitsrecht*, München, 1988
JÖRS, Paul/KUNKEL, Wolfgang – *Derecho Privado Romano* (trad. espanhola da 2ª ed.), Barcelona – Madrid – Buenos Aires – Rio de Janeiro, 1937

KAHN-FREUND, Otto – *Il mutamento della funzione del diritto del lavoro (1932)*, in *Laboratorio Weimar – conflitti e diritto del lavoro nella Germania prenazista*, Roma, 1982, 221-253
KASKEL, Walter – *Das neue Arbeitsrecht – systematische Einführung*, 4ª ed., Berlin, 1922

KASKEL, Walter/DERSCH, Hermann – *Arbeitsrecht*, 5ª ed., Berlin – Göttingen – Heidelberg, 1957

*Key chalenges facing european labour markets: a joint analysis of european social partners*), Conferência Inter-Governamental de Lisboa, Outubro de 2007

KONZEN, Horst – *Arbeitnehmerschutz im Konzern*, RdA, 1984, 2, 65-88

KRELLER, Hans – *Zum Entwurf eines Allgemeinen Arbeitsvertragsgesetzes*, AcP, 1924, 122, 1, 1-35

KUMMER, Karl – *Die Entwicklung des Arbeitsrechtes in Österreich sei 1945*, RdA, 1956, 4, 134-138

LALLANA, María del Carmen Ortiz – *Lineas de tendencias y problemas fundamentales del sector juridico-laboral en las sociedades industriales: el caso español*, Rev.Trab., 1986, II, 93-123

LAMBELHO, Ana – *Trabalho autónomo economicamente dependente: da necessidade de um regime jurídico próprio*, in J. REIS/L. AMADO/L. FERNANDES/R. REDINHA (coord.) – *Para Jorge Leite. Escritos Jurídico-Laborais*, I, Coimbra, 2014, 433-454

LAMOTHE, Olivier Dutheillet de – *Du traité de Rome au traité de Maastricht: la longue marche de l'Europe sociale*, DS, 1993, 2, 194-200

LARENZ, Karl – *Metodologia da Ciência do Direito*, 6ª ed., 1991 (trad. de José Lamego), 3ª ed., Lisboa, 1997

LEGA, Carlo – *Il diritto del lavoro e il lavoro autonomo*, DLav, 1950, 115-158

LEGA, Carlo – *Il contratto d'opera*, in U. BORSI/F. PERGOLESI, *Trattato di diritto del lavoro*, I *Introduzione al diritto del lavoro*), 3ª ed., Padova, 1960, 477-663

LEGA, Carlo – *La comunità del lavoro nell'impresa*, Milano, 1963

LÉGAL, Alfred/GRESSAYE, Jean Brèthe de la – *Le pouvoir disciplinaire dans les institutions privées*, Paris, 1938

LEITÃO, Luis Manuel Teles de Menezes – *Direito das Obrigações*, I, 7ª ed., Coimbra, 2008

LEITÃO, Luís Menezes – *Código do Trabalho Anotado*, 2ª ed., Coimbra, 2004

LEITÃO, Luís Menezes – *Direito do* Trabalho, Coimbra, 2008

LEITE, Jorge – *Direito do trabalho na crise (relatório geral)*, in *Temas de Direito do Trabalho. Direito do Trabalho na Crise. Poder Empresarial. Greves Atípicas – IV Jornadas Luso-Hispano-Brasileiras de Direito do Trabalho*, Coimbra, 1990, 21-49

LEITE, Jorge – *Direito do Trabalho*, I e II, Coimbra (FDC), ed. de 1992/93 (*reprint* de 2001) e *reprint* de 1999

LEITE, Jorge – *Algumas notas sobre a concertação social*, QL, 1999, 14, 147-161

LEITE, Jorge/ALMEIDA, F. Jorge Coutinho de – *Legislação do Trabalho*, 17ª ed., Coimbra, 2002
LEITE, Jorge/AMADO, João Leal/REIS, João – *Conselhos de Empresa Europeus*, Lisboa, 1996
LESER, Hans G. (Hrsg.), *Arbeitsrecht und Zivilrecht in Entwicklung, Fest. Hyung BAE-KIM*, Berlin, 1995, 103-124
LEVANCHY, Céline/ROSET, Agnès/THOLY, Lysiane – *Code annoté européen du travail*, 4ª ed., Paris, 2005
LIMA, Adolpho – *O Contrato de Trabalho*, Lisboa, 1909
LIMA, Lobo d'Ávila – *Política Social*, 1912
LIPARI, Nicolò – *Il diritto tra sociologia e dogmatica – riflessioni sul metodo, in Studi in onore di Francesco SANTORO-PASSARELLI*, III, Napoli, 1972, 99-158
*Livro Branco das Relações Laborais* (ed. do MTSS), Lisboa, Novembro de 2007
*Livro Verde da Comissão Europeia sobre a Modernização do Direito do Trabalho para o séc. XXI*, Doc. COM (2006) 708 final.
*Livro Verde das Relações Laborais* (ed. do MTSS), Lisboa, Abril de 2006
LOBO, João – *A negociação colectiva informal na ordem jurídica portuguesa*, QL, 1995, 4, 14-34
LOPES, Fernando Ribeiro – *Direito do Trabalho*, Lisboa (copiogr. FDL), 1977/78
LÓPEZ, Manuel Carlos Palomeque/ROSA, Manuel Álvarez de la – *Derecho del Trabajo*, 9ª ed., Madrid, 2001
LORENZ, Martin – *Münchener Kommentar zum Bürgerlichen Gesetzbuch*, IV – *Schuldrecht. Besonder Teil II (§§ 607-704)*, 3ª ed., München, 1997, 544-571
LOTMAR, Philipp – *Der Arbeitsvertrag nach dem Privatrecht des Deutschen Reiches*, I e II, Leipzig, 1902 e 1908
LOTMAR, Philipp – *Die Tarifverträge zwischen Arbeitgebern und Arbeitnehmer* (1900), in Joachim RÜCKERT (Hrsg.), *Phillip Lotmar Shriften zum Arbeitsrecht, Zivilrecht und Rechtsphilosophie*, Frankfurt am M., 1992, 431-554
LOTMAR, Philipp – *Die Idee eines einheitlichen Arbeitsrechts* (1912), in J. RÜCKERT (Hrsg.), *Philipp Lotmar Schriften zu Arbeitsrecht, Zivilrecht und Rechtsphilosophie*, Frankfurt am M., 1992, 603-614
LOUREIRO, José Pinto – *Tratado da Locação*, I, Coimbra, 1946
LOURENÇO, José Acácio – *O princípio do tratamento mais favorável ao trabalhador, in Estudos sobre Temas de Direito do Trabalho*, Lisboa, 1982, 91-110
LOURENÇO, José Acácio – *As Relações de Trabalho nas Empresas Públicas*, Coimbra, 1984
LÖWISCH, Manfred – *Arbeitsrecht – Ein Studienbuch*, 5ª ed., Dusseldorf, 2000

LUCA TAMAJO – *vd* TAMAJO

LYON-CAEN, Antoine – *Les rapports internationaux de travail*, DS, 1978, 6, 197-203

LYON-CAEN, Antoine – *La mise à disposition internationale du salarié*, DS, 1981, 12, 747-753

LYON-CAEN, Gérard – *Une anomalie juridique: le réglement interieur*, Dalloz (Chr.), 1969, n. 14, 284

LYON-CAEN, Gérard – *Du rôle des principes généraux du droit civil en droit du travail (première approche)*,Rev.trimm.dr.civ., 1974, 229-248

LYON-CAEN, Gérard – *La crise du droit du travail, in In Memoriam Sir Otto KahnFreund*, München, 1980, 517-523

LYON-CAEN, Gérard – *La concentration du capital et le droit du travail*, DS, 1983, 5, 287-303

LYON-CAEN, Gérard – *Grundlagen des Arbeitsrechts und Grundprinzipien im Arbeitsrecht*, RdA, 1989, 4/5, 228-233

LYON-CAEN, Gérard – *Le droit du travail. Une technique réversible*, Paris, 1995

LYON-CAEN, Gérard – *Négociation collective et législation d'ordre public*, DS, 1973, 2, 89-101

LYON-CAEN, Gérard/LYON-CAEN, Antoine – *Droit social international et européen*, 7ª ed., Paris, 1991

LYON-CAEN, Gérard/PÉLISSIER, Jean – *Droit du travail*, 16ª ed., Paris, 1992

LYON-CAEN, Gérard/THILLHET-PRETNAR, Jeanne – *Manuel de Droit social*, 5ª ed., Paris, 1995


MACHADO, João Baptista – *O sistema científico e a teoria de Kelsen*, RFDUL (sep.), XXVI, 9-45

MACHADO, João Baptista – *Introdução ao Direito e ao Discurso Legitimador (reprint)* Coimbra, 1993

MAGALHÃES, Barbosa de – *Seguro contra Acidentes de Trabalho*, Lisboa, 1913

MAGAUD, Jacques – *L'éclatement juridique de la collectivité de travail*, DS, 1975, 12, 525-530

MAGREZ, M. – *L'entreprise en droit social ou l'efflorescence d'une institution, in Liber Amicorum Frédéric DUMON*, Antwerpen, 1983, 581-586

MAGREZ-SONG, G. – *Le droit conventionnel du travail, in AA/VV, Liber Amicorum Frédéric Dumon*, I, Antwerpen, 1983, 597-611

MAGRINI, Sergio – *Lavoro (contratto individuale di)*, Enc.Dir., XXIII, 369-418

MAILLARD, Jean de/MANDROVAN, Patrick/PLATTIER, Jean-Paul/PRIESTLEY, Thierry – *L'éclatement de la collectivité de travail: observations sur les phénomènes d'«extériorisation de l'emploi»*, DS, 1979, 9/10, 323-338

MALAGUGINI, Jacopo – *Le attuali tendenze del diritto del lavoro: flessibilità contrattata o liberalizzazione nei rapporti nei rapporti di lavoro?*, Lav.'80, 1986, II, 685-696

MARTENS, Klaus-Peter – *Das Arbeitsverhältnis im Konzern*, in F. GAMILLSHEG (Hrsg.), *25 Jahre Bundesarbeitsgericht*, München, 1979, 367-392

MARTENS, Klaus-Peter – *Die Einheit des Privatrechts und das Arbeitsrecht*, JuS, 1987, 5, 337-344

MARTÍN DE HIJAS, Vicente Conde – *vd* HIJAS

MARTÍN VALVERDE, Antonio – *vd* VALVERDE

MARTINEZ, Juan M. Ramírez (dir.)/ORTEGA, Jesús Garcia/PESET, José María Goerclich/ORIHUEL, Francisco Peréz de los Cobos/FRANCO, Tomás Sala – *Curso de Derecho del Trabajo*, Valencia, 1999

MARTINEZ, Pedro Romano – *Direito do Trabalho*, 7ª ed., Coimbra, 2015

MARTINEZ, Pedro Romano – *Direito do Trabalho. Relatório*, Lisboa (Sep. da RFDUL), 1999

MARTINEZ, Pedro Romano – *Apontamentos sobre a cessação do contrato de trabalho à luz do Código do Trabalho*, Lisboa, 2004

MARTINEZ, Pedro Romano/MONTEIRO, Luis Miguel/VASCONCELOS, Joana/BRITO, Pedro Madeira de/DRAY, Guilherme/SILVA, Luís Gonçalves da – *Código do Trabalho Anotado*, 9ª ed., Coimbra, 2013

MARTINEZ, Pedro Soares – *Manual de Direito Corporativo*, 2ª ed., Lisboa, 1967, e 3ª ed., 1971

MARTINEZ, Pedro Soares – *Curso de Direito Corporativo*, I e II, Lisboa, 1962, e 1964

MARTINS, Ana Maria Guerra – *Introdução ao Estudo do Direito Comunitário – Sumários*, Lisboa, 1995

MARTINS, Ana Maria Guerra – *Curso de Direito Constitucional da União Europeia*, Coimbra, 2004

MARTINS, Ana Maria Guerra/ROQUE, Miguel Prata – *O Tratado que estabelece uma Constituição para a Europa*, Coimbra, 2004

MARTINS, Margarida Salema d'Oliveira/MARTINS, Afonso d'Oliveira – *Direito das Organizações Internacionais*, II, 2ª ed., Lisboa, 1996

MARTINS, Pedro Furtado – *Despedimento Ilícito, Reintegração na Empresa e Dever de Ocupação Efectiva. Contributo para o Estudo dos Efeitos da Declaração da Invalidade do Despedimento*, Lisboa, 1992

MAVRIDIS, Vassili – *Eingliederungstheorie, Vertragstheorie und Gemeinschaft*, RdA, 1956, 12, 444-448

MAYDELL, Bernd von – *Zum Verhältnis von Arbeitsrecht und Sozialrecht*, in M. HEINZE/A. SÖLLNER (Hrsg.), *Arbeitsrecht in der Bewährung, Fest für Otto Rudolf Kissel*, München, 1994, 761-772

MAYER-MALY, Theo – *Arbeitsrecht und Privatrechtsordnung*, JZ, 1961, 7, 205-209

MAYER-MALY, Theo – *Probleme der Kodifikation des Arbeitsrechts in Österreich*, JZ, 1961, 18, 553-564

MAYER-MALY, Theo – *Arbeitsrechtskodifikation festgefahren?*, JuBl, 1963, 19/20, 501-507
MAYER-MALY, Theo – *Grundsätztliches zur Kodifikatorischen Ordnung des deutschen Arbeitsrechts*, RdA, 1964, 1-7
MAYER-MALY, Theo – *Römische Grundlagen des modernen Arbeitsrechts*, RdA, 1967, 8/9, 281-286
MAYER-MALY, Theo – *Vorindustrielles Arbeitsrechts*, RdA, 1975, 1, 59-63
MAYER-MALY, Theo – *Rechtsidee – Rechtswissenschaft – Rechtspolitik*, in M. JUST/M. WOLLENSCHLÄGER/P. EGGERS/H. HABLITZEL (Hrsg.), *Recht und Rechtsbesinnung, Gedächtnisschrift für Günther KÜCHENHOFF (1907-1983)*, Berlin, 1987, 141-148
MAYER-MALY, Theo – *Nationalsozialismus und Arbeitsrecht*, RdA, 1989, 4/5, 233-240
MAYER-MALY, Theo – *Ausgewählte Schriften zum Arbeitsrecht*, Wien, 1991
MAYER-MALY, Theo – *Der Weg zur heutigen Ordnung der Arbeit*, in F. BYDLINSKI/T. MAYER-MALY (Hrsg.), *Die Arbeit: ihre Ordnung – ihre Zukunft – ihr Sinn*, Wien, 1995, 21-33
MAYER-MALY, Theo/MARHOLD, Franz – *Österreichisches Arbeitsrecht*, I e II, Wien – New York, 1987 e 1991
MAZEAUD, Antoine – *Droit du travail*, 3ª ed., Paris, 2002
MAZZONI, Giuliano – *Contiene il diritto del lavoro principi generali propri?*, in *Scritti giuridici in onore della CEDAM nel cinquantenario della sua fondazione*, Padova, 1953, 525-533
MAZZONI, Giuliano – *Crisi o evoluzione del diritto del lavoro?*, DLav., 1954, I, 9-19
MAZZONI, Giuliano – *Costo del lavoro: un accordo neo-corporativo*, in V. PANUCCIO (coord. e dir.), *Studi in memoria di Domenico Napoletano*, Milano, 1986, 267-275
MAZZONI, Giuliano (dir.) – *Manuale di diritto del lavoro*, I, II, 6ª ed., Milano, 1988 e 1990
MAZZOTTA, Oronzo – *Rapporto di lavoro, società collegate e statuto dei lavoratori*, Riv. trim.DPC, 1973, 751-804
MAZZOTTA, Oronzo – *Autonomia individuale e sistema del diritto del lavoro*, DLRI, 1991, 3, 489-512
MEHRHOFF, Friedrich – *Die Veränderung des Arbeitgeberbegriffs*, Berlin, 1984
MELGAR, Alfredo Montoya – *Derecho del Trabajo*, 22ª ed., Madrid, 2001
MELIADÒ, Giuseppe – *Il rapporto di lavoro nei gruppi di società. Subordinazione e imprese a struttura complessa*, Milano, 1991
MELSBACH, Erich – *Deutsches Arbeisrecht – zu seiner Neuordnung*, Berlin-Leipzig, 1923
*Memorando de Entendimento sobre as Condições de Política Económica*, (MoU), celebrado entre Portugal, o Fundo Monetário Internacional, o Banco Central Europeu e a Comissão Europeia, no âmbito do Programa de Ajuda Financeira a Portugal (3 de Maio de 2011)
MENDES, João de Castro – *Teoria Geral do Direito Civil*, I, Lisboa, 1978 (*reprint* 1983)
MENGEL, Horst – *Tarifautonomie und Tarifpolitik*, in D. BOEWER/B. GAUL (Hrsg.) *Fest. Dieter GAUL*, Berlin, 1992, 407-427

MENGER – *Das bürgerliche Recht und die besitzlosen Volksklassen*, 1889/1890
MENGONI, Luigi – *Le contrat de travail en droit italien*, in G. BOLDT/G. CAMERLYNCK/P. HORION/A. KAYSER/M. G. LEVENBACH/L. MENGONI, *Le contrat de travail dans les pays membres de la C.E.C.A.*, Paris (s.d.), 415-521
MENGONI, Luigi – *Contratto e rapporto di lavoro nella recente dottrina italiana*, Riv. Soc., 1965, 674-688
MENGONI, Luigi – *L'influenza del diritto del lavoro sul diritto civile, diritto processuale civile, diritto amministrativo – diritto civile*, DLRI, 1990, 45, I, 5-23
MESQUITA, José Andrade – *Direito do Trabalho*, Lisboa, 2003
MESQUITA, J. Andrade/FERREIRA, M. Capitão – *Jurisprudência Laboral – Contrato Individual do Trabalho*, 2ª ed., Lisboa, 2003
MESTRE, Bruno – *Discriminação em função da idade – análise critica da jurisprudência comunitária e nacional*, in J. REIS/L. AMADO/L. FERNANDES/R. REDINHA (coord.) – *Para Jorge Leite. Escritos Jurídico-Laborais*, Coimbra, 2014, 569-624
Ministério do Trabalho e da Solidariedade (ed.), *Igualdade de Oportunidades entre Mulheres e Homens: Trabalho, Emprego e Formação Profissional – Jurisprudência do Tribunal de Justiça das Comunidades Europeias*, Lisboa, 1998
Ministério do Trabalho e da Solidariedade (ed.), *Revisão da Legislação Laboral*, Lisboa, 2002
MIRANDA, Jorge – *A Constituição de 1976. Formação, Estrutura, Princípios Fundamentais*, Lisboa, 1978
MIRANDA, Jorge – *Conselho Económico e Social e Comissão de Concertação Social. Brevíssima nota*, QL, 1999, 14, 140-146
MIRANDA, Jorge – *A abertura constitucional a novos direitos fundamentais*, in *Estudos em Homenagem ao Professor Doutor Manuel Gomes da Silva*, Coimbra, 2001, 559-572
MIRANDA, Jorge – *Constituição Laboral ou do Trabalho*, in *Estudos do Institutos de Direito do Trabalho*, I, Coimbra, 2001, 17-19
MIRANDA, Jorge – *Curso de Direito Internacional Público*, 2ª ed., Cascais, 2004
MIRANDA, Jorge – *Manual de Direito Constitucional*, IV, 4ª ed., Coimbra, 2008
MOLITOR, Erich – *Das Wesen des Arbeitsvertrages*, Leipzig, 1925
MOLITOR, Erich – *Arbeitnehmer und Betrieb – zugleich ein Beitrag zur einheitlichen Grundlegung des Arbeitsrechts*, Marburg, 1929
MONTESQUIEU – *L'esprit des lois*, Paris, 1864
MONTOYA MELGAR, Alfredo – vd MELGAR
MORAIS, Carlos Blanco de – *Os direitos, liberdades e garantias na jurisprudência constitucional portuguesa: um apontamento*, Dir., 2000, III-IV, 361-380
MOREIRA, António José (coord.) – *Congressos de Direito do Trabalho. Memórias*, Coimbra, volumes I a VI (1998, 1999, 2001, 2002, 2003, 2004
MOREIRA, Teresa Alexandra Coelho – *Da Esfera Privada do Trabalhador e o Controlo do Empregador*, Coimbra, 2004

ÍNDICE BIBLIOGRÁFICO

MOREIRA, Teresa Alexandra Coelho – *Discriminação em razão da idade dos trabalhadores: anotação ao acórdão do TJUE, Richard Prigge, de 13 de Setembro de 2011, processo C-447/09*, QL, 2012, 39, 137-141
MOREIRA, Teresa Alexandra Coelho – *Igualdade e Não Discriminação. Estudos de Direito do Trabalho*, Coimbra, 2013
MORILLO-VELARDE, Lourdes Mélendez – *El concepto de empresario en el Derecho del Trabajo español*, in J. REIS/L. AMADO/L. FERNANDES/R. REDINHA (coord.) – *Para Jorge Leite. Escritos Jurídico-Laborais*, I, Coimbra, 2014, 549-567
MOURA, José Barros – *Notas para uma Introdução ao Direito do Trabalho*, Lisboa, 1979/80
MOURA, José Barros – *A Convenção Colectiva entre as Fontes de Direito do Trabalho*, Coimbra, 1984
MOURA, José Barros – *Direito do Trabalho e integração económica*, QL, 1995, 5, 88-108
MÜCKENBERGER, Ulrich – *Deregulierendes Arbeitsrecht. Die Arbeitsrechtsinitiativen des Regierungskoaliation*, KJ, 1985, 18, 255-270
MÜLLER-GLÖGE, Rudi – *Münchener Kommentar zum Bürgerlichen Gesetzbuch*, IV – *Schuldrecht. Besonder Teil II (§§ 607-704)*, 3ª ed., München, 1997, 157-312
MÜLLERREISERT, F. – *Das Arbeisverhältnis als Vertrag und als Gemeinschaft des Personenrechts*, DAR, 1938, 11, 280-283


NASCIMENTO, Amauri Mascaro – *Curso de Direito do Trabalho*, 20ª ed., S. Paulo, 2005
NETO, Abílio – *Código do Trabalho Anotado*, Coimbra, 2003
NEUMANN, Dirk – *Der sächsische Entwurf eines Arbeitsvertragsgesetz*, in FARTHMANN/HANAU/ISENHARDT/PREIS (Hrsg.), *Rückblick in Arbeitsgesetzgebung und Arbeitsrechtsprechung, Fest. E. STAHLHACKER*, Berlin, 1995, 349-361
NEUMANN, Franz – *Das Arbeitsrecht in der modernen Gesellschaft*, RdA, 1951, 1, 1-5; também em tradução italiana, sob o título *Il diritto del lavoro nella società moderna*, in G. VARDARO (dir.), *Il diritto del lavoro fra democrazia e dittatura*, Bologna, 1983, 395-406
NEVES, António Castanheira – *A unidade do sistema jurídico: o seu problema e o seu sentido (Diálogo com Kelsen)*, in *Estudos em Homenagem ao Prof. Doutor J. J. Teixeira Ribeiro*, II, Coimbra, 1979, 73-184
NEVES, António Castanheira – *Considerações a propósito do direito à greve, in Temas de Direito do Trabalho. Direito do Trabalho na Crise. Poder Empresarial. Greves Atípicas. IV Jornadas Luso-Hispano-Brasileiras de Direito do Trabalho*, Coimbra, 1990, 449-452
NEVES, António Castanheira – *Comentário ao Acórdão do Tribunal Constitucional nº 810/93, de 7 de Dezembro de 1993*, RLJ, 1994/95, 63-72 e 79-96
NICOLINI, Giovanni – *Manuale di diritto del lavoro*, 3ª ed., Milano, 2000
NIKISCH, Arthur – *Die Grundformen des Arbeitsvertrags und der Anstellungsvertrag*, Berlin, 1926

NIKISCH, Arthur – *Die Bedeutung der Treupflicht für das Arbeitsverhältnis*, DAR, 1938, 7/8, 182-186

NIKISCH, Arthur – *Arbeitsvertrag und Arbeitsverhältnis*, Berlin, 1941

NIKISCH, Arthur – *Dienstpflicht und Arbeitspflicht*, in R. DIETZ/A. HUECK/R. REINHARDT (Hrsg.), *Fest. NIPPERDEY*, München-Berlin, 1955, 65-82

NIKISCH, Arthur -*Die Eingliederung in ihrer Bedeutung für das Arbeitsrecht*, RdA, 1960, 1, 1-5

NIKISCH, Arthur – *Arbeitsrecht*, I e II, 3ª ed., Tübingen, 1961

NIKISCH, Arthur – *Das Arbeitsgesetzbuch und die Lehre vom Arbeitsverhältnis*, in H.C. NIPPERDEY (Hrsg.), *Fest Molitor*, Berlin, 1962, 83-105

NIKISCH, Arthur – *Über «faktische Vertragsverhältnisse»*, in E. v. CAEMMERER/A. NIKISCH/ K. ZWEIGERT (Hrsg.), *Vom Deutschen zum Europäischen Recht, Fest. für Hans DOLLE*, I, Tübingen, 1963, 79-102

NIPPERDEY, Hans Carl – *Grundrechte und Privatrechte, Fest. MOLITOR*, MünchenBerlin, 1962, 17-33

NIPPERDEY, Hans C./MOHNEN, Heinz/NEUMANN, Dirk – *Der Dienstvertrag*, Berlin, 1958


OGRIS, Werner – *Geschichte des Arbeitsrechts vom Mittelalter bis in das 19.Jahrhundert*, RdA, 1967, 8/9, 286-297

OJEDA AVILÉS – *vd* AVILÉS

OLAVO, Fernando – *Direito Comercial*, I, 2ª ed. (*reprint*), Lisboa, 1974

OLEA, Manuel Alonso – *Alienacion. Historia de una Palavra*, Madrid, 1974

OLEA, Manuel Alonso – *La abstencción normativa en las orígenes des Derecho del Trabajo moderno, in Estudios de Derecho del Trabajo en memoria del Professor Gaspar BAYON CHACÓN*, Madrid, 1980, 13-38

OLEA, Manuel Alonso – *De la Servidumbre al Contrato de Trabajo*, 2ª ed., Madrid, 1987

OLEA, Manuel Alonso – *Introducción al Derecho del Trabajo*, 5ª ed., Madrid, 1994

OLEA, Manuel Alonso/BAAMONDE, Maria Emilia Casas – *Derecho del Trabajo*, 19ª ed., Madrid, 2001

ORIHUEL, Francisco Pérez de los Cobos – *La movilidad de los trabajadores en los grupos de sociedades europeos: el caso español*, Doc.Lab., 1991, I, 37-53

ORTEGA, Santiago González – *La dificil coyuntura del Derecho del Trabajo*, Rel.Lab., 1987, II, 257-279

ORTIZ LALLANA – *vd* LALLANA

OURLIAC, Paul – *Le droit social du Moyen Age, in Histoire du droit social – Mélanges en hommage à Jean IMBERT*, Paris, 1989, 447-456


PALOMEQUE LÓPEZ, Manuel Carlos – *vd* LÓPEZ, Manuel Carlos Palomeque

PAPALEONI, Marco – *Il rapporto di lavoro, in* G. MAZZONI (dir.), *Manuale di diritto del lavoro*, I, 6ª ed., Milano, 1988, 221-1142

PAWLOWSKI, Hans-Martin – *Einführung in die Juristische Methodenlehre. Ein Studienbuche zu den Grundlagenfächern Rechtsphilosophie und Rechtstheorie*, Heidelberg, 1986
PEDRAZZOLI, Marcello – *Prestazione d'opera e parasubordinazione*, RIDL, 1984, 506-556
PEDRAZZOLI, Marcello (dir.), *Lavoro subordinato e dintorni – comparazioni e prospettive*, Bologna, 1989
PÉLISSIER, Jean – *Le réglement intérieur e les notes de service*, DS, 1982, 1, 75-82
PÉLISSIER, Jean – *La relation de travail atypique*, DS, 1985, 7, 531-539
PÉLISSIER, Jean – *Le droit civil et le contrat individuel de travail*, DS, 1988, 5, 387-394
PÉLISSIER, Jean/SUPIOT, Alain/JEAMMAUD, Antoine – *Droit du travail*, 24ª ed., Paris, 2004
PERA, Giuseppe – *Trasformazioni, fusioni e incorporazione nel settore creditizio; profili di diritto del lavoro*, RIDL, 1993, I, 430-448
PERA, Giuseppe – *Compendio di diritto del lavoro*, 4ª ed., Milano, 1996
PERA, Giuseppe/POSO, Antonio – *Compendio di diritto del lavoro*, 6ª ed., Milano, 2003
PEREIRA, André Goncalves/QUADROS, Fausto de – *Manual de Direito Internacional Público*, 3ª ed., Coimbra, 1993
PÉREZ DE LOS COBOS ORIHUEL, Francisco – *vd* ORIHUEL
PERGOLESI, Ferruccio – *Introduzione al diritto del lavoro*, in U. BORSI/F. PERGOLESI, *Trattato di diritto del lavoro*, I (*Introduzione al diritto del lavoro*), 3ª ed., Padova, 1960, 1-436
PESSI, Roberto – *I rapporti di lavoro c.d. atipici tra autonomia e subordinazione nella prospettiva dell'integrazione europea*, RIDL, 1992, I, 133-151
PICA, Georges – *Le droit du travail à l'épreuve de l'économie (À propos des licenciements collectifs pour motif économique dans les groupes de sociétés)*, DS, 1994, 1, 26-29
PINHEIRO, Luís de Lima – *Direito Internacional Privado – Parte Especial (Direito de Conflitos)*, 2ª ed., Coimbra, 2002
PINTHER, Helmut – *Ist das Arbeitsverhältnis ein personenrechtliches Gemeinschaftsverhältnis?*, ArbuR, 1961, 8, 225-230
PINTO, José Augusto Rodrigues – *Curso de Direito Individual do Trabalho*, 5ª ed., São Paulo, 2003
PINTO, Mário – *Liberdade e Organização Sindical* (*copiogr*, UCP) Lisboa, s.d.
PINTO, Mário F. C. – *Os conflitos colectivos de trabalho no direito português*, SIv., 1959, 128-138
PINTO, Mário F. C. – *A função do direito do trabalho e a crise actual*, RDES, 1986, 1, 33-63
PINTO, Mário F. C. – *Die Flexibilisierung des Arbeitsrechts – eine europäische Herausforderung? (Portugal)*, in *Flexibilisierung des Arbeitsrechts – eine europäische Herausforderung*, ZIAS, 1987, 346-353
PINTO, Mário F. C. – *Garantia de emprego e crise económica. Contributo ensaístico para um novo conceito*, DJ, 1987/88, III, 141-162
PINTO, Mário F. C. – *Direito do Trabalho – Introdução. Relações Colectivas de Trabalho*, Lisboa, 1996

PINTO, Mário F. C./MARTINS, Pedro Furtado/CARVALHO, António Nunes de – *Comentário às Leis do Trabalho*, I, Lisboa, 1994
PLANIOL, Marcel – *Traité élémentaire de droit civil*, 6ª ed., II, Paris, 1912
PLAZA, José Luís Tortuero – *A insegurança do emprego: causas, instrumentos e políticas legislativas*, in A. MOREIRA (coord.), *X Jornadas Luso-Hispano-Brasileiras de Direito do Trabalho – Anais*, Coimbra, 1999, 69-90
POLICARPO, João de Almeida – *O regulamento de empresa – sua função*, ESC, 1969, 29, 15-32
POTHOFF, Heinz – *Probleme des Arbeitsrecht*, Jena, 1912
POTHOFF, Heinz – *Ist das Arbeitsverhältnis ein Schuldverhältnis?*, ArbR, 1922, 5, 267-284
POTHOFF, Heinz – *Das Deutsche Arbeitsrecht*, Berlin, 1935
POTHOFF, Heinz – *Die Einwirkung der Reichsverfassung auf das Arbeitsrecht*, in Thilo RAMM (Hrsg.), *Arbeitsrecht und Politik. Quellentexte (1918-1933)*, Luchterland, 1966, 1-77
PREIS, Ulrich – *Perspektiven der Arbeitsrechtswissenchaft*, RdA, 1955, 6, 333-343
PREIS, Ulrich – *Arbeitsrecht I (Individualarbeitsrecht)*, 4ª ed, e II (*Kollektivarbeitsrecht*), 3ª ed., Köln, 2012
PROSPERETTI, Ubaldo – *La posizione professionale del lavoratore subordinato*, Milano, 1958

QUADROS, Fausto de – *Direito da União Europeia*, Coimbra, 2004

RABAGLIETTI, M. F. – *Introduzione alla teoria del lavoro nell'impresa*, Milano, 1956
RAMALHO, Maria do Rosário Palma – *Greves de maior prejuízo – notas sobre o enquadramento jurídico de quatro modalidades de comportamento grevista (greves intermitentes, rotativas, trombose e retroactivas)*, Rev.AAFDL, 1986, 5, 67-115; republicado in *Estudos de Direito do Trabalho*, I, Coimbra, 2003, 289-338
RAMALHO, Maria do Rosário Palma – *Do Fundamento do Poder Disciplinar Laboral*, Coimbra, 1993
RAMALHO, Maria do Rosário Palma – *Lei da Greve Anotada*, Lisboa, 1994
RAMALHO, Maria do Rosário Palma – *Igualdade de tratamento entre trabalhadores e trabalhadoras em matéria remuneratória: a aplicação da Directiva 75/117/CE em Portugal*, ROA, 1997, 159-181; republicado in *Estudos de Direito do Trabalho*, I, Coimbra, 2003, 227-246
RAMALHO, Maria do Rosário Palma – *Os limites do poder disciplinar laboral*, in A. MOREIRA (coord.), *I Congresso Nacional de Direito do Trabalho – Memórias*, Coimbra, 1998, 181-198; republicado in *Estudos de Direito do Trabalho*, I, Coimbra, 2003, 179-193
RAMALHO, Maria do Rosário Palma – *Insegurança ou diminuição do emprego? A rigidez do sistema jurídico português em matéria de cessação do contrato de trabalho e de trabalho atípico*, in A. MOREIRA (coord.), *X Jornadas Luso-Hispano-Brasileiras de Direito*

*do Trabalho – Anais,* Coimbra, 1999, 91-102; republicado *in Estudos de Direito do Trabalho,* Coimbra, 2003, 95-106

RAMALHO, Maria do Rosário Palma – *Da Autonomia Dogmática do Direito do Trabalho,* Coimbra, 2001

RAMALHO, Maria do Rosário Palma – *Ainda a crise do direito laboral: a erosão da relação de trabalho «típica» e o futuro do direito do trabalho, in* A. MOREIRA (coord.), *III Congresso de Direito do Trabalho. Memórias,* Coimbra, 2001, 253-266; republicado *in Estudos do Direito do Trabalho,* I, Coimbra, 2003, 107-121

RAMALHO, Maria do Rosário Palma – *Relação de trabalho e relação de emprego – contributos para a construção dogmática do contrato de trabalho, in Estudos em Homenagem ao Professor Doutor Inocêncio Galvão Telles,* I, Coimbra, 2002, 651-681; republicado *in Estudos de Direito do Trabalho,* I, Coimbra, 2003,125-156

RAMALHO, Maria do Rosário Palma – *Intersecção entre o regime da função pública e o regime laboral – breves notas,* ROA, 2002, 2, 439-466; republicado *in Estudos de Direito do Trabalho,* I, Coimbra, 2003, 69-93

RAMALHO, Maria do Rosário Palma – *Contrato de trabalho e direitos fundamentais da pessoa, in Estudos de Homenagem à Professora Doutora Isabel de Magalhães Collaço,* II, Coimbra, 2002, 393-415; republicado *in Estudos de Direito do Trabalho,* I, Coimbra, 2003, 157-178

RAMALHO, Maria do Rosário Palma – *Parecer sobre o Relatório da CLL, in* Ministério do Trabalho e da Solidariedade (ed.), *Revisão da Legislação Laboral,* Lisboa, 2002, 156-159

RAMALHO, Maria do Rosário Palma – *Estudos de Direito do Trabalho,* I, Coimbra, 2003

RAMALHO, Maria do Rosário Palma – *O novo Código do Trabalho. Reflexões sobre a proposta de lei relativa ao novo Código de Trabalho, in Estudos de Direito do Trabalho,* I, Coimbra, 2003, 15-67

RAMALHO, Maria do Rosário Palma – *Conciliação equilibrada entre a vida profissional e familiar – uma condição para a igualdade de entre mulheres e homens na União Europeia, Protection de la maternité et articulation entre la vie familiale et la vie professionnelle par les hommes et par les femmes, in Estudos de Direito do Trabalho,* I, Coimbra, 2003, 269-277

RAMALHO, Maria do Rosário Palma – *Protection de la maternité et articulation entre la vie familiale et la vie professionnelle par les hommes et par les femmes, in Estudos de Direito do Trabalho,* I, Coimbra, 2003, 279-286 (e na publicação francesa, *Protection de la maternité et articulation entre la vie familiale et la vie professionnelle par les hommes et par les femmes. Une nouvelle problématique? in* AFFJ & EWLA (Dir.) *L'égalité entre femmes et hommes et la vie professionnelle. Le point sur les développements actuels en Europe,* Paris, 2003, 137-142)

RAMALHO, Maria do Rosário Palma – *Legislação do Trabalho, produtividade e competitividade, in Novas Políticas para a Competitividade,* Oeiras, 2003

RAMALHO, Maria do Rosário Palma – *«De la Servidumbre al Contrato de Trabajo» – deambulações em torno da obra de Manuel Alonso Olea e da singularidade dogmática do contrato de trabalho, in Estudos em Homenagem ao Professor Manuel Alonso Olea*, Coimbra, 2004, 529-545

RAMALHO, Maria do Rosário Palma – *Perspectivas Metodológicas do Direito do Trabalho. Relatório*, Coimbra, 2005

RAMALHO, Maria do Rosário Palma – *Igualdade de género e direito comunitário – notas breves*, Ex aequo, 2004, 10, 51-60

RAMALHO, Maria do Rosário Palma – *O contrato de trabalho na reforma da Administração Pública: reflexões gerais sobre o regime instituído pela L. n.º 23/2004, de 22 de Junho*, QL, 2004, 24, 121-136

RAMALHO, Maria do Rosário Palma – *The importance of a balanced reconciliation of family and professional life between men and women for the practical implementation of gender equality principle in employment area*, in *Professor Doutor Inocêncio Galvão Telles: 90 Anos. Homenagem da Faculdade de Direito de Lisboa*, Coimbra, 2007, 909-919

RAMALHO, Maria do Rosário Palma – *Grupos Empresariais e Societários. Incidências Laborais*, Coimbra, 2008

RAMALHO, Maria do Rosário Palma – *Negociação Colectiva Atípica*, Coimbra, 2009

RAMALHO, Maria do Rosário Palma – *Direito Social da União Europeia. Relatório*, Coimbra, 2009

RAMALHO, Maria do Rosário Palma – *O Código dos Regimes Contributivos da Segurança Social. Algumas Notas*, Revista de Finanças Públicas e Direito Fiscal, 2009, 4, 59-76

RAMALHO, Maria do Rosário Palma – *Reconciling Family and Proefssional Life and the Gender Equality Principle*, EGELR, 2009, 2, 7-24

RAMALHO, Maria do Rosário Palma – *Modernizar o Direito do Trabalho para o séc. XXI. Notas breves sobre o Livro Verde da Comissão Europeia de 22 de Novembro de 206 e sobre os Desafios da Flexisegurança*, in *Estudos em Homenagem ao Prof. Doutor Martim de Albuquerque*, II, Coimbra, 2010, 443-456

RAMALHO, Maria do Rosário Palma – *Tratado de Direito do Trabalho*, Parte II – *Situações Laborais Individuais*, 5ª ed., Coimbra, 2014

RAMALHO, Maria do Rosário Palma – *Tratado de Direito do Trabalho*, Parte III – *Situações Laborais Colectivas*, 2ª ed., Coimbra, 2015

RAMALHO, Maria do Rosário Palma – *Processo do trabalho: autonomia ou especialidade em relação ao processo civil*, in *Estudos de Direito do Trabalho*, VI, Coimbra, 2012, 21-31

RAMALHO, Maria do Rosário Palma – *Portuguese Labour Law and Industrial Relations during the Crisis*, ILO Governance Working Paper No. 54, Geneva, ILO, 11/2013

RAMALHO, Maria do Rosário Palma – *Age Discrimination, Retirement Conditions and Specific Labour Arrangments: The Main Trends in the Application of Directive 2000/78/EC in the Field of Age Discrimination*, ELLJ, Volume 4, 2013, 2, 109-118

RAMALHO, Maria do Rosário Palma – *Portuguese Labour Law and Relations during the Crisis*, in K. PAPADAKIS / Y GELHAB (ed.), *The Governance of Policy Reforms in Southern Europe and Ireland. Social Dialogue Actors and Institutions in Times of Crisis*, ILO, Geneva, 2014, 147-161

RAMALHO, Maria do Rosário Palma – *O olhar do Tribunal Constitucional sobre a reforma laboral – Algumas reflexões*, in JOÃO REIS / LEAL AMADO / LIBERAL FERNANDES / REGINA REDINHA (coord.), *Para Jorge Leite. Escritos Jurídico-Laborais*, I, Coimbra, 2014, 754-778

RAMALHO, Maria do Rosário Palma/ BRITO, Pedro Madeira de – *Contrato de Trabalho na Administração Pública*, 2ª ed., Coimbra, 2005

RAMALHO, Maria do Rosário Palma/ BRITO, Pedro Madeira de – *Regime do Contrato de Trabalho em Funções Públicas* (IDT – Colecção Cadernos Laborais nº 4) Coimbra, 2009

RAMALHO, Maria do Rosário Palma/DUARTE, Diogo Pereira/BORGES, Isabel Vieira/ MONTEIRO, Joana Pinto – *Novo Código do Trabalho versus Legislação Anterior*, Coimbra, 2009

RAMALHO, Maria do Rosário Palma/PERISTA, Heloísa – *Concilier famille et travail au Portugal: droit et pratiques*, in AA/VV, *Concilier famille et travail pour les hommes et pour les femmes: droit et pratiques*, Athènes – Bruxelles, 2005, 191-217

RAMM, Thilo – *Arbeitsrecht und Politik. Quellentexte (1918-1933)*, Luchterland, 1966

RAMM, Thilo – *Die Arbeitsverfassung des Kaiserreichs*, Fest. Walter MALLMANN, Baden-Baden, 1978, 191-211

RAMOS, Rui Manuel Moura – *Da Lei Aplicável ao Contrato de Trabalho Internacional*, Coimbra, 1990

RAY, Jean-Emmanuel – *Mutation économique et droit du travail*, in *Les Transformations du droit du travail. Études offertes à G. LYON-CAEN*, Paris, 1989, 11-31

RAY, Jean-Emmanuel – *Nouvelles technologies et nouvelles formes de subordination*, DS, 1992, 6, 525-537

RAY, Jean-Emmanuel – *Du Germinal à l'Internet. Une nécessaire évolution du critère du contrat de travail*, DS, 1995, 7/8, 634-637

REIS, João – *Lei aplicável ao contrato de trabalho segundo a Convenção de Roma*, QL, 1995, 4, 35-49

REIS, João – *Contrato de trabalho plurilocalizado e ordem pública internacional*, QL, 1996, 8, 159-187

REIS, João – *Resolução Extrajudicial de Conflitos Colectivos de Trabalho*, I e II, Coimbra, 2012

REIS, João – *Princípio do tratamento mais favorável e da norma mínima*, in JOÃO REIS / LEAL AMADO / LIBERAL FERNANDES / REGINA REDINHA (coord.), *Para Jorge Leite. Escritos Jurídico-Laborais*, I, Coimbra, 2014, 855-884

RENARD, G. – *La théorie de l'institution. Essai d'ontologie juridique*, I, Paris, 1930

RESCIGNO, Pietro – *Sui principi generali del diritto*, Riv.trim.DPC, 1992, 2, 379-396

REUTER, Dieter – *Das Verhältnis von Individualautonomie, Betriebsautonomie und Tarifautonomie*, RdA, 1991, 4, 193-204

RIBEIRO, José Joaquim Teixeira – *Lições de Direito Corporativo*, I, Coimbra, 1938

RIBEIRO, Vítor – *Acidentes da Trabalho e Doenças Profissionais. Colectânea de Legislação Actualizada e Anotada*, Lisboa, 1994

RICHARDI, Reinhard – *Arbeitsrecht und Zivilrecht*, ZfA, 1974, 1, 3-27
RICHARDI, Reinhard – *Arbeitnehmerbegriff und Arbeitsvertrag*, in D. WILKE (Hrsg.), *Fest. zum 125jährigen Bestehen der Juristischen Gesellschaft zu Berlin*, Berlin – New York, 1984, 607-624
RICHARDI, Reinhard – *Der Arbeitsvertrag im Zivilrechtssystem*, ZfA, 1988, 3, 221-225
RICHARDI, Reinhard – *J. von Staudingers Kommentar zum Bürgerlichen Gesetzbuch mit Einführungsgesetz und Nebengesetzen*, 13ª ed., II – *Recht der Schuldverhältnisse (§§ 611-615)*, Berlin, 1999
RICHTER, Lutz – *Grundverhältnisse des Arbeitsrechts – Einführende Darstellung des gesamten Arbeitsrechts*, Berlin, 1928
RIPERT, Georges – *Aspects juridiques du capitalisme moderne*, 2ª ed., Paris, 1951
RIVERO, Jean/SAVATIER, Jean – *Droit du travail*, 8ª ed., Paris, 1981
ROBERTI, Giovanni – *Il rapporto di lavoro e l'azienda*, DLav., 1940, I, 33-37
ROBERTIS, Francesco M. de – *I rapporti di lavoro nel diritto romano*, Milano, 1946
ROCELLA/TREU – *Diritto del lavoro della Comunità Europea*, Padova, 1992
ROCHA, M. A. Coelho da – *Instituições de Direito Civil Portuguez*, II, 4ª ed., Coimbra, 1857
RODIÈRE, Pierre – *Traité de Droit sicial de l'Union Européenne*, Paris, 2008
RODRIGUES, H. Nascimento – *A Inevitabilidade do Diálogo Social*, Coimbra, 2003
RODRIGUEZ-PIÑERO, Miguel – *Contratación temporal y nuevas formas de empleo*, Rel. Lab., 1989, I, 49-55
RODRIGUEZ-PIÑERO, Miguel – *La flessibilità e il diritto del lavoro spagnuolo*, in M. D'ANTONA (dir.), *Politiche di flessibilità e mutameni del diritto del lavoro. Italia e Spagna*, Napoli, 1990, 205-227
RODRIGUEZ-PIÑERO, Miguel – *La huida del Derecho del Trabajo*, Rel.Lab., 1992, I, 85-92
ROMAGNOLI, Umberto – *Egualizanze e differenze nel diritto del lavoro*, DLRI, 1994, 3, 545-565
ROMANO, Santi – *L'ordinamento giuridico*, 2ª ed., Firenze, 1945
ROSCHER, Helmut – *Die Anfänge des modernen Arbeitsrecht – Ein Beitrag zur Geschichte des Jugendarbeitsschutzes unter besonderer Berücksichtigung der Entwicklung in Preußen*, Frankfurt – Bern – New York
ROUAST, André/DURAND, Paul – *Précis de législation industrielle (Droit du travail)*, Paris, 1943
ROUAST, André/DURAND, Paul – *Précis de droit du travail*, 2ª ed., Paris, 1961
ROUDIL, Albert – *Le droit du travail au regard de l'informatisation*, DS, 1981, 4, 307-319
ROUXINOL, Milena Silva – *A imperatividade (que tipo de imperatividade?) das normas legais laborais face ao contrato individual de trabalho – considerações em torno do nº 5 do art. 3º do CT*, in *20 Anos de Questões Laborais* (QL nº 42 – número especial), Coimbra, 2013, 159-185
ROY, Thierry Le – *Droit du travail ou droit du chômage?*, DS, 1980, 6, 299-301
RÜCKERT, Joachim – *Philipp Lotmar Schriften zur Arbeitsrecht, Zivilrecht und Rechtsphilosophie*, Frankfurt am M., 1992

RUSSOMANO, Mozart Victor – *Curso de Direito do Trabalho*, 6ª ed., Curitiba, 1997
RÜTHERS, Bernd – *Die unbegrenzte Auslegung. Zum Wandel der Privatordnung im Nationalsozialismus*, 2ª ed., Frankfurt, 1973
RÜTHERS, Bernd – *35 Jahre Arbeitsrecht in Deutschland*, RdA, 1995, 6, 326-333
RÜTHERS, Bernd – *Arbeitsrecht und Ideologie, in* Hans G. LESER (Hrsg.), *Arbeitsrecht und Zivilrecht in Entwicklung, Fest. Hyung BAE-KIM*, Berlin, 1995, 103-124

SAINT-JEVIN, Pierre – *Existe-t-il un droit commun du contrat de travail*, DS, 1981, 7/8, 514-518
SANSEVERINO, Luisa Riva – *Contratto colletivo di lavoro*, Enc.Dir., X, 55-77
SANSEVERINO, Luisa Riva – *Diritto del lavoro*, 14ª ed., Padova, 1982
SANTORO-PASSARELLI, Francesco – *Lineamenti attuali del diritto del lavoro in Italia*, DLav., 1953, 3-12
SANTORO-PASSARELLI, Francesco – *Soggetività dell'impresa, in Scritti in Memoria di Alessandro* GRAZIANI, V – *Impresa e società*, Napoli, 1968, 1767-1773
SANTORO-PASSARELLI, Francesco – *Nozioni di diritto del lavoro*, 35ª ed., Napoli, 1987 (reprint 1995)
SANTORO-PASSARELLI, Giuseppe – *Il lavoro parasubordinato*, Milano, 1983
SANTOS, A. Ary dos – *Acidentes de Trabalho*, Lisboa, 1932
SANTOS, António Marques dos – *As Normas de Aplicação Imediata em Direito Internacional Privado – Esboço de uma Teoria Geral*, II, Coimbra, 1991
SANTOS, António Marques dos – *Alguns princípios de Direito Internacional Privado e de Direito Internacional Público do Trabalho, in Estudos do Instituto de Direito do Trabalho*, III, Coimbra, 2002, 13-47
SANTOS, Boaventura Sousa/REIS, José/MARQUES, Maria Manuel Leitão – *O Estado e as transformações recentes da relação salarial – a transição para um novo modelo de regulação da economia, in Temas de Direito do Trabalho. Direito do Trabalho na Crise. Poder Empresarial. Greves Atípicas – IV Jornadas Luso-Hispano-Brasileiras de Direito do Trabalho*, Coimbra, 1990, 139-179
SAVATIER, Jean – *Le groupe de societés et la notion d'entreprise en droit du travail, in Études de droit du travail offertes à André BRUN*, Paris, 1974, 527-546
SAVATIER, Jean – *Accords d'entreprise atypiques*, DS, 1985, 3, 188-193
SAVATIER, Jean – *Secret médical et obligation de discrétion de l'employeur*, DS, 1986, 5, 419-423
SAVATIER, Jean – *Les accords collectifs d'intéressement et de participation*, DS, 1988, 1, 89-98
SAVATIER, Jean – *La protection de la vie privée des salariés*, DS, 1992, 4, 329-336
SCELLE, Georges – *Le droit ouvrier – Tableau de la législation française actuelle*, 2ª ed., Paris, 1929
SCHAUB, Günther/KOCH, Ulrich/LINCK, Rüdiger – *Arbeitsrecht Handbuch*, 11ª ed., München, 2005

SCHMIDT, Otto – *Kritische Gedanken zu Kollektivwirkung, Individualbereich und personenrechtlichem Gemeinschaftsdenken im Arbeitsrecht*, AcP, 1963, 162, 4, 305-353
SCHMITT, Carl – *Sobre as três modalidades científicas do pensamento jurídico* (1934), trad. port., BMJ, 1951, 26, 5-39, e 27, 5-35
SCHNORR, Gerhard – *Grundfragen der Arbeitsrechtsdogmatik in der Bundesrepublik Deutschland und in Österreich*, RdA, 1979, 6, 387-393
SCHWABE, Jürgen – *Grundrechte und Privatrecht*, AcP, 1985 (185), 1-8
SCHWERDTNER, Peter – *Fürsorgetheorie und Entgelttheorie im Recht der Arbeitsbedingungen*, Heidelberg, 1970
SCHWERDTNER, Peter – *Gemeinschaft, Treue, Fürsorge – oder: die Himmelfahrt des Wortes*, ZRP, 1970, 3, 62-67
SCHWERDTNER, Peter – *Fürsorge- und Treuepflichten im Gefüge des Arbeitsverhältnis oder: vom Sinn und Unsinn einer Kodifikation des Allgemein Arbeitsvertragsrechts*, ZfA, 1979, 1-42
SCHWERDTNER, Peter – *Das Tarifdispositive Richterrecht als Methodenproblem, in Arbeitsrecht und juristische Methodenlehre*, Neuwied – Darmstadt, 1980, 109-130
SCONAMIGLIO, Renato – *Diritto del lavoro*, 5ª ed., Napoli, 2000
SÉGUIN, Philippe – *L'adaptation du droit du travail*, DS, 1986, 12, 828-833
SEIXAS, Ana Margarida Pires – *Pessoa e Trabalho no Direito Português (1750-1878): Escravo, Liberto e Serviçal*, inédito, (FDL), 2012
SENDIM, Paulo – *Lições de Direito Comercial e de Direito da Economia*, I, Lisboa, 1979/80
SERRA, Adriano Paes da Silva Vaz – *Efeitos dos contratos (princípios jurídicos)*, BMJ, 1958, 74, 333-369
SERRA, Adriano Paes da Silva Vaz – *Objecto da obrigação. A prestação – suas espécies, conteúdo e requisitos*, BMJ, 1958, 74, 15-282
SERVAIS, Jean-Michel – *Le droit international du travail en mouvement: déploiment et approches nouvelles*, DS, 1991, 5, 447-552
SERVAIS, Jean-Michel – *Le couple travail-emploi et son évolution dans les activités de l'OIT, avec une référence spécifique au travail indépendant*, in A. SUPIOT (dir.), *Le travail en perspectives*, Paris, 1998, 145-159
SERVAIS, Jean-Michel – *Droit Social de l'Union Européenne*, Bruxelles, 2008
SIEBERT, Wolfgang – *Das Arbeitsverhältnis in der Ordnung der nationalen Arbeit*, Berlin, 1935
SIEBERT, Wolfgang – *Die Entwicklung der Lehre vom Arbeitsverhältnis im Jahre 1936*, DAR, 1937, 1, 14-19
SIEBERT, Wolfgang – *Die Begründung des Arbeitsverhältniss*, DAR, 1937, 11, 305-310 e 338-342
SIEBERT, Wolfgang – *Das Recht der Arbeit – Systematische Zusammenstellung der wichtigsten arbeitsrechtlichen Vorschriften*, 5ª ed., Berlin-LeipzigWien, 1944
SILVA, Fernando Emydgio da – *O Operariado Portuguez e a Questão Social*, Coimbra, 1905
SILVA, Fernando Emydgio da – *Acidentes de Trabalho*, I, Lisboa, 1913

Silva, Luís Gonçalves da – *A Portaria de Extensão: Contributo para o seu Estudo*, Lisboa, (copiogr. FDL), 1999
Silva, Luís Gonçalves da – *Pressupostos, requisitos e eficácia da portaria de extensão*, in Estudos do Instituto de Direito do Trabalho, I, Coimbra, 2001, 669-776
Silva, Luís Gonçalves da – *Sujeitos Colectivos*, in P. Romano Martinez (coord.), Estudos do Instituto de Direito do Trabalho, III, Coimbra, 2002, 287-388
Silva, Luís Gonçalves da – *Da Eficácia da Convenção Colectiva* (inédito, FDL), 2013
Silva, Maria da Conceição Tavares da – *Trabalho no domicílio*, ESC, 1962, 4, 13-41
Silva, Maria da Conceição Tavares da – *Direito do Trabalho*, Lisboa (copiogr.), 1964-65
Sinzheimer, Hugo – *Grundzüge des Arbeitsrechts*, 2ª ed., Jena, 1927
Sinzheimer, Hugo – *La democratizzazione del rapporto di lavoro (1928)*, in G. Arrigo/G. Vardaro, *Laboratorio Weimar – conflitti e diritto del lavoro nella Germania prenazista*, Roma 1982, 53-78
Sohm, Rodolfo, *Instituciones de Derecho Privado Romano – Historia y Sistema*, 17ª ed., (trad. esp. de W. Roces), Madrid, 1928
Soinne, Bernard – *Le contenu du pouvoir normatif de l'employeur*, DS, 1983, 7/8, 509-519
Söllner, Alfred – *Grundriß des Arbeitsrecht*, 12ª ed., München, 1998
Söllner, Alfred/Waltermann, Raimund – *Arbeitsrecht*, 16ª ed., München, 2012
Sousa, José Ferreira Marnoco e – *Ciência Económica. Prelecções feitas ao Curso do Segundo Ano Jurídico do Ano de 1909-1910 (1910)*, Lisboa, 1997
Sousa, José Ferreira Marnoco e/Reis, José Alberto dos – *O Ensino Jurídico em França e na Itália*, Coimbra, 1910
Sousa, Marcelo Rebelo de/Matos, André Salgado de *Direito Administrativo Geral, III – Actividade Administrativa*, Lisboa, 2007
Sousa, Miguel Teixeira de – *Da crítica da dogmática à dogmática crítica*, Dir., 1989, IV, 729-739
Sousa, Miguel Teixeira de – *Sobre a constitucionalidade da conversão do valor dos assentos*, ROA, 1996, II, 707 ss.
Stadthagen, Arthur – *Das Arbeiterrecht*, Sttutgart, 1900
Stoyanovitch, K. – *Sens du môt droit et idéologie*, Arch.Ph.Dr., 1974, XIX, 181-195
Supiot, Alain – *Déréglementation des relations de travail et autoréglementation de l'entreprise*, DS, 1989, 3, 195-205
Supiot, Alain – *Critique du droit du travail*, Paris, 1994
Supiot, Alain (dir.) – *Le travail en perspectives*, Paris, 1998
Supiot, Alain – *Au-delà de l'emploi. Transformations du travail et devenir du droit du travail en Europe – Rapport pour la Commission des Communautés Européennes avec la collaboration de l'Université Carlos III de Madrid*, Paris, 1999
Supiot, Alain – *Transformation du travail et devenir du droit du travail en Europe. Conclusions du Rapport Supiot*, DS, 1999, 5, 431-437

TAMAJO, Rafaelle de Luca – *Gruppi di imprese e rapporti di lavoro: spunti preliminari*, Dir.RI, 1991, 2, 67-70
TELLES, Inocêncio Galvão – *Contratos Civis – Exposição de Motivos*, RFDUL, 1953, IX, 144 ss.
TELLES, Inocêncio Galvão – *Parecer nº 45/VII à Câmara Corporativa – Regime do Contrato de Trabalho (Projecto de Proposta de L. nº 517)*, in Pareceres da Câmara Corporativa (VII legislatura), 1961, II, Lisboa, 1962, 515-560
TELLES, Inocêncio Galvão – *Manual dos Contratos em Geral*, 4ª ed., Coimbra, 2002
TELLES, Inocêncio Galvão – *Direito das Obrigações*, 7ª ed., Coimbra, 1997
TELLES, Inocêncio Galvão – *Introdução ao Estudo do Direito*, I, 11ª ed., Lisboa, 1999
TERRÉ, François – *Sur la sociologie juridique du contrat*, Arch.Ph.Dr., 1968, XIII, 71-88
TEYSSIÈ, Bernard – *Droit du travail*, I e II, 2ª ed., Paris, 1992 e 1993
TEYSSIÈ, Bernard – *Personnes, entreprises et relations de travail*, DS, 1988, 5, 374-383
TOMAJOLI, Doro Muscari – *Istituzione di diritto del lavoro*, 4ª ed., Milano, 1985
TOMANDL, Theodor – *Entwurf eines Österreichichen Arbeitsgesetzbuch*, RdA, 1961, 1, 9-13
TOMANDL, Theodor – *Wesensmerkmale des Arbeitsvertrages in Rechtshvergleichender und Rechtspolitischer Sicht*, Wien – New York, 1971
TORRES, Mário – *Trabalho no domicílio*, RMP, 1987, 30, 25-66
TORTUERO PLAZA, José Luís – *vd* PLAZA
TOSI, Paolo – *Le nuove tendenze del diritto del lavoro nel terziario*, DLRI, 1991, 4, 613-632
TREU, Tiziano – *Gruppi di imprese e relazione industriali: tendenze europee*, DLRI, 1988, 641-672
TREU, Tiziano – *Labour flexibility in Europe*, ILR, 1992, 4/5, 497-512
TRINKNER, Reinhold/WOLFER, Maria – *Modernes Arbeitsrecht und seine Beziehungen zum Zivilrecht und seiner Geschichte*, BB, 1986, 1, 4-9
TROPLONG, M. – *De l'échange et du louage*, in *Le droit civil expliqué. Commentaire des Titres VII et VIII du livre III du Code Napoléon*, 3ª ed., II, Paris, 1859

ULRICH, Ruy Ennes – *Legislação Operária Portugueza*, Coimbra, 1906

VACHET, Gérard – *Les accords atypiques*, DS, 1990, 7/8, 620-625
VALTICOS, Nicolas – *Droit international du travail*, in G. H. CAMERLYNCK, *Traité de droit du travail*, VIII, Paris, 1970
VALVERDE, António Martín/GUTIÉRREZ, Fermín Rodriguez-Sañudo/MURCIA, Joaquin García – *Derecho del Trabajo*, 4ª ed., Madrid, 1995
VANACHTER, Othmar – *Flexibility and Labour Law: the Belgian Case*, in *Flexibilisierung des Arbeitsrechts – eine europäische Herausforderung*, ZIAS, 1987, 229-238
VASCONCELOS, Joana – *A Revogação do Contrato de Trabalho*, Coimbra, 2011
VARELA, João de Matos Antunes – *Das Obrigações em Geral*, I, 9ª ed., Coimbra, 1998

VEIGA, António Jorge da Motta – *Direito do Trabalho Internacional e Europeu*, Lisboa, 1994
VEIGA, António Jorge da Motta – *Lições de Direito do Trabalho*, 6ª ed., Lisboa, 1995, e 8ª ed., Lisboa, 2000
VENEZIANI, Bruno – *Nuove tecnologie e contratto di lavoro: profili di diritto comparato*, DLRI, 1987, 1, 1-60
VENEZIANI, Bruno – *Gruppi di imprese e diritto del lavoro*, Lav.Dir., 1990, 609-647
VENTURA, Raul Jorge Rodrigues – *Teoria da Relação Jurídica de Trabalho – Estudo de Direito Privado*, I, Porto, 1944
VENTURA, Raul Jorge Rodrigues – *O cúmulo e a conglobação na disciplina das relações de trabalho*, Dir., 1962, 94, 201-221
VERDIER, Jean-Maurice – *Sur la protection spécifique des droits fondamentaux en droit du travail – en marge de Cass. Soc. 10 juillet 2001 SPPTERP c./EDF...*, DS, 2001, 12, 1035-1038
VERDIER, Jean-Maurice/COEURET, Alain/SOURIAC, Marie-Armelle – *Droit du travail*, 12ª ed., Paris, 2002
VERDIER, Jean Maurice/LANGLOIS, Philippe – *Aux confins de la théorie des sources de droit: une relation nouvelle entre la loi et l'accord collectif*, Dalloz (Rec.), 1972, Chr. XXXIX, 253-260
VICENTE, Dário Moura – *Destacamento Internacional de Trabalhadores, in Direito Internacional Privado – Ensaios*, I, Coimbra, 2002, 85-106
VICENTE, Dário Moura – *O Direito Internacional Privado no Código do Trabalho, in Estudos do Instituto de Direito do Trabalho*, IV, Coimbra, 2004, 15-34
VICENTE, Dário Moura – *Arbitragem de conflitos colectivos de trabalho, in Estudos do Instituto de Direito do Trabalho*, IV, Coimbra, 2004, 249-267
VIESTI, Luigi – *L'autonomia scientifica del Diritto del lavoro*, DLav., 1946, I, 8-14
VIGORITA, Luciano Spagnuolo – *Subordinazione e diritto del lavoro – problemi storico-critici*, Napoli, 1967
VIGORITA, Luciano Spagnuolo – *Impresa, rapporto di lavoro, continuità*, Riv.dir.civ., 1969, I, 545-578
VILLAZON, Luis Antonio Fernandéz – *Los derechos de los trabajadores frente al tratamiento de datos personales. Comentario a la Directiva 95/46/CE, relativa a la protección de las personas físicas en lo que respecta al tratamiento de datos personales y a la libre circulación de esos datos*, Rel. Lab. 1996, II, 1178-1209
VITAL, Domingos Fézas – *Curso de Direito Corporativo*, Lisboa, 1940
VOISSET, Michèle – *Droit du travail et crise*, DS, 1980, 6, 287-297

WANK, Rolf – *Atypische Arbeitsverhältnisse*, RdA, 1992, 2, 103-113
WANK, Rolf – *Arbeitsrecht nach Maastricht*, RdA, 1995, 1, 10-26
WAQUET, Philippe – *Un employeur peut-il filmer à leur insu ses salariés? – Cour de cassation, Chambre sociale, 20 novembre 1991*, DS, 1992, 1, 28-31

WESTPFAHL – *Warum trägt das Arbeitsverhältnis personenrechtlichen Charakter*, DAR, 1938, 12, 329-330
WIEACKER, Franz – *História do Direito Privado Moderno*, 2ª ed., Göttingen, 1967 (trad. port. de A. M. Botelho Hespanha), Lisboa, 1993
WIEDEMANN, Herbert – *Das Arbeitsverhältnis als Austauschund Gemeinschaftsverhältnis*, Karlsruhe, 1966
WINDBICHLER, Christine – *Arbeitnehmer mobilität im Konzern*, RdA, 1988, 2, 95-99
WINDSCHEID, Bernhard/KIPP, Theodor – *Lehrbuch des Pandettenrechts, 9 Auflage unter vergleichender Darstellung des deutschen bürgerlicher Rechts*, II, Frankfurt, 1906 (reprint 1963)
WOLF, Ernst – *Das Arbeitsverhältnis. Personenrechtliches Gemeinschaftsverhältnis oder Schuldverhältnis?*, Marburg, 1970
WOLF, Ernst – *«Treu und Glauben», «Treu» und «Fürsorge» im Arbeitsverhältnis*, DB, 1971, 39, 1863-1868
WOLF, Ernst – *Der Begriff Arbeitsrecht*, in F. GAMILLSCHEG (Hrsg.), *25 Jahre Bundesarbeitsgericht*, München, 1979, 709-726

XAVIER, Bernardo da Gama Lobo – *Direito do Trabalho*, Polis, II, 579-601
XAVIER, Bernardo da Gama Lobo – *A crise e alguns institutos de direito do trabalho*, RDES, 1986, 4, 517-569
XAVIER, Bernardo da Gama Lobo – *Sucessão no tempo de instrumentos de regulamentação colectiva e princípio do tratamento mais favorável*, RDES, 1987, 465-512
XAVIER, Bernardo da Gama Lobo – *O direito do trabalho na crise (Portugal)*, in *Temas de Direito do Trabalho. Direito do Trabalho na Crise. Poder Empresarial. Greves Atípicas – IV Jornadas Luso-Hispano-Brasileiras de Direito do Trabalho*, Coimbra, 1990, 101-138
XAVIER, Bernardo da Gama Lobo – *Curso de Direito do Trabalho*, 2ª ed., Lisboa, 1993 (reprint 1999); 1ª ed., Lisboa, 1992; e *Curso de Direito do Trabalho*, I, 3ª ed., Lisboa, 2004
XAVIER, Bernardo da Gama Lobo – *Iniciação ao Direito do Trabalho*, Lisboa – S. Paulo, 1994
XAVIER, Bernardo da Gama Lobo – *A sobrevigência das convenções colectivas no caso das transmissões das empresas. O problema dos «direitos adquiridos»*, RDES, 1994, 1/2/3, 123-134
XAVIER, Bernardo da Gama Lobo – *O Despedimento Colectivo no Dimensionamento da Empresa*, Lisboa, 2000
XAVIER, Bernardo da Gama Lobo – *Manual de Direito do Trabalho*, Lisboa, 2011
XAVIER, Bernardo da Gama Lobo/RIBEIRO, Maria Cândida Almeida – *Regulamento de empresa (subsídios para a elaboração de regulamentos de empresa)*, ESC, 1973, 36, 87-121

ZACHERT, Ulrich – *Die Begründung neuer Arbeitsverhältnisse als Austieg aus dem Normalarbeitsverhältnis? Überlegungen für eines neues Arbeitsgesetzbuch*, in W. DÄUBLER/M.

BOBKE/K. KEHRMANN (Hrsg.), *Arbeit und Recht, Fest. Albert GNADE*, Köln, 1992, 143-159

ZACHERT, Ulrich – *Die Zerstörung des Normalarbeitsverhältnisses*, ArbuR, 1988, 5, 129-137

ZÖLLNER, Wolfgang – *Arbeitsrecht und Politik*, DB, 1970, 1/2, 54-62

ZÖLLNER, Wolfgang – *Arbeitsrecht und politisches System*, Frankfurt a.M., 1973

ZÖLLNER, Wolfgang – *Privatautonomie und Arbeitsverhältnis*, AcP, 1976, 176, 221-246

ZÖLLNER, Wolfgang – *Flexibilisierung des Arbeitsrechts*, ZfA, 1988, 3, 265-291

ZÖLLNER, Wolfgang – *Arbeitsrecht und Marktwirtschaft*, in F. BYDLINSKI/T. MAYER-MALY (Hrsg.), *Die Arbeit: ihre Ordnung – ihre Zukunft – ihr Sinn*, Wien, 1995, 51-67

ZÖLLNER, Wolfgang/LORITZ, Karl-Georg – *Arbeitsrecht – ein Studienbuch*, 5ª ed., München, 1998

ZÖLLNER, Wolfgang/LORITZ, Karl-Georg/HERGENRÖDER, Curt Wolfgang – *Arbeitsrecht*, 7ª ed., München, 2015

# ÍNDICE GERAL

| | |
|---|---|
| PREFÁCIO À 4ª EDIÇÃO | 7 |
| ABREVIATURAS E OUTRAS INDICAÇÕES DE LEITURA | 9 |
| **I – NOÇÕES GERAIS DE DIREITO DO TRABALHO** | **17** |
| §1º Objecto e âmbito do Direito do Trabalho | 19 |
| 1. O trabalho subordinado como objecto do Direito do Trabalho: da actividade laborativa à actividade laboral | 19 |
| 1.1. As múltiplas valências do fenómeno do trabalho e o seu sentido jurídico | 19 |
| 1.2. O trabalho como actividade produtiva valorizada *a se* | 22 |
| 1.3. O trabalho como actividade livre: a actividade laborativa | 24 |
| 1.4. O trabalho como actividade retribuída | 25 |
| 1.5. O trabalho como actividade desenvolvida em situação de dependência: a actividade laboral | 27 |
| 1.6. O enquadramento jurídico privado da actividade laboral | 29 |
| 1.7. Conclusão: a actividade laboral como objecto nuclear do Direito do Trabalho | 32 |
| 2. O âmbito do Direito do Trabalho e a sua natureza unitária | 33 |
| 2.1. O surgimento das questões laborais e a tripartição clássica do Direito do Trabalho nas áreas do direito das condições de trabalho, do direito individual do trabalho e do direito colectivo do trabalho | 33 |

  2.2. O âmbito do Direito do Trabalho na actualidade e a sua *summa divisio*:
    o direito das situações laborais individuais e o direito
    das situações laborais colectivas. A natureza unitária da área jurídica  38

§2º Evolução histórica e situação actual do Direito do Trabalho  45
3. A modernidade do Direito do Trabalho e os contributos
  pré-industriais para o seu desenvolvimento  45
  3.1. O surgimento do Direito do Trabalho no final do século XIX  45
  3.2. A modernidade do fenómeno do trabalho subordinado
    e a importância dos seus antecedentes pré-industriais  50
4. Evolução histórica e situação actual do Direito do Trabalho  57
  4.1. A evolução tradicional do Direito do Trabalho na senda
    da protecção do trabalhador  57
    4.1.1. A importância e as dimensões do princípio da protecção
      do trabalhador  57
    4.1.2. Fases e sentido geral da evolução do Direito do Trabalho
      sob o desígnio da protecção do trabalhador  61
  4.2. O Direito do Trabalho na actualidade e os seus desafios
    para o século XXI: as tendências da flexibilização  66
    4.2.1. A alteração dos pressupostos do desenvolvimento tradicional
      do Direito do Trabalho, a partir da década de setenta  66
    4.2.2. As tendências modernas de evolução do Direito do Trabalho:
      a flexibilização dos regimes laborais; a flexisegurança  74
5. Evolução histórica e situação actual do Direito do Trabalho português  84
  5.1. O surgimento do Direito do Trabalho em Portugal
    e a sua evolução histórica  84
    5.1.1. O surgimento do Direito do Trabalho na transição
      do século XIX para o século XX  84
    5.1.2. A fase da consolidação: a 1ª República  87
    5.1.3. A fase da publicização: o Direito do Trabalho no corporativismo  88
    5.1.4. Evolução recente: o Direito do Trabalho
      no quadro constitucional vigente  91
  5.2. Situação actual do Direito do Trabalho português; a codificação
    dos regimes laborais em 2003 e 2009 e diplomas avulsos;
    as alterações à legislação laboral no contexto do programa
    de assistência financeira a Portugal  99
    5.2.1. O contexto da reforma laboral: a situação do Direito do Trabalho
      no início do século XXI e as suas perspectivas para o futuro  99

5.2.2. A reforma laboral em curso: o Código do Trabalho de 2003
e respectiva regulamentação; o Código do Trabalho de 2009
a outros diplomas laborais avulsos; as alterações à legislação
laboral no âmbito do Programa de Assistência Financeira
a Portugal ..... 105

§3º Características do Direito do Trabalho e disciplinas próximas ..... 129
6. Características do Direito do Trabalho ..... 129
   6.1. O Direito do Trabalho como direito privado ..... 129
   6.2. O Direito do Trabalho como direito privado especial
       dotado de autonomia sistemática ..... 132
   6.3. O Direito do Trabalho como direito não institucional ..... 134
   6.4. O Direito do Trabalho como direito compromissório ..... 135
   6.5. A sensibilidade social e a porosidade ideológica
       e linguística do Direito do Trabalho ..... 136
   6.6. A tendência expansionista do Direito do Trabalho ..... 137
   6.7. O Direito do Trabalho como ramo jurídico dotado
       de autonomia dogmática (remissão) ..... 140
7. O Direito do Trabalho e as disciplinas jurídicas próximas ..... 140

§4º O Direito do Trabalho na Ciência Jurídica ..... 149
8. O ensino universitário das matérias laborais e a produção
   científica no domínio laboral – breve excurso histórico ..... 149
9. Parâmetros metodológicos do ensino das matérias laborais
   no Curso de Direito ..... 156
10. Indicações bibliográficas gerais ..... 160

II – FONTES E APLICAÇÃO DO DIREITO DO TRABALHO ..... 167

Secção I – As fontes do Direito do Trabalho ..... 169

11. O sistema de fontes laborais: enunciado geral e classificação ..... 169

§5º A Constituição Laboral ..... 175
12. Aspectos gerais e importância da Constituição Laboral ..... 175
13. Princípios constitucionais de incidência laboral:
   enunciado e classificação ..... 178
14. A importância da Constituição na hierarquia das fontes laborais
   e a eficácia civil dos direitos laborais fundamentais ..... 181

14.1. Aspectos gerais ........................................................................ 181
14.2. O problema da eficácia civil dos direitos laborais fundamentais ........ 182

§6º As fontes internacionais e comunitárias ............................................. 195
15. O Direito Internacional e as organizações laborais internacionais ........... 195
   15.1. Aspectos gerais; recepção na ordem jurídica nacional ..................... 195
   15.2. Instrumentos internacionais com normas de incidência laboral
          e organizações internacionais de vocação laboral;
          a Organização Internacional do Trabalho .................................... 197
16. O Direito Social da União Europeia ................................................... 200
   16.1. Evolução geral ...................................................................... 200
   16.2. A livre circulação de trabalhadores ............................................ 205
   16.3. O emprego e a formação profissional; o Fundo Social Europeu ....... 207
   16.4. As condições de trabalho em sentido amplo ................................ 208
   16.5. A igualdade de oportunidades e de tratamento entre
          mulheres e homens e a proibição de discriminação em geral ......... 210
   16.6. Os contratos de trabalho especiais e outras situações
          laborais especiais ................................................................. 217
   16.7. A tutela dos trabalhadores perante vicissitudes
          do empregador ou da empresa ................................................. 218
   16.8. O diálogo social e a representação dos trabalhadores
          ao nível europeu ................................................................... 219

§7º As fontes internas comuns ............................................................. 223
17. A lei: em especial o Código do Trabalho e demais legislação laboral ....... 223
   17.1. Aspectos gerais .................................................................... 223
   17.2. O Código do Trabalho ............................................................ 224
   17.3. Outros diplomas laborais ....................................................... 235
18. As especificidades da produção normativa no domínio laboral .............. 238
   18.1. O direito de consulta e de participação dos trabalhadores
          e dos empregadores na elaboração das leis laborais;
          a legislação laboral negociada ................................................. 238
   18.2. As normas convénio-dispositivas ............................................. 246
19. O costume e os usos laborais .......................................................... 250
   19.1. O costume ........................................................................... 250
   19.2. Os usos laborais ................................................................... 251
20. A jurisprudência e a doutrina ......................................................... 256

§8º As fontes internas específicas ........................................................ 259
21. As convenções colectivas de trabalho .............................................. 259

21.1. Aspectos gerais: a importância da convenção colectiva
como fonte de Direito do Trabalho ... 259
21.2. Tipologia das convenções colectivas de trabalho ... 263
22. Outras fontes autónomas ... 266
22.1. O acordo de adesão ... 266
22.2. A deliberação de arbitragem voluntária ... 268
23. As fontes heterónomas ... 270
23.1. A portaria de extensão ... 270
23.2. A portaria de condições de trabalho ... 275
23.3. A deliberação de arbitragem obrigatória e necessária ... 277
24. A questão do regulamento da empresa ... 279

Secção II – Interpretação e aplicação das normas laborais: o *favor laboratoris* ... 285

25. Considerações gerais. Sequência ... 285
26. O princípio do *favor laboratoris*: relevo geral e evolução recente ... 286
26.1. Delimitação geral e importância do *favor laboratoris* ... 286
26.2. As operações técnicas pressupostas no favor laboratoris:
a determinação da natureza das normas laborais
e os critérios de comparação das fontes laborais ... 289
26.3. O *favor laboratoris* no nosso sistema juslaboral: evolução histórica ... 294
26.4. O *favor laboratoris* no Código do Trabalho: apreciação geral ... 299
27. Interpretação e integração das normas laborais ... 302
28. Conflitos de fontes laborais no tempo:
o problema dos direitos adquiridos ... 308
29. Conflitos de fontes laborais no espaço ... 315
30. Concorrência entre instrumentos de regulamentação
colectiva de trabalho ... 321
31. Conflitos hierárquicos de fontes laborais e relação
entre as fontes laborais e o contrato de trabalho ... 323
31.1. Aspectos gerais. Razão de ordem ... 323
31.2. Os conflitos hierárquicos de fontes: em especial,
a relação entre as normas legais e os instrumentos
de regulamentação colectiva do trabalho ... 324
31.3. A relação entre as fontes laborais e o contrato de trabalho ... 327

III – ALICERCES DOGMÁTICOS DO DIREITO DO TRABALHO ... 329

Secção I – As pessoas juslaborais ... 331

ÍNDICE GERAL

| | |
|---|---|
| 32. Questões gerais. O conceito de pessoa juslaboral | 331 |
| §9º O trabalhador e o empregador | 335 |
| 33. O trabalhador subordinado | 335 |
|     33.1. Delimitação geral e figuras próximas | 335 |
|     33.2. As categorias de trabalhadores | 344 |
| 34. O empregador e a empresa laboral | 348 |
|     34.1. Delimitação geral da figura do empregador | 348 |
|     34.2. A empresa laboral: delimitação geral e importância | 352 |
|     34.3. Tipologia das empresas laborais | 360 |
|     34.4. A pluralidade de empregadores | 364 |
| §10º As pessoas juslaborais colectivas | 371 |
| 35. Aspectos gerais | 371 |
| 36. Associações sindicais | 373 |
| 37. Comissões de trabalhadores | 379 |
| 38. Conselhos de empresa europeus e conselhos de trabalhadores | 386 |
| 39. Associações de empregadores | 388 |
| Secção II – As situações jurídicas laborais nucleares e derivadas | 395 |
| §11º Evolução geral | 395 |
| 40. A relação de trabalho como situação jurídica central do Direito do Trabalho: apreciação crítica | 395 |
| 41. A alternativa: as situações jurídicas laborais nucleares inerentes à qualidade de trabalhador subordinado e à qualidade de empregador e as situações laborais derivadas | 398 |
|     41.1. As situações jurídicas laborais nucleares | 398 |
|     41.2. As situações jurídicas laborais derivadas; o vínculo de trabalho | 405 |
| §12º O vínculo de trabalho: evolução e reconstrução dogmática | 409 |
| 42. O vínculo de trabalho: evolução histórica e dogmática | 409 |
|     42.1. Aspectos gerais; sequência | 409 |
|     42.2. A construção civilista: a recondução do vínculo laboral às figuras da locação ou da prestação de serviços | 410 |
|     42.3. As concepções comunitário-pessoais do vínculo de trabalho | 413 |
|     42.4. As críticas à concepção comunitário-pessoal do vínculo de trabalho e a reconstrução obrigacional deste vínculo; a teoria da remuneração | 428 |
|     42.5. Síntese crítica | 432 |

43. Reconstrução do vínculo laboral: o conteúdo do contrato
de trabalho e a sua singularidade dogmática . . . . . . . . . . . . . . . . . 436
   43.1. Os pontos de partida da construção: a natureza negocial
   do vínculo de trabalho e a sua complexidade interna . . . . . . 436
   43.2. A delimitação objectiva do vínculo de trabalho:
   a actividade laboral e os deveres acessórios do trabalhador . . 438
       43.2.1. A actividade laboral: actividade e resultado;
       actividade e disponibilidade do trabalhador . . . . . . . . 438
       43.2.2. Os deveres acessórios do trabalhador: deveres acessórios
       integrantes e deveres acessórios independentes
       da prestação principal . . . . . . . . . . . . . . . . . . . . . . . . . . 446
   43.3. A delimitação objectiva do vínculo de trabalho (cont.):
   a retribuição e os deveres acessórios do empregador . . . . . . . 450
       43.3.1. A retribuição . . . . . . . . . . . . . . . . . . . . . . . . . . . . . . . . 450
       43.3.2. Os deveres acessórios do empregador . . . . . . . . . . . . 453
   43.4. A delimitação subjectiva do vínculo laboral: a subordinação
   do trabalhador e os poderes laborais do empregador . . . . . . . 456
       43.4.1. A subordinação do trabalhador . . . . . . . . . . . . . . . . . 456
       43.4.2. Os poderes laborais: poder de direcção e poder disciplinar . . 462
   43.5. A componente de pessoalidade e a componente organizacional
   do vínculo de trabalho . . . . . . . . . . . . . . . . . . . . . . . . . . . . . . . 468
       43.5.1. A componente organizacional . . . . . . . . . . . . . . . . . . 468
       43.5.2. A componente de pessoalidade . . . . . . . . . . . . . . . . . 472
   43.6. Conclusão: a reconstrução do conteúdo do contrato
   de trabalho a partir dos conceitos de relação de trabalho
   e de relação de emprego. A singularidade do vínculo laboral
   no panorama dos vínculos obrigacionais . . . . . . . . . . . . . . . . 479

Secção III – A autonomia dogmática do Direito do Trabalho . . . . . . . 489

§13º Evolução do problema da autonomia dogmática
do Direito do Trabalho e tendências actuais . . . . . . . . . . . . . . . . . 489
44. Enunciado e importância do problema da autonomia dogmática . . 489
45. O posicionamento tradicional do problema e a sua evolução . . . . 494
46. A crise dogmática do Direito do Trabalho . . . . . . . . . . . . . . . . . . 500

§14º O reposicionamento do problema . . . . . . . . . . . . . . . . . . . . . . . . 507
47. Premissas e metodologia da indagação pela autonomia dogmática
do Direito do Trabalho . . . . . . . . . . . . . . . . . . . . . . . . . . . . . . . . 507

48. Os fundamentos estruturais da autonomia dogmática:
a singularidade dos principais institutos laborais . . . . . . . . . . 510
   48.1. A singularidade do contrato de trabalho . . . . . . . . . . . . . . . 510
   48.2. A singularidade da convenção colectiva de trabalho . . . . . . 513
   48.3. A singularidade do direito de greve . . . . . . . . . . . . . . . . . . . 517
49. Os fundamentos sistemáticos da autonomia: a dimensão colectiva
integral do Direito do Trabalho e os seus recursos técnicos específicos . . 519
   49.1. A dimensão colectiva integral do Direito do Trabalho . . . . 519
   49.2. As especificidades do Direito do Trabalho na construção
   e na aplicação das suas normas e na tutela dos seus interesses . . 522
50. Conclusão: o reconhecimento da autonomia dogmática
do Direito do Trabalho pela singularidade dos seus institutos
e pela sua maturidade como área jurídica . . . . . . . . . . . . . . . . . . 526

Secção IV – Os princípios fundamentais do Direito do Trabalho . . . . 529

§15º Aspectos gerais . . . . . . . . . . . . . . . . . . . . . . . . . . . . . . . . . . . . . . 529
51. As consequências do reconhecimento da autonomia dogmática:
os princípios próprios do Direito do Trabalho . . . . . . . . . . . . . 529
52. A autonomia dogmática e a relação entre o Direito do Trabalho
e o Direito Civil . . . . . . . . . . . . . . . . . . . . . . . . . . . . . . . . . . . . . . 531

§16º Enunciado e classificação dos princípios gerais do Direito do Trabalho 533
53. Enunciado geral . . . . . . . . . . . . . . . . . . . . . . . . . . . . . . . . . . . . . . 533
54. O princípio da compensação da posição debitória complexa
das partes no contrato de trabalho e as suas projecções . . . . . . 534
   54.1. Enunciado geral e vertentes do princípio da compensação:
      o princípio da protecção do trabalhador;
      o princípio da salvaguarda dos interesses de gestão . . . . . . 534
   54.2. As projecções do princípio da protecção do trabalhador . . 536
      54.2.1. Aspectos gerais . . . . . . . . . . . . . . . . . . . . . . . . . . . . . 536
      54.2.2. Algumas projecções em especial: o favor laboratoris;
         o princípio da segurança no emprego; a tutela dos direitos
         de personalidade; a tutela dos direitos inerentes
         à maternidade, à paternidade e à conciliação (remissão) . . 538
   54.3. O princípio da salvaguarda dos interesses de gestão
      e os seus desenvolvimentos . . . . . . . . . . . . . . . . . . . . . . . . . 542
   54.4. Síntese . . . . . . . . . . . . . . . . . . . . . . . . . . . . . . . . . . . . . . . . . 543
55. O princípio do colectivo e as suas projecções . . . . . . . . . . . . . 545
   55.1. Enunciado geral e importância . . . . . . . . . . . . . . . . . . . . . . 545

55.2. As projecções do princípio do colectivo: a autonomia colectiva,
a intervenção dos trabalhadores na gestão, a primazia do colectivo,
a interdependência dos vínculos laborais na organização
e a igualdade de tratamento ........................................................ 546
56. O princípio da autotutela e as suas projecções ........................... 552


ÍNDICE IDEOGRÁFICO ........................................................................ 557

ÍNDICE BIBLIOGRÁFICO ..................................................................... 571

ÍNDICE GERAL ....................................................................................... 609